Schimmel | Juristische Klausuren und Hausarbeiten richtig formulieren

Juristische Klausuren und Hausarbeiten richtig formulieren

Von
Dr. Roland Schimmel
Professor an der Frankfurt University of Applied Sciences

15., überarbeitete und erweiterte Auflage 2022

Verlag Franz Vahlen

Zitiervorschlag: Schimmel Klausuren Rn.

www.vahlen.de

ISBN 978 3 8006 6908 0

© 2022 Verlag Franz Vahlen GmbH
Wilhelmstraße 9, 80801 München
Druck: Druckerei C.H.Beck, Nördlingen
(Adresse wie Verlag)

Satz: R. John + W. John GbR, Köln
Umschlaggestaltung: Martina Busch, Grafikdesign, Homburg Saar

vahlen.de/nachhaltig

Gedruckt auf säurefreiem, alterungsbeständigem Papier
(hergestellt aus chlorfrei gebleichtem Zellstoff)

Vorwort

Was man mit diesem Buch lernen kann, zeigen in Umrissen die beiden Beispiele in → Rn. 4b–4i – lesen Sie die mal schnell. Stattdessen oder zusätzlich können Sie auch das Stichwortregister überfliegen.

Anfangs war das Buch ein Geheimtipp; zuletzt ist es ein ganz gut verwurzeltes Nischenpflänzchen geworden. Dass das trotz des etwas sperrigen Titels und trotz der scheinbaren Fokussierung auf Formulierungsfragen gelungen ist, freut mich. Studenten nehmen Formulierungsfragen oft als Stilfragen wahr – und damit auf die leichte Schulter. Das kann gut gehen, muss aber nicht. Was sagt der Philosoph dazu? „Den Stil verbessern – das heißt den Gedanken verbessern, und gar nichts weiter!"[1] Und was sagt der Jurist? „Stilfehler sind Denkfehler."[2] Wie eng Stilfragen und inhaltliche Fragen zusammenhängen, versuche ich in → Rn. 4 am Beispiel zu zeigen. Wenn es also aussieht, als verhandle das Buch Stilfragen, dann stimmt das höchstens halb.

Das Buch richtet sich bei weitem nicht nur an Studienanfänger. Aber es versucht eine Erfahrung aufzugreifen, die den meisten Anfängern widerfährt: Sie nehmen Rechtswissenschaft und Rechtsanwendung wahr als eine – zunächst schwer verständliche – Kunst, die sich auf weiten Strecken durch kompetenten Gebrauch einer Fachsprache vermittelt. Die Teilnahme am fachwissenschaftlichen Diskurs, und sei es auch erst einmal nur auf dem Niveau einer Anfängerübung, gelingt nur gut, wenn man etliche Regeln der Kunst beachtet. Die wenigsten stehen in einem Gesetz. Das Buch soll eine Anleitung geben, wie Juristen denken und reden. Wer sich damit befasst, wird die Hürden des Anfangs vielleicht als etwas weniger hoch wahrnehmen. Nicht nur während des Studiums.

Wie Juristen über Rechtsprobleme sprechen und schreiben, ist – günstigstenfalls – passabel gut zu verstehen, aber nicht ganz leicht zu lernen. Sich diese Fähigkeit anzueignen ist ein wichtiger Teil der juristischen Ausbildung.[3]

Für die Neuauflage wurde der Text aktualisiert und ein wenig gekürzt. Nach vielem Überarbeiten sieht das Ergebnis jetzt etwa so aus, wie ich es mir anfangs vorgestellt hatte. Dabei haben mehr Menschen geholfen, als man hier sinnvoll aufzählen kann. Alle haben Dank verdient. Besonders danke ich den Lesern, die Verbesserungsvorschläge geschickt,[4] und den Lehrenden, die das Buch ihren Studenten[5] empfohlen haben.

---

1 Friedrich Nietzsche, Menschliches, Allzumenschliches – Ein Buch für freie Geister II, 1879, 2. Aph. 131.

2 Hans Hattenhauer, Stilfehler sind Denkfehler. Eine Stilübung für Juristen und gebildete Laien deutscher Sprache, FAZ v. 8.12.1995, 17.

3 Die zugrundeliegende Annahme lautet, dass man zugleich mit dem juristischen Schreiben das juristische Denken „erlernen" könne. Ein Schritt auf diesem Weg ist übrigens das erfolgreiche Lesen juristischer Texte, das hier nicht ausdrücklich erörtert wird; dazu Reimer ZJS 2012, 623 ff. (t1p.de/2213); Lagodny Gesetzestexte.

4 Bitte an rolandschimmel@t-online.de.

5 Statt einer Gender/LSBTTIQ-Disclaimer-Fußnote: Eigentlich müsste hier *StudentInnen* stehen. Auf die BinnenMajuskel wird im ganzen Text verzichtet – weniger aus frauendiskriminierender Absicht als lesbarkeitshalber. Auch Sternchen, Unterstriche und Doppelpunkte habe ich aus dem gleichen Grund vermieden. Wenn sich nicht eindeutig aus dem Zusammenhang das Gegenteil ergibt (etwa beim *Gesamtschuldnerinnenausgleich*, wo die gender political correctness zum *Gesamtschuldnerinneninnenausgleich* führen würde; ähnlich bei der *Richterinnenperspektive*), ist immer das andere Geschlecht mitgemeint, sodass sich bei *Feministen* bitte auch die *Feministinnen* angesprochen fühlen sollen. Gleiches gilt für transidentitäre Personen. Informativ zum Problem des sprachlich-geschlechterpolitischen Anstands Scheffler JZ 2004, 1162 f.; eine interessante Variante

Unersetzlich waren Prof. Dr. Hans-Peter Benöhr, der mich sehr ermutigt hat, und mein Vater, der jahrelang bis an die Grenze des Zumutbaren korrekturlesen musste. Prof. Dr. Friedrich E. Schnapp danke ich für etliche Fundstücke, die die Beispiele plastischer werden ließen. Musan Pintol, Bärbel Smakman und Andrea Bertler im Verlag schulde ich wieder einmal Dank für die souveräne Betreuung des Manuskripts.

Auch ein oft überarbeiteter Text kann besser werden. Ich freue mich über jeden Vorschlag.

Frankfurt am Main, April 2022   Roland Schimmel

---

bietet der Gesetzgeber, der in § 1 S. 1 UWG die *Verbraucherinnen und Verbraucher* nennt (immerhin in klassisch-höflicher Reihenfolge), danach aber nur noch die *Verbraucher*. Hätte man das als Definition gestaltet, wäre es doch eigentlich ganz in Ordnung – oder? Einen ähnlichen Ansatz wählt der Gesetzgeber in § 6 II 1 AGG: „Arbeitgeber (Arbeitgeber und Arbeitgeberinnen) im Sinne dieses Abschnitts sind …". Auch die zum 1.4.2013 in Kraft getretene Fassung der StVO vermeidet geschlechtsspezifische Bezeichnungen: Aus „Der Fahrzeugführer …" (zB § 3 I StVO) wird „Wer ein Fahrzeug führt …". Für Genervte: binnenibegone.awardspace.com/. Statistisch gesehen ist in juristischen Fachtexten eine geschlechtneutrale Ausdrucksweise übrigens die seltene Ausnahme (aber es gibt sie, zB Birkenkötter/Steinbeis JURA 2015, 23 ff.; Schneider JURA 2018, 165 ff.; durchgehend die weibliche Form verwendet Brandt Dr. jur.). Wie schwierig sie in letzter Konsequenz wird, sieht man an t1p.de/91mg. Sympathisch-pragmatisch der angelsächsische Umgang mit ritualisierten Beteuerungen in Sternchenfußnoten: *The usual disclaimer applies.*

Inhaltsverzeichnis

Abkürzungsverzeichnis

BGB . . . . Bürgerliches Gesetzbuch
BGBl. . . . . Bundesgesetzblatt
BGH . . . . Bundesgerichtshof
BGHZ . . . . Entscheidungen des Bundesgerichtshofs in Zivilsachen
BKA . . . . Bundeskriminalamt
BLJ . . . . Bucerius Law Journal (Online-Zeitschrift)
BND . . . . Bundesnachrichtendienst
BNetzA . . . . Bundesnetzagentur
BPatG . . . . Bundespatentgericht
BRD . . . . Bundesrepublik Deutschland
BRJ . . . . Bonner Rechtsjournal (Zeitschrift)
BSE . . . . Bovine spongiforme Enzephalopathie
BT . . . . Besonderer Teil
BT-DrS . . . . Bundestags-Drucksache
BtmG . . . . Betäubungsmittelgesetz
BUrlG . . . . Bundesurlaubsgesetz
BVerfG . . . . Bundesverfassungsgericht
BVerwG . . . . Bundesverwaltungsgericht
BvR . . . . Verfassungsbeschwerde (Registerzeichen des BVerfG)
BW . . . . Baden-Württemberg

C
ca. . . . . circa
CCITT . . . . Comite Consultatif International Telephonique et Telegraphique
CD . . . . Compact Disc
CDU . . . . Christlich Demokratische Union Deutschlands
CIA . . . . Central Intelligence Agency
cic . . . . culpa in contrahendo
CIP . . . . Catalogue Interoperability Protocol
CCZ . . . . Corporate Compliance Zeitschrift

D
DAV . . . . Deutscher Anwaltverein
DB . . . . Der Betrieb (Zeitschrift)
ders. . . . . derselbe
dies. . . . . dieselbe, dieselben
DIN . . . . Deutsches Institut für Normung
Diss. . . . . Dissertation
DJT . . . . Deutscher Juristentag
DNB . . . . Deutsche Nationalbibliothek
DOI . . . . Digital Object Identifier
DÖV . . . . Die Öffentliche Verwaltung (Zeitschrift)
DRiZ . . . . Deutsche Richterzeitung
dt . . . . deutsch
DTP . . . . Desktop publishing
DVBl. . . . . Deutsches Verwaltungsblatt (Zeitschrift)
DVP . . . . Deutsche Verwaltungspraxis (Zeitschrift)

E
EBS . . . . European Business School
EBV . . . . Eigentümer-Besitzer-Verhältnis
ECLI . . . . European Case Law Identifier
EEG . . . . Gesetz für den Vorrang Erneuerbarer Energien

EG . . . . Vertrag zur Gründung der Europäischen Gemeinschaft
EGGVG . . . . Einführungsgesetz zum Gerichtsverfassungsgesetz
EGMR . . . . Europäischer Gerichtshof für Menschenrechte
EL . . . . Ergänzungslieferung
ELI . . . . European Legislation Identifier
et al. . . . . et alii, et aliae
etc. . . . . et cetera
EuG . . . . Europäisches Gericht erster Instanz
EuGH . . . . Europäischer Gerichtshof
EuGVO . . . . Europäische Verordnung über die gerichtliche Zuständigkeit und
                     die Anerkennung und Vollstreckung von Entscheidungen in Zivil-
                     und Handelssachen
EUR . . . . Euro
EWG . . . . Europäische Wirtschaftsgemeinschaft
EWiR . . . . Entscheidungen zum Wirtschaftsrecht (Entscheidungssammlung)
EzA . . . . Entscheidungssammlung zum Arbeitsrecht

F
f., ff. . . . . folgende
faq . . . . frequently asked questions
FASZ . . . . Frankfurter Allgemeine Sonntagszeitung
FAZ . . . . Frankfurter Allgemeine Zeitung
FGG . . . . Gesetz über die Angelegenheiten der freiwilligen Gerichtsbarkeit
FH . . . . Fachhochschule
Fn. . . . . Fußnote
FS . . . . Festschrift
FZV . . . . Fahrzeug-Zulassungsverordnung

G
GA . . . . Goltdammers Archiv für Strafrecht (Zeitschrift)
GAU . . . . Größter anzunehmender Unfall
GesR . . . . Gesundheitsrecht
GewArch . . . . Gewerbe Archiv (Zeitschrift)
GewO . . . . Gewerbeordnung
GG . . . . Grundgesetz
ggf. . . . . gegebenenfalls
GLJ . . . . German Law Journal (Online-Zeitschrift)
GmbH . . . . Gesellschaft mit beschränkter Haftung
GmbHG . . . . GmbH-Gesetz
GmS-OGB . . . . . Gemeinsamer Senat der obersten Gerichtshöfe des Bundes
GoA . . . . Geschäftsführung ohne Auftrag
GoJIL . . . . Goettingen Journal of International Law
GreifRecht . . . . . . Greifswalder Halbjahresschrift für Rechtswissenschaft
GRUR . . . . Gewerblicher Rechtsschutz und Urheberrecht (Zeitschrift)
GRUR-RR . . . . . . GRUR-Rechtsprechungs-Report (Zeitschrift)
GRZ . . . . Göttinger Rechts-Zeitschrift (Online-Zeitschrft)
GS . . . . Gedächtnisschrift und Großer Senat
GVG . . . . Gerichtsverfassungsgesetz
GVIDVDV . . . . . . Verordnung über den Vorbereitungsdienst für den gehobenen Ver-
                     waltungsinformatikdienst des Bundes
GWB . . . . Gesetz gegen Wettbewerbsbeschränkungen
GwG . . . . Geldwäschegesetz

H

Habil.	Habilitationsschrift
HaftPflG	Haftpflichtgesetz
HanLR	Hanover Law Review (Online-Zeitschrift)
Hdb	Handbuch
HFR	Humboldt Forum Recht (Online-Zeitschrift)
HG	Hochschulgesetz
HGB	Handelsgesetzbuch
HIV	Humanes[6] Immundefizienzvirus
hM	herrschende Meinung
HRRS	Höchstrichterliche Rechtsprechung im Strafrecht (Online-Zeitschrift)
Hrsg.	Herausgeber
hrsgg.	herausgegeben
HSOG	Hessisches Gesetz über die öffentliche Sicherheit und Ordnung

I

ICL	International Constitutional Law (Online-Zeitschrift)
idR	in der Regel
IGH	Internationaler Gerichtshof
IHK	Industrie- und Handelskammer
InsO	Insolvenzordnung
IPR	Internationales Privatrecht
ISBN	Internationale Standardbuchnummer
iSd	im Sinne der/des
iSv	im Sinne von
ius.full	Forum für juristische Bildung (Zeitschrift)
iVm	in Verbindung mit

J

JA	Juristische Arbeitsblätter (Zeitschrift)
JAP	Juristische Ausbildung und Praxisvorbereitung (Zeitschrift)
JAPO	Ausbildungs- und Prüfungsordnung für Juristen
JherJb	Jherings Jahrbücher (Zeitschrift)
JIPITEC	Journal of Intellectual Property, Information Technology and E-Commerce Law (Online-Zeitschrift)
JöR	Jahrbuch des öffentlichen Rechts der Gegenwart
JSE	Jura Studium und Examen (Online-Zeitschrift)
jun.	junior
JURA	Juristische Ausbildung (Zeitschrift)
JurPC	Internet-Zeitschrift für Rechtsinformatik und Informationsrecht
JuS	Juristische Schulung (Zeitschrift)
JZ	Juristenzeitung (Zeitschrift)

K

K&R	Kommunikation und Recht (Zeitschrift)
KAGB	Kapitalanlagegesetzbuch
KBA	Kraftfahrt-Bundesamt
KE	Kommissions-Entwurf
KJ	Kritische Justiz (Zeitschrift)
KO	Konkursordnung

---

6 Interessant. Ist das Virus wirklich human? Näher → Rn. 333. Na gut, die BSE ist ja auch bovin.

KÖSDI	Kölner Steuerdialog (Zeitschrift)
KriPoZ	Kriminalpolitische Zeitschrift
KritV	Kritische Vierteljahresschrift für Gesetzgebung und Rechtswissenschaft (Zeitschrift)
KSchG	Kündigungsschutzgesetz
KWG.	Kreditwesengesetz

L

LA	Liber amicorum
lat.	lateinisch
LAG	Landesarbeitsgericht
LG	Landgericht
LSBTTIQ und	Lesbian, Gay, Bisexual, Transsexual, Queer, Intersexual, Asexual,
LGBTQIAPAOPEG	Plus, All, Other, Possibly, Existing, Groups
Lit.	Literatur
lit.	Buchstabe
LL.B.	Bachelor of Laws (Online-Zeitschrift)
LL.M.	Legum Magister
LM	Lindenmaier/Möhring (Entscheidungssammlung)
LMK	Kommentierte BGH-Rechtsprechung Lindenmaier/Möhring
loc. cit.	loco citato (am angegebenen Ort)
Ls.	Leitsatz
LTO	Legal Tribune Online (Online-Zeitschrift)

M

MaRisk	Mindestanforderungen an das Risikomanagement
MdB	Mitglied des Bundestags
MedR	Medizinrecht (Zeitschrift)
MDR	Monatsschrift für Deutsches Recht (Zeitschrift)
MiFID	Markets in Financial Instruments Directive
MIR	Medien, Internet und Recht (Online-Zeitschrift)
MLR	Marburg Law Review (Zeitschrift)
MMR	MultiMedia und Recht (Zeitschrift)
mwN	mit weiteren Nachweisen

N

NdsVBl.	Niedersächsische Verwaltungsblätter
nF	neue Fassung / neue Folge
NJ	Neue Justiz (Zeitschrift)
NJOZ	Neue Juristische Online Zeitschrift
NJW	Neue Juristische Wochenschrift (Zeitschrift)
NJW-RR	NJW-Rechtsprechungs-Report (Zeitschrift)
Nr.	Nummer
NRW	Nordrhein-Westfalen
NRWE	Entscheidungsdatenbank des Landes NRW
NStZ	Neue Zeitschrift für Strafrecht
NStZ-RR	NStZ-Rechtsprechungs-Report (Zeitschrift)
NVwZ	Neue Zeitschrift für Verwaltungsrecht
NWB	Neue Wirtschafts-Briefe
NWVBl.	Nordrhein-Westfälische Verwaltungsblätter (Zeitschrift)
NZA	Neue Zeitschrift für Arbeitsrecht
NZBau	Neue Zeitschrift für Baurecht
NZFam	Neue Zeitschrift für Familienrecht

NZG . . . . Neue Zeitschrift für Gesellschaftsrecht
NZM . . . . Neue Zeitschrift für Mietrecht
NZV . . . . Neue Zeitschrift für Verkehrsrecht

O
OdW . . . . Ordnung der Wissenschaft (Online-Zeitschrift)
oJ . . . . ohne Jahresangabe
OLG . . . . Oberlandesgericht
oO . . . . ohne Ortsangabe
OPAC . . . . Online Public Access Catalogue
oV . . . . ohne Verfasserangabe
OVG . . . . Oberverwaltungsgericht
OWiG . . . . Gesetz über Ordnungswidrigkeiten

P
PC . . . . Personal Computer
PCP . . . . Pentachlorphenol
PDF . . . . Portable Document Format
pFV . . . . positive Forderungsverletzung
ProdHaftG . . . . . . Produkthaftungsgesetz
pt . . . . Punkt

R
RA . . . . Rechtsanwalt
RabelsZ . . . . Rabels Zeitschrift für ausländisches und internationales Privatrecht
ReWir . . . . Recklinghäuser Beiträge zu Recht und Wirtschaft
Rg . . . . Rechtsgeschichte (Zeitschrift)
RG . . . . Reichsgericht
RGBl. . . . . Reichsgesetzblatt
RGZ . . . . Entscheidungen des Reichsgerichts in Zivilsachen
RIW . . . . Recht der internationalen Wirtschaft (Zeitschrift)
Rn. . . . . Randnummer
r. Sp. . . . . rechte Spalte
Rspr. . . . . Rechtsprechung
RVG . . . . Rechtsanwaltsvergütungsgesetz
RW . . . . Rechtswissenschaft (Zeitschrift)

S
S. . . . . Satz, Seite
sen. . . . . senior
SigG . . . . Signaturgesetz
SJZ . . . . Süddeutsche Juristenzeitung
Slg. . . . . Sammlung
SMS . . . . Short Message Service
s. oben . . . . siehe oben
sog. . . . . sogenannte/r
SozSichAbkÄnd . . Gesetz zu dem Zusatzabkommen vom 2. November 1984 zum Ab-
Abk2ZAbkTURG kommen vom 30. April 1964 zwischen der Bundesrepublik Deutschland und der Republik Türkei über Soziale Sicherheit und zu der Vereinbarung vom 2. November 1984 zur Durchführung des Abkommens vom 11. Dezember 1986
SPD . . . . Sozialdemokratische Partei Deutschlands
StGB . . . . Strafgesetzbuch

StPO . . . . Strafprozessordnung
StudZR . . . . Studentische Zeitschrift für Rechtswissenschaft
StVG . . . . Straßenverkehrsgesetz
StVO . . . . Straßenverkehrsordnung
StVZO . . . . Straßenverkehrszulassungsordnung

T
taz . . . . die tageszeitung
Tbm . . . . Tatbestandsmerkmal
TKG . . . . Telekommunikationsgesetz
TVG . . . . Tarifvertragsgesetz

U
ua . . . . und andere
UAS . . . . University of Applied Sciences
UFITA . . . . Archiv für Urheber- und Medienrecht (Zeitschrift)
UrhG . . . . Gesetz über Urheberrecht und verwandte Schutzrechte
URL . . . . Uniform Resource Locator
URN . . . . Uniform Resource Name
usw. . . . . und so weiter
UWG . . . . Gesetz gegen den unlauteren Wettbewerb

V
v. . . . . von, vom
VBlBW . . . . Verwaltungsblätter für Baden-Württemberg (Zeitschrift)
VDI . . . . Verein Deutscher Ingenieure
VDS . . . . Verein Deutsche Sprache
VersR . . . . Versicherungsrecht (Zeitschrift)
VerwArch . . . . . . Verwaltungsarchiv (Zeitschrift)
VGH . . . . Verwaltungsgerichtshof
vgl. . . . . vergleiche
VIZ . . . . Zeitschrift für Vermögens- und Immobilienrecht
VVDStRL . . . . . . Veröffentlichungen der Vereinigung Deutscher Staatsrechtslehrer
VwGO . . . . Verwaltungsgerichtsordnung
VwVfG . . . . Verwaltungsverfahrensgesetz

W
WaffenG . . . . Waffengesetz
WiJ . . . . Journal der Wirtschaftsstrafrechtlichen Vereinigung
WissR . . . . Wissenschaftsrecht (Zeitschrift)
WM . . . . Wertpapier-Mitteilungen Teil IV (Zeitschrift)
WpHG . . . . Wertpapierhandelsgesetz
WuB . . . . Entscheidungssammlung zum Wirtschafts- und Bankrecht

Z
Z . . . . Zeile
ZaöRV . . . . Zeitschrift für ausländisches öffentliches Recht und Völkerrecht
zB . . . . zum Beispiel
ZDF . . . . Zweites Deutsches Fernsehen
ZDRW . . . . Zeitschrift für Didaktik der Rechtswissenschaft
ZevKR . . . . Zeitschrift für evangelisches Kirchenrecht
ZGE . . . . Zeitschrift für Geistiges Eigentum
ZGR . . . . Zeitschrift für Unternehmens- und Gesellschaftsrecht

Schrifttumsverzeichnis

Dieses Schrifttumsverzeichnis dient zwei Zwecken: Zum einen enthält es die bibliographischen Informationen zu den in den Fußnoten zitierten Texten. Zum anderen illustriert es beispielhaft die Arbeitshinweise in → Rn. 496 ff., auf die sich auch die Verweise am Rand beziehen. 496

Von den unselbstständigen Texten (Zeitschriftenbeiträge, Festschriftenbeiträge etc.) ist nur eine Auswahl wiedergegeben.

Achtung: Der Bequemlichkeit des Lesers wegen enthält das Verzeichnis Hinweise auf Taschenbuchausgaben einiger zitierter Titel. Diese sollen Ihnen die Entscheidung erleichtern, mal wieder ein Buch zu kaufen. In einem wissenschaftlichen Rechtsgutachten lässt man sie aber weg, weil sie keine für den Leser wichtige Information enthalten.

A

Adams, M., Ökonomische Theorie des Rechts – Konzepte und Anwendungen, 2. Aufl. 2004 487

Adomeit, K./Hähnchen, S., Latein für Jurastudierende, 8. Aufl. 2022

Adomeit, K./Hähnchen, S., Rechtstheorie für Studenten, 7. Aufl. 2018

Adorjan, J., Der Fall Embde, in: FASZ v. 6.7.2008, 23 518

Ahrens, C., Zivilrechtliche Zurückbehaltungsrechte, 2003

Ahrens, W., Der Angeklagte erschien in Bekleidung seiner Frau, 3. Aufl. 2009

Ahrens, W., Der Angeklagte trägt die Kisten des Verfahrens, 2010

Ahrens, W., Der Geschädigte liegt dem Vorgang bei, 7. Aufl. 2010

Ahrens, W., Der Unfallort hat sich bereits entfernt, 4. Aufl. 2007

Ahrens, W., Der Polizist rettete sich durch einen Seitensprung, 2008

Aichele, A./Meier, J./Renzikowski, J./Simmert, S., Einführung in die Logik und ihren Gebrauch, 2015

Albrecht, A., Juristisch denken und argumentieren, 2. Aufl. 2009

Alpmann, J. et al., Brockhaus Studienlexikon Recht, 4. Aufl. 2014

Althaus, S., Die Konstruktion der herrschenden Meinung in der juristischen Kommunikation, 1994

Anders, M./Gehle, B., Das Assessorexamen im Zivilrecht, 14. Aufl. 2020

Angele, S., Das Rating von CDOs, 2014

Armbruster, M./Deppner, T./Feihle, P./Germershausen, C./Lehnert, M./Röhner, C./Wapler, F., Examen ohne Repetitor, 5. Aufl. 2021

Augsberg, S./Büßer, J., Der Kurzvortrag im ersten Examen – Zivilrecht, 3. Aufl. 2015

Augst, G., Der Bildungswortschatz, 2019

B

Baumert, A., Professionell texten, 4. Aufl. 2017 512

Baumgärtel, G. ua, Handbuch der Beweislast, 4. Aufl. 2019 ff. 509

Baur, F./Stürner, R./Stadler, A., Sachenrecht, 19. Aufl. 2022

Beaucamp, G./Beaucamp, J., Methoden und Technik der Rechtsanwendung, 4. Aufl. 2019

Beck, H., Recherchieren, Strukturieren, Präsentieren – So überzeugen Sie in Abschlussarbeiten, Artikeln, Reports und Vorträgen, 2014

Bendix, M., Wissenschaftliche Arbeiten typographisch gestalten, 2008

Benke, N./Meissel, F.-S., Juristenlatein, 3. Aufl. 2010

Berg, H., Übungen im Bürgerlichen Recht, 12. Aufl. 1976

Berger, P., Flotte Schreiben vom Amt – Eine Stilfibel, 2004

Bergmann, M./Schröder, C./Sturm, M., Richtiges Zitieren, 2. Aufl. 2023

Bergmans, B., Juristische Informationen – suchen, bewerten, beschaffen, aktualisieren, 2007

Bergmans, B., Lern- und Arbeitstechniken für das Jurastudium, 2013

512/518 Berkemann, J., Gesetzesbindung und Fragen einer ideologiekritischen Urteilskritik, in: Leibholz, G. ua (Hrsg.), Menschenwürde und freiheitliche Rechtsordnung – Festschrift für Willi Geiger zum 65. Geburtstag, 1974, 299 ff.

Beyerbach, H., Die juristische Doktorarbeit – Eine Anleitung zum wissenschaftlichen Schreiben und Zitieren, 4. Aufl. 2021

Biermann, K./Haase, M., Sprachlügen: Unworte und Neusprech von „Atomruine" bis „zeitnah", 2012 (Taschenbuch 2013)

Binswanger, M., Sinnlose Wettbewerbe, 2010 (Taschenbuch 2012)

Boehme-Neßler, V., CyberLaw – Lehrbuch zum Internetrecht, 2001

Bonnekoh, M., Voice over IP – Rechtsprobleme der Konvergenz von Internet und Telefonie, 2007

Bork, R., Allgemeiner Teil des BGB, 4. Aufl. 2016

Brandt, E., Dr. jur. – Wege zu einer erfolgreichen Promotion, 2018

Braun, J., Der Zivilrechtsfall, 5. Aufl. 2012

Braunstein, D./Hesse, C., Schiffbruch beim Spagat – Wirres aus Geist und Gesellschaft 1, 2021

517 Bringewat, P., Methodik der juristischen Fallbearbeitung, 4. Aufl. 2020

546 Brox, H./Walker, W.-D., Allgemeiner Teil des BGB, 46. Aufl. 2022, zitiert: Brox/Walker BGB AT

Brox, H./Walker, W.-D., Allgemeines Schuldrecht, 46. Aufl. 2022, zitiert: Brox/Walker SchuldR AT

Brox, H./Walker, W.-D., Besonderes Schuldrecht, 46. Aufl. 2022, zitiert: Brox/Walker SchuldR BT

Brox, H./Rüthers, B./Henssler, M., Arbeitsrecht, 20. Aufl. 2020

Bruß, J., Lateinische Rechtsbegriffe, 2. Aufl. 1999

Brüssow, R., Das Anwaltsprivileg des Syndikus im Wirtschaftsstrafverfahren – Erforderlichkeit einer Neubewertung nach der Entscheidung des EuGH vom 19.6.2008?, in: DAV (Hrsg.), Strafverteidigung im Rechtsstaat, 2009, 91 ff.

Bub, W.-R./Treier, G., Handbuch der Geschäfts- und Wohnraummiete, 5. Aufl. 2019

503 Bull, H. P., Wie „riskant" sind Themenarbeiten? – Hilfestellungen und Tipps für Studierende, JuS 2000, 47 ff.

522 Bundesministerium der Justiz (Hrsg.), Handbuch der Rechtsförmlichkeit, 3. Aufl. 2008, t1p.de/khnv

522 Bundesverwaltungsamt (Hrsg.), Bürgernahe Verwaltungssprache, 4. Aufl. 2002, t1p.de/lp83

Butzer, H./Epping, V., Arbeitstechnik im Öffentlichen Recht. Vom Sachverhalt zur Lösung – Methodik, Technik, Materialerschließung, 3. Aufl. 2006

Bydlinski, F./Bydlinski, P., Grundzüge der juristischen Methodenlehre, 3. Aufl. 2018

Fn. 887 Byrd, B. S./Lehmann, M., Zitierfibel für Juristen, 2. Aufl. 2016

C

Canaris, C.-W./Larenz, K., Methodenlehre der Rechtswissenschaft, 3. Aufl. 1995

Chama, O., Studienführer juristische Grundlagenfehler, 2015

Claßen, V./Reins, A., Deutsch für Inländer, 2007

D

Dax, P./Hopf, G. (Hrsg.), Abkürzungs- und Zitierregeln der österreichischen Rechtssprache und europarechtlicher Rechtsquellen (AZR), 8. Aufl. 2019

Deutsch, E./Ahrens, H.-J., Deliktsrecht, 6. Aufl. 2014

Dichtl, E., Deutsch für Ökonomen, 1996

Dieckmann, A./Sorge, C., Der homo oeconomicus in der Rechtsanwendung, 2016

Diederichsen, U./Wagner, G., Die BGB-Klausur, 9. Aufl. 1998

Dornis, T./Keßenich, F./Lemke, D., Rechtswissenschaftliches Arbeiten – Ein Leitfaden für Form, Methode und Inhalt zivilrechtlicher Studienarbeiten, 2019

Dornseiff, F., Der deutsche Wortschatz nach Sachgruppen, 8. Aufl. 2004

Drosdeck, T., Die herrschende Meinung – Autorität als Rechtsquelle. Funktionen einer juristischen Argumentationsfigur, 1989

Dütz, W./Thüsing, G., Arbeitsrecht, 26. Aufl. 2021

Dunkl, M., Recht verständlich formuliert – Klartext statt Amtsdeutsch – Rechtstexte zielgruppengerecht schreiben für Mitarbeiter, Kunden, Bürger, 2021

E

Ebert, F., Sprache in der Rechtsanwendung, 3. Aufl 2020

Eckert, J./Hattenhauer, C., 75 Klausuren aus dem BGB mit Lösungsskizzen, 12. Aufl. 2008

Eco, U., Wie man eine wissenschaftliche Abschlussarbeit schreibt, 14. Aufl. 2020

Eidenmüller, H., Effizienz als Rechtsprinzip, 4. Aufl. 2015

Engel, S./Slapnicar, K. W., Die Diplomarbeit, 3. Aufl. 2003

Engisch, K., Einführung in das juristische Denken, 12. Aufl. 2018

Engisch, K., Logische Studien zur Gesetzesanwendung, 3. Aufl. 1963

Esselborn-Krumbiegel, H., Richtig wissenschaftlich schreiben – Wissenschaftssprache in Regeln und Übungen, 6. Aufl. 2021

F

Fahl, C., Jura für Nichtjuristen, 2. Aufl. 2012

Fahse, H./Hansen, U., Übungen für Anfänger im Zivil- und Strafrecht, 9. Aufl. 2000

Fezer, K.-H., Klausurenkurs zum BGB Allgemeiner Teil, 11. Aufl. 2021

Filip-Fröschl, J./Mader, P., Latein in der Rechtssprache, 4. Aufl. 2014

Finetti, M./Himmelrath, M., Der Sündenfall – Betrug und Fälschung in der deutschen Wissenschaft, 1999

Forstmoser, P./Ogorek, R./Schindler, B., Juristisches Arbeiten, 6. Aufl. 2018

Franck, N., Handbuch wissenschaftliches Arbeiten, 2019

Frenz, W., Öffentliches Recht – Eine nach Anspruchszielen geordnete Darstellung zur Examensvorbereitung, 8. Aufl. 2019

Fricke, G., Guter Stil leicht gemacht, 2001

Friedl, G./Loebenstein, H., Abkürzungs- und Zitierregeln der österreichischen Rechtssprache und europarechtlicher Rechtsquellen, 8. Aufl. 2019

Frings, H.-A., Der Sachverhalt geht aus dem Fall nicht heraus, 1996

G

Gärtner, S., Man spricht Deutsh, 2006

Garcia Marquez, G., Der Herbst des Patriarchen, dt. 1978

Gas, T., Die Remonstration gegen die Bewertung von Klausuren und Hausarbeiten – und wie man sie (nicht) schreiben sollte, abrufbar unter t1p.de/klc2

Gast, W., Juristische Rhetorik, 5. Aufl. 2015

von Gehlen, D., Mashup – Lob der Kopie, 2011

Georgi, O., Und täglich grüßt das Phrasenschwein – Warum Politiker keinen Klartext reden – und wieso das auch an uns liegt, 2019

Gernhuber, J., Die Erfüllung und ihre Surrogate sowie das Erlöschen der Schuldverhältnisse aus anderen Gründen, 2. Aufl. 1994

Glavinic, T., Der Kameramörder, 2001 (Taschenbuch 2003)

Gleiss, A., Unwörterbuch, 3. Aufl. 1988

Gleitsmann, B./Suthaus, C., Wissenschaftliches Arbeiten im Wirtschaftsstudium, 2013

Gottwald, C., Die rechtliche Regulierung von Sterbehilfegesellschaften, 2011

Grafton, A., Die tragischen Ursprünge der deutschen Fußnote, 1995 (Taschenbuch 1998)

503

Gramm, C./Wolff, H. A., Jura – erfolgreich studieren, 7. Aufl. 2015

Gramm, C. (Hrsg.), Kleine Fehlerlehre für Juristen nach Dr. Julius Knack, 1989

Groebner, V., Wissenschaftssprache. Eine Gebrauchsanleitung, 2012

Grüneberg, C., Kommentar zum Bürgerlichen Gesetzbuch, 81. Aufl. 2022

Grunau, M., Spiegel der Rechtssprache, 1961

Grund, U./Heinen, A., Wie benutze ich eine Bibliothek?, 2. Aufl. 1996

Gußen, L., Wissenschaftliches Arbeiten im Jurastudium, 2020

H

ter Haar, P./Lutz, C./Wiedenfels, M., Prädikatsexamen, 5. Aufl. 2021

Haft, F., Einführung in das juristische Lernen – Unternehmen Jurastudium, 7. Aufl. 2015

Haft, F., Juristische Lernschule, 2010

Haft, F., Juristische Methodenschule, 2014

Haft, F./Kulow, A.-C., Lernen mit dem Kopf – Trainieren mit dem Computer, 2007

Hägg, G., Die Kunst, überzeugend zu reden, 2. Aufl. 2003

Hahner, M./Scheide, W./Wilke-Thissen, E., Wissenschaftliche(s) Arbeiten mit Word 2010, 2011

Hanau, P./Adomeit, K., Arbeitsrecht, 14. Aufl. 2007

Hartmann, B. (Hrsg.), Hausarbeit im Staatsrecht: Musterlösungen und Gestaltungsrichtlinien für das Grundstudium, 4. Aufl. 2020

Hassemer, W., Warum Strafe sein muss – ein Plädoyer, 2009

Hattenhauer, H., Die Kritik des Zivilurteils – eine Anleitung für Studenten, 1970

Heesen, B., Wissenschaftliche Arbeiten schreiben mit Word 2013 – unkomplizierte Anleitung zur Word-Vorlage Thesis2013D, 2014

Heim, U., Ektogenese, 2004

Henscheid, E., Dummdeutsch, 7. Aufl. 2015

Herberger, M./Simon, D., Wissenschaftstheorie für Juristen, 1980 = t1p.de/lum1

Herrmann, M./Hoppmann, M./Stölzgen, K./Taraman, J., Schlüsselkompetenz Argumentation, 2. Aufl. 2012

Heuer, W., Deutsch unter der Lupe, 1972

Heuer, W., Darf man so sagen?, 1976

Hildebrand, T., Juristischer Gutachtenstil, 3. Aufl. 2017

Hildebrand, T., Wissenstraining Jura, 2018

Himmelreich, K./Andreae, M./Teigelack, L., AutoKaufRecht für Neu- und Gebrauchtwagen, 6. Aufl. 2017

Hirsch, B., Auf dem Weg in den Überwachungsstaat? „Es gilt dem bitteren Ende zu wehren!", in: Stefan H./Karsten R. (Hrsg.): Vom Rechtsstaat zum Präventionsstaat, 2008, 164 ff.

Hirsch, E. C., Die alte Dame abkassieren, in: Hirsch, E. C., Deutsch für Besserwisser, 1976, 99 f.

Hirsch, E. C., Grundprinzip mit Vorbedingung, in: Hirsch, E. C., Mehr Deutsch für Besserwisser, 1979, 163 f.

Hirsch, E. C., Deutsch kommt gut, 2008

Hirsch, E. C., Ist das Deutsch oder kann das weg?, 2019

Hirte, H., Der Zugang zu Rechtsquellen und Rechtsliteratur, 1991

Hoeren, T., Internetrecht, Stand: Dezember 2020 (t1p.de/yl1au)

Hömme, G., Die Kapitalerhaltung unter dem MoMiG ubB des Cash Poolings, 2015

Hoffmann, M., Deutsch fürs Studium – Grammatik und Rechtschreibung, 4. Aufl. 2021

Hoffmann, M., Besser Schreiben für Dummies, 2. Aufl. 2017

Hoffmann, M., Deutsch fürs Jurastudium, 3. Aufl. 2020

Hoffmann, U., Technik der Fallbearbeitung im Wirtschaftsprivatrecht, 4. Aufl. 2015

Holzleithner, E., Gerechtigkeit, 2009

Hromadka, W./Maschmann, F., Arbeitsrecht 1: Individualarbeitsrecht, 7. Aufl. 2018

Hugenschmidt, C., Studier- und Arbeitstechniken für Juristinnen und Juristen, 2005

I

Illner, M., Langenscheidt Politiker-Deutsch, Deutsch-Politiker – Politiker verstehen – leicht gemacht, 2007

J

Jahn, J., Anmerkung zu BGH v. 10.2.2005, III ZR 294/04 (= WM 2005, 810), EWiR 2005, 485 f.   516

Jahnel, D./Sramek, J., Neue Zitierregeln – NZR, 2. Aufl. 2017

Jauernig, O. (Hrsg.), BGB, 18. Aufl. 2021

Joecks, W., Studienkommentar StGB, 13. Aufl. 2021

Joerden, J. C., Logik im Recht – Grundlagen und Anwendungsbeispiele, 3. Aufl. 2018

Joyce, J., Ulysses, dt. 1975

Jurecks, D., Party, Party und Prädikatsexamen, 2006

K

Kaehlbrandt, R., Deutsch für Eliten, 1999 (Taschenbuch 2001)

Kaiser, T./Bannach, T., Prüfungswissen Jura für die mündliche Prüfung – 1. und 2. Staatsexamen, 5. Aufl. 2021

Kallert, R./Marschner, L./Schreiber, F./Söder, S., Das erfolgreiche Jurastudium, 1998

Keiler, S./Bezemek, C., leg cit4 – Leitfaden für juristisches Zitieren, 4. Aufl. 2020 (auch als elektronische Ressource verfügbar)

Kelek, N., Chaos der Kulturen, 2012

Kercher, J., Verstehen und Verständlichkeit von Politikersprache – Verbale Bedeutungsvermittlung zwischen Politikern und Bürgern, 2013

Kerschner, F., Wissenschaftliche Arbeitstechnik und Methodenlehre für Juristen, 6. Aufl. 2014

Kirchner, H./Böttcher, E., Abkürzungsverzeichnis der Rechtssprache, 9. Aufl. 2018

Klaner, A., Basiswissen Logik für Jurastudenten, 2005

Klaner, A., Richtiges Lernen für Jurastudenten und Rechtsreferendare, 5. Aufl. 2014

Klaner, A., Wie schreibe ich juristische Hausarbeiten, 3. Aufl. 2003

Kleinhietpaß, C., Metaphern der Rechtssprache und ihre Verwendung für Visualisierungen, 2005

Klemperer, V., LTI, 1947 (Taschenbuch: 27. Aufl. 2020)

Klünder, H./Schultze, M./Selent, M., Das mündliche Staatsexamen in 50 Fällen – Zivilrecht, 7. Aufl. 2017

Knöringer, D., Die Assessorklausur im Zivilprozess, 18. Aufl. 2020

Koch, H.-J./Rüßmann, H., Juristische Begründungslehre, 2. Aufl. 1982

Köbler, G., Etymologisches Rechtswörterbuch, 1995

Köbler, G., Juristisches Wörterbuch, 17. Aufl. 2018

Köbler, G., Wie werde ich Jurist?, 5. Aufl. 2007

Köhler, H./Bornkamm, J. (Hrsg.), Gesetz gegen den unlauteren Wettbewerb, 40. Aufl. 2022

Köhler, H., BGB Allgemeiner Teil, 46. Aufl. 2022

Kohl, G./Nimmerfall, P. (Hrsg.), Recht und Sprache in der Praxis, 2021

Kohler-Gehrig, E., Diplom-, Seminar-, Bachelor- und Masterarbeiten in den Rechtswissenschaften, 2. Aufl. 2008

Koller, P., Theorie des Rechts, 2. Aufl. 1997

Kopke, W., Die Rechtschreibreform erneut vor Gericht. Anmerkung zu OVG Lüneburg v. 13.9.2005, 13 MC 214/05 (= NJW 2005, 3590), NJW 2005, 3538 ff.   516

Koppensteiner, H.-G./Kramer, E. A., Ungerechtfertigte Bereicherung, 2. Aufl. 1988

Konrath, C. (Hrsg.), SchreibGuide Jus – Juristisches Schreiben für Studium und Praxis, 4. Aufl. 2018

Korn, K., Sprache in der verwalteten Welt, 2. Aufl. 1959

Kornmeier, M., Wissenschaftlich schreiben leicht gemacht – für Bachelor, Master und Dissertation, 9. Aufl. 2021

Kosman, L./Kling, B./Richarz, J., Wie schreibe ich juristische Hausarbeiten, 3. Aufl. 2004

498 König, W., Juristische Methoden für Dummies, 2016

Kötz, H./Schäfer, H. B., Judex oeconomicus, 2003

Kraft, M., Juristische Online-Datenbanken – eine Einkaufshilfe, 2005

Kramer, E., Juristische Methodenlehre, 6. Aufl. 2020

Krämer, R./Rohrlich, M., Haus- und Examensarbeiten mit Word, 2005

Krämer, W./Trenkler, G., Modern Talking auf deutsch, 2000 (Taschenbuch 2001)

Krämer, W./Trenkler, G., Lexikon der populären Irrtümer, 1996

Krämer, W./Kaehlbrandt, R., Die Ganzjahrestomate und anderes Plastikdeutsch, 2007 (Taschenbuch 2009)

Krause, R., Arbeitsrecht, 4. Aufl. 2019

Kreutz, P., Propädeutik Rechtswissenschaften – Kurzanleitung zur Erstellung juristischer Seminararbeiten, 2011

Kropholler, J./von Hinden, M./Jacoby, F., Studienkommentar zum BGB, 17. Aufl. 2020

Kruse, O., Kritisches Denken und Argumentieren – Eine Einführung für Studierende, 2017

Kühl, K., Strafrecht Allgemeiner Teil, 8. Aufl. 2017

Kühtz, S., Wissenschaftlich formulieren – Tipps und Textbausteine für Studium und Schule, 6. Aufl. 2021

Kuhn, T., Analyse von Fehlern in juristischen Prüfungsleistungen, in: Kramer, U./Kuhn, T./Putzke, H. (Hrsg.): Fehler im Jurastudium – Ausbildung und Prüfung, 2012, 21 ff.

L

Lagodny, O., Gesetzestexte suchen, verstehen und in der Klausur anwenden, 2. Aufl. 2013

Lagodny, O., Juristisches Begründen, 2013

Lange, B., Jurastudium erfolgreich; Planung – Lernstrategie – Zeitmanagement, 9. Aufl. 2023

Lange, H.-J., Der Wandel des föderalen Sicherheitsverbundes, in: Huster, S./Rudolph, K. (Hrsg.): Vom Rechtsstaat zum Präventionsstaat, 2008, 64 ff.

Langer, I./Schulz von Thun, F./Tausch, R., Sich verständlich ausdrücken, 10. Aufl. 2015

Larenz, K., Methodenlehre der Rechtswissenschaft, 6. Aufl. 1991

Larenz, K., Schuldrecht Allgemeiner Teil, 14. Aufl. 1987

515 Leist, W., Der erfolgreiche juristische Vortrag, JuS 2003, 441 ff.

515 Lemke, V., „1. Ansicht, 2. Ansicht, 3. Ansicht, Stellungnahme" – Überlegungen zur Aufarbeitung von streitigen Fragen im öffentlichen Recht, JA 2002, 509 ff.

Lieb, M., Arbeitsrecht, 9. Aufl. 2006

Lieberwirth, R., Latein im Recht, 5. Aufl. 2007

Liebs, D., Lateinische Rechtsregeln und Rechtssprichwörter, 7. Aufl. 2007

Lippert, P., Wege zum Prädikatsexamen, 2021

Löwisch, M./Caspers, G./Klumpp, S., Arbeitsrecht, 12. Aufl. 2019

515 Lüdemann, J., Die verfassungskonforme Auslegung von Gesetzen, JuS 2004, 27 ff.

M

Mann, T., Einführung in die juristische Arbeitstechnik, 5. Aufl. 2015

Marquard, O., Abschied vom Prinzipiellen, 1981

Martens, S., Leitfaden für die juristische Promotion: Themenfindung – Methodik – Veröffentlichung, 2019

Mathis, K., Effizienz statt Gerechtigkeit?, 4. Aufl. 2019

Meadows, D. L. et al., Die Grenzen des Wachstums – Bericht des Club of Rome zur Lage der Menschheit, 1972

Medicus, D./Petersen, J., Allgemeiner Teil des BGB, 11. Aufl. 2016, zitiert: Medicus/ Petersen AT

Medicus, D./Petersen, J., Bürgerliches Recht, 28. Aufl. 2021

Meier, B.-D., Strafrechtliche Sanktionen, 5. Aufl. 2019

Meier, C. X., Der Denkweg der Juristen, 2000

Melzer, J./Sieg, S., Come in and burn out, 2011

Meyer, D., Juristische Fremdwörter, Fachausdrücke und Übersetzungen, 13. Aufl. 2012

Michalski, L./Westerhoff, R., Arbeitsrecht, 8. Aufl. 2020

Michel, H./Bruns, P., Der Schriftsatz des Anwalts im Zivilprozess, 7. Aufl. 2022

Minas, M., Die Anspruchsgrundlagen des BGB – Präzisiert für Gutachten und Urteil, 1993

Minoggio, I., Firmenverteidigung, 2. Aufl. 2010, 3. Aufl. 2015 unter dem Titel: Unternehmensverteidigung

Mix, C., Schreiben im Jurastudium: Klausur, Hausarbeit, Themenarbeit, 2011

Möllers, T., Juristische Arbeitstechnik und wissenschaftliches Arbeiten, 10. Aufl. 2021

Möllers, T., Juristische Methodenlehre, 3. Aufl. 2020

Mörschner, L., Erbrecht, 2006

Moll, M./Thielmann, W., Wissenschaftliches Deutsch, 2016

Monsch, C., Bring Your Own Device (BYOD) – Rechtsfragen der dienstlichen Nutzung arbeitnehmereigener mobiler Endgeräte im Unternehmen, 2017

Müller, F./Christensen, R., Juristische Methodik, Bd. I, 11. Aufl. 2013

Müller, R., ZitierGuide – Leitfaden zum fachgerechten Zitieren in rechtswissenschaftlichen Arbeiten, 4. Aufl. 2016

Musielak, H.-J./Hau, W., Grundkurs BGB, 17. Aufl. 2021

546

N

Naucke, W., Strafrecht – eine Einführung, 10. Aufl. 2002

Nemitz, R., Die Schemata, Bd. I: Technik der Fallbearbeitung – Bürgerliches Recht, Strafrecht, Öffentliches Recht, 5. Aufl. 2006

Neumann, S., Rechtslexikon BGB – mit Erläuterungen und Übungsfällen, 2. Aufl. 2019

Neuner, A., Allgemeiner Teil des Bürgerlichen Rechts, 12. Aufl. 2020

Nicol, N./Albrecht, R., Wissenschaftliche Arbeiten schreiben mit Word 2007, 6. Aufl. 2007

Nicol, N./Albrecht, R., Wissenschaftliche Arbeiten schreiben mit Word 2010, 2010

Niederhauser, J., Die schriftliche Arbeit, 2019

Niederle, J., 500 Spezial-Tipps für Juristen – wie man geschickt durchs Studium und das Examen kommt, 15. Aufl. 2021

O

Oberheim, R., Zivilprozessrecht für Referendare, 14. Aufl. 2021

Ogorek, R., Kleine Gebrauchsanweisung für das mündliche Staatsexamen, Law Zone 2/2008, 17 ff. (t1p.de/o5ut)

Otto, H., Arbeitsrecht, 5. Aufl. 2020

P

Pätzold, J., Die gemeinschaftliche Adoption Minderjähriger durch eingetragene Lebenspartner, 2006

Pape, J., Corporate Compliance – Rechtspflichten zur Verhaltenssteuerung von Unternehmensangehörigen in Deutschland und den USA, 2011

Pawlowski, H.-M., Methodenlehre für Juristen, 3. Aufl. 1999

516a

Pawlowski, H.-M., Buchbesprechung zu Larenz/Wolf, Allgemeiner Teil des BGB, 9. Aufl. 2004, JZ 2005, 190

Pense, U., Basiswissen Methodik der Fallbearbeitung - Juristische Klausurtechnik für Studium und Examen, 5. Aufl. 2022

Petersen, J., Die mündliche Prüfung im ersten juristischen Staatsexamen – zivilrechtliche Prüfungsgespräche, 4. Aufl. 2020

512 Petersen, S., Die Firmenbestattung – eine rechtliche Beurteilung und Maßnahmen zur Bekämpfung, 2015

Pfeiffer, K.-N., Internet-Suchmaschinen und das Recht auf freie Meinungsäußerung, in: Ohly, A./Bodewig, T./Dreier, T./Götting, H.-P./Lehmann, M. (Hrsg.): Perspektiven des Geistigen Eigentums und Wettbewerbsrechts – Festschrift für Gerhard Schricker zum 70. Geburtstag, 2005, 137 ff.

Poenicke, K., Die schriftliche Arbeit, 2. Aufl. 1989

Pötters, S./Werkmeister, C., Basiswissen Jura für die mündlichen Prüfungen, 9. Aufl. 2021

Potacs, M., Rechtstheorie, 2. Aufl. 2019

Prantl, H., Der Terrorist als Gesetzgeber – Wie man mit Angst Politik macht, 2008

Prexl, L., Mit digitalen Quellen arbeiten, 3. Aufl. 2019

Puppe, I., Kleine Schule des juristischen Denkens, 4. Aufl. 2019

Putzke, H., Juristische Arbeiten erfolgreich schreiben – Klausuren, Hausarbeiten, Seminare, Master- und Bachelorarbeiten, 7. Aufl. 2021

R

Radbruch, G., Rechtsphilosophie, 8. Aufl. 1973, hrsgg. von Wolf, E./Schneider, H.-P. (Studienausgabe: 2. Aufl. 2003, hrsgg. von Dreier, R./Paulson, S. L.)

Reichold, H., Arbeitsrecht, 7. Aufl. 2022

Reimer, F., Juristische Methodenlehre, 2. Aufl. 2020

Reimer, P., Rechtstheorie, 2022

Reiners, L., Stilfibel – Der sichere Weg zum guten Deutsch, 27. Aufl. 2007

Reiners, L./Meyer, S., Stilkunst – Ein Lehrbuch deutscher Prosa, 2. Aufl. der überarbeiteten Ausgabe 2004

Richter, R./Furubotn, E. G., Neue Institutionenökonomik – eine Einführung und kritische Würdigung, 4. Aufl. 2010

Rieble, V., Das Wissenschaftsplagiat – Vom Versagen eines Systems, 2010

Rieß, P./Fisch, S./Strohschneider, P., Prolegomena zu einer Theorie der Fußnote, 1995

Risse, J., Der verfassungsrechtliche Schutz der Homosexualität, 1998

Röhl, K. F./Röhl, H. C., Allgemeine Rechtslehre, 3. Aufl. 2008

Röhricht, V./Graf v. Westphalen, F., HGB Kommentar, 5. Aufl. 2019

Rolfs, C., Studienkommentar Arbeitsrecht, 4. Aufl. 2014

Rottmann, V., Karriereplanung für Juristen, 2005

Rückert, J./Seinecke, R. (Hrsg.), Methodik des Zivilrechts – Von Savigny bis Teubner, 3. Aufl. 2017

Rüthers, B./Fischer, C./Birk, A., Rechtstheorie mit juristischer Methodenlehre, 12. Aufl. 2022

Runkehl, J./Siever, T., Das Zitat im Internet, 2. Aufl. 2000 (t1p.de/9p8h)

S

509/517 Säcker, F. J./Rixecker, R./Oetker, H./Limperg, B. (Hrsg.), Münchener Kommentar zum BGB, 8. Aufl. 2018 ff., zitiert: MüKoBGB/Bearbeiter

Sander, G., Deutsche Rechtssprache, 2004

Schuschke, W./Kessen, M./Höltje, B., Zivilrechtliche Arbeitstechnik im Assessorexamen: Bericht, Votum, Urteil und Aktenvortrag, 35. Aufl. 2013

Sauer, H., Juristische Methodenlehre, in: Krüper, J. (Hrsg.), Grundlagen des Rechts, 4. Aufl. 2021, 199 ff.

v. Savigny, E., Grundkurs im wissenschaftlichen Definieren, 5. Aufl. 1980

Schack, H., BGB Allgemeiner Teil, 16. Aufl. 2019

Schäfer, H.-B./Ott, C., Lehrbuch der ökonomischen Analyse des Zivilrechts, 6. Aufl. 2020

Schapp, J., Methodenlehre des Zivilrechts, 1998

Schellhammer, K., Schuldrecht nach Anspruchsgrundlagen, 11. Aufl. 2021

Scheu, F., Hätt' mir das einer am Anfang gesagt – 100 Tipps für Jurastudierende, 2015 = t1p.de/16b9

Schimmel, R., Wissenschaft mit Wikipedia – warum eigentlich nicht?, in: Gedächtnisschrift für Manfred Wolf, hrsgg. von Pfeiffer, T./Grunsky, W./Dammann, J., 2011, 725 ff.

Schimmel, R., Juristendeutsch? Ein Buch voll praktischer Übungen für bessere Texte, 2. Aufl. 2020

Schimmel, R./Basak, D./Reiß, M., Juristische Themenarbeiten, 3. Aufl. 2017

Schindler, J. M., Rechtsmetaphorologie - Ausblick auf eine Metaphorologie der Grundrechte; eine Untersuchung zu Begriff, Funktion und Analyse rechtswissenschaftlicher Metaphern, 2016

v. Schlieffen, K./Fischer, J., Rechtsquelle Wikipedia? Praxis – Fiktionen – Standards = t1p.de/ba25

Schlink, B./Popp, W., Selbs Justiz, 1987   506

Schlosser, H. D., Sprache unterm Hakenkreuz, 2013

Schmalz, D., Methodenlehre für das juristische Studium, 4. Aufl. 1998

Schmalz, G., No economy – Wie der Gratiswahn das Internet zerstört, 2009

Schmidt-Wiegand, R. (Hrsg.), Deutsche Rechtsregeln und Rechtssprichwörter, 1996 (Taschenbuch 2002)

Schmoeckel, M., Auf der Suche nach der verlorenen Ordnung – 2000 Jahre Recht in Europa – Ein Überblick, 2005

Schmoeckel, M. ua (Hrsg.), Historisch-kritischer Kommentar zum BGB, 2003 ff.

Schmuck, M., Deutsch für Juristen, 5. Aufl. 2021

Schmuck, M., Klares Deutsch statt Schwulst, JA 2001, 911 f.

Schmude, A. A., Freiheit für Grönland – weg mit dem Packeis!, 1981

Schmude, A., Turm forever! 200 Graffiti-Sprüche aus dem Frankfurter Uni-Turm 1981 und 2013, 2014

Schnapp, F., Friedrich Schmitthenner – Ahnherr des besonderen Gewaltverhältnisses?, in: Krebs, W. (Hrsg.), Liber amicorum Hans-Uwe Erichsen, 2004, 231 ff.

Schnapp, F., Latein für Juristen – Ein Begleitbuch zum Jurastudium, 2023

Schnapp, F., Stilfibel für Juristen, 2004

Schneider, E./Schnapp, F., Logik für Juristen, 7. Aufl. 2016   498

Schneider, F. ., Odious Debts, Status quo und Regelungsmodell unter besonderer Berück-   498
sichtigung internationaler Menschenrechte, 2015

Schneider, W., Deutsch! – Das Handbuch für attraktive Texte, 2005

Schneider, W., Deutsch für Kenner, 1987 (Taschenbuch 2005)

Schneider, W., Deutsch für Profis, 1982 (Taschenbuch 2001)

Schneider, W., Speak German!, 2008 (Taschenbuch 2009)

Scholz, P./Schulte, C., Examen leicht gemacht – 1. und 2. juristisches Examen erfolgreich bestehen, 2. Aufl. 2007

Schopenhauer, A., Eristische Dialektik, (1831/1864) zitiert nach der Ausgabe Stuttgart   506
1983

Schroeter, U., Justitia und die Poesie – Juristisches in Reimen, 3. Aufl. 2010 = t1p.de/i96i

Schulz, M./Klugmann, M., Wissensmanagement für Anwälte, 3. Aufl. 2018 (angekündigt)

Schulze, R./Dörner, H./Ebert, I. et al., Handkommentar zum BGB, 11. Aufl. 2022   512

Schütz, C./Möllers, C., Fundstellenverzeichnis Veröffentlichte Entscheidungen deutscher Gerichte 1980–1997, 2. Aufl. 1998

Schwacke, P., Juristische Methodik mit Technik der Fallbearbeitung, 5. Aufl. 2011

Schwerdtfeger, G./Schwerdtfeger, A., Öffentliches Recht in der Fallbearbeitung, 15. Aufl. 2018

Schwintowski, H.-P., Juristische Methodenlehre, 2005

Sepperer, S., Der Rechtskrafteinwand in den Mitgliedstaaten der EuGVO, 2010

Sick, B., Der Dativ ist dem Genitiv sein Tod, 2004

Sick, B., Der Dativ ist dem Genitiv sein Tod – Folge 2, 2005

Sick, B., Der Dativ ist dem Genitiv sein Tod – Folge 3, 2006

Sieber, P./Steiger-Sackmann, S., Legal memorandum – Leitfaden für das Verfassen eines Rechtsgutachtens, 2. Aufl. 2018

Simon, H./Funk-Baker, G., Deutsche Rechtssprache – Ein Studien- und Arbeitsbuch mit Einführung in das deutsche Recht, 6. Aufl. 2017

Soentgen, J., Selbstdenken! – 20 Praktiken der Philosophie, 2003 (Taschenbuch 2007)

Soergel, H. T., Kommentar zum BGB, 13. Aufl. 1999 ff.

Sofsky, W., Verteidigung des Privaten, 2007 (Taschenbuch 2009)

Somek, A., Rechtstheorie zur Einführung, 2017

Specht, F./Bleckat, A./Jacobs, M., Jura geht auch anders – Ein Leitfaden für ein erfolgreiches und gelassenes Jurastudium mit vielen Tipps und praktischen Hinweisen, 2. Aufl. 2021

Spinnen, B./Posner, E., KlarsichtHüllen – Ein Dialog über Sprache in der modernen Wirtschaft, 2005

Spreng, N. M./Dietrich, S., Studien- und Karriere-Ratgeber für Juristen, 2006

Staaden, S., Rechtschreibung und Zeichensetzung endlich beherrschen, 2. Aufl. 2016

Stadler, A., BGB Allgemeiner Teil, 20. Aufl. 2020

Stadt Bochum (Hrsg.), Tipps zum einfachen Schreiben (t1p.de/0lx4)

Standop, E./Meyer, M. L.G., Die Form der wissenschaftlichen Arbeit, 18. Aufl. 2008

Steffahn, V., Reproduzieren(lassen) von Streitständen – ein Kardinalfehler, in: Kramer, U./ Kuhn, T./Putzke, H. (Hrsg.), Fehler im Jurastudium – Ausbildung und Prüfung, 2012, 161 ff.

Stein, E., Die rechtswissenschaftliche Arbeit – methodische Grundlegung und praktische Tipps, 2000

Stender-Vorwachs, J., Prüfungstraining Staats- und Verwaltungsrecht, 4. Aufl. 2003

Sternberger, D./Storz, G./Süskind, W. E., Aus dem Wörterbuch des Unmenschen, 3. Aufl. 1968

Stitic, I./Winter, M., Juristische Medienkompetenz, 2006

Streck, M., Beruf AnwaltAnwältin, 2. Aufl. 2011

Streng, F., Strafrechtliche Sanktionen, 3. Aufl. 2012

Süskind, W. E., Dagegen hab ich was, 1969

T

Theisen, M./Theisen, M., Wissenschaftliches Arbeiten – Technik, Methodik, Form, 18. Aufl. 2021

Tholl, D., Fundus – Fundstellenverzeichnis für Klausuren und Hausarbeiten, 2008

Tilch, H. (Hrsg.), Deutsches Rechts-Lexikon, 3. Aufl. 2001 ff.

Towfigh, E./Petersen, N. (Hrsg.), Ökonomische Methoden im Recht – eine Einführung für Juristen, 2. Aufl. 2017

Träger, T., Zitieren 2.0 – Elektronische Quellen und Projektmaterialien richtig zitieren, 3. Aufl. 2022

506 Tröndle, H., Strafgesetzbuch und Nebengesetze, 48. Aufl. 1997

Tucholsky, K., Der bewachte Kriegsschauplatz, in: Gerold-Tucholsky, M./Raddatz, F. J. (Hrsg.), Gesammelte Werke, Bd.9: 1931, 1960, 253 ff.

V

Valerius, B., Einführung in den Gutachtenstil, 4. Aufl. 2017

Vec, M. ua, Der Campus-Knigge, 2006 (Taschenbuch 2008)
Vesting, T., Rechtstheorie, 2. Aufl. 2015
Viehweg, T., Topik und Jurisprudenz, 5. Aufl. 1973
Vogel, I., Erfolgreich recherchieren Jura, 3. Aufl. 2020
Vogel, J., Juristische Methodik, 1998

W

Wagner, G., Deliktsrecht, 14. Aufl. 2021
Walter, R.-E./Heidtmann, F., Wie finde ich juristische Literatur?, 2. Aufl. 1984
Walter, T., Kleine Stilkunde für Juristen, 3. Aufl. 2017   501
Walter, T., Kleine Rhetorikschule für Juristen, 2. Aufl. 2017
Waltermann, R., Arbeitsrecht, 20. Aufl. 2021
Wank, R., Juristische Methodenlehre – Eine Anleitung für Wissenschaft und Praxis, 2020
Weber, F./Morell, R. (A.M. Textor), Sag es treffender, 2014
Weber, K. (Hrsg.), Rechtswörterbuch, 24. Aufl. 2022
Weber, S., Das Google-Copy-Paste-Syndrom – Wie Netzplagiate Ausbildung und Wissen
    gefährden, 2. Aufl. 2009
Wehrle, H./Eggers, H., Deutscher Wortschatz, 17. Nachdruck, 1993
Weigel, H., Die Leiden der jungen Wörter, 10. Aufl. 1986
Weigel, W., Rechtsökonomik, 2003   501
Werner, O., Fälle für Anfänger im Bürgerlichen Recht, 14. Aufl. 2022
Wesel, U., hM, in: Kursbuch 61 (1979), 88 ff., zitiert nach dem Wiederabdruck in Wesel,   506
    U., Aufklärungen über Recht, 6. Aufl. 1992, 14 ff.
Wessels, J./Beulke, W./Satzger, H., Strafrecht Allgemeiner Teil, 52. Aufl. 2022
Wieser, E., Prozessrechtskommentar zum BGB, 2. Aufl. 2002
Wilke, G., Informationsführer Jura – Juristische Recherche on- und offline, 4. Aufl. 2003
Willanzheimer, H., Die mündliche Strafrechtsprüfung im Assessorexamen – 12 Prü-
    fungsgespräche, allgemeine Hinweise, Wiederholungstipps, 4. Aufl. 2022
Willberg, H. P./Forssman, F., Erste Hilfe in Typografie, 7. Aufl. 2013
Wiltsche, H. A., Einführung in die Wissenschaftstheorie, 2. Aufl. 2021
Wollenschläger, M., Arbeitsrecht, 3. Aufl. 2010
Wörlen, R./Metzler-Müller, K., BGB AT – Einführung in das Recht und Allgemeiner Teil,
    15. Aufl. 2019
Wörlen, R./Kokemoor, A., Arbeitsrecht, 13. Aufl. 2019
Wörlen, R./Schindler, S./Balleis, K., Anleitung zur Lösung von Zivilrechtsfällen, 10. Aufl.
    2020
Wyss, M., Einführung in das juristische Arbeiten, 3. Aufl. 2008

Z

Zimmer, D. E., Die Bibliothek der Zukunft, 2000 (Taschenbuch 2001)
Zimmer, D. E., Die Wortlupe, 2006
Zimmer, D. E., Deutsch und anders, 1997 (Taschenbuch 1998)
Zippelius, R./Würtenberger, T., Juristische Methodenlehre, 12. Aufl. 2021
Zöllner, W./Loritz, K.-G./Hergenröder, C. W., Arbeitsrecht, 7. Aufl. 2015
Zwickel, M./Lohse, E. J./Schmid, M., Kompetenztraining Jura – Leitfaden für eine juristi-
    sche Kompetenz- und Fehlerlehre, 2014

1. Teil. Vorbemerkungen

A. Warum dieses Buch lesen?

Der Text befasst sich hauptsächlich mit Gutachtentechnik und juristischer Sprache. Aus 1 drei Gründen sollten besonders Studenten der Anfangssemester diesen Gegenständen Aufmerksamkeit zuwenden:

1. Die juristische Gutachtentechnik gewährleistet in hohem Maß ein inhaltlich „richtiges" (das heißt: jedenfalls vertretbares[7]) Ergebnis bei der Beurteilung rechtlich interessanter Sachverhalte.

   Zwar ist es schwer, konsequent im Gutachtenstil zu denken. Trotzdem sollte man dessen Regeln über die Darstellung einer juristischen Argumentation so gut wie möglich beherrschen – nicht zuletzt, weil gutachtenförmiges Vorgehen manchmal Arbeit und oft Fehler erspart.

2. Gutachten- und Subsumtionstechnik sind Teil der Prüfungsleistungen, die Ihnen abverlangt werden.[8]

   Stellen Sie sich die Situation Ihres Prüfers vor: Für ihn ist die gestellte Aufgabe leicht, weil er fragen kann, was er weiß, und zudem genug Zeit hat, über Ihre Antwort nachzudenken. Jede fehlerhafte Antwort ist für ihn eine Enttäuschung. Mit sprachlichen und handwerklichen Fehlern steigern Sie diese noch. Umgekehrt freut sich der Leser, wenn er nach einer Reihe von Katastrophen Ihre gelungene Arbeit in die Hand bekommt.

3. Schließlich ist die Sprache das Handwerkszeug des Juristen.[9] In Gesetzen und Verträgen kommt es oft auf die genaue Bedeutung einzelner Wörter an. Deshalb müssen gerade Rechtsanwender mit der Sprache sehr bedacht umgehen.

   Wie wichtig das ist, sollten Sie nicht über-, aber auch nicht unterschätzen. Es ist zwar nicht erfor- 2 derlich, die sprachliche Gestaltung Ihrer Ausführungen zu einem Fetisch zu machen – in der Tat kommt auch der inhaltlichen Qualität des Gesagten hohes Gewicht zu. Wenn Sie aber über gute Argumente in der Sache verfügen, sollten Sie diese sprachlich gelungen darstellen; wenn nicht, muss die sprachliche Form die inhaltliche Überzeugungskraft ersetzen.[10]

---

7 Zu diesem Begriff Neupert JuS 2016, 489 ff.
8 Die meisten im Folgenden angebotenen Hinweise und Erklärungen gelten für die juristische Gutachten- und Subsumtionstechnik. Diese braucht man in der Mehrzahl aller Prüfungsarbeiten. In **Themenarbeiten** (dazu zB Schimmel/Basak/Reiß Themenarbeiten; Becker/Pordzik JURA 2019, 851 ff.; Noltensmeier/Schuhr JA 2008, 576 ff.; Bull JuS 2000, 47 ff.; Büdenbender/Bachert/Humbert JuS 2002, 24 ff.; Busch/Konrath/Konrath SchreibGuide JuS, 101 ff.; beispielhaft Kudlich JuS 2002, 1071 ff.; Putzke Arbeiten 89 ff.) und in Seminarreferaten kann man sie nur mittelbar zur gedanklichen Aufarbeitung des Gegenstands einsetzen; für die Darstellung der Ergebnisse gelten andere Regeln (nützlich dürfte aber der 4. Teil sein, → Rn. 323 ff.). – Juristische Gutachten werden normalerweise schriftlich erstattet; hilfreiche Hinweise zur Präsentation **mündlicher Leistungen**, insbesondere den Vortrag eines Seminarreferats, finden Sie bei Leist JuS 2003, 441 ff.; zum mündlichen Teil der Staatsprüfung Petersen; Klünder/Schultze/Selent; Augsberg/Büßer; Pötters/Werkmeister; Kaiser/Bannach; Burghardt JURA 2017, 64 ff.; Petersen JURA 2011, 818 ff.; Diringer LTO v. 4.2.2012, abrufbar unter t1p.de/66tg; Beispiel für ein Prüfungsgespräch in der Ersten Juristischen Prüfung Sporleder-Geb/ Stüber JA 2009, 535 ff., in der Zweiten Staatsprüfung Sporleder-Geb/Stüber JA 2006, 52 ff.; 2010, 56 ff.; Krüger/Ebeling/Gusy AL 2013, 292 ff. Beispiel für einen Prüfungsvortrag bei Kipp/Kummer JURA 2007, 414 ff.; weiterführende Hinweise unter muendlichepruefung.de/lit.html und jura.uni-duesseldorf.de/lehre/studium/faq; aus Prüfersicht Ogorek Law Zone 2/2008, 17 ff.; Malkus JuS 2011, 296 ff.; Ebeling/Gusy AL 2011, 281 ff.; zum Aktenvortrag Pagenkopf AL 2014, 273 ff.; zur mündlichen Prüfung im Zweiten Staatsexamen Hermann AL 2014, 279 ff.; im Strafrecht Willanzheimer.
9 Zum Weiterlesen: Schnapp JZ 2004, 473 ff.
10 Über diesen letzten Gedanken lässt sich zugegebenermaßen streiten. Vielleicht ändert sich Ihr Standpunkt, wenn Sie Rechtsanwalt geworden sind.

B. Vier Schritte zur Erfolg versprechenden Arbeit mit diesem Text

3 Entgegen anders lautenden Vermutungen haben Sie mit dem bloßen **Erwerb** dieses Buchs nur den ersten Schritt getan. Dieser ist wichtig und richtig, genügt aber noch längst nicht. Der zweite Schritt besteht darin, den Text zu **lesen**. Das geht schnell.[11] Bedenken Sie: Es bleibt nur wenig hängen. Das merken Sie spätestens beim dritten Schritt: Sie müssen sich den Inhalt **erarbeiten**.[12] Wie das geht, weiß man nicht so genau; einige Vorschläge und Arbeitsanweisungen finden Sie unterwegs. Der vierte Schritt ist einfach, aber zeitaufwendig: **Üben, üben, üben**.[13] Sie haben Ihr ganzes Studium Zeit. Je früher Sie anfangen, desto besser.

Nicht zum Lieferumfang gehören ein Kugelschreiber und ein Textmarker. Trotzdem ist deren intensive Benutzung dringend zu empfehlen. Die verringert zwar spürbar den Erlös, wenn Sie das Buch nach dem Examen wieder verkaufen wollen. Aber sie erhöht den Ertrag vor dem und im Examen.

C. Sechs Warnungen

4 1. Dieser Text ist nicht zitiertauglich[14], jedenfalls **nicht zitierbedürftig**. Er ist weder wissenschaftlich angelegt noch will er den Eindruck erwecken, schon die Beschäftigung mit den Grundzügen der Gutachtentechnik sei eine hochkomplizierte Angelegenheit.

2. Er ist **keine „Bibel"**[15]: Er enthält keine alleinverbindlichen Aussagen, an die sich der Rest der Welt halten muss. Vorrang genießt, was Ihnen der Leiter Ihrer Übung sagt.

3. Er ist **nicht vollständig** und bietet **keine Patentrezepte**: Wenn Sie alles beherzigen, was Sie hier lesen, ist es immer noch möglich, etwas falsch zu machen.

Selbst gute juristische Anleitungsbücher hinterlassen stellenweise den Eindruck, man müsse nur eine Reihe von Regeln befolgen, um mit größter Wahrscheinlichkeit die Übungs- oder Prüfungsarbeit mit einer Prädikatsnote zurückzubekommen. Anstelle einer weiteren systematischen Anleitung „Wie bestehe ich garantiert jede Klausur und Hausarbeit?" finden Sie hier nur vereinzelte Hinweise. Das ist ehrlicher.

4. Er ist **kein Lehrbuch**. Lernerfolge im materiellen Recht sind zufällige – wenn auch willkommene – Nebenwirkungen der Lektüre.

Die Beispiele versuchen, Sie auf dem Wissensstand des ersten Semesters abzuholen, sodass es geschehen kann, dass Sie als Anfänger beim Durcharbeiten etwas lernen. Um aber systematisch materielles

---

11 Bei konzentriertem Arbeiten wird dieses Buch binnen zweier Nachmittage zu lesen sein. Berücksichtigen Sie dabei, dass Teil 3 (→ Rn. 50 ff.) wenig Ertrag bringt, wenn Sie ihn am Stück lesen. Es genügt, wenn Sie querlesend die Struktur verstehen und sich die Einzelheiten erst ansehen, wenn Sie sie brauchen. Wer das Buch als Studienanfänger liest, sollte vorn anfangen – also hier. Wer es als Fortgeschrittener oder Examenskandidat zur Hand nimmt, beginne bei → Rn. 50, je nach Stilsicherheit vielleicht auch erst bei → Rn. 323.

12 Da solches Erarbeiten langwierig und manchmal langweilig ist, finden Sie hier ein Kriterium, wann Sie damit aufhören können: Der Inhalt dieses Texts ist erarbeitet, wenn des Buches Bindung aus dem Leim geht. Er gilt als erarbeitet, wenn 72 Randbemerkungen in Ihrer Handschrift, 17 Kaffee- und drei Rotweinflecken sowie zwölf Eselsohren gleichmäßig über den Text verteilt sind. (Beachten Sie aber die kumulative Erforderlichkeit der drei letztgenannten Bedingungen.)

13 Zur Wiederholung lesen Sie etwa: Nemitz Schemata, Bd. I; Mann Einführung; Bringewat Methodik; Wyss Einführung; Kerschner Arbeitstechnik; Pense Klausur; kürzer etwa Zuck JuS 1990, 905 ff.

14 Zu Regeln über Zitiertauglichkeit → Rn. 519.

15 Eher eine Fibel, also ein kleines Arbeitsbuch mit wenig Autorität, dafür aber vielen Vorschlägen.

Recht zu lernen, benutzen Sie ein anständiges Lehrbuch.[16] Wenn Sie sich ausführlicher mit Rechtstheorie befassen wollen, ziehen Sie die angegebenen[17] Einführungen in Erwägung.

5. Vor Ihnen liegt auch **kein Studienratgeber Jura**[18]. Der Text enthält zwar viele Empfehlungen – aber sein Gegenstand sind überwiegend Prüfungen, nicht das „richtige" Studium oder der sichere Weg zum beruflichen Erfolg.

6. Vieles aus diesem Buch wird auch noch nach Abschluss der berufsqualifizierenden Prüfungen noch nützlich sein. Anderes nicht. Jedenfalls enthält der Text etliche Empfehlungen, die in Prüfungen hilfreich sind, jenseits deren aber nicht. Solche **taktischen Hinweise** sind nicht gesondert gekennzeichnet, dürften aber aus dem Zusammenhang heraus leicht zu erkennen sein.

D. Aufbau und Benutzung

1. Der Text besteht – nach diesen Vorbemerkungen – aus drei Teilen, die man hintereinander oder unabhängig voneinander lesen und nutzen kann. Der zweite Teil umreißt so kurz es irgend geht die **Technik der Rechtsanwendung** und entwickelt diese anhand von Beispielen, wie sie dem Studienanfänger vertraut sein dürften. Der dritte Teil bringt zahlreiche **Formulierungsvorschläge**, anhand derer der Leser aus einer skelettartigen Skizze ein lesbares Rechtsgutachten entwickeln kann, wie es in Übungs- und Prüfungsarbeiten allgemein erwartet wird. Der vierte Teil warnt vor **Fehlern**, wie sie erfahrungsgemäß in solchen Arbeiten unnötigerweise ständig vorkommen. Wo immer möglich gibt er **Empfehlungen**, wie mit typischen Problemen umzugehen sei.

4a

2. Wie in vielen Lehrbüchern ist dabei besonders **Wichtiges** durch Fettdruck hervorgehoben.

> **Beispiel:** Konkretes und weniger Wichtiges – einschließlich der Beispiele und Exkurse – ist kleiner gesetzt, um dem Leser bei wiederholtem Durcharbeiten die Konzentration auf das Wesentliche zu erleichtern.

Wegen der besseren Unterscheidbarkeit sind die Formulierungsvorschläge im 3. Teil durch Aufzählungszeichen und eine serifenlose Schrifttype abgesetzt.

---

16 Lehrbuchempfehlungen zum Allgemeinen Teil des BGB, dem Rechtsgebiet, dem die hier verwendeten Übungsaufgaben zugehören, unten Fn. 59. – Systematische Übersichten zum materiellen Zivilrecht, für Anfänger allerdings meist zu anspruchsvoll: Medicus Bürgerliches Recht; Schellhammer Schuldrecht nach Anspruchsgrundlagen. Die Bücher, die in diesem Text empfohlen werden, sollen Sie nicht alle – und auch nicht sofort – kaufen. Vielleicht ist es aber nützlich, im Juristischen Seminar die Signaturen herauszusuchen und hier an den Rand zu schreiben, damit Sie sie schnell finden, wenn Sie sie brauchen. Außerdem lernt man so, wie der Bibliothekskatalog zu benutzen ist.

17 Unten Fn. 43.

18 Umfassend Lange Jurastudium, Gramm/Wolff Jura; die etwas unkonventionelleren sind Haft Einführung und Bergmans Lern- und Arbeitstechniken; zu Ausschnitten auch Zwickel/Lohse/Schmid Kompetenztraining; mit studentischer Perspektive Deppner/Lehnert/Rusche Wapler Examen; ter Haar/Lutz/Wiedenfels Prädikatsexamen; Specht/Bleckat Es geht auch anders; Scheu Hätt' mir das einer am Anfang gesagt; zur längerfristigen Perspektive Streck Beruf AnwaltAnwältin; schlanker Jochum JuS 2013, 586 ff. Zum juristischen Lernen Broemel/Stadler JURA 2014, 1209 ff.; Lammers JuS 2015, 289 ff.; Jochum JuS 2013, 596; Dauner-Lieb/Sanders JuS 2013, 380 ff.; Steffahn JA 2006, 71 ff.

E. Was Sie erwartet

Was die Lektüre dieses kleinen Buchs Ihnen bringt – Interesse, Neugier und Fleiß Ihrerseits einmal als vorhanden unterstellt –, ist im Vorwort umrissen. Zur Veranschaulichung folgen zwei kleine Beispiele[19] – *exempla docent*[20].

4b **1.** In einer Anfängerklausur, geschrieben am Ende des ersten Studiensemesters, fand sich folgender Satz:

„Vertretungsmacht heißt, dass der A weiß, was der B in seinem Namen macht."

Das klingt auf den ersten Blick gar nicht so schlecht, jedenfalls aus studentischer Sicht. Durch die Brille des Korrektors betrachtet verdient der Satz aber Kritik in mehrfacher Hinsicht.

4c **a) Sprachlich** schön gelungen ist dieser Definitionsversuch[21] nicht. Etwas gefälliger wird er, wenn man zunächst die altbacken-holprig wirkenden Bezeichnungen der Beteiligten kürzt:[22]

„Vertretungsmacht heißt, dass A weiß, was B in seinem Namen macht."

Als nächstes muss man das unschöne *macht* präzisieren. Es geht bei der Stellvertretung nicht um jedes Handeln (*machen*), sondern um rechtsgeschäftliches Handeln, also im Wesentlichen um Willenserklärungen[23]. Das richtige Verb wäre also am ehesten *erklären*:

„Vertretungsmacht heißt, dass A weiß, was B in seinem Namen erklärt."

Außerdem würde eine gute Definition nicht A und B nennen, sondern deren rechtliche Rollen. Die Definition soll eine allgemeingültige Aussage enthalten:[24]

„Vertretungsmacht heißt, dass der Vertretene weiß, was der Vertreter in seinem Namen erklärt."

Jetzt enthält der Satz zumindest der Form nach eine im juristischen Gutachten einsetzbare Definition.

Diese gewissermaßen kosmetischen Korrekturen sind Gegenstand des 4. Teils. Wie Sie sehen, wird aber der Satz durch solche Kosmetik zugleich inhaltlich genauer und sprachlich besser. Schon weil also die scheinbar nur kosmetischen Dinge mit den inhaltlichen Fragen oft eng verknüpft sind, sollte man sie ernst nehmen. In Rechtstexten gehen formale und inhaltliche Qualitäten (oder Fehler) meist ineinander über. Dazu sogleich mehr:

4d **b)** Auch **inhaltlich** bringt der Satz allenfalls eine Näherung des Rechtsbegriffs *Vertretungsmacht*. Die hätte nach Lesen der einschlägigen Rechtsnorm (§ 164 I BGB) besser gelingen können. Aus der Rechtsfolge von § 164 I BGB ergibt sich schon ein erster Ansatz. Man könnte etwa formulieren:

„Vertretungsmacht zu haben bedeutet, Willenserklärungen mit Wirkung für und gegen andere abgeben zu können."

---

19 Beide Arbeiten lagen in der Prüfung am unteren Rand des Mittelfelds; die Beispiele sind also nicht aus Texten entnommen, die in die Kategorie „unrettbar schlecht" fallen.

20 Zu peinlichen Angebereien mit Schullatein → Rn. 368.

21 Zu Definitionen im juristischen Gutachten näher → Rn. 98 ff.

22 Dazu → Rn. 404.

23 *Erklären* ist dabei im juristischen Sinne zu verstehen (als *eine Willenserklärung abgeben*), nicht im allgemeinsprachlichen (als *erläutern*); näher → Rn. 371.

24 Allerdings ist das wohl kein schwerer Fehler. Es ist in juristischen Gutachten durchaus verbreitet (und teils geradezu sinnvoll), die Definition durch Einsetzen der konkreten Beteiligten sachverhaltsnäher zu gestalten. Logisch ist das nicht ganz überzeugend, aber es ist verzeihlich.

Wem das zu holperig erscheint, der kann „glätten":

„Vertretungsmacht ist die Rechtsmacht zur Abgabe von Willenserklärungen, die nicht den Erklärenden, sondern den von ihm Vertretenen berechtigen und verpflichten."[25]

So zeichnet sich schon ab, dass der zitierte Versuch einer Definition nicht recht gelungen („falsch") ist. Naja, man kann nicht alles wissen. Aber selbst wenn man so ansetzt wie der Verfasser des zitierten Satzes, muss man überlegen, ob das Wissen des A allein genügt, um die Vertretungsmacht des B zu begründen. Wenn das Wissen des A eine Voraussetzung unter mehreren für das Bestehen einer Vertretungsmacht ist (zu hoffen ist, dass der Verfasser der Definition das gemeint hat), hätte es heißen müssen:

„Vertretungsmacht setzt voraus, dass A weiß, was B in seinem Namen erklärt."

So wird wenigstens klar, dass die Definition nicht vollständig ist.[26]

Indes ist der Ansatz inhaltlich überhaupt falsch. Die soziale und wirtschaftliche Funktion der Stellvertretung besteht doch gerade darin, dass der Vertretene nicht wissen muss, was der Vertreter tut. Das Wissen des A um den Inhalt der konkreten Erklärung des B ist keine Voraussetzung für das Bestehen einer Vertretungsmacht. B kann vielmehr innerhalb seiner Vertretungsmacht Willenserklärungen abgeben, von denen A nichts weiß (und vielleicht nie oder erst später erfährt).

Keine Panik! Sie müssen nicht aus dem Kopf eine gute Definition des Begriffs der Vertretungsmacht abliefern können, um dieses Buch lesen zu dürfen. Die letzten Überlegungen sind solche des materiellen Rechts. Um sie anstellen zu können, braucht man Rechtskenntnisse. Die zu vermitteln ist nicht Ziel des Buchs.[27] Soweit aber die richtige Umsetzung einer logischen Normstruktur in ein sprachliches Gebilde („Satz") gefragt ist, fühlt sich das Buch eben doch wieder zuständig.[28]

c) Taktisch betrachtet hätte man sich als Klausurbearbeiter den ganzen Ärger auch schenken können. An manchen Stellen definiert man nämlich im Rechtsgutachten gar nicht so richtig – obwohl es nach der Logik des Gutachtens erforderlich wäre. Das Bestehen der Vertretungsmacht ist für diese Handhabung ein typischer Kandidat. Man unterstellt dabei letztendlich, dass der Leser eine Vorstellung vom Begriff der Vertretungsmacht habe, definiert diesen deshalb nicht und geht gleich einen gedanklichen Schritt weiter:

4e

„Vertretungsmacht kann B kraft gesetzlicher Anordnung oder kraft rechtsgeschäftlicher Erteilung (Vollmacht, § 167 I BGB) gehabt haben."

Das ist ziemlich üblich und wird meist nicht als Fehler betrachtet.[29]

---

25 Eine passabel gelungene Definition eines anderen Übungsteilnehmers: „Vollmacht ist die Befugnis des Handelnden, mit Wirkung für und gegen den Vertretenen handeln zu dürfen." Aber auch hier ist *handeln* zu weit gefasst, weil es bei der Vollmacht nur um die Zurechnung von Willenserklärungen geht.

26 Wer sich näher mit Aufbau und Struktur von Definitionen befassen möchte, lese zB v. Savigny Grundkurs; Schneider/Schnapp Logik S. 45 ff.; Gast Juristische Rhetorik Rn. 194 ff.

27 S. → Rn. 4 sub 4.

28 In erster Linie in Teil 3, ab → Rn. 50.

29 Ähnlich verfährt man oft bei sachenrechtlichen Fragen, wenn zu klären ist, wer Eigentümer eines Gegenstands ist. Dann wird kaum je erörtert, was unter Eigentum zu verstehen ist (dazu § 903 BGB), sondern meist nur darüber gehandelt, vom wem auf wen das Eigentum übergegangen ist (dazu §§ 929 ff. BGB). Das wirft die berechtigte Frage auf, wann man sich als Klausurbearbeiter solche Oberflächlichkeit erlauben darf. Schwer zu sagen. Ein Indiz: Wenn die einschlägigen Lehrbücher auch keine rechte Definition hergeben (sehen Sie zur Vertretungsmacht mal nach bei Brox/Walker BGB AT Rn. 531; Medicus/Petersen AT Rn. 923 ff.; Rüthers/Stadler BGB AT § 30 Rn. 10; einigermaßen hilfreich immerhin das große Lehrbuch von Bork Rn. 1425: „Vertretungsmacht ist die Befugnis, durch Abgabe oder Entgegennahme gerade dieser Willenserklärung Rechtsfolgen für den Vertretenen herbeizuführen").

Selbst in dem Prüfungssachverhalt, bei dessen Bearbeitung der eingangs zitierte Satz entstand, wäre das durchgegangen, obwohl das Bestehen einer Vollmacht einigermaßen problematisch war.

Bei diesen taktischen Überlegungen will das Buch Ihnen helfen,[30] allerdings mit dem deutlichen Vorbehalt, nicht für jedes Problem, das Ihnen jemals in einer Übung oder Prüfung über den Weg laufen wird, eine Lösung anbieten zu können.

4f   **d)** Für das Beispiel lässt sich festhalten: Die auf die Definition verwendete Mühe ist ehrenvoll, war aber unnötig. Wenn man sich ihr unterzog, wäre eine inhaltlich richtige Definition wünschenswert gewesen. Wenn es zu einer inhaltlich richtigen Definition nicht reichte, wäre eine besser formulierte falsche Definition möglich gewesen.[31]

Alles in allem bietet das Buch eine Arbeitshilfe für den Versuch zu verstehen, warum Prüfer den eingangs zitierten Satz viel weniger schön finden als Geprüfte.

4g   **2.** Der zweite Beispielsatz ist einer Anfängerhausarbeit im Bürgerlichen Recht entnommen, die am Ende des dritten Studiensemesters geschrieben wird. Zu subsumieren war die Wegnahme eines Hundes unter § 823 I BGB.

„Allerdings könnte auch der Begriff des Eigentums ein solch schützenswertes Rechtsgut sein."

Obwohl der Satz einigermaßen verständlich ist und inhaltlich nicht neben der Sache zu liegen scheint, ist fast jedes Wort zu beanstanden.

4h   **a)** Wiederum kann man zuerst sprachlich glätten: Der Konjunktiv ist unnötig, aber nicht falsch. Im Indikativ klingt es weniger geschraubt:[32]

„Allerdings kann auch der Begriff des Eigentums ein solch schützenswertes Rechtsgut sein."

4i   **b)** Bei näherem Hinsehen zeigt sich, dass die ungenaue Formulierung inhaltliche Ungenauigkeit mit sich bringt. Gemeint ist nämlich nicht *der Begriff des Eigentums*, sondern *das Eigentum*. Warum sollte das Recht Begriffe schützen – statt das mit den Begriffen Gemeinte?

„Allerdings kann auch das Eigentum ein solch schützenswertes Rechtsgut sein."

Bei der Anwendung des § 823 I BGB geht es nicht um *schützenswerte Rechtsgüter*, sondern um *geschützte Rechtsgüter*. Was schützenswert ist, ist eine rechtspolitische Frage; was geschützt ist, ist in § 823 I BGB aufgezählt.

„Allerdings kann auch das Eigentum ein solches geschütztes Rechtsgut sein."

Diesen Satz muss man aber nicht in die Möglichkeitsform setzen, denn dass das Eigentum von § 823 I BGB geschützt wird, legt das Gesetz ausdrücklich fest. Gemeint ist:

„Auch das Eigentum ist ein solches geschütztes Rechtsgut."

Oder (um den Charakter als Obersatz zu verdeutlichen):

„In Betracht kommt auch eine Verletzung des Eigentums."

Solches (oder im Ausgangssatz *solch*) deutet darauf hin, dass im Gutachten zuvor erklärt worden ist, was geschützte oder schützenswerte Rechtsgüter sind. Das ist nicht eigentlich falsch, aber meist doch heikel. Dass das Gesetz bestimmte Rechtsgüter schützt, kann und

---

30 ZB → Rn. 408 aE.
31 Auch wenn vom Beispielsatz jetzt nach näherem Hinsehen nicht viel übrig geblieben ist: Er ist typisch. Ehrlich.
32 Dazu → Rn. 55.

sollte man im Rechtsgutachten als gegeben hinnehmen. Das gesetzgeberische Konzept des Rechtsgüterschutzes zu erklären führt meist zu unnötigen und im Stil lehrbuchhaften Erläuterungen,[33] die für die Subsumtion nicht erforderlich sind. Nötig werden solche Überlegungen erst, wenn man vom Normwortlaut abweichen will (durch teleologische Reduktion oder Analogiebildung).

Im *auch* steckt ein eher unglücklicher Aufbau. Das Eigentum als zweites möglicherweise verletztes Rechtsgut zu diskutieren ist nicht an sich falsch, aber in aller Regel ungeschickt in der Gedankenführung. In Betracht kommt neben dem Eigentum am ehesten der Besitz, gelegentlich auch das Recht am Unternehmen. Beide sind in der Norm nicht ausdrücklich genannt und bedürfen der Herleitung unter Bezugnahme auf die sonstigen Rechte. Beim Recht am Unternehmen als Rahmenrecht wird die Prüfung so viel komplizierter, dass es sich aufdrängt, dieses Recht erst nach den in der Norm aufgezählten Rechtsgütern zu erörtern. Kurz: Es bietet sich fast immer an, mit dem Eigentum zu beginnen – wer sich daran hält, braucht kein *auch*.

„In Betracht kommt eine Verletzung des Eigentums."

c) Der „richtige" Satz ist also nicht nur kürzer und klarer als der „falsche", sondern er gibt der Subsumtion auch eine andere Richtung. Mit dem „richtigen" Satz korrespondiert nämlich im Gutachtenstil das (mögliche) Ergebnis „Damit ist das Eigentum des A an dem Hund verletzt", während das zum „falschen" passende Ergebnis etwa lautet „Damit ist das Eigentum ein schützenswertes Rechtsgut". 4j

Wer die beiden Sätze vergleicht, stellt fest, dass die Formulierung ähnlich ist, der Sinn aber doch ein ziemlich anderer.

---

33 Dazu → Rn. 408.

2. Teil. Zur Struktur des Rechtsgutachtens – Fälle

Dieser Teil enthält zunächst eine auf das absolute Minimum beschränkte Übersicht über die Methode der **Rechtsanwendung** (→ Rn. 5 ff.) und anschließend ein Dutzend recht einfacher **Übungsfälle samt Bearbeitungsvorschlägen** (→ Rn. 33 ff.), mit denen man sich ein erstes Verständnis dieser Methode erarbeiten kann. Wer schon mehr als ein Semester Recht studiert, wird das überblättern können. Aber für **Anfänger** dürfte dieser Teil nützlich sein.

1. Kapitel. Theorie – Das Notwendigste

Bevor man sich näher mit der Gutachtentechnik befasst, braucht man ein ungefähres Verständnis von der Funktionsweise juristischer Schlussfolgerungen. Soweit diese hier interessieren, handelt es sich um die Anwendung allgemeiner Sollenssätze (**Normen**) auf konkret beschriebene Situationen (Fälle, schöner: **Sachverhalte**). Um aus allgemeinen Sätzen für den konkreten Sachverhalt gültige Aussagen zu gewinnen, bedient man sich eines logischen Schlusses, der **Syllogismus** genannt wird.   5

A. Der Syllogismus

Man kann den Syllogismus als ein Verfahren begreifen, mit dem man auf überzeugende Weise Antworten zu Fragen findet. Antworten haben die Form von Aussagen. Prüfen Sie das am eigenen Sprachgebrauch. Mittels syllogistischer Schlüsse lassen sich aus bereits vorhandenen Aussagen neue gewinnen und so Fragen beantworten.[34]   6

Zunächst das längst klassische erste Beispiel:

> Die etwas akademische **Frage** möge lauten:
> *Ist Sokrates sterblich?*
> Die **Antwort** wird nun so gewonnen:
> Zuerst braucht man eine allgemeine Aussage der Art: *Alle X sind A.*
> *Alle Menschen sind sterblich.*
>
> Dann stellt man fest: *Y ist ein Fall von X.*
> *Sokrates ist ein Mensch.*
> Daraus ergibt sich: *Y ist A.*
> *Sokrates ist sterblich.*

Die im letzten Satz gewonnene Information wirkt trivial: Dass Sokrates sterblich ist – genauer gesagt: war –, wussten wir schon vorher.[35] Das dargestellte Verfahren lässt aber auch Schlüsse zu, wenn die Antwort nicht auf der Hand liegt, weil es logisch zwingend ist.   7

Ein zweites Beispiel, jetzt mitten aus dem Leben:

> Das fünfjährige Kind (K), das angesichts eines lärmenden Pitbulls (P) nervös geworden ist, fragt seine Mutter (M):
> *Beißt der?*

---

34 Eine leicht verständliche knappe Einführung in die Aristotelische Logik bietet Soentgen S. 125 ff.

35 Stellt man sich Sokrates aber als lebenden Zeitgenossen vor, hat die syllogistische Argumentation den Vorteil, dass man auf eine empirische Prüfung verzichten kann, wenn man das Schlussverfahren als zwingend akzeptiert und die Prämissen wahr sind.

> M sagt:
> *Hunde, die bellen, beißen nicht.*
> K schließt flugs
> *P ist ein Hund und P bellt.*
> *Also beißt P nicht.*
> und ist ungemein beruhigt.

8 In diesem Beispiel müssen schon zwei Voraussetzungen nebeneinander (kumulativ) erfüllt sein, damit sich die Antwort logisch überzeugend ableiten lässt. Zudem kann man daran sehen, dass es für das Verfahren keine Rolle spielt, ob die interessierende Folge positiv formuliert ist (*sind sterblich*) oder negativ (*beißen nicht*).

9 Solche Schlüsse funktionieren auch, wenn die Voraussetzungen negativ formuliert sind.

> Ein drittes **Beispiel:** L fragt, warum er nicht im Lotto gewonnen habe. B erklärt dies logisch unter Verwendung des Satzes „Wer nicht wagt, der nicht gewinnt", indem er L darauf hinweist, dass er nicht gewinnen könne, wenn er nicht zuvor einen Lotterieschein ausfülle.

10 Die in den bisherigen Beispielen verwendeten Sätze sind beschreibender (deskriptiver) Art; deswegen klingen sie wenig „juristisch". Das ändert sich, wenn man Fragen stellt, die den Einsatz vorschreibender (präskriptiver) Sätze erfordern. Präskriptive Sätze ordnen etwas an und werden typischerweise nicht mit *ist*, sondern mit *soll* formuliert: „Wer einem anderen dessen Eigentum wegnimmt, soll als Dieb bestraft werden." Präskriptive Sätze werden im Folgenden **Normen** genannt.

Ein viertes Beispiel, diesmal aus dem Strafrecht:

> Die **Frage** möge lauten:
> *Soll der Mörder T bestraft werden?*[36]
>
> Die Ableitung der **Antwort:**
> *Alle Mörder sollen bestraft werden.* Lesen Sie dazu §§ 211 f. StGB.
> *T ist ein Mörder.*
> *T soll (als Mörder) bestraft werden.*

11 Das ging kurz und schmerzlos. Problematisch ist meist die überzeugende Gewinnung des zweiten Satzes (*T ist ein Mörder*). Auch diese kann man nach dem gleichen Ableitungsschema herstellen:

Alle Soldaten sind Mörder.[37]

M ist Soldat.

M ist ein Mörder.

12 Um rechtliche Fragen zu entscheiden, muss man oft derartige Schlüsse mehrfach ineinander verschachtelt vollziehen.

> Zum **Beispiel:**
> Die **Frage** laute wiederum: *Ist T strafbar?*
> Vorgegebene Information (Sachverhalt): *T ist Berufsoffizier.*
> Ableitung der **Antwort:**

---

36 In Übungsarbeiten wird meist unspezifischer gefragt: „Hat T sich strafbar gemacht?"

37 Hat Kurt Tucholsky das so geschrieben? Wenn nein, wie sonst? Lesen Sie nach in: Der bewachte Kriegsschauplatz, Gesammelte Werke, Hrsg. Gerold-Tucholsky/Raddatz, 1960, Bd. 9: 1931, S. 253 (auch unter textlog.de/tucholsky-kriegsschauplatz.html). Überlegen Sie, was geschieht, wenn man wie hier eine falsche Aussage verwendet. Wird das Ergebnis zwangsläufig falsch? Bleibt der Schluss logisch richtig? Zur modernen Variante *A.C.A.B.* zB Klas/Blatt HRRS 2012, 388 ff. mwN = t1p.de/jkhh. Unproblematisch dürfte aber sein *Alle Rassisten sind Arschlöcher.*

> *Alle Mörder sind strafbar.*
> > *Alle Soldaten sind Mörder.*
> > > *Alle Berufsoffiziere sind Soldaten.*
> > > *T ist Berufsoffizier.*
> > > *T ist Soldat.*
> > *T ist Soldat.*
> > *T ist ein Mörder.*
> *T ist ein Mörder.*
> *T ist (als Mörder) strafbar.*

Ein fünftes Beispiel, jetzt aus dem Zivilrecht:

> Die Aussage
> *Alle X sind A.*
> kann man für das Verhältnis zwischen dem Eigentümer und dem Besitzer einer Sache umformulieren in:
> *Alle Eigentümer sind berechtigt, vom Besitzer ihrer Sache deren Herausgabe zu verlangen.*[38]
> Oder kürzer:
> *Jeder, der Eigentümer einer Sache ist, kann vom Besitzer deren Herausgabe verlangen.*
> In der Sprache des Gesetzes heißt das:
> *Der Eigentümer kann vom Besitzer die Herausgabe der Sache verlangen.* Lesen Sie § 985 BGB.
> Durch die Umformulierungen bleibt der Charakter des Satzes als allgemeine Aussage unberührt.
>
> Den zweiten Satz bildet man dann abhängig vom konkreten Sachverhalt.
> *E ist Eigentümer eines Buchs, das B besitzt.*
>
> Daraus lässt sich nun schließen:
> *E kann von B die Rückgabe („Herausgabe") des Buchs verlangen.*

Die Beispiele sind der Übersichtlichkeit halber recht einfach gewählt; aber nach diesem Schema und einigen wenigen verwandten läuft ein erheblicher Teil juristischer Begründungsarbeit ab, auch wenn Sie es mit viel komplizierter aufgebauten Normen und umfangreicheren Sachverhalten zu tun haben. 13

Das war ein kurzer Abriss des Wegs, auf dem eine Entscheidung im Kopf des Rechtsanwenders hergestellt wird. In nicht ganz so formalisierter Gestalt ist das allgemein bekannt. Die Darstellung dieses Verfahrens auf dem Papier für juristische Zwecke folgt nun besonderen Regeln. 14

B. Gutachtenstil

Die mit der skizzierten Methode gefundenen Ergebnisse kann man sprachlich auf unterschiedliche Arten präsentieren. Die eine wird **Urteilsstil** genannt und entspricht dem juristisch ungetrübten Sprachgebrauch. 15

Der sieht ungefähr so aus:

Frage:	*Hat A einen Anspruch gegen B?*
Antwort:	*Ja, denn … (die im Gesetz genannten Voraussetzungen für einen solchen Anspruch liegen vor).*

---

38 Die dritte Voraussetzung des Anspruchs aus § 985 BGB, das fehlende Besitzrecht (§ 986 I 1 BGB), ist hier der Einfachheit halber weggelassen.

16 So sollen Sie – vorläufig – aber gerade nicht vorgehen. Die andere Darstellungsart heißt **Gutachtenstil** und muss erst erlernt werden.[39, 40] Sie folgt weitgehend dem eben beschriebenen syllogistischen Weg der Herstellung der Entscheidung. Das hat den Vorteil, dass die Art der Darstellung es dem Leser erleichtert, die Folgerichtigkeit der Herstellung zu kontrollieren. Am Stil der Darstellung soll erkennbar werden, dass Sie unvoreingenommen an den Sachverhalt herangegangen sind und das Ergebnis selbst noch nicht kannten. Regelmäßig kennen Sie allerdings in Übungsarbeiten bei Beginn der Niederschrift das Ergebnis schon genau.

Die Begründung im Gutachtenstil sieht etwa so aus:

Frage:	*Hat A nun einen Anspruch gegen B?*
Antwort:	*1. A kann gegen B einen Anspruch haben, wenn die gesetzlichen Voraussetzungen dafür gegeben sind.*
	2. Die im Sachverhalt mitgeteilten Informationen erfüllen die gesetzlichen Voraussetzungen.
	3. A hat daher einen Anspruch gegen B.

Allgemeiner formuliert:

1. Schritt: Voraussetzungen

17 Sie müssen also immer zuerst nach den Voraussetzungen für die konkret interessierende Rechtsfolge fragen. Dann suchen Sie aus dem Gesetz Rechtsnormen heraus, die diese Rechtsfolge anordnen.

2. Schritt: Zuordnung (Subsumtion[41])

18 Als nächstes stellen Sie fest, ob die dort abstrakt beschriebenen Voraussetzungen im konkreten Sachverhalt vorliegen. Dazu wird jede einzelne Voraussetzung benannt, definiert und dann der Sachverhalt unter diese Definition subsumiert. Das bedeutet, er wird so mit ihr verglichen, dass man entscheiden kann, ob die tatsächlichen Umstände (Sachverhalt) den gesetzlichen Voraussetzungen (Tatbestand) untergeordnet werden können oder nicht.

Der zweite Schritt ist oft sehr umfangreich. Nur der Übersichtlichkeit halber ist er im Beispiel mit einem einzigen Satz wiedergegeben. Aber wie lang auch immer der dorthin gehörige Text wird, Sie sind nicht von der Pflicht entbunden, die Schritte 1 und 3 darzustellen.[42] Gerade bei unübersichtlicher Länge des Gutachtens ist der Leser zur Orientierung auf Obersätze (1. Schritt) und (Zwischen-)Ergebnisse (3. Schritt) angewiesen.

3. Schritt: Folgerung

19 Erst im letzten Schritt kommen Sie zum Ergebnis und damit zur Antwort auf die Ausgangsfrage.

20 Beim Gutachtenstil gilt also immer: Das Ergebnis kommt **nach** der Subsumtion.

---

39 Das braucht manchmal sehr viel Mühe. Studenten seufzen oft genervt und fragen ihre Dozenten, ob das mühselige Einarbeiten in den Gutachtenstil nicht etwas Götzendienerisches habe. Hier ist die Antwort: Nur ein kleines bisschen. Im Wesentlichen hat es einen guten Sinn – der aber oft erst Jahre später richtig deutlich wird: zu lernen, wie man aus einer enormen Menge an möglicherweise für die Konfliktentscheidung wichtigen Informationen und Normen die wirklich relevanten auswählt und einigermaßen überzeugend zueinander in Beziehung setzt. Im Studium liegt diese Einsicht nicht so klar zutage, weil man in Übungen immer nur ganz wenige tatsächliche Informationen zur Verfügung gestellt bekommt und die Zahl der potentiell einschlägigen Rechtsnormen noch gering ist. Aber das ändert sich.

40 Zum Gutachtenstil ganz knapp Jansen AL 2009, 223 ff.

41 Zur Subsumtion als Technik juristischer zB Begründung Bäcker JuS 2019, 321 ff.

42 Häufiger Fehler in Übungsarbeiten.

Die Abfolge der Schritte kann man sich anhand des von *Larenz*[43] verwendeten Schemas verdeutlichen:

1.	T → R	Tatbestand führt zu Rechtsfolge (Rechtsnorm)
2.	S = T	Sachverhalt entspricht Tatbestand
3.	S → R	Sachverhalt führt zu Rechtsfolge

Rechtsnormen haben, soweit sie hier von Interesse sind, eine konditionale (bedingende)   21
Struktur. Das heißt, sie sind nach dem *Wenn-dann*-Schema aufgebaut:

Wenn die im Tatbestand der Norm beschriebenen Voraussetzungen gegeben sind, *dann* tritt die Rechtsfolge ein (abgekürzt und symbolisiert: T → R).

Nicht immer steht Ihnen diese Struktur beim Lesen des Gesetzes sofort klar vor Augen. Beim Eigentumsherausgabeanspruch aus § 985 BGB ist es recht einfach. Beim Kaufpreisrückzahlungsanspruch aus Rücktritt vom Kaufvertrag nach §§ 346 I, 437 Nr. 2, 440, 323, 326 V BGB müssen Sie sich die Rechtsnorm erst aus mehreren Bestimmungen im Gesetz zusammensuchen. Man lernt das aber mit der Zeit.

I. Obersatz

Je nach verwendeter Terminologie wird der Obersatz auch als Erste Prämisse oder *prae-*   22
missa maior des syllogistischen Schlusses bezeichnet.[44]

Inhalt und Funktion des Obersatzes: Der Obersatz besteht in der Regel aus einer Norm, also einer präskriptiven Aussage des Inhalts, dass bei Vorliegen bestimmter Voraussetzungen eine bestimmte Rechtsfolge eintreten solle, kurz: einer Rechtsfolgenanordnung.

Allgemein ausgedrückt wird die Norm für den Obersatz so umformuliert:

„Die Rechtsfolge tritt ein, wenn die im Tatbestand beschriebenen Voraussetzungen vorliegen."

Wenn aus der Aufgabe nichts anderes erkennbar ist, soll der Einstieg in die zivilrechtliche   23
Fallbearbeitung immer über **Anspruchsnormen** gewählt werden.[45] Sie vermeiden damit unerfreuliche Kommentare des Korrektors wie „Kein Anspruch unter dieser Nummer".

Exkurs: Woran erkennt man eine Anspruchsgrundlage?[46]
Meistens gibt die Formulierung der Norm Aufschluss über ihren Anspruchsgrundlagencharakter: 24
Auf der Rechtsfolgenseite steht *Anspruch* (Beispiel: § 1004 II BGB), *kann verlangen* (Beispiele: § 1004 I 1 BGB, § 985 BGB, § 1007 I, II BGB), *kann klagen* (Beispiel: § 1004 I 2 BGB), *kann fordern* (Beispiel: § 546 II BGB), *ist zu(r) ... verpflichtet* (Beispiel: § 812 I 1 BGB), *hat ... herauszugeben* (Bei-

---

43 Larenz Methodenlehre S. 271 ff. Weitere Empfehlungen zur **juristischen Methodenlehre**: Zippelius Methodenlehre; Schwintowski Methodenlehre; Bydlinski Grundzüge; Puppe Schule; Wank Auslegung; Schapp Methodenlehre; Schwacke Methodik; Treder Methoden; Reimer Methodenlehre; Koller Theorie; Kramer Methodenlehre; Möllers Methodenlehre; Rüthers/Fischer Rechtstheorie; Vesting Rechtstheorie; Meier Denkweg; Schmalz Methodenlehre; Somek Rechtstheorie; ausführlich: Koch/ Rüßmann Begründungslehre; Herberger/Simon Wissenschaftstheorie; Pawlowski Methodenlehre; Pawlowski Einführung; Müller/Christensen Methodik, Bd. I; Rückert/Seinecke (Hrsg.), Methodik (ein Ausschnitt daraus in JURA 2012, 775 ff.); ziemlich atypisch (aber lesenswert) Haft Methodenschule; zum Einlesen Lege GreifRecht 2006, 1 ff.; Sauer Juristische Methodenlehre; König Methoden; Bitter/Rauhut JuS 2009, 289 ff.; Schmidt JuS 2003, 551 ff., 649 ff.; Börner JURA 2014, 1258 ff.

44 Bei Larenz (Fn. 43): T → R. S. auch Valerius Gutachtenstil S. 16.

45 Diese Standardisierung ist in den verschiedenen Rechtsgebieten als Folge akademischer Gepflogenheiten unterschiedlich ausgeprägt, aber fast überall zu erkennen: Im Arbeits-, Handels- und Gesellschaftsrecht gelten ganz ähnliche Regeln wie im allgemeinen Zivilrecht; im strafrechtlichen Gutachten steht an der Stelle der Anspruchsnorm ein Tatbestand aus dem Besonderen Teil des StGB (oder aus dem Nebenstrafrecht); allein im öffentlichen Recht ist der Kanon üblicher Fallfragen etwas größer.

46 Zur Legaldefinition des Anspruchs § 194 I BGB.

spiel: § 987 I BGB), *ist ... für ... verantwortlich* (§ 989 BGB) usw. Nicht selten enthält schon die amtliche Überschrift einer Norm das Wort *Anspruch* (Beispiele: §§ 985, 861 f., 812 BGB) oder *Pflicht* (Beispiel: § 823 BGB). Leider stimmt das nicht immer: Nach dem genannten Kriterium wäre auch § 251 BGB eine Anspruchsgrundlage; die Norm enthält aber nur eine inhaltliche Präzisierung bereits anderweitig angeordneter Rechtsfolgen.[47, 48] Im Zweifel empfiehlt sich also bei Hausarbeiten das Nachschlagen in Kommentaren oder Lehrbüchern. Außerdem können Sie einmal identifizierte Anspruchsgrundlagen in Ihrem Gesetzestext markieren.[49]

Der Sache nach ist eine Rechtsnorm nur eine Anspruchsgrundlage, wenn sie den Berechtigten, den Verpflichteten und den Inhalt des Anspruchs nennt.[50]

Zur Lernkontrolle: Ist nach diesen Kriterien § 276 BGB eine Anspruchsgrundlage?[51] Kann man ein ähnliches Kriterium für die Bestimmung einer Strafnorm oder einer Ermächtigungsgrundlage im öffentlichen Recht formulieren?

25   Im Obersatz ist für den Leser Ihres Gutachtens das im Folgenden zu untersuchende Problem zu kennzeichnen. Im Zivilrecht heißt die

Leitfrage: Wer (1) will was (3) von wem (2) woraus (4)?[52]

Im Text wird das allgemein formuliert so niedergeschrieben:

[Anspruchsteller] (1) kann gegen [Anspruchsgegner] (2) einen Anspruch auf [Anspruchsziel] (3) aus [Anspruchsgrundlage] (4) haben.

> **Beispiel:** „V kann gegen K einen Anspruch auf Kaufpreiszahlung aus § 433 II BGB haben."

Auf die damit aufgeworfene Frage ist bei der Formulierung des Ergebnisses (Schlussfolgerung) zurückzukommen. Obersatz und Folgerung bilden also die Klammer für die Erörterung eines Problems. Eine Klammer, die man geöffnet hat, muss man auch wieder schließen. Schreiben Sie keinen Obersatz ohne dazugehöriges Ergebnis nieder – und umgekehrt.

26   **Sprachliche Fassung des Obersatzes:** Bei der Formulierung muss deutlich werden, dass es um ein Erfordernis oder eine Möglichkeit geht, über dessen oder deren Eintritt noch nichts bekannt ist – sonst wäre eine Subsumtion nicht mehr nötig. Im Obersatz darf daher keinesfalls das Ergebnis vorweggenommen werden. Formulierungsvorschläge finden Sie im 3. Teil.[53]

II. Untersatz

27   Der Untersatz wird auch die Zweite Prämisse oder *praemissa minor*[54] genannt.

---

47 Nicht ganz vorbildlich ist insofern der Sprachgebrauch des BGH; in BGH MDR 2002, 631 f. etwa ist immer wieder vom „Anspruch aus § 251 I BGB" die Rede. Genauer müsste es heißen „die Schadensbemessung nach § 251 I BGB".

48 Umstritten ist etwa auch § 830 BGB, den der BGH (BGHZ 67, 14 [17] = NJW 1976, 1934; BGHZ 73, 355 [358] = NJW 1979, 1358) und Grüneberg/Sprau BGB § 830 Rn. 1 als Anspruchsgrundlage betrachten, Brox/Walker SchuldR BT § 43 Rn. 5 dagegen gerade nicht.

49 Sinnvoll ist das aber nur, wenn die Prüfungsordnung für Ihre nächste Prüfung nicht einen unkommentierten Gesetzestext vorschreibt. Sicherheitshalber sollten Sie solche Fragen vorher klären – oder einen Text nur zum Lernen und einen nur für die Prüfung anschaffen.

50 Mit diesem Kriterium dürfte fast immer eine klare Entscheidung möglich sein. Gleichwohl fällt diese Studenten teils schwer. So haben etwa in einer zivilrechtlichen Examensklausur ca. 5% der Kandidaten §§ 312b und/oder 312d BGB zu Anspruchsgrundlagen *beim Fernabsatzvertrag* erklärt, weitere ca. 5% § 311 III BGB. Das führt zu deutlichen Abwertungen.

51 Dazu zB BGHZ 11, 80 (83) = NJW 1954, 229; Jauernig/Vollkommer BGB § 276 Rn. 2. Zum Üben: Was ist mit § 271 BGB? Und mit § 903 BGB?

52 Dazu auch → Rn. 56.

53 → Rn. 50 ff.

54 Bei Larenz (Fn. 43): S = T. S. auch Valerius Gutachtenstil S. 16 ff.

Inhalt des Untersatzes: Hier erfolgt die Subsumtion, das heißt die Unterordnung des konkreten Sachverhalts unter die abstrakte Norm oder das abstrakte Merkmal. Es wird festgestellt, ob der vorliegende Sachverhalt unter die ausgesuchte(n) Rechtsnorm(en) passt. Das kann im Einzelfall schwierig und langwierig sein, etwa weil die Norm zunächst ausgelegt werden muss.

In allgemeiner Form heißt es:

Die im Tatbestand der Norm festgelegten Voraussetzungen sind im konkreten Sachverhalt (nicht) erfüllt.

> Beispiel: „V und K haben sich (nicht) über den Kaufgegenstand – das gebrauchte Fahrrad des V – und den Kaufpreis – 200 EUR – geeinigt."

Oft wird es erforderlich, innerhalb des Untersatzes für einzelne Merkmale des Tatbestands 28 den Dreischritt aus Obersatz-Untersatz-Schlusssatz noch einmal oder mehrmals durchzuführen. Die Struktur des Untersatzes besteht dann gewissermaßen aus sich selbst.[55]

Die **sprachliche Fassung des Untersatzes** zeigt, wie zweifelhaft und diskussionsbedürftig 29 die erörterte Frage ist. In den – praktisch überwiegenden – eindeutigen Fällen der konsensfähigen Möglichkeit der Unterordnung genügt hier die sprachliche Fassung im Urteilsstil, also die weitgehend fraglose Gleichsetzung von Tatbestandsmerkmal und Sachverhaltsinformation. Je zweifelhafter diese Gleichsetzbarkeit ist, desto mehr muss die Formulierung das schrittweise Sich-Herantasten im Weg logischer Ableitung und inhaltlicher Wertung an die Antwort verdeutlichen.[56]

III. Schlusssatz

Der Schlusssatz wird auch Folgerung oder *conclusio*[57] genannt. 30

Inhalt des Schlusssatzes: Hier wird festgestellt, dass die in einer Norm angeordnete Rechtsfolge auch für den vorliegenden Sachverhalt einschlägig ist – oder eben nicht, wenn nicht alle notwendigen Voraussetzungen vorliegen.

> Beispiel: „V hat gegen K (k)einen Anspruch auf Kaufpreiszahlung aus § 433 II BGB."

Sprachliche Fassung des Schlusssatzes: Da der Schlusssatz das Ergebnis einer logischen 31 Ableitung ist, wird er im Indikativ gefasst.[58]

Zur Verdeutlichung der **Unterschiede zwischen Gutachten- und Urteilsstil**: Während 32 beim Urteilsstil der Weg rückwärts, vom Ziel zum Ausgangspunkt, dargestellt wird, verfährt man beim Gutachtenstil so, dass man von jedem erreichten Zwischenziel aus zunächst ein weiteres Ziel anpeilt, dann den Weg dorthin beschreitet und zuletzt feststellt, ob man dort angekommen ist.

Der **Urteilsstil** ist gekennzeichnet durch **kausale Nebensätze**,

> Beispiel: „Der Anspruch steht G zu, weil S versprochen hat, ihm das Fahrrad zu übereignen."

während der **Gutachtenstil** sich durch **Konsekutivsätze** auszeichnet.

> Beispiel: „S hat versprochen, G das Fahrrad zu übereignen, sodass G ein Anspruch hierauf zusteht."

---

55 S. das Beispiel → Rn. 12.
56 Formulierungshilfen im 3. Teil, → Rn. 96 ff.
57 Bei Larenz (Fn. 43): S → R. S. auch Valerius Gutachtenstil S. 19 f.
58 Zur Formulierung: 3. Teil, → Rn. 127 ff.

2. Kapitel. Anwendung

33 Wie man die oben beschriebenen Techniken praktisch umsetzt, zeigen die folgenden Übungsfälle.

Selbst die einfachsten denkbaren Beispiele sind nicht ganz ohne rechtliche Kenntnisse zu bearbeiten. Wenn Sie diesen Text als völliger Anfänger benutzen, müssen Sie deswegen laufend im BGB und gelegentlich in einem Lehrbuch[59] nachschlagen. Noch einmal: Lesen ist nützlich – aber Lesen allein genügt nicht. Beachten Sie die drei goldenen Regeln (*Üben, üben, üben!*)[60].

A. Zur Schematisierung

34 Um Ihnen beim Durcharbeiten der nachstehenden Übungsfälle die allgemeine und weitgehend zwingende Struktur des Rechtsgutachtens zu verdeutlichen, finden Sie am Rand der Bearbeitungsvorschläge eine Zahlenkombination. Deren Funktion als Orientierungshilfe und Gedankenstütze wird im Folgenden kurz erläutert.

Arbeitshinweise: Diese Schematisierung ist **kein Prüfungsstoff**; Sie müssen sie nicht lernen. Die Zahlen sollen Ihnen nur das Verständnis der Bearbeitungsmuster der Sachverhalte in diesem Text erleichtern. Man kann die Struktur eines Gutachtens auch ohne dieses Hilfsmittel verstehen.
Ansonsten: Es sieht mathematischer aus, als es ist.
Benutzen Sie eine solche Schematisierung beim Anfertigen von Übungsarbeiten nur im Kopf, nicht auf dem Papier.

35 Die einzelnen Arbeitsschritte werden durch den dreistelligen Zahlencode am Rand gekennzeichnet. Dadurch können Sie dem Gutachten ohne ständige Unterbrechungen durch Zwischenbemerkungen oder Erklärungen folgen und trotzdem immer feststellen, an welchem Punkt Sie sich gerade befinden.

Die letzte Ziffer sagt Ihnen, was im Gutachten gerade getan wird, die ersten beiden bezeichnen den Ort innerhalb des Gutachtens.

Für die Erklärung des Prinzips benennen wir die drei Zahlen ihrer Position nach mit Buchstaben. Die erste Ziffer nennen wir x, die zweite y und die dritte z; die allgemeine Form heißt also xyz.

Wird in der Erläuterung die jeweilige Variable verwendet, so bedeutet das, dass es nicht auf den konkreten Wert ankommt.

---

59 Für den Anfang genügt eins der kurzen Lehrbücher zum Allgemeinen Teil des BGB, etwa von Brox/Walker oder Rüthers/Stadler oder Köhler oder Wörlen oder Schack. Die hier gewählten Beispielsfälle enthalten kaum Probleme aus dem Schuldrecht; wer sich trotzdem mit schuldrechtlichen Einzelheiten befassen möchte, kann zunächst die kurzen Lehrbücher von Brox/Walker zum Allgemeinen und zum Besonderen Teil des Schuldrechts heranziehen. Will man das Arbeiten mit einem Gesetzeskommentar üben, empfehlen sich Kropholler Studienkommentar zum BGB und Jauernig BGB sowie Schulze/Dörner/Ebert Handkommentar zum BGB (erst im nächsten Schritt greifen Sie zum Grüneberg).

60 Empfehlung zum Vor- oder Nacharbeiten: Eine knappe Einführung findet sich bei Musielak Grundkurs BGB, § 1. Sachverhalte im Format von Übungsarbeiten unterschiedlicher Schwierigkeitsgrade mit Bearbeitungsvorschlägen finden Sie regelmäßig in den juristischen Ausbildungszeitschriften (JuS, JA, JURA, AL, ZJS). Außerdem gibt es reihenweise Bücher mit Musterfalllösungen, meist thematisch geordnet nach Rechtsgebieten; beispielhaft nur Werner Fälle mit Lösungen für Anfänger im Bürgerlichen Recht.

Die dritte Stelle (z):

Die Ziffern an der dritten Stelle stehen für die beim Gutachtenstil zwingenden Schritte *Voraussetzung(en)*, *Zuordnung (Subsumtion)* und am Ende *Folgerung*.

An der dritten Stelle können damit nur die Ziffern 1 bis 3 stehen. Achten Sie beim Arbeiten darauf, dass die Reihenfolge immer 1-2-3 ist.

xy1:	Voraussetzung	– Obersatz
xy2:	Subsumtion	– Untersatz
xy3:	Folgerung	– Schlusssatz

In Worten: Ist die letzte Zahl der Dreierkombination eine 1, so ist der rechts daneben stehende Satz ein Obersatz. Ist sie eine 2, so findet eine Subsumtion statt, bei einer 3 handelt es sich um ein Ergebnis.

Die zweite Stelle (y):

Die zweite Stelle ist notwendig, weil im Zuge der Subsumtion (z = 2, also innerhalb des Schritts xy2) oft auf eine weitere, untergeordnete Ebene gewechselt werden muss: Die Subsumtion unter eine Anspruchsnorm erfordert immer das Durchlaufen des syllogistischen Dreischritts für jede Tatbestandsvoraussetzung.

Der Tatbestand einer Anspruchsnorm (x1z) setzt sich aus mindestens einem, meist mehreren Tatbestandsmerkmalen (x2z) zusammen. Jedes dieser Tatbestandsmerkmale kann wiederum durch das Zusammentreffen mehrerer Teilmerkmale (x3z) definiert sein, die ihrerseits nur zu bejahen sind, wenn alle ihre Untermerkmale (x4z) vorliegen. Und so weiter, theoretisch unbegrenzt bis in die feinsten begrifflichen Verästelungen.

x1z: Anspruchsnorm-Ebene
x2z: Tatbestandsmerkmal-Ebene
x3z: Teilmerkmal eines Tatbestandsmerkmals
x4z: Untermerkmal eines Teilmerkmals eines Tatbestandsmerkmals

An der zweiten Stelle kann also – abhängig von der Komplexität des jeweils geprüften Tatbestands – eine hohe Zahl stehen. Erst wenn alle Tatbestandsmerkmale (…, x4z, x3z, x2z) nach dem Dreischritt der dritten Stelle durchgeprüft worden sind, ist die Subsumtion (xy2) unter die Anspruchsnorm (x1z) abgeschlossen.

Die erste Stelle (x):

Die erste Stelle enthält eine laufende Nummerierung innerhalb der Ebene, auf der Sie gerade arbeiten.

1yz: Erstes Merkmal auf der betreffenden Ebene (zB erstes Tatbestandsmerkmal: 12z).
2yz: Zweites Merkmal auf der betreffenden Ebene (zB zweiter Anspruch: 21z)
3yz: Drittes Merkmal auf der betreffenden Ebene (zB drittes Teilmerkmal: 33z)

An der ersten Stelle können – abhängig von der Zahl der Tatbestandsmerkmale – hohe Zahlen stehen.

Die Normstruktur *Wenn die Tatbestandsmerkmale erfüllt sind, tritt die Rechtsfolge ein* sieht für eine einzelne Vorschrift mit drei kumulativ erforderlichen Voraussetzungen so aus:

Tbm1 + Tbm2 + Tbm3 → R

Das dritte Tatbestandsmerkmal hieße dann 32z.

Versuchen Sie gelegentlich, Rechtsnormen wie hier aufzugliedern, zum Beispiel §§ 823 I und 929 S. 1 BGB.[61]

Also:

Anspruchsnorm	Voraussetzung(en)	=	x11
	Subsumtion	=	x12
	Folgerung	=	x13
Tatbestandsmerkmal	Voraussetzung(en)	=	x21
	Subsumtion	=	x22
	Folgerung	=	x23

usw.

Die *Wenn-dann*-Struktur von Rechtsnormen lässt sich an einem ganz simplen Beispiel verdeutlichen. In dieser Einfachheit findet sich das in Übungs- und Prüfungsarbeiten natürlich nie.

39 **Sachverhalt 0:** V und K streiten um Kaufpreiszahlung

Variante a) Alle Voraussetzungen eines Kaufpreiszahlungsanspruchs des V gegen K sind gegeben.

Variante b) Bis auf eine Voraussetzung dieses Anspruchs sind alle gegeben.

Besteht ein Zahlungsanspruch?

Gutachten zur Variante a)

111: V kann von K Zahlung verlangen, wenn die Voraussetzungen eines darauf gerichteten Anspruchs vorliegen.

112: Die Voraussetzungen des Kaufpreiszahlungsanspruchs aus § 433 II BGB liegen sämtlich vor.

113: V kann also von K Zahlung des Kaufpreises verlangen.

Gutachten zur Variante b)

111: V kann von K Zahlung verlangen, wenn die Voraussetzungen eines darauf gerichteten Anspruchs vorliegen.

112: Die Voraussetzungen des Kaufpreiszahlungsanspruchs aus § 433 II BGB liegen nicht vollständig vor.

113: V kann also von K nicht die Zahlung des Kaufpreises verlangen.

In diesem Sachverhalt gibt es nur ein Anspruchsziel (Kaufpreiszahlung) und nur eine einschlägige Norm (§ 433 I BGB). Daher steht an den ersten beiden Stellen immer eine 1.

In den Sachverhalten, mit denen Sie gerade zu arbeiten lernen, ist der Schritt 112 – also die Subsumtion unter die Anspruchsvoraussetzungen – meist problematisch. Innerhalb dieses Schritts müssen Sie oft das Dreierschema wiederholen. Sie sehen das im Gutachten daran, dass an der zweiten Stelle eine Zahl größer als 1 steht – das heißt, die Subsumtion läuft eine Ebene weiter unten weiter.

---

61 Zur Lernkontrolle: Welches ist eine Anspruchsnorm? Warum? Vergegenwärtigen Sie sich noch einmal das bei → Rn. 24 Gesagte.

B. Übungssachverhalte[62] mit Gutachtenvorschlägen

Nachstehend finden Sie zehn Beispiele. Die Sachverhalte werden schrittweise komplizierter. Dieses Zwiebelschalenmodell erlaubt es Ihnen, in dem Moment einen Schritt zurückzugehen, in dem Sie etwas nicht verstehen.

Die Gutachten sind nur Muster. Sie müssen es nicht wörtlich schreiben wie hier, aber Sie können es tun. Material zur stilistischen Verfeinerung enthält Teil 3.

Sachverhalt 1: K und V schließen einen Kaufvertrag über ein Buch des V.　　　40

Kann K verlangen, dass V ihm das Buch nun aushändigt?

Der Sachverhalt enthält keine Probleme; in solchen Situationen ist der etwas umständliche Gutachtenstil eigentlich unangebracht. Aber hier geht es um Ihre Übung. Unterscheiden Sie Sachverhaltsschilderung und Aufgabe (Fallfrage). Letztere steht meist, aber nicht immer am Schluss des Sachverhalts.

Beginnen Sie möglichst früh damit, der Übersicht halber eine Überschrift über die Erörterung jeder einzelnen Anspruchsgrundlage zu setzen. Diese wird im Zivilrecht wenn möglich nach dem Schema *Wer will was von wem woraus?* gebildet.[63] Setzt man diese Frage für Sachverhalt 1 um, so wird aus „K verlangt von V das Buch aus Kaufvertrag nach § 433 I 1 BGB" die Überschrift:

Anspruch des K gegen V auf Übergabe und Übereignung des Buchs aus § 433 I 1 BGB

111:　　K kann gegen V einen vertraglichen Anspruch auf Übereignung und Übergabe des Buchs haben.

112:　　Ein solcher Anspruch kann sich aus § 433 I 1 BGB ergeben.

121:　　Voraussetzung hierfür ist, dass zwischen ihnen ein Kaufvertrag über das Buch geschlossen wurde.

122:　　Zwischen V und K ist ein solcher Kaufvertrag geschlossen worden.

123:　　Ein Kaufvertrag liegt damit vor.

113:　　K hat gegen V einen Anspruch auf Übereignung und Übergabe des Buchs aus § 433 I 1 BGB.

Die Kluft zwischen dem konkreten Sachverhalt und dem abstrakten Tatbestand der Norm ist hier gering: Der Sachverhalt besteht aus normativen Begriffen, also aus solchen, die auch das Gesetz verwendet. Im Sachverhalt 2 wird der Abstand ein bisschen größer.

Sachverhalt 2: K kauft ein Buch von V.　　　41

Kann V von K die Zahlung des vereinbarten Preises verlangen?

Man kann mit einem Sachverhalt auch arbeiten, wenn Informationen fehlen oder nur mittelbar enthalten sind. Hier ist beispielsweise die Höhe des Kaufpreises nicht genannt; der Inhalt des Anspruchs steht also nicht genau fest.

Berücksichtigen Sie das bei der Formulierung von Überschrift und Obersatz.

62　Die Auswahl der Beispiele blieb mit Absicht auf übersichtliche zivilrechtliche Sachverhalte beschränkt. Ein Grund dafür besteht darin, dass das Zivilrecht für Anfänger oft am schwersten zugänglich ist. – Die Beispiele spielen im Kaufvertragsrecht und sollten schon mit dem Wissen des ersten Semesters zu bearbeiten sein. Thematisch breiter, auch zur Wiederholung und Vertiefung geeignet: Valerius Einführung; mit kleinteiligerem Übungsmaterial Hildebrand Gutachtenstil.

63　Zu Ausnahmen → Rn. 62.

Anspruch des V gegen K auf Zahlung des vereinbarten Kaufpreises

111: V hat gegen K einen Anspruch auf Kaufpreiszahlung aus § 433 II BGB,

112: wenn zwischen beiden ein Kaufvertrag geschlossen worden ist.

121: Dies ist nun zu prüfen.

122: V hat K ein bestimmtes Buch zu einem bestimmten Preis verkauft;

123: also ist zwischen ihnen ein Kaufvertrag geschlossen worden.

113: V hat gegen K einen Anspruch auf Kaufpreiszahlung aus § 433 II BGB.

Im Untersatz findet hier eine ganz kleine Interpretation des Sachverhalts statt. Sie enthält zwei Elemente:

1. Aus dem gebeugten Verb *kauft* im Sachverhalt wird im Gutachten ein Substantiv *Kaufvertrag*. Das ist trivial und geschieht im Umgang mit Sprache laufend. Allenfalls in komplizierten Fällen ist das ein fehleranfälliger Prozess.

2. Ähnlich wie in Sachverhalt 1 geht das Gutachten davon aus, dass der Inhalt der Sachverhaltsschilderung juristisch-technisch aufzufassen ist (also *Kauf* im Rechtssinne). Grundsätzlich darf man jedoch nicht auf die Wortwahl des Sachverhalts vertrauen; insbesondere bei der Bezeichnung eines Vertrags durch die Parteien tauchen Probleme der *falsa demonstratio* auf, also der übereinstimmenden falschen Bezeichnung eines Rechtsgeschäfts. Als Bearbeiter sind Sie an Rechtsansichten der Parteien nicht gebunden. Diese bilden aber eine wichtige Argumentationsgrundlage. Sie sind meistens brauchbar und nur selten irreführend.[64] Außerdem enthalten sie oft Hinweise auf die Probleme des Sachverhalts: Der Aufgabensteller kann mit solchen Rechtsansichten die Bearbeitung schon etwas vorstrukturieren. Je nach Fallgestaltung wird Ihr Interpretationsspielraum größer – und die Bearbeitung schwieriger.

42 **Sachverhalt 3:** V bietet K ein Buch für 20 EUR an. K ist einverstanden.

Hat V einen Anspruch auf Zahlung der 20 EUR gegen K?

Wird eine Information (hier: Höhe des Kaufpreises) im Sachverhalt gegeben, spielt sie zumeist auch eine Rolle für die Bearbeitung. Unterschlagen Sie nichts. Manchmal dienen Einzelheiten zwar nur der Ausschmückung des Sachverhalts oder sollen die Beschreibung plausibel erscheinen lassen; sie sind dann im Gutachten entbehrlich. Hat man Zweifel, ob eine Information wirklich gebraucht wird oder nicht, sollte man sie aber lieber in der Bearbeitung aufgreifen.

Anspruch des V gegen K auf Zahlung von 20 EUR aus § 433 II BGB

111: V kann gegen K einen Anspruch auf Zahlung von 20 EUR aus § 433 II BGB haben.

112: Dies ist der Fall,

121: wenn zwischen ihnen ein Kaufvertrag abgeschlossen worden ist. Ein Kaufvertrag kommt nach § 433 BGB zustande, wenn die Beteiligten hinsichtlich des Gegenstands und des Preises einig geworden sind.

122: V und K haben sich über den Verkauf eines bestimmten Buchs von V an K für 20 EUR geeinigt.

123: Damit ist ein Kaufvertrag zwischen ihnen zustande gekommen.

113: V hat gegen K einen Anspruch auf Zahlung des Kaufpreises in Höhe von 20 EUR aus § 433 II BGB.

Im Sachverhalt ist nun von Kauf nicht mehr die Rede. Im Gutachten ist also festzustellen, ob eine Sache gekauft wurde. Dazu wird der Kaufvertrag definiert. Die verwendete Definition steht nicht im Gesetz. (Im Zivilrecht ist das oft so.) Aus der Beschreibung der Verkäufer- und Käuferpflichten in § 433 BGB ergibt sich aber, worüber sich die Vertragsparteien geeinigt haben müssen. Das Erfordernis der Einigung selbst lässt sich aus dem Begriff des Vertrags (sich vertragen = sich einigen) ableiten, ist

---

64 Wenn der Fallsteller Sie auf eine möglicherweise falsche Bezeichnung hinweisen möchte, geschieht dies dadurch, dass er den betreffenden Terminus im Sachverhalt in Anführungsstriche setzt.

im Gesetz aber nur ansatzweise geregelt: Lesen Sie §§ 145 ff., 154 f. BGB. Es empfiehlt sich darüber hinaus, für umfangreichere Definitionen in ein Lehrbuch oder einen Kommentar zu schauen. Selbstverständlich kann und muss in einer Klausur – anders als in einer Hausarbeit – eine solche Quelle nicht angegeben werden.

Wichtig ist es, die Definition sinngemäß zu kennen und zu entscheiden, ob man sie erwähnt. Wie ausführlich auf die verschiedenen Voraussetzungen des (Kauf-)Vertragsschlusses einzugehen ist, wie umfangreich also der Untersatz wird, hängt vom Informationsreichtum des Sachverhalts ab. Im Sachverhalt 3 gibt es dazu nur wenige Informationen – also müssen Sie an dieser Stelle nur kurz diskutieren.

Sachverhalt 4: V und K einigen sich über den Verkauf eines Buchs des V zum Preis von 43 20 EUR. Noch vor der Übereignung des Buchs ficht V wirksam den Vertrag an.

Kann K noch das Buch verlangen?

Hier bedarf die Fallfrage der präzisierenden Auslegung: „Das Buch verlangen" ist zu lesen als „Übergabe und Übereignung des Buchs verlangen". Man gelangt damit wieder zu § 433 I 1 BGB, der eben diese Frage regelt.

Anspruch des K gegen V auf Übergabe und Übereignung des Buchs aus § 433 I 1 BGB

111:	K kann gegen V einen Anspruch auf Übergabe und Übereignung des Buchs aus § 433 I 1 BGB haben.
112:	Dazu
121:	muss zwischen beiden ein Kaufvertrag geschlossen worden sein.
122:	Ein Kaufvertrag liegt vor, wenn zwischen den Beteiligten Einigkeit über Kaufgegenstand und Kaufpreis erzielt worden ist. Hier haben V und K Übereinstimmung darüber erzielt, dass ein bestimmtes Buch des V gegen Zahlung von 20 EUR an K übereignet werden soll.
123:	Ein Kaufvertrag liegt also vor.
221:	Ein Anspruch des K besteht jedoch nicht, wenn der Vertrag nichtig ist, also überhaupt keine Rechtswirkungen hervorbringt. Die Nichtigkeit kann sich hier aus § 142 I BGB als Rechtsfolge einer wirksamen Anfechtung ergeben.
222:	Der Kaufvertrag ist wirksam angefochten.[65]
223:	Damit gilt er als von Anfang an (ex tunc) nichtig, § 142 I BGB.
113:	K hat deswegen keinen Anspruch gegen V auf Übereignung und Übergabe.

Während in Sachverhalt 3 die gefragte Rechtsfolge – je nach Blickwinkel Kaufpreiszahlungsanspruch des V oder Zahlungsverpflichtung des K – von einer einzigen Voraussetzung (Kaufvertrag) abhing, bietet es sich in Sachverhalt 4 an, diese Voraussetzung als „noch bestehender Kaufvertrag" zu formulieren und dann gedanklich in möglichst kleine Stücke zu schneiden:

12x: Abschluss eines Kaufvertrags

22x: kein Wegfall des Kaufvertrags

Bei Sachverhalten, in denen mehrere Probleme miteinander verknüpft sind, zeigt sich besonders deutlich, warum diese Methode sinnvoll ist. Sie erlaubt die Zuordnung von Problemen zu bestimmten Tatbestandsmerkmalen und ermöglicht so eine klare und verständliche Darstellung.

Sachverhalt 5: K sagt zu V: „Für deinen Duden, neueste Auflage, biete ich dir 20 EUR." 44 V antwortet: „Für 20 EUR ist der Duden dein."

Kann nun V die 20 EUR von K verlangen?

---

65 Der Grund für die Anfechtung (Irrtum, § 119 BGB, Täuschung oder Drohung, § 123 BGB) ist nicht genannt und daher nicht zu diskutieren. Wie in Sachverhalt 1 ist hier bereits ein Teil der Begründung „vorsubsumiert", da ein juristischer Fachbegriff verwendet wurde.

Anspruch des V gegen K auf Zahlung von 20 EUR aus § 433 II BGB

111:    V kann gegen K einen Anspruch auf Zahlung von 20 EUR haben.

112:    Nach § 433 II BGB muss dafür

121:    ein Kaufvertrag zwischen den beiden wirksam zustande gekommen sein.

122:    Ein solcher kommt durch zwei übereinstimmende Erklärungen der Beteiligten zustande, die sich zumindest hinsichtlich des Kaufpreises und der Kaufsache decken müssen, § 433 BGB.

131:    Zunächst müssen die beiden Äußerungen übereingestimmt haben.

132:    Sowohl in der Äußerung des V als auch in der des K waren der Kaufpreis, nämlich 20 EUR, und die Kaufsache, nämlich der Duden des K in der neuesten Auflage, genannt.

133:    Damit besteht Übereinstimmung hinsichtlich der notwendigen Bestandteile (essentialia negoti) des Kaufvertrags.

231:    Diese Übereinstimmung muss durch zwei wirksame Willenserklärungen vermittelt sein; zunächst muss also ein wirksames[66] Angebot vorgelegen haben.

232:    K brachte durch seine Äußerung hinlänglich bestimmt seinen Willen zum Ausdruck, das Buch zu kaufen.

233:    Damit hat er gegenüber V ein wirksames Angebot abgegeben.

331:    Dieses muss V wirksam angenommen haben.

332:    Die Äußerung des V ließ dessen Willen erkennen, auf das Angebot des K einzugehen.

333:    V hat also das Angebot des K wirksam angenommen.

123:    Folglich ist zwischen den beiden ein wirksamer Kaufvertrag abgeschlossen worden.

113:    Mithin hat V gegen K einen Anspruch auf Zahlung von 20 EUR aus § 433 II BGB.

Da der Sachverhalt nun keine juristisch-technischen Begriffe mehr enthält, erfordert er eine ausführlichere Interpretation als bisher. Der Kauf muss nicht nur als solcher definiert werden, sondern es ist auch notwendig, ihn zu Subsumtionszwecken in seine einzelnen Bestandteile zu zerlegen.

45   **Sachverhalt 6:** V fragt K, ob dieser das Fremdwörterbuch des V für 15 EUR erwerben wolle. K sagt: „Ja." Nun überlegt es sich V anders; er will das Buch wegen seines antiquarischen Werts lieber behalten.

Hat eine Klage des K Erfolgsaussichten?

Die Fallfrage wirkt auf den ersten Blick etwas ungewöhnlich und wird bei zivilrechtlichen Sachverhalten so nur gelegentlich gestellt (anders im Öffentlichen Recht und teils im Arbeitsrecht). Um den Übergang zum konventionellen Anspruchsaufbau zu ermöglichen, braucht es nur einen zusätzlichen Satz. Zur prozessualen Lage, die von solchen Fragen oft miterfasst sein soll,[67] kann man hier nichts ausführen, weil es an dahingehenden Informationen fehlt.

Anspruch des K gegen V auf Übereignung und Übergabe des Fremdwörterbuchs aus § 433 I BGB

111:    Eine Klage des K hat Erfolg, wenn er gegen V einen Anspruch auf Übereignung und Übergabe des Fremdwörterbuchs hat. Ein solcher kann sich aus § 433 I BGB ergeben.

---

66 Wenn in den Gutachtenvorschlägen von *wirksamen* Willenserklärungen die Rede ist, so bedeutet dies nicht nur, dass es sich überhaupt um Willenserklärungen handeln muss, sondern auch, dass diese im Rechtssinne vom Erklärenden abgegeben und dem Empfänger zugegangen sein müssen, § 130 I BGB. Da diese Fragen hier nicht problematisch sind, werden sie nicht erwähnt; *wirksam* steht gewissermaßen nur als Merkposten da.

67 Während in Übungsarbeiten im Öffentlichen Recht meist die Zulässigkeit einer Klage problematisiert werden soll, ist dies in privatrechtlichen Aufgaben die Ausnahme.

112: Dessen Voraussetzungen sind nun zu prüfen.[68]

121: Es muss ein wirksamer Kaufvertrag vorliegen.

122: Ein Kaufvertrag kommt durch zwei hinsichtlich Kaufgegenstand und Kaufpreis übereinstimmende Willenserklärungen, Antrag und Annahme iSv §§ 145 ff. BGB, zustande.

131: Einen Antrag kann V abgegeben haben, indem er K fragte, ob er ihm das Fremdwörterbuch für 15 EUR abkaufen wolle.

141: Diese Frage muss eine Willenserklärung sein.

142: Eine Willenserklärung ist eine unmittelbar auf einen rechtlichen Erfolg zielende hinlänglich bestimmte Willensäußerung. Die Frage des V, ob K das Fremdwörterbuch für 15 EUR erwerben wolle, lässt seinen Willen, einen Kaufvertrag abzuschließen, erkennen und zielt damit unmittelbar auf einen rechtlichen Erfolg.

143: Eine Willenserklärung des V lag also vor.

241: Um als Antrag gewertet werden zu können, muss diese Erklärung K den Vertragsschluss so antragen, dass dieser mit einem schlichten „Ja" den Vertrag zustande bringen kann.

242: Aus der Erklärung des V sind das Fremdwörterbuch als Kaufgegenstand und die 15 EUR als Kaufpreis zu entnehmen, sodass alle für den Kaufvertrag wesentlichen Informationen (*essentialia negotii*) enthalten waren.

243: In der Frage des V lag damit ein Antrag.

231: Diesen muss K angenommen haben.

232: Die Annahme ist die vorbehaltlose Zustimmung zum vorliegenden Angebot. K hat auf die hinreichend bestimmte Frage des V mit „Ja" geantwortet.

233: In der Antwort des K lag also eine Annahme.

123: Dadurch ist zwischen V und K ein wirksamer Kaufvertrag über das Fremdwörterbuch zustande gekommen. Dass V nun das Buch lieber behalten möchte, ändert daran nichts. Diese Meinungsänderung berechtigt auch nicht zur Anfechtung, § 119 I BGB.

113: K hat einen Anspruch auf Übereignung und Übergabe des Fremdwörterbuchs aus § 433 I 1 BGB. Seine Klage hat Aussicht auf Erfolg.[69]

Die Untermerkmale der Begriffe *Antrag* (moderner: Angebot) und *Annahme* – etwa das Erklärungsbewusstsein – müssen hier nicht weiter problematisiert werden, da der Sachverhalt dazu keinen Anlass gibt. Es reicht, wenn Sie diese im Kopf durchgehen und nur das zu Papier bringen, was auch dem Leser erwähnenswert erscheinen könnte.

Die Frage nach einer möglichen Anfechtung ist im vorstehenden Gutachten recht kurz geraten, weil der Sachverhalt keinen Hinweis auf einen Anfechtungsgrund bietet und auch eine Anfechtungserklärung (§ 143 I BGB) nicht ersichtlich ist. Allein dass V es sich anders überlegt hat, genügt nach §§ 119 ff. BGB nicht. Daher sollten Sie die Anfechtung erwähnen (Problem gesehen!) und dann schnell verwerfen (Problem zutreffend als hier nicht einschlägig erkannt). Dieses Vorgehen empfiehlt sich auch, weil die Gutachten, die Sie in Übungsarbeiten zu verfassen haben, umfangreicher sind als die hier gegebenen Beispiele. Zeit, die Sie auf unnötige Ausführungen verwenden, fehlt Ihnen dann für die wirklich wichtigen Diskussionen.

Das Gutachten zeigt einige typische Probleme der Rechtsanwendung. Zum Beispiel steht die verwendete Definition für die Willenserklärung weder im Gesetz noch kann sie mittelbar diesem entnommen werden. Daher ist an dieser Stelle auch keine Rechtsnorm zitiert. Die Definition muss man in der Klausur sinngemäß kennen oder sich zusammenreimen.

---

68 Ab hier fehlen immer wieder einmal die gesonderten Obersätze zur Subsumtion (zB 112, 122, 132). Da diese nur eher nichtssagend lauten könnten „Dies ist im Folgenden zu prüfen", werden sie weggelassen. Das ist überhaupt zu empfehlen. Zu diesen und ähnlichen Möglichkeiten sprachlicher Straffung näher → Rn. 139 ff.

69 Gegen „… hat Aussicht auf Erfolg" plädiert zu Recht Hildebrand Gutachtenstil S. 107. Kürzer und treffender sollte es heißen „Die Klage hat Erfolg" oder „… wird Erfolg haben".

46 **Sachverhalt 7:** K sieht im Schaufenster des Buchhändlers V den antiquarischen Bildband „Belgische Bahnen" für 98 EUR. Er betritt das Geschäft und sagt zu V: „Ich hätte gerne den Bildband aus dem Schaufenster." V entgegnet, das Buch sei leider bereits verkauft. K meint, darauf komme es nicht an, er habe gerade einen Kaufvertrag darüber geschlossen, sodass V zur Übereignung verpflichtet sei.

Wie ist die Rechtslage?[70]

Anspruch des K gegen V auf Übereignung und Übergabe des Bildbands aus § 433 I 1 BGB

111: K kann gegen V einen Anspruch auf Übereignung und Übergabe des Bildbands aus § 433 I 1 BGB haben.

112: Dies setzt das Bestehen eines Kaufvertrags zwischen V und K voraus, § 433 BGB.

121: Für dessen Zustandekommen sind zwei übereinstimmende Willenserklärungen erforderlich, welche die notwendigen Merkmale eines Kaufvertrags erkennen lassen müssen.

122: (Dies ist zu prüfen.)

131: Es muss zunächst ein Angebot vorliegen, also eine Willenserklärung.

132: Eine Willenserklärung ist eine unmittelbar auf einen rechtlichen Erfolg zielende private Willensäußerung. Wäre das Ausstellen des Bildbands im Schaufenster durch V bereits hierunter zu fassen, so könnte durch die Äußerung des K ein Kaufvertrag zuwege gebracht worden sein. Auf Vs Einwand, er wolle das Buch nicht an K verkaufen, käme es dann nicht mehr an. Gegen die Bewertung als Willenserklärung spricht – wegen der Möglichkeit eines Angebots an eine unbestimmte Vielzahl von Adressaten (*offerte ad incertas personas*) – zwar nicht, dass ein Adressat nicht eindeutig bestimmbar ist. Zweifelhaft ist aber, ob V sich bereits mit dem Ausstellen des Bands im Schaufenster rechtlich binden wollte oder ob es sich dabei um eine noch unverbindliche Aufforderung an die Vorbeigehenden, Angebote abzugeben, handelte (*invitatio ad offerendum*). Wollte V sich rechtlich binden, wäre er bei Annahme einer verbindlichen Willensäußerung jedem Kunden gegenüber gezwungen, ein derartiges Buch zu übereignen. Schon angesichts seiner begrenzten Lagerbestände ist dies nicht anzunehmen. Im Fall der Lieferunfähigkeit wäre er eventuell zahlreichen Interessenten zum Schadensersatz verpflichtet. Bei einem nur einmal vorhandenen antiquarischen Einzelstück wird dies besonders deutlich. Diese – für K auch erkennbare – Interessenlage des V lässt eine Einordnung des Ausstellens als Willenserklärung nicht zu. V will mit dem Ausstellen des Buchs nur erreichen, dass Kaufinteressenten ihm gegenüber Angebote abgeben, die er dann nach Maßgabe seiner Lagerbestände annehmen oder ablehnen kann.

133: Es fehlt daher an einer Willenserklärung des V.

131: Jedoch kann K gegenüber V ein Angebot abgegeben haben, indem er ihm erklärte, er wolle das ausgestellte Buch zum angegebenen Preis kaufen.

132: In dieser Erklärung sind die essentialia eines Kaufvertrags enthalten; auch wollte K sich rechtlich binden. Dass er glaubte, bereits eine Annahme zu erklären, ändert daran nichts.

133: Ein Angebot des K lag damit vor.

231: Das Zustandekommen eines Vertrags hängt nun davon ab, ob V dieses Angebot angenommen hat.

---

70 Die beliebte Frage „Wie ist die Rechtslage?" bedeutet, dass Sie alle möglichen Ansprüche jedes Beteiligten gegen jeden anderen Beteiligten erörtern sollen. Hier ist das noch einfach. Bei Sachverhalten, an denen mehr als zwei Personen beteiligt sind, ist es bei dieser Frage jedoch besonders wichtig, die einzelnen Ansprüche strikt innerhalb von Zweipersonenverhältnissen zu begutachten.

232: Da es sich um ein antiquarisches Buch handelte, ist nicht anzunehmen, dass V ein anderes Exemplar anbieten konnte. Die Erklärung des V, das Buch sei bereits verkauft, ist deshalb als Ablehnung zu sehen.

233: Es fehlt daher an einer Annahme durch V.

123: Ein Kaufvertrag ist also nicht geschlossen worden.

113: Der von K geltend gemachte Anspruch aus § 433 I 1 BGB besteht nicht.

Anspruch des V gegen K auf Kaufpreiszahlung aus § 433 II BGB

Am Fehlen eines Kaufvertrags scheitert auch ein Anspruch des V gegen K auf Zahlung von 98 EUR aus § 433 II BGB.

Bei diesem Sachverhalt ist die zweimalige Erörterung des Merkmals *Angebot* (131–133) sinnvoll, da nicht ohne Weiteres ersichtlich ist, worin ein Angebot liegt.

Unterstellungen zum tatsächlichen Vorhandensein weiterer Buchbestände im Lager des V oder zur Frage anderer Bildbände im Schaufenster sind unnötig. Spekulationen, die der Korrektor gemeinhin als „Sachverhaltsquetsche" bezeichnet, haben in Ihrer Ausarbeitung nichts verloren.

Bei der Subsumtion unter den Begriff der Willenserklärung sieht man, dass nur die problematischen Merkmale angesprochen werden müssen. Über den Handlungswillen des V etwa ist hier (wie meistens) kein Wort zu verlieren.

Sachverhalt 8: Versandbuchhändler V schickt K seinen Katalog mit Sonderangeboten. K wählt eine Kant-Werkausgabe für 148 EUR, füllt die beiliegende Bestellkarte entsprechend aus und schickt diese an V.

47

a) Eine Woche später erhält er ein Schreiben von V, in dem dieser sich für die Bestellung bedankt und ankündigt, die gewünschten Bücher gingen K in den nächsten Tagen mit gesonderter Post zu.
b) V schickt anderntags die gewünschten Bücher an K ab.

Kann V von K Bezahlung der 148 EUR fordern?

Gutachten zu Variante a): Anspruch des V gegen K auf Zahlung von 148 EUR aus § 433 II BGB

111: K kann gegen V einen Anspruch auf Zahlung von 148 EUR aus § 433 II BGB haben. Voraussetzung hierfür ist ein wirksamer Kaufvertrag.

121: Dessen Zustandekommen bedarf zweier hinsichtlich des Preises und der Kaufsache übereinstimmender Willenserklärungen.

122: Erforderlich sind danach ein Angebot und eine Annahme.

131: Ein Angebot des V kann im Zusenden des Katalogs an K liegen.

132: Sowohl der Adressatenkreis als auch die Auswahl der angebotenen Bücher sind hinlänglich bestimmt. Angesichts der V drohenden Schadensersatzansprüche im Fall der Nichtlieferung wollte dieser aber mit dem Katalog kein bindendes Angebot abgeben.[71]

133: Fehlt es somit am Angebot des V,

131: kann K ein solches abgegeben haben, als er die ausgefüllte Bestellkarte zurück sandte.

132: Aus dieser sind sowohl der Kaufgegenstand (nämlich die Kant-Werkausgabe) und der Preis (nämlich 148 EUR) als auch der Wille ersichtlich, sich rechtlich zu binden.

133: K hat damit ein Angebot abgegeben.

---

71 Ein Angebot des V scheitert nicht deswegen an der fehlenden Bestimmtheit des Kaufgegenstands, weil der Katalog mehrere verschiedene Artikel aufführt; dieser enthält vielmehr zahlreiche bestimmte einzelne Angebote. Zur *invitatio ad offerendum* → Rn. 46.

231:     Dessen Annahme kann V mit seinem Schreiben erklärt haben.

232:     V hat mit Bezug zum Angebot des K zu erkennen gegeben, dass er bereits eine Leistungshandlung zur Erfüllung des Vertrags vorgenommen hat. Daraus ist bei Auslegung nach §§ 133, 157 BGB zu entnehmen, dass er den von K vorgeschlagenen Vertrag billigt.

233:     Er hat mithin eine Annahmeerklärung abgegeben.

123:     Aus dem damit zustande gekommenen Kaufvertrag.

113:     ist K nach § 433 II BGB zur Zahlung von 148 EUR verpflichtet.

Gutachten zu Variante b):

Bis zum zweiten Schritt 133 können Sie das Gutachten zu Variante a) wörtlich übernehmen.

231:     Dieses muss V angenommen haben.

141:     Eine Annahmeerklärung kann im Versenden der bestellten Bücher liegen.

142:     Zwar hat dadurch V nicht ausdrücklich zu verstehen gegeben, dass er einen Kaufvertrag über die von K gewünschten Bücher abschließen will, doch lassen die Umstände eine dahingehende Interpretation seines Verhaltens zu. Ein anderer Sinn als die Annahme des Angebots des K ist dem Verschicken der Bücher schwerlich zu entnehmen.

143:     Damit hat V durch schlüssiges (konkludentes) Verhalten eine Annahmeerklärung abgegeben.

241:     Diese bedarf zu ihrem Wirksamwerden des Zugangs bei K, § 130 I 1 BGB.

242:     Zugegangen ist die Erklärung, wenn sie den Herrschaftsbereich des Empfängers erreicht und dieser die Möglichkeit hat, in zumutbarer Weise von ihr Kenntnis zu nehmen. Bei K sind die Bücher noch nicht eingegangen. Solange dies nicht der Fall ist, weiß er noch nichts von deren Versendung.

243:     Es fehlt mithin am Zugang der Annahmeerklärung des V.

341:     Ein Vertrag zwischen V und K ist nur zustande gekommen, wenn der Zugang der Annahmeerklärung ausnahmsweise entbehrlich ist.

342:     Dies ist nach § 151 S. 1 Alt. 1 BGB der Fall, wenn nach der Verkehrssitte eine Annahmeerklärung nicht zu erwarten ist. Davon ist bei Bestellungen im Versandhandel auszugehen. Hier rechnet der Besteller gewöhnlich nicht mit einer gesonderten Bestätigung, sondern erwartet den Eingang der bestellten Ware.

343:     Damit ist gemäß § 151 S. 1 Alt. 1 BGB hier der Zugang der Annahmeerklärung nicht erforderlich.

233:     Die Annahme durch V ist also wirksam.

123:     Aus dem damit zustande gekommenen Kaufvertrag

113:     ist K nach § 433 II BGB zur Zahlung von 148 EUR verpflichtet.

Wenn Sie in Übungsarbeiten zwei oder mehrere Sachverhaltsvarianten zu entscheiden haben, müssen Sie nicht den einmal geschriebenen Text wörtlich wiederholen. Es genügt, wenn Sie auf das bereits Gesagte verweisen und den Faden an der Stelle wieder aufnehmen, wo andere Umstände Anlass zu anderen rechtlichen Bewertungen geben.

48   **Sachverhalt 9:** K nimmt an Vs Kiosk Band 137 der Reihe „Schmerzen im Herzen – ein Arztroman" aus dem Regal und legt das Heft und die 2 EUR, die der Preisaufdruck ausweist, auf den Tisch. V nimmt wortlos das Geld und schiebt das Heft zu K herüber.

Hat V das Geld zu Recht vereinnahmt?[72]

---

72 Dass die Frage nicht auf eine Anspruchsprüfung hindeutet, ist nur scheinbar ein Problem. Beachten Sie den ersten Obersatz. Das hier vorgeschlagene Gutachten kann Teil einer Anspruchsprüfung wegen Kaufpreiszahlungsanspruchs (§ 433 II BGB) oder wegen ungerechtfertigter Bereicherung (§ 812 I 1 Fall 1 BGB) sein.

111: V hat das Geld zu Recht vereinnahmt, wenn er einen Anspruch auf Zahlung in dieser Höhe hatte. Ein solcher kann sich aus § 433 II BGB ergeben.

121: Das setzt voraus, dass ein Kaufvertrag wirksam zustande gekommen ist.

131: Hierzu müssen die Beteiligten zwei sich deckende Willenserklärungen, Angebot und Annahme, abgegeben haben.

141: Zunächst muss ein Angebot vorgelegen haben.

142: Ein Angebot ist eine Willenserklärung, die dem Erklärungsgegner den Vertragsschluss so anträgt, dass dieser den Abschluss durch einfaches „Ja" bewirken kann. Indem K den ausgesuchten Roman mit dem Geld auf den Ladentisch legte, kann er eine solche Erklärung abgegeben haben. Kaufgegenstand, Kaufpreis und Verbindlichkeit der Äußerung gehen daraus hervor, dass K den angestrebten Vertrag bereits erfüllte. Problematisch ist allenfalls, dass er sich nicht verbal äußerte. Jedoch kann eine Willenserklärung auch vorliegen, wenn der Geschäftspartner aus den Umständen entnehmen kann, dass sein Gegenüber eine rechtlich bedeutsame Erklärung abgeben will, deren Inhalt erkennbar ist. Die Hingabe des Gelds bei gleichzeitigem Vorlegen des Romans ließ für V den Schluss zu, dass K eben jenes Buch kaufen wollte.

143: Damit hat K konkludent ein Angebot abgegeben.

241: Dieses muss von V angenommen worden sein.

242: Unter Annahme ist die vorbehaltlose Übereinstimmung mit dem Angebot des Antragenden zu verstehen. Diese kann in der Entgegennahme des Gelds durch V zu sehen sein, zumal er K den Roman wieder zuschob. Auch hier erlauben mangels einer verbalen Erklärung die Umstände den Schluss auf den Erklärungstatbestand. K kann so davon ausgehen, dass V mit dem Kaufvertrag einverstanden ist.

243: V hat somit schlüssig die Annahme erklärt.

341: Die Erklärungen müssen übereingestimmt haben.

342: Zwischen V und K bestand Einigkeit über den Austausch von 2 EUR gegen den Roman „Schmerzen im Herzen".

343: Es lagen also zwei hinsichtlich der für einen Kaufvertrag wesentlichen Elemente (*essentialia negotii*) korrespondierende Willenserklärungen vor.

133: Die Voraussetzungen eines Kaufvertrags sind gegeben.

123: Ein Kaufvertrag ist damit abgeschlossen worden.

113: V hatte mithin Anspruch auf die 2 EUR. Er hat sie zu Recht an sich genommen.

Sachverhalt 10: Versandbuchhändler V schickt an K unaufgefordert das Kochbuch „32 Variationen von Grünkernfrikadellen". Er legt folgendes Anschreiben bei: „Herzlichen Glückwunsch! Anliegendes Kochbuch ist eine einmalige Gelegenheit: Für nur 42 EUR gehört es Ihnen. Mit dem Eingang Ihrer Zahlung auf das unten angegebene Konto rechne ich in den nächsten zwei Wochen." 49

a) K, der keine Grünkernfrikadellen mag, ist entsetzt. Er vergisst die Sendung in einer Ecke.

b) K, der Grünkernfrikadellen über alles liebt, ist begeistert. Schon am nächsten Tag lädt er Freunde ein, die er mit Gerichten nach den Rezepten 7, 12 und 23 bewirtet.

Kann V jeweils nach vier Wochen Zahlung der 42 EUR verlangen?

Gutachten zu Variante a): Anspruch des V gegen K auf Zahlung von 42 EUR aus § 433 II BGB

111: V kann gegen K einen Anspruch auf Zahlung von 42 EUR aus § 433 II BGB haben. Voraussetzung hierfür ist, dass ein wirksamer Kaufvertrag zwischen ihnen abgeschlossen wurde.

121:    Dieser erfordert das Vorliegen zweier Willenserklärungen, Angebot und Annahme iSv §§ 145 ff. BGB, die auf das Zustandekommen eines Kaufvertrags gerichtet sind.

131:    Ein Angebot kann in der Zusendung des Anschreibens[73] von V an K liegen.[74]

132:    Dazu muss V verbindlich erklärt haben, K einen bestimmten Gegenstand zu einem festgelegten Preis verkaufen zu wollen. In seinem Schreiben nennt er den Preis für das beigefügte Buch und lässt erkennen, dass der Abschluss eines verbindlichen Vertrags nur noch von der Annahme durch K abhängen soll.

133:    V hat also ein Angebot an K abgegeben.

231:    Dieses muss K angenommen haben.

232:    Eine Annahme erfordert als Willenserklärung

141:    ein Handeln des K, dem Erklärungscharakter zugemessen werden kann.

142:    K reagiert auf das Angebot des V nicht. Darin liegt ein Schweigen im rechtlichen Sinne, das heißt ein bewusstes Sich-nicht-Erklären. Dem Schweigen kommt regelmäßig nicht die Bedeutung einer Willenserklärung zu. Etwas anderes gilt unter Nichtkaufleuten nur, wenn vorher durch rechtsgeschäftliche Vereinbarung von den Beteiligten dem Schweigen ausdrücklich Erklärungsbedeutung beigelegt wurde. Weder für die Kaufmannseigenschaft des K noch für eine zwischen ihnen getroffene Vereinbarung hinsichtlich des Schweigens als Willenserklärung ist etwas ersichtlich.

143:    Wegen des fehlenden Erklärungshandelns

233:    fehlt es an einer Annahme seitens K.

123:    Ein Vertrag über den Kauf des Buchs ist also nicht zustande gekommen.

113:    Daher hat V gegen K keinen Zahlungsanspruch aus § 433 II BGB.

Besteht – wie hier – kein Anlass, die Kaufmannseigenschaft der Beteiligten zu diskutieren, sollten Sie es bei einem kurzen Hinweis wie unter 142 belassen. Auf die Kaufmannseigenschaft kann es in diesem Zusammenhang ankommen, weil das Schweigen auf ein Bestätigungsschreiben unter Kaufleuten die Bedeutung einer Willenserklärung haben kann.

Gutachten zu Variante b): Anspruch des V gegen K auf Zahlung von 42 EUR aus § 433 II BGB

Bis zum Schritt 231 können Sie das Gutachten zu Variante a) wörtlich übernehmen.

232:    Eine ausdrückliche Annahmeerklärung ist nicht ersichtlich; jedoch kann K durch schlüssiges Handeln auf Vs Angebot eingegangen sein. Schlüssiges Handeln ist ein Verhalten, das den dahinter stehenden Willen zur Abgabe einer rechtsverbindlichen Erklärung nur mittelbar aus den Umständen erkennen lässt. Es ist nicht anzunehmen, dass K das Buch nutzen wollte, ohne es zu erwerben. Nach dem Verkaufsangebot des V konnte er eine Schenkung nicht erwarten. Die Ingebrauchnahme des Kochbuchs durch K bei der Einladung[75] lässt daher auf seinen Willen zum Abschluss eines Kaufvertrags schließen. Indes ist hierin entgegen dem ersten Eindruck mit Blick auf § 241a I BGB keine schlüssige Annahme zu sehen. Anderenfalls würde der gesetzgeberische Zweck des § 241a BGB nicht

---

73 Auf das Buch kommt es dabei nicht an. Das dem Schreiben beiliegende Buch begründet ein Angebot auf Übereignung nach § 929 S. 1 BGB, das wegen des Trennungsprinzips bei der Frage nach dem Kaufvertragsabschluss keine Rolle spielt.

74 Entweder „Ein Angebot kann liegen in …" oder „V hat … Darin kann ein Angebot liegen". Näher dazu → Rn. 126.

75 Es kommt bei der Ingebrauchnahme nicht auf Fettflecken auf dem Kochbuch an, sondern grundsätzlich nur auf das, was der Sachverhalt mitteilt. Achten Sie also darauf, diesen nicht zu überdehnen, nur um sich die Subsumtion zu erleichtern.

erreicht, der darin besteht, den Verbraucher davor zu schützen, dass ihm unerwünschte Waren aufgedrängt werden.[76]

233:   Damit hat K keine schlüssige Annahmeerklärung abgegeben.[77]

123:   Ohne diese ist es zu keinem Vertrag über das Kochbuch gekommen.

113:   V hat gegen K keinen vertraglichen[78] Anspruch auf Zahlung von 42 EUR.

Vermeiden Sie Klammern[79] im Gutachtentext; sinnvoll sind diese nur bei Normzitaten (s. 121, 242).

---

76 Die Frage ist nicht ganz unumstritten; wie hier MüKoBGB/Kramer § 241a Rn. 3, 11; Grüneberg/
    Heinrichs BGB § 241a Rn. 3, beide mit Nachweisen zur gegenteiligen Ansicht, die für den Ver-
    tragsschluss eine Ingebrauchnahmehandlung genügen lässt.
77 Entbehrlich wird so die Erörterung der Frage, ob die Annahmeerklärung des K wirksam wurde,
    auch ohne dass sie bei V zuging. Mit Blick auf § 151 S. 1 BGB wäre das aber zu bejahen.
78 Auch Ansprüche aus gesetzlichen Schuldverhältnissen sind nach § 241a I BGB ausgeschlossen.
79 Zur bei deren Verwendung gebotenen Zurückhaltung → Rn. 344.

3. Teil. Sprachliche Gestaltung

Dieser Teil enthält Formulierungshilfen für juristische Gutachten in Ausbildung und Prüfung. Diese 50 sind anfangs systematisch geordnet und folgen dem typischen Aufbau einer zivilrechtlichen Fallbearbeitung (→ Rn. 55 ff.). Weiter hinten finden sich beispielhafte Vorschläge für allgemeine methodische Probleme (→ Rn. 157 ff.).

Dieser Teil dürfte **Anfängern und Fortgeschrittenen** gleichermaßen nutzen. Der Anfänger ist meist noch unsicher, wie man einen Gedanken juristisch korrekt[80] ausdrückt. Der Fortgeschrittene hat sich dagegen oft schon so sehr an die zugrunde liegenden Konventionen gewöhnt, dass seine Texte unnötig öde werden.

Die Erfahrung zeigt, dass viele Rechtsstudenten selbst im Examen auf die Lesbarkeit ihrer Arbeiten nur wenig Mühe verwenden. Für den Leser kann das recht anstrengend sein. Den Unwillen, den Sie schon auf dieser Ebene erzeugen, können Sie ebenso gut vermeiden, indem Sie sich sprachlich um ein wenig Abwechslung bemühen.

Wenn es stimmt, dass das Lernen von Recht dem Lernen einer Fremdsprache ähnelt, liegt es nahe, nicht nur für Definitionen und dergleichen, sondern auch für die Sprache des Rechts ein Vokabelheft zu führen.[81]

1. Kapitel. Arbeitsanleitung zum Vokabelheft

1. Nachstehend finden Sie als Anregung für ein solches Vokabelheft eine Reihe vielseitig einsetzbarer 51 Formulierungen, an denen Sie sich orientieren können. Sie ist alles andere als vollständig. Ergänzen Sie sie! Zahlreiche Varianten können Sie den Musterfällen der Ausbildungszeitschriften[82] entnehmen. Vergessen Sie dabei aber nicht, dass die dort wiedergegebenen Gutachten oft verdeckte Aufsätze, also in Umfang, Stil und Sprache für die eigene Arbeit nur bedingt vorbildlich sind. Achten Sie deswegen auf die eher seltenen überarbeiteten oder kommentierten Originalklausuren von Übungsteilnehmern.

2. Die Vorschläge sollen Ihnen nicht das Nachdenken über die angemessene sprachliche Form abnehmen, sondern nur als Anregung dienen, wenn Sie in der Hausarbeit wieder einmal an der eigenen 52 Fantasielosigkeit verzweifeln. Benutzen Sie den Text also **nicht** als **Selbstbedienungsladen**, aus dem Sie vorgefertigt alles mitnehmen können, was Sie brauchen, **sondern** eher als **Steinbruch**, aus dem Sie gelegentlich Rohmaterial für Ihre eigene Arbeit holen. Übernehmen Sie das hier Angebotene nicht ungeprüft. Ihr eigener juristischer Stil entwickelt sich – wahrscheinlich – aus zwei Tätigkeiten: dem kritischen Lesen fremder Texte und dem Verfassen eigener. Beides kann Ihnen dieses Vokabelheft nicht abnehmen.

3. Einige Vorschläge sind auch schon ein bisschen abgegriffen – erwarten Sie keine Sensationen. Nicht alle Formulierungen sind gleichermaßen elegant. Wählen Sie aus, was Ihnen am besten gefällt.

---

80 Das heißt meist nur: konventionskonform.

81 Nutzbringend wird der nachstehende Abschnitt in erster Linie für Menschen sein, die hauptsächlich induktiv lernen, also vom Beispiel ausgehend zur allgemeinen Form hin.

82 In Deutschland: JuS, JA, JURA, AL, ZJS (nur im Netz unter zjs-online.com); in Österreich: JAP; in der Schweiz: recht und ius.full. Die betreffenden Beiträge erkennt man meist schon am Titel: *Ein/e … mit Folgen, Ein/e verhängnisvolle/s …, Ein/e folgenreiche/r/s …*, im Strafrecht öfter auch *Ärger beim/im/mit dem …, Ein/e … mit Hindernissen*, zum französischen Recht etwa *Les Malheurs d'Eric*, Witz/Limbach JuS 2002, 148 ff.; manchmal auch gewagtere Überschriften wie *Vollmantel-Rundkopfgeschoß-Durchschuss* (Heimann/Prisille JA 2002, 305 ff.), *Ein Ring, sie zu knechten* (Bohorc/Hügel GreifRecht 2014, 149 ff.), *Breit gebaut, braun gebrannt, Schlüssel unter der Hantelbank* (Schumann/Zivanic JA 2018, 504 ff.), *Tempora mutantur ius et mutatur illis – Hier: Baurecht* (Pernice-Warnke ZJS 2018, 590 ff.) *Der begehrte Kowalski/Nedderfeld/Brodermeyer-Kommentar und das beste Dope des Orients* (Rackow/Ziegler JA 2018, 591 ff.) oder *A Life 4 Sale* (Hamann ZJS 2009, 267 ff.).

Ergänzen Sie überall, wo Sie im Text Vorschläge für die sprachliche Gestaltung finden, weitere Möglichkeiten. Ziehen Sie Synonymwörterbücher[83] heran.

Wer den Text benutzt, um besonders gelungene Formulierungen auswendig zu lernen und diese dann bei jeder sich bietenden Gelegenheit abzuwerfen, macht es sich zu leicht und dem Leser schwer. Als Prüfer gibt man keine wirklich gute Note, wenn die Prüfungsleistung allzu formelhaft klingt.

> **Beispiel:** Wer in einem Dutzend Klausuren hintereinander liest „Die Auffassungen kommen zu unterschiedlichen Ergebnissen; ein Streitentscheid ist daher erforderlich", reagiert schlimmstenfalls genervt, auch wenn die Aussage in der Sache kaum angreifbar ist.

53   4. Versuchen Sie, aus den angebotenen Sprachversatzstücken und Ihren eigenen Ergänzungen eine Art abstraktes Mustergutachten zu entwerfen, anhand dessen Sie einem juristischen Laien erklären können, wie Rechtsanwendung ganz allgemein funktioniert. Wenn Sie sich so die möglichen Formulierungen und ihr Ineinandergreifen aneignen, fällt Ihnen die Verwendung in Übungsarbeiten leichter.

5. Üben Sie zuerst an ein paar der obigen Beispielsfälle, dann an einer Ihrer eigenen Arbeiten, dann an einem Mustergutachten aus einer Fallsammlung oder Ausbildungszeitschrift.

---

83 ZB Dornseiff Der deutsche Wortschatz nach Sachgruppen; Wehrle/Eggers Deutscher Wortschatz; Duden Bd. 8: Sinnverwandte und sachverwandte Wörter; Weber/Morell (/A.M. Textor) Sag es treffender.

2. Kapitel. Formulierungen zum Gutachtenstil

Der Schwerpunkt des Nachstehenden liegt im **Zivilrecht**[84]. Der zugrunde liegende Ansatz wird sich aber auf andere Rechtsgebiete übertragen lassen.

Die folgenden Formulierungsbeispiele folgen in ihrer Schreibweise der Idee einer Phrasendreschmaschine. Sie funktionieren also bildlich gesprochen so: 54

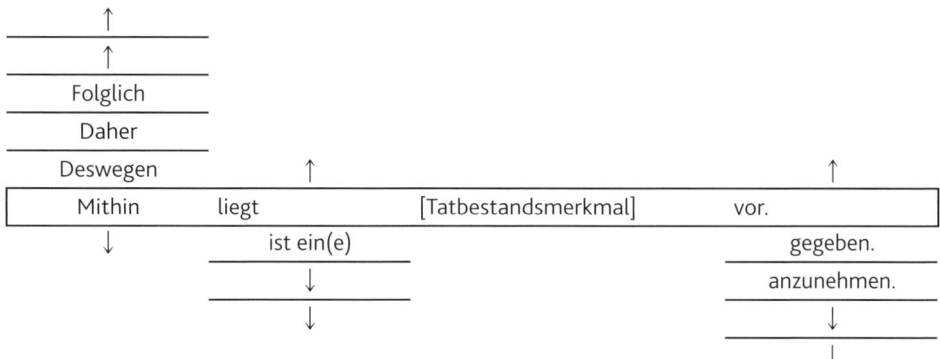

Da diese Darstellung zu viel Raum beansprucht, sind in den Formulierungsvorschlägen die verschiedenen Möglichkeiten durch Schrägstriche voneinander getrennt.

A. Obersatz

Gemeinhin wird der Obersatz im Konjunktiv gefasst, um zu verdeutlichen, dass das Ergebnis noch unsicher ist. Die übertriebene Häufung des Konjunktivs ist allerdings unschön zu lesen.[85]   55

> **Beispiel:** „Denkbar wäre im vorliegenden Fall gegebenenfalls möglicherweise, dass A vielleicht eventuell einen Anspruch haben könnte … Voraussetzung dafür wäre, dass A … hätte." In der Zeit, die Sie brauchen, um die maximale Zahl an *könnte* im Obersatz unterzubringen, haben Ihre Kollegen den Anspruch bereits zu Ende subsumiert.

Dem liegt vermutlich ein falsches Verständnis von Art. 1 I 1 GG zugrunde: „Das ‚würde' des Menschen ist unantastbar."

---

84 Zum **öffentlichen Recht** fehlt hier eine Sammlung von Standardformulierungen wie zum Zivil- und Strafrecht. Das öffentliche Recht entzieht sich weitestgehend einer derartigen Schematisierung, schon wegen der Unterscheidung in staats- (dazu zur Übersicht Oberrath JA 2003, 484 ff.) und verwaltungsrechtliche Arbeiten und der regelmäßigen Einbeziehung der prozessualen Rechtslage. Immerhin spielen in Aufgaben aus dem Recht der Leistungsverwaltung Anspruchsprüfungen eine gewisse Rolle; gerade die Anfängerarbeiten thematisieren aber die Eingriffsverwaltung, also etwa das Polizeirecht. Eine gute Aufzählung typischer Situationen und Fehler finden Sie bei Stender-Vorwachs Prüfungstraining Staats- und Verwaltungsrecht; weiter Pieroth (Hrsg.) Hausarbeit im Staatsrecht; Gramm (Hrsg.) Fehlerlehre. Sehr empfehlenswert im Übrigen: Schwerdtfeger Öffentliches Recht in der Fallbearbeitung – geht aber über Anfängerniveau weit hinaus; Butzer/Epping Arbeitstechnik im Öffentlichen Recht; anspruchszielorientiert Frenz Öffentliches Recht; kleine verwaltungsrechtliche Klausurenlehre bei Stein DVP 2013, 499 ff.

85 Lesenswert zu typischen Fehlern bei der inflationären Verwendung des Konjunktivs Wolf JuS 1996, 30 (31 ff.) mwN; Schnapp JURA 2002, 32 ff.; Franck JuS 2004, 174 ff.; Mix Schreiben S. 56 f.

In der Regel genügt der Indikativ von *können*, um zu verdeutlichen, dass es sich noch um eine Hypothese handelt.

> **Beispiel:** „Ein Anspruch des A gegen B auf Rückgabe des Fahrrads kann sich aus § 985 BGB ergeben."

Der Indikativ hat den Vorteil, dass man mit der ausnahmsweisen Benutzung der Konjunktivform bereits eine Wahrscheinlichkeitseinschätzung über das Ergebnis ausdrücken kann; was mit *könnte* eingeleitet wird, wird im Ergebnis vermutlich verneint.

Notwendig ist der Konjunktiv aber bei:

- [Anspruchsteller] könnte einen Anspruch aus [Anspruchsgrundlage] geltend machen.

Benutzt man hier den Indikativ *kann*, geht der hypothetische Charakter des Obersatzes verloren. Der Satz klingt dann wie ein Ergebnis.

I. Die erste[86] Anspruchsgrundlage

56 Im Zivilrecht müssen Sie – wenn es geht – immer die Leitfrage „Wer will was von wem aufgrund welcher Anspruchsgrundlage?" stellen, das heißt Anspruchsteller, Anspruchsgegner, Anspruchsziel und Anspruchsgrundlage benennen.

Anspruchsteller, Anspruchsgegner:	Hierbei muss es sich um mindestens zwei verschiedene (!) Rechtssubjekte (natürliche oder juristische Personen) handeln, die im Sachverhalt erwähnt sind. Meist werden sie schon mit Abkürzungen vorgestellt (*S, T-GmbH* usw.). Üblicherweise steht auf jeder Seite des Rechtsverhältnisses nur eine Person (anders aber zB bei gesamtschuldnerischer Inanspruchnahme mehrerer).
Anspruchsziel:	Nennen Sie hier deutlich, welches der verschiedenen vom Anspruchsteller verfolgten Anspruchsziele Sie untersuchen: Lieferung, Zahlung[87], Wiederherstellung, Schadensersatz usw. Diese Feststellung ist unbedingt nötig, um die einschlägigen Anspruchsgrundlagen überhaupt auffinden zu können.
Anspruchsgrundlage:	Nach Möglichkeit ist hier – wie in der jeweiligen Überschrift – bereits die genaue Norm(enkette) anzugeben. Der Abwechslung wegen kann man gelegentlich von den *Vorschriften über* (zB *die Geschäftsführung ohne Auftrag*) sprechen; dann müssen Sie aber möglichst bald die Anspruchsgrundlage präzisieren: Der Leser muss wissen, welche Norm gerade angewendet wird. Zulässig ist es,

---

86 Welche Anspruchsnorm unter mehreren konkurrierenden Vorschriften als erste zu prüfen ist, wird weitgehend von materiellrechtlichen Überlegungen bestimmt. Daher bleibt das Problem hier ausgeklammert. Zu gutachtentaktischen Überlegungen bei der Prüfungsreihenfolge → Rn. 416, 434.

87 Ungenau, wenn auch leicht verständlich, ist die Formulierung „A kann gegen B einen Anspruch auf 40.000 EUR haben". Da ein Anspruch definitionsgemäß auf ein Tun oder Unterlassen des Anspruchsgegners gerichtet ist (§ 194 I BGB), sollte die geforderte Handlung bezeichnet werden: „A kann gegen B einen Anspruch auf Zahlung von 40.000 EUR haben." Ebenso sollte man nicht schreiben „A kann gegen B einen Anspruch auf Kaufpreiszahlung haben", wenn man auch schreiben kann „A kann gegen B einen Anspruch auf Kaufpreiszahlung in Höhe von 10.000 EUR haben". Das Bemühen um Genauigkeit ist kein Selbstzweck, sondern bereitet auf die prozessuale Praxis vor. § 253 II Nr. 2 ZPO verlangt nämlich einen ausreichend bestimmten Klageantrag – und den kann man vorbereiten, indem man im Gutachten so genau wie möglich sagt, was Anspruchsgegenstand ist. Ein Beispiel zum Unterlassen als Anspruchsgegenstand: Es heißt nicht „Anspruch des A gegen B auf Zwangsvollstreckung", sondern „Anspruch des A gegen B auf Duldung der Zwangsvollstreckung". Beim Anspruch aus § 535 I 1 BGB sollte es heißen „Anspruch des M gegen V auf Überlassung des Gebrauchs an der [Mietsache]" statt „Anspruch des M gegen V auf Gebrauch der [Mietsache]".

eine Gruppe von Ansprüchen in Bezug zu nehmen (zB Ansprüche aus deliktischem Verhalten des Anspruchsgegners), dann im ersten Satz die nicht einschlägigen kurz abzuhandeln und schließlich in die Erörterung der problematischen Norm einzusteigen.[88]

Mit diesem Schema bekommt man die meisten zivilrechtlichen Sachverhalte einschließlich etlicher gesellschafts-, handels- und arbeitsrechtlicher Aufgaben in den Griff.[89]

Als Anspruchsziel wird gewöhnlich nicht die vom Anspruchsgegner verlangte Leistungsbewirkungshandlung, sondern der **Leistungserfolg** genannt.

> **Beispiel:** Nicht „Anspruch des A gegen B auf Abgabe einer auf Übereignung des Fahrrads gerichtete Willenserklärung", sondern „Anspruch des A gegen B auf Übereignung des Fahrrads".

Wo irgend möglich nennt man im Obersatz **nur eine Rechtsfolge**, diese aber eben so genau es geht. Alles andere lässt den Obersatz unnötig ungenau werden.[90]

> **Beispiel:** Nicht „A kann gegen B Anspruch auf Rückgabe des Buchs oder Wertersatz haben", sondern in der ersten Prüfung „A kann gegen B Anspruch auf Rückgabe des Buchs haben" und in der zweiten „A kann gegen B Anspruch auf Wertersatz für das Buch haben".

Man kann zunächst in einem Satz das **Rechtsschutzbegehren** des Anspruchstellers wiederholen – oder überhaupt erst einmal klarstellen – und dann im nächsten Satz die Anspruchsgrundlage in den Blick nehmen: 57

- [Anspruchsteller] verlangt von [Anspruchsgegner] [Anspruchsziel]. Als (Anspruchs-)Grundlage hierfür kommt [Anspruchsgrundlage] in Betracht/infrage.
- Zunächst/in erster Linie … will [Anspruchsteller] [Anspruchsziel] erreichen. Ein darauf gerichteter/solcher/dahingehender Anspruch (stellt sich rechtlich als … dar und) kann sich aus [Anspruchsgrundlage] ergeben.

Meist genügt jedoch – weniger umständlich – ein Satz:

- Ein Anspruch des [Anspruchsteller] gegen [Anspruchsgegner] auf [Anspruchsziel]/Der von [Anspruchsteller] geltend gemachte Anspruch auf [Anspruchsziel] kann sich (zunächst/nur) aus [Anspruchsgrundlage] ergeben/auf [Anspruchsgrundlage] gründen/stützen.
- Ein [Anspruchsziel-]Anspruch des [Anspruchsteller] kann aus [Anspruchsgrundlage] begründet sein.
- [Anspruchsteller] kann gegen [Anspruchsgegner] ein [Anspruchsziel-]Anspruch aus [Anspruchsgrundlage] zustehen.
- [Anspruchsgegner] kann [Anspruchsteller] zu/r [Anspruchsziel] verpflichtet sein.
- Angesichts des Fehlens (zB vertraglicher Verbindungen zwischen den Beteiligten) kommen nur (zB deliktische) Ansprüche in Betracht.
- Als Rechtsgrundlage für einen Anspruch des [Anspruchsteller] gegen [Anspruchsgegner] kommt zunächst [Anspruchsgrundlage] infrage.
- [Anspruchsteller] kann gegen [Anspruchsgegner] wegen … ein Anspruch auf [Anspruchsziel] erwachsen sein, der sich auf [Anspruchsnorm] stützen lässt.

Bei Ansprüchen auf Zahlung von **Geld**:   58

- [Anspruchsgegner] kann [Anspruchsteller] aus [Anspruchsgrundlage] zur Zahlung von [Betrag] verpflichtet sein.
- [Anspruchsgegner] kann [Anspruchsteller] wegen [Anspruchsgrundlage] [Betrag]/[Schadensersatz in Höhe von …] schulden.

---

88 Ausnahmsweise kann es sinnvoll sein, die Anspruchsgrundlage zunächst noch nicht oder nur ungefähr zu nennen. Wenn die Frage der „richtigen" Herleitung der Anspruchsgrundlage streitig ist (Beispiel: Aufwendungsersatz im Arbeitsvertrag: § 670 BGB doppelt analog oder Arbeitsvertrag selbst) – aber auch dann ist es oft günstiger, die Anspruchsgrundlage, für die man sich entscheidet, oben bereits zu nennen, weil man das Auge des Lesers so daran gewöhnt ist. Zur Not nimmt man eben die Entscheidung der streitigen Frage durch die Überschrift vorweg.

89 Zu einigen abweichenden Aufgabenstellungen sogleich → Rn. 62.

90 Zu nichtssagenden Obersätzen noch → Rn. 439, zu Alternativen im Obersatz noch → Rn. 81.

Dabei sollte nicht nur das Anspruchsziel genannt, sondern wo möglich auch die Anspruchshöhe beziffert werden. Auf Schwierigkeiten stößt das, wenn problematisch oder zwischen den Parteien streitig ist, ob der Kaufpreis 500 EUR oder 800 EUR beträgt. Meist erweist es sich dann als zweckmäßig, mit der Prüfung eines Anspruchs auf den höheren Betrag zu beginnen, innerhalb deren man nötigenfalls auf den niedrigeren Betrag umschwenken kann (das ist weniger überraschend als das umgekehrte Vorgehen). Gleiches gilt bei Schadensersatzansprüchen mit mehreren Teilbeträgen. Sofern sich nicht die einzelnen Teilsummen aus unterschiedlichen Ansprüchen ergeben (dann unbedingt trennen!), ist es besser, in Überschrift und Obersatz die Summe zu nennen (eventuell *500 EUR sowie 200 EUR sowie 100 EUR* statt *800 EUR*), damit der Leser schon zu Anfang des Gutachtens möglichst genau weiß, um welche Summen es geht. Ausnahmen sind denkbar.

59 Wenn der Anspruch im Ergebnis eher zu **verneinen** sein wird:

- Möglicherweise kann [Anspruchsteller] von [Anspruchsgegner] [Anspruchsziel] verlangen.
- Ein Anspruch des [Anspruchsteller] gegen [Anspruchsgegner] würde voraussetzen, dass …

60 Liegt die gewählte Anspruchsgrundlage nicht auf den ersten Blick nahe, kann man auch einleiten:

- [Anspruchsteller] kann einen Anspruch aus [Anspruchsgrundlage] haben, weil …

In solchen Fällen können Sie im Gutachten eine Überschrift *Anspruchsgrundlage*, unter der Sie die Anspruchsgrundlage bestimmen und deren Voraussetzungen nennen, und eine weitere Überschrift *Anspruchsberechtigung* einschalten, unter der dann die Voraussetzungen nacheinander abgehandelt werden.

61 Wird ein Anspruch gegen **mehr als einen Anspruchsgegner**[91] geprüft, ist dies zu kennzeichnen:

- [Anspruchsteller] kann gegen [Anspruchsgegner 1] und [Anspruchsgegner 2] als Gesamtschuldner einen Anspruch auf [Anspruchsziel] haben.

Sinnvoll ist das aber nur ausnahmsweise, da in Übungsarbeiten mehrere Beteiligte meist auf eine getrennte Erörterung hin im Sachverhalt vorkommen.[92]

Exkurs: Zum Verhältnis von Gutachtenmethode und Anspruchsmethode

62 Im Zivilrecht geht es meistens um Rechtsbeziehungen zwischen zwei oder mehr Personen, in der Regel in Form von Ansprüchen. Gelegentlich können aber auch Rechtsbeziehungen zwischen Personen und Sachen,

  Beispiel: Eigentumslage

Statusfragen

  Beispiel: Erbenstellung, Arbeitnehmereigenschaft, Bestehen einer Ehe

oder Fragen der Vertragsauslegung

  Beispiel: Ist der geplante Gesellschafterbeschluss einstimmigkeitsbedürftig?

Gegenstand der Aufgabe sein. Daneben kann Ihnen die Frage nach dem Bestehen eines Gestaltungsrechts (zB einer Kündigungs-, Rücktritts- oder Anfechtungsmöglichkeit) vorgelegt werden. Rechtlich interessant sind solche Fragen meist als Vorfragen für eine spätere Anspruchstellung.

---

91 Das Gesetz spricht von *gesamtschuldnerischer* oder *solidarischer* Haftung (zB in § 43 II GmbHG).
92 Dazu noch → Rn. 438.

Ein Vorgehen nach der Anspruchsmethode ist dann nicht möglich;[93] trotzdem sollen Sie auch in diesen Fällen ein Gutachten erstatten. Zum Stil gilt also das hier Gesagte, nur der erste Obersatz wird abweichend vom Anspruchsschema formuliert.

Lässt die Aufgabe eine Formulierung nach dem Muster „Wer will was von wem auf welcher Anspruchsgrundlage?" nicht zu,

> **Beispiel:** „N möchte wissen, was er nun tun kann. Was ist ihm zu raten?" (Schuldrecht) oder „E fragt, ob er noch Eigentümer des Kraftfahrzeugs ist." (Sachenrecht) – „Ist die Kündigung des A wirksam?" oder „Hat eine Kündigungsschutzklage des B Aussicht auf Erfolg?" (Arbeitsrecht).

so sollten Sie den Obersatz, gegebenenfalls nach Auslegung der Aufgabe, möglichst so formulieren, dass dem Leser der Zusammenhang mit der Aufgabe ohne weiteres Nachdenken erkennbar ist.[94]

> In den **Beispielsfällen** also etwa:
> Schuldrecht: „N kann den Vertrag anfechten, aus wichtigem Grund kündigen oder … (Ergebnis:) Anzuraten ist ihm, wegen … zu kündigen."
> Sachenrecht: (Überschrift zB „Eigentum des E an dem Kfz") „E ist nach wie vor Eigentümer des Kfz, wenn nicht zugunsten eines der anderen Beteiligten ein Eigentumserwerbstatbestand eingreift." (wenn dem Sachverhalt zufolge klar ist, dass E ursprünglich Eigentümer war, sonst:) „E ist Eigentümer, wenn er zunächst Eigentum erworben hat und dieses nicht an G oder H verloren hat".
> Arbeitsrecht: (Überschrift zB „Wirksamkeit der A gegenüber ausgesprochenen Kündigung") „Die Kündigung des Arbeitsverhältnisses des A ist wirksam, wenn sie fristgemäß erklärt wurde und ein Kündigungsgrund vorlag" oder (Überschrift zB „Erfolgsaussichten einer Kündigungsschutzklage des A") „Eine Kündigungsschutzklage des A/Die von A erhobene Kündigungsschutzklage hat Aussicht auf Erfolg, wenn sie zulässig und begründet ist".

Gelegentlich kommen Aufgaben vor, die zwar im Grundsatz sauber nach der Anspruchsmethode abgearbeitet werden können, aber wegen der Besonderheiten der Fallfrage keinen Einstieg mit einer Anspruchsnorm erlauben.

> **Beispiel:** A, B und C haben (kumulativ oder alternativ ursächlich) O geschädigt. Die Aufgabe lautet: O verlangt von A, B und C als Gesamtschuldner Schadensersatz. Hier ist zu empfehlen, vor die Prüfung der unterschiedlichen Anspruchsgrundlagen einen kurzen Abschnitt zu setzen, in dem unter Bezugnahme auf § 421 BGB erklärt wird, unter welchen Voraussetzungen eine gesamtschuldnerische Haftung infrage kommt. Auf diesen Abschnitt kann man zurückkommen, wenn die Prüfung der einzelnen Ansprüche ergeben hat, dass O von A, B und C je vollen Schadensersatz verlangen kann.

Regel: Wenn die Aufgabe ein Gutachten im Anspruchsschema zulässt, sollen Sie ein solches anfertigen. Ansonsten ist ebenfalls ein Gutachten zu erstatten; der erste Obersatz greift dann die Aufgabe auf. Er wird behandelt wie ein Zwischenobersatz in einem normalen Anspruchsgutachten, innerhalb dessen Sie ebenfalls auf zB die Wirksamkeit einer Kündigung eingehen können.   63

Die Aufgabe muss manchmal erst durch mehrere Zwischenstufen so übersetzt werden, dass man mit dem vertrauten „Wer will was von wem woraus?" ansetzen kann.   64

---

93 Folglich spricht man auch nicht von einem *Anspruch auf Rückgängigmachung* oder dergleichen, sondern von einem *Rücktrittsrecht*. Einen *Anspruch auf Rücktritt* gibt es nicht, denn den Rücktritt erklärt der Rücktrittsberechtigte selbst. Allerdings gibt es infolge des Rücktritts Ansprüche auf Rückgewähr der Leistungen aus §§ 346 ff. BGB, die man als *Anspruch aus Rücktritt* bezeichnen kann.

94 Von recht seltenen Ausnahmen abgesehen soll der Bearbeiter in Übungs- und Prüfungsarbeiten immer die Richterperspektive einnehmen. Die Frage „Was ist T zu raten?" scheint zwar eine Beraterperspektive (also etwa die des Anwalts) nahe zu legen. Gleichwohl ist das Gutachten streng unparteilich zu erstatten. Der Unterschied zum Gutachten über die Rechtslage besteht nur darin, dass über die Beurteilung der Rechtslage hinaus noch eine Einschätzung der rechtlich und wirtschaftlich sinnvollsten Rechtsausübung verlangt ist. – In letzter Zeit werden allerdings mehr und mehr Aufgaben aus der Perspektive des Beraters gestellt, zuerst in der Referendarausbildung, jetzt aber auch in universitären Prüfungen.

> Einfaches **Beispiel:** „Muss B das Fahrrad herausgeben?" muss man zunächst umformulieren in „Kann A von B das Fahrrad herausverlangen?" – gedanklicher Zwischenschritt in Obersatzform, der aber nicht niedergeschrieben wird: „B muss das Fahrrad herausgeben, wenn A es zu Recht von ihm herausverlangen kann."

65 Hinter den ersten Obersatz des Gutachtens passt in aller Regel keine Fußnote, da Ihre Arbeitshypothese – schon weil sie sachverhaltsspezifisch ist – keines Belegs bedarf. Allenfalls wenn es um einen eher fern liegenden Gedanken geht, kann man in der Fußnote erklären „Einen solchen Anspruch/Eine Strafbarkeit nach … zieht auch [Gericht/Autor, Fundstelle] in Erwägung".

Exkurs: Wo findet man die Anspruchsgrundlage?

66 Im einfachsten und häufigsten Fall ist die Anspruchsgrundlage dem **Gesetz** zu entnehmen. Das Problem liegt dann höchstens darin, zwischen diskussionswürdigen und abwegigen Anspruchsnormen zu unterscheiden.

Weil der Gesetzgeber Anspruchsgrundlagen für wichtig hält, stehen sie oft am Anfang eines Gesetzesabschnitts (etwa Dutzende von Vertragserfüllungsansprüchen, die fast ausnahmslos im jeweils ersten Paragraphen des BGB zum jeweiligen Vertragstyp zu finden sind). Manchmal findet man sie aber auch versteckt am Ende (zB in § 304 BGB zum Gläubigerverzug; hier scheinen dem Gesetzgeber die anderen Rechtsfolgen viel wichtiger gewesen zu sein). Meist stehen sie innerhalb eines Paragraphen am Anfang, manchmal aber auch gerade nicht (zB in § 904 BGB).

Bei **Richterrecht** ist es oft schwierig, aus den einschlägigen Entscheidungen einen hinlänglich verallgemeinerungsfähigen Obersatz für die eigene Subsumtion herauszuziehen. Diese Arbeit übernehmen aber meist andere (Lehrbücher, Kommentare usw.). Jedenfalls sollte man darauf achten, die jüngste Entscheidung zum betreffenden Problem zu verwerten. Ähnlich wie im Verhältnis konkurrierender gesetzlicher Normen verdrängt bei zwei einschlägigen Entscheidungen die jüngere die ältere. Anderenfalls wäre eine Rechtsprechungsänderung kaum möglich.

Gewohnheitsrecht spielt im Zivilrecht praktisch keine (anspruchsbegründende[95]) Rolle mehr.[96]

67 Manchmal muss man die Norm, unter die subsumiert werden soll, erst selbst konstruieren, so bei der sinnentsprechenden Anwendung tatbestandlich nicht einschlägiger, aber dem Regelungszweck nach ähnlicher Vorschriften (**Analogie**).[97]

Eine umfängliche Begründung für die analoge Anwendung von Normen erübrigt sich, wenn sie bereits zum festen dogmatischen Bestand gehört.[98]

> **Beispiele:** Positive Forderungsverletzung und culpa in contrahendo vor der gesetzlichen Normierung zum 1.1.2002.

Man formuliert dann etwa:

- [Rechtsfigur] ist gewohnheitsrechtlich/in Rechtsprechung und Rechtswissenschaft [ggf. Fußnote mit ausgewählten Belegstellen] und vom Gesetzgeber in [Norm] anerkannt/lässt sich jedenfalls aus einer entsprechenden Anwendung der [Normen] ableiten.

---

95 Einzelne Rechtsfiguren lassen sich gewohnheitsrechtlich begründen, etwa die Rechtsscheinvollmachten (so Grüneberg/Heinrichs BGB § 172 Rn. 7).

96 Ein bisschen anders ist das mit Handelsbräuchen im kaufmännischen Verkehr. Die bleiben aber regelmäßig aus der universitären Ausbildung weitgehend ausgeklammert. Zum Gewohnheitsrecht Krebs JuS 2013, 586 ff.; Krebs/Becker JuS 2013, 97 ff.

97 Dazu zB Luther JURA 2013, 449 ff.

98 Wer im Gutachten eine Rechtsfigur einführt, die im Gesetz keine oder allenfalls eine analoge Stütze hat (etwa die Grundsätze des innerbetrieblichen Schadensausgleichs im Arbeitsrecht), sollte aber auf deren Herleitung eingangs immer ein wenig Platz investieren. Schließlich will der Leser wissen, ob der Verfasser des Gutachtens gerade das Gesetz anwendet oder sich frei etwas zusammenfantasiert.

und unterlässt eine Aufzählung der Normen, die zur Analogiebildung herangezogen werden können. In Klausuren kann man sich in der Regel sogar diese kurze Herleitung sparen und darauf vertrauen, dass der Leser die betreffende dogmatische Figur kennt.[99]

Ebenfalls unproblematisch sind **gesetzlich angeordnete Analogien**.   68

> **Beispiel:** § 644 II BGB erklärt für die Gefahrtragung beim Werkvertrag in Versendungssituationen § 447 BGB für *entsprechend* anwendbar.

Hier genügt – ähnlich wie bei Rechtsfolgenverweisungen – ein kurzer Satz:

- Für/Wegen ... verweist [Norm] auf [Norm/en]/den ...-Begriff in [Norm].
- Bei ... ordnet [Norm] die Anwendung/Anwendbarkeit des [Norm] an.

Meist ist die Analogie, auf die Sie eine Anspruchsgrundlage stützen, bereits gründlich von   69
anderen vorgedacht; es geht dann nur noch darum, sie nachvollziehbar darzustellen. An den folgenden Aufbau sollte man sich aber erst recht halten, wenn man selbst die entsprechende Anwendung einer Norm begründen will.[100]

Viele Analogien drängen sich nicht geradezu auf, sondern bieten sich erst bei gründlicherem Nachdenken an. Augenfällig wird das in den Fällen doppelt analoger Anwendung einer Vorschrift.

> **Beispiele:** Um dem Arbeitnehmer gegen den Arbeitgeber einen Anspruch auf Ersatz für die Schäden am dienstlich genutzten Privat-Pkw zu geben, muss man mangels vertraglicher Regelung auf § 670 BGB zurückgreifen. Einer doppelt analogen Anwendung der Norm bedarf es, weil sie zum einen für Auftragsverhältnisse gedacht ist und nicht für Arbeitsverhältnisse, zum anderen Aufwendungsersatz gewährt und nicht Schadensersatz.[101] § 113 I 4 VwGO wird sowohl auf vor Klageerhebung bereits erledigte Verwaltungsakte als auch auf Verpflichtungssituationen analog angewendet.

Zunächst empfiehlt sich eine – gegebenenfalls kurze – Bemerkung, dass die betreffenden   70
Regelungen **nicht unmittelbar anwendbar sind**. Anderenfalls bräuchte man keine entsprechende Anwendung zu erwägen ...

- Die Vorschriften/Regeln des/r [Norm/en] ff. sind/waren zunächst für [unstreitige Anwendungsfälle] gedacht/auf ... zugeschnitten. Für die hier infrage/in Rede stehenden ... kommt eine unmittelbare Anwendung wegen [zu verneinendes Tatbestandsmerkmal] nicht infrage. Eine [vorliegenden Sachverhalt] erfassende weite Auslegung scheitert am – gemessen am Wortlaut der Vorschrift – möglichen Sinn der Formulierung/des Wortes [Tatbestandsmerkmal].
- [Norm] erweist sich als nicht unmittelbar anwendbar.
- Eine ausdrückliche gesetzliche Regelung des ...-Anspruchs fehlt.

Dann weist man auf die Möglichkeit einer entsprechenden Anwendung hin: 71

- Zu fragen ist, ob [Norm/en] im Weg der (Gesetzes-/Rechts-)Analogie angewendet werden kann/können.
- Ein ...-Anspruch kann sich aber aus einer (sinn-)entsprechenden/analogen Anwendung des/der [Norm(en)] ergeben.

Von einer Gesetzesanalogie spricht man dabei, wenn eine konkrete einzelne Vorschrift, von einer Rechtsanalogie hingegen, wenn der hinter mehreren Normen stehende Rechtsgedanke auf andere Sachverhalte übertragen werden soll.

---

99 In Hausarbeiten sollten dagegen die Lehrbücher zur juristischen Methodenlehre (hier Fn. 43) als Belegstellen herangezogen werden, damit die Voraussetzungen einer Analogie nicht ganz in der Luft hängen.

100 Zur dabei in Übungsarbeiten gebotenen Zurückhaltung → Rn. 458. Hilfreiche Formulierungsvorschläge auch bei Kuhn JuS 2016, 104 ff.; Beispiele bei Moser-Lange JURA 2018, 784 ff. (Analogie zu § 566 I BGB); Fischels/Kies JuS 2018, 155 (Analogie zu § 670 BGB).

101 Näher zB Grüneberg/Weidenkaff BGB § 611 Rn. 125.

72 Deren Voraussetzungen müssen Sie benennen:

- Dazu muss im Gesetz eine **Regelungslücke** bestehen. Darunter ist eine planwidrige Unvollständigkeit der gesetzlichen/positivrechtlichen Regelung zu verstehen.
- Für [vorliegenden Sachverhalt] findet sich, wie bereits festgestellt, keine gesetzliche Regelung.
- Eine Analogie/analoge/entsprechende Anwendung von [Norm] ist nicht von vornherein durch (die Existenz des) [Norm] versperrt.
- [Norm] beansprucht keine lückenlose Geltung.

Wichtig ist hierbei die Feststellung, dass es sich **nicht** um eine vom Gesetzgeber **gewollte Lücke** handelt. Über den ausdrücklichen Plan des Gesetzgebers dürfen Sie sich nur unter den engen Voraussetzungen der Zulässigkeit einer Rechtsfortbildung hinwegsetzen.

73 Die **Analogiefähigkeit der Regelung** braucht nur erörtert zu werden, wenn sich insoweit Bedenken ergeben, etwa weil es sich um eine Ausnahmeregelung handelt (*singularia non sunt extendenda* – Ausnahmen sind eng auszulegen).[102]

- Eine analoge Anwendung kann ausgeschlossen sein, weil .../Einer analogen Anwendung kann entgegenstehen, dass ...

Analogieverbote sind aber immer zu bedenken, wo es um staatliche Eingriffe in die Freiheitssphäre des Bürgers geht (also insbesondere im Strafrecht und im Steuerrecht).

Der entscheidende Gesichtspunkt ist die **wesentliche Ähnlichkeit von geregeltem und ungeregeltem Sachverhalt**. Maßstab hierfür ist wieder der Wille des Gesetzes, der nötigenfalls durch Auslegung zu ermitteln ist.[103]

- Zulässig ist eine Analogie/ein Analogieschluss/ein Analogieargument/ein *argumentum a simile* (*ad simile*[104])/eine rechtsähnliche Anwendung der [Normen], wenn der zu entscheidende Sachverhalt in der für die gesetzliche Regelung maßgeblichen Hinsicht gleich/ähnlich/vergleichbar ist wie die gesetzliche Regelung.
- Erforderlich ist die Ermittlung des tragenden Grundgedankens der gesetzlichen Regelung(en).
- Wie sich aus [zB historisches oder teleologisches Argument] ergibt, dient [Gesetzesnorm] der Regelung des Interessenkonflikts zwischen ... und .../der Risikoverteilung in Fällen von ... Anknüpfungspunkt für die in [Norm] getroffene Regelung ist dabei erkennbar ... Ebendies liegt auch für [ungeregelte Fälle] nahe. Das für [gesetzliche Regelung] typische/charakteristische Element findet sich ganz ähnlich/in vergleichbarem/noch ausgeprägterem Maß auch bei [ungeregelter Sachverhalt].

Von der Qualität Ihrer Argumentation an dieser Stelle hängt die Überzeugungskraft des ganzen Analogieschlusses ab. Gerade bei neuen Fallkonstellationen finden Sie nicht alle Argumente im Schrifttum. Sie dürfen und müssen selbst überlegen.

74 Im **Ergebnis** können Sie dann feststellen:

- [Unklarer Sachverhalt] ist damit [gesetzlich geregeltem/klarem Sachverhalt] gleichzusetzen/-achten/-bewerten.
- Da ..., ist es gerechtfertigt/geboten, [Norm] auf (zB Sachverhalte wie den vorliegenden) analog/entsprechend anzuwenden.

Die Subsumtion des Sachverhalts unter die so abgeleitete Norm gehorcht den gleichen Regeln wie bei der Anwendung von Gesetzesrecht.

II. Zweite bis letzte Anspruchsgrundlage

75 Um ermüdende Wiederholungen zu vermeiden, kann bei Diskussion mehrerer Anspruchsgrundlagen sprachlich ein wenig variiert werden:

- Zu denken ist weiter an .../Zu erwägen ist außerdem /noch/überdies/ebenfalls, ob ...

---

102 Zur Analogietauglichkeit von Ausnahmeregeln Würdinger JuS 2008, 949 ff. mwN; zur Auslegung von Ausnahmevorschriften Rosenkranz JURA 2015, 783 ff.
103 Dazu → Rn. 215 ff.
104 Beachten Sie aber → Rn. 365.

- Infrage kommt weiter/ferner/schließlich ...
- Zu prüfen bleibt nur noch ein Anspruch aus ...

1. Wenn der vorherige Anspruch bejaht wurde

- Darüber hinaus/Daneben/Des Weiteren/Ferner/Weiter(hin)/Im Übrigen/Außerdem/Ergänzend/Gleichfalls/   76
Zudem ...
- ... käme/kommt (nur/noch/nur noch) ein Anspruch des [Anspruchsteller] gegen [Anspruchsgegner] auf [Anspruchsziel] aus [Anspruchsgrundlage] in Betracht/infrage.
- ... wäre/ist ... denkbar/zu erwägen – wenn der Anspruch im Ergebnis relativ klar absehbar scheitert.
- Weiter kann/könnte [Anspruchsteller] sein Begehren (auch) auf [Anspruchsgrundlage] stützen.
- Darüber hinaus kann [Anspruchsteller] noch einen Anspruch aus/nach/gemäß [Anspruchsgrundlage]/ wegen deliktischer Schädigung/Vertragsverletzung aus [Anspruchsnorm] haben.
- [Anspruchsteller] kann gegen [Anspruchsgegner] weiter ein Anspruch aus [Anspruchsgrundlage] zustehen.
- Des Weiteren beruft sich [Anspruchsteller] auf [Anspruchsgrundlage].
- Ein Anspruch auf [Anspruchsziel] kann auch aus [Anspruchsgrundlage] hergeleitet werden/begründet sein/ lässt sich auch auf [Anspruchsgrundlage] stützen/gründen.
- Die von [Anspruchsteller] geltend gemachte Forderung kann sich (auch) aus [Anspruchsgrundlage] ergeben.

2. Wenn der vorherige Anspruch verneint wurde

- [Anspruchsteller] kann jedoch/aber ... (zB: gegen [Anspruchsgegner] vorgehen, wenn ...)   77
- Denkbar ist noch ein Anspruch ...
- In Betracht käme allenfalls/zuletzt noch ein Anspruch des [Anspruchsteller] aus [Anspruchsgrundlage].

Schon durch diesen ersten Obersatz können Sie signalisieren, dass ein Anspruch eher fern liegt und nur der Vollständigkeit halber geprüft wird.

III. Das erste[105] Tatbestandsmerkmal

Die Erörterung einzelner Anspruchsvoraussetzungen kann auf unterschiedliche Art einge-   78
leitet werden:

- Dazu/Hierzu/Dafür/Hierfür/Dann müsste/muss zunächst ein/e [Tatbestandsmerkmal] vorliegen/gegeben sein.
- Das setzt [Tatbestandsmerkmal] voraus.
- Dazu bedarf es einer/s [Tatbestandsmerkmal]/Hierzu ist [Tatbestandsmerkmal] notwendig/erforderlich/nötig.
- (Erste/Einzige) Voraussetzung (für einen [Anspruchsziel-]Anspruch des [Anspruchsteller]) ist (das Vorlie-gen/Bestehen eines) [Tatbestandsmerkmal].
- [Anspruchsgrundlage] verlangt/erfordert, (dass) [Tatbestandsmerkmal].
- [Anspruchsteller] muss/müsste dann ... haben/sein.
- Ein [Tatbestandsmerkmal] kann vorliegen, wenn [Teilmerkmal].
- Ein solcher Anspruch ist (nur) gegeben, wenn ...
- Gemäß [(Anspruchs-)Norm] kommt es (hierfür) darauf an, ob [Teilmerkmal].
- Fraglich/Problematisch ist (zunächst)/Zunächst stellt sich die Frage, ob ...
- [Tatbestandsmerkmal] kann erst angenommen werden, wenn nicht nur [1. Teilmerkmal], sondern auch [2. Teilmerkmal].

Seien Sie vorsichtig bei der Formulierung des Obersatzes mit *müssen*. Das erste Problem ist eher ein ästhetisches,

> **Beispiel:** „Gemäß §§ 433 I 2, 437 Nr. 1 BGB muss die an A gelieferte Kartusche einen Sachmangel iSv § 434 I BGB aufweisen." – Das ist unschön. Die Norm will doch nicht, dass die Sache einen Mangel hat. Zwar ist der Mangel Anspruchsvoraussetzung, aber das Gesetz will, dass die Sache mangelfrei sei.[106]

---

105 Mit welcher Voraussetzung die Erörterung einer Rechtsnorm zu beginnen hat, ist teils eine Frage der Logik, teils eine der Zweckmäßigkeit; näher dazu → Rn. 416, 434.
106 S. auch → Rn. 364.

das zweite eher ein logisches.

> **Beispiel:** Oft werden Obersätze voreilig zu konkret gefasst nach dem Muster „Der Anspruch setzt einen wirksamen Kaufvertrag voraus; hierzu muss A ein Angebot abgegeben haben, das …" – wieso muss denn A das Angebot abgegeben haben? Es würde doch auch zu einem Kaufvertrag führen, wenn A ein Angebot des B angenommen hätte. Gemeint ist hier: „Hierzu muss ein Angebot abgegeben worden sein; dieses kann in der Erklärung des A liegen …"

79 Sie können den Obersatz **negativ** fassen, wenn das schneller zum Problem hinleitet:[107]

  - Wegen [Sachverhaltsinformation] kann es hier daran/an/am erforderlichen [Merkmal] fehlen.

80 Sinnvoll, aber nicht zwingend ist die **Aufzählung aller Merkmale** der Tatbestandsseite, die erfüllt[108] sein müssen, um die im Obersatz genannte Rechtsfolge herbeizuführen. Wenig empfehlenswert ist das allerdings bei Normen mit zahlreichen Voraussetzungen oder komplizierten Konstruktionen, weil dann die Gefahr besteht, Probleme vorwegzunehmen. Außerdem wird so der Obersatz schnell unübersichtlich.[109]

> **Beispiel:** Versuchen Sie einmal, die Voraussetzungen eines Teilkaufpreisrückzahlungsanspruchs aus Minderung (§ 441 IV BGB) vollständig in einen leicht lesbaren und verständlichen Satz zu fassen.

Man kann verdeutlichen, dass man nur eine von mehreren Voraussetzungen prüft, indem man den ersten Obersatz mit *Zunächst/Zuerst* einleitet.

Den Obersatz vollständig zu formulieren ist also grundsätzlich sinnvoll, oft aber kaum möglich, weil das bei Normen mit zahlreichen Tatbestandselementen zu unübersichtlichen Sätzen und unnötigen Wiederholungen führt – und spätestens bei der Einbeziehung negativer Tatbestandsmerkmale der Vollständigkeitsanspruch kaum noch einzulösen ist.

Solange die Konstruktion des Obersatzes also nicht den falschen Eindruck von Vollständigkeit erweckt,

> **Beispiel:** Bei „Ein Kaufvertrag sind zwei übereinstimmende Willenserklärungen, Angebot und Annahme. Hier müsste ein Angebot vorliegen …" entsteht durch die Subsumtion unter den Begriff *Angebot* der falsche Eindruck, für einen Kaufvertrag reiche es aus, dass zwei Willenserklärungen beliebigen Inhalts vorliegen. Besser ist es, nach dem ersten Satz präzisierend zu sagen „Diese müssen sich zeitlich und sachlich decken, also wenigstens hinsichtlich der essentialia des Kaufs (Kaufsache und Kaufpreis) übereinstimmen".

ist es zulässig, für die zunächst noch nicht genannten Tatbestandsmerkmale jeweils einen neuen Satz zu bilden.

81 Kaum jemals empfehlenswert ist die Formulierung einer **Alternative** im Obersatz,

---

107 Beachten Sie aber das bei → Rn. 107 Gesagte.

108 Man kann darüber streiten, ob *erfüllen* sprachlich schön ist; Haft Methodenschule S. 222, empfiehlt stattdessen *verwirklichen*.

109 Zur Veranschaulichung: Noch gut zu überblicken ist zB: „Eine Zahlungsverpflichtung der E aus einer von ihr übernommenen Bürgschaft setzt zum einen voraus, dass die gesicherte Schuld überhaupt besteht, zum anderen, dass E sich wirksam als Bürgin verpflichtet hat." Schon am Rand der Unübersichtlichkeit liegt dagegen „Ein Schadensersatzanspruch des G gegen den S nach § 823 I BGB setzt voraus, dass S durch sein Verhalten – in Betracht kommt hier auch ein pflichtwidriges Unterlassen – eine Verletzung eines der von der Norm geschützten Rechtsgüter verursacht hat, diese Verletzung ihm – dem S – zuzurechnen ist, sie sich als rechtswidrig und wenigstens fahrlässig darstellt, und dass infolge eben dieser Verletzung der G einen Schaden erlitten hat, der wiederum ursächlich und zurechenbar auf die Rechtsgutsverletzung zurückzuführen ist." Wer solche Riesenobersätze in der Klausur niederschreibt, merkt bald, dass das Zeitverschwendung ist, weil man für jedes einzelne Tatbestandsmerkmal dann leicht noch mal einen eigenen Obersatz braucht. Lesen Sie im Übrigen → Rn. 341. Hildebrand Gutachtenstil S. 13, schlägt vor, bei Normen mit drei bis vier Voraussetzungen einen ersten Obersatz mit Aufzählung aller Voraussetzungen zu bilden.

> **Beispiele:** „B könnte als Stellvertreter oder als Bote gehandelt haben." – „Fraglich ist, ob A den X als Erben oder als Vermächtnisnehmer eingesetzt hat."

weil sich juristisches Denken zwar oft in solchen Alternativen vollzieht, im Gutachten aber hierbei der Leser gleich mit zwei verschiedenen möglichen Ergebnissen konfrontiert wird – und das ist zu viel. Die zu untersuchende Frage ist vorzugsweise eindeutig zu formulieren; dabei wird meistens zuerst die im Ergebnis zu verneinende Alternative erörtert.

> **Beispiel:** „A kann X als Vermächtnisnehmer eingesetzt haben … [Diskussion des Vermächtnisses]. Ist somit ein Vermächtnis nicht anzunehmen, kommt infrage, dass A den X zum Erben bestimmt hat."
>
> Das gilt – natürlich – nur, wenn beide Entscheidungsmöglichkeiten im Zusammenhang des Gutachtens sinnvoll darstellbar sind. Würde im vorstehenden Beispiel nur die Erbeinsetzung zu einem Anspruch des X führen, ist nur diese zu untersuchen. Allenfalls könnte man die Diskussion über ein Vermächtnis unter dem Obersatz „Ein Anspruch des X aus seiner Erbenstellung wäre nicht gegeben, wenn er lediglich Vermächtnisnehmer wäre" führen.

Wenig problematisch ist eine solche Alternative, wenn sie im Normtatbestand angelegt ist.

> **Beispiel:** Bei der Erörterung eines Anspruchs aus § 823 I BGB kann man ohne Weiteres schreiben: „Zudem muss T schuldhaft, also vorsätzlich oder wenigstens fahrlässig gehandelt haben." Dann sollten aber auch beide Verschuldensvarianten zumindest kurz erörtert werden.

Ziemlich unglücklich gerät die Formulierung von Alternativen leicht, wenn sie ohne Rechtsfolgennennung geschieht, besonders bei Tatbestandsmerkmalen, die nicht die gleiche Rechtsfolge hervorrufen.

> **Beispiel:** „Es kann sich nun um eine Stück- oder eine Gattungsschuld gehandelt haben." Zum einen erfährt der Leser damit nicht, wofür diese Unterscheidung wichtig ist. Zum anderen tritt eben bei der Stückschuld die Unmöglichkeit bei Zerstörung des Leistungsgegenstands ohne Weiteres ein, während bei der Gattungsschuld eine ggf. komplizierte Erörterung der Konkretisierung nötig ist.

IV. Zweites bis letztes Tatbestandsmerkmal

Die nachstehenden Formulierungsvorschläge gehen von einer kumulativen Verknüpfung 82 des ersten Tatbestandsmerkmals mit den folgenden aus.[110]

- Voraussetzung (für …) ist weiter(hin)/schließlich/außerdem/überdies/zuletzt/noch/ferner …
- Die zweite/letzte Voraussetzung für … ist … /, die gegeben sein muss, um… bejahen zu können, ist …
- Fraglich/zu prüfen/untersuchen ist (nun/nunmehr), ob auch [2. Tatbestandsmerkmal (im Sinne des [Norm])] vorliegt/eingetreten/gegeben/erfüllt ist.
- Weiter/des Weiteren/darüber hinaus verlangt [Norm], dass [nächstes Tatbestandsmerkmal] eingetreten ist.
- Ob [weiteres Tatbestandsmerkmal] gegeben ist, ist jedoch/zumindest/allerdings zweifelhaft/fraglich/zu bezweifeln/problematisch/ näher zu überlegen/prüfen/untersuchen.
- Fraglich ist dagegen/hingegen, ob …
- Für [Anspruch] fehlt es nun nur noch an [letztes Tatbestandsmerkmal].
- Weitere/n-te und letzte Anspruchsvoraussetzung ist …
- Sodann müsste [Anspruchsgegner] [Handlung] … haben.
- Auch/Schließlich muss …
- [Zuvor bejahtes Merkmal] muss wiederum [nächstes Merkmal] sein. (ZB: Der Vertrag muss ein gegenseitiger sein.)
- [Tatbestandsmerkmal] genügt für [Rechtsfolge] nur, wenn [weiteres Merkmal] hinzutritt.
- Es muss (so)dann/zudem ein/e … vorliegen/vorgelegen haben.
- Außer von … ist [Rechtsfolge] von … abhängig.
- Damit steht jedoch noch nicht fest/ist jedoch nicht gesagt, dass/ob … Zusätzlich muss nämlich [3. Tatbestandsmerkmal] erfüllt sein.

---

110 Zur alternativen Verknüpfung → Rn. 94.

- Ein ... (allein) begründet noch kein/e/n ... Hinzukommen muss (vielmehr) ...
- Bedenken ergeben sich allerdings wegen des/r/hinsichtlich des/r [Tatbestandsmerkmal].
- Wie [Norm] zeigt, ist [Rechtsfolge] aber an [Tatbestandsmerkmal] geknüpft.

83 Günstigstenfalls liest sich eine Zusammenschau derjenigen Obersätze, die die Subsumtion unter ein neues Merkmal einleiten, so, dass der Leser daraus die geprüfte Norm mit allen einschlägigen Voraussetzungen rekonstruieren kann.

84 Zitieren Sie bei **alternativen Tatbestandsmerkmalen** nur den Teil der Norm, unter den Sie auch subsumieren.

> **Beispiel:** § 812 BGB ist kompliziert genug – wenn Sie aber schon die Leistungskondiktion als einschlägig identifiziert haben, zitieren Sie nur deren Voraussetzungen (etwas erlangt, durch Leistung, ohne rechtlichen Grund) – und geben zugleich die einschlägige Alternative genau an: § 812 I 1 Fall 1 BGB.[111]

1. Positive Voraussetzungen

85
- Weiter ist (nach [Anspruchsnorm]) erforderlich, dass es sich bei [Sachverhaltsinformation] um [Tatbestandsmerkmal] handelt.
- Des Weiteren verlangt [Anspruchsnorm] ...
- Auch/Zudem/Darüber hinaus/Weiterhin/Schließlich muss/müsste [Tatbestandsmerkmal] gegeben sein/vorliegen/erfüllt sein.
- Zum Tatbestand/Zu den Voraussetzungen des [Anspruchsgrundlage] gehört/zählt außerdem/ferner das ... -erfordernis/[Tatbestandsmerkmal].
- [Sachverhaltsinformation] muss außerdem den Anforderungen des ...-gebots genügen.

86 Will man ein Merkmal verneinen oder die Entscheidung einer ergebnisrelevanten umstrittenen Frage bewusst vorläufig offen halten, kann man die genannten Formulierungen mit *Aber/Jedoch/Indessen/Allerdings/Freilich* einleiten.

2. Negative Voraussetzungen

87 Im Verneinungsfall wird die Formulierung mit *müssen* leicht missverständlich.

> **Beispiel:** „Der Schuldner muss seine Leistungspflicht trotz Fälligkeit nicht erfüllt haben"[112] ist etwas anderes als „Der Schuldner darf die Leistungspflicht nicht erfüllt haben".

- Ein Anspruch aus [Anspruchsgrundlage] kommt nicht in Betracht/scheidet aus, wenn/falls/sobald ...
- Der Anspruch/Die Haftung des [Anspruchsgegner] ist zu verneinen/ausgeschlossen/unmöglich/kann ausgeschlossen sein, sofern/soweit ...
- Einem Anspruch aus [Anspruchsgrundlage] kann entgegenstehen, dass ...
- Es darf (allerdings/aber/jedoch) kein ... vorliegen/kein Haftungsausschlussgrund eingreifen.
- Handelte es sich hier aber um ..., so entfiele ...
- Eine andere Bewertung könnte/kann (allenfalls) unter dem Gesichtspunkt ... gerechtfertigt erscheinen/sein.
- Etwas Anderes kann/könnte sich aber aus dem Umstand/der Tatsache ergeben, dass ...
- Etwas Anderes muss/kann/könnte/würde gelten/gälte/wäre der Fall, wenn ...
- Allerdings [Sachverhaltsinformation] mit der möglichen Folge, dass ...
- [Anspruchsgegner] haftet also auf [Anspruchsziel], es sei denn, dass ...
- Ein Anspruch aus [Anspruchsgrundlage] besteht nur, wenn nicht [negatives Merkmal]/setzt allerdings voraus, dass kein/e ... vorliegt/anzunehmen ist.
- Jedoch gilt dies nur vorbehaltlich [des Nichtvorliegens des negativen Merkmals]/unter der Voraussetzung, dass nicht ...

---

111 Zur Notwendigkeit genauer Normzitate → Rn. 423.

112 Brox/Walker SchuldR AT § 23 Rn. 59, zu den Voraussetzungen des Schuldnerverzugs. In Klausuren setzt sich dieser unglückliche Zungenschlag fort mit „Außerdem müsste es keinen Haftungsausschluss geben" statt „Außerdem darf es keinen wirksamen Haftungsausschluss geben".

3. Ungeschriebene Tatbestandsmerkmale

Manchmal lassen sich aus dem Normtext die Tatbestandsvoraussetzungen nicht vollstän- 88
dig entnehmen,

> **Beispiel:** Die Subsidiarität der Nichtleistungskondiktion (§ 812 I 1 Fall 2 BGB) gegenüber der Leistungskondiktion.

insbesondere weil der Gesetzgeber die Erwähnung einer Selbstverständlichkeit nicht für nötig gehalten hat

> **Beispiele:** Das Bestimmtheitsgebot im Sachenrecht (zB bei § 929 S. 1 BGB) ist zwar als allgemeines Prinzip unstreitig – aber an welches Wort im Normwortlaut soll man es anknüpfen? Die Vermögensverfügung steckt in § 263 I StGB ihrem Sinn nach drin, aber im Wortlaut findet sie sich nicht so recht. Das Verkehrsgeschäft als Voraussetzung der zivilrechtlichen Gutglaubenserwerbstatbestände (§§ 892 f.; 932 ff. BGB) ist für einen unbefangenen Leser aus dem Wortlaut kaum herauszulesen.

oder weil Rechtsprechung und Wissenschaft die Norm im Lauf der Zeit korrigiert oder ergänzt haben.

> **Beispiele:** Ersatz immaterieller Schäden nach § 253 II BGB („Schmerzensgeld") gewähren Rechtsprechung und Schrifttum auch bei Verletzung des Allgemeinen Persönlichkeitsrechts, obwohl dies vom Wortlaut der Norm nicht gedeckt ist und im Widerspruch zu § 253 I BGB steht. Eine Anfechtung wegen arglistiger Täuschung nach § 123 I BGB ist nur möglich, wenn die Täuschung rechtswidrig war (wichtig bei unzulässigen Fragen des Arbeitgebers in Einstellungsgesprächen und -fragebögen).

Ist das Merkmal nicht umstritten, verfahren Sie wie hier gezeigt. Allerdings empfiehlt es sich in Hausarbeiten, mit einer Fußnote zu belegen, woher Sie das betreffende Erfordernis nehmen.

- Ungeschriebenes (Tatbestands-)Merkmal des [Anspruchsnorm] ist …
- Das Erfordernis … lässt sich zwar nicht unmittelbar [Norm] entnehmen, ergibt sich aber im Umkehrschluss aus [Norm].
- [Tatbestandsmerkmal] ist gesetzlich nicht geregelt, als Voraussetzung eines/r … aber in der richterlichen Praxis anerkannt.

In einer Klausur wird man aber umgekehrt meist nur wenig Zeit und Raum auf die Herleitung verwenden.

> **Beispiel:** Dass als sonstiges Recht iSv § 823 I BGB auch das Recht am eingerichteten und ausgeübten Gewerbebetrieb (moderner: Recht am Unternehmen) in Rechtsprechung und Wissenschaft anerkannt ist, braucht nach beinahe 100 Jahren nicht mehr begründet und historisch nachgezeichnet zu werden. Eher erwartet der Leser ein paar stichhaltige Aussagen zur Frage, wie die Grenzen eines solchen Rahmenrechts begrifflich verlässlich gezogen werden können.

Manche ungeschriebenen Tatbestandsmerkmale kann und darf man unerwähnt lassen, solange nicht genau dort das Problem liegt.

> **Beispiele:** Die Zulässigkeit der Stellvertretung ist nach der Handhabung vieler Lehrbücher und Kommentare ein ungeschriebenes Merkmal des § 164 I BGB. Da sie aber nur in wenigen Ausnahmesituationen zu verneinen ist (nämlich bei den höchstpersönlichen Rechtsgeschäften), darf man sie ungestraft unerwähnt lassen, wenn es sich um ein Rechtsgeschäft handelt, bei dem die Stellvertretung unstreitig möglich ist. – Das erwähnte Verkehrsgeschäft in § 932 BGB nicht oder nur ganz knapp zu thematisieren drängt sich auf, wenn die Beteiligten zwei verschiedene natürliche Personen sind und kein noch so entfernter Hinweis auf (Teil-)Identität etwa durch gesellschaftsrechtliche Beteiligung zu sehen ist.

88a Teils gelten in ganzen Rechtsgebieten **Prinzipien**, die im Gesetz nicht ausdrücklich erwähnt, aber in Rechtslehre und Rechtsprechung unangezweifelt sind.[113]

> **Beispiele:** Typenzwang im Sachenrecht, Prinzip der Selbstorganschaft in der Personengesellschaft.

Nach Möglichkeit sollte man das Prinzip wenigstens versuchsweise an eine oder mehrere Normen anbinden, jedenfalls aber im Gutachten das richtige Stichwort fallen lassen. Die Herleitung des betreffenden Prinzips halte man eher knapp, um nicht ins Lehrbuchhafte abzugleiten. Näher befasst man sich mit der Herleitung nur, wenn Umfang und Reichweite des Prinzips streitig sind und der Streit sich auf die Entscheidung des zu diskutierenden Sachverhalts auswirkt.

- Aus dem das gesamte Recht der ... beherrschenden Prinzip des ... ergibt sich ... als weitere Voraussetzung.[114]
- In dieser Gestaltung der Vertretungsregeln kann ein Verstoß gegen das Prinzip der Selbstorganschaft liegen.

88b Bei **Rechtsfiguren**, die im Gesetz nicht geregelt sind, kann man ähnlich vorgehen.

> **Beispiele:** Der Erlaubnistatbestandsirrtum und der übergesetzliche Notstand im Strafrecht.

Oft sind aber deren Voraussetzungen umstritten, sodass – wie bei Analogien – auch ihre Herleitung zu thematisieren sein wird.

4. Überflüssige Tatbestandsmerkmale

89 Umgekehrt gibt es teils auch Tatbestandsmerkmale, die der Normwortlaut zwar (noch) nennt, über die aber die Entwicklung der Rechtswissenschaft hinweggegangen ist.

> **Beispiel:** Beim Anspruch aus § 812 I 1 Fall 1 BGB (Leistungskondiktion) ist man sich einig, dass das Merkmal *auf dessen Kosten* nicht erforderlich und daher nicht zu prüfen ist (gebraucht wird es aber bei der Bereicherung in sonstiger Weise, § 812 I 1 Fall 2 BGB).

Ist das unstreitig, kann man im Gutachten das Merkmal unerwähnt lassen oder in einer Fußnote eine Belegstelle dafür angeben, dass es nach allgemeiner Ansicht entbehrlich ist. Besteht Streit über die Entbehrlichkeit, ist dieser Streit zu thematisieren – knapp, wenn das Merkmal erfüllt ist, aber ausführlich, wenn gerade daran der Anspruch scheitern kann.

5. Gegennormen – Einreden, Einwendungen, Anspruchsausschlüsse

90 Im zivilrechtlichen Gutachten ist nach der Feststellung, dass die Voraussetzungen der Anspruchsentstehung erfüllt sind,

> **Beispiel:** Vertragsschluss, Vorliegen einer unerlaubten Handlung oder einer rechtsgrundlosen Bereicherung.

zu fragen, ob der Anspruch wieder erloschen ist (**Einwendungen**) oder seiner Durchsetzung ein Recht des Anspruchsgegners entgegensteht (**Einreden**). Solche Rechte werden auch Gegenrechte oder Gegennormen genannt. Sie stehen systematisch zu den Anspruchsnormen in einem Regel-Ausnahme-Verhältnis.

Bei der Subsumtion unter eine Gegennorm wird der Obersatz der bisherigen Anspruchsprüfung in sein Gegenteil gewendet:

- [Anspruchsteller] hat keinen Anspruch ..., wenn [Anspruchsgegner] ihm ein/e [Gegenrecht] entgegenhalten kann.

---

113 Zur Argumentation mit Prinzipien Früh JuS 2021, 905 (908); Barczak JuS 2021, 1 ff.

114 Nicht selten ist es an dieser Stelle erforderlich, das betreffende Prinzip (zB das Verhältnismäßigkeitsprinzip, den Bestimmtheitsgrundsatz etc.) gleich anschließend subsumtionstauglich zu konkretisieren.

Neben den soeben[115] genannten Formulierungen sind noch folgende möglich:

- Die Vereinbarung/Das (Rechts-)Geschäft/der Vertrag wäre jedoch (wegen [Norm]) unwirksam/nichtig, wenn es/sie gegen die guten Sitten/die Verbotsnorm des [Verbotsnorm]/die zwingenden (Form-)Vorschriften des [Norm]/...-gesetzes verstieße.
- Ein/e ... darf nicht nach [Einwendungsnorm]/den Regeln über ... ausgeschlossen sein.
- Der Geltendmachung des Anspruchs kann/könnte die ...-Einrede (des [Norm]) entgegenstehen.
- [Anspruchsgegner] beruft sich (dagegen) auf [Gegennorm]/macht [Gegenrecht] geltend/wendet nun ein/behauptet, er habe [zB ein Zurückbehaltungsrecht]
- Der [Anspruchsziel-]Anspruch des [Anspruchsteller] kann/könnte daran scheitern, dass .../an ... scheitern.
- [Sachverhaltsinformation] darf (aber) kein [Tatbestand der Gegennorm] sein.
- Die Durchsetzung des Anspruchs kann aber vorübergehend/dauernd/dauerhaft gehemmt sein, wenn ...
- Es kann sein, dass [Anspruchsgegner Gegenrecht hat].
- Der Anspruch kann durch ... erloschen/entfallen/weggefallen/ausgeschlossen sein.

Achten Sie darauf, dass Sie **zuerst die Rechtsfolge nennen**.[116] Der Leser will wissen, warum die Gegennorm geprüft wird.   91

> **Beispiel:** „Der Anspruch kann aber durch Aufrechnung erloschen sein, § 389 BGB."

Dabei wird zuerst die Vorschrift zitiert, aus der sich die Rechtsfolge ergibt.

> **Beispiel:** Bei Anfechtung wegen Täuschung oder Drohung ergibt sich die Rechtsfolge nicht aus §§ 119, 123 BGB, sondern aus § 142 I BGB. Hier formulieren nicht nur Anfänger oft unsorgfältig: „V kann den Vertrag wegen Irrtums angefochten haben" lässt nur ahnen, dass eigentlich gemeint ist „Der Vertrag kann insgesamt weggefallen sein, wenn die Willenserklärung des V wegen Anfechtung nach § 142 I BGB von Anfang nichtig ist. Der erforderliche Anfechtungsgrund kann in einem Irrtum des V über ... bei ... liegen, § 119 I BGB."

Die Rechtsfolge nicht zu nennen ist ein verbreiteter Fehler. Es ist meist unproblematisch, sie erst im nächsten Satz zu nennen oder schon im vorigen Satz. Sie wegzulassen, rächt sich.

> **Beispiele:** „Fraglich ist, ob im vorliegenden Fall ein Angebot seitens A persönlich oder durch einen Stellvertreter gemäß § 164 BGB ausgegangen ist." Abgesehen von den Schwächen in der Formulierung: Dieser Satz erklärt mit keinem Wort, warum es auf die Unterscheidung ankommt. Wenn man schon so ansetzen will, müsste man etwa schreiben „Wegen der sich aus § 164 I BGB ergebenden zusätzlichen Voraussetzungen für die Zurechnung einer Willenserklärung kommt es darauf an, ob A eine eigene Erklärung abgegeben hat oder durch eine fremde Erklärung verpflichtet werden soll."
> Wenn Sie schreiben „T kann aber den Leistungsgegenstand nach § 243 II BGB konkretisiert haben", fragt der Leser: „Warum ist das wichtig?" Also müssen Sie den Satz so fassen: „T kann aber den Leistungsgegenstand nach § 243 II BGB konkretisiert haben, sodass mit dem Untergang/Verlust/Verschwinden der Kamera Unmöglichkeit iSv § 275 I BGB eingetreten und so der Anspruch erloschen ist."
> Selbst bei Normen, deren Rechtsfolgen dem Leser wahrscheinlich geläufig sind, sollten Sie sichergehen: „Fraglich ist jedoch, ob die sich aus dem Kaufvertrag ergebende Pflicht zur Übereignung der Kamera unmöglich geworden ist, § 275 I BGB" fassen Sie besser als: „Fraglich ist jedoch, ob die Erfüllung der sich aus dem Kaufvertrag ergebenden Pflicht zur Übereignung der Kamera unmöglich geworden ist, sodass sie nicht mehr erfüllt werden muss/erloschen ist, § 275 I BGB."

Sich um die Identifikation der Rechtsfolge zu drücken ist leichter als man annehmen sollte. Oft findet sich in Übungsarbeiten etwa die – eigentlich ganz klug klingende – Formulierung „Etwas anderes gilt jedoch, wenn ...". Eindeutig ist eine solche Wendung aber nur, wenn damit ausschließlich das Gegenteil des bisher Festgestellten gemeint sein kann

---

115 Oben → Rn. 87.
116 Kuhn JuS 2008, 956 ff.; zur möglichst exakten Formulierung → Rn. 439.

(A haftet für die Schuld des B – oder A haftet nicht). Gibt es aber mehrere Möglichkeiten, ist *etwas anderes* unklar und sollte spätestens im nächsten Satz präzisiert werden.

Die Rechtsfolge klar zu benennen vermeidet auch unnötige Fehler im Gutachtenaufbau.

> **Beispiel:** Wer ein Mitverschulden des Geschädigten iSv § 254 I BGB diskutiert, gerät leicht in Versuchung, die Erörterung unter der Überschrift *Vertretenmüssen* einzuordnen. Sie gehört aber unter *Schaden* – wie sich aus der Rechtsfolge und der systematischen Stellung des § 254 I BGB ergibt.

91a
> **Beispiel:** „Allerdings könnte § 827 S. 2 BGB einschlägig sein. Dies ist zu bejahen, wenn der Schuldner …"

Nach dem ersten Satz müsste hier die Information zu finden sein, welche Rechtsfolge das auslöst. (Im Ausgangsfall: Der Schuldner haftet für fahrlässiges Sich-Betrinken). Wird die Norm genannt, ist es vielleicht nicht ganz so schlimm. Aber im Grundsatz gilt: Rechtsfolge nennen!

91b Um dem Adressaten das Verfolgen des Gedankengangs zu ermöglichen oder zu erleichtern, soll der Obersatz **ungenaue Rechtsfolgen präzisieren**. Nicht immer ist nämlich der angewendeten Norm die Rechtsfolge klar zu entnehmen. In diesen Fällen soll der Obersatz Hilfe geben.

> **Beispiel:** In § 447 I BGB lautet die Rechtsfolge „… geht die Gefahr auf den Käufer über". Das kann man richtig nur verstehen, wenn man auch § 446 S. 1 BGB gelesen hat, wo der Begriff des Gefahrübergangs wenigstens ungefähr erläutert wird als „Gefahr des zufälligen Untergangs oder der zufälligen Verschlechterung". Auch diese Regelung der Preisgefahr verstehen die meisten Leser erst nach gründlichem Nachdenken. Um nun diese Vorschrift in einem Rechtsgutachten an der richtigen Stelle erörtern zu können, muss man nur wissen, dass sie eine Ausnahme zu § 326 I BGB bildet. Um das aber auch dem Leser plausibel zu machen, ist es nur die zweitbeste Lösung zu schreiben: „Etwas anderes kann aber nach § 447 I BGB gelten, wenn …" Besser ist es, (knapp) zu erklären: „Möglicherweise kann V von K dennoch die Zahlung des Kaufpreises verlangen. Der in § 447 I BGB angeordnete Gefahrübergang auf den Käufer führt zum Fortbestehen der Kaufpreiszahlungspflicht trotz Wegfalls der Sachübereignungspflicht." Damit wird der recht abstrakt formulierte Begriff des Gefahrübergangs in seinem wirtschaftlichen und rechtlichen Gehalt klar, ohne dass es lehrbuchartiger Ausführungen bedürfte. Durch diese Art von Präzisierung wird das schwer verständliche *Gefahrübergang* zum handhabbaren *Weiterbestehen der Kaufpreiszahlungspflicht*.

91c Im Obersatz soll **eine Rechtsfolge** genannt werden – **nicht mehrere**. Mehrere denkbare Rechtsfolgen sind für den Leser zu verwirrend. Sie dürfen sie diskutieren, aber im Obersatz nennen Sie diejenige, für die Sie sich am Ende entscheiden.[117]

> **Beispiel:** „Dafür müsste es sich um eine Hol-, Bring- oder Schickschuld handeln." So nennt der Obersatz alle denkbaren Möglichkeiten – der Leser erfährt nicht, in welche Richtung die Prüfung läuft. Entweder schreibt man „Die Voraussetzungen der Konkretisierung hängen nach § 243 II BGB davon ab, ob vertraglich eine Hol-, eine Bring- oder eine Schickschuld vereinbart ist" oder man fokussiert gleich noch genauer: „Dass T den Kühlschrank zur Abholung durch G bereitstellte, würde den Voraussetzungen der Konkretisierung nur genügen, wenn es sich bei der Pflicht zur Übereignung aus § 433 I BGB um eine Holschuld handelte." Das ist für die Gedankenführung am besten.

92 Um den Gegensatz zum bisherigen (Zwischen-)Ergebnis zu signalisieren, etwa weil das Vorliegen des Merkmals im Ergebnis verneint werden wird oder weil es sich um ein negativ formuliertes Merkmal handelt, setzen Sie *aber, jedoch, allerdings, dennoch, trotzdem, indessen,* uU *dagegen* ein.

---

117 Dazu auch schon → Rn. 81.

Während das Gericht Einwendungen im Prozess von Amts wegen zu berücksichtigen hat, bedürfen **Einreden** der **Geltendmachung** durch den Berechtigten. Diese muss im Gutachten erörtert werden. Ist aus dem Sachverhalt nicht erkennbar, ob der Anspruchsgegner eine ihm möglicherweise zustehende Einrede wirklich erhebt, liegt hier kein Schwerpunkt, sodass die Erörterung meist kurz ausfallen kann.[118] Ganz weglassen sollte man sie nicht – schließlich dient das Gutachten nicht nur der Information über die materielle Rechtslage, sondern soll den Leser auch über die Durchsetzungsmöglichkeiten und -hindernisse informieren.

V. Verknüpfung alternativer Tatbestandsmerkmale

Die Erörterung verschiedener in einem Alternativitätsverhältnis stehender Tatbestandsmerkmale ist zu unterscheiden von der Situation, dass eine Vorschrift mehrere Ansprüche enthält. Im einen Fall sind die Rechtsfolgen die gleichen, im anderen können sie sich unterscheiden. Dann sollte man überlegen, ob man nicht die Vorschrift zweimal prüft, jeweils im Blick auf die zu benennende Rechtsfolge.[119]

- [Rechtsfolge] tritt auch ein, wenn [alternatives Tatbestandsmerkmal] vorliegt.
- Liegt danach kein [Tatbestandsmerkmal] vor, so ist [Rechtsfolge] nur gegeben, wenn [alternatives Tatbestandsmerkmal].
- [Tatbestandsmerkmal] kann nicht angenommen werden; es kommt aber/allenfalls noch [alternatives Tatbestandsmerkmal] in Betracht.
- Statt [Tatbestandsmerkmal] kann auch [alternatives Tatbestandsmerkmal] zu [Rechtsfolge] führen.
- [Sachverhaltsinformation] stellt zwar noch kein/e/n [Tatbestandsmerkmal], wohl aber ein/e/n [alternatives Tatbestandsmerkmal] dar; dies ist für ein/e/n [Anspruch] ausreichend/reicht für [Delikt] aus/genügt für …
- Hiervon zu unterscheiden ist die Frage, ob [alternatives Tatbestandsmerkmal] verwirklicht ist.
- Daneben kann auch [alternatives Tatbestandsmerkmal] gegeben sein.
- Der/Die/Das fehlende [Merkmal] kann durch [alternatives Merkmal] ersetzt werden.

Gibt es mehrere Tatbestandsmerkmale, von denen nur eines erfüllt sein muss, so ist nur unter diejenigen zu subsumieren, die ernsthaft in Betracht kommen. Es ist empfehlenswert, selbst dann das zweite Merkmal zu diskutieren, wenn man das erste bereits bejaht hat.[120] Der Leser mag hinsichtlich des ersten Merkmals anderer Meinung sein, sodass dieses Vorgehen ihn von der Richtigkeit des Ergebnisses überzeugen kann. Vorsicht ist allerdings geboten, wenn das Vorliegen des einen Merkmals das des anderen ausschließt (**exklusive Alternativität**).

> **Beispiele:** § 812 I 1 BGB ordnet die Herausgabeverpflichtung des entweder „durch Leistung" oder „auf sonstige Weise" Bereicherten an; § 823 I BGB setzt „vorsätzliches" oder „fahrlässiges" Verhalten voraus.

Nicht immer schließen sich verschiedene „Alternativen" gegenseitig aus.

> **Beispiel:** Mehrere Mordmerkmale (§ 211 StGB) können ohne Weiteres aufeinander treffen; da dies für den Unrechtsvorwurf und damit das Strafmaß von Bedeutung ist, müssen dann alle einschlägigen „Alternativen" oder Begehungsweisen geprüft werden.

Im Verneinungsfall stellt man knapp fest:

- Ebenso wenig [liegt alternatives Merkmal vor].

Ähnlich kurz, wenn beide Merkmale zu bejahen sind:

- In [Sachverhaltsinformation] liegt zugleich ein/e [alternatives Merkmal].

---

118 Zum Umgang mit dem Problem fehlender Informationen hinsichtlich der Rechtsausübung → Rn. 447.
119 Nicht nötig ist das, wenn auf der Rechtsfolgenseite ein Wahlrecht zwischen verschiedenen Folgen besteht, etwa Erfüllung und Schadensersatz in § 179 I BGB.
120 Näher → Rn. 418.

93

94

95

Den Obersatz sollte man nicht mit *müssen*, sondern mit *können* formulieren. Bei alternativen Merkmalen muss das einzelne Merkmal gerade nicht vorliegen – und trotzdem kann der Normtatbestand erfüllt sein.

> **Beispiele:** „Als Grund für die Anfechtung müsste ein Irrtum nach § 119 BGB vorliegen" ist ungeschickt; besser: „Anfechtungsgrund kann ein Irrtum im Sinne des § 119 I BGB sein." Ähnlich unglücklich klingt bei der Erörterung des Vertragsschlusses: „Dazu muss ein Angebot des A vorliegen." – Nein! Es kann doch auch ein Angebot des B vorliegen, sodass A später die Annahme erklärt hat. Ähnlich unglücklich ist „Weiter muss B das Telefon auch zerstört haben", wenn man zuvor festgestellt hat „B hat das Telefon beschädigt".

B. Untersatz

96   Diesen Schritt kann man einleiten mit:
- Fraglich/Zu untersuchen/prüfen ist/bleibt, ob …[121]
- Dies ist (im Folgenden/nun) zu prüfen./Es ist (nun) zu prüfen, ob …
- Dies/Das ist der Fall/anzunehmen/zu bejahen/trifft zu, wenn …
- Der Tatbestand des/r [Anspruchsgrundlage/Merkmal] ist gegeben/erfüllt, wenn …

97   Bei einfachen Sachverhalten reicht oft eine schlichte Gleichsetzung des fraglichen Tatbestandsmerkmals mit dem betreffenden Sachverhaltsteil.[122] Liegen die Dinge komplizierter und ist die Norm abstrakter formuliert, muss man in mehreren Schritten Sachverhalt und Tatbestand der Norm aufeinanderzuentwickeln, um erst am Ende feststellen zu können, ob der konkrete Sachverhalt der Norm unterfällt oder nicht.

I. Definition

98   Zuerst ist der Begriff, unter den man subsumieren will, zu bestimmen. Dies geschieht, indem man ihn gegen andere Begriffe abgrenzt, also definiert.

1. Woher nimmt man eine Definition?

99   a) Im günstigsten Fall findet sich die Definition im Gesetz. Man nennt das eine **Legaldefinition**.

> **Beispiele:** „Ein Volksfest ist eine im Allgemeinen regelmäßig wiederkehrende, zeitlich begrenzte Veranstaltung, auf der eine Vielzahl von Anbietern unterhaltende Tätigkeiten im Sinne des § 55 I Nr. 2 ausübt und Waren feilbietet, die üblicherweise auf Veranstaltungen dieser Art feilgeboten werden" (§ 60b I GewO).[123] „Auch ohne Wissen des Betroffenen darf mit technischen Mitteln in ein von dem Betroffenen genutztes informationstechnisches System eingegriffen und dürfen Daten daraus erhoben werden (Online-Durchsuchung) […]" (§ 100b I StPO).

Oft erkennt man die Legaldefinition an der Klammer, in der das Definiendum (also der zu definierende Begriff) steht und die dem Definiens (also den Elementen der Definition) folgt.

> **Beispiele:** *Unverzüglich* in § 121 BGB, *Anspruch* in § 194 I BGB, *Garantie* in § 443 I BGB.

Gelegentlich enthält aber auch das Gesetz einfach eine gleichsetzende Aussage.

> **Beispiel:** § 90 BGB.

Problematisch kann sein, ob eine Definition einschlägig ist. Wenn sie nicht offensichtlich genau in dem gesetzessystematischen Zusammenhang steht, in dem sie zu erwarten wäre,

---

121   Das ist sehr abgenutzt (aber nicht falsch); Näheres → Rn. 110, 388.
122   Dazu → Rn. 117.
123   Gegen Ende wirkt die Definition ein wenig zirkulär – finden Sie nicht auch?

muss man als Rechtsanwender diese Frage beantworten (und sie nötigenfalls im Gutachten ausdrücklich thematisieren). Mit der **Einheit der Rechtsordnung** ist es nicht so weit her, wie man sich wünschen könnte.

> **Beispiele:** Es kann leicht vorkommen, dass innerhalb eines Gesetzes derselbe Begriff unterschiedliche Bedeutungen annimmt. So ist der in § 14 BGB legaldefinierte *Unternehmer* allenfalls zufällig identisch mit dem *Unternehmer* der §§ 631 ff. BGB. *Verwirken* in § 339 BGB bedeutet nicht das gleiche wie die *Verwirkung* des § 242 BGB, *widerrufen* in § 130 I 2 BGB ist ziemlich ähnlich, aber doch nicht gleich dem *widerrufen* der §§ 355 ff. BGB, die *Leistung* in § 241 BGB und die in § 812 I 1 Fall 1 BGB sind nicht die gleiche, *Anspruch* in § 194 I BGB und in § 253 I ZPO sind zwar verwandt, aber nicht identisch. Noch deutlicher wird das, wenn man etwa den zivilrechtlichen Begriff des *Irrtums* (§ 119 BGB) mit dem strafrechtlichen vergleicht.[124]

b) Ähnlich wie eine Legaldefinition funktionieren **Fiktionen**.   100

> **Beispiele:** § 108 II 2 Hs. 2 BGB fingiert die Verweigerung einer Genehmigung, § 377 II HGB fingiert die Erteilung einer Genehmigung, § 162 BGB den Eintritt oder Nichteintritt einer Bedingung. Schach gilt als Sport, § 52 II Nr. 21 AO.[125]

Durch eine Fiktion wird eine Rechtsfolge angeordnet oder ausgeschlossen, obwohl die definitionsgemäß hierfür erforderlichen Voraussetzungen gerade nicht vorliegen. Sie ist also eine Als-wahr-Unterstellung, die typischerweise durch die Formulierung *gilt als* gekennzeichnet wird.[126] Allerdings müssen eben die Voraussetzungen der Fiktion gegeben sein.

> **Beispiele:** „Die Fahrscheine sind bis zum Verlassen des abgegrenzten Bahngebiets aufzubewahren. Als abgegrenzte Bahngebiete gelten alle S-, R- und U-Bahn-Stationen." Das ist eine Fiktion, weil letztere Aussage offensichtlich der Wirklichkeit nicht entspricht: Die Stationen sind oft gerade nicht abgegrenzt.
> Ähnlich liegt es bei § 119 II BGB: Die Fehlvorstellung über eine verkehrswesentliche Eigenschaft des Vertragsgegenstands oder -partners ist eben kein Auseinanderfallen von Wille und Erklärung, sodass es einer ausdrücklichen Anordnung des Gesetzes bedarf, um auch beim Eigenschaftsirrtum eine Anfechtungsmöglichkeit zu gewähren. Die ausnahmsweise Beachtlichkeit dieser andernfalls als Motivirrtümer einzuordnenden Situationen erreicht das Gesetz mittels einer Fiktion.
> Lesen Sie §§ 150 I, II, 950 I 2 BGB oder § 4 I 2 ProdHaftG: „Als Hersteller gilt auch jeder, der sich durch das Anbringen seines Namens, seiner Marke oder eines anderen unterscheidungsfähigen Kennzeichens als Hersteller ausgibt."
> Schon mehr eine gesetzlich angeordnete Analogie als eine Fiktion ist § 90a S. 2 BGB.[127]

c) Das Gesetz definiert so zentrale Begriffe wie den *Schatz* (§ 984 BGB), die *Quittung*   101 (§ 368 S. 1 BGB), den *Erbschein* (§ 2353 BGB), den *effektiven Jahreszins* (§ 492 II BGB), die *Interoperabilität* (§ 327e II III BGB) und den *Mietspiegel* (§ 558c I BGB), leider aber nicht Nebensächlichkeiten wie den *Vertrag*, die *Willenserklärung*, den *Zins* und die *Gefahr* (immerhin aber die *Sache* in § 90 BGB, die *Vollmacht* in § 166 II 1 BGB und die *Ware* in § 241a I BGB sowie den *Verbrauchervertrag* in § 310 III BGB und den *Verbrauchsgüterkauf* in § 474 I BGB sowie die dort verwendeten Begriffe *Unternehmer* und *Verbraucher*

---

124 Zu drei Bedeutungen von *Übergabe* im BGB Henke JA 2022, 95 ff.

125 Dazu Schirmer JZ 2016, 248 f.

126 Das stimmt aber nicht durchgängig; teils verwendet das Gesetz *gilt als* auch bei Auslegungsregeln, etwa in § 150 I, II BGB. – Um Irritationen zu vermeiden, sollte man die Wendung *gilt als* in juristischen Texten nur für Fiktionswirkungen benutzen; unglücklich ist also „Die Sache gilt als mangelhaft", weil dies nicht das Ergebnis einer Als-wahr-Unterstellung, sondern einer ordentlichen Subsumtion ist: „Die Sache ist mangelhaft."

127 MüKoBGB/Holch § 90a Rn. 11: *verdeckte Fiktion*; Staudinger/H. Dilcher BGB § 90a Rn. 5: *Verweisungsanalogie*, mwN; Graul JuS 2000, 215 ff. mwN; Kretschmer JA 2015, 105; Fahl JA 2019, 161 ff.

in §§ 13 f. BGB.). Ganz überwiegend aber verzichtet der Gesetzgeber auf Legaldefinitionen (werfen Sie beispielsweise einmal einen Blick ins StGB!).

Hier bleibt nur der Blick in Lehrbücher und Kommentare, über welche Sie die **Definitionen von Rechtsprechung und Rechtswissenschaft** erschließen.

> Ein **Beispiel** aus der Rechtsprechungspraxis: Versuchen Sie einmal, den Begriff *Eisenbahn* zu definieren. Vergleichen Sie Ihre Definition mit der des Reichsgerichts[128]: „… ein Unternehmen, gerichtet auf wiederholte Fortbewegung von Personen oder Sachen über nicht ganz unbedeutende Raumstrecken auf metallener Grundlage, welche durch ihre Konsistenz, Konstruktion und Glätte den Transport großer Gewichtmassen, beziehungsweise die Erzielung einer verhältnismäßig bedeutenden Schnelligkeit der Transportbewegung zu ermöglichen bestimmt ist, und durch diese Eigenart in Verbindung mit den außerdem zur Erzeugung der Transportbewegung benutzten Naturkräften (Dampf, Electricität, thierischer oder menschlicher Muskelthätigkeit, bei geneigter Ebene der Bahn auch schon der eigenen Schwere der Transportgefäße und deren Ladung, u.s.w.) bei dem Betriebe des Unternehmens auf derselben eine verhältnismäßig gewaltige (je nach den Umständen nur in bezweckter Weise nützliche, oder auch Menschenleben vernichtende und die menschliche Gesundheit verletzende) Wirkung zu erzeugen fähig ist." – Geht es treffender?[129]

Da Ihnen in Klausuren die von Rechtsprechung und Schrifttum herausgearbeiteten Definitionen nicht verfügbar sind, ist es nützlich, das **Definieren** zu **üben**. Dazu können Sie – wie eben im Beispiel – Ihre Begriffsbestimmungen mit gesetzlichen[130], richterrechtlichen[131] oder von der Rechtswissenschaft entwickelten Definitionen vergleichen[132]. Üben kann man mit den Begriffen *Mahnung* (§ 286 I BGB), *Leistung* (§ 812 I 1 Fall 1 BGB), *Verfügung* (§ 816 I 1 BGB) – alles Definitionen, die zum unentbehrlichen Mindestbestand zählen, die man aber mit klarem Menschenverstand nicht oder nur mit Mühe herleiten kann (zumal bei *Verfügung* auch die *Allgemeinverfügung* aus dem Verwaltungsrecht herübergrinst).

Der immer neu wiederholte Versuch, Begriffe aus dem Kopf zu definieren, schult übrigens den Verstand. Das ist nicht nur ein gutes Training für den Klausurernstfall. Auf diese Art übt man auch etwas ein, was Juristen oft tun müssen: Zuerst ohne Hilfsmittel eine plausible Begriffsbestimmung entwerfen, diese dann selbst einer kritischen Prüfung unterziehen und dabei präzisieren und verbessern – und erst im folgenden Schritt feststellen, ob es bereits eine bestenfalls unstreitige Definition gibt, mit der man erfolgreich arbeiten kann.[133]

---

128 RGZ 1, 247 (252) – Orthographie und Interpunktion folgen der Schreibweise in der amtlichen Sammlung. Eine lesenswerte stilistische Analyse dieser berüchtigten Definition bei Walter Stilkunde S. 77 ff. und passim, auch Reiners Stilkunst S. 85, Gast Juristische Rhetorik Rn. 199.

129 Eine sehr viel prosaischere Begriffsbestimmung findet sich in § 2 I des Allgemeinen Eisenbahngesetzes (AEG) von 1993.

130 ZB die der *Schusswaffe* in § 1 WaffenG, die der *allgemeine[n] Geschäftsbedingungen* in § 305 I BGB, die des *Produkts* in § 2 ProdHaftG, die des *Verbrauchers* in § 13 BGB usw.

131 ZB die des *Grenzbaums* (§ 923 BGB) bei BGH NJW 2004, 3328 (3329). Versuchen Sie es einmal – jetzt sofort – mit einer Definition für *höhere Gewalt* (zB in § 701 III BGB). Oder für *Folter* oder für *Antisemitismus*. Oder für *Pizza*: „*Hierbei handelt es sich um eine – meist heiß servierte – aus dünn ausgerolltem und mit Tomatenscheiben, Käse u.a. belegtem Hefeteig gebackene pikante italienische Spezialität (Duden, Stichwort ,Pizza')*", OLG Karlsruhe BeckRS 2017, 146135 Rn. 9 = openJur 2021, 28772 – was an dieser Definition ist hilfreich, was vielleicht entbehrlich?

132 Zu den Schwierigkeiten des Definierens auch schon → Rn. 4b ff.; zu Definitionen im Verfassungsrecht Frenzel ZJS 2009, 487 ff.

133 Je häufiger man das selbst ausprobiert, desto verlässlicher wird auch die Einschätzung, welche Quellen für taugliche Definitionen sich bewähren: die Standardsuchmaschine, das führende Internetlexikon, der Definitionenkalender des Repetitors, das Anfängerlehrbuch, das Praktikerhandbuch, der wissenschaftlich angelegte Großkommentar?

> **Beispiele:** Was ist *Krankheit*? Sind unterschiedliche Definitionen für verschiedene (juristische und außerjuristische) Zusammenhänge sinnvoll oder erforderlich? Was ist *Ursächlichkeit*? *Wettbewerb*? Eine *Beleidigung*? Eine *Bande*? Ein *Wald*? Eine *Versammlung*?

Einen Rechtsbegriff kann man über seine Voraussetzungen oder über seine Folgen zu beschreiben versuchen. Letzteres ist für Zwecke der Subsumtion misslich. Hier braucht es Definitionen, die bei den Voraussetzungen ansetzen anstatt bei den Rechtsfolgen.

> **Beispiel:** Wer also definiert „Eine Stückschuld ist eine Vereinbarung über den Leistungsgegenstand, bei der die Unmöglichkeit sofort mit dem Untergang des geschuldeten Gegenstands eintritt", trifft zwar eine Aussage über die Stückschuld, hat aber noch keine Definition des Begriffs geleistet. Auch wer (noch allgemeiner) erklärt „Bei der Gattungsschuld trifft den Verkäufer das Risiko, aus der Gattung nachleisten zu müssen, wenn ein Stück aus der Gattung zerstört wird", sagt nichts Falsches. Aber eine Definition ist das nicht.

Eine Definition haben Sie nur erarbeitet, wenn der Satz alle Bedingungen angibt, unter denen ein Rechtsbegriff auf einen Sachverhalt zutrifft.

Bei der Suche nach einer Definition stößt man teils auf **lehrbuchartige Begriffsbestimmungen**. Diese sind zwar wissenschaftlich korrekt, man kann aber mit ihnen im Gutachten wenig oder nichts anfangen, weil eine Subsumtion unter ihre Voraussetzungen sehr breit wird oder gar nicht zu leisten ist.

> **Beispiel:** „Eine Willenserklärung ist eine private Willensäußerung, die auf einen vom Gesetz anerkannten Erfolg gerichtet ist." Das ist schon richtig – aber fangen Sie einmal an, auch nur unter *private* zu subsumieren …

Wenn Sie also konkurrierende Definitionen zur Verfügung haben, achten Sie darauf, eine praktisch handhabbare auszuwählen. Praktisch handhabbar ist eine Definition, wenn eine Subsumtion unter ihre Tatbestandsmerkmale mit den Informationen aus dem Sachverhalt möglich ist.

2. Formulierungen

Definitionen sind ihrer Struktur nach Rechtsnormen im oben beschriebenen Sinne: Wenn alle notwendigen Voraussetzungen vorliegen, ist der definierte Begriff gegeben. Auf der Rechtsfolgenseite steht zwar keine Sollensanordnung, aber die konditionale Struktur einer Definition erlaubt es, neben den nachstehenden Formulierungen auch viele der oben[134] vorgeschlagenen zu verwenden.

102

- Unter [Tatbestandsmerkmal] ist [Definition] zu verstehen.
- Unter [Tatbestandsmerkmal] im engeren/eigentlichen/weiteren Sinn versteht man …
- Unter den Begriff des/der [Tatbestandsmerkmal] wird/werden [Anwendungsfälle der Definition] gefasst.
- Ein/e [Tatbestandsmerkmal] liegt vor/ist gegeben/anzunehmen, wenn/falls/sobald [Definition].
- [Tatbestandsmerkmal] ist/bedeutet[135] [Definition] (mit anderen Worten/mit den Worten des Gesetzes: …).
- [Sachverhaltsinformation] ist [Tatbestandsmerkmal], wenn [Voraussetzungen gemäß Definition].
- Diese/r ist gekennzeichnet/charakterisiert/definiert durch …/zeichnet sich durch … aus.
- (Ob) … beurteilt sich nach (zB Legaldefinition)/bemisst sich daran, ob …
- [Norm] bezeichnet alle [Anwendungsfälle] als [Tatbestandsmerkmal], die [Definition].
- Es genügt (nicht)/reicht (nicht) aus, wenn/dass … Vielmehr muss …
- Ob …, richtet/entscheidet/bestimmt sich nach [Norm].
- Maßgeblich für die …-eigenschaft des/r … ist …
- So verhält es sich, wenn …
- Ein/e … soll immer (dann) vorliegen, wenn …[136]

---

134 → Rn. 78 ff.

135 Unschön, aber letzthin immer beliebter: [Tatbestandsmerkal] meint [Definition].

136 Die Formulierung mit *soll* verwendet man vorzugsweise bei Definitionen, von denen man sich etwas distanzieren will oder zu denen man sich einer näheren Stellungnahme enthält.

103 Manchmal kann man sich nur über Fälle oder **Fallgruppen** einer Definition nähern. Das gilt besonders bei **unbestimmten Rechtsbegriffen**

> **Beispiele:** § 276 II BGB (*erforderliche Sorgfalt*), § 626 BGB (*wichtiger Grund*), § 306a BGB (*Umgehungsverbot*), (*Missbrauch*), § 305 II Nr. 2 BGB (*zumutbar*), § 812 I 1 Fall 2 BGB (*in sonstiger Weise*[137]) usw.

und **Generalklauseln.** (Teils ist auch von **Typusbegriffen** die Rede.)

> **Beispiele:** § 138 BGB (*gute Sitten*), § 242 BGB (*Treu und Glauben*), § 315 BGB (*billiges Ermessen*), § 826 BGB (*sittenwidrig*).

- Als ... kommen alle ... in Betracht.
- [Norm/Begriff] erfasst/bezieht sich (nur) auf [Fälle].
- Zu [Tatbestandsmerkmal] zählen/gehören (insbesondere/namentlich/vor allem/im Wesentlichen/beispielsweise/regelmäßig/typischerweise/auch) [Fälle der Definition].
- Als [Tatbestandsmerkmal] wird/werden [Fälle der Definition] angesehen.

Hier wird offensichtlich, dass eine logische Herleitung nur den kleineren Teil zur Überzeugungskraft des Ergebnisses beisteuert. Die vergleichende Zuordnung eines konkreten Sachverhalts zu einer Fallgruppe ist auf wertende Überlegungen angewiesen, die sich mit der logischen Struktur einer Deduktion nicht abbilden lassen.[138]

104 Ist die vorgefundene **Definition nicht** so **eindeutig**, wie man sie für die Subsumtion des gegebenen Sachverhalts braucht, ist die Auslegung des Gesetzes erforderlich. Die Aufbereitung des Gesetzes zu einer für den Einzelfall subsumtionstauglichen Form kann problematisch, umstritten und langwierig sein.[139]

- Mit diesem ...-begriff lässt sich auch die Situation des [Anspruchsteller] beschreiben/kennzeichnen/erfassen. Fraglich ist aber, ob der Begriff sachgerecht ist.

105 Man kann auch „im Vorübergehen" definieren:

> **Beispiele:** „B muss das Bild durch Leistung des L, das heißt durch bewusste und zweckgerichtete Vermögensmehrung seitens L, erlangt haben. – Eine Leistung des L im Sinne einer bewussten und gewollten Vermögensmehrung liegt in der Übertragung des Eigentums an dem Bild auf B. – Ob hier eine Leistung, also eine bewusste und zweckgerichtete Vermögensmehrung, seitens des B anzunehmen ist, erscheint zunächst zweifelhaft. – Eine Mahnung des [Anspruchsteller], also eine bestimmte Aufforderung zur Leistung, kann nach § 286 II Nr. 1 BGB entbehrlich gewesen sein."

Das spart Platz, ist aber nur bei halbwegs übersichtlichen und unstreitigen Definitionen sinnvoll, schon damit der Satz nicht zu lang wird. Zudem kann es taktisch klug sein, Definitionen so zu präsentieren, weil das dem Korrektor erlaubt, die betreffende Definition abzuhaken.

> **Beispiel:** Wer etwa bei der Erörterung des Verzugs nur schreibt „A muss B auch gemahnt haben", vergibt sich die Chance, Punkte auf die Definition zu bekommen. Für „A muss B gemahnt, also bestimmt zur Leistung aufgefordert haben" braucht man nur unwesentlich mehr Zeit. Das kann sogar noch sinnvoll sein, wenn man fortfährt: „Eine Mahnung kann hier aber nach § 286 II Nr. 1 BGB entbehrlich gewesen sein, wenn/weil ..."

---

137 Hier werden Fallgruppen auf mehreren Ebenen gebildet, zum einen orientiert an den verschiedenen Nichtleistungskondiktionen des römischen Rechts, zum anderen aber auch etwa hinsichtlich der problematischen Drei- und Mehrpersonenverhältnisse.

138 Empfehlungen zum Vorgehen in Prüfungen auch bei Haft Einführung S. 385.

139 Nicht selten besteht über die richtige Anwendung der betreffenden Rechtsnorm Streit; es gehört dann zur Bearbeitung, in der Streitfrage eine Position zu beziehen. Zur Darstellung solcher Kontroversen → Rn. 158 ff.

Ungeschickt ist es, zuerst zwei oder **mehrere Definitionen** zu verschiedenen Tatbestands-   106
merkmalen zu geben und erst danach unter die einzelnen Begriffe zu subsumieren.[140]

> **Beispiele:** Der Erklärung, dass ein Vertrag aus Angebot und Annahme bestehe, sollten nicht Defi-
> nitionen von Angebot und Annahme, von Willenserklärung und Erklärungsbewusstsein und Zu-
> gang folgen und erst anschließend die Subsumtion unter alle diese Begriffe. – Wer bei § 994 I BGB
> den Begriff der Verwendung definiert hat, sollte nicht gleich die Notwendigkeit einer Verwendung
> anschließen, sondern erst klären, ob es sich überhaupt um eine Verwendung handelte, denn ver-
> neinendenfalls ist alles Weitere überflüssig. – Bei der Prüfung der Voraussetzungen eines Ver-
> brauchsgüterkaufs kann man zwar die Begriffe *Verbraucher*, *Unternehmer* und *bewegliche Sache*
> hintereinanderweg definieren; wie unglücklich das ist, merkt man aber spätestens, wenn bei der
> Subsumtion der erste Begriff verneint wird, sodass die anderen beiden Definitionen nutzlos in der
> Luft hängen.

Das führt schnell zu einem unübersichtlichen und schwer nachvollziehbaren Aufbau. Definitionen sollten Sie also erst wiedergeben, wenn Sie auch gleich anschließend darunter
subsumieren wollen.

Üblicherweise schwenkt man bei der Subsumtion nicht einfach auf die Verneinung des   107
betreffenden Merkmals um, indem man eine **Definition des Gegenteils** gibt:

* Ein/e [Merkmal] ist zu verneinen/liegt jedenfalls nicht vor, wenn …

> **Beispiele:** Wo zu untersuchen ist, ob ein Vertrag geschlossen wurde, subsumiert man nicht unter
> die Voraussetzungen des Dissenses (§§ 154 f. BGB), sondern untersucht, ob es eine Willensüber-
> einstimmung (also einen Konsens) gegeben hat. Wer feststellen will, ob eine Willenserklärung ab-
> gegeben wurde, sollte nicht im Obersatz schreiben „Es kann sich jedoch hierbei um eine *invitatio
> ad offerendum*" gehandelt haben, denn diese ist gerade keine Willenserklärung.

Den Leser interessiert wegen der im Obersatz genannten Rechtsfolge, ob und wann dieses
Merkmal erfüllt ist, nur in zweiter Linie, wann es nicht erfüllt ist. Manchmal ist es aber
einfacher, das Nichtvorliegen eines Merkmals festzustellen. Fehlt es beispielsweise an einer
klaren oder allgemein akzeptierten Definition, während über einige wenige Fälle des
Nichtvorliegens allgemein Einigkeit besteht, bietet sich dieser Weg an. Das hilft aber nur,
wenn man das Vorliegen des Merkmals wirklich verneint, denn sonst ist für die Subsumtion nichts gewonnen.

Ähnlich liegt es, wenn zwar nicht die Definition des Gegenteils sich aufdrängt, aber die
Definition(en) verwandter Rechtsfiguren, gegen die typischerweise die im Obersatz
genannte Figur abzugrenzen ist.

> **Beispiele:** Oft ist es erforderlich, den Werkvertrag gegen den Dienstvertrag und/oder den Werklie-
> ferungsvertrag oder den Kaufvertrag abzugrenzen. Gerade wenn die Parteien den Vertrag gar
> nicht oder offensichtlich falsch bezeichnet haben, kann das geboten sein. Beim Abschluss eines
> Bürgschaftsvertrags kann zu bedenken sein, ob es sich nicht um eine funktional ähnliche Figur
> wie den Schuldbeitritt handelt.

Sofern es sich nicht um ein sehr breit zu diskutierendes zentrales Problem handelt, wird es
sich meist empfehlen, die Definitionen der zur Abgrenzung benötigten Rechtsfiguren eher
beiläufig zu präsentieren.

> **Beispiel:** „Anders als beim Dienstvertrag, der gerade nicht auf die Bewirkung eines festgelegten
> Erfolgs gerichtet ist, sondern nur das Bemühen des Dienstnehmers um den Erfolg zum Gegen-
> stand hat, ist Voraussetzung für den Abschluss eines Werkvertrags … Im Unterscheid/In Abgren-
> zung zum Kauf ist dagegen der Werkvertrag dadurch gekennzeichnet, dass …"

---

140 Charakteristische Formulierung: „Zunächst sind hier einige Begriffsbestimmungen vorzuneh-
men." Das passiert Anfängern öfter, aber nicht nur Anfängern. Zurückhaltung empfiehlt hier
auch Hildebrand Gutachten S. 21.

3. Präzisierung in Richtung auf den Sachverhalt

108 Oft ist es nötig, die noch recht weit gefasste Definition auf den Sachverhalt hin zu fokussieren.

- Hierzu ist ... nicht erforderlich/Das ... ist nicht allein entscheidend; es kommt vielmehr (wesentlich/in erster Linie/entscheidend/vordringlich) darauf an, dass/ob ...
- [Tatbestandsmerkmal] ist nicht im Sinne von/wie [ähnlicher Begriff/gleicher Begriff in anderem Rechtsgebiet/Begriff im ...-rechtlichen Sinne] zu verstehen.
- Auf ... kommt es nicht an/(Ob ...,) ist dabei unerheblich/nicht von Bedeutung/ohne Bedeutung/bedeutungslos/irrelevant/unbeachtlich/spielt keine Rolle. Ausschlaggebend/Maßgeblich/Entscheidend ist, ob ...
- Der Begriff der/s [Tatbestandsmerkmal] umfasst nicht nur [Hauptanwendungsfall], sondern auch [weniger naheliegenden Fall].
- Da [Umstand], dürfen an ... keine allzu hohen Anforderungen gestellt werden. Für ... wird daher ... genügen müssen/[Sachverhaltsinformation] ist daher als ausreichend anzusehen.
- Zu [Anwendungsfälle des Tatbestandsmerkmals] gehört/gehören auch [Fälle der Sachverhaltsinformation].
- Für ... genügt dabei schon ...

109 Achten Sie darauf, nicht seitenlang den Obersatz immer weiter zu präzisieren, um dann mit einem lapidaren Satz zu subsumieren.[141] Das birgt die Gefahr lehrbuchartiger Ausführungen, die zumal bei eher unproblematischen Merkmalen oder bei zu verneinenden Merkmalen leicht detaillierter werden als notwendig.[142] Vielmehr sollten das Tatbestandsmerkmal und die betreffende Sachverhaltsinformation begrifflich aufeinanderzuentwickelt, schrittweise einander angenähert werden.

110 Die Obersätze zu diesen normkonkretisierenden Überlegungen müssen Sie nicht ausnahmslos mit

- Fraglich ist nunmehr, ob ...

einleiten, sondern zur Abwechslung gelegentlich einmal mit

- Hierfür ist von Bedeutung, ob ... unter ... zu subsumieren ist.
- Damit stellt/ergibt sich die Frage/das Problem/ist die Frage/das Problem aufgeworfen/angeschnitten, ob ...
- ... verlagert sich damit auf die Frage, .../Infrage steht, ob ...
- Klärungsbedürftig/Erörterungsbedürftig/Zu untersuchen/prüfen/diskutieren/entscheiden ist daher, ...

4. Belege

a) Bei Legaldefinitionen

111 Ist das Merkmal im Gesetz definiert, so ist zunächst von dieser Definition auszugehen. Eine Fundstellenangabe in einer Fußnote braucht es nicht, die Norm wird aber als Beleg für die Definition im Text genannt. Im Einzelfall muss man problematisieren, ob der Begriff weit oder eng auszulegen oder ganz abweichend vom Gesetzeswortlaut zu verstehen ist.

- Nach/Gemäß/Entsprechend/(nicht ganz so schön:) Laut [Definitionsnorm]/[Definitionsnorm] zufolge ist [Begriff] [Definition].
- [Definitionsnorm] definiert [Begriff] als [Definition].
- [Begriff] ist/bedeutet/ist zu verstehen/aufzufassen als [Definition] (Norm).
- Das Gesetz definiert ... an anderer Stelle (in [Norm]) als ...[143]
- Die Definition in [Norm] ist indes für ... nicht maßgeblich, weil ...

---

141 Harmloses Beispiel: „Ein Angebot ist eine empfangsbedürftige Willenserklärung, durch die ein Vertragsschluss einem anderen so angetragen wird, dass nur von dessen Einverständnis das Zustandekommen des Vertrags abhängt. Dies ist hier der Fall." Schon dabei stolpert der Leser über das Ungleichgewicht zwischen breiter Definition und kurzer Subsumtion.

142 Zur Schwerpunktsetzung auch → Rn. 227, 436.

143 Hier muss erforderlichenfalls diskutiert werden, ob die betreffende Begriffsdefinition vom einen Regelungszusammenhang in den anderen übertragbar ist (dazu schon → Rn. 99).

b) Bei Quellen außerhalb des Gesetzes

Grundsätzlich bedarf eine Aussage, die für die Entscheidung des Sachverhalts von Bedeu- 112
tung ist und sich nicht aus dem Gesetz ergibt, eines Belegs.

- Nach der/einer …/Der … zufolge/nach …
- … zutreffenden/herrschenden/überwiegenden/allgemeinen/allgemein anerkannten/üblichen/einer (im Vordringen begriffenen/jüngeren/neueren/(nur noch/bislang noch nur) vereinzelt vertretenen/gebliebenen …)/hauptsächlich/vornehmlich/meist/im Wesentlichen im Schrifttum/in der Rechtsprechung vertretenen
- … Meinung/Ansicht/Auffassung/Theorie/These/Lesart/Verständnis …
- … in Literatur (weniger gelungen: eine literarische Meinung)/Lehre/Schrifttum/Wissenschaft und Judikatur/Rechtsprechung …
- … ist/bedeutet [Begriff] [Definition].

Da Lehrbücher, Handbücher und Kommentare, in denen Sie im Allgemeinen die Definitionen finden, auf die das Gesetz verzichtet hat, keine Rechtsquellen sind, kann zu problematisieren sein, ob die wiedergegebene Definition richtig oder angemessen ist. Finden sich überall verschiedene Definitionen, sollte man nicht kommentarlos eine davon auswählen, sondern diskutieren, warum die verwendete vorzugswürdig ist.[144]

Vorsicht: Die Berufung auf Autoritäten ersetzt nicht die inhaltliche Begründung. Es ist verdienstvoll, wenn Sie die Auffassung des BGH kennen; Sie sollten sich ihr aber nicht ohne Angabe von Gründen anschließen. Das klingt nicht nur autoritätshörig – das ist autoritätshörig.[145]

5. Vermutungen als Subsumtionserleichterung

Den Beweislastfragen[146] verwandt ist der Umgang mit **gesetzlichen Vermutungen.**[147]

Wenig erörterungsbedürftig sind **unwiderlegliche Vermutungen.**   113

> **Beispiele:** §§ 288, 892 BGB.

Zur Ausfüllung des betreffenden Tatbestandsmerkmals braucht man nur darauf hinzuweisen, dass dessen Vorliegen kraft gesetzlicher Anordnung unwiderleglich vermutet wird. (Natürlich muss aber sauber unter die Voraussetzungen der Vermutung subsumiert werden.) Das Gleiche gilt für **Fiktionen.**

> **Beispiel:** § 1923 II BGB.

Bei **widerleglichen Vermutungen**   114

> **Beispiel:** Verschuldens- und Kausalitätsvermutungen in §§ 280 I 2, 286 IV, 831 I 1 BGB, Vermutung des Handelsgeschäfts in § 344 I HGB, Vermutung des Mangels bereits bei Gefahrübergang nach § 476 BGB.

kann es geschehen, dass einerseits mit Informationen aus dem Sachverhalt das betreffende Merkmal – etwa ein Verschuldenserfordernis – inhaltlich im Subsumtionsweg ausgefüllt werden könnte, andererseits eben die Vermutung eingriffe, selbst wenn solche Informationen nicht zur Verfügung stünden. Dann sollte man subsumieren und den einfacheren Weg über die Vermutung ignorieren, weil sich der Fallsteller wahrscheinlich etwas dabei ge-

---

144 Ausführlicher hierzu → Rn. 158 ff.
145 Deshalb darf in Ihrem Gutachten nie stehen *Gemäß Grüneberg …* oder *Laut BGH …*.
146 Zu deren Behandlung im Gutachten → Rn. 445.
147 Zu tatsächlichen Vermutungen Musielak JA 2010, 561 ff.; zur Unterscheidung zu Beweislastregeln Kalbfleisch JuS 2021, 722 ff.

dacht haben wird, wenn er die betreffenden Informationen im Sachverhalt untergebracht hat.[148, 149]

Fehlen derlei Informationen, kann man sich kurz fassen und lediglich das Eingreifen der Vermutung feststellen, sodass das betreffende Merkmal zu bejahen ist.[150]

> **Beispiel:** „Voraussetzung für den Schadensersatzanspruch wegen Schuldnerverzugs ist weiter nach § 286 IV BGB das Vertretenmüssen des Schuldners. Ein zumindest fahrlässiges Verhalten des S, für das dieser nach § 276 I BGB einzustehen hat, wird nach § 286 IV BGB vermutet. Solange also S nicht erklärt, warum er ausnahmsweise nichts dafür kann, dass er zu spät leistete, wird er behandelt, als habe er sich schuldhaft verhalten."

115 Wenig zweckmäßig ist es, beim Fehlen einschlägiger Informationen mit leicht spekulativem Unterton aufzuzählen, welche Tatsachen der Vermutungsbelastete zur Entkräftung der Vermutung vorzutragen und zu beweisen hat, um anschließend ohne eigentlichen Anhaltspunkt davon auszugehen, dieses werde ihm – mangels entgegenstehender Informationen im Sachverhalt – gelingen. Ein solches Vorgehen verkennt den Zweck einer Vermutung.

II. Benennen der infrage kommenden Sachverhaltsteile

116 Die hier gewählte Reihenfolge – erst die Anforderungen des geprüften Rechtssatzes, dann die möglicherweise darunter passenden Informationen aus dem Sachverhalt nennen – ist nicht zwingend.[151] Um den Fallbezug zu verdeutlichen, ist es am besten, beides in engem Zusammenhang zu präsentieren, wenn es geht, in einem Satz.

- Ein/e/n [Tatbestandsmerkmal] kann/könnte im vorliegenden/gegebenen Fall/hier der/die/das [Sachverhaltsinformation] sein/darstellen.[152]
- Als [Tatbestandsmerkmal] kommt (nur/allenfalls/höchstens) [Sachverhaltsinformation] in Betracht/infrage.
- Dies kann hier in Gestalt/Form des/r [Sachverhaltsinformation] geschehen sein.

Bei problematischen Merkmalen geht es weiter mit:

- Dies ist zweifelhaft/unklar/nicht eindeutig/nicht unzweifelhaft mit Rücksicht auf [Umstand] und den/die daraus folgende/daran geknüpfte [rechtliches Problem].

III. Subsumtion

117 Die Subsumtion kann in einer kommentarlos-kurzen Gleichsetzung von Tatbestandsmerkmal und Sachverhaltsinformation bestehen, wenn begründet zu erwarten ist, der Leser werde das fragliche Merkmal als unproblematisch betrachten. In der täglichen Praxis der Rechtsanwendung ist das die Regel. Im juristischen Übungsgutachten kommt es gleichfalls häufig vor, dass einzelne Tatbestandsmerkmale eine eindeutige Entsprechung in einer bestimmten Sachverhaltsinformation finden. Dann muss man nur durch Gleichsetzen subsumieren, also den Anschein einer logischen Unterordnung des Sachverhalts unter die Norm erwecken.

---

148 Beispiel aus einer Musterfallbearbeitung Lamprecht JA 2006, 503 (506).
149 Das kann auch ziemlich viel Arbeit und eine falsche Schwerpunktsetzung vermeiden. Lässt also etwa der Sachverhalt erkennen, dass der Mangel der Sache schon herstellerseitig vorhanden war, muss man nicht mehr umfänglich die Voraussetzungen des Verbrauchsgüterkaufs nach § 474 I BGB diskutieren, um das Eingreifen der Vermutung nach § 476 BGB zu begründen.
150 Ähnlich wie Vermutungen funktionieren die Indikationswirkungen, zB im Verhältnis von Tatbestandserfüllung und Rechtswidrigkeit im Strafrecht und bei § 823 I BGB.
151 Zu einer anderen Darstellungsmöglichkeit → Rn. 126.
152 *Darstellen* ist verbreitet, aber unschön (ein Rechtsgutachten ist keine Schauspielbühne); näher noch → Rn. 382.

- [Sachverhaltsinformation] ist [Tatbestandsmerkmal] (in diesem/im obigen/soeben beschriebenen Sinne).
- Indem/Als/Dadurch, dass [zB Anspruchsteller] [handelte], hat er/sie [Tatbestandsmerkmal] erfüllt.
- In [Sachverhaltsinformation] liegt [Tatbestandsmerkmal]/[Tatbestandsmerkmal] besteht in [Sachverhaltsinformation].

Etwas kurz angebunden klingen: „So/Nicht anders liegen die Dinge hier./Nichts anderes ist …/in … zu sehen./So verhält es sich hier/vorliegend: [Feststellung]." Man sollte diese Wendungen nur zurückhaltend einsetzen. Dabei tritt immer die Begründung gegenüber der Behauptung in den Hintergrund – und das muss man sich erst einmal leisten können.

Diese knappe Gleichsetzung verbietet sich aber von selbst, wenn der Begriff, unter den zu subsumieren ist, inhaltliche Wertungen verlangt.[153]

Vermeiden sollte man auch informationslose Subsumtionen.

> **Beispiel:** „Der Anspruch kann durch Erfüllung (§ 362 I BGB) erloschen sein. Dafür müsste die geschuldete Leistung – nämlich die Übergabe der Kaufsache – an S bewirkt sein. Dies ist hier nicht der Fall." Das ist nicht gut. Entweder wird inhaltlich begründet, warum das nicht der Fall ist („Zur Übergabe und Übereignung an S kam es nicht, weil die verkaufte Kamera auf dem Transport unterschlagen wurde. Also ist die Pflicht des R aus § 433 I 1 BGB nicht erfüllt worden") oder das Ganze muss kürzer werden: „Eine Erfüllung iSv § 362 I BGB hat nicht stattgefunden, sodass der Anspruch nicht deshalb erloschen ist."

Bei weniger eindeutigen Sachverhalten – deren methodengerechte Bearbeitung in Übungsarbeiten wesentlicher Teil der Aufgabe ist – muss aufwendiger argumentiert werden. Hier sind die Wertungen, die der Zuordnung einer tatsächlichen Information zu einem Tatbestandsmerkmal zugrunde liegen, darzustellen und in einen argumentativen Zusammenhang zu bringen.   118

- Nach diesen Kriterien/diesem Kriterium liegt mit [Sachverhaltsinformation] ein/e [Tatbestandsmerkmal] vor.
- Darin/Hierin/In [Sachverhaltsinformation] ist ein/e [Tatbestandsmerkmal] zu sehen/zu erblicken.
- Aus … ist auf … zu schließen/kann auf … geschlossen werden/ist/wird ersichtlich/erkennbar/deutlich/klar, dass …
- Aus [Umstand] geht hervor, dass …
- [Tatbestandsmerkmal] besteht (hier) in [Sachverhaltsinformation].
- Mit [Sachverhaltsinformation] ist [Tatbestandsmerkmal] gegeben.
- [Sachverhaltsinformation] stellt eine/n [Tatbestandsmerkmal] dar/erfüllt diese(s) [Tatbestandsmerkmal(e)].
- [Sachverhaltsinformation] unterfällt dem Begriff des [Tatbestandsmerkmal] (in [Norm]).
- Daraus lässt sich entnehmen, dass …
- Tatsächlich war/ist …
- Angewendet auf den Sachverhalt/auf [zB Anspruchsteller] bedeutet dies/führt dies zu …
- Bei [Sachverhaltsinformation] handelt es sich um ein/e [Tatbestandsmerkmal] (im Sinne des/von [Norm]).
- [Sachverhaltsinformation] ist/bedeutet/enthält/bringt [Tatbestandsmerkmal] mit sich.
- [Sachverhaltsinformation] begründet [Tatbestandsmerkmal].
- Dass [Tatbestandsmerkmal] vorliegt, ergibt sich aus [Sachverhaltsinformation].
- Dass …, ändert hieran nichts: [Grund für Unmaßgeblichkeit] (Vorsicht: Urteilsstil!)
- [Sachverhaltsinformation] ist ein Fall von [Tatbestandsmerkmal].
- Der/Die/Das [Tatbestandsmerkmal] zeigt sich in [Sachverhaltsinformation].
- Dazu gehören/zählen/auch/insbesondere/gerade/namentlich/vor allem [Fälle von …].

---

153 Dazu sogleich → Rn. 119. Aber schon bei einigermaßen harmlosen Tatbestandsmerkmalen ist gründlich zu überlegen, ob nicht eine wenigstens ansatzweise Subsumtion vorzuziehen ist. Statt „Aus den Umständen ergibt sich, dass B im fremden Namen handelte, § 164 I 2 BGB" kann man aussagereicher schreiben: „Die Verwendung des Geschäftsstempels des A zeigt, dass B im fremden Namen handelte, § 164 I 2 BGB." Wenn nämlich die (angeblichen) Umstände nicht genannt werden, ist zwar die richtige Vorschrift und das richtige Tatbestandsmerkmal ersichtlich – aber die Subsumtionsleistung bleibt der Interpretation des Lesers überlassen. Das ist nicht gut.

Bei letzterer Formulierung sollten Sie möglichst nicht schreiben „… ist ein eindeutiger/ offensichtlicher Fall/die klassische/typische Situation von …", wenn Sie nicht sicher wissen und belegen können, dass es sich um den klassischen Fall handelt. Die Gefahr ist groß, auf diesem Weg sich die Subsumtion ganz zu ersparen. Außerdem weiß man nie so genau, was eigentlich die typische Situation ist. Man verwende diese Begriffe deshalb nur, wenn man sich zuvor überzeugt hat, dass es sich wirklich um einen Anwendungsfall handelt, der in allen Lehrbüchern und Kommentaren als Beispiel genannt wird.

119   Bei der Subsumtion unter **unbestimmte Rechtsbegriffe** und **Generalklauseln**, die oft nur über Fallgruppen anwendbar werden, wird besonders deutlich, dass sich der Sachverhalt unter die Norm nur mittels eines wertenden Akts subsumieren lässt.

- [Sachverhalt] entspricht/ist [den zu Fallgruppe x gehörenden Situationen] in der maßgeblichen Hinsicht/hinsichtlich aller rechtlich wichtigen Gesichtspunkte ähnlich/vergleichbar.

Je klarer die Norm eine Wertung erfordert, desto mehr Sorgfalt braucht die Begründung. Gerade in den gesetzlich nicht determinierten Wertungsfragen ist der Adressat des Gutachtens potenziell anderer Meinung und will argumentativ überzeugt werden. Dafür braucht es einen Vergleich zwischen den Wertungen des Gesetzgebers (sofern erkennbar) und den Besonderheiten des Sachverhalts.

120   Gibt der Sachverhalt Umstände vor, die erkennbar eine nähere Diskussion erfordern, im Ergebnis aber keine andere Bewertung rechtfertigen:

- Dagegen/Gegen dieses/das bisherige Ergebnis könnte sprechen, dass [Umstand].
- Eine abweichende/gegenteilige Bewertung/Einordnung kann sich aber daraus ergeben, dass …

Im Ergebnis können Sie diese Umstände noch einmal aufgreifen mit:

- Auch [Umstand] hindert also nicht die Annahme eines/r …/steht einem/r … nicht entgegen/beseitigt nicht …/lässt … nicht entfallen/schließt … nicht aus.
- Aus [Umstand] folgt noch kein …/ergibt sich noch nicht, dass …
- Obwohl [scheinbares Hindernis], kann [Rechtsfolge] eintreten.

121   Wenn der Sachverhalt Informationen enthält, die auf den ersten Blick auch ein anderes Ergebnis möglich erscheinen lassen:

- [Umstand] ist (insoweit) unerheblich/Auf [Umstand] kommt es hierfür nicht an.
- [Umstand] ändert daran nichts/spielt dafür keine Rolle.

122   Bei den rechtlichen Schwerpunkten des Sachverhalts findet meist in diesem Schritt die Präsentation, Aufbereitung und Entscheidung einer Streitfrage statt. Dies kann viel Raum beanspruchen.[154] Am Ende muss aber ebenfalls die Feststellung stehen, der Sachverhalt unterfalle dem Tatbestand der geprüften Norm – oder eben nicht.

123   Will man dabei noch einmal zeigen, dass die Entscheidung nicht ganz eindeutig ist, kann das so aussehen:

- Im (Hin-)Blick auf das soeben/zuletzt Gesagte/Gerade angesichts dessen erscheint/ist es gerechtfertigt/ sinnvoll/zweckmäßig/naheliegend/sachgerecht/interessengerecht, [Sachverhaltsinformation] als einen (Anwendungs-)Fall von [Tatbestandsmerkmal] zu betrachten/dem Begriff des/r [Tatbestandsmerkmal] unterzuordnen.
- Unter dem Gesichtspunkt (zB des Normzwecks) ist also … überzeugend/zwingend/sinnvoll/angemessen/ notwendig/erforderlich.

124   Wichtig ist es, mit der Aufbereitung der Norm nicht aufzuhören, bevor sie ausreichend an den Sachverhalt angenähert ist. Andernfalls besteht die Gefahr, dass Ihre Ausführungen zum Sachverhalt in der Luft hängen, weil der Leser nicht erkennt, ob bereits eine Subsumtion des Lebenssachverhalts unter die Norm möglich ist.

---

154 Zu Aufbau und Formulierungen bei der Darstellung solcher Streitfragen → Rn. 158 ff.

Zuletzt wieder ein praktisches **Beispiel:** Entscheiden Sie, ob eine Schwebebahn unter die oben[155] wiedergegebene Definition der Eisenbahn zu fassen ist. Vergleichen Sie Ihr Ergebnis mit dem des Reichsgerichts[156]: (Es kommt hierbei darauf an, ob die Schwebebahn eine Eisenbahn im Sinne des HaftPflG ist.) „… Auf metallener Grundlage befördert die Schwebebahn erhebliche Gewichte über nicht ganz unbedeutende Entfernungen mit beträchtlicher Geschwindigkeit, wobei sie sich zur Herbeiführung der Transportbewegung der Naturkräfte bedient. Es kommen so verhältnismäßig gewaltige Wirkungen zustande, die je nach den Umständen nützen oder auch Gefahren für Leben und Gesundheit herbeiführen können (RGZ Bd. 1, S. 252). Dass sich die bewegten Fahrzeuge nicht, wie gewöhnlich, über der metallenen Grundlage befinden, sondern unterhalb der tragenden Schiene hängen, dass diese selbst nicht in gewöhnlicher Weise dem festen Boden aufliegt, sondern durch hohe Träger gestützt wird, begründet keinen begrifflichen Unterschied." (Die Schwebebahn erfüllt alle grundlegenden Eigenschaften des Eisenbahnbegriffs; sie ist daher eine Eisenbahn.)

Wäre auch eine Magnetschwebebahn unter den Eisenbahnbegriff des RG zu fassen? Wie steht es mit einem Skischlepplift?[157] Bei einer Feldbahn hat das Reichsgericht die Frage noch bejaht. Aber was wäre mit einer Parkbahn oder einer großspurigen Modellbahn? Subsumieren Sie!

IV. Alternative Vorgehensweise

Man kann die Subsumtion auch mit der Beschreibung oder Wiedergabe des einschlägigen Sachverhaltsteils beginnen:

- Bei [Sachverhaltsinformation] muss/müsste/kann/könnte es sich um ein/e [Tatbestandsmerkmal] handeln.
- Es stellt sich also die Frage, ob es sich bei [Sachverhaltsinformation] um [Tatbestandsmerkmal] handelt/handeln kann.
- Ob nun/aber [Sachverhaltsinformation] ein/e [Tatbestandsmerkmal] ist, ist (durchaus) fraglich/zweifelhaft/problematisch/unklar/uneindeutig.
- [Anspruchsteller]/[Anspruchsgegner] hat [Sachverhaltsinformation]. Darin könnte ein/e [Tatbestandsmerkmal] liegen/zu sehen sein.
- [Sachverhaltsinformation] könnte als [Tatbestandsmerkmal] anzusehen sein.

und erst danach zur Definition kommen:

- Dies ist der Fall/anzunehmen/zu bejahen, wenn [Definition].
- Dafür/Dann muss …/Dies erfordert …

Diese Form der Darstellung hat den Vorteil der größeren Lebendigkeit und Fallnähe. Sie ist aber nicht ganz regelgemäß, da Sie immer vom Gesetz ausgehen sollen.[158] Gleichwohl kann man so für etwas Abwechslung beim Lesen sorgen.

Beispiel: Statt „Der Anspruch kann nach § 275 I BGB erloschen sein. Unmöglichkeit der Leistung kann nämlich eingetreten sein, als das Paket mit der verkauften Kamera auf dem Postweg abhanden kam" setzt man an: „Der Anspruch kann mit dem Abhandenkommen des Pakets wieder erloschen sein. Darin kann nämlich eine Unmöglichkeit der Leistung im Sinne des § 275 I BGB liegen."

C. Schlussfolgerung

Der Schlusssatz muss jedenfalls in den **Indikativ** gesetzt werden, da es sich um eine Feststellung handelt.

---

155 → Rn. 101.
156 RGZ 86, 94 (95) – hier umformuliert in den Gutachtenstil.
157 Dazu BGH NJW 1960, 1345 f.
158 Je mehr Wert Sie darauf legen, den Leser an der kurzen Leine zu führen, desto seltener werden Sie diese Darstellung wählen.

Beliebte Einleitungen sind

- Demnach/Danach/Folglich/Somit/Damit/Mithin/Sonach/Demzufolge/Also/Daher/Infolgedessen/Deswegen/ Deshalb/Dadurch/Nach dem (soeben/oben/gerade) Gesagten/Ausgeführten/Dementsprechend/Aus diesem Grund/Aus diesen Gründen usw.

Nach längeren Diskussionen:

- Schließlich/Zusammenfassend/Im Ergebnis ist/bleibt festzuhalten/lässt sich daher festhalten/kann festgestellt werden, dass ...
- Damit ist im Ergebnis ...

Anders als im Obersatz darf in der Schlussfolgerung nichts Hypothetisches mehr anklingen.

> **Beispiel:** Recht unglücklich ist etwa „Somit kann man zu dem Ergebnis gelangen, dass A gegen B einen Anspruch auf Zahlung von 20 EUR aus § 433 II BGB hat". Der Leser fragt dann automatisch „Kann man oder muss man?"

128 Das Ergebnis muss mit der im zugehörigen Obersatz aufgeworfenen Frage korrespondieren. Antworten auf nicht gestellte Fragen wirken verwirrend, ebenso wie Fragen ohne Antwort. Korrektoren mögen das nicht.

Wenn man Obersatz und Untersatz hintereinander lesen kann und noch versteht, zu welchem Ergebnis Ihre Untersuchung für die jeweilige Frage kommt, ist es gut.

1. Ergebnis zu einem Tatbestandsmerkmal, Unter- oder Teilmerkmal

129
- Demnach ist [Tatbestandsmerkmal] gegeben/erfüllt/zu bejahen/anzunehmen.
- Ein/e (Fall des/der) [Tatbestandsmerkmal] liegt folglich vor.
- Bei [Sachverhaltsinformation] handelt es sich also um ein/e [Tatbestandsmerkmal].
- Das ...-erfordernis/-prinzip ist damit gewahrt./Dem Erfordernis der/s ... ist also genügt (worden)/Genüge getan.
- Daraus ergibt sich, (dass ...)
- ... ist daher als ... anzusehen/zu qualifizieren/bewerten/einzustufen.
- Ein/e ... liegt in/Form/Gestalt des/r/mit ... vor.
- Der/Die ... stellt sich mithin als ... dar.

Bei **Handlungen:**

- Somit ist [Tatbestandsmerkmal Handlung] erfolgt/hat [Tatbestandsmerkmal Handlung] stattgefunden.

130 Wird das Merkmal **verneint:**

- Ein/e ... kann nicht angenommen/festgestellt werden/ist ausgeschlossen.
- Mangels/einer/s/Wegen/Angesichts des/r fehlenden ... liegt hier kein [Tatbestandsmerkmal] vor/ist [Tatbestandsmerkmal] nicht gegeben. (Anderweitige/Sonstige/Weitere Anhaltspunkte für ... sind nicht ersichtlich.)
- Für [Tatbestandsmerkmal] fehlt es an [Teilmerkmal].
- Für ... reicht ... nicht aus/genügt ... nicht.
- Ein/e ... scheidet damit aus.
- Von einem/r [Tatbestandsmerkmal] kann nicht gesprochen werden.

131 Nach einer längeren Abwägung von Argumenten:

- Trotz/Obwohl [entgegenstehender Gesichtspunkt], ist daher [Merkmal] zu bejahen/verneinen.
- Zwar spricht einiges für ..., doch wird man ... müssen.

132 Ist ein bestimmtes **Tatbestandsmerkmal nicht erforderlich:**

- Die Einhaltung des/r ... ist also (ausnahmsweise) entbehrlich[159]/nicht erforderlich.
- Einer/s ... bedarf es mithin nicht.
- Da aber ..., ist ... allein nicht relevant/kann ... nur am Rand/keine maßgebliche/entscheidende Bedeutung zukommen.

---

159 Nicht: *verzichtbar*. Dazu Sick Im Bann des Silbenbarbaren, in: Sick Dativ S. 83 ff.

- Ein/e [Tatbestandsmerkmal] kann entfallen/unterbleiben/ist entbehrlich/nicht erforderlich/nicht Voraussetzung für ...
- Daher erübrigt sich ... (zB eine Erörterung/Prüfung ...)[160]
- [Rechtsfolge] tritt auch ohne [Tatbestandsmerkmal] ein.

Bei **Gegenrechten** – Einreden, Einwendungen, Ausschlusstatbeständen – 133

- Demnach kann [Anspruchsgegner] dem Anspruch des [Anspruchsteller] die [Einrede, zB der Verjährung] (nicht) entgegenhalten/entgegensetzen.
- Wegen [Einrede] ist der [Anspruchsziel-]Anspruch des [Anspruchsteller] gehemmt/nicht durchsetzbar.
- [Anspruchsgegner] kann sich danach (nicht) auf ... berufen.
- Ein Leistungsverweigerungsrecht/Zurückbehaltungsrecht (nach [Norm]) steht [Anspruchsgegner] also (nicht) zu/steht [Anspruch] nicht entgegen.
- Durch [Aufrechnung, Erfüllung etc.] ist der Anspruch erloschen/untergegangen.

(Zwischen-)Ergebnisse sind umso eher erforderlich, je umfangreicher, ergebnisoffener und 134 kontroverser vorher diskutiert wurde. Ist dagegen die Erörterung knapp ausgefallen, kann man das eindeutige Ergebnis weglassen. Im Zweifel entscheiden Sie sich in der Hausarbeit lieber für ein Zwischenergebnis, in der Klausur eher dagegen.

2. Ergebnis zu einem Anspruch

Bei längeren Diskussionen kann das Ergebnis eingeleitet werden mit: 135

- Die Voraussetzungen des [Anspruchsgrundlage] sind (alle/sämtlich/vollständig) erfüllt/gegeben/zu bejahen.

Das eigentliche Ergebnis lautet dann:

- [Anspruchsteller] hat daher (k)einen Anspruch auf [Anspruchsziel] aus/nach/gemäß [Anspruchsgrundlage] gegen [Anspruchsgegner].
- [Anspruchsteller] kann also (nicht) von [Anspruchsgegner] [Anspruchsziel] aus [Anspruchsgrundlage] verlangen.
- [Anspruchsgegner] ist [Anspruchsteller] mithin (nicht) nach [Anspruchsgrundlage] zu/r [Anspruchsziel] verpflichtet.
- [Anspruchsgegner] muss [Anspruchsteller] folglich (nicht) [Anspruchsgegenstand] zahlen/leisten/herausgeben/übereignen.
- [Anspruchsteller] steht deshalb ein Anspruch aus [Anspruchsgrundlage] zu.
- [Anspruchsteller] verlangt/fordert/beansprucht deswegen zu Recht/zu Unrecht [Anspruchsziel] von [Anspruchsgegner].
- [Anspruchsgegner] haftet [Anspruchsteller] für [Anspruchsziel]/muss gegenüber [Anspruchsteller] für [Anspruchsziel] einstehen.
- [Anspruchsteller] kann also auf [begehrtes Verhalten] durch [Anspruchsgegner]/seitens des [Anspruchsgegner] bestehen.

Das oben zur möglichst genauen Formulierung des Obersatzes Gesagte gilt auch für das Ergebnis.

> **Beispiel:** Etwas unglücklich ist etwa „Mithin steht trotz Kündigungsbeschränkung dem Vermieter ein Anspruch auf Verzugsschaden zu gem. §§ 280 I, II 286 BGB.".[161]

Wird der Anspruch **verneint**, heißt es: 136

Neben der verneinten Form der soeben genannten Beispiele

- Der/Ein Anspruch des [Anspruchsteller] scheitert an/am [verneintes Tatbestandsmerkmal].
- Mangels [verneintes Tatbestandsmerkmal] entfällt der Anspruch aus [Anspruchsgrundlage].
- Ein ... [zB Bereicherungs]ausgleich findet also nicht statt.
- Der ... von [Anspruchsteller] erhobene/geltend gemachte/behauptete Anspruch lässt sich nicht auf [Anspruchsgrundlage] stützen/ist nicht aus [Anspruchsgrundlage] gerechtfertigt.

---

160 Danach darf dann aber auch nicht mehr viel Text kommen; zu den Schwierigkeiten bei hilfsweisen Erörterungen → Rn. 418.
161 Zehner JA 2020, 488 (492).

- Für einen …[zB deliktischen Anspruch] des [Anspruchsteller] fehlt es an/am/an der [verneintes Tatbestandsmerkmal]/fehlt [verneintes Tatbestandsmerkmal]/sowohl an … als auch an/am …
- Der Tatbestand des [Norm]/Eine Haftung des [Anspruchsgegner] nach [Anspruchsgrundlage]/den Normen über … scheidet demnach aus.

137 Wird der Anspruch **teilweise bejaht**, kann man schreiben:

- Der von [Anspruchsteller] geltend gemachte/behauptete Anspruch ist also/usw. (in Höhe von …) begründet/besteht nur in Höhe von. … /, soweit …
- Der Anspruch des [Anspruchsteller] ist (in Höhe von …/hinsichtlich/bezüglich des Gegenstands …) (aus [Anspruchsgrundlage]) begründet/gerechtfertigt/gegeben.
- Im Übrigen steht ihm … entgegen.

Im letzten Fall sollten Sie sicherheitshalber noch einmal nachdenken, ob es nicht zweckmäßiger ist, die verschiedenen Posten getrennt zu erörtern.

138 Meist ist es sinnvoll, das Ergebnis zu einer Anspruchsgrundlage durch eine **Überschrift** optisch hervorzuheben. Bei (Zwischen-)Ergebnissen zu einem Tatbestandsmerkmal genügt es insbesondere in der Klausur, diese durch eine **Leerzeile** vom vorherigen und nachfolgenden Text abzusetzen.

D. Umformung des Gutachtenstils zum Urteilsstil

139 Der zweite Schritt nach dem Erlernen des Gutachtenstils ist dessen stückweise Umformung bis zum Urteilsstil. Viele Studenten gehen diesen zweiten Schritt vor dem ersten. Wenn Sie also noch nicht sicher sind, den Gutachtenstil zu beherrschen, blättern Sie zurück.

In jeder Ausarbeitung gibt es Probleme, die den Einsatz des klassischen Gutachtenstils verlangen. Es ist Teil der Prüfungsleistung zu zeigen, dass man regelgemäß vorgehen kann, wo es darauf ankommt.

Oft ist der Gutachtenstil aber weder erforderlich noch verlangt.[162] Dann kann seine Verwendung den Leser geradezu verärgern. Er gerät nämlich mitunter recht weitschweifig, was den Verfasser Zeit und den Leser Geduld kostet – namentlich, wenn es sich um offensichtlich Unproblematisches handelt.

140 **Exkurs:** Was unproblematisch ist, lässt sich kaum allgemein gültig sagen.[163]
Faustregel: Je alberner und übertriebener der Gutachtenstil klingt, desto eher ist er zu vermeiden.

> **Beispiel:** Gewundene und umfängliche Subsumtion unter den Begriff *Sache* iSd § 90 BGB bei der Subsumtion unter § 985 BGB[164], *bewegliche Sache* bei § 929 BGB oder *Mensch* in §§ 211 f. StGB. Das ist nicht eigentlich falsch, aber anfängerhaft. Oder: „Das KSchG ist auf den vorliegenden Sachverhalt anwendbar, wenn im Betrieb des D mehr als zehn Arbeitnehmer beschäftigt sind, § 23 I 2 KSchG. Bei D arbeiten acht Arbeiter und fünf Angestellte. Ob acht und fünf in der Summe mehr als zehn ergibt, ist nunmehr zu prüfen … Im Ergebnis ist festzuhalten, dass § 23 I 2 KSchG der Anwendung des § 1 KSchG auf die gegenüber A ausgesprochene Kündigung nicht entgegensteht."

Je mehr Informationen sich im Sachverhalt zu einem Problemkreis finden, desto eher erwartet der Fallsteller eine strukturierte inhaltliche Auseinandersetzung, also: Gutachtenstil!

141 Ab und zu kann man auch Problematisches kurz fassen. Wenn nämlich klar ist, dass es auf das Problem dem Ergebnis nach nicht ankommt, droht eine falsche oder wenigstens ungeschickte Schwerpunktsetzung.

---

162 Lagodny Begründen S. 39 ff. plädiert mit guten Gründen dafür, das Regel-Ausnahme-Verhältnis zwischen Gutachten- und Urteilsstil umzukehren. Ausführlicher Lagodny/Mansdörfer/Putzke ZJS 2014, 157 ff., umgesetzt bei Höhne/Nazari-Khanachayi ZJS 2015, 46 ff.; zum Verhältnis von Gutachten- und Urteilsstil und den jeweiligen Anwendungssituationen auch Valerius Gutachtenstil S. 24 ff.; Haft Einführung S. 374 mit einigen Empfehlungen zu Standardformulierungen.

163 Dazu auch → Rn. 227 ff., 436 f.

164 Wenn man sich aber die Mühe macht, sollte man § 90 BGB auch zitieren und die betreffenden Überlegungen nicht normativ unangeknüpft lassen.

> **Beispiel:** Besteht der begründete Verdacht, dass eine Willenserklärung wegen Formmangels nichtig sein könnte (§§ 311b I 1, 518 I, 766 S. 1 BGB, jeweils iVm § 125 S. 1 BGB), liegt aber zugleich nahe, dass dieser Mangel durch den Vollzug des gewollten Vertrags geheilt ist (§§ 311b I 2, 518 II, 766 S. 3 BGB), so müssen die einschlägigen Theorien und Argumente zur Formnichtigkeit nicht oder allenfalls kurz dargestellt werden.

- Ob die Erklärung formnichtig im Sinne des [Norm] war, kann dahinstehen/offen bleiben/auf sich beruhen/unentschieden bleiben; jedenfalls ist ein solcher Mangel durch ... geheilt, [Norm Abs. 2/S. 2].
- Unter [Gesichtspunkt/en] spricht einiges für die Nichtigkeit der Erklärung; da aber durch ... eine Heilung dieses Fehlers eingetreten ist, kommt es darauf im Einzelnen nicht mehr an.
- Wegen ... kann die (umstrittene) Frage nach ... hier unbeantwortet bleiben/(vorläufig/einstweilen/zunächst/noch) offen bleiben.
- Der Frage nach ... braucht/muss hier nicht weiter nachgegangen werden/Die Frage ... kann hier auf sich beruhen, da ...
- Auf ... braucht hier nicht eingegangen zu werden, weil ...

Die stilistische Form soll der inhaltlichen Wichtigkeit entsprechen. Arbeiten Sie also möglichst schon durch Umfang und Formulierung heraus, was Sie an dem Sachverhalt für diskussionsbedürftig erachten.   142

Während der schulmäßige Gutachtenstil den schwierigen und problematischen Fragen vorbehalten bleiben kann, lassen sich weniger oder gar nicht zweifelhafte Punkte auch äußerlich durch die Verwendung verschliffener Formen des Gutachtenstils bis hin zum glatten Urteilsstil oder durch schlichtes Weglassen kennzeichnen.

Wenn Sie sich die nachstehenden Formulierungen aneignen, hat das zusätzlich den Vorteil, dass es Ihnen leichter fallen wird, mit der knappen Zeit in Klausuren und den Seitenbegrenzungen in Hausarbeiten zurechtzukommen. Sie können anhand der Sachverhalte im 2. Teil, Kapitel 2[165] üben.

Eine Warnung vorab: Eine Schwierigkeit dieser Art des Kürzens liegt darin, dass dabei oft nicht nur die sprachliche Form viel knapper gerät, sondern auch der Inhalt. Man muss deshalb darauf achten, das Kind nicht mit dem Bade auszuschütten.   142a

> **Beispiele:** Ein Satz wie „Die Erklärung des A ist dem B auch zugegangen" ist heikel, weil er nicht mehr die Spur einer Begründung enthält. Man kann das in einer Prüfungsarbeit schreiben, wenn man hofft, nur auf das Stichwort *zugegangen* einen Punkt zu bekommen. Besser ist es, sich ein bisschen ausführlicher zu fassen, aber so auch eine echte Subsumtionsleistung zu zeigen: „Die Erklärung des A ist B spätestens zugegangen, als B seinen Anrufbeantworter abgehört hat; mit der Kenntnisnahme von der Nachricht ist das Angebot wirksam geworden." – „Ein Angebot hat A im Ladengeschäft des B gemacht" ist wirklich sehr, sehr kurz. Ein paar Wörter mehr dürfen es schon sein, etwa „Ein Angebot hat A im Ladengeschäft des B abgegeben, indem sie erklärte, den PC aus dem Schaufenster gegen 700 EUR kaufen zu wollen." – „C und T haben eine Einigung über die wesentlichen Bestandteile eines Kaufvertrags gemacht" ist eine reine Behauptung[166]. Fügt man die Begründung hinzu, wird der Satz zwar länger, aber es gibt auch gleich viel mehr Punkte: „C und T haben sich über die vertragswesentlichen Bestandteile eines Kaufvertrags, nämlich Kaufpreis und Kaufsache, geeinigt, indem sie über den PC und dessen Preis (700 EUR) sprachen."

Die Subsumtion darf gern knapp, sollte aber möglichst nicht ganz begründungslos ausfallen. Eine reine Feststellung ohne jeden Bezug zum Sachverhalt irritiert den Leser immer.

> **Beispiel:** „R und S haben über das Internet einen Kaufvertrag geschlossen." Warum nicht ein klein bisschen länger, aber deutlich informationsreicher: „R und S haben, jeweils im Internet, einander Erklärungen abgegeben, aus denen hervorging, dass R die Kamera von S zum Preis von 880 EUR erwerben wollte, und so einen Kaufvertrag geschlossen?"[167]

---

165 → Rn. 40 ff.
166 Abgesehen davon, dass man eine Einigung nicht *macht*, sondern eher *trifft*.
167 Was die Präpositionen angeht: Einen Kaufvertrag *über das Internet* zu schließen ist missverständlich; das klingt wie einen Kaufvertrag *über ein Fahrrad* zu schließen. Besser also *im Internet*.

Die simple Ergebnisbehauptung

> **Beispiel:** „Dazu müsste der Wagen einen Mangel aufweisen. Hier weist der Radkasten im Innenbereich eine Beschädigung auf, wodurch auf regennasser Fahrbahn Feuchtigkeit in den Fußraum des Beifahrers gelangt. Dies stellt einen Mangel iSv § 434 I 2 Nr. 2 BGB dar."

hat zwar den Vorteil der Kürze, wirkt aber leicht etwas unglücklich, wenn der Obersatz noch schulmäßig ausführlich gefasst ist.

Ganz unglücklich ist es, wenn die Verkürzung zu Fehlern führt oder Fehler zu verbergen sucht.

> **Beispiel:** „Verrichtungsgehilfe ist derjenige, der mit Wissen und Wollen des Geschäftsherrn in dessen Umfeld tätig ist. C und D sind Angestellte des B und damit Verrichtungsgehilfen." Das ist mehrfach misslich. Die Definition ist bestenfalls ungenau, schlimmstenfalls falsch. Die Subsumtion ist vielleicht statistisch betrachtet richtig, aber nicht logisch. Warum nicht „Verrichtungsgehilfe ist, wer abhängig von den Weisungen des Geschäftsherrn in dessen Aufgabenkreis tätig ist. C und D sind als Angestellte des B dessen arbeitsvertraglichem Weisungsrecht (§ 315 BGB) unterworfen und haben wie angeordnet im Hotel des B die Zimmer gereinigt"?

I. Verschliffene Formen des Gutachtenstils

Durch einige kleine Modifikationen lässt sich der langatmige Eindruck mildern, den der komplette Dreischritt des schulmäßigen Gutachtenstils leicht erweckt.[168] Außerdem langweilen den Leser so nicht zu schnell schablonenhaft wirkende Formulierungen, Sätze und Absätze.

1. Zusammenfassen

143   Indem man Sätze zusammenzieht, kann man den Leser zügig von einem Merkmal zum anderen führen.

> **Beispiel:** Aus „A kann gegen B einen Anspruch auf Übereignung und Übergabe des Automobils haben. Voraussetzung hierfür ist nach § 433 II BGB das Vorliegen eines wirksamen Kaufvertrags" wird „Voraussetzung für einen Anspruch des A gegen B auf Übereignung des Autos ist nach § 433 II BGB ein wirksamer Kaufvertrag".[169, 170]

Dieses Zusammenziehen birgt aber auch die Gefahr, dass sich die Gedanken im Text überschlagen.

> **Beispiel:** „Der Kaufvertrag kommt durch zwei übereinstimmende Willenserklärungen, Angebot des Käufers und Annahme des Verkäufers, zustande." – Die Informationen im Einschub stehen nicht im Gesetz, sind sachlich falsch und waren vermutlich einem zu eiligen Hin- und Herwandern des Blicks zwischen Norm und Sachverhalt geschuldet (denn im konkreten Sachverhalt hatte tatsächlich der Käufer das Angebot angegeben). Als Obersatz ist der Satz also falsch, weil ein Kaufvertragsangebot ebenso gut vom Käufer wie vom Verkäufer ausgehen kann.

---

168   Kluge Empfehlungen hierzu auch bei Hildebrand Gutachtenstil S. 43 ff.

169   Weitere Beispiele für diese ganz alltägliche Technik der Verkürzung finden Sie bei den Übungssachverhalten, → Rn. 40 ff.

170   Vorsicht ist bei solchem Verkürzen einer Subsumtion geboten wegen des folgenden immer wieder geschehenden Fehlers: Wer einen Obersatz zu § 280 I BGB bilden will (der lauten müsste „Zunächst muss zwischen den Parteien ein Schuldverhältnis bestehen", um fortgeführt zu werden „Ein solches kann in einem Werkvertrag nach §§ 631 ff. BGB liegen"), darf diesen nicht verkürzen zu „Voraussetzung für einen Schadensersatzanspruch nach § 280 I BGB ist ein Werkvertrag nach §§ 631 ff. BGB", aber den Gedanken auch nicht weiterführen mit „Dazu muss ein Werkvertrag geschlossen sein". Beide Sätze enthalten die falsche Aussage, dass ein Schuldverhältnis nur entstehe, wenn ein Werkvertrag geschlossen wurde. So etwas darf vielleicht ganz selten einmal in einer Klausur passieren – in einer Hausarbeit nie.

- Für einen Anspruch aus [Norm] bedarf es zunächst einer/s [Tatbestandsmerkmals].
- Ein [Anspruch] setzt voraus, dass [Tatbestandsmerkmal].

(x11-x12)

Das ist eine verbreitete Technik. Oft genügt aber schon ein Semikolon oder ein Doppelpunkt zwischen den ansonsten unveränderten Ausgangssätzen, um den Lesefluss optisch zu beschleunigen.

- Liegt also ein [Tatbestandsmerkmal] vor, kommt es nunmehr darauf an/ist zu prüfen/ist zweifelhaft, ob [nächstes Tatbestandsmerkmal] gegeben ist.
- Ist danach [Sachverhaltsinformation] ein/e [Tatbestandsmerkmal], darf kein [negative Voraussetzung] gegeben sein.

(123-221)

- Der/Die hierfür erforderliche [Tatbestandsmerkmal] ist anzunehmen, wenn/falls/soweit/sofern [Definition].

(x21-x22)

- Der/Die erforderliche [Tatbestandsmerkmal] liegt mit/in Gestalt/Form von [Sachverhaltsinformation] vor/ist in [Sachverhaltsinformation] zu sehen/erblicken.
- Mit/Wegen/Durch [Sachverhaltsinformation] ist die Frist des [Norm]/das ...-Erfordernis gewahrt.

(x21-x23)

- Das [Anspruchsziel-]Begehren des [Anspruchsteller] ist nach [Anspruchsgrundlage] begründet, wenn [Voraussetzung(en)].

(x12-x21)

- Ob ein [Tatbestandsmerkmal] vorliegt, hängt davon ab, dass/ob ein/e [Teilmerkmal] gegeben ist.

(x21-131)

- Ob (darüber hinaus) dem [Anspruchsteller] ein Anspruch aus [Anspruchsgrundlage] zusteht, hängt von [Voraussetzung(en)] ab.

(211-212)

- Für den von [Anspruchsteller] geltend gemachten [Anspruchsziel]Anspruch/Um einen ... bejahen zu können,/Damit [Anspruchsteller] einen [Anspruchsziel]Anspruch geltend machen kann, kommt es zunächst darauf an, ob/dass [1. Tatbestandsmerkmal].

(111-121)

Die Feststellung eines unproblematischen Merkmals kann man in Gestalt eines Einschubs in die Erörterung des nächsten Merkmals einbeziehen.   144

> **Beispiele:** „Die Erfüllung des Kaufvertrags – eines gegenseitigen Vertrags im Sinne der §§ 320 ff. BGB – muss unmöglich geworden sein. – Die – durch Zerstörung des verkauften Fahrrads eingetretene – Unmöglichkeit muss eine nachträgliche sein. – [Täter] muss das Buch, eine für ihn fremde bewegliche Sache, weggenommen haben."

(22z-321)

Bei kleineren Übungsaufgaben ist oft nur eine Normvoraussetzung problematisch; man   145
kann dann die **Ergebnisse zusammenziehen**, da der Leser bereits gemerkt hat, dass sich mit der Entscheidung über die einzige Streitfrage der ganze Sachverhalt entscheidet.

- Ein [Untermerkmal] liegt also vor, sodass [Teilmerkmal] gegeben ist; der Tatbestand des/r [Anspruchsgrundlage] ist daher erfüllt.

(x43-x33-x23)

2. Weglassen

146 Ein Obersatz zur Ankündigung der Subsumtion (xy2) ist entbehrlich, wenn er ganz aussagelos gerät.

> **Beispiel:** „Dies ist zu prüfen" uÄ.[171]

Dass Sie subsumieren, ergibt sich daraus, dass Sie das erste Merkmal definieren.[172]

Bei gängigen und nicht allzu voraussetzungsreichen Normen kann auch einmal der Obersatz ganz entfallen, besonders wenn nur die Norm zu umschreiben wäre.

> **Beispiel:** So kann man etwa bei der Subsumtion unter § 929 S. 1 BGB darauf verzichten, die Voraussetzungen *Einigung und Übergabe* zu nennen; man stellt fest, dass beide vorliegen und sagt im (Zwischen-)Ergebnis, dass § 929 S. 1 BGB erfüllt ist.

Überhaupt können Sie **Selbstverständliches** weglassen.[173] Das fällt nicht nur Anfängern erfahrungsgemäß schwer: Meist hält man nach kurzer Zeit Vollständigkeit und Gründlichkeit für juristische Tugenden. Außerdem verleiten die überall erhältlichen Prüfungs- und Aufbauschemata zur Abarbeitung „Punkt für Punkt". Es gibt hier kaum allgemein taugliche Regeln; versuchen Sie, sich in den Leser zu versetzen.

> **Beispiel:** Subsumtion unter das Merkmal *Mensch* oder seitenlange Ausführungen zur Zulässigkeit einer Klage (Letzteres ist in zivilrechtlichen Arbeiten meist nicht gefragt oder allenfalls knapp abzuhandeln).

Letzten Endes ist es aber eine Frage der Konvention, was als selbstverständlich anzusehen ist. Man lernt, mit dem Risiko zu leben, diese Frage falsch einzuschätzen.

3. Konzentrieren

147 Teils ist es sinnvoll, eine Reihe unproblematischer Tatbestandsmerkmale in einem Satz oder einem halben abzuhaken und dann sofort auf das einzig diskussionswürdige Merkmal zu sprechen zu kommen.[174]

- Die Voraussetzungen des/r [Anspruchsgrundlage] sind erfüllt/hat [zB Anspruchsgegner] erfüllt, indem er … Fraglich/Ungewiss/Zweifelhaft/Problematisch ist allenfalls/allein/lediglich/einzig/ausschließlich/nur, ob …
- Gründe/Anhaltspunkte für ein/e/n (eventuelle/s/n/mögliche/s/n) … sind nicht ersichtlich/erkennbar.
- … scheitert bereits an … Im Übrigen/Jedenfalls/Abgesehen/Unabhängig davon fehlt es an/m …/würde der Anspruch (auch) an … scheitern.
- Zwar …, aber …
- Sowohl ist … als auch hat …
- Weder wurde … noch besteht … Ebenso/Auch ist kein …
- Für ein/e … ist nichts ersichtlich/fehlt es an Anhaltspunkten/Hinweisen.
- Fraglich ist in erster Linie, ob … Zweifelhaft ist dies, weil …
- Da [erstes unproblematisches Merkmal] und [zweites unproblematisches Merkmal], ist der Anspruch begründet, wenn/sofern [problematisches Merkmal].
- Dass [unproblematisches Merkmal] vorliegt, wird man im Hinblick auf … bejahen können. Jedoch …
- Während [unproblematisches Merkmal] erfüllt ist, kann [problematisches Merkmal] nicht ohne Weiteres angenommen werden.
- Möglich erscheint – da ein [alternatives Tatbestandsmerkmal] ausscheidet/nicht erkennbar ist – nur ein [alternatives Tatbestandsmerkmal].

---

171 Zu überflüssigen Ankündigungen noch → Rn. 388.

172 In den Bearbeitungsvorschlägen zu den Übungsfällen (→ Rn. 39 ff.) sind solche Sätze aus didaktischem Grund enthalten. Schön sind sie nicht.

173 Also etwa die Frage, ob das Grundgesetz noch in Kraft ist. Gerichte müssen derlei manchmal – genervt – erörtern, zB AG Duisburg NJW 2006, 3577 f.; solange Sie es nicht mit Reichsbürgern zu tun haben, können Sie die Geltung der gesamten Rechtsordnung unterstellen.

174 Einige Empfehlungen dazu bei Haft Einführung S. 381.

> **Beispiele:** „A und B haben einen wirksamen Kaufvertrag geschlossen, indem sie sich am 29.4.2019 fernmündlich über den vorher besichtigten Gebrauchtwagen und den endgültigen Preis von 4.200 EUR einigten. – Ein Vertrag ist zwischen A und B geschlossen worden, als beide erklärten, die Wohnung im 2. Obergeschoss des Hauses … solle für 820 EUR monatlich an B vermietet werden."

Nicht ganz selten ist es – zumal in der Examensklausur unter den Bedingungen von Zeitknappheit einerseits und Ungewissheit über die Erwartungen an eine „vollständige" Bearbeitung andererseits – nötig, einen ganzen Anspruch oder eine Gruppe von Ansprüchen schnell abzuarbeiten.

> **Beispiele:** „Ein Anspruch aus § 823 II BGB iVm § 303 StGB scheitert am fehlenden Vorsatz des A" oder „Ansprüche aus Kaufmangelgewährleistung scheitern an der noch nicht erfolgten Übergabe des Gegenstands. Vor der Übergabe sind die allgemeinen schuldrechtlichen Ansprüche anwendbar."

Will man es etwas ausführlicher halten, kann das so aussehen: 148

- Der/Die/Das hierzu erforderliche/notwendige [erstes unproblematisches Merkmal] wäre in … zu sehen/erblicken. Als [zweites unproblematisches Merkmal] käme … infrage/in Betracht. Das von [Norm] verlangte [drittes unproblematisches Merkmal] läge dann in … Jedoch ist … nicht ohne Weiteres ein/e [problematisches Merkmal]. Im Gegenteil wird regelmäßig angenommen, … könne wegen … kein [problematisches Merkmal] sein. …/Für … ist die Eigenschaft als [problematisches Merkmal] kaum/schwerlich anzunehmen.

Wenn das logisch erste Merkmal ein bisschen zweifelhaft, das nächste oder übernächste   149
aber ziemlich klar zu verneinen ist, kann man die Prüfungsreihenfolge ändern oder so vorgehen:

- Selbst wenn man die …-eigenschaft des/r … annähme/annehmen wollte [ggf. Fußnote: Dagegen mit beachtlichen Einwänden …], scheitert … an …
- Zweifelhaft ist bereits … Jedenfalls kann aber [Sachverhaltsinformation] nicht unter [Tatbestandsmerkmal] gefasst werden.

II. Urteilsstil

Im Urteilsstil wird in Gerichtsentscheidungen das schon gefundene rechtliche Ergebnis   150
begründet. Am Anfang steht das Ergebnis, die es tragenden Erwägungen folgen. Die tastenden Suchbewegungen und die gedanklichen Umwege, die zu dem Ergebnis erst geführt haben, werden nicht mehr dargestellt – schon um der Überzeugungskraft des Urteils nicht zu schaden. Im akademischen Übungsgutachten setzt man den Urteilsstil ein, um zu kennzeichnen, welche Passagen der eigenen Überlegungen man für unproblematisch erachtet (das heißt, bei welchen gedanklichen Schritten man berechtigterweise auf den diskussionslosen Konsens der Fachkollegen hoffen darf). Es geht hier also nicht darum, die unterlegene Partei eines Rechtsstreits zu überzeugen, sondern darum, Schwerpunkte zu setzen und Problematisches von Unproblematischem zu trennen.

> Als **Beispiel** für den reinen Urteilsstil hier ein Auszug aus einer Urteilsbegründung:[175] „… Dass dieses Verhalten die Tatbestandsmerkmale des § 823 I BGB erfüllt, ist offensichtlich und bedarf deshalb keiner weiteren Begründung. Dieses Verhalten war auch eindeutig rechtswidrig; ein rechtfertigender Grund stand dem Beklagten nicht zur Seite … Es ist auch zweifelsfrei, dass der Beklagte damit vorsätzlich den Kläger in seiner Gesundheit verletzt hat. Dabei kann es … wiederum keinem Zweifel unterliegen, dass auch die hier eingetretenen Verletzungsfolgen, nämlich zwei ab-

---

175 OLG Koblenz NJW-RR 1996, 1307 (1308) – sprachlich nicht gerade abwechslungsreich, aber stilistisch charakteristisch. Beurteilen Sie selbst, ob die wiederholte Verwendung von *offensichtlich*, *eindeutig*, *zweifelsfrei* und ähnlichen Floskeln die Argumentation überzeugender wirken lässt; dazu → Rn. 359. Überhaupt bieten nicht alle Urteile guten Urteilsstil – Richter müssen eben kein Staatsexamen mehr bestehen.

gebrochene Zähne, von diesem Vorsatz umfasst waren. Denn auch für einen 13-jährigen Schüler ist es offensichtlich, dass er damit rechnen muss und zumindest billigend in Kauf nimmt, dass zumindest Teile eines oder mehrerer Zähne abbrechen können, wenn er einen anderen mit dem Gesicht in der Weise, wie es der Beklagte getan hat, gegen eine Straßenlaterne schlägt. Schließlich bestehen an der Schuldfähigkeit des Beklagten auch unter dem Gesichtspunkt des § 828 II keine Zweifel. Es ist weder vorgetragen,[176] noch sind irgendwelche Anhaltspunkte dafür ersichtlich, dass dem Beklagten bei der Begehung seiner unerlaubten Handlung am 25.5.1992 die zur Erkenntnis seiner Verantwortung erforderliche Einsicht gefehlt hätte."

151 Wenn Sie selbst im Urteilsstil schreiben wollen, kann das so aussehen:[177]

- Ein Anspruch aus [Anspruchsgrundlage] steht [Anspruchsteller] gegen [Anspruchsgegner] nicht zu. [Anspruchsgegner] hat bei der Beschädigung des Automobils nicht schuldhaft gehandelt. Er hat die im Verkehr mit ... erforderliche Sorgfalt nicht außer Acht gelassen ...

Knapper:

- Ein Anspruch aus [Anspruchsgrundlage] scheitert bereits am/an der fehlenden (zB Verschulden des B). Für ein/e/n (zB Fahrlässigkeitsvorwurf) fehlt es an Anhaltspunkten/Hinweisen.
- Wegen [Norm] kommt es auf [Umstand] nicht an.

152 Zumindest in Anfängerarbeiten ist dieser reine Urteilsstil riskant; es geht dort meist in erster Linie darum zu zeigen, dass man den Gutachtenstil beherrscht. Man kann den Urteilsstil außerdem ein wenig kaschieren, ohne dass dadurch der Text sehr viel länger wird.

> **Beispiel:** „Ein Anspruch aus § 823 I BGB ist zu verneinen, da keine Rechtsgutverletzung ersichtlich ist" wird dann zu „Ein Anspruch aus § 823 I BGB ist im/mit Blick auf die fehlende Rechtsgutverletzung zu verneinen" oder „Angesichts/Wegen der fehlenden Rechtsgutverletzung kommt ein Anspruch aus § 823 I BGB nicht in Betracht." Oder „A hat eine eigene Willenserklärung abgegeben, indem er die schriftliche Bestellung selbst unterschrieb" wird zu „Indem er die schriftliche Bestellung selbst unterschrieb, hat A eine eigene Willenserklärung abgegeben".

In diesen Beispielen kommt die Begründung immer noch vor dem Ergebnis, wenn sie auch sehr kurz ausfällt.

Allgemein formuliert sieht dieser kaschierte Urteilsstil so aus:

- Wegen [Grund] gilt [Ergebnis].

Manchmal kann man das *da* durch ein *nachdem* ersetzen – und gleich fällt der Urteilsstil nicht mehr so ins Auge.[178]

Wenn Sie absichtlich das Ergebnis vor der Begründung nennen, können Sie das ein bisschen entschärfen, indem Sie zwischen beide Satzteile einen Doppelpunkt setzen.

- [Tatbestandsmerkmal] liegt vor: [1. Teilmerkmal] ist gegeben, [2. Teilmerkmal] ebenso.

153 Leicht ist der Leser hinsichtlich der Verwendung des ungeschönten Urteilsstils anderer Meinung als der Bearbeiter; deswegen sollten Sie die Worte *da, weil, denn, nämlich* usw. am besten überhaupt nicht verwenden. Das heißt nicht, dass Sie auf **kausale Nebensätze** ganz verzichten müssten. Unbedenklich sind sie bei deskriptiven Sätzen.

> **Beispiel:** „A brach die Verhandlungen ab, weil er mit dem von B geforderten Preis nicht einverstanden war."

---

176 Der Kommafehler ist nach dem Abdruck in NJW-RR 1996, 1307 (1308) zitiert.

177 Wer sich näher mit dem Urteilsstil befassen will, kann die Ausbildungsliteratur für Referendare heranziehen, zB Knöringer § 6 I 2; Anders/Gehle Rn. 230 ff.; Oberheim § 9 Rn. 3, § 10 Rn. 38 f. mwN; Schuschke/Kessen/Höltje Rn. 547 f.; lesenswert auch Danger JA 2005, 523 ff.

178 Aber Vorsicht: *post hoc* und *propter hoc* (also beispielsweise: Krankheit *nach* PCP-Exposition und Krankheit *wegen* PCP-Exposition) sind nicht das gleiche. Wo zeitliche Folge und Ursachenbeziehung gleichgesetzt werden, droht ein Denkfehler (näher Schneider/Schnapp Logik S. 259 ff.).

Im Ableitungszusammenhang des Gutachtens sind sie aber unpassend.

Will man – meist unnötigerweise – weiteres, für die Entscheidung nicht erforderliches **154** Problemwissen präsentieren oder zeigen, dass man den Anspruchsaufbau im Übrigen verstanden hat, kann man fortfahren:[179]

- Auf die Frage, ob …/nach dem/der … kommt es daher nicht an.
- Eine (nähere) Prüfung des/r [problematisches Merkmal] erübrigt sich daher /, da …
- Eine Abgrenzung des/r … zum/r …/eine vertragstypologische Einordnung der Vereinbarung … erübrigt sich an dieser Stelle/hier, da [Norm] auf beide/s anwendbar ist.
- Ob …, kann daher dahingestellt/offen/unentschieden/unbeantwortet bleiben/dahinstehen/auf sich beruhen/ist somit ohne Belang/für … unschädlich. (Nicht: Es kann dahinstehen bleiben, ob …)
- Unabhängig von …/Gleichgültig/Einerlei, ob …, ist jedenfalls …
- Zum gleichen Ergebnis führt es, wenn …
- Zu einem anderen/abweichenden Ergebnis gelangt man nur, wenn … Dies scheitert indessen an …
- Eine Untersuchung/nähere Betrachtung der …eigenschaft des … ist wegen … nicht nötig.

Dem gleichen Zweck dient es, zuerst den Streitstand kurz anzureißen und dann fortzufah- **155** ren mit

- Der Streit braucht nicht entschieden zu werden, wenn …/Einer Entscheidung bedarf es nicht, wenn … So liegt es hier.

Nähere Ausführungen sind dann aber unangebracht; allenfalls ist eine Fußnote zulässig, in der das angelesene und durch zwischenzeitlich erfolgte Änderung des Entscheidungswegs irrelevant gewordene Wissen nach Art eines Fußnotengrabs (*hM: … [Lit.; Rspr.]; aA: … [Lit., Rspr.]; interessante Ansätze neuerdings bei …*) präsentiert wird. Führen Sie aber keine inhaltlichen Auseinandersetzungen in Fußnoten. Wenn die Erörterung wichtig ist, gehört sie in den Haupttext.[180] Überhaupt sollte in den Fußnoten nur ganz ausnahmsweise Text stehen, nämlich wenn dieser im Gesamtgedankengang nicht fehlen darf, im Haupttext aber zu sehr querstünde.[181]

Konkret nicht entscheidungsbedürftige Fragen kann man auch mit *Jedenfalls,* bei zeitlichen Abfolgen mit *Spätestens mit/durch/bei* offen lassen.

Faustregel: Anlass zum Misstrauen besteht für den Korrektor immer, wenn nach der verneinenden Aussage noch eine Menge Text zur Begründung kommt.

Beispiel: „[Feststellung] … Daran ändert auch … nichts. [ausführliche Begründung.]"

Dann liegen die Dinge eben doch nicht so klar; vermeiden Sie dann lieber den ungeschminkten Urteilsstil.

III. Weitere Möglichkeiten der Straffung

Die sprachliche Straffung Ihres Textes kann schon wegen der Seitenzahlbegrenzungen in **156** Hausarbeiten und der knappen Bearbeitungszeit in Klausuren wichtig werden. Folgende Techniken bieten ein größeres Einsparpotential als die vorgenannten Vorschläge:

a) Unter Außerachtlassen der logisch gebotenen Reihenfolge können Sie mit dem problematischen Merkmal anfangen. Dieses Vorgehen bietet sich nur an, wenn Sie den Anspruch im Ergebnis verneinen wollen, da sonst alle anderen Voraussetzungen später doch zu verhandeln wären.

---

179 Diese Technik des Offenlassens lässt sich an Gerichtsurteilen gut studieren.
180 Auch das kommentarlose Übergehen einer in der Fußnote nachgewiesenen *aA* ist wissenschaftlich nicht korrekt und nur vertretbar, wenn die *aA* keine (!) Argumente vorbringen kann, die der Widerlegung bedürften.
181 Näher dazu noch → Rn. 563.

b) Verweise: Manchmal kann man auf anderswo im Gutachten (aber nur: oben) Gesagtes nicht nur direkt, sondern auch sinngemäß Bezug nehmen. Es besteht allerdings die Gefahr, den Leser mit der Transferleistung zu überfordern. Erklären Sie in solchen Fällen lieber einen Satz länger, warum und wie das bereits Gesagte auf das nun zu diskutierende Problem übertragbar ist.[182]

E. Standardsituationen

157 Im Folgenden finden sich Formulierungen, die in ausgewählten – in Übungsarbeiten regelmäßig auftauchenden – Standardsituationen nützlich sein können. Wiederum: Verbessern und ergänzen Sie sie!

Dies ist eine subjektive Auswahl[183] besonders wichtiger Argumentationsmodule. Am leichtesten werden Sie damit arbeiten können, wenn Sie versuchen, selbst etwas Ähnliches zusammenzustellen, beispielsweise für die Probleme des Gutglaubenserwerbs oder der Anfechtung von Rechtsgeschäften oder der geltungserhaltenden Reduktion.

I. Entscheidung von Streitfragen und problematischen Fragen – der „Meinungsstreit"

158 Oft werden Probleme erst dadurch zu Problemen, dass sie umstritten sind. Die Punkte, an denen Sie sich in Hausarbeit und Klausur[184] am ehesten aufhalten (sollen), sind diejenigen, über die Streit herrscht oder wenigstens geherrscht hat.

> Vorsicht: Der übliche Ablauf juristischen Lernens[185] bringt es mit sich, dass Sie beliebte umstrittene Probleme und Streitstände im Kopf haben und einigermaßen leicht reproduzieren können. Dadurch kommen Sie schnell in Versuchung, diese in Übungsarbeiten abzuspulen, auch wenn sie gerade nicht gefragt sind. Widerstehen Sie![186]

> Vorsicht: Nicht jede Aufgabe gibt Anlass, auf Streitfragen einzugehen. Die Schwierigkeit einer Arbeit kann auch im Umfang oder in einer ungewöhnlichen Einkleidung geläufiger Probleme liegen. Oder sie besteht in einem unbekannten Rechtsproblem, zu dem es noch keine divergierenden Literaturmeinungen gibt. Es gibt also entgegen einer verbreiteten Ansicht keinen Anlass zur Panik, wenn Sie in Ihrer Arbeit „den Meinungsstreit" nicht finden.[187]

159 Zum **Sprachgebrauch**: Man bezeichnet den Gegenstand dieser Bemerkungen mit *Streit/ Kontroverse/Auseinandersetzung/Problem(atik)*, weniger schön mit *Meinungsstreit/*

---

182 Zu Verweisen → Rn. 401 ff.

183 Also gerade keine abschließende Aufzählung, sondern eine Anregung, sich den Stoff in wichtigen und prüfungsrelevanten Gebieten auf ähnliche Art zu erarbeiten. Das geht sowohl für einzelne Rechtsfiguren (etwa die Aufrechnung) als auch für argumentative Situationen (etwa den Meinungsstreit) als auch für Aufbaufragen mit inhaltlichem Bezug (etwa die Gesamtschuld).

184 Zur Rolle des Meinungsstreits in der typischen Klausur lesen Sie bitte → Rn. 167b.

185 Und des Arbeitens mit Büchern des Typs *20 Probleme aus dem Bereicherungsrecht*. Die sind zwar empfehlenswert, man muss aber als Leser den oben geschilderten Versuchungen gewachsen sein.

186 Auf eine gefährliche Fixierung der Lernenden und Lehrenden auf den Meinungsstreit weist Steffahn *Reproduzieren(lassen) von Streitständen* S. 161 ff., hin.

187 Trotzdem ist nicht zu übersehen, dass die meisten Übungsarbeiten um eine solche Streitfrage herumkonstruiert sind, weil sich so einige wichtige Aspekte des wissenschaftlichen Arbeitens üben lassen.

Theorienstreit[188]. Bilden Sie für Letztere einmal den Plural und vergessen Sie diesen sofort wieder.[189]

Bei der Darstellung und Entscheidung von Streitfragen muss man sich nicht sklavisch an den oben skizzierten Gutachtenduktus halten. Im Gegenteil: Das wirkt oft unbeholfen bis hölzern. 160

- Zu prüfen ist, ob der Abgrenzungs-, der Eingrenzungs- oder der Ausgrenzungstheorie zu folgen ist. Für die Ausgrenzungstheorie könnte sprechen, dass ... Das wäre der Fall, wenn ... Im Ergebnis ist festzuhalten, dass die Ausgrenzungstheorie die meiste Zustimmung verdient. Ihr ist daher zu folgen.

Gelungener sind Wendungen wie

- Es ist daher zu entscheiden, welches Kriterium für die Abgrenzung von ... und ... Verwendung finden soll. Für die wohl herrschende Ansicht, die auf ... abstellt, spricht jedenfalls ... Allerdings ...

Gerade bei umfangreicheren Erörterungen zu Streitfragen empfiehlt es sich aber, den Leser an die Hand zu nehmen, indem man immer wieder einmal beiläufig erwähnt, auf welches Ziel hin eigentlich die Diskussion geführt wird.

1. Darstellung

Achten Sie von Anfang an darauf, Streitfragen nicht abstrakt zu diskutieren, nur weil sie Ihnen interessant erscheinen oder bekannt sind.[190] Sie müssen sie vielmehr immer so eindeutig wie irgend möglich als für die Entscheidung Ihres Sachverhalts erforderlich kennzeichnen. Am leichtesten gelingt das, wenn Sie als Einstieg in die Erörterung streitiger Fragen den Gesetzeswortlaut heranziehen.[191] 161

Die Präsentation einer streitigen Frage kann auf unterschiedliche Art erfolgen.[192] Überlegen Sie zunächst, wie viel Raum Sie darauf verwenden wollen und können. Wenn Sie sich kurz fassen wollen oder müssen:

- Ob ... ist, ist zweifelhaft/fraglich. Zwar [Argument(e) pro], aber [Argument(e) contra]. Daher wird ... als ... zu behandeln sein.

Unabhängig vom Umfang folgt die Darstellung von Streitfragen fast immer dem Schema *Einerseits ... – Andererseits ... – Im Ergebnis ...* 162

---

188 Übrigens handelt es sich meist nicht um Theorien im wissenschaftstheoretischen Sinne (dazu Röhl/Röhl § 19), sondern um Rechtsauffassungen (was man gelegentlich durch Wendungen wie „Die als ...theorie bezeichnete Auffassung kommt zu dem Ergebnis, dass ..." andeuten kann). Weniger skeptisch etwa Bydlinski Grundzüge S. 68 f.; deutlich wiederum Fahse/Hansen S. 13: „Eigenartig wenngleich verbreitet ist die Praxis, nahezu jede Meinung als ‚Theorie' zu bezeichnen"; amüsiert-skeptisch bereits Schneider JZ 1964, 387 f. – Wer also nicht bei der Bearbeitung jedes noch so kleinen juristischen Alltagsproblems gleich ganze Theoriegebäude errichten will, kann etwa bei der Berechnung des Schadensersatzes nach §§ 249 ff. BGB statt von der *Differenztheorie* oder der *Differenzhypothese* bescheidener von der *Differenzmethode* sprechen.
189 Sicher steht der beliebte Plural *Streits* nicht im Duden. Die dort vorgeschlagenen *Streite* sind schöner, aber wenig gebräuchlich. Am besten ist vielleicht *Streitigkeiten* oder *Streitfragen*. Erinnert sich noch jemand die *Dire Streits*?
190 Empfehlungen bei Pieroth-Hartmann Einführung Rn. 18 ff.; Zwickel/Lohse/Schmid Kompetenztraining S. 124 ff.; Hildebrand Gutachtenstil S. 56 ff.; Valerius Gutachtenstil S. 30 ff.; Murmann JA 2012, 728 (732 f.).
191 Lesenswert Lemke JA 2002, 509 ff.; Pieper/Stenmans AL 2011, 276 ff.
192 Dazu zB Bialluch/Wernert JuS 2018, 326 (329 f.); Kerbein JuS 2002, 353 (354 f. mwN); Wieduwilt JuS 2010, 288 (291); Czerny/Frieling JuS 2012, 877 (882 f.); Lahnsteiner JURA 2011, 580 (585 f.); sehr lesenswert Puppe Schule S. 157 ff., die die Schwierigkeiten einer soliden Präsentation streitiger Fragen zwischen Reklame und Plagiat zeigt, aber auch (S. 160 ff.) verdeutlicht, wie sie gleichwohl gelingen kann. Zum Meinungsstreit jenseits des schulmäßigen Rechtsgutachtens instruktiv Beyerbach Doktorarbeit Rn. 166 ff.

> **Beispiel:** Im Strafrecht etwa sieht das typischerweise so aus: „Die rein objektive Theorie (Fußnote: Vertreten in erster Linie von *Schwarz*, Belegstelle) stellt auf … ab. Der rein subjektiven Theorie (Fußnote: In ihrer klassischen Entfaltung nachzulesen bei *Weiß*, Belegstelle) zufolge … Zustimmung verdient die (heute ganz herrschende) gemischt-objektiv-subjektive/modifizierte [Was-auch-immer-]Theorie (Fußnote: Hauptsächlich vertreten von *Grau*, Belegstelle), die die Vorzüge der beiden vorgenannten Ansätze vereint und ihre jeweiligen Schwächen weitgehend ausgleicht. Danach ist …“

163 Zum **Aufbau**: Die hier gewählte Reihenfolge ist nicht zwingend, aber oft zweckmäßig. Am übersichtlichsten ist die Darstellung bei mittlerem Umfang, wenn Sie erst das **Problem kennzeichnen**, dann den **Streitstand umreißen** und zuletzt **mit eigenen Argumenten** eine **Entscheidung treffen**. Die nachstehende Sammlung von Formulierungsvorschlägen orientiert sich an dieser Reihenfolge. Sie hat aber den Nachteil, dass man am Ende selbst Argumente aufbieten muss. Das fällt oft schwer, da die meisten Streitfragen argumentativ abgegrast und neue Argumente nicht verfügbar sind, wenn man sie gerade braucht. Es ist völlig in Ordnung, wenn Sie Ihre eigene Position bereits mit der Darstellung anderer Ansichten zusammen entwickeln. Zumindest ist es ehrlicher. Keinesfalls sollten Sie fremde Argumente als eigene ausgeben, um diesem Problem auszuweichen.

Dem Raster *Argumente pro – Argumente contra – begründete Entscheidung für eine der Ansichten* sollten Sie umso weniger folgen, je umfangreicher die Kontroverse ist, die Sie nachvollziehen wollen. Bei seitenlangen Ausführungen ist es überzeugender und bildet eine eigenständige Leistung, nach einzelnen argumentativen Schwerpunkten zu unterscheiden.[193] Ein solches Vorgehen erlaubt es Ihnen, auch ein mehrfaches Hin und Her von Argumenten und Gegenargumenten im Zusammenhang darzustellen.

Gerade wenn es sich um das Hauptproblem der Aufgabe handelt, lohnt es, vor der Niederschrift auf Papier oder im PC zu sortieren: Welches Argument kann für sich allein stehen, welches ist allein schwach oder sinnlos, wirkt aber überzeugend in Gesellschaft eines anderen, welches ist nur verständlich als Gegenargument zu einem anderen? Daraus entsteht zwar bei drei Ansichten mit je zwanzig Argumenten zuerst eine ziemlich wirr wirkende Skizze; aber nach einigem Überlegen wird Ihnen klarer, womit Sie anfangen können und womit Sie nicht anfangen dürfen. Diese Mühe gehört dazu und wird honoriert. Denn ganz nebenbei wird auch deutlich, welche Überlegungen wichtig genug sind, dass man eine überzeugende Entscheidung allein auf sie stützen kann.[194]

a) Einleitung

164 Zuerst ist die diskutierte **Frage** möglichst klar zu fassen. Das erleichtert es dem Leser zu verstehen, warum die dann folgenden Erörterungen nötig sind. Es erleichtert aber auch Ihnen, sich während der Bearbeitung auf das Problem zu konzentrieren: Je genauer die Frage gestellt ist, desto einfacher ist es, zwischen Antworten und zufälligen Wortanhäufungen zu unterscheiden. Wer sich mit dem Herauspräparieren oder Isolieren des Problems mehr Mühe gibt, wird seine Ausführungen schlanker und sachnäher halten können – meist lohnt sich das.[195]

Dann sollten Sie gedanklich feststellen: Ist die Frage problematisch, umstritten oder (wie so oft) beides?

165 Gibt es noch wenige oder keine Stimmen zu einer Frage, die Ihnen aber **problematisch** erscheint, können Sie so einleiten:

- Wie die Frage nach … zu beantworten ist, ist unsicher./Die Antwort auf die Frage nach … bedarf näherer Überlegung.

---

193 Dazu sogleich → Rn. 168.

194 Trotzdem sollte man die anderen nicht weglassen, sondern nur in die zweite Reihe stellen.

195 Nicht selten stellt sich heraus, dass an der betreffenden Stelle mehr als nur ein Problem liegt. Dann müssen Sie auch über Gliederungsfragen noch einmal nachdenken.

- ... ist nicht gesetzlich geregelt/geht aus [Norm] nicht hervor/lässt sich dem Gesetz nicht (ohne Weiteres) entnehmen ...

Sie fahren dann nicht mit der Aufzählung verschiedener Stimmen aus Schrifttum und Rechtsprechung fort, sondern skizzieren mögliche Herangehensweisen an das Problem und deren Ergebnisse:

- Man könnte meinen/erwarten/davon ausgehen, dass ... Dann wäre ... Daraus ergäbe sich ...
- Zum genau gegenteiligen Ergebnis gelangt man indes, wenn ...
- Denkbar ist auch ... /Weiter ist zu erwägen/erscheint erwägenswert/bedenkenswert, ob ...
- Man kann auch zu [Ergebnis] kommen, wenn man ... als entscheidend betrachtet/in den Mittelpunkt stellt/maßgebliche/zentrale Bedeutung zuspricht.
- Mit ... könnte/n ... gemeint sein. Dies legt jedenfalls die allgemeinsprachliche Verwendung/Bedeutung des Begriffs nahe.
- Wegen [Gesichtspunkt] kommen nur ... und ... in Betracht, während ... ausscheiden muss.

In aller Regel ist aber, was **problematisch** ist, auch **umstritten**.[196]

Exkurs: Wie identifiziert man das Streitige?
In der Klausur sind Sie auf das angewiesen, was Sie im Kopf mit sich tragen: Materielles Wissen und Judiz. Teils hilft Ihnen die Aufgabe, indem unterschiedliche Rechtsstandpunkte der Streitbeteiligten bereits angedeutet werden. Bei der Bearbeitung einer Hausarbeit werden Sie bei systematischem Vorgehen (und sei es in wiederholenden Schleifen) fast automatisch auf alles Streitige stoßen. Wer zu jeder anzuwendenden Norm Lehrbuch- und Kommentarliteratur heranzieht, wird durch Hinweise wie *streitig* oder *anderer Ansicht* aber auf die Probleme aufmerksam gemacht.[197]

Leiten Sie dann die Darstellung wie folgt ein:

- Die Frage nach/Der ... -charakter des/r ... ist (heftig/seit langem/seit Neuestem) umstritten/wird unterschiedlich/verschieden/uneinheitlich beantwortet/ist (jüngst) unterschiedlich beantwortet/kontrovers beurteilt worden (bei ausgetragenen Streitfragen). Während das Schrifttum (überwiegend/mehrheitlich/größtenteils)/die Mehrzahl/Mehrheit/überwiegende Zahl der in der Literatur vertretenen Stimmen der Auffassung zuneigt, ..., steht/stellt(e) sich die (instanzgerichtliche/höchstrichterliche) Rechtsprechung/der Großteil der Rechtsprechung auf dem/den Standpunkt, ...
- Über ... herrscht Streit.
- Zur Problematik des/r ... hat sich ein ganzes Spektrum unterschiedlicher Meinungen gebildet/werden zwei konträre/zahlreiche in den Einzelheiten (erheblich/sehr stark/deutlich/hochgradig) divergierende Ansichten/Positionen vertreten, die sich jedoch, soweit die hier interessierende Abgrenzung zwischen ... und ... betroffen ist, zu drei Lagern/Gruppen zusammenfassen lassen.
- Hinsichtlich der Frage, ob ... /wie ... zu behandeln ist/sei, haben sich zwei/drei/hundert Ansichten/Meinungen gebildet/werden im Schrifttum zwei Theorien/Modelle/Ansätze angeboten/vertreten.
- Unter welchen Voraussetzungen/Bedingungen/Umständen ..., wird (in Rechtsprechung und Lehre) nicht ganz einheitlich/uneinheitlich gesehen/beurteilt/beantwortet.
- Unbestritten ist aber (nunmehr/inzwischen/mittlerweile/heute) ...

---

196 Pointiert hierzu Bydlinski Grundzüge S. 19: „In der Jurisprudenz ist im Wesentlichen alles streitig; häufig aber zu Unrecht." – Immer wieder beeindruckt die Rechtswissenschaft durch Kreativität. Bei ca. 62,76% aller Abgrenzungsprobleme hat sie eine *objektive*, eine *subjektive* und eine *gemischtsubjektiv-objektive Theorie* entwickelt, wobei Letztere für gewöhnlich *mittlerweile herrschend* ist. Dem Anfänger verursachen derlei gemischte Theorien meist gemischte Gefühle, sie hinterlassen ihn gewissermaßen mehr geschüttelt als gerührt. Aber man gewöhnt sich daran. Für den Fortgeschrittenen bieten sie eine echte Gelegenheit: Wenn Sie irgendwo auf eine Streitfrage stoßen, zu der eine dieser Theorien bislang fehlt, haben Sie ein aussichtsreiches Thema für Ihre juristische Dissertation entdeckt. Glückwunsch! Wenn Sie aber ein besseres Thema haben, beispielsweise „Die Abgrenzung der Anstiftung zur Brandstiftung gegenüber der Beteiligung an der Beleidigung", dann bleiben Sie dabei.

197 Allerdings gilt es zu beachten, dass diese Hinweise in den kürzesten Lehrbüchern und den Praktikerkommentaren auch leicht einmal wegfallen, weil diese oft sich auf die Linie der obergerichtlichen Rechtsprechung konzentrieren. Allein deshalb ist es dringend geboten, nach der ersten Bearbeitungsrunde mit Brox/Walker und Grüneberg eine zweite und dritte Schleife mit vertiefender Lektüre zu ziehen.

167   Ist die Frage **umstritten, aber im konkreten Sachverhalt nicht problematisch**, bekommt man sie am besten durch kurzes Andeuten des Problems und anschließendes Offenlassen[198] der Entscheidung in den Griff.

• Auf die umstrittene Frage nach der ... -eigenschaft des/r ... [Fußnote mit Belegstellen] kommt es hier wegen ... nicht an.

> **Beispiel:** „Ob man den Vertrag mit Schutzwirkung für Dritte aus § 242 BGB oder aus §§ 133, 157 oder einer analogen Anwendung des § 328 BGB abzuleiten habe, kann hier offenbleiben, da über Voraussetzungen und Rechtsfolgen Einigkeit besteht."

Format können Sie beweisen, indem Sie die Diskussion dann ganz weglassen. Wenigstens andeuten sollten Sie Ihre Kenntnisse vom Streitstand allerdings, wenn der Sachverhalt auf das Problem ausdrücklich hinweist – etwa durch Rechtsansichten der Beteiligten.

167a   Vermeiden Sie allzu floskelhafte Einleitungen.

> **Beispiel:** „Das könnte im gegebenen Fall problematisch sein" wirkt schablonenhaft. Und glücklich formuliert ist es auch nicht. „Im gegebenen Fall" ist überflüssig und mit „Hier" zumindest knapper zu fassen. Der Konjunktiv ist schlecht: Entweder *ist* es problematisch (sonst würde man es nicht erwähnen) oder nicht – dann lässt man es weg. Seitenlanges Diskutieren mit dem Ergebnis „Es ist nicht problematisch, ein Streitentscheid[199] ist nicht erforderlich" zeigt, dass die Schwerpunkte schlecht gesetzt sind und unnötigerweise angelerntes Wissen präsentiert werden soll.

Für den Leser sind sie bestenfalls langweilig, schlimmstenfalls ärgerlich.

167b   In Klausuren spielt „der Meinungsstreit" seltener eine Rolle als weithin angenommen. Oft setzt die Schwerpunkte unglücklich, wer ausführlich Streitfragen referiert, sie schulmäßig diskutiert und dann entscheidet. Zurückhalten sollte man sich mit „Die ... Theorie stellt auf ... ab". Schließlich hat man in der Klausur für diese Aussage gerade keine Belegstellen zur Verfügung. Besser wird es fast immer sein, die Streitfrage konsequent als Problem der Normauslegung[200] zu entwickeln und etwas allgemeiner zu formulieren: „Ein stark auf subjektive Gesichtspunkte abstellender Standpunkt wird hier ... Dagegen wird eine objektivierende Sichtweise eher ..."

b) Darstellung des Streitstands – Argumente wiedergeben

168   Man kann einen Streitstand auf verschiedene Weise wiedergeben; hier die gängigsten Darstellungsarten:[201]

– Modell 1: eine Meinung – andere Meinung – eigene Meinung (**konventionelle** Darstellung)
– Modell 2: Argumente der ursprünglich herrschenden Meinung – Gegenargumente der anderen Ansicht(en) – Gegenargumente der ursprünglichen Meinung – neue Argumente – neue Gegenargumente – usw. bis zur Gegenwart – eigene Ansicht (**historische** Darstellung)
– Modell 3: Aufzählung der verschiedenen Aspekte der Streitfrage – Argumente zum ersten Topos pro und contra – Argumente zum zweiten Topos pro und contra – usw. – eigene Ansicht (**problemorientierte** Darstellung)

---

198   Dazu → Rn. 154.

199   Gegen *Streitentscheid*, den kleinen Bruder des *Volksentscheids* (und für *Stellungnahme*) plädiert Hildebrand Gutachten S. 79. In der Tat wird der Streit durch den Streitentscheid in einem Übungsgutachten in aller Regel nicht entschieden und beendet.

200   Dazu → Rn. 215 ff.; dieses Vorgehen hat den Vorteil, dass kein noch so kritischer Leser Ihnen vorwerfen kann, Sie hätten sich nicht am Gesetz orientiert.

201   Während für den Gutachtenstil aus Gerichtsentscheidungen kaum etwas zu lernen ist, sind Urteile teils recht gut zu gebrauchen, wenn es um die Präsentation von Streitfragen geht. Lesen Sie zB BGH NJW 2005, 1713 sub II.2.a) – das ist vorbildlich kurz und knackig.

Welche Art der Darstellung man wählt,[202] hängt zum einen davon ab, welche am besten auf die zu entscheidende Frage passt – bei komplexen Problemen wird das oft das dritte Modell sein –, zum anderen vom zur Verfügung stehenden Raum: Kurz fassen kann man sich am ehesten mit der konventionellen Methode.[203]

Schematisches Vorgehen kann nützlich sein, weil der Leser einen gut strukturierten und argumentativ abgewogenen Text in die Hand bekommt. Fast noch größer sind aber die Gefahren der Schematisierung. Wo irgend möglich versuche man also aus der Sache selbst heraus die Streitfrage zu strukturieren.

> **Beispiel:** Wenn etwa gelegentlich empfohlen wird, das stärkste Argument der Ansicht, der man sich anschließt, „aufzusparen" für die Begründung des eigenen Standpunkts,[204] ist das nicht nur stumpf schematisch, sondern verkauft auch den sachkundigen Leser für dumm. Wird das betreffende Argument dann noch ohne Belegstelle genannt (das kommt durchaus vor), ist bereits die Grenze zum Plagiat überschritten. Solche Empfehlungen zur Ökonomie der Argumentation sind mit einiger Vorsicht zu genießen.

Brauchen Sie für eine Theorie einen **Namen** (etwa um ihn in der Überschrift zu verwenden), sollten Sie eher „Die [Irgendwas-]theorie" oder „Das [Was-weiß-ich-]Kriterium" als „Die Meinung von [Autor]" schreiben, um dem Leser eine Orientierung über die Argumente in der Sache zu ermöglichen. Nur selten unterscheidungskräftig ist „Die bejahende/ zustimmende/verneinende/ablehnende Auffassung". Wer solches verwenden will, achte darauf, dass der Standpunkt, auf den sich diese Wörter beziehen, unmittelbar vorher beschrieben werden muss. In der Gliederung wirken solche Überschriften aber immer ein bisschen irritierend.

Die Einleitung kann den quantitativen Gesichtspunkt in den Vordergrund stellen: 169

* Häufigste/Gebräuchlichste/Gängige Begründung, Herrschende/ Überwiegende Meinung usw.

oder den qualitativen:

* Wesentliches/Wichtigstes Argument/Entscheidender/Zentraler Gesichtspunkt usw.,

wobei die Gegenüberstellung „Masse/Klasse" schon zu Wertungszwecken eingesetzt werden kann, etwa wenn man sich der besser begründbaren Minderheitsansicht anschließen will.

Im einfachsten Fall gibt es **zwei Meinungen**[205]:   170

* In der Frage der/s ... stehen sich zwei Ansichten gegenüber.
* Eine Ansicht/Meinung/Auffassung will ... als ... behandeln/verstehen/... unter (den Begriff des/r) ... fassen/ziehen/subsumieren. Dafür spricht ...
* [Ansicht] beschränkt ... auf ...

---

202 Je umfangreicher die Erörterung zu werden droht, desto gründlicher muss die Darstellung überdacht werden, um den Leser nicht mehr als nötig zu langweilen. Es kann lohnen, auch einmal über die Reihenfolge der referierten Argumente nachzudenken; für eine überzeugende Präsentation kann man auf die Erkenntnisse der Rhetorik zurückgreifen (s. zB Hägg Kunst S. 59; Herrmann/Hoppmann/Stölzgen/Taraman Schlüsselkompetenz).

203 Bei deren Anwendung allerdings zu bedenken ist, dass man sich nicht einfach ein oder zwei gute Argumente aufsparen darf, um die „eigene Meinung" besonders überzeugend zu begründen; zu diesem häufigen Fehler Christensen/Pötters JA 2010, 566 (567).

204 ZB Mix Schreiben S. 132; differenzierter Harbst JA 2018, 129 (131 f.), der (für den anwaltlichen Schriftsatz) empfiehlt, die stärksten Argumente an den Anfang und die zweitstärksten an den Schluss zu stellen und ggf. die schwachen in der Mitte wegzulassen.

205 Manchmal gibt es überhaupt nur (noch) eine Meinung. Dann sollte man regelmäßig nicht viel Platz auf das ehemalige Problem verwenden. Bei noch nicht allzu lange erledigten Streitfragen kann man aber auf das Vokabular des Meinungsstreits zurückgreifen. Meist wird man dann einleiten mit „Nach (heute/mittlerweile) unwidersprochener/einheller Meinung ..." und nötigenfalls in einer Fußnote frühere abweichende Ansicht in der gebotenen Kürze referieren. Näher noch → Rn. 174.

- Nach nahezu/beinahe/fast einhelliger/einheitlicher/unwidersprochener Meinung ...
- Vom Standpunkt der Vertreter der ... -theorie aus ...
- Im Gegensatz dazu stellt die Lehre vom/n ... auf ... ab.
- Die/Eine andere Ansicht/Die Gegenmeinung/Die gegenteilige Ansicht geht von folgender Erwägung/ Überlegung/Grundlage aus: ...
- Die Gegenmeinung beanstandet/moniert/wendet ein/entgegnet/erwidert, ...
- Dagegen/Demgegenüber wird eingewandt/behauptet/geltend gemacht, dass ... *(indirekte Rede – Konjunktiv!)*.
- Rechtsprechung (und (Teile der) Literatur) stehen demgegenüber auf dem Standpunkt, ... Hiernach ist ...
- Die Gegenmeinung stellt auf ... ab/arbeitet/operiert mit dem (so genannten) ... -begriff, demzufolge ...
- Die Gegenansicht legt an ... strenge Maßstäbe an/knüpft die Annahme einer/s an enge/eng gefasste Voraussetzungen/lässt für ... ausreichen/genügen.
- Die Kritiker dieses Ansatzes wollen die Unterscheidung zwischen ... und ... einsetzen/verwenden/heranziehen, um ...
- Diese Auffassung ist auf Kritik/Widerspruch/(starken) Widerstand gestoßen.
- Einerseits wird/wurde hierzu die Ansicht vertreten, dass ... Andererseits ...
- Während es nach [Ansicht 1] auf [Kriterium 1] ankommen soll, ist nach [Ansicht 2] [Kriterium 2] maßgeblich.

171   Oft tritt eine dritte, meist **vermittelnde Meinung** hinzu:

- Eine vermittelnde Meinung will ...
- Dem wird von einer dritten Ansicht vorgeworfen/entgegengehalten/vorgehalten, ...
- Anknüpfend an die/Ausgehend von der ... -theorie stellt eine weitere Ansicht darauf ab, ob ...
- Eine jüngere Ansicht schlägt ... vor/legt ... zugrunde/verwendet einen streng an ... orientierten ... -begriff.
- Daneben tritt noch eine dritte Meinung, die ...
- Eine modifizierte Bestimmung des ... -begriffs schlägt [Autor] vor/hat [Autor] vorgeschlagen.
- Eine dritte Position geht davon aus, dass ...

172   Teils gibt es auch **zahlreiche Ansichten** zu einem Problem. Dann kann und sollte man sie zu Gruppen zusammenfassen, gerade wenn es Dutzende sind.

> **Beispiel:** Es dürfte den Rahmen praktisch jeder Übungsarbeit sprengen, alle zum Wegfall der Geschäftsgrundlage vertretenen Ansätze zu referieren.[206]

- Manche (Autoren) wollen mit zT unterschiedlichen Argumenten den Anwendungsbereich des/r [Norm(en)] auf ... ausdehnen/erweitern/beschränken.
- Mit im Einzelnen voneinander abweichenden Begründungen wollen A, B und C ...
- Ein großer/bedeutender/gewichtiger/nennenswerter/zunehmender usw. Teil/Der überwiegende/größte Teil der Lehre/des Schrifttums nimmt an/geht davon aus, dass ...
- Zum gleichen Ergebnis kommen die/zahlreiche/etliche/die meisten Vertreter der ... -theorie, die ...
- Letztgenannter/Erstgenannter Ansatz ... lässt ... genügen/ausreichen. Dagegen verlangt ... das Vorliegen einer/s ...
- [Autor] will auf ... abstellen.
- Dies wird heute nur noch von [Autor]/nicht mehr vertreten.
- Es findet sich auch (noch vereinzelt/gelegentlich) die Ansicht, ...
- Dabei wird allerdings teilweise/stellenweise einschränkend vorgeschlagen, ...
- Zum Teil wird vertreten/vorgetragen/argumentiert, ...
- Vereinzelt wird die Ansicht verfochten, dass ...
- Gelegentlich heißt es (auch), ...
- [Autor] versucht, das/dieses Problem durch Abstellen auf [Kriterium] zu lösen/zu umgehen/zu vermeiden.
- [Ansicht] greift auf [Kriterium] zurück, wodurch ...
- Eine andere Wertung/Ein Ausgleich findet sich bei [Autor], der/die auf ... abstellt.
- Einen Mittelweg zwischen ... und ... beschreiten/gehen [Autoren], indem sie ...
- Eine Ansicht lehnt ... ganz/generell/überhaupt ab. Begründet wird dies mit ...
- [Autor] geht von einer anderen Unterscheidung/Einteilung aus: ...

---

206   Nach Palandt/Heinrichs, BGB, 60. Aufl. 2001, BGB § 242 Rn. 113 mwN sind es 56 verschiedene ... Vgl. heute die Kommentierungen zu § 313 BGB.

- Zur/Zu dessen Begründung wird meist/oft/regelmäßig/häufig/immer wieder/üblicherweise/im Allgemeinen/gewöhnlich/gemeinhin /überwiegend/durchgängig das … -prinzip/der Grundsatz des/r … herangezogen/genannt.
- Die gängigen Begründungen rekurrieren/greifen zurück auf … /ziehen … heran.
- Hierfür beruft sich [Autor] auf …
- Zur Begründung zieht [Autor] … heran.
- Man kann sich auch auf den Standpunkt stellen/auf dem Standpunkt stehen, …
- Eine Minderheitsmeinung innerhalb der … -lehre charakterisiert/beschreibt/definiert … als …
- Die/Eine enge/restriktive/weite/extensive/exzessive/erweiternde/großzügigere Auslegung des … -begriffs wird im Schrifttum unter Hinweis auf … gefordert/abgelehnt.
- Der/Das [Gericht] ist dieser Auffassung in seinem Urteil vom [Datum] [Fundstelle in Fußnote] (nicht) gefolgt/entgegengetreten/hat sich … (nicht) angeschlossen.
- Von einem … Standpunkt aus …
- Teils wird befürwortet, … Auf der gleichen Linie liegt …
- Im Schrifttum wird darüber hinaus erörtert/diskutiert/ erwogen, ob … /vorgeschlagen, … zu …
- Ein Teil der Literatur deutet/versteht/interpretiert … als … /will … als … deuten/verstehen/interpretieren/ auffassen/verstanden wissen.
- [Autor] sieht nur diejenigen Fälle als tatbestandlich im Sinne des [Norm] an, in denen …
- Folgerichtig/Konsequent verlangt [Ansicht] für [Tatbestandsmerkmal] [Voraussetzung].
- Die Gegner dieses Ansatzes vertreten/wenden ein, …
- Einer weiteren Ansicht zufolge ist … als … einzustufen/zu beurteilen/bezeichnen/behandeln.
- [Autor] sucht die Lösung im …
- Übereinstimmung besteht jedoch insoweit, als … Zu entscheiden ist daher nur zwischen … und …
- Zum gleichen/zu einem ähnlichen Ergebnis gelangt man, wenn …

Fremde Ansichten referiert man vorzugsweise in indirekter Rede – jedenfalls wenn man der wiedergegebenen Meinung nicht folgen will.   173

Ein immer wieder auftauchendes Problem: Soll man **Ansichten, die heute niemand mehr vertritt**, darstellen und diskutieren oder eher nicht? Darauf gibt es keine eindeutige Antwort. Tendenziell sollten Sie sich knapp fassen, vielleicht auch diese Ansicht ganz weglassen; meist hat es gute Gründe, dass die betreffende Meinung von der Rechtsprechung oder im Schrifttum fallengelassen wurde.[207] Ein Kriterium mag darin liegen, seit wie vielen Jahrzehnten niemand mehr so argumentiert hat. Anderes gilt naheliegenderweise, wenn Sie sich eben dieser Meinung anschließen wollen.   174

> **Beispiel:** Die Lehre vom Vertragsschluss durch sozialtypisches Verhalten und die vom BGH gewählte Konstruktion des faktischen Vertrags würde man in einer Klausur nicht mehr erwähnen, in einer Hausarbeit, in der der Vertragsschluss beim Einsteigen in eine Straßenbahn zu thematisieren ist, vollständigkeitshalber kurz anreißen, etwa mit „Da das Abstellen auf schlüssiges Erklärungsverhalten zu einem überzeugenden Ergebnis führt, erübrigt sich der Rückgriff auf die schon wegen des Minderjährigenschutzes kritisierte Lehre vom Vertragsschluss durch sozialtypisches Verhalten [Fn.: Begründet von *Haupt*, aufgegeben zuletzt von *Larenz*, BGB AT, 7. Aufl. 1989, § 23 II] und den vom BGH konstruierten faktischen Vertrag [Fn.: BGHZ 23, 177 ff., anders aber schon BGH NJW 1965, 387].“

Kann eine **Streitfrage** vollständig als **ausgestanden** gelten oder ist sie durch Gesetzgebung überholt,[208] so wird sie am besten ganz weggelassen oder nur noch kurz angerissen.[209] Die Probleme liegen dann anderswo.

---

207 So kann etwa eine gesetzgeberische Klarstellung eine Streitfrage erledigt haben. Das zu übersehen ist immer ein bisschen peinlich.

208 Dazu auch die Hinweise in → Rn. 413.

209 Sehr ärgerlich kann das in Examensarbeiten werden. Da aber die Prüfungsämter nicht regelmäßig alle Prüfungsthemen auf ihre Aktualität hin durchgehen können, kann es geschehen, dass Ihre Examensaufgabe definitiv überholt ist. Dann müssen Sie um eine neue bitten. Sie dürfen keinesfalls der Versuchung nachgeben, die Aufgabe schnell abzuarbeiten und das zwischenzeitlich erlassene Gesetz zu ignorieren.

- Mit … hat der Gesetzgeber seit … im Wortlaut des [Norm] klargestellt, dass es auf … nicht ankommen soll; damit bedarf die bis dahin streitige Frage … keiner Entscheidung/Erörterung mehr.[210]

Ist jedenfalls ein Teil ausgestanden, so können Sie die Diskussion des problematischen Rests einleiten mit

- Auszugehen ist von … Darüber besteht (weitgehend) Einigkeit./Übereinstimmung besteht jedenfalls insoweit, als …

Nicht ohne Weiteres gehören zu den ausgestandenen Fragen die **Rechtsprechungsänderungen**.

> **Beispiel:** Der BGH hat in BGHZ 198, 141 seine lange Zeit stabile Rechtsprechung (zB BGHZ 85, 39) zur Wirksamkeit von Verträgen mit Schwarzarbeitsabrede aufgegeben.

Obwohl sich die juristische Praxis stark an den obergerichtlichen Entscheidungen orientiert, bleibt eine Streitfrage oft streitig, auch nachdem ein Gericht seinen Standpunkt ändert. Gerade wenn die Rechtsprechungsänderung noch nicht lange zurückliegt, wird es sich oft anbieten, den früheren und den aktuellen Standpunkt des Gerichts zu referieren.

175 **Belege** für die dargestellten Meinungen benötigen Sie nur in Hausarbeiten. Fußnoten in der Klausur führen zur Abwertung.

Setzen Sie keinesfalls eine Fußnote hinter den Satz, in dem subsumiert wird („**Konkretbeleg**"). Über den konkreten Sachverhalt sagt in Rechtsprechung und Schrifttum niemand etwas.[211]

> **Beispiel:** „Bei der Aussage des V, der Wagen sei unfallfrei, handelt es sich also um eine vertraglich vereinbarte Eigenschaft iSd § 434 I Nr. 1 BGB [Fn.: Grüneberg/*Bearbeiter* § 434 Rn. 3]."

Das mag wie eine Nebensächlichkeit aussehen, wird aber oft als schwerer Fehler betrachtet.

176 Die Angabe des **Mehrheitsstatus** einer Ansicht hat als solche keinen argumentativen Wert;[212] sie kann allenfalls anzeigen, dass Sie es für erforderlich halten, diejenige Ansicht am ausführlichsten zu widerlegen, die von den meisten Menschen geteilt wird. Wenn Sie trotzdem[213] eine Meinung als *herrschend* oÄ kennzeichnen wollen, achten Sie auf Folgendes:

- *Nach unwidersprochener Ansicht* darf nicht mit einer Fußnote *AA allerdings …* belegt werden.
- Eine *allgemeine/allgemein anerkannte Ansicht* kennt ebenfalls keine oder maximal ein bis zwei am besten veraltete Gegenstimmen. In der Fußnote kann man schreiben „stellvertretend nur/zB/für viele/zuletzt … [jüngste Stimme], [frühester Vertreter]; dagegen soweit erkennbar nur [Autor]".
- Eine *herrschende Meinung* muss auch in der Quantität der Nachweise (üblicherweise Schrifttum und Rechtsprechung) erkennbar werden; ein einzelner Nachweis genügt nicht, besonders wenn Sie die Gegenansicht mit zehn Belegen dokumentieren.[214]

---

210 Oft ist selbst eine solche Formulierung noch entbehrlich. Sinnvoll kann sie aber etwa in einer Examenshausarbeit sein, von der Sie als Bearbeiter vermuten, dass sie zu einer Zeit ersonnen und mustergelöst wurde, als die Frage noch streitig war. Leider kommt das nicht ganz selten vor.

211 Dazu auch → Rn. 540 und Beyerbach Doktorarbeit Rn. 370.

212 Ähnlich wie die kommentarlose Bezugnahme auf die hM ist auch der beliebte Beleg *laut Rechtsprechung* besonders in Klausuren sinnlos, weil Sie keine Fundstellen angeben können. Er ersetzt nicht die Begründung dafür, warum die Rechtsprechung diese Sachverhalte so entscheidet.

213 Zur Bedeutung herrschender Meinungen → Rn. 430.

214 Ausnahmsweise darf man aber in der Fußnote schreiben „Stellvertretend [aktueller Rspr.-Beleg] und [aktueller und repräsentativ ausgewählter Beleg aus dem Schrifttum] …", wenn das angesprochene Problem für den zu entscheidenden Sachverhalt praktisch keine Rolle spielt.

- Die *(wohl) überwiegende Ansicht* verlangt nach Aussagen zu den anderen Meinungen; diese sollten nicht nur in der Fußnote erwähnt, sondern im Text einer – wenn auch nur kurzen – Widerlegung gewürdigt werden; Gleiches gilt für die *herrschende Meinung* – sonst wäre es eine *allgemeine Meinung*.
- Bei quantitativem Gleichgewicht: „Eine (verbreitete/vielfach vertretene) Meinung … Die Gegenmeinung …" oder „Nach der ersten hierzu vertretenen Ansicht … Eine andere Ansicht … Die dritte Position …"

Manche Autoren neigen dazu, ihre eigene Ansicht recht großzügig als herrschend zu bezeichnen. Übernehmen Sie solche Behauptungen nicht ungeprüft – im Zweifel lässt man die Angabe zum Mehrheitsstatus wegen ihrer geringen Aussagekraft eben weg.

Zeitliche Entwicklungen kann man kennzeichnen mit „Nach inzwischen/derzeit/heute/ gegenwärtig/bis vor kurzem/neuerdings usw. herrschender Ansicht/gefestigter/ständiger Rechtsprechung/Einer im Vordringen begriffenen Ansicht zufolge" usw.   177

Oft haben Sie zahlreiche **Belegstellen** zur Verfügung. Übertreiben Sie nicht mit deren Anzahl in den Fußnoten.[215]   178

- **Rechtsprechung**: Zitieren Sie möglichst die früheste Entscheidung, die am besten begründete (die meist zugleich die bekannteste ist) und die neueste. Achten Sie dabei auf Zugänglichkeit der zitierten Quelle, wenn die Entscheidung mehrfach veröffentlicht ist.
- **Schrifttum**: Beachten Sie möglichst die zeitliche Folge; in der Fußnote können Sie nach Lehrbüchern, Kommentaren, Monographien und Aufsätzen ordnen. Unglaubhaft ist es übrigens, wenn Sie zu Nebenproblemen mehrere Monographien, vorzugsweise Habilitationsschriften, zitieren: Dass Sie diese in der Kürze der Zeit gelesen und verstanden haben, nimmt Ihnen der Korrektor nicht immer ab.

Vorsicht mit **Blindzitaten**! Öfter als man glauben sollte, zitieren die Verfasser von Lehrbüchern, Kommentaren und Aufsätzen falsch. Manchmal sind es nur Druckfehler. Jedenfalls ist es unerfreulich, wenn Sie das auch tun. Prüfen Sie also die Verweise, die Sie von anderen übernehmen. Bedenken Sie dabei: In der Regel hat der Korrektor nur Zeit und Geduld für Stichproben. Wenn bei einer Stichprobe aber drei von sieben Fußnoten falsche Belege enthalten, wird er sich wahrscheinlich etwas mehr Zeit nehmen, um Ihre Arbeit näher zu betrachten.[216]   179

- Ein typischer Hinweis auf blind übernommene Zitate sind uneinheitliche Zitierweisen von Fußnote zu Fußnote (beispielsweise ständig abwechselnd *MüKo*, *MünchKomm* und *MK* für den *Münchener Kommentar zum BGB*, *Rn.*, *Rz.*, *Rdnr.*, *Rd.Nr.*, *Rdn.*, *RN.*, *Ziff.* für *Randnummer*, *Hrsg.*, *Hg.* für *Herausgeber*). Vereinheitlichen Sie also mit einem internen Abkürzungsverzeichnis oder unter Angabe der Zitierweise im Schrifttumsverzeichnis Ihre Zitate.[217]
- Ziemlich dilettantisch wirkt das mehrmalige Zitieren derselben Entscheidung nach verschiedenen Fundstellen (etwa wechselweise nach BGHZ, NJW und BB) innerhalb derselben Fußnote oder in aufeinander folgenden Fußnoten. Der Leser bekommt unweigerlich den Eindruck, Sie hätten sich nicht der Mühe unterzogen festzustellen, ob es sich dabei um eine Rechtsprechungskette oder nur eine einzige, aber mehrfach ver-

---

215 Näher zu den Anforderungen an den Fußnotenapparat → Rn. 531 ff.

216 Mit dieser rein taktischen Überlegung ist noch nichts darüber gesagt, wie sich (auch unaufgedeckte) Blindzitate auf Ihre wissenschaftliche Selbstachtung auswirken. Instruktiv zum Wildwuchs von Blindzitaten Schnapp, LA Hans-Uwe Erichsen, 2004, 231 (232 ff.).

217 Dabei hilft das Textverarbeitungsprogramm mit *Suchen und Ersetzen* oder *AutoKorrektur*. Auch möglich: Im Schrifttumsverzeichnis die Zitierweise als Textmarke kennzeichnen und dann in den Fußnoten auf den Inhalt dieser Textmarke verweisen. Oder eine Quellenverwaltungssoftware (zB *Citavi*, *EndNote*, *Bibliographix*) nutzen.

öffentlichte Entscheidung handelt. Der Abgleich ist zwar auf Dauer mühsam, lässt sich aber bei Verwendung der Konkordanztabellen in den Registern etlicher Fachzeitschriften[218] beschleunigen. Am einfachsten geht es mit einer Fachdatenbank, die die Parallelfundstellen aufführt.

180 **Dichte der Belege**: Wie viele Belege Sie brauchen, hängt vom diskutierten Problem ab. Ein ganz aktuelles und in Rechtsprechung und Schrifttum noch kaum thematisiertes Problem wirft nicht so viele Fußnoten ab wie eine klassische, aber bis in die Gegenwart umstrittene Frage.

Faustregel: Deutlich weniger als drei Fußnoten pro Seite (im Schnitt, wohlgemerkt) wirken etwas dürftig, deutlich mehr als fünf pro Seite angeberisch. Wenn sämtliche Fußnoten nur je eine Fundstelle enthalten, sieht das nicht nach gründlicher Arbeitsweise aus.[219]

Zwangsläufig verteilen sich die Fußnoten nicht ganz gleichmäßig über den Text Ihrer Arbeit. In problematischen Passagen steht vielleicht hinter jedem Satz eine, bei unstreitigen Überlegungen finden sich nur wenige (meist: kurze) oder gar keine. Damit erkennt der Leser aber auch leicht, was Ihnen problematisch erscheint.

2. Vorläufige Anwendung auf den Sachverhalt

a) Ergebnisrelevanz herausarbeiten

181 Ein Streit bedarf nur der Darstellung und Entscheidung, wenn die verschiedenen Ansichten in dem von Ihnen zu bearbeitenden Sachverhalt zu unterschiedlichen Ergebnissen führen.[220, 221] Diese vorläufige Anwendung auf den Sachverhalt wird häufig übersehen, ist aber wichtig. Seitenlange Ausführungen zu Kontroversen, von denen sich am Ende herausstellt, dass hinsichtlich des zu begutachtenden Falls alle einer Meinung sind, bringen Ihnen keine Punkte. Im Gegenteil: Sie sind Anlass zur Abwertung.

- Nach dieser Ansicht/Argumentationslinie/Von diesem Standpunkt aus/Aus dem Blickwinkel der … -theorie … /Danach käme/kommt [Möglichkeit 1] in Betracht.
- In Anwendung/Angewendet auf den Sachverhalt/Für [Anspruchsteller/-sgegner] bedeutet dies, dass [Möglichkeit 2].
- Der/Die … wäre danach (ohne Weiteres) ein/e [Möglichkeit 3].
- Folgt man der letztgenannten Ansicht/der Rechtsprechung, (so) …
- Bei Zugrundelegung des ersten Abgrenzungskriteriums …
- Die Anwendung der …-hypothese/…-theorie usw. führt zu/r/m …
- In Fällen wie dem zu entscheidenden/vorliegenden ist danach … anzunehmen.
- Das führt zu …

---

218 Nützlich dafür Schütz/Möllers Fundstellenverzeichnis Veröffentlichte Entscheidungen deutscher Gerichte 1980–1997.

219 Umgekehrt werden in Übungsarbeiten aber nur gelegentlich Fußnoten erforderlich sein, die mehr als drei Zeilen mit Belegstellen enthalten; näher → Rn. 243a; vertiefend Basak ZJS 2018, 568 ff.; Meinking HanLR 2019, 95 ff.; Dornis/Keßenich/Lemke S. 98 f. Insgesamt ist nicht zu übersehen, dass über die Jahre und Jahrzehnte die Erwartungen des Lesers eher steigen, weil im digitalen Zeitalter die Suche nach Belegstellen viel einfacher geworden ist.

220 Das gilt übrigens nicht nur für die hier erörterten **Streitfragen**, sondern auch für die unter Juristen beliebten akademischen **Abgrenzungsfragen**. So ist es beispielsweise müßig, bei der Prüfung eines deliktischen Schadensersatzanspruchs aus § 823 I BGB viel Mühe auf die richtige Begründung dafür zu verwenden, ob T (noch) fahrlässig oder (schon) vorsätzlich gehandelt hat – von wenigen Ausnahmen abgesehen ist die Rechtsfolge die gleiche. Der argumentative Aufwand kann aber gleichwohl hoch (und eben: unnötig) sein, weil es sich um normative Begriffe handelt, die einer rechtlich-wertenden Ausfüllung bedürfen.

221 Entbehrlich ist die Subsumtion etwa, wenn zwei oder mehrere Definitionen, unter die subsumiert werden müsste, zueinander im Verhältnis der Inklusivität stehen; dazu Puppe Schule S. 58.

- Das würde bedeuten/dazu führen, dass …
- Nimmt man … an, so ist diesem Ansatz zufolge …
- Hält man [Kriterium] für maßgeblich/Verlangt man dagegen mit der …-ansicht …, so …
- Zum gleichen Ergebnis kommt die …-theorie/man bei Anwendung des …-kriteriums.
- Auch die …-ansicht führt hier nicht zu anderen/abweichenden Resultaten: …
- Mit der …-formel des [Gerichts] gelangt man zum selben/gleichen Ergebnis.
- Da …, kommt die …-theorie in Fällen/Fallkonstellationen wie dem/der vorliegenden zum gleichen Resultat.
- Nichts anderes ergibt sich aus …/, legt man … zugrunde/stellt man auf … ab.

Dabei ist es sinnvoll, auch sprachlich zu verdeutlichen, dass es sich noch nicht um endgültige Ergebnisse handelt.

Anschließend sollte, schon zur Selbstkontrolle, etwas folgen wie: 182

- Da die dargestellten Standpunkte für den vorliegenden Sachverhalt zu verschiedenen Ergebnissen gelangen, ist der Streit zu entscheiden/bedarf die Kontroverse/es einer Stellungnahme/Entscheidung.[222]
- Für … kommt es demnach darauf an, ob der … oder der … zu folgen ist.
- Das Ergebnis zu/r …/Die Entscheidung des/r … hängt also davon ab, welcher der genannten/dargestellten/beschriebenen Ansichten zu folgen ist/man folgt/man sich anschließt.
- Bei Zugrundelegung des …-kriteriums ist daher … zu verneinen, während anderenfalls …
- Da …, kommen die genannten Auffassungen zu unterschiedlichen Ergebnissen.
- Streitentscheidende/Fallentscheidende Bedeutung hat deshalb die Frage nach …

In Fortgeschrittenenarbeiten und im Examen kann allerdings die ständige mechanische 183
Wiederholung des Satzes „Die zum Problem vertretenen Ansichten kommen zu verschiedenen Ergebnissen, sodass der Streit zu entscheiden ist" ermüdend wirken. Gerade bei kleineren Problemen sollte man deshalb ohne Ankündigung in die Diskussion einsteigen und dem Leser die Einsicht selbst überlassen.

Wenn Sie an diesem Punkt aber zu der überraschenden Erkenntnis gelangen, dass alle einschlägigen Theorien für Ihren Sachverhalt zum gleichen Ergebnis kommen, können und 184
müssen Sie sich deren Darstellung und Diskussion weitgehend sparen. Fassen Sie sich dann kurz.[223]

> **Beispiel:** „Folglich handelt es sich bei … nach sämtlichen dargestellten Meinungen/Ansichten/Abgrenzungskriterien/Theorien/Standpunkten um …; eine Entscheidung des Meinungsstreits ist daher nicht geboten."

Das ist hart, wenn Sie zwei Wochen daran gearbeitet haben, aber das Leben ist kein Ponyhof. Außerdem lernt man am besten aus Fehlern.

b) Sachverhaltsbezug wiederherstellen

Nach längerer Darstellung von Streitständen kann man den erforderlichen Bezug zum 185
Sachverhalt wiederherstellen mit

- Der/Die … hängt also von … ab.
- Ob nun … (als … anzusehen) ist, bestimmt sich nach …
- Damit ist/erweist sich die Antwort auf die Frage nach … als vorgreiflich für die …-eigenschaft des …

Vorsicht: Mit Formulierungen wie

- Für den vorliegenden Sachverhalt bedeutet das, dass …/Im hier interessierenden Zusammenhang folgt daraus, dass …[224]

weisen Sie den Leser unnötigerweise darauf hin, dass Sie sich länger vom konkreten Sachverhalt verabschiedet hatten. Nützlich sind stattdessen gelegentliche Einschübe in

---

222 Eher unschön ist das zuletzt beliebte „… ist ein Streitentscheid erforderlich".
223 Zum Offenlassen auch → Rn. 233, 428.
224 BGHZ 53, 369 (379) = NJW 1970, 1273.

Klammern oder Gedankenstrichen, die auf das für den Sachverhalt einschlägige Merkmal verweisen.

> **Beispiel:** „Nach der Ansicht der Rechtsprechung kann der Geschädigte – hier: A – vom Schädiger – hier: B – nur unter der Voraussetzung unmittelbar Ersatz verlangen, dass …" oder „Das Verhalten des T – das Unterlassen der Sicherung der Baustelle – müsste ihm zudem nach einer wertenden Betrachtung zurechenbar sein".

3. Eigene Stellungnahme

186 Eine eigene Stellungnahme ist unentbehrlich. Auch wenn Sie sich dem Standpunkt der Mehrheit anschließen, müssen Sie begründen, dass und warum dieser Sie überzeugt. Sprechen Sie selbst hier nicht in der ersten Person Singular.[225] Stellen Sie Ihren Standpunkt dar, als sei er zwingend, also nicht nur für Sie, sondern für jeden richtig und überzeugend. Im Übrigen nimmt es Ihnen niemand übel, wenn Sie irgendeiner vertretbaren (lies: vertretenen) Ansicht folgen. Da Sie wissenschaftlich arbeiten, kommt es nicht darauf an, ob Ihre Meinung herrschend ist, sondern nur darauf, ob sie anständig begründet ist. Sicherheitshalber: Je seltener die Meinung vertreten wird, desto besser und erforderlichenfalls umfangreicher sollten Sie Ihren Standpunkt begründen – das heißt: in Zeitnot besonders in Klausuren vielleicht lieber der überwiegend vertretenen Ansicht folgen.

187 Um Missverständnissen vorzubeugen: Sie müssen keinen wirklich neuen, sondern nur einen eigenen Standpunkt entwickeln.[226] Ersteres ist im zeitlichen Rahmen einer Übungsarbeit meist gar nicht zu leisten – und es wäre ein bisschen viel verlangt, wenn Sie den Äußerungen von Professoren und Praktikern, die sich teils sehr lange mit dem Problem befasst haben, spontan noch eine bislang nicht gedachte Position hinzufügen müssten. Trotzdem soll Ihr Text erkennen lassen, dass Sie sich eine eigene Meinung gebildet haben. Sie müssen also darlegen, warum Ihnen die eine oder andere angebotene Ansicht überzeugender erscheint.

188 Ob die Überschrift, die man jedenfalls bei längerer Diskussion setzen sollte, wirklich *Eigene Meinung* heißen muss, ist zweifelhaft, gerade wenn Sie sich vorbehaltlos einem bereits vertretenen Standpunkt anschließen. Am ehesten noch schlicht und einfach *Stellungnahme*, vielleicht *(Kritische) Würdigung* oder – auch nicht richtig schön – *Fazit*. Manchmal passt *Vorzugswürdiger Ansatz* oder *Streitentscheidung*. *Abwägung* ist beliebt, trifft es aber auch nicht ganz genau: In Wirklichkeit kann man Argumente nicht gegeneinander abwägen[227]. Überhaupt braucht es bei der Darstellung streitiger Probleme ein bisschen guten Willen zur Formulierung der Überschriften, wenn man nicht auf das aussagelose (und allenfalls in Klausuren hinnehmbare) *Erste Meinung, Zweite Meinung, Vermittelnde Meinung* zurückgreifen will.

188a **Exkurs:** Wie findet man den **eigenen Standpunkt**?
Im Großen und Ganzen gibt es zwei Möglichkeiten. Wer sich mit einem Rechtsproblem eine Weile auseinandergesetzt und insbesondere Schrifttum und Rechtsprechung dazu verarbeitet hat, hat meist – zur eigenen Überraschung – am Schluss eine Meinung. Wo aber die Intuition versagt oder man einfach kein Interesse für das Problem aufbringt,[228] braucht es Hilfsmittel. Oft hilft eine tabellarische Übersicht über die Argumente der verschiedenen Ansichten. Hat man diese sorgfältig angelegt, ergibt sich ein recht gutes Bild der Vollständigkeit oder eben Lückenhaftigkeit eines Standpunkts. Mangels

---

225 Zur ersten Person Singular im Gutachten → Rn. 394.
226 Schade eigentlich!
227 Zum schiefen Bild der Abwägung noch → Rn. 208.
228 Das muss kein schlechtes Zeichen sein. Kein Mensch kann sich für alle Rechtsprobleme interessieren.

eigener inhaltlicher Präferenzen[229] schließt man sich am Ende dem Standpunkt an, der den anderen die wenigsten Gegenargumente schuldig bleibt – oder je nach Arbeitseifer dem Standpunkt, der die problemfreundlichste oder eben schlankeste Bearbeitung ermöglicht.

a) Argumente aufarbeiten

Nachdem nun etliche Argumente auf den Leser einwirken, muss man ihn ein wenig an die Hand nehmen, damit er nicht zu selbstständig an das Problem herangeht und möglicherweise zu einem abweichenden Ergebnis kommt. Zumindest muss ihm nachvollziehbar werden, wie Sie zu Ihrem Standpunkt gelangt sind. Dazu sind die zuvor dargestellten Argumente zu sortieren und zu gewichten.   189

aa) Ausklammern von Argumenten

Ganz typisch für juristische Argumentationen ist die Trennung zwischen Argumenten, die zur Sache gehören und deshalb erörtert werden, und solchen, die man aus irgendeinem Grund als sachfremd von vornherein ausklammern kann. In Übungsarbeiten bildet dies besonders dann einen wichtigen Teil der Leistung, wenn im Sachverhalt bereits Rechtsmeinungen der Beteiligten wiedergegeben werden oder einzelne Argumente sich nach der Konstruktion des Sachverhalts geradezu aufdrängen.   190

- Keine Rolle kann/darf es spielen, dass …
- Unberücksichtigt/Außer Betracht/Ansatz muss der Einwand/der Hinweis auf … bleiben, …
- Unbeachtlich ist …
- Das Argument der Gegenmeinung, …, geht fehl/ist unzutreffend.
- Kein nennenswertes Gewicht/Kein/e oder allenfalls geringes Gewicht/marginale/untergeordnete Bedeutung kann/darf dem Umstand/Einwand zukommen/wird man der Erwägung zuzumessen haben, dass …
- [Argument] ist daher nicht in die Betrachtung/Erörterung/Abwägung/weiteren Überlegungen/Prüfung des/r … mit einzubeziehen/einzustellen.
- Auf … stellt [Norm] gerade nicht ab.
- Auf … kann es nicht ankommen. Damit entfällt der gewichtigste Einwand gegen … Letztendlich bleibt nur noch das auf … gestützte Argument. Zur Begründung … kann dies angesichts des erheblichen Gewichts insbesondere des dargestellten …-arguments nicht ausreichen. Im Ergebnis wird man also … zustimmen (müssen), zumal allein dies eine angemessene Entscheidung/Lösung von … ermöglicht.

Leicht nachvollziehbar – und damit voraussichtlich überzeugend – ist das Herauswerfen solcher Argumente aus dem Kreis der maßgeblichen Erwägungen, die gar keine richtigen Argumente sind.   191

Ein **Argument** sieht ungefähr so aus:[230]

Behauptung – Begründung – Beleg.

Die beliebte kommentarlose Bezugnahme auf die herrschende Meinung[231] ist danach kein Argument: Zwischen Behauptung und Beleg fehlt die Begründung. Und selbst wenn nur der Beleg fehlt, schwächt schon das ein Argument – zumindest wissenschaftlich betrachtet.[232]

Für die Argumentation sehr günstig ist es, wenn man den Vertretern der abgelehnten Meinung offensichtliche Fehler vorwerfen kann:

---

229 Erfahrungsgemäß trifft man solche Entscheidungen in Klausuren aus Zeitknappheit rein taktisch, in Hausarbeiten nach eigener inhaltlicher Überzeugung.

230 Näher zB Herrmann/Hoppmann/Stölzgen/Taraman Schlüsselkompetenz S. 40 ff.; Kruse Denken S. 93 ff.

231 Dazu → Rn. 430

232 Ein noch so flammendes und überzeugendes Plädoyer (schönes Beispiel: Prantl Terrorist) leidet aus wissenschaftlicher Sicht, wenn sich der Adressat die Belege selbst zusammensuchen muss.

- [Gegenansicht] beschränkt sich hier auf reine/schlichte/einfache Behauptungen, ohne diese (näher/auch nur ansatzweise) zu begründen. Eine Widerlegung ist daher weder möglich noch nötig.
- Für [Behauptung] fehlt es jedoch an einem/jeglichem Beleg. Der Ansatz bleibt somit (recht/etwas) spekulativ/ist nicht/nur schwer nachvollziehbar.

Bei so schwerem Geschütz ist aber Zurückhaltung geboten; unberechtigte Vorwürfe fallen leicht auf den zurück, der sie erhebt.

- Mit dem Verweis auf … lässt sich [Ansatz] nicht belegen/begründen/Sofern sich [Autor] auf [Autor/Ansatz] beruft, liegt dem ein Missverständnis … zugrunde: [Ansatz] war für [Fälle wie den vorliegenden] nicht gedacht; vielmehr sollte/n damit … erklärt/bewältigt werden. Von [vorliegendem Sachverhalt] unterscheiden sich diese schon insofern erheblich/wesentlich, als …
- Ob sich [Autor] für [Behauptung] auf [Quelle] berufen kann, muss bezweifelt werden. …

bb) Abwerten von Argumenten

192 Hat man einen Teil der vorgebrachten Argumente als unmaßgeblich ausgeschieden, kann man einige der verbleibenden als zwar zur Sache gehörend, aber wenig überzeugend kennzeichnen.

- Sofern/Soweit/Wenn hiergegen … eingewandt/geltend gemacht/vorgebracht wird, kann dies schon deswegen/insoweit nicht (recht/ganz) überzeugen, weil/als …
- [Standpunkt] übersieht …
- Was [Argument] betrifft/anbelangt/angeht, so verfehlt dieser Einwand (schon deswegen) das infrage stehende Problem, weil …
- Dieses Argument verliert indes(sen) dadurch (erheblich/deutlich/sehr stark/spürbar/merklich) an Durchschlagskraft/Überzeugungskraft, dass …
- Weiter relativiert sich die Überzeugungskraft des …-Arguments dadurch, dass …
- Auch die Berufung/das Abstellen auf … führt/hilft (hier) nicht weiter/geht ins Leere/erlangt im vorliegenden Sachverhalt keine Bedeutung: …
- Zwar ist der …-ansicht zuzugeben, dass … Jedoch ist allein mit … noch nichts gewonnen. Wirklich problematisch sind nicht [Fälle], sondern [Fälle].
- Nicht tragfähig ist/als wenig tragfähig erweist sich bei näherer Betrachtung … Das erhellt bereits/ergibt sich/folgt schon aus …
- [Kriterium] erlaubt/ermöglicht keine klare/eindeutige/sichere/definitive/nachvollziehbare Abgrenzung/Bestimmung des …-inhalts/Beurteilung des/r …
- Bei näherem Hinsehen/genauerer Betrachtung erweist sich [Argument] als wenig/nicht stichhaltig: …; [Argument] sticht nicht: …
- Die Bedeutung/das Gewicht dieses Einwands ist allerdings insofern zweifelhaft/fraglich, als … Auch die Vertreter der … müssen einräumen, dass …
- … kann … nicht bewältigen.
- … sieht sich dem Einwand ausgesetzt, …
- Man wird (auch) nicht sagen können, dass …
- Der von … zur Begründung angeführte Schluss von … auf … ist nicht logisch zwingend, sondern allenfalls für den statistischen Normalfall überzeugend.

193 Vermeiden Sie bei alledem aber **herablassende, arrogante und altkluge Formen der Kritik** oder Zustimmung:

- Dieser Ansatz führt zu schier unerträglichen Ergebnissen.
- Gänzlich verfehlt/abwegig ist es, mit der hM auf … abzustellen.
- Richtig ist an der Auffassung *Medicus'* nur, dass …
- Das BVerfG wird sich diese Einsicht zu Herzen nehmen müssen.
- Der BGH geht insoweit in nicht zu beanstandender Weise vor.

So unverständlich oder falsch Ihnen manchmal höchstrichterliche Entscheidungen erscheinen mögen, so sehr verdienen sie doch eine sachliche Auseinandersetzung. Bedenken Sie: Die Richter, die diese Entscheidungen treffen, tun dies hauptamtlich, sie sind juristisch sehr gut qualifiziert; sie sind weisungsunabhängig und nicht interessengebunden. Das verbürgt nicht die Richtigkeit des Ergebnisses, aber zumindest dessen professionell solide

Herstellung. Bleiben Sie deswegen bei aller Kritik in der Sache korrekt im Ton.[233] Es ist nicht sinnvoll, den Stil schlechter Anwaltsschriftsätze zu kopieren.[234]

> **Beispiel:** „Völlig neben der Sache liegt auch [Argument] …"

Damit erreicht man bestenfalls gesteigerte Aufmerksamkeit des Lesers für das angeblich so abwegige Argument.[235] Mancher Satz, der aus der Feder einer Autorität ganz stimmig klingt,

> **Beispiel:** „Wieso … sein soll, ist nicht einzusehen."[236]

wirkt zu dick aufgetragen, wenn ihn Studenten im zweiten Semester verwenden.

Die beliebten Urteile des Typs *lebensfern, realitätsferne Unterstellung* etc. über einen fremden Standpunkt sind in mehrfacher Hinsicht heikel: Aus der Feder junger Menschen klingt so etwas immer ein bisschen besserwisserisch-altklug.[237] Diese Urteile sind das Ergebnis einer ziemlich subjektiven Wertung – besser gibt man Gründe an als nur ein solches Ergebnis, das allein wenig Überzeugungserfolg verspricht (und zudem bei inflationärem Gebrauch den Leser misstrauisch macht …). Richtig viel sagt solche Etikettierung überhaupt nicht aus: Rechtliche Konstruktionen sind eben manchmal lebensfern (denken Sie nur an das Abstraktionsprinzip).

Wer in der Auseinandersetzung mit einer fremden Ansicht schreibt „Daran mag wahr/zutreffend sein, dass …", schlägt einen ganz unnötig gönnerhaften Ton an. Meist ist nämlich gemeint „Wahr/Zutreffend ist zwar …, aber …" Selbst wenn man wirklich noch bestreiten will, dass die betreffende Tatsache wahr ist, geht es weniger herablassend: „Unterstellt man, dass … zutrifft, bleiben gleichwohl erhebliche Bedenken: …"

Auch die Bezeichnung eines Standpunkts oder Ergebnisses als *formaljuristisch (richtig)* ist in juristischen Zusammenhängen ein wenig seltsam: Oft bezieht eine juristische Argumentation einen Teil ihrer Qualität gerade daraus, dass sie formal vorgeht.[238]

---

233 Dazu auch Beyerbach Doktorarbeit Rn. 350. Was Sie also selbst als Kritik an Ihren Prüfungsleistungen unangemessen fänden, dürfen Sie auch als Kritik an den Argumentationen anderer Leute nicht aussprechen. Warum das wichtig ist, merken Sie spätestens in Ihrem Beruf als Rechtsanwalt: Man trifft sich immer zweimal (mindestens …!). Und nicht jedes Mal ist man in der argumentativ besseren Position. Schön, wenn dann wenigstens der Ton der Auseinandersetzung sachlich und friedlich bleibt. – Ist folgende Kritik am BGH zu scharf? „Unabhängig davon, welche Lösung man selbst favorisiert, führt kein Weg an der Feststellung vorbei, dass der BGH bei der Lösung des Problems bis dato kläglich versagt hat. Der Satz, der Präventionsgedanke könne den Entschädigungsanspruch ,nicht alleine tragen' [Fn.] ist nicht mehr als eine platte Behauptung – ein Zirkelschluß, der das Ergebnis als Begründung anbietet und dem Freiherrn von Münchhausen, der sich am eigenen Schopf aus dem Sumpf zog, alle Ehre macht" (Wolf GreifRecht 2014, 138 [141]). Wenn ja: Wie würde eine zurückhaltendere Formulierung lauten?

234 Erst recht vermeiden sollte man die ganz offensiven Formen der Kritik; wenn etwa Wolfgang Thierse ein Urteil des LAG Berlin-Brandenburg (NJ 2009, 256 – Emmely) als „barbarisches Urteil von asozialer Qualität" bezeichnet (t1p.de/5ev2), mag das politisch opportun sein, erleichtert aber nicht die sachliche Auseinandersetzung. Letztinstanzlich zu Emmely BAG DB 2010, 2395 ff.; dazu zB Ritter DB 2011, 175 ff.

235 Zu verdächtigen Pseudo-Gewissheitsvokabeln → Rn. 359.

236 BGH NJW 2003, 2314 (2316).

237 Dazu noch → Rn. 358.

238 Als Juristenschelte ist *formaljuristisch* natürlich ganz gut. Wer den Begriff gebraucht, muss sich aber eben immer fragen lassen, ob er über einen privilegierten Zugang zur Erkenntnis des Gerechten verfügt – denn auf den Gegensatz zwischen formaler Richtigkeit und inhaltlicher Gerechtigkeit zielt der Vorwurf ja gerade. Lesenswert zu *formaljuristisch* als juristischem f***-Wort Rath LTO v. 24.7.2011, t1p.de/r67u.

Überhaupt ist es ein Gebot des fachlichen und diskursiven Anstands, die Meinungen anderer Leute so überzeugend und stimmig wie möglich darzustellen – um erst anschließend Kritik daran zu üben.[239]

Mit ein wenig gutem Willen kann man auch einem Rechtsstandpunkt, den man kritisieren will, Gerechtigkeit angedeihen lassen.

> **Beispiel:** Wer schreibt „Der BGH übersieht dabei [Argument/Umstand/Einwand]" behauptet implizit, das Gericht habe nicht besonders gründlich nachgedacht. Diese Wertung braucht man oft nicht; meist wird genügen „Der BGH berücksichtigt nicht (ausreichend) [Argument/Umstand/ Einwand]".

194 In einer um Objektivität und Wissenschaftlichkeit bemühten Diskussion kann man manchmal eine gewisse Vorgewichtung der Argumente dadurch erreichen, dass man darauf hinweist, sie seien interessegeleitet.[240] Solcherlei Hinweise sind aber vorsichtig einzusetzen; sie geraten schnell in die Nähe der etwas zwielichtigen Argumente zur Person. Wer darauf zurückgreift, lässt vermuten, er habe in der Sache nicht viel zu sagen. Es ist ein Gebot der Klugheit und der Höflichkeit, die eigene Kritik auf die **Sache** zu beschränken und die **Person** des Kritisierten draußen zu lassen.[241] Schließlich erwartet man Gleiches auch bei der Korrektur der eigenen Arbeit. Kurz: Kritik gewinnt durch Sachlichkeit.

- Der Ansicht des BGH kann aus den dargestellten/genannten Gründen nicht gefolgt werden/... ist ... nicht zu folgen/beizupflichten. Zustimmung verdient/erheischt dagegen der Ansatz des OLG Düsseldorf ...
- Dieser Ansatz kann jedoch nicht überzeugen/überzeugt/verfängt nicht/vermag nicht zu überzeugen.

Man kann – vielleicht – in einer Fußnote darauf hinweisen, dass an einer anderen Meinung etwas nicht in Ordnung ist:

- Bedenklich/Schwer nachvollziehbar/Fragwürdig/Ohne nähere Begründung BAGE 22, 554 (557) ...

cc) Umdrehen von Argumenten

195 Manchmal bietet es sich an, ein Argument der Gegenseite für den eigenen Standpunkt zu beanspruchen; das kann im Einzelfall sehr überzeugend wirken:

- Gerade bei/wegen ...
- Soweit ... auf ... abstellt, kann dies das Ergebnis nicht tragen. Im Gegenteil ... . Eben/Genau/Insbesondere ... ist es, der/die/das ... / Das Argument verfängt nicht, weil ...
- Bei näherem Hinsehen/genauerer Betrachtung/Überlegung spricht [Argument] vielmehr für ...
- Tatsächlich liegen die Dinge aber genau umgekehrt: ...

dd) Zugestehen von Argumenten

196 Den Eindruck von Ausgewogenheit und Objektivität kann man verstärken, indem man starke Argumente oder Teile von Argumenten der abgelehnten Ansicht zugesteht.

- Der Gegenmeinung ist zuzugestehen/zuzugeben/zu konzedieren/einzuräumen, dass ...
- Nicht zu bestreiten/von der Hand zu weisen/Richtig/Zutreffend ist ...
- Zwar [ist Ausgangspunkt der abzulehnenden Ansicht richtig gewählt], aber ...

197 Will man ein kleines Argument der abgelehnten Ansicht als stichhaltig einräumen, aber im gleichen Satz ein großes Argument für die eigene Ansicht auffahren, so bieten sich an:

---

239 Knappe, aber erhellende Bemerkungen dazu bei Puppe JuS 1998, 287 f.
240 Dazu Schimmel JA 2015, 643 ff.
241 Auch wenn Sie zum Korrekturassistenten oder zum Richter aufgestiegen sind, ist höfliche Kritik meist erfolgreicher als eine plumpe Watsche. Wer *abwegig* meint, schreibt deswegen *eher fernliegend*, und wer *unsinnig* sagen will, schreibt *bei näherem Überlegen widersprüchlich*. Der so Angesprochene ist sowieso enttäuscht, weil Sie ihn nicht überzeugt hat – Sie müssen ihn nicht zusätzlich abstrafen.

- Wenn auch/Auch wenn/Obwohl/Obschon/Obgleich [Gegenargument] kaum zu widerlegen ist, ist doch [eigenes Argument] gewichtiger.
- [Zugestandenes Argument]. Trotzdem/Dessen ungeachtet/Gleichwohl/Nichtsdestoweniger …
- Selbst/Sogar/Auch wenn man …, so bleibt doch …
- Mag bei … noch einiges dafür sprechen, …, so ist in den Fällen der/s kaum noch ein Grund ersichtlich, …
- Zwar ist [Autor] zuzustimmen, wenn er … Aber …
- Dieser Einwand ist zwar an sich plausibel/nachvollziehbar, betrifft jedoch Fälle der vorliegenden Art (gerade) nicht.
- [Teilaussage] ist zwar richtig/korrekt/stichhaltig. Damit ist jedoch für [Problem] noch nichts/nur wenig gewonnen. (Oder:) Hinter … muss [Umstand/Tatsache] in seiner/ihrer Bedeutung jedoch zurücktreten. (Oder:) Das ändert jedoch nichts an …
- [Umstand] allein rechtfertigt es noch nicht, von … abzuweichen/abzugehen.

> **Beispiel:** „Dass [Standpunkt] die Interessen des [Gläubigers] nicht im gleichen Maß berücksichtigt wie die des [Schuldners], ist richtig. Dies findet seinen Grund darin, dass die Interessen des [Gläubigers] nicht ebenso schutzwürdig sind wie …: [Begründung]."

ee) Bewerten und Einordnen von Argumenten

Die Mehrzahl aller gegen die eigene Ansicht sprechenden Argumente ist von solcher Qualität und Sachnähe, dass man sie nicht für unmaßgeblich erklären kann; sie sind aber meist noch angreifbar genug, dass man sie auch nicht diskussionslos zugestehen müsste. Also muss man sie **kritisieren**. Dafür gibt es mehrere Ansatzpunkte: die *(un-ausgesprochenen) Voraussetzungen/Ausgangspunkte/Prämissen/Thesen/Unterstellun-gen*, die *(unmittelbaren/mittelbaren) Folgen/Konsequenzen/Ergebnisse/„Nebenwirkungen"* und – gewissermaßen die Qualität der Argumentation selbst – *der Schluss ist nicht zwingend/überzeugend/nachvollziehbar, ein Zusammenhang zwischen … und … ist nicht ersichtlich* usw.   198

Voraussetzungen   199

- Die Vertreter/Anhänger/Verfechter der …theorie verkennen die zentrale Bedeutung, die dem …-prinzip in unserer (Zivil-)Rechtsordnung zukommt.
- [Ansicht] beruht/basiert/fußt auf [Annahme]. [Annahme] ist mit … nicht verträglich/zu vereinbaren/in Übereinstimmung/Einklang zu bringen/… steht nicht in Einklang mit …
- [Annahme]/[Ergebnis] steht im Widerspruch zu/widerspricht/verträgt sich nicht mit …
- … geht von einem falschen/untauglichen/unzutreffenden/nicht einschlägigen Ausgangspunkt/Ansatz aus.
- Empirisch betrachtet ist [Annahme] äußerst zweifelhaft/schlichtweg falsch/ganz unhaltbar. (Je massiver ein solcher Angriff und je schärfer dessen Ton ausfällt, desto unbezweifelbarer muss die nachfolgende Begründung – einschließlich der dafür angeführten Belege – sein.)
- Diesem Ansatz liegt (unausgesprochen/uneingestanden) die angreifbare Auffassung zugrunde, …

Folgen   200

- Dies/Das/Ein solches Vorgehen läuft darauf hinaus, …/führt zu …/zieht … nach sich/bringt … mit sich/zwingt zu …/hat … zur Folge/Konsequenz/Das führt (aber) zu Schwierigkeiten/Unstimmigkeiten bei … [zB der Abgrenzung von … und …]/bringt Schwierigkeiten bei … mit sich.
- Folgt man dieser Auffassung, so …
- Kaum hinnehmbar ist … [Folge] als zwangsläufige Folge des Abstellens auf … [Kriterium].
- Nur bei/durch Abstellen auf … lässt sich … sachgerecht/systemkonform entscheiden.
- Mit dem Ansatz der hM lassen sich jedoch [Probleme] nicht angemessen lösen/ist … nicht (überzeugend) erklärbar.
- Bei wirtschaftlicher Betrachtungsweise bedarf dieses Ergebnis jedoch einer Korrektur/wird dieses Ergebnis aber zweifelhaft/fragwürdig.
- Damit ist das Folgeproblem … aufgeworfen. Im Schrifttum wird dazu ausgeführt, …
- … bevorzugt einseitig/berücksichtigt nicht (hinreichend) die Interessen des/r …/trägt den Interessen des/r nicht Rechnung *usw.*
- Dadurch wird das Risiko/die Gefahr/werden die Folgen einer/s … dem … auferlegt/aufgebürdet/zugewiesen/fällt/fallen … zur Last. Die Gefahr des/r … hat dann ausschließlich … zu tragen.

- Allerdings wird [Ergebnis einer Ansicht] kaum/nicht ohne Weiteres mit … [zB Erfordernissen/dem Postulat der Rechtssicherheit] zu vereinbaren sein.
- Dagegen entspricht [Ergebnis] der Anforderung/dem Prinzip/dem Erfordernis[242]/… steht … in Übereinstimmung mit …
- Denkt man aber diesen Ansatz (konsequent/folgerichtig) weiter/zu Ende, so [katastrophale Folge].
- Auf [vergleichbaren Sachverhalt] angewandt, muss dieses Kriterium zu [unerwünschten Ergebnissen] führen.
- [Ergebnis] würde [Prinzip/Erfordernis/anerkannte Aussage] zuwiderlaufen/widersprechen/infrage stellen/ läuft zuwider/verletzt/ist mit … nicht in Übereinstimmung zu bringen.
- … bringt eine schwer erträgliche Rechtsunsicherheit mit sich. Das lässt sich vermeiden, indem man auf … abstellt.
- … widerspricht dem Gebot des/r …
- … hat den Vorteil/Vorzug, dass …
- Durch … wird [Prinzip] (unnötig/ohne Not) ausgehöhlt.

201 Argumentation selbst

- Die …-ansicht/verkennt/übersieht/berücksichtigt/beachtet nicht hinreichend/ausreichend/genügend/hinlänglich … Darüber hinaus leidet sie daran, dass …/unter einem (inneren) Widerspruch: …
- Es wird jedoch nicht recht deutlich, warum/aus welchen Gründen [Annahme] Anlass geben soll, [Behauptung] anzunehmen.
- Eine solche Argumentation unterläuft/umgeht [Zweck der Regelung]/[Prinzip].
- [Argument] verstößt gegen/verletzt das Prinzip/Gebot/Postulat des/r …/lässt … außer Acht/steht nicht in Übereinstimmung mit/stimmt nicht überein mit …
- Stellenweise ist die Begründung (in sich) widersprüchlich/unstimmig: (Die Berufung auf) [Argument 1] schließt (die gleichzeitige Berufung/den Verweis auf) [Argument 2] aus.
- [Argument]/Die …-konstruktion wirkt/ist lebensfremd/unnatürlich/gekünstelt/lebensfern/wirklichkeitsfern. *(Vorsicht: Welche juristische Konstruktion ist schon lebensnah?)*
- Ein solches Vorgehen ist jedoch insofern bedenklich/problematisch/muss aber insofern auf Bedenken/ Einwände treffen/stoßen, als …
- [Kriterium] erzwingt bei … (eine) unnötig gekünstelte Konstruktion(en). Der begriffliche Aufwand zur Begründung eines … ist überflüssig, wenn man auf … abstellt.
- Der Vergleich mit …/Der Verweis auf … ist unzulässig/irreführend/vordergründig/greift zu kurz.
- Die Gegenmeinung setzt sich nicht mit [Argument] auseinander/setzt … und … unzulässigerweise gleich/ vereinfacht/verkürzt unzulässig das Problem: …
- Das von … vorgeschlagene Kriterium ist unklar/unscharf/undeutlich/führt bei der praktischen Anwendung zu Unsicherheiten: Wann ein/e … vorliegen soll, lässt sich anhand der Frage nach … nicht mit der nötigen Eindeutigkeit/nicht eindeutig genug bestimmen.
- Die Gegenansicht muss (ohne Not) eine Ausnahme vom …-Erfordernis/-Grundsatz/-Prinzip machen/stellt die Geltung des …-prinzips infrage, was bei Zugrundelegung des …-kriteriums vermeidbar wäre.
- Die Ableitung eines … ist indessen auch ohne Rückgriff auf … möglich, sodass [Standpunkt] vorzuziehen ist, weil er sich den gegen … gerichteten Angriffen/Einwänden nicht ausgesetzt sieht.

Nun noch einige Wendungen, die nicht in dieses Raster passen:

202 Argumente **für die eigene Meinung:**

- Dies(e Ansicht) lässt sich auch auf … stützen/kann auch auf … gestützt werden/findet eine zusätzliche/ weitere Bestätigung/Stütze in …/Das …-argument lässt sich zusätzlich mit … untermauern.
- Für … streitet/spricht [zB gesetzliche Vermutung/Erfahrungstatsache *usw.*].
- Mit … wird zudem … [zB Erfordernissen der Rechtssicherheit] hinlänglich Rechnung getragen/Genüge getan/genügt.
- Dies müssen auch die Vertreter der …-ansicht zugestehen/Auch die Vertreter der …-ansicht sehen sich veranlasst/gezwungen/genötigt, … zuzugestehen/einzuräumen.
- Den Einwänden/Bedenken der Gegenansicht kann Rechnung getragen werden/Die Einwände können entkräftet/entschärft werden, indem/wenn …

---

242 Der Erfolg einer solchen Berufung auf Prinzipien steht und fällt mit der Geltung des Prinzips. Gelegentlich braucht es also zusätzlichen Aufwand, um Geltung und/oder Einschlägigkeit und/ oder Reichweite des Prinzips zu begründen.

- Der dagegen erhobene auf … gestützte Einwand/Vorwurf des/r … greift nicht durch …/Die(se) Bedenken/ Einwände lassen sich ausräumen/sind nicht überzeugend/durchgreifend: … Letztendlich bleibt für die/ zugunsten der …-ansicht nur noch …
- Nur auf diesem Weg lässt sich … erreichen/lassen sich … berücksichtigen/kann dem Umstand Rechnung getragen werden, dass ….
- Spätestens bei … müssen die Vertreter der …-theorie Inkonsistenzen/Widersprüche/Unstimmigkeiten/ Einschränkungen/Ausnahmen in Kauf nehmen/hinnehmen. Stellt man dagegen konsequent auf das …-kriterium ab, lassen sich diese ohne Weiteres vermeiden. Gerade hier liegt einer der hauptsächlichen dogmatischen Vorteile der …-theorie.
- Im Mittelpunkt/Zentrum der Kritik steht dabei [Gesichtspunkt]. Gerade dieser hat für den vorliegenden Sachverhalt keine Bedeutung.
- An [Standpunkt] ist daher trotz teilweise einsichtiger Gegenargumente/Einwände (aus [Gründen]) festzuhalten.
- Wie sich aus [Norm] ergibt/ableiten/entnehmen lässt, …/Wegen der Regelung in [Norm] muss …
- Schon [Argument] deutet/weist darauf hin/legt nahe, dass …
- Dies gilt umso mehr, als …
- Das Abstellen auf … hat zudem den Vorzug/Vorteil, dass …
- Nicht erst [Argument], sondern schon [Argument] zwingt zu …
- Mit … ist darauf hinzuweisen, dass …
- [Favorisierter Ansatz] erweist sich damit als sachnäher/problemadäquater als [abgelehnter Ansatz].

Argumente **gegen die Gegenmeinung:** 203

- Indessen erweckt diese Konstruktion … Bedenken.
- Hiergegen ist einzuwenden, dass …
- Zu bedenken ist allerdings/jedoch/aber …
- Für … fehlt es an einem einleuchtenden/überzeugenden/plausiblen/zwingenden Grund/Anlass.
- Schon (zB die Regelung in [Norm]) … zeigt, dass es nicht maßgeblich auf … ankommen kann.
- Den Stimmen im Schrifttum, die … wollen/fordern, ist vorzuhalten/entgegenzuhalten/vorzuwerfen/entgegenzusetzen/zu erwidern/entgegnen, … Sie übersehen/ignorieren/blenden … aus/räumen … zu geringes Gewicht ein.
- Ebenso falsch/verfehlt/unangemessen/unstimmig/unpassend ist es, wenn zur Begründung auf … verwiesen wird.
- Genauso wenig verfängt/überzeugt [Argument]/kann … überzeugen.
- Eine augenfällige/offensichtliche/erkennbare Schwäche/Unstimmigkeit dieser Argumentation liegt in …
- Wenig ergiebig/ertragreich ist die Berufung auf …
- Dem steht jedoch … entgegen/, dass …
- Wieso …, ist nicht ersichtlich/erkennbar/zu rechtfertigen/plausibel zu erklären/zu begründen.
- Der von [Autor] vertretene Standpunkt leidet darunter, dass nicht deutlich zwischen … und … unterschieden wird.
- Die Gegenmeinung trennt/unterscheidet/differenziert nicht (zwischen)… und … Anders als … ist aber …
- Das von … vorgeschlagene Abgrenzungskriterium/Unterscheidungskriterium ist kaum/nicht/nur schwer(lich) praktikabel: Feststellungen über … werden sich nicht oder nur mit erheblichem Aufwand treffen lassen.
- Für … fehlt es an einem nachvollziehbaren Maßstab.
- [Umstand]/[Folge] hat das Gesetz bewusst in Kauf genommen *(Beleg!)*.
- Damit ist das Hauptargument/der Haupteinwand der Gegner einer/s … gegenstandslos. Zugleich entfallen auf … gestützte Bedenken.
- Es ist nicht/kaum/schwer(lich) einzusehen/einsichtig, warum … *(Vorsicht, nicht zu dick auftragen.)*
- [Ansicht]/[Argument] überzeugt nur auf den ersten Blick/dem ersten Anschein nach; bei näherem Hinsehen/näherer Überlegung stellt sich heraus, dass …
- In besonderem/verstärktem Maß spricht gegen diese Auffassung, dass …
- Die Überzeugungskraft des …-arguments wird durch die dagegen vorgebrachten Einwände nicht beeinträchtigt/geschmälert.
- Nur geringe/zweitrangige/mindere Bedeutung ist dem Einwand … beizumessen. …
- Auch die Gegenansicht kommt nicht umhin, … zuzugestehen/diesem Einwand Rechnung zu tragen, indem …
- Die Gegenmeinung stellt zu hohe Anforderungen an …
- Daher ist diese Ansicht abzulehnen.
- [Ansatz] enthält eine unzulässige Verallgemeinerung: …

- [Argument] liegt fern/ist fern liegend (abwegig *ist schon recht scharf formuliert*), liegt neben der Sache, verfehlt das eigentliche/(Haupt-)Problem.
- Mit den Argumenten/Überlegungen/Erwägungen der … lassen sich also die (oben referierten) Bedenken nicht (ganz/völlig/abschließend/überzeugend) entkräften.
- Die an [Standpunkt] geübte Kritik geht zu weit/greift zu kurz/geht fehl/trifft nicht das eigentliche Problem: …

204 In beide Richtungen einsetzbar:

- Zu Recht/Unrecht/Zutreffend/Überzeugend weist … auf … hin.
- Neben den genannten Argumenten spricht dafür/dagegen insbesondere/immerhin, …
- Für/Gegen … streitet auch folgende Überlegung/Erwägung: …
- Anders als bei …/Im Unterschied/Gegensatz zu …/Abweichend/In Abweichung von …/Demgegenüber …
- Allein dieser Umstand kann/darf noch nichts an … ändern. Tritt jedoch … hinzu, so wird die Erforderlichkeit einer abweichenden Beurteilung deutlich.
- Es wird weitgehend/allgemein verkannt, dass …
- Schon aus dem Begriff des/r … geht hervor/ergibt sich/muss folgen, dass …
- Nahe liegend ist es/Daher bietet es sich an/verbietet es sich, auf … abzustellen.
- Von [zB Verfassungs] wegen ist … geboten.
- Eine andere Bewertung kann durch das Hinzutreten von [Umstand] gerechtfertigt/geboten sein.

205 Will man Argumente Schlag auf Schlag darstellen, um das Ergebnis möglichst überzeugend und unvermeidlich erscheinen zu lassen, kann man diese einleiten mit

bei zwei Argumenten: *Zum einen …; Zum anderen …* oder

bei vielen Argumenten: *Zunächst/zuerst …; Weiter(hin) …; Darüber hinaus …; Zuletzt …; Bestätigt wird dieses Ergebnis zudem durch …; Dazu kommt/Hinzu tritt die Überlegung, dass …; Überdies …, zumal …; Auch ist zu bedenken …; Im Übrigen …; Selbst wenn man …; Nicht zuletzt …; Unabhängig davon …; Daneben …; Außerdem …; Umso mehr muss dies gelten, wenn/weil …; Schon/Allein/Bereits … für sich genommen …; Jedenfalls …; Vor allem …; Ergänzend/Verstärkend …; Schließlich …; Entscheidend …; Ferner …; Zuletzt …*

Umgang mit Präjudizien

206 Beruft sich die Ansicht, die Sie ablehnen wollen, etwa auf die Rechtsprechung des BGH, so können Sie versuchen, die Stichhaltigkeit des Arguments mit folgenden Fragen zu bezweifeln:

– Ist das Präjudiz einschlägig?
– Ist es richtig zitiert?
– Ist es überzeugend begründet?[243]

- Die zur Begründung herangezogene Entscheidung [Gericht, Fundstelle, ggf. in Fußnoten] vermag diese Folgerung aber nicht zu tragen: Zum einen ist die Entscheidung seinerzeit in der Literatur heftig kritisiert worden und in der Rechtsprechung vereinzelt geblieben. Zum anderen ist in späteren Entscheidungen [Gericht] teils ausdrücklich, teils implizit von dem dort ausgesprochenen Grundsatz wieder abgerückt. Spätestens seit [Entscheidung] muss die Frage wieder als obergerichtlich noch unentschieden gelten.
- Darüber hinaus handelte es sich beim zugrunde liegenden Sachverhalt erkennbar um eine besondere Situation: … Eben diesem Umstand wollte die Entscheidung Rechnung tragen. Ihre Übertragbarkeit auf … allgemein/alle Situationen … schlechthin darf/muss bezweifelt werden.
- Ein Hinweis auf … findet sich jedenfalls in der zitierten Entscheidung nicht.
- Selbst wenn man [Urteil] nicht als eine nicht verallgemeinerbare Einzelfallentscheidung versteht, unterscheidet sich der dort zu entscheidende Sachverhalt in maßgeblicher Hinsicht vom hier erörterten: Zum einen …, zum anderen … Außerdem … Damit verbietet sich eine Übertragung der dortigen Argumentation auf … außerhalb der eng umgrenzten Fälle der/s …

---

243 Zum Thema Urteilskritik: Hattenhauer Kritik; Berkemann, FS Geiger, 1974, 299 (331 ff.); Schneider/Schnapp Logik S. 272 ff.; Sauthoff GreifRecht 2007, 77 ff.; Büdenbender JA 2013, 161 ff.; zur Auslegung von Präjudizien Loyal JURA 2016, 1181 ff.

- Überdies hat [Gericht] die hier entscheidende Frage nach ... ausdrücklich offen gelassen; bei näherer Betrachtung weist zwar der Tenor in [falsche Richtung], indes geht aus den Entscheidungsgründen hervor, dass [Gericht] zu [Problem] nicht Stellung nehmen wollte.
- Die tatsächlichen Umstände, die [Gericht] zu dieser Entscheidung bewogen haben, sind weggefallen/haben sich geändert: ...
- Die Rechtslage hat sich in maßgeblicher Hinsicht geändert: Mit dem Gesetz über ... vom ... ist ...

Ähnlich kann man natürlich auch bei anderen rechtswissenschaftlichen Autoritäten vorgehen.

b) Auf das Ergebnis zusteuern

Je deskriptiver die Übersicht über die zum Problem vertretenen Ansichten bisher ausgefallen ist, desto deutlicher wertend muss jetzt die eigene Entscheidung werden.   207

- Maßgeblich/Ausschlaggebend/Entscheidend erscheint/ist ...
- Abzustellen ist (nicht) auf ...
- Entscheidendes Gewicht muss ... zukommen/beigemessen werden/wird man der Überlegung zumessen müssen, ...
- Zustimmung verdient .../Zuzustimmen ist ...
- Zu folgen ist der (so genannten) ...theorie.
- Richtigerweise kommt es auf ... an.
- Im Ergebnis muss ...-kriterium/... theorie Anwendung finden.
- Mit Recht stellt daher ... in den Mittelpunkt der Betrachtung.
- Den Vorzug verdient .../[Ansicht] ist aus den genannten Gründen der Vorzug zu geben/vorzuziehen.
- Mit/Zu Recht weist [Autor]/die ...-ansicht darauf hin, dass ...
- Es ist demnach der Auffassung zu folgen, die ...
- Aus ... folgt (notwendig)/ergibt sich (zwingend), dass ...
- Die besseren/überwiegenden/schwerer wiegenden Gründe sprechen dafür/dagegen, ...
- Überzeugender ist ...[244]

Vermeiden sollte man Wendungen wie

- Eine summarische Würdigung der dargestellten Argumente ergibt ...
- Aus alledem folgt, dass ...
- Bei einer Gesamtbetrachtung der bisherigen Überlegungen erscheint ... am überzeugendsten.

Das ist zu pauschal. Sie müssen herausarbeiten, welche einzelnen Argumente inhaltlich überzeugen – und welche nicht.

Argumentieren Sie möglichst nicht rein quantitativ mit „Die Mehrzahl der Gründe ..." und keinesfalls mit „Danach sprechen mehr Argumente für [Ansicht]". Das klingt, als hätten Sie nicht überlegt und gewichtet, sondern nur abgezählt. Zudem ignoriert ein solches Vorgehen die Möglichkeit, dass manche Gründe beim Abzählen nicht vorkamen, weil sie schon vorher unter den Tisch gefallen waren. Der Ansatz muss also heißen „Die besseren/stärkeren Argumente sprechen für ...". Und auch das darf nicht ohne Begründung einfach hingeschrieben werden.   208

Eine echte **Abwägung** ist letztendlich unmöglich, weil es an einem Maß für das Gewicht eines rechtlichen Arguments fehlt.[245] Es bleibt zwangsläufig ein rational nicht mehr begründbarer Rest an Entscheidungsfreiheit. Ob Sie diesen Rest eher betonen oder eher unter den Teppich zu kehren versuchen, ist eine Frage der Haltung. Eine diskurstaugliche Begründung geht mit solchen Problemen ehrlich um.[246]

---

244 Achten Sie auf den gern einmal verwischten sprachlichen Unterschied zwischen Argumenten und Ansichten/Meinungen/Standpunkten: *Argumente überzeugen* (oder eben nicht), *Ansichten schließt man sich an* (oder eben nicht). Aber *Ansichten überzeugen* nicht.

245 Das Bild von der Abwägung ist schön, aber eigentlich schief.

246 Spätestens als Referendar lernen Sie, dass ein nach den Regeln der Kunst verfasstes Urteil gerade keine Zweifel mehr erkennen lassen darf. Na gut.

209 Fast immer weckt es Widerspruch, wenn Sie sich darauf beschränken, einen Standpunkt zu referieren und abschließend nur zu sagen „Dem ist zuzustimmen"[247]. Der Leser schreibt dann „Warum?" an den Rand; häuft sich das, führt es zur Abwertung. Tolerabel ist es allenfalls bei kleinen Problemen, die erkennbar schnell abgearbeitet werden müssen.

210 Die Meinung, der man sich anschließt, bezeichnet man mit

- Nach der hier bevorzugten/vertretenen/favorisierten/zugrunde gelegten Ansicht/...-theorie .../dem daher vorzugswürdigen ...ansatz ...

c) Subsumtion

211 Bei der Unterordnung der tatsächlichen Informationen unter das Tatbestandsmerkmal der Norm ist darauf zu achten, dass das Ergebnis der Subsumtion möglichst wenig vom Ergebnis der vorläufigen Anwendung der als einschlägig bezeichneten „Theorie" abweicht. Die Formulierungen entsprechen dem oben[248] Vorgeschlagenen.

d) Wenn der Meinungsstreit sich auf einen nur parallelen Sachverhalt bezieht

212 Ein typisches Problem bei der Entscheidung von Streitfragen ist folgendes: Was ist zu tun, wenn der (hauptsächliche oder alleinige) Anlass zum Streit in einer Sachverhaltskonstellation liegt, die von der vorliegenden verschieden ist?[249] Dann ist man gezwungen, Argumente zu erörtern, die mit dem Sachverhalt wenig oder nichts zu tun haben. Das kann für den Leser anstrengend sein, weil er sich ständig fragt, wieso in der ausufernden Debatte über das Rechtsproblem niemand den von Ihnen zu entscheidenden Fall als problematisch identifiziert hat. Ein Patentrezept hierfür gibt es wahrscheinlich nicht. Zumindest aber sollte man epische Breite bei der Diskussion von Problemen vermeiden, von denen im konkreten Sachverhalt keine Rede ist. Wer diese etwas heikle Situation dem Leser offen legen will – was zu empfehlen ist, schon um die eigene Argumentation angreifbar und kritisierbar zu halten –, kann den Bogen etwa so zu spannen versuchen:

- Die richtige Abgrenzung des ... zum ... ist bisher in Rechtsprechung und Schrifttum nur/ausschließlich/ hauptsächlich für ...-Konstellationen/...-Fälle erörtert worden. Dagegen sind durch ... gekennzeichnete/ charakterisierte Fälle nicht in den Fokus des wissenschaftlichen Interesses geraten und soweit ersichtlich auch noch nicht gerichtlich entschieden worden. Das zugrunde liegende rechtliche Problem ist indes identisch/unterscheidet sich allenfalls in Nuancen. Dass ... (Unterschiede im Tatsächlichen), ändert nichts an den sich aus ... (rechtlichen Gesichtspunkten) ergebenden Bedenken hinsichtlich ... (streitentscheidende Frage). Für die Entscheidung über ... (Sachverhaltsproblem) kann und muss daher auf die zu ... (Parallelproblem) entwickelten Argumentationslinien zurückgegriffen werden.

Stehen Ihnen noch andere Argumente zur Verfügung, können Sie das Hauptargument ein wenig kaschieren:

- Außerdem erlaubt nur die ...-theorie eine angemessene/sach-/interessengerechte/gesetzeskonforme/ vernünftige Entscheidung/*(weniger schön:)* Lösung der ...-fälle.
- Für das ...-kriterium spricht zudem, dass sich damit [Sachverhalte] ohne zusätzlichen Begründungsaufwand lösen/entscheiden lassen.
- Eine weitere Schwäche des ...-Kriteriums besteht in ... Exemplarisch/Beispielhaft hierfür sind Situationen/Sachverhalte/Konstellationen, in denen ...

---

247 Beliebter Fehler. Der BGH (zB MDR 2008, 134 [135]: „Die letztgenannte Ansicht ist richtig") darf das – Sie eher nicht.

248 → Rn. 127 ff.

249 Das ist keine der Situationen, in denen ein Streit nicht zu entscheiden ist, weil er keinen Einfluss auf das Ergebnis hat (dazu näher → Rn. 181). Im Gegenteil ist die Streitfrage gerade ergebnisrelevant, aber die Argumente sind für andere Situationen entwickelt worden als die im zu entscheidenden Sachverhalt.

e) Darstellungsalternative

Wie bereits erwähnt, kann man ebenso gut mit der eigenen Meinung in die Diskussion einsteigen („Nach zutreffender/richtiger/überzeugender/überzeugend begründeter Ansicht ..."), dann die Gegenargumente darstellen („Zwar wird dagegen eingewandt, ...") und widerlegen („Dieses Argument kann schon im Blick auf ... nicht überzeugen/Der letztgenannte Einwand übersieht ...") und am Ende nochmals feststellen, dass der eigene Standpunkt der einzig sinnvolle ist („Demgegenüber hat die hier vertretene Ansicht den Vorteil, dass ..."). Zumal bei kleineren Problemen ist diese Darstellung vorteilhaft, weil sie kürzer gerät. Allerdings nähert sie sich schon dem Urteilsstil an. Achten Sie wiederum darauf, nur Entscheidungsrelevantes zu diskutieren. 213

f) Warnung

Diese Empfehlungen sollten helfen, auch in problematischen und streitigen Fragen eine eigene Argumentation zu entwickeln und zu präsentieren. Eine gute und ausgefeilte Argumentation im Ernstfall – also etwa im gerichtlichen Rechtsstreit – erfordert gewiss mehr, nämlich die vertiefte Befassung mit Rhetorik[250] und juristischer Rhetorik[251]. 213a

> **Beispiel:** Wie man Argumente anordnet, um die größtmögliche Überzeugungswirkung beim Leser zu erzielen, muss man lernen und üben. So wird beispielsweise empfohlen, mit einem starken Argument zu beginnen und zu enden, die schwächeren Argumente dagegen zwischendurch zu präsentieren.[252] Als allgemeine Regel ist das gut – aber oft wird man anders vorgehen müssen, weil man sonst einen Sachzusammenhang unnötig zu zerreißen droht.

Wer sich mit juristischen Argumentationen als Sonderfall allgemeiner Argumentationen näher befasst, wird immer wieder Sonderregeln aufstellen

> **Beispiel:** Rechtspolitische und rechtsvergleichende[253] Argumente werden regelmäßig schwächer sein als grammatische oder systematische Argumente – weil sie sich auf eine noch nicht existierende Regelung oder eine hier nicht geltende Regelung beziehen.

und darauf achten, dass eine überzeugende Rede nicht den gleichen Kriterien folgt wie eine überzeugende schriftliche Ausarbeitung.

g) Das kleine Reisegepäck: Anwendung in der Klausur

Die vorstehenden Vorschläge zielen ganz überwiegend auf den Typ von vertiefter – im Ansatz wissenschaftlicher – Auseinandersetzung mit Rechtsproblemen, der in einer Hausarbeit mit angemessener Bearbeitungszeit möglich ist und erwartet wird. In Klausuren zwingt die eng begrenzte Zeit zu einem deutlich komprimierten Vorgehen. 213b

Zudem sollte man in der Klausur in der Wortwahl einige kleine Abweichungen beachten. Sinnvollerweise spricht man möglichst selten von *Streit* und *Streitfrage*, am besten auch nicht von der *herrschenden Lehre* und dem *Standpunkt der Rechtsprechung* usw. – denn alle diese Dinge kann man als Bearbeiter in der Klausur nicht nachschlagen und daher allenfalls auswendig reproduzieren. Zu empfehlen ist regelmäßig, den *Streit* auf ein *Problem* zu reduzieren: „Problematisch ist aber, ob unter den Begriff der Aufwendung auch ... fällt." Wer so ansetzt, hat es leicht, mit den klassischen Auslegungscanones zu arbeiten und dadurch nahe am Gesetz zu bleiben. Meist fällt es mit ein wenig Übung überraschend nicht schwer, beispielsweise einen *objektiven*, einen *subjektiven* und einen

---

250 Dazu etwa die Empfehlungen in Fn. 202.
251 Dazu etwa Gast Juristische Rhetorik, Haft Juristische Rhetorik, Alexy Theorie, Walter Rhetorikschule.
252 Möllers Arbeitstechnik Rn. 279 f.
253 Zur rechtsvergleichenden Auslegung Madjarov GreifRecht 2013, 97 ff.

vermittelnden Ansatz zu skizzieren und dann auch bei engem Zeitrahmen einen passabel begründeten eigenen Standpunkt zu beziehen. Wer sich damit übend vertraut macht, befreit sich beiläufig von der – scheinbaren – Notwendigkeit, hunderte von Streitständen auswendig zu lernen.[254]

II. Einschlägigkeit einer Norm zweifelhaft

214 Nicht selten ist schon problematisch, ob eine ins Auge gefasste Anspruchsgrundlage auf Sachverhalte wie den zu beurteilenden überhaupt anzuwenden ist, ohne dass die Frage aber einem konkreten Tatbestandsmerkmal zuzuordnen wäre. Meist ist es sinnvoll, diese Frage vor der Subsumtion unter die einzelnen Tatbestandsmerkmale zu diskutieren und zu entscheiden. Wird die Erörterung umfangreicher, erhält sie eine eigene Überschrift (*Anwendbarkeit des Auftragsrechts* oÄ).

Faustregel: Anwendbarkeitsdiskussion vor Subsumtion.

Hierher gehören nicht nur die **Konkurrenzfragen** innerhalb einer Rechtsordnung[255] (*schließt das EBV die Anwendung der Bereicherungsvorschriften aus?*), sondern auch die Fragen des **IPR** und der Kollision zeitlich konkurrierender Normen einschließlich der **Übergangsvorschriften**[256] sowie des Nebeneinanders von europäischen und nationalen Normen.[257]

Im Übrigen kann man die Frage nach der Einschlägigkeit einer Anspruchsgrundlage wie deren erstes – ungeschriebenes – Tatbestandsmerkmal behandeln. Das bietet sich an, wenn man die Frage im Ergebnis bejaht. Man kann auch – noch vor dem Beginn einer von zwei oder mehreren konkurrierenden Anspruchsprüfungen – problematisieren, ob die eine neben der anderen anwendbar ist.

- Zunächst ist fraglich, ob (neben den Regeln des ...-rechts) [Anspruchsgrundlage] Anwendung findet/anwendbar/einschlägig ist. Dies wäre/ist nicht der Fall, wenn die Regeln/Regelungen/Normen/Vorschriften des/r [Norm] insofern abschließend wären/sind.
- Wären beide anwendbar, führte dies zu dem widersprüchlichen Ergebnis, dass ...
- Gegen die Anwendbarkeit von [Norm] auf Fälle wie den vorliegenden werden verschiedentlich Bedenken erhoben.
- Bezweifelt wird allerdings bereits die Anwendbarkeit der Vorschriften über ...
- ..., falls [Norm] anwendbar und dessen Tatbestand erfüllt ist.
- Indessen erübrigt sich ein näheres Eingehen auf ..., falls [Norm] zur Anwendung kommt.
- [Norm/en] ist/sind gegenüber [Norm/en] vorrangig/spezieller. Nach dem Grundsatz *lex specialis derogat legi generali*/vom Vorrang der spezielleren Regelung muss also [Norm] weichen.
- [Norm] schließt die [Anwendung]/[Anwendbarkeit] von [Norm] aus.

Im Ergebnis:
- Für (die Anwendung des/r) [Norm] ist kein Raum.
- [Norm] verdrängt [Norm].
- [Norm] tritt hinter [Norm]/[Normkomplex] zurück.
- [Norm] und [Norm] sind nebeneinander anwendbar/schließen einander nicht aus.
- [Norm] ist nachrangig (subsidiär) gegenüber [Norm].

Fast immer ist es aber eleganter, die Vorüberlegungen erst nach der ersten Überschrift zu präsentieren. So nimmt man zwar mit der Wahl der Überschrift das Ergebnis schon vorweg,

---

254 Nochmalige dringende Leseempfehlung: Steffahn Reproduzieren(lassen) von Streitständen.
255 Zu Kollisionen und Konkurrenzen Barczak JuS 2015, 969 ff.; zu den Anspruchskonkurrenzen im Zivilrecht Thomale JuS 2013, 296 ff.; Zimmermann/Heitmann AL 2018, 301 ff.
256 Allerdings werden einer ganz verbreiteten akademischen Handhabung folgend Probleme des IPR und des zeitlichen Übergangsrechts in Pflichtprüfungen nicht oder nur ganz am Rand thematisiert und stattdessen in den einschlägigen Wahlfachveranstaltungen verhandelt.
257 Dazu zB Schöbener JA 2011, 885 ff.

aber man vermeidet eben auch das überschriftslose Herumhängen inhaltlich wichtiger Textabschnitte. Gerade dies finden viele Leser bei Rechtsgutachten irritierend – verständlicherweise, denn jeder Gedanke soll verbindlich einem Anspruch zuzuordnen sein.

> **Beispiel:** Ist in einem schuldrechtlichen Sachverhalt die Wahl der richtigen Anspruchsgrundlage problematisch, weil die Zuordnung zu Schadensersatz statt der Leistung oder Schadensersatz neben der Leistung schwerfällt oder gerade darüber Streit besteht, soll das Problem dargestellt werden, aber eben nicht freischwebend vorab, sondern als Abgrenzungsfrage innerhalb des „richtigen" Anspruchs.

Ebenso kann man vorgehen, wenn nicht die Einschlägigkeit einer Anspruchsnorm, sondern etwa eines Gegenrechts fraglich ist.

Taktisch begründet kann man von der soeben empfohlenen Faustregel abweichen.

> **Beispiel:** Bei der Erörterung von § 447 I BGB als Ausnahme zu § 326 I BGB kann man von vornherein darauf abstellen, dass nach § 475 II BGB für einen Verbrauchsgüterkauf § 447 I BGB nicht anwendbar ist. Man kann aber auch erst § 447 I BGB erörtern und anschließend § 475 II BGB als Ausnahme diskutieren. Sinnvoll ist das, wenn die Zeit reicht und man hoffen darf, auch auf die saubere Subsumtion unter § 447 I BGB Punkte zu bekommen.

III. Auslegung von Gesetzen und Rechtsgeschäften

Die **Auslegung von Gesetzen**[258] ist ein typischer Gegenstand rechtswissenschaftlicher Kontroversen. Verschiedene Ansichten über die richtige Entscheidung für bestimmte Sachverhaltskonstellationen knüpfen regelmäßig an die Frage der richtigen Auslegung der einschlägigen Gesetzesnormen an. Daher kann wegen der Form der Darstellung zunächst auf das oben Gesagte verwiesen werden.[259] 215

Welches Ziel die Auslegung anzustreben hat und auf welche Weise sie zu erfolgen hat, ist Gegenstand jahrzehntelanger Auseinandersetzungen in der juristischen Methodenlehre. Gestritten wird darüber, ob in erster Linie der objektive Wille des Gesetzes oder der subjektive Wille des Gesetzgebers zu ermitteln sei.[260]

Die damit verbundenen Streitfragen werden aber im Allgemeinen in Übungsarbeiten nicht thematisiert, sondern vielmehr stillschweigend entschieden. Etwas anderes gilt für Arbeiten in den Fächern Rechtstheorie und Methodenlehre: Hier ist ein rechtsdogmatisches Problem meist beispielhaft für ein methodologisches Problem zu entscheiden.

Zweckmäßigerweise beschreibt man zuerst das Problem, verdeutlicht also die **Bedeutung** der nachfolgenden Erörterungen zur Auslegung **für die Entscheidung** des Sachverhalts: 216

- [Rechtsfolge] tritt nur ein, wenn [Norm] einschlägig ist.
- Damit steht aber noch nicht fest, dass …, da [Norm]/[Erklärung] auslegungsbedürftig ist.
- Ob [Norm] auf [vorliegenden Sachverhalt] angewandt werden kann, ist unklar/dem Gesetz nicht eindeutig zu entnehmen/erörterungsbedürftig/bedarf näherer Betrachtung.

---

258 Die Probleme bei der Auslegung von Rechtsgeschäften (dazu zB Schimmel JA 1998, 979 ff.; Schimmel JA 2001, 339 ff. je mwN) sind vergleichbar (wenn auch nicht genau gleich; näher Schwintowski 100). Viele der nachstehenden Formulierungsvorschläge lassen sich daher dort gleichermaßen einsetzen. Die Methoden sind zwar nicht identisch mit denen der Gesetzesauslegung, aber doch ähnlich. Auslegungsbeispiele bei Metz JA 2017, 47 ff.; Gergen AL 2009, 219 ff.; Kroll-Ludwigs/Krott AL 2020, 209 ff.; lesenswert zu typischen Fehlern bei der Auslegung Christensen/Pötters JA 2010, 566 ff.; zur Auslegung insgesamt Muthorst JA 2013, 721 ff.; s. auch Meier/Jocham JuS 2015, 490 ff.; Schäfers JuS 2015, 875 ff.; Beck JURA 2018, 568 ff.; Adam JuS 2018, 1188 ff., im Strafrecht Nestler JURA 2018, 568 ff.; Klausurbeispiel zur Methodenlehre bei Rosenkranz/Bastians/Noszka JURA 202, 83 ff.
259 → Rn. 158 ff.
260 Die Frage kann hier nur gestellt, nicht aber diskutiert oder beantwortet werden; zur Vertiefung die in Fn. 43 genannten Lehrbücher zur Methodenlehre; knapper Steinrötter AL 2011, 411 ff. sowie Würdinger JuS 2016, 1 ff.

- Ob [Sachverhaltsinformation] [Tatbestandsmerkmal] unterfällt, hängt davon ab, ob das …-erfordernis weit ausgelegt werden kann/auf Situationen von … zu erstrecken/auszudehnen ist.
- Danach kommt es für … auf … an.

217   Dann kann man kurz darauf hinweisen, dass es sich um ein **Auslegungsproblem** handelt.

- Das entscheidet sich danach, wie [Norm] auszulegen/[Tatbestandsmerkmal] zu verstehen ist.
- Diese Frage ist im Weg der Auslegung (bei rechtsgeschäftlichen Erklärungen: nach §§ 133, 157 BGB) zu klären.
- Das Gesetz trifft zu dieser Frage keine/keine eindeutige Aussage, sodass [Norm] einer Präzisierung bedarf; diese erfolgt im Auslegungsweg/durch Auslegung.
- [Bestimmung] *(wo sinnvoll: im Wortlaut)* kann zunächst als … zu verstehen sein. Daneben kommt ein/e [abweichender Begriffsinhalt] in Betracht. Zuletzt kann man auch an … denken. Welche Bedeutung maßgeblich ist, muss durch Auslegung ermittelt werden.

218   Empfehlenswert ist es, die Darstellung der gefundenen Argumente anhand der klassischen *canones* der Auslegung zu strukturieren. Zwar bezeichnen und systematisieren Methodenlehrer diese teils abweichend, doch ist die Unterteilung in Argumente aus dem **Wortlaut**, dem **Regelungszusammenhang**, der **Normgeschichte** und dem **Normzweck** (also grammatikalische, systematische, historische und teleologische Argumente) nach wie vor gängig und verbürgt hohen Wiedererkennungswert auch bei Lesern, die sich mit neueren Ansätzen der Methodenlehre nicht umfänglich auseinandergesetzt haben.

Die **Reihenfolge der Darstellung** ist weitgehend beliebig; indessen ist es sachgerecht und ganz üblich, mit der Auslegung nach dem Wortlaut zu beginnen. Da gesetzliche und vertragliche Normen sprachlich verfasst sind, liegt es nahe, bei ihrer Auslegung den Ausgangspunkt bei ebendieser Form – also dem Text – zu wählen.[261]

1. Grammatikalische Auslegung[262]

219   Wie ein Begriff zu verstehen ist, sollte zunächst anhand seiner **juristisch-fachsprachlichen** Bedeutung ermittelt werden (vorzugsweise aus dem betroffenen Rechtsgebiet/Gesetz/Gesetzesabschnitt). Wo das nicht möglich oder nicht interessengerecht ist, zieht man die Fachsprache des betroffenen Gebiets heran (also etwa der Baustatik, der anorganischen Chemie oder der Wirtschaftswissenschaften), nötigenfalls die allgemeinsprachliche Verwendung. Der erste Blick richtet sich also auf das Gesetz, der zweite auf Rechtsprechung und Rechtswissenschaft, der dritte auf ein allgemeines Wörterbuch.[263]

- Ausgangspunkt (je)der Auslegung ist der Wortlaut der Bestimmung. Das Gesetz nennt einerseits …, andererseits finden sich auch … in die Regelung miteinbezogen.
- Einen (ersten) Anhaltspunkt gibt (bereits) die Formulierung des Gesetzes, die sich auf … beschränkt. Hätte der Gesetzgeber auch [Sachverhalte] erfasst sehen wollen, hätte er (leicht/ohne Weiteres) von [andere Formulierung] sprechen können. Dies hat er in [andere Norm/en] auch getan. Daher liegt der Schluss nahe, die Einbeziehung von … in den Anwendungsbereich von [Norm] sei nicht gewollt.
- [Norm]/Das Gesetz spricht von/nennt/lautet/verlangt …

---

261   Auch verfassungsrechtlich betrachtet bietet es sich aus rechtsstaatlichen Erwägungen an, den Normwortlaut selbst dort zuerst zu betrachten, wo er nicht (wie etwa im Strafrecht und im Steuerrecht) zwingend die Grenze der Auslegungsmöglichkeiten markiert. Lesenswert zur Wortlautgrenze Kudlich/Christensen JR 2011, 146 ff. zu Problemen der Auslegung mehrsprachig verfasster Rechtsakte Solan GreifRecht 2016, 38 ff.

262   Da gerade bei Auslegungsfragen die Gestalt der Argumentation in hohem Maß vom Inhalt der Argumente bestimmt ist, kennzeichnen die nachstehenden Vorschläge nur eine ungefähre Arbeitsrichtung, von der im Einzelfall erheblich abzuweichen sinnvoll und nötig sein kann.

263   So verfahren auch Gerichte bei der Auslegung von Begriffen, etwa das BAG NZA 2013, 1412, das in Rn. 36 auf das Duden Synonymwörterbuch zurückgreift, um den Begriff *Interesse* zu bestimmen.

- Der Begriff des/r ... wird/Die Begriffe ... und ... werden vom/im Gesetz nicht bestimmt/erklärt/definiert/näher präzisiert/erläutert. Im juristischen/allgemeinen Sprachgebrauch versteht man unter ... üblicherweise ... Nicht erfasst ist dagegen ...; diese wird mit ... bezeichnet.
- In [Norm/en] ist von [Begriff] nicht ausdrücklich/explizit/expressis verbis/dem Wortlaut nach nicht die Rede.
- Eine unmittelbare Aussage zu ... ist [Norm/en] nicht zu entnehmen/lässt sich aus [Norm] nicht gewinnen/kann aus [Norm] nicht gewonnen/entnommen werden.
- Der Wortlaut des/r [Norm] ist unklar/unscharf/nicht eindeutig/uneindeutig/mehrdeutig/nur scheinbar eindeutig.
- Mangels eines juristischen oder anderweitig fachsprachlichen Begriffs der/s ... ist auf den allgemeinen Sprachgebrauch abzustellen. ... bedeutet danach soviel wie ...
- Unzulässig ist es, zur Ausfüllung des Begriffs der/s ... die Bestimmung des [Norm] heranzuziehen. Zwar verwendet das Gesetz dort den gleichen/einen ähnlichen Terminus, doch ...

Häufig wird man zu einem Ergebnis wie

- Die grammatikalische Auslegung/Auslegung nach dem Wortlaut führt nicht zur Klärung des ...begriffs.

kommen. Auch wenn das Gegenteil der Fall sein sollte, darf man aber die Auslegung nicht abbrechen, da es möglich ist, dass die anderen Argumentkategorien zu entgegengesetzten Ergebnissen führen.

2. Systematische Auslegung[264]

- Der Regelungszusammenhang/Die Stellung der Norm im Gesetz/im Abschnitt des [Gesetzes] über .../Die   220
Einordnung der Regelung in das ...gesetz lässt darauf schließen, dass ...
- Die Vorschrift des/Formulierung des [Norm] wäre kaum verständlich/sinnlos, wenn (nicht) ...
- Aus den [Norm] umgebenden Regelungen ist zu entnehmen, dass sich der Anwendungsbereich von [Norm] nur auf ..., nicht aber auf ... erstrecken soll. Andernfalls wäre nicht erklärbar/verständlich, warum ...
- Einer Übertragung der in [Norm] getroffenen Wertung auf [vorliegenden Sachverhalt] steht entgegen, dass die Vorschrift vom Gesetzgeber in einen anderen Regelungszusammenhang gestellt worden ist. Hätten auch [Fälle von ...] nach diesem Kriterium entschieden werden sollen, hätte die Norm in [den allgemeinen Teil des Gesetzes/den Abschnitt über ...] gestellt werden müssen. Es fehlt auch an einem Verweis auf [Norm], sodass ...
- Eine Regelung/Begriffsbestimmung kann sich aber aus [Norm] ergeben. Auf diese nimmt [auszulegende Regelung] anerkanntermaßen Bezug.
- Versteht man ... als ..., so steht dies insbesondere im Einklang mit der Regelung in ... Umgekehrt widerspräche ... der Regelung in ...
- Eine Harmonisierung der in ... und ... getroffenen Regelungen ist (nur) möglich, wenn man ... als ... auslegt. Auf diese Weise ist/wäre dem Postulat der Widerspruchsfreiheit der Rechtsordnung genügt, ohne dass dies zugleich zu Unzulänglichkeiten bei ... führte.
- Nur eine Lesart, der zufolge ..., vermeidet einen Widerspruch zu Wortlaut und Sinn des [Norm].
- Will man [Norm] so umfassend/weit verstehen, bleibt für [andere Norm] kein eigenständiger Anwendungsbereich; da davon auszugehen ist, dass der Gesetzgeber keine überflüssigen/redundanten Vorschriften erlässt, spricht dies gegen ein Verständnis als ...
- Die von ... vorgeschlagene Auslegung des [Norm] würde eine auffällige Lücke [zB im Rechtsgüterschutz des Deliktsrechts] übriglassen; eine solche kann angesichts ... schwerlich gewollt sein.

Die systematische Auslegung ist oft ergiebiger als man auf den ersten Blick glaubt. Wer sich angewöhnt, auf die Normüberschrift[265] zu achten, auf das Verhältnis der Begriffe innerhalb einer Norm zueinander, auf die nächste und übernächste Vorschrift ebenso wie auf die vorherige, auf die Abschnittsüberschriften und die Organisationsprinzipien des betreffenden Gesetzes (gibt es einen Allgemeinen Teil?) sowie das Verhältnis zu anderen Gesetzen mit ähnlichem Regelungsgegenstand, wird immer wieder diskutable oder überzeugende Argumente für die eine oder andere Auslegung finden.

---

264 Lesenswert Puppe Schule S. 66 ff. mit strafrechtlichen Beispielen.
265 Sofern es sich um eine amtliche Überschrift handelt, was etwa im BGB erst seit 2002 der Fall ist. Nichtamtliche Überschriften von juristischen Fachverlagen sollte man bei der Auslegung unberücksichtigt lassen.

99

Nicht ganz unproblematisch sind die systematischen Argumente, die unter dem Stichwort **„Einheit der Rechtsordnung"** präsentiert werden. Ob und in welchem Umfang dieses Postulat gelten soll, ist umstritten. Oft scheitert der Gesetzgeber schon an einer einheitlichen Begriffsverwendung.[266]

> **Beispiele:** Das *Handelsgeschäft* in § 343 HGB ist etwas anderes als in § 48 HGB, einmal das einzelne *Rechtsgeschäft*, einmal das *Unternehmen*; ähnlich bedeutet *Schuldverhältnis* einmal so viel wie *Anspruch* (etwa in § 362 BGB), ein andermal so viel wie *Anspruchsbündel*. Der *Geschäftsführer* des § 35 GmbHG ist nicht (oder allenfalls zufällig) identisch mit dem der §§ 677 ff. BGB.

Manchmal ist es aber auch völlig unkompliziert.

> **Beispiele:** Gelegentlich finden sich wortlautgleiche Vorschriften in verschiedenen Gesetzen, etwa die Vorschriften über die Notwehr etc. im StGB und im BGB. Teils wird im einen Gesetz ein Terminus verwendet, der im anderen Gesetz definiert (oder wenigstens von Rechtsprechung und Rechtswissenschaft umfassend bearbeitet) ist, etwa die *Anstiftung* in § 830 II BGB, die nach ganz einheitlicher Ansicht auf die strafrechtliche Anstiftung in § 26 StGB verweist.

3. Historische Auslegung[267]

221
- Die historische Auslegung/Das historische Argument ist/bleibt (insoweit) unergiebig: Der Gesetzgeber des [Gesetz] hat das Problem nicht gesehen/nicht sehen können.
- Aus den Materialien/Motiven/Protokollen/Beratungen des Reichstags/Bundestags zum [Gesetz]/zur Änderung des [Gesetzes] ergibt sich nur/geht hervor, dass .../lässt sich immerhin entnehmen/schließen, dass es Intention/Absicht/Wille/Ziel/Plan des Gesetzgebers war, ...
- Bestätigt/Untermauert/Unterstützt wird dieses Ergebnis durch die Erkenntnisse der historischen Auslegung: ...
- Der Gesetzgeber hatte in erster Linie Fragen des/r ... im Blick. Mit [vorliegende Frage] hat er sich nur am Rand/beiläufig befasst. Den Protokollen der Beratungen lässt sich insofern immerhin entnehmen, dass an ... nicht gedacht war.
- Dem Erlass des [Norm] lag folgende tatsächliche Situation/Entwicklung zugrunde: ...
- Eine Präzisierung erfährt der Inhalt des [Norm], wenn man ihn mit der Vorgängerbestimmung des ...-gesetzes vergleicht: Dort war lediglich/weitergehend/nur allgemein von ... die Rede. Aus der engeren Fassung in [Norm] kann man schließen/entnehmen, dass [Fälle] nicht mehr erfasst sein sollten./Der enge Anwendungsbereich der Vorschrift wurde allgemein als unbefriedigend empfunden *(Belege!)*. Der Gesetzgeber hat sich jedoch mit dieser Kritik nicht auseinandergesetzt./Der Gesetzgeber hat darauf reagiert, indem er ...
- Von der im Gesetzgebungsverfahren vorgeschlagenen Gestaltung als .../Formulierung „..." hat der Gesetzgeber Abstand genommen. Daraus kann man schließen, dass ...
- Bezieht man indessen ... in die Betrachtung mit ein, so ergibt sich .../erscheint das bisherige Ergebnis zunehmend zweifelhaft.
- Der Gesetzgeber ging noch von einer anderen Konzeption/einem anderen Verständnis des/r ... aus. Aus diesem Blickwinkel war eine Regelung des ... nicht erforderlich. Die Bedeutung, die mittlerweile ... zugemessen wird, war seinerzeit noch gering.
- Die Entwicklung nach Inkrafttreten des [Norm] ging zunächst dahin, dass Rechtsprechung und Rechtslehre übereinstimmend einen weiten ...-begriff zugrunde legten. Unter dem Eindruck des/r ... änderte sich dies seit ... zunehmend, sodass heute der ...-begriff ganz überwiegend eng verstanden wird. Zentrale Überlegung/Hauptsächlicher Anlass hierfür ist ...

---

266 Zu unterschiedlichen Bedeutungen einzelner Begriffe (zB *Anspruch, Verzicht, Verbraucher*) im Zivilrecht und im Zivilverfahrensrecht Kreutz JA 2013, 13 ff.; weitere Beispiele etwa bei Barczak JuS 2021, 905 (907).

267 In Klausuren lässt sich eine historische Auslegung nur höchst ausnahmsweise leisten und wird demgemäß auch nicht erwartet. Wenn es in der Hausarbeit aber entscheidend auf historische Argumente ankommt, sollte man ruhig die Gesetzesmaterialien heranziehen (dazu zB Spitzlei JuS 2022, 325 ff.). Ein gutes Beispiel hierzu findet sich bei Madaus JuS 2000, L 25 ff.; dass auch der BGH bei der Auslegung des BGB bis auf die Protokolle zurückgreift, kann man etwa in NJW 2008, 1157 (1158 Rn. 13) sehen. Für das BGB sind die wichtigen Gesetzgebungsmaterialien durch die Edition von Benno Mugdan verfügbar, die wiederum mittlerweile als PDF komfortabel durchsuchbar ist (t1p.de/yq7u). Nützlich www.reichstagsprotokolle.de. – Zum Bedeutungsverlust historischer Argumentation im Strafrecht Gerhold JuS 2021, 97 ff.

Bei letzterem Ansatz ist darauf zu achten, dass man nicht nur stumpf Rechtsprechungs-entwicklungen nacherzählt, sondern die Argumente und Erwägungen in den Vordergrund stellt, die zu Rechtsprechungsänderungen Anlass gegeben haben.

Je mehr geschichtliche Argumente verfügbar sind, desto zweckmäßiger wird es sein, begrifflich die historische von der **genetischen Auslegung** zu unterscheiden. Letztere thematisiert die Entstehungsgeschichte des Gesetzes, erstere die geschichtlichen Wurzeln des Gesetzes oder der Rechtsfigur.[268]

4. Teleologische Auslegung[269]

Problematisch und damit problematisierungsbedürftig ist die überzeugende Bestimmung des Normzwecks. Löst man sich von der historischen Perspektive (Zwecke des Gesetzgebers), bleibt hier letzten Endes nur die freie Setzung durch den Rechtsanwender selbst. Ob man diese durch eine überzeugende Begründung kaschiert oder unterstützt, ist Geschmackssache. Wer eine methodischen Anforderungen genügende Leistung erbringen will, sollte aber darauf bedacht sein, die Begründung transparent und kritisierbar zu präsentieren. Wenn der Adressat den Standpunkt des Verfassers nicht teilt, muss er dann doch wenigstens eingestehen, dass die Darstellung eine kritische Auseinandersetzung erlaubt. Die eigenen Wertungen sollten also offen gelegt und so nachvollziehbar wie möglich hergeleitet werden.

222

Im Europa- und Völkerrecht ist oft vom *effet utile* die Rede.[270]

- Eine Auslegung als/im Sinne der …theorie ist vom Zweck der Norm/des …rechts nicht gedeckt.
- Entscheidende Bedeutung kommt der Auslegung nach dem Normzweck zu.
- Die *ratio legis* des … verlangt (gebieterisch) …
- Zweck/Ziel/Sinn/Aufgabe des/r gesetzlichen/vertraglichen Regelung/des …-rechts/des [Rechtsinstituts] ist es, … zu gewährleisten/zu verhindern/sicherzustellen/zu verbürgen/zu ermöglichen. Deutlich/Klarer als [im vorliegenden Zusammenhang] kommt dies in [Norm/en] zum Ausdruck, die … erkennbar/anerkanntermaßen … bezwecken. Will man dieses Ziel nicht aus den Augen verlieren/konterkarieren, so kommt nur eine Auslegung infrage, die … Umgekehrt scheiden alle Interpretationsansätze aus, denen zufolge …
- Wie sich aus … ergibt, hat der Gesetzgeber/haben die Vertragsparteien eine Regelung der …-frage/des …-problems/eine Verteilung des …-risikos dahingehend beabsichtigt/gewollt/angestrebt, dass …
- Die [oben gekennzeichnete Begriffsbestimmung] steht im Widerspruch zu …/lässt sich mit … nicht/nur schwerlich vereinbaren.
- Nur eine [Auslegung] wird der Schutzfunktion des … gerecht.
- Die [Auslegung] bleibt insofern weit hinter dem Möglichen zurück. Schon die [Auslegung] kommt dem Ziel eines/r … deutlich näher.
- Eine restriktive Auslegung des …-Begriffs wird dem nicht gerecht/verfehlt …
- [Auslegung] führt zu …/würde/müsste zu … führen.
- Bei [Auslegung] verbliebe für [Norm] kein/kaum je ein nennenswerter Anwendungsbereich. Es ist jedoch nicht davon auszugehen, dass der Gesetzgeber eine Vorschrift geschaffen hat, für die erkennbar keine Anwendungsmöglichkeit/kein Bedarf besteht.
- [Auslegung] stößt zudem auf erhebliche/kaum überwindbare Schwierigkeiten bei der praktischen Anwendung: Wie … (verlässlich) zu ermitteln sein soll, ist nicht ersichtlich. Auch ist eine Grenzziehung zwischen … und … dann kaum in vorhersehbarer Weise möglich.
- Der Schutzzweck der Vorschriften über … ist aber angesichts … nur zu erreichen, wenn …

Ist nicht ein Gesetz, sondern ein Rechtsgeschäft auszulegen, kann man außerdem etwa so ansetzen:

- Der von G mit dem Vertrag verfolgte wirtschaftliche Zweck – nämlich … – lässt sich auf wenigstens drei Arten erreichen: Durch …, mit Vereinbarung einer … sowie mittels … Aus dem Ziel des G ist damit die rechtliche Einordnung des Geschäfts noch nicht ohne Weiteres abzuleiten. Für … kann aber … sprechen. …

---

268 Bei bürgerlich-rechtlichen Fragen empfehlenswert der Historisch-kritische Kommentar zum BGB – soweit bereits erschienen.

269 Dazu zB Leenen JURA 2000, 248 ff.; eigentlich müsste es *telologische* Auslegung heißen, weil es auf das altgriechische *Telos* zurückgeht; aber *teleologisch* hat sich flächendeckend durchgesetzt.

270 Dazu zB Potacs Rechtstheorie S. 179 ff.

5. Verfassungskonforme Auslegung[271]

223 Man kann die verfassungskonforme Auslegung als eine Form der systematischen Auslegung begreifen, weil sie hilft, den Inhalt eines Gesetzes unter Rückgriff auf ein anderes – höherrangiges – Gesetz zu bestimmen. Man kann sie auch als teleologische Auslegung bezeichnen, weil alles einfache Recht auch dem Zweck dient, die Wertungen des Grundgesetzes zu verwirklichen. Jedenfalls sind die soeben vorgeschlagenen Formulierungen zum größten Teil auch bei der verfassungskonformen Auslegung verwendbar.

- Ob [Auslegungsmöglichkeit] mit [Verfassungsnorm] vereinbar ist, ist indessen zweifelhaft. Bedenken ergeben sich insbesondere daraus, dass …
- Ein Verstoß gegen höherrangiges Recht kann sich hier aus [Wertungswiderspruch zu Verfassungsnorm] ergeben.
- Möglicherweise ist [Norm] nicht anwendbar/tritt hinter [höherrangige Norm] zurück/ist [Norm] mit Blick auf [höherrangige Norm] verfassungskonform/einschränkend/erweiternd auszulegen, sodass …
- Im Ergebnis ist festzuhalten, dass [Auslegungsmöglichkeit] als einziges Verständnis des [Norm] nicht gegen [höherrangige Norm, zB den Gleichheitssatz] verstößt.

Ähnlich kann man bei der **europarechtskonformen Auslegung**[272] (meist in Gestalt der **richtlinienkonformen Auslegung**) und der **völkerrechtskonformen Auslegung**[273] vorgehen; in beiden Fällen handelt es sich um gesetzessystematische Argumente, bei denen die Rangordnung der betreffenden Vorschriften besonders wichtig ist. Häufig taucht hier das Problem der mittelbaren Drittwirkung europäischer Richtlinien auf.[274]

6. Ergebnis

224 Oft führen die einzelnen Auslegungsargumente zu einander widersprechenden Ergebnissen.[275] Diese Konflikte wertend zu entscheiden ist Aufgabe des Rechtsanwenders.

Ganz typisch ist etwa der **Konflikt** zwischen systematischen und teleologischen Argumenten:

- Die Einheit der Rechtsordnung[276] verlangt … (nach einem einheitlichen …-begriff)
- Der Zweck des …-Gesetzes lässt dies nicht zu, da …

---

271 Dazu zB Lüdemann JuS 2004, 27 ff.; zum Stufenbau der Rechtsordnung zB Lepsius JuS 2018, 950 ff.; Schmidt JURA 2020, 896 ff.

272 Zu Auslegungsfragen im Europarecht Schröder JuS 2004, 180 ff.; zur richtlinienkonformen Auslegung Leenen JURA 2012, 753 ff.; Tonikidis JA 2013, 598 ff.; im öffentlichen Recht Kühling JuS 2014, 481 ff. und Fromberger/Schmidt ZJS 2018, 29 ff.; im Zivilrecht Latzel et al Greifrecht 2020, 77 ff.; Stürner JURA 2017, 777 ff. und 1163 ff.; Herresthal JuS 2014, 289 ff.; Pfeiffer StudZR 2004, 172 ff.; Riesenhuber/Domröse RIW 2005, 47 ff.; v. Westphalen AnwBl. 2008, 1 (4 ff.); Heiderhoff ZJS 2008, 25 (29); Kroll-Ludwigs/Ludwigs ZJS 2009, 7 ff., 123 ff.; im Strafrecht Hecker JuS 2014, 385 ff.; zur richtlinienkonformen Rechtsfortbildung Hainthaler ZJS 2015, 13 ff.; Rechtsprechungsbeispiele in BGH NJW 2005, 418 ff; 2009, 427 ff.; spätestens seit der Schuldrechtsmodernisierung 2002 ist das Erfordernis richtlinienkonformer Auslegung mitten im BGB angekommen. Die damit verbundenen Methodenfragen sollte man als Student nicht ignorieren.

273 Dazu Hofmann JURA 2013, 326 ff.

274 ZB BGHZ 179, 27 ff. – Quelle.

275 Als problematisch erweist sich dann, dass eine bestimmte Gewichtung der Argumente nicht vorgegeben ist und sich auch nur schwer begründen lassen wird; näher zu solchen Situationen Forck ZJS 2022, 357 ff.

276 Der Begriff ist nicht unproblematisch (dazu schon → Rn. 220). In einer so ausdifferenzierten Rechtsordnung wie der unseren lässt sich schon darüber streiten, ob es überhaupt auch nur sinnvoll ist, die Einheit der Rechtsordnung anzustreben. Bei der Vielzahl der Regelungsmaterien und -zwecke wäre wohl schon mit Freiheit von offenkundigen Widersprüchen viel gewonnen. Lesenswert Satzger JURA 2015, 580 ff.

Beinahe noch häufiger sind die Ergebnisse der Auslegung nach dem Wortlaut einerseits und dem Gesetzeszweck andererseits nicht in Einklang zu bringen. Inwieweit eine wortlautüberschreitende Auslegung zulässig ist, ist ein Problem der juristischen Methodenlehre (und der Rechtsphilosophie). Jedenfalls ist davor zu warnen, ohne Weiteres den – scheinbar überzeugenden – teleologischen Überlegungen pauschal das größte Gewicht einzuräumen.

Vorsicht ist geboten bei der beliebten, aber nichtssagenden Berufung auf das **Wesen**, die Natur etc. etwa einer Rechtsfigur[277] – hier ist die Gefahr einer nur scheinbaren oder zirkulären Begründung groß. Die Verwendung von Wesensargumenten signalisiert also wenigstens Präzisierungs- oder Erläuterungsbedarf.   225

Je mehr zwischenzeitlich Ihr Standpunkt gewechselt zu haben scheint, desto eher sollten Sie das **Ergebnis der Auslegung** ausdrücklich festhalten: 226

- Nach ... kann mit [Begriff] nur ... gemeint sein.
- ... spricht viel dafür, [Begriff] als ... zu verstehen.
- Dieses Ergebnis ist gerechtfertigt im Blick auf ...
- Der Anwendungsbereich des [Norm] erstreckt sich danach auch/nicht auf [vorliegende Situation].
- [Begriff] muss daher im zuletzt gekennzeichneten Sinne verstanden werden.

IV. Exkurs: Vernünftige Schwerpunktbildung

Spätestens in der Ersten Juristischen Prüfung erwartet man von Ihnen, die Probleme eines Sachverhalts nicht nur zu erkennen, sondern auch sinnvoll gegeneinander zu gewichten.[278] Das ist nicht ganz einfach. Man kann es aber üben.   227

Sehr nützlich für Ihre Arbeit an juristischen Gutachten ist es, wenn Sie sich ein Schema zusammenstellen, das fünf Stufen[279] des Problematischen beschreibt, die Sie mit vorstrukturierten Darstellungsformen verknüpfen. Das kann etwa so aussehen:[280]

1. Zweifelsfrei (!) Unproblematisches

Ist eine Information so evident, dass man zweifelt, ob sie überhaupt erwähnenswert ist, fasst man sie mit einer gleichartigen Information in einem feststellenden Satz zusammen. Wenn man sie nicht ganz weglässt.   228

> **Beispiel:** „Das Automobil des E ist beweglich und stellt eine Sache iSv § 90 BGB dar" kann man hinschreiben oder auch (als Beleidigung der intellektuellen Fähigkeiten des Lesers) weglassen.

Weiter kann man das betreffende Tatbestandsmerkmal in einem Einleitungssatz ansprechen, an den sich die Abarbeitung des übrigen Normtatbestands anschließt, ohne zu subsumieren.

---

277 Zwar hat sich auch der BGH in seiner naturrechtlichen Phase gern solcher Argumente bedient (zB BGHZ 7, 223 [227] = NJW 1953, 99); heute gelten sie aber als verdächtig (gleichwohl sind sie nicht ausgestorben, zB LG Baden-Baden NJW 2003, 3714; BGHZ 174, 255 Rn. 16 = NJW 2008, 840; Stacke NJW 1991, 875 [876, 877]; immerhin in skeptischen Anführungszeichen bei BGH VIZ 2004, 492). Schön auch OLG Karlsruhe NJW 1992, 1329: Dem *Wesen der Rockmusik* entspricht *überstarke Lautstärkeentwicklung* – und zwar *unstreitig*. Ein paar Übungsbeispiele bei Schimmel Juristendeutsch Rn. 314 ff.

278 Diese Fähigkeit bleibt auch in Ihrer weiteren juristischen Laufbahn wichtig. Aber eine unglückliche Schwerpunktsetzung in einem anwaltlichen Schriftsatz allein führt noch nicht zur Klageabweisung, denn im Rechtsstreit kristallisieren sich die Schwerpunkte oft erst nach mehrfachem Schriftsatzwechsel, Beweisbeschluss und richterlichem Hinweis heraus. In Prüfungen kann sie aber über Erfolg oder Misserfolg entscheiden.

279 In Wirklichkeit sind die Übergänge natürlich fließend. Ebenso gut können Sie also sieben oder 19 Stufen unterscheiden.

280 Weitere Beispiele bei Zwickel/Lohse/Schmid Kompetenztraining S. 115 f.

> **Beispiel:** „Für den Übergang des Eigentums am Fahrrad sind die Vorschriften (über die Übereignung beweglicher Sachen) der §§ 929 ff. BGB anzuwenden/einschlägig."

229 Muss mit Blick auf die Erwartungen des Lesers ein Tatbestand vollständig abgearbeitet werden, erhält die Information einen eigenen Satz.

> **Beispiel:** „Die Anfechtungsfrist des § 121 BGB ist durch die umgehend erfolgte Erklärung des A gewahrt, er wolle das Geschäft rückgängig machen."

Sie begründen dann aber nicht; in der Hausarbeit folgen keine Belege in Fußnoten. Wenn Sie einen Beleg für nötig halten, sollten es allenfalls wenige Fundstellen aus der Standardliteratur sein, zB kleine Lehrbücher (Typ *Brox/Walker*), am besten nur eine Fundstelle, gegebenenfalls mit einem Hinweis: „… stellvertretend [Fundstelle] mwN". So sollte man insbesondere vorgehen, wenn man es absehbarerweise mit einem Checklistenfetischisten als Prüfer zu tun hat, der auch zur Zulässigkeit der Stellvertretung oder zum Nichtvorliegen von Ausschlussgründen für die Anfechtung immer wenigstens einen Satz lesen will. Selten – aber das kommt vor.

230 Sie dürfen keinen Gutachtenstil verwenden, weil dies zu viel Platz beanspruchen und zugleich signalisieren würde, dass Ihnen der Mut oder Überblick fehlt, sinnvoll Schwerpunkte zu setzen.

2. Auf den zweiten Blick Unproblematisches

231 Was sich nach ein wenig Nachdenken als unproblematisch erweist, kann so ähnlich dargestellt werden wie die soeben beschriebenen Situationen. Sie dürfen aber nicht schweigend über das Problem hinweggehen, denn fast alles, was Sie zum Nachdenken bringt, kann auch Juristenkollegen (und damit den Leser) interessieren. Was der Leser interessant findet, möchte er wenigstens erwähnt sehen. Vielleicht ist Ihnen beim Nachdenken auch eine wichtige Nuance des Problems entgangen, die Sie etwas umfassender hätten erörtern müssen. Dann ist es besser, wenn der Leser die Bearbeitung als zu kurz kritisiert, als wenn er das Problem als nicht erkannt rügt.

> **Beispiel:** „Für den Zugang der Erklärung kommt es nicht darauf an, ob der Adressat tatsächlich von ihr Kenntnis nimmt. Entscheidend ist die Möglichkeit, in zumutbarer Weise Kenntnis zu erlangen (Belegstelle in Fußnote). Daher ist die Erklärung nicht schon deshalb unwirksam, weil M das Kündigungsschreiben der V nicht gelesen hat."

Das Beispiel ist typisch für Streitfragen, die juristisch vollständig geklärt sind, gleichwohl aber im Prozess oder in Beratungssituationen von den Parteien angesprochen werden. Eben weil sie thematisiert werden, müssen Sie sie im Gutachten wenigstens kurz erwähnen.[281]

Hierher gehören auch Scheinprobleme und ein bestimmter Typ akademischer Probleme.

232 **Scheinprobleme** sind solche, die beim ersten und zweiten Nachdenken einschlägig wirken, von denen sich aber später herausstellt, dass sie knapp neben dem richtigen Begründungsweg liegen.[282]

> **Beispiel:** „Die von B abgegebene Bürgschaftserklärung umfasste alle Forderungen aus dem Mietvertrag des R mit S. Welche dies sein würden, war zunächst noch nicht absehbar, sodass Bedenken wegen des Bestimmtheitsgrundsatzes nahe liegen. Diese greifen indes mit Blick auf § 765 II BGB nicht durch, der auch künftige Hauptforderungen als Bürgschaftsgegenstand zulässt."

---

281 Juristische Gutachten haben zwar in erster Linie Fachkollegen als Adressaten; aber je mehr (auch laienhafte) Parteiansichten referiert sind, desto eher sollte man daneben an den Nichtjuristen als Leser denken.

282 Dazu gehören die heute nicht mehr umstrittenen Fragen und die im zeitlichen Verlauf des Sachverhalts erledigten Probleme (dazu → Rn. 460).

Wenn der für die Bearbeitung zur Verfügung stehende Platz es nicht verbietet, sollte ein Scheinproblem wenigstens kurz angesprochen werden. Vermutlich hat auch der Leser kurz darüber nachgedacht oder es bei nur flüchtiger Auseinandersetzung mit der Aufgabe sogar für einschlägig gehalten.

> **Beispiel:** „Dass …, stört wegen … nicht/ändert im Blick auf … nichts." Oder: „Auf … kommt es wegen … nicht an." Oder: „Man könnte meinen, dass … Wegen … stellt sich diese Frage allerdings hier nicht."

Zu den Scheinproblemen gehören weiter die Fragen, die zwar gedanklich uneindeutig sind, für die das Gesetz aber eine Antwort bereithält.

> **Beispiel:** In der Schnittmenge zwischen Stellvertretungs- und Minderjährigenschutzproblemen liegt die Frage, ob ein beschränkt geschäftsfähiger Minderjähriger wirksam Stellvertreter sein kann. Dafür spricht die Rechtsfolge des § 164 I BGB, es sind aber Gegenargumente denkbar. Die Antwort gibt § 165 BGB.

Diese sollte man immer schlank abarbeiten, in Zeitnot weglassen.

> **Beispiel:** Im Beispiel würde man also nicht schulmäßig subsumieren und schon gar nicht eine Streitfrage aus dem Problem entwickeln, sondern nur knapp Problembewusstsein und Normkenntnis zeigen mit „Dass S mit 16 Jahren nach §§ 2, 106 BGB nur beschränkt geschäftsfähig ist, steht der Wirksamkeit seines Vertreterhandelns wegen § 165 BGB nicht entgegen".

Akademische Probleme sind nicht nur solche, für welche die Rechtspraxis eine handhab-   233
bare Lösung bereithält, während die Gelehrten weiter streiten, sondern auch solche, bei denen das Ergebnis feststeht, obwohl der Weg dorthin umstritten ist. Letztere darf und sollte der Verfasser eines universitären Übungsgutachtens als letztlich unproblematisch behandeln – aber nicht ignorieren.

> **Beispiel:** „Ob man … mit … oder mit … – was wegen … vorzugswürdig erscheint – begründet, bedeutet für … keinen Unterschied/ist wegen/im Blick auf … einerlei/ohne Bedeutung. Der Streit zwischen … und … bedarf deshalb hier keiner Entscheidung/Die Frage nach … kann daher hier offen bleiben."

Erstere können aus dem Blickwinkel der Ausbildung schon einmal wichtiger sein.

> **Beispiel:** „Während über … weitgehend Einigkeit herrscht, ist streitig, woraus sich dies ergibt. Die zutreffende Begründung dürfte in … liegen, weil … (Fn. zum Streitstand und zu abweichenden Ansichten)."

3. Kleine Probleme mit taktisch klarer Lösung

Häufig finden sich kleine Probleme, die man in jede Richtung entscheiden kann, die aber   234
für den stimmigen und einigermaßen problemfreundlichen Aufbau der Bearbeitung nur in einem Sinne entschieden werden können. Diese sollte man als Probleme identifizieren und recht zügig erledigen.

> **Beispiel:** „Mit … ist die (Streit-)Frage/ das Problem aufgeworfen/angesprochen, ob/wie/warum, … Zur Lösung/Zum Umgang (damit) wird einerseits vorgeschlagen, … [Zusammenfassung in einem Satz]. Andererseits wird die Lösung in [ebenso kurze Zusammenfassung] gesucht./Ob [Lösungsvorschlag 1] oder [Lösungsvorschlag 2], ist streitig/ wird uneinheitlich beantwortet./ Eine Ansicht zur angesprochenen Frage des [Schlagwort] geht dahin, [Lösungsvorschlag 1]. Die Gegenmeinung will hingegen das Problem durch [Lösungsvorschlag 2] lösen/entschärfen/klären. [Kurzes Argument für 1]. [Kurzes Argument für 2]. Überzeugender erscheint im Blick auf [Argument], … [Entscheidung]."

Der Leser muss erkennen, dass es abweichende Ansichten gibt. Diese sind also wenigstens anzureißen. Hierfür braucht es Belege, am besten mehrere. Zu zitieren sind Rechtsprechung und spezielleres Schrifttum, wenigstens also umfänglichere Lehrbücher und Kommentare, möglichst auch Aufsätze, Monographien, Festschriftenbeiträge etc.[283]

235 Da Übungsarbeiten im Allgemeinen daraufhin konstruiert sind, bestimmte Probleme zu erörtern, ist es die Regel, dass Fragen des hier erwähnten Typs mit der jeweils herrschenden Meinung entschieden werden können. Nur selten zwingt der Weg zu den eigentlichen Problemen dazu, sich unterwegs einer Minderheitsmeinung anzuschließen.

4. Kleine und mittlere Probleme

236 Oft bestehen Übungs- und Prüfungsarbeiten aus mehreren kleinen und mittleren Problemen. Solche Probleme haben Rechtsprechung und Wissenschaft im Griff, es haben sich also eine ständige Rechtsprechung und eine überwiegende („herrschende") Meinung im Schrifttum herausgebildet, die es erlauben, bei der Problembearbeitung mit den Wölfen zu heulen und sich dem mehrheitlich vertretenen Standpunkt anzuschließen. Darüber darf man aber nicht vergessen, dass das Problem ein Problem bleibt. Man sollte es also nicht schon so beschreiben, als sei alles klar, sondern zunächst ergebnisoffen die inhaltliche Schwierigkeit erläutern, sodass der Leser sich selbst vor das Problem gestellt sieht, bevor man die längst von Anderen beschrittenen Wege nachschreitet.[284]

> **Beispiel:** „Mit … ist die (Streit-)Frage/das umstrittene/streitige/verschieden beurteilte Problem aufgeworfen/angesprochen, ob/wie/warum … Dazu lässt sich einerseits vertreten, [Lösungsvorschlag 1]. Dafür spricht insbesondere, dass [Argument]. Jedoch [Einwand der herrschenden Meinung = Gegenansicht]. Damit käme es zu Unstimmigkeiten im Hinblick auf [weiterer Einwand, zum Beispiel die Rechtssicherheit/die Privatautonomie/das Analogieverbot]. Darum ist nicht zuletzt wegen [Argument] mit der letztgenannten/(ganz) überwiegenden/herrschenden Meinung/Ansicht von [Lösungsvorschlag 2] auszugehen/[Lösungsvorschlag 1] zu verneinen/abzulehnen."

237 Ein typischer Stolperstein bei mittleren Problemen in Prüfungen besteht darin, dass man nach einigem Nachdenken über die Aufgabe leicht das mittelmäßig Problematische zu schnell abarbeitet. Ist man sich über das richtige Ergebnis

> **Beispiel:** „T hat fahrlässig-schuldhaft gehandelt."

erst im Klaren, wendet man auf dessen überzeugende Herleitung oft zu wenig Mühe und damit zu wenig Platz auf,

> **Beispiel:** „T hat die im Verkehr erforderliche Sorgfalt außer Acht gelassen und daher fahrlässig iSv § 276 II BGB gehandelt."

anstatt den Begründungsweg für den Leser noch einmal Schritt für Schritt darzustellen.

> **Beispiel:** „T ist zwar kein Vorwurf zu machen, weil er … Indessen kann in … eine Außerachtlassung der in der konkreten Situation erforderlichen Sorgfalt liegen und damit ein Fahrlässigkeitsvorwurf gerechtfertigt sein. Wer …, muss … oder zumindest darauf achten, dass …, sowie bei Anzeichen von Gefahr gewährleisten, dass nicht … Das hat T unterlassen, indem er ohne näheres Nachdenken … Gerade hierin liegt der Sorgfaltsverstoß, zumal er die Gefährlichkeit seines Handelns ohne Fachwissen auf dem Gebiet der … erkennen konnte. Im Gegenteil liegt das Schädigungspotential angesichts … geradezu auf der Hand. Für einen … – wie T es ist – musste sich dieser Gedanke beinahe aufdrängen. Wenn er diese Überlegung nicht anstellte, begründet schon dies den Vorwurf des Zurückbleibens hinter dem in der konkreten Situation geschuldeten und vom Verkehr erwartbaren Verhalten. Also handelte T fahrlässig im Sinne von § 276 II BGB."

---

283 Dazu ausführlich → Rn. 531 ff.

284 Auch wer sich einer schon längst vertretenen oder sogar herrschenden Meinung anschließt, darf aber nicht schlicht ein Stück aus einem Lehrbuch abschreiben; vielmehr sollen Sie die Argumente so darstellen, als hätten Sie sie im konkreten Fallbearbeitungszusammenhang entwickelt.

5. Das große Problem

Das große Problem (auch bezeichnet als *das fette Problem* oder schlicht *das Problem*) nennen Studenten in falscher Ehrfurcht gern *den Meinungsstreit*. Es kommt nicht in jeder Prüfung vor, aber in vielen. Vom Aufgabensteller ist es in die Aufgabe eingebaut worden, damit Sie vorführen können, wie gut Sie gelernt haben, wissenschaftliche Diskurse in Beziehung zu Einzelfallstreitigkeiten zu setzen.   238

Das große Problem erfordert – zumal in der Hausarbeit[285] – umfängliche Auseinandersetzung und klare quantitative wie qualitative Schwerpunktbildung. Der im Gutachten beanspruchte Raum muss ungefähr der (relativen) Bedeutung des Problems entsprechen. Die Intensität der Auseinandersetzung und das Niveau der rechtlichen Argumentation sollten es ebenfalls. Mit der Bedeutung des Problems ist in erster Linie der Einfluss auf den Gang und das Ergebnis Ihrer Erörterungen gemeint, in zweiter Linie die Bedeutung in der wissenschaftlichen Diskussion und der juristischen Praxis.[286]

Belege können gerade bei Standardproblemen nicht flächendeckend ausfallen, weil dann der Fußnotenapparat ganz überladen würde. Sie sollten aber den aktuellen Stand wiedergeben, also die jüngere Rechtsprechung und das unlängst erschienene Schrifttum erfassen. Das schließt es aus, den Fußnotenapparat aus einem älteren Aufsatz zum Thema schlicht zu übernehmen. Aus den älteren Entscheidungen und wissenschaftlichen Beiträgen wählt man diejenigen aus, in denen das Problem erstmals oder besonders grundlegend diskutiert wurde. Ein Anzeichen hierfür ist, welche Fundstellen besonders häufig anderwärts zitiert werden.   239

Nur selten kann man ein großes Problem ganz flüssig von einem Satz zum nächsten erörtern. Meist bedarf es einer äußeren Struktur. Deren gedankliche Schritte schlagen sich in Absätzen und Überschriften nieder. Letztere erlauben es dem Leser, den Gedankengang in groben Umrissen vorweg zu erfassen.   240

In der Klausur kann es geschehen, dass Sie zwar das Problem als zentral identifizieren (vielleicht wissen Sie sogar, dass die betreffende Frage umstritten ist), Ihnen aber gleichwohl die Argumente fehlen. Wenn Sie also – wie meist – nicht das Problem und die einschlägigen Entscheidungsvorschläge auswendig kennen, müssen Sie den Streit „simulieren". Das wird Ihnen umso leichter fallen, je mehr ähnliche Situationen Sie kennen, mit denen Sie die zu erfindende Kontroverse parallelisieren können. Noch leichter fällt es Ihnen, wenn Sie typische Anknüpfungspunkte für juristische Streitfragen kennen. Kurz: Inhaltliches Wissen hilft immer.   241

> **Beispiel:** Das kann ganz abstrakt die Frage sein, ob aus dem Zweck einer gesetzlichen Vorschrift eine gegenüber dem Wortlaut erweiternde oder einschränkende Auslegung geboten ist. Es kann auch konkreter etwa der Konflikt zwischen Gutglaubensschutz und Schutz des Eigentümers oder Minderjährigenschutz sein.

Außerdem gibt es ein paar Gemeinsamkeiten vieler juristischer Streitfragen, die es Ihnen erleichtern, Argumente ad hoc zu entwickeln. Fast immer gibt es einen Standpunkt, der das Problem stärker oder ausschließlich objektiv betrachtet, und einen, der auf die subjektive Komponente abstellt. Bei Normauslegungsfragen gibt es einen formalen Standpunkt und einen inhaltlichen, ein wortlautnahes Argument, ein sinnnahes, ein bestimmtheitsdeterminiertes, ein schutzzweckdeterminiertes. Oft hilft es zu fragen, was die Regel ist und was die Ausnahme, was das Prinzip ist und was der Einzelfall. Wer das übt, bekommt bald ein Gespür dafür, wie man Probleme identifiziert und strukturiert.

---

285 In der Klausur kommt es deutlich seltener vor als die meisten Studenten annehmen.
286 Über Ersteres ist bei ganz aktuellen Problemen noch keine Aussage möglich, über Letzteres immer.

242 Gerade im öffentlichen Recht finden Sie nicht selten einen Hinweis auf die Erörterungs-
bedürftigkeit einer Frage, weil die Konfliktparteien sie ansprechen.[287]

> **Beispiel:** „A meint, die Verwaltung könne doch nicht einfach in seinen Anspruch auf … eingrei-
> fen." (Hier liegt ein Problem des Vertrauensschutzes/der Rückwirkung.)

Dann bietet sich immer eine Erörterung nach dem Schema an:

> **Beispiel:** „Für den Einwand des A streitet das Prinzip des … Gegen eine solche Einschätzung/
> Beurteilung spricht aber/ lässt sich jedoch einwenden, dass nach dem Grundsatz …"

Und schon haben Sie sich in eine Problemerörterung hineinimprovisiert[288].

6. Arbeitsanleitung

243 Das jeweilige Problem ist einer Stufe des Schemas zuzuordnen. Das gelingt natürlich nur ungefähr,
weil ein verlässliches Maß für die Intensität eines Problems fehlt. Überhaupt ist die richtige Schwerpunktbildung schwierig. Sie braucht Glück und ein Gespür für das Problematische. Letzteres bildet
sich im Lauf der Zeit heraus. Als Ersatz für diesen Riecher, der dem Anfänger noch zu fehlen pflegt,
hier ein paar vorläufige Kriterien[289]:
Die **erste gedankliche Annäherung** an ein Problem kann als Arbeitshypothese dafür dienen, wie viel
Aufhebens im Gutachten nötig ist. Wo das Ergebnis von Anfang an klar ist, liegt kaum je ein Schwerpunkt. Was auf Anhieb nach klassischen juristischen Streitfragen riecht, ist wahrscheinlich wichtig.[290]
Dieses Kriterium ist aber nur halbwegs verlässlich – Ausnahmen bestätigen die Regel.
Bei der **vertieften Bearbeitung** einer Prüfungsaufgabe stellt sich meist recht schnell heraus, was im
juristischen Schrifttum als streitig gilt und was als gegenwärtig streitig.
Unproblematisch ist, was sowohl Juristen als auch juristischen Laien auf Anhieb übereinstimmend
als unproblematisch erscheint. Hoch problematisch sind Fragen, die für Juristen auch nach einigem Überlegen nicht eindeutig zu beantworten sind, zu denen Ihnen aber sofort mehrere Argumente für verschiedene Ergebnisse einfallen. Nichtjuristen pflegen hier oft nur noch die Problembeschreibung zu verstehen, nicht mehr aber die „Lösung" des Problems und die Argumente.
Wenn der Sachverhalt **juristische Termini** verwendet, wird damit meist schon vorsubsumiert. An
diesen Stellen ist also keine ausführliche Diskussion, sondern eher eine knappe, aber genaue Rekon-
struktion gefragt.

> **Beispiel:** Wenn im Sachverhalt steht „Am 24.5. werden die Leistungen des D von B abgenom-
> men", wird es in aller Regel nicht erforderlich sein, den Begriff der Abnahme zu definieren mit
> „Unter Abnahme ist die körperliche Hinnahme im Rahmen der Besitzübertragung, verbunden
> mit der Anerkennung des Werks als in der Hauptsache vertragsgemäße Leistung". Meist wird es
> genügen, knapp festzustellen „Mit der Abnahme iSv § 640 I 1 BGB am 24.5. ist der Werklohn fäl-
> lig geworden, § 641 I 1 BGB". Wer wenigstens in aller Kürze Definitionswissen präsentieren will,
> kann auch schreiben „Am 24.5. hat B die Arbeiten des D abgenommen, also körperlich als im We-
> sentlichen vertragsgemäß hingenommen, sodass …"

Manchmal allerdings gilt genau im Gegenteil: *falsa demonstratio non nocet*. Vertrauen Sie nicht allen
juristischen Termini blind![291]
Führt schon der Sachverhalt die **Rechtsmeinungen der Beteiligten** auf, bedarf es einer Auseinandersetzung mit diesen Ansichten, auch wenn man ihnen nicht folgt.

---

287 Insofern ähnelt die akademische Prüfung dem Abfassen eines Urteils am Ende des Rechtsstreits:
Auch wenn der Richter die Ansichten der Parteien für falsch oder ungenau hält, wird er sie immerhin kurz erwähnen, weil sie den Streit mitgeprägt haben; näher → Rn. 444.
288 Eine lesenswerte Arbeitshilfe bietet Kuhn JURA 2018, 1069 ff.
289 S. auch die Hinweise von Konertz JuS 2020, 297 ff.
290 Wenn der Sachverhalt den Streit der Parteien unter Wiedergabe mehrere Argumente bereits breit
darstellt, ist das ein Indiz für einen inhaltlichen Schwerpunkt.
291 Ein Indiz für die fachlich richtige Verwendung von juristischen Begriffen im Sachverhalt ist es,
wenn mehrere Termini mit Bezug zueinander verwendet sind (also zB wenn von *Verkauf* und
Erwerb/Übereignung die Rede ist).

7. Wie kennzeichnet man das Problematische?

Wer dem Leser schon durch die Äußerlichkeiten der Bearbeitung signalisieren will, wo die Problemschwerpunkte eines Sachverhalts liegen, kann das zum einen durch den schlichten Umfang der Diskussion bewerkstelligen: Dann sieht man bereits an der Gliederung, dass das Wichtige auch breit erörtert wird. Die zweite – oft unterschätzte – Möglichkeit liegt in der Tiefe der Quellenauswertung. Einfache und ausgestandene Probleme werden in einer Fußnote mit einer oder zwei Fundstellen aus einem kleinen Lehrbuch oder einem Kurzkommentar belegt, wenn möglich auch mit einer jüngeren obergerichtlichen Entscheidung, größere Probleme je nach Meinungsvielfalt und Ergebnisrelevanz mit mehreren Fußnoten, in denen umfangreichere Lehrbücher, Handbücher, große Kommentare und mehrere Gerichtsentscheidungen zitiert sind, und fette Probleme mit vielen Fußnoten, die jeweils den einzelnen Teilaspekt umfassend belegen.

> **Beispiel:** Zu einer Frage aus dem Allgemeinen Teil des BGB wird man aus dem Schrifttum bei einem **kleinen Problem** ein **Anfängerlehrbuch** (*Rüthers/Stadler, Brox/Walker, Köhler, Schack, Faust, Bitter, Wertenbruch, Hirsch*) zitieren, bei einem **mittleren Problem** die **umfangreicheren Lehrbücher** (*Pawlowski, Medicus, Bork, Neuner*) und bei einem **fetten Problem** auch die ganz **dicken Lehrbücher** (*Flume*) und die **alten** (*Enneccerus[/Nipperdey], v. Tuhr*). Analog geht man bei den Kommentaren vor, beginnend vielleicht mit *Jauernig* und *Grüneberg* und endend mit dem *Staudinger*. Nicht ganz so eindeutig ist es mit Zitaten aus der Rechtsprechung. Hier wird man auch bei kleinen Problemen nach Möglichkeit die obergerichtlichen Entscheidungen zitieren (also in Zivilsachen regelmäßig Urteile des BGH, ausnahmsweise des BVerfG, gegebenenfalls solche des EuGH).[292] Problemvertiefung lässt sich eher über die Zahl der zitierten Entscheidungen und die kluge Auswahl untergerichtlicher Entscheidungen signalisieren.

243a

8. Was tun bei voraussichtlich divergierenden Schwerpunkt-Einschätzungen?

Immer wieder geschieht es in Übungsarbeiten, dass man als Bearbeiter eine Entscheidungsmöglichkeit sieht, die in sich stimmig wirkt, aber ein Problem ausspart, das im Sachverhalt angelegt erscheint. Ein Ausweg ist: Kurz und knapp **Wissen präsentieren**. Wer so vorgehen will, darf das nicht allzu plump anstellen.

243b

> **Beispiel:** Der Sachverhalt gibt Anlass zu der Erörterung, ob der zunächst entstandene Anspruch wieder erloschen ist, weil die vertraglich versprochene Leistung unmöglich geworden ist (§ 275 I BGB). Sie haben im Unterricht gelernt, dass der Begriff der Unmöglichkeit die objektive und die subjektive, die anfängliche und die nachträgliche, die zu vertretende und die nicht zu vertretende Unmöglichkeit einschließt. Dieses Wissen wollen Sie gern präsentieren, weil Sie vermuten, dass der Korrektor beim Abhaken der einzelnen Begriffe immer neue Punkte verteilen wird.[293] Sie haben ziemlich schnell festgestellt, dass es sich um eine nachträgliche subjektive nicht zu vertretende Unmöglichkeit handelt. Sie sollen, wenn Sie dem Leser alle diese Informationen präsentieren, nun aber nicht schreiben „Es kann sich um eine nachträgliche Unmöglichkeit handeln. Das ist der Fall, wenn … Hier ist … Daher handelt es sich um eine nachträgliche Unmöglichkeit. Weiter kann die Unmöglichkeit als subjektive zu qualifizieren sein. Dazu muss … So liegt es hier: … Außerdem kann T die Unmöglichkeit zu vertreten haben …“ Das sieht zwar schulmäßig aus, ist es aber bei genauerem Hinsehen nicht. Auf die genannten Unterscheidungen kommt es für die Rechtsfolge des § 275 I BGB nämlich nicht an. Sie breit zu diskutieren führt fast zwangsläufig zu einer Schlangenlinie am Rand mit der Anmerkung „Warum erörtern Sie das?“ Wenn man es kurz machen will, darf man also nicht schulmäßig subsumieren, muss aber gleichwohl die eigenen Erkenntnisse präsentieren. Zuerst muss man zum Abhaken sauber die Unmöglichkeit als solche feststellen: „Aus dem Kaufvertrag war T verpflichtet, S das Fahrrad zu übergeben und zu übereignen (§ 433 I BGB). Die Übertragung des Besitzes (§ 854 I BGB) und damit regelmäßig auch die Übereignung (§ 929 S. 1 BGB) sind T nicht mehr möglich, seitdem D ihm durch Diebstahl den Besitz entzogen hat. Damit ist die Leistung unmöglich iSv § 275 I BGB." Dann fügt man – möglichst konzentriert

---

292 Zur Sortierung in der Fußnote → Rn. 567 ff.
293 Diese Vermutung kann auch falsch sein.

in kurzen Festellungen – hinzu „Es handelt sich, da D die Leistung erbringen könnte, um eine subjektive Unmöglichkeit, die erst nach Vertragsschluss eingetreten ist, weil der Diebstahl erst am Tag nach dem Telefonat zwischen T und S stattfand. Hierdurch würde T von seiner Leistungspflicht frei, selbst wenn er den Eintritt der Unmöglichkeit zu vertreten hätte." Eine andere Möglichkeit besteht darin, einen Schein-Einwand zu präsentieren: „Zwar kann D die von T versprochene Leistung noch erbringen" und diesen im nächsten Gedanken zu entkräften „Für das Erlöschen der Leistungspflicht des T nach § 275 I BGB genügt aber die subjektive Unmöglichkeit, also gerade die Situation, in der zwar nicht jedermann, aber eben der Schuldner zur Leistung außerstande ist". Das mag zwar für Fachangehörige zum gesicherten rechtsdogmatischen Bestand gehören, aber für Nichtjuristen ist es erklärungsbedürftig. Wenn man diese Erklärung nun nicht ausufern lässt, sondern in einen Satz fassen kann, ist es gut.

V. Rechtsfolgenseite der Norm

244 Nicht immer ist die Subsumtionsarbeit schon erledigt, wenn man den Tatbestand der Anspruchsnorm zu Ende geprüft hat. Liegen die Probleme des Sachverhalts ganz oder teils auf der Rechtsfolgenseite,[294] bietet es sich an, in der Gliederung nach Anspruchsgrund und Anspruchshöhe/Anspruchsumfang zu unterscheiden. Nach der Subsumtion unter den Haftungstatbestand zieht man ein Zwischenergebnis der Art

- Dem Grunde nach[295] besteht ein Anspruch des [Anspruchstellers] gegen [Anspruchsgegner],

um fortzufahren

- In welchem Umfang/In welcher Höhe/Ob allerdings [Anspruchsteller] Schadensersatz in der geltend gemachten Höhe/für sämtliche eingetretenen Schäden/Erstattung zB aller gezogenen Nutzungen/Rückgabe auch der Früchte verlangen kann, ist fraglich/problematisch.

In einem Satz:

- Liegt somit der Tatbestand des … Anspruchs vor, so ergibt sich die Rechtsfolge aus … (zB §§ 249 ff. BGB).

Am Ende steht dann

- Ein Anspruch des [Anspruchsteller] besteht (nur) in Höhe von [Betrag]/richtet sich nur auf den Ersatz von [bejahte Schadensposition(en)]. (Oder:) Also kann [Anspruchsteller] lediglich/ausschließlich [berechtigter Teil der Forderung] verlangen.

245 Auf der Rechtsfolgenseite muss ebenfalls Merkmal für Merkmal subsumiert werden. Gesetzlich vorstrukturiert ist die Unterscheidung in Tatbestands- und Rechtsfolgenseite beispielsweise im Recht der ungerechtfertigten Bereicherung, wo die Haftungstatbestände (§§ 812, 816 BGB) und die Bestimmungen über den Umfang der Haftung (§§ 818 ff. BGB) getrennt geregelt sind.

246 Hat man nicht schon in Überschrift und Obersatz eine der Rechtsfolgen ausgesucht – was zu empfehlen ist –, muss man nun erwähnen, welche Möglichkeiten zur Wahl stehen,

Beispiel: „K kann die Rechte aus § 437 BGB geltend machen."

und gegebenenfalls eine Empfehlung geben,

Beispiel: „Für K am vorteilhaftesten ist die Berechnung des Schadens nach der Differenzmethode."

sofern der Sachverhalt dafür Anhaltspunkte bietet, insbesondere, wenn die Fallfrage lautet „K fragt, was er tun kann". Wenn man die wirtschaftlich attraktivere Rechtsfolge wählt, ist das keine Überdehnung des Sachverhalts und auch kein vorbehaltloses Bekenntnis zum Konzept des homo oeconomicus.

---

294 Das kann etwa bei Arbeiten mit Schwerpunkt im Schadensersatzrecht, im Bereicherungsrecht oder beim Rücktritt vom Vertrag leicht der Fall sein.

295 Wer *dem Grunde nach* verwendet, sollte *der Höhe nach* folgen lassen. Das ist ein juristischer Fachausdruck, der nicht synonym mit *im Grunde* oder *grundsätzlich* verwendet werden sollte.

Beispiel: Hat der Gläubiger der unmöglich gewordenen Leistung den Vertragsgegenstand zu einem Preis über dem Marktwert gekauft: „Der Rücktritt vom Vertrag ist sinnvoll." Vielleicht auch: „K wird sich für den Rücktritt entscheiden, weil er so den Unterschiedsbetrag zum günstigeren Angebot des D einsparen kann."

Gibt die Fallfrage allerdings keine besonderen Hinweise und enthält der Sachverhalt keine Umstände, die auf die Vorzugswürdigkeit einer Rechtsfolge gegenüber der oder den anderen hindeuten, fasst man sich am besten kurz: 247–322

- [Anspruchsteller] kann also von [Anspruchsgegner] nach seiner Wahl/wahlweise/alternativ (entweder) Schadensersatz wegen Nichterfüllung oder Erfüllung der Verbindlichkeit verlangen, § 179 I BGB.
- [Anspruchsteller] hat gegen [Anspruchsgegner 1] und [Anspruchsgegner 2] als Gesamtschuldner einen Anspruch auf [Anspruchsziel]. Er kann daher wahlweise auch einen der beiden auf [Leistung, zB Zahlung des vollen Betrags] in Anspruch nehmen.

In solchen Situationen sind Spekulationen darüber, ob und wie ein Berechtigter sein Wahlrecht ausüben wird, Platz- und Zeitverschwendung.

4. Teil. Arbeitshinweise

Wenn Sie bis hierhin gründlich gelesen haben, müssten Sie eine recht genaue Vorstellung von der Funktionsweise und der sprachlichen Gestalt eines juristischen Gutachtens haben. Der folgende Abschnitt hilft, bei der Umsetzung dieses Wissens in juristischen Übungsarbeiten unnötige Fehler zu vermeiden. Er stellt zusammen, worauf achten sollte, wer eine Übungs- oder Prüfungsarbeit verfasst. Er ist auch ohne die vorherigen Teile lesbar und nützlich. Die Fehler, die er zu vermeiden hilft, unterlaufen **Anfängern und Fortgeschrittenen**. Zuerst finden Sie eine Reihe häufiger **Fehler in Rechtsgutachten** (→ Rn. 323 ff.), anschließend **Arbeitsempfehlungen** (→ Rn. 450 ff.), die zu befolgen unabhängig von konkreten einzelnen Fehlern Ihre Erfolgsaussichten erhöht.

1. Kapitel. Fehler und Fehlervermeidung

Manche der folgenden Regeln haben elementare Bedeutung,[296] andere eher subtilen Charakter.[297] Kaum eine ist zwingend. Der Begriff *Regel* deutet aber bereits an, dass im Zweifel lieber der **Regel** als der immer denkbaren **Ausnahme** zu folgen ist.   323

Da dem Anfänger nicht auf Anhieb Inhalt und Sinn einer jeden dieser Regeln zugänglich sein werden, finden sich überall Beispiele[298] und fast immer kurze Erklärungen. Sie greifen typische Fehler und Schwierigkeiten in universitären Gutachten auf, wie sie üblicherweise Gegenstand von Leistungskontrollen bis einschließlich zur Ersten Juristischen Prüfung sind.

Vieles davon ist nur Konvention; ein Verstoß ist kein echter Fehler. Trotzdem spricht kaum jemals etwas dagegen, sich einfach an die Konvention zu halten.[299]

1. Etliche dieser Hinweise lassen sich angesichts des in **Klausuren** häufigen Zeitdrucks nur in Hausarbeiten berücksichtigen. Manches kann man aber üben, um sich auch in Klausuren nicht völlig zu blamieren. Allerdings ist die inhaltlich richtige Entscheidung wichtiger als eine gediegene Sprache. Stilistische Finessen sind also erst an der Reihe, wenn Sie die rechtliche Begründung durchdacht haben.
2. In **Hausarbeiten** gelten andere Maßstäbe: Der Leser weiß, dass Sie sich die Zeit für eine auch äußerliche Überarbeitung des Texts hätten nehmen können. Er wird es Ihnen zu Recht verübeln, wenn Sie das nicht für nötig halten.
3. Für viele Fragen gibt es mehrere richtige Antworten. Das heißt, man kann es so oder so halten. *So oder so* bedeutet aber nicht *so und so*. Hat man sich für die eine oder andere Art entschieden, soll man das durchhalten. Es gilt das Gebot der **Einheitlichkeit**.
4. **Haftungsausschluss**: Die Zahl möglicher Fehler ist vermutlich unendlich. Hier kann aber nur eine endliche Zahl von Hinweisen zur Fehlervermeidung gegeben werden. Die Lage wird nur noch komplizierter, weil sich Regeln über juristischen Sprachgebrauch nicht aus dem Gesetz oder ähnlichen autoritativen Quellen ergeben, sondern teils von des Prüfers individuellen Vorlieben abhängen, welche Letztere noch von Zeit zu Zeit wechseln können.

---

296 Beachten Sie insbesondere die Bemerkungen zum richtigen Umgang mit der deutschen Sprache, sogleich → Rn. 324 ff.

297 Etwa die Hinweise zur richtigen Schreibweise des Terminus *condicio sine qua non*, → Rn. 368. Zur Abgrenzung des *antezipierten* Besitzkonstituts zum *antizipierten* instruktiv Liebs JZ 1972, 751.

298 Diese sind durch *Kursivschreibweise* hervorgehoben und mehrheitlich authentisch. Wo sie studentischen Übungsarbeiten entnommen wurden, sind sie nicht näher gekennzeichnet; auf juristische Fachzeitschriftenbeiträge und gerichtliche Urteile als Quellen wird in den Fußnoten hingewiesen.

299 Natürlich kann man es mit Goethe (Faust I, Z. 550 f.) halten: „Es trägt Verstand und rechter Sinn mit wenig Kunst sich selber vor." Aber der Alltag juristischer Ausbildung und juristischer Arbeitspraxis verlangen eben doch mehr als nur *wenig Kunst.*

Kurz: Die folgenden Regeln sind wichtig, aber **nicht vollständig**. Immerhin sind die häufigsten Fehler erwähnt.[300, 301]

5. **Arbeitsanleitung**:

   a) Lesen Sie die folgenden Hinweise einmal „trocken" durch, auch wenn Sie gerade keine Übungsarbeit schreiben. Ein bisschen bleibt immer hängen.

   b) Lesen Sie das Ganze wieder einmal, wenn es akut wird. Die Aufzählung häufiger Fehler kann man durchgehen, wenn die Hausarbeit fast fertig ist.

   c) Ergänzen Sie bei jeder Gelegenheit ähnliche Regeln und Fehler, besonders solche, die Ihnen im eigenen Sprachgebrauch auffallen. Jeder Respekt vor diesem Text ist zwecklos. Notieren Sie also Ihre Erkenntnisse an den Rand und streichen Sie Vorschläge, die Ihnen nicht zusagen. Erst durch Ihre Anmerkungen wird dieses Buch zu einem intensiv nutzbaren Arbeitsmittel.

6. Zu den **Quellen**: Es gibt – leider? – keine abschließende und verlässliche Sammlung solcher Regeln. Neben eigener Erfahrung im Schreiben und Korrigieren von Hausarbeiten und Klausuren liegt dem Nachstehenden die Auswertung etlicher „Kochbücher" zugrunde.[302] Die besten solcher Tipps findet man oft dort, wo man sie nicht erwartet.[303] Diese Zusammenstellung dient daher auch dazu, Ihnen das Blättern in zwanzig anderen Büchern zu ersparen.

   Wenn Sie besser durch konkrete Beispiele als durch das Lesen von Regeln lernen, ist es sinnvoll, sich ein paar **Originalarbeiten** anzusehen und sich die Fehler anderer Leute zu Herzen zu nehmen. An vielen juristischen Fachbereichen gibt es Hausarbeiten- und Klausurensammlungen, die das ermöglichen. Die Mustergutachten in den Ausbildungszeitschriften sind für diesen Zweck nicht alle gleichermaßen geeignet. Selbst diejenigen,

---

300 Eine „Fehlerlehre" muss empirisch ansetzen, wenn sie zweckdienlich sein soll. Das heißt, sie muss nicht die theoretisch denkbaren Fehler verhandeln, sondern diejenigen, die erfahrungsgemäß häufig geschehen (dazu zB Edenfeld JA 1999, 196 ff.). Das bedeutet zugleich, dass sie nicht wirklich systematisch sein kann, sondern allenfalls mühsam systematisiert. Deswegen ist es für den Leser nicht ohne Weiteres möglich, gezielt nach Hilfestellungen zu suchen – vielmehr empfiehlt sich Querlesen. Wer eine einzelne Erläuterung sucht, benutzt am besten das Stichwortverzeichnis am Ende. Wer diesen Abschnitt zu lang findet, beginne mit Henne t1p.de/dtdn oder Tettinger/Mann S. 169 ff. und Knoche t1p.de/4db5.

301 Eine Schwierigkeit im Umgang mit einer solchen Fehlerlehre besteht darin, dass nicht alle Studenten sämtliche Fehler begehen, sondern jeder seine eigenen. Deswegen wird auch jeder im folgenden Text viele Warnungen finden, die für ihn bedeutungslos sind. Daraus kann man Selbstbestätigung oder Langeweile oder den Verdacht ableiten, es sei überflüssig gewesen, für dieses Buch Geld auszugeben. Man kann aber auch weiterlesen bis zu dem Punkt, an dem man feststellt *Das hätte ich auch falsch angepackt.* Und wer den Kopf schüttelt über die teils trivialen Fehler, die mitunter als Beispiele dienen, sei getröstet: Fast nichts ist hier aufgenommen, was mir nicht mehrfach begegnet wäre. Zum Lernen aus Fehlern als Konzept: Gramm (Hrsg.) Fehlerlehre; Zwickel/Lohse/Schmid Kompetenztraining, 1 f.; Kuhn Analyse; Chama Grundlagenfehler; Baade JuS 2020, 311 ff.

302 Besonders empfehlenswert: Diederichsen/Wagner BGB-Klausur – zu Recht einer der „Klassiker"; allerdings liest es sich bei Diederichsen immer so, als sei jeder noch so kleine Fehler unverzeihlich; Gramm (Hrsg.) Fehlerlehre – Schwerpunktbildung im Öffentlichen Recht; eine sehr gelungene Klausurenlehre bietet Braun Zivilrechtsfall – die mehrfache Lektüre des Theoretischen Teils (3–64) ist dringend zu empfehlen; etwas knapper die Einführung bei Wörlen/Schindler/Balleis Anleitung; s. auch Knödler JuS 2000, L 65 ff.; Dühn JA 2000, 765 ff.; Lemke JA 2001, 325 ff.; Möllers JuS 2001, L 65 ff; Standop/Meyer Form, Anhang II (217 ff.).

303 Beispielsweise die Stilregeln für Juristen bei Eckert/Hattenhauer 75 Klausuren S. 205 ff. (verfügbar auch unter t1p.de/cg1u) und Trevor-Ropers Zehn Gebote – Anweisungen zum deutlichen Schreiben im Vorwort zu Fezer Klausurenkurs. Lesenswert sind auch Müller JuS 1996, L 49 ff.; Gross JA 1995, 83 f.; Schmuck JA 2001, 911 f.; Hattenhauer Kritik S. 132 ff.; Forstmoser/Ogorek Juristisches Arbeiten S. 15 ff.; Haft Einführung S. 406 ff.; Beyerbach Doktorarbeit Rn. 295 ff.

die sich auf den ersten Blick an studentischen Anforderungen zu orientieren scheinen, sind oft nicht ganz astrein.[304]

7. Zur Klarstellung: Sie können die nachstehende Liste benutzen, um eine in gewisser Weise **stromlinienförmige** Arbeit zu verfassen. Das hört sich im ersten Augenblick widerlich opportunistisch an – ist es aber nicht. In formaler Hinsicht ist es nicht schändlich, stromlinienförmig zu schreiben, eher im Gegenteil. Was Ihre inhaltliche Position zu einzelnen Rechtsfragen betrifft, werden Sie keine Anleitungen finden.

8. Eine **Orientierung** für den angemessenen Sprachgebrauch kann das Gesetz geben. Allerdings ist bei manchen etwas angestaubt wirkenden Formulierungen

> **Beispiele:** *In Gemäßheit des* statt *gemäß* in § 645 I 2 BGB, *behufs* statt *zwecks* in § 15 II FGG, *vermöge dessen* statt *durch das* in §§ 930, 868 BGB, *Militärperson* statt *Soldat* in § 411 BGB, *in Ansehung der* statt *betreffend die* in § 407 I BGB, *mittels Fernsprechers* statt *telefonisch* in § 147 I BGB, *Beschädigter* statt *Geschädigter* in §§ 122 II, 254 BGB, *Beobachtung* statt *Beachtung* oder *Einhaltung* in § 782 BGB, *ausantworten* und *Ausantwortung* statt *übergeben* und *Übergabe* in § 1986 BGB, *wird nicht verlustig* statt *verliert nicht* in §§ 616 S. 1, 354 BGB, *dergestalt* statt *so* in § 149 S. 1 BGB, *endigt* statt *endet* in § 188 BGB; schön auch das Dativ-e zB in §§ 126 II, 249 S. 1, 812, 818, 911 BGB (und lustigerweise noch im erst unlängst eingefügten § 13 BGB[305]). Ein wenig altertümlich klingt auch das *besorgen* statt *befürchten* zB in § 110 III StPO (heutige Leser denken bei *besorgen* eher an *beschaffen*, vielleicht noch an die *Geschäftsbesorgung*).

Zurückhaltung geboten – das BGB ist über 120 Jahre alt.[306] Schon beim nur gut 70 Jahre alten Grundgesetz ist Vorsicht am Platz.

> **Beispiel:** Art. 6 II 1 GG: „Pflege und Erziehung der Kinder sind das natürliche Recht der Eltern und die zuvörderst ihnen obliegende Pflicht."

Leider ist manchmal der Sprachgebrauch des Gesetzes geradezu irreführend.

> **Beispiel:** Entgegen der Überschrift „Verbrauchsgüterkauf" über § 474 BGB regelt die Vorschrift nicht den Kauf von Verbrauchsgütern, sondern Kaufgeschäfte, an denen neben einem Unternehmer als Verkäufer ein Verbraucher als Käufer beteiligt ist (so die Definition in § 474 I BGB).

Und je jünger das Gesetz ist, desto weniger sprachliches Feingefühl ist ihm oft anzumerken.

> **Beispiel:** Wenn in § 312c II BGB *über den Mobilfunkdienst versendete Nachrichten (SMS)* genannt sind, ist das doppelt unbeholfen: Zum einen erfährt man nicht, was die Abkürzung SMS eigentlich bedeutet, zum anderen ist es eigentlich die falsche Abkürzung, weil SMS eben für den Dienst steht – und nur umgangssprachlich für die über den Dienst versendete Nachricht.

Urteile können ebenfalls als Vorbild dienen; aber auch sie geraten gelegentlich pathetisch-altmodisch.

> **Beispiel:** „Dies im Sinne gelebter Toleranz einzuüben und zu praktizieren, ist eine wichtige Aufgabe der öffentlichen Schule."[307]

---

304 ZB Habermeier JuS 1994, L 76 ff.: *zweifellos, eindeutig, selbstverständliche Pflicht, ohne Weiteres erfüllt, völlig zu Recht, Beiläufig wird darauf hingewiesen, dass* … usw., näher dazu → Rn. 359.

305 2014 hat der Gesetzgeber *zu einem Zwecke* geändert in *zu Zwecken*. Schade.

306 Manchmal ist allerdings umgekehrt der Sprachgebrauch des Gesetzes moderner als der seiner Interpreten: Das BGB spricht vom Eigentumserwerb an *beweglichen Sachen* (zB § 929 S. 1 BGB), das Sachenrechtslehrbuch von Baur/Baur/Stürner dagegen noch heute von *Fahrniserwerb*. Und das OLG Celle schreibt schon einmal *Haupt*, wenn *Kopf* gemeint ist (NJW 2005, 3647).

307 BVerfG FamRZ 2006, 1094 ff. Rn.18.

9. Da man nicht alles wissen kann und auch die vorliegende Sammlung nur Beispiele enthält, empfiehlt sich die gelegentliche Anschaffung und häufige Nutzung der **Standardliteratur** aller schreibenden Menschen.[308]

10. Die folgenden Hinweise sind – typisch juristisch – so sortiert, dass sie vom Allgemeinen zum Besonderen fortschreiten. Zuerst (→ Rn. 324 ff. und → Rn. 340 ff.) finden Sie also Empfehlungen, die immer (!) zu beherzigen sind[309], dann (→ Rn. 357 ff.) Regeln, die beim Sprechen und Schreiben über rechtliche Dinge Beachtung erheischen, und anschließend (→ Rn. 384 ff.) solche, die nur in juristischen Übungs- und Prüfungssituationen wichtig sind.

A. Richtiges Deutsch

Das Gutachten ist in gutem Deutsch zu verfassen, wenigstens aber in orthographisch und grammatikalisch richtigem Deutsch. Das sollte keiner Erwähnung bedürfen. Die Erfahrung lehrt das Gegenteil.[310]

324 • **Rechtschreibungs-, Zeichensetzungs-, grammatikalische und Tippfehler** sind in der Klausur vielleicht noch verzeihlich, sprechen aber besonders bei gehäuftem Auftreten und jedenfalls in Hausarbeiten eine deutliche Sprache. Leider ist das Niveau mancher Arbeiten in dieser Hinsicht wirklich erbärmlich.[311] Vorwerfbar ist dabei nicht das

---

308 Das sind als Nachschlagewerke insbesondere die Duden-Bände 1 (Rechtschreibung, 25. Aufl. 2009), 4 (Grammatik, 7. Aufl. 2005), 5 (Fremdwörterbuch, 9. Aufl. 2007) und 9 (Richtiges und gutes Deutsch, 6. Aufl. 2007); zum Lesen und Lernen zB Reiners Stilkunst (oder wenigstens Reiners Stilfibel) – dass Reiners der Ausbildung nach Jurist war, merkt man an etlichen seiner Beispiele (und an den Hinweisen zum Papierstil, 155 ff.). Empfehlenswert sind auch die Bücher von Schneider, zuletzt: Deutsch!, ebenso gut brauchbar, zumal sich bei Schneider vieles wiederholt: Deutsch für Profis; Deutsch für Kenner. Der Hinweis auf Reiners und Schneider mag übrigens auch einer weiteren Klarstellung dienen: Dieses Buch ist keine Stilfibel. Selbst wenn hier der juristischen Sprache mehr Aufmerksamkeit gewidmet wird als in „Kochbüchern" üblich (*Stilfehler sind Denkfehler* – Hans Hattenhauer), können doch nur die schlimmsten Katastrophen erwähnt werden; vertiefend Schnapp Stilfibel; Schmuck Deutsch (in erster Linie für Anwälte); Walter Stilkunde (Kurzfassungen in JURA 2006, 344 ff. = t1p.de/8xbd und Walter Rhetorikschule S. 252 ff.); Fricke Stil; Jahn JuS-Magazin 3/2008, 6 ff.; Wieduwilt JuS 2010, 288 ff.; Dichtl Deutsch (sehr trostreich, weil man an den dortigen Beispielen schön sehen kann, dass auch in den Nachbarwissenschaften eine Menge Unsinn verbrochen wird), vielleicht Hoffmann Deutsch; Hoffmann Jurastudium; Hoffmann Besser schreiben; Ebert Sprache S. 60 ff. Stilistischen Feinschliff möge sich der Leser durch eifrige Radbruch-Lektüre erarbeiten. Lesenswert hinsichtlich sprachlicher Entgleisungen hauptsächlich jenseits des Juristischen ist im Übrigen das luzide kleine Wörterbuch von Henscheid Dummdeutsch; ähnlich Zimmer Wortlupe; Braunstein/Hesse Schiffbruch; ergänzend Gleiss Unwörterbuch; Weigel Leiden; Kaehlbrandt Deutsch; Krämer/Kaehlbrandt Ganzjahrestomate; ausdrücklich an „Rechtswahrer" wendet sich Grunau Spiegel (gelegentlich antiquarisch kaufen!); in ähnliche Richtung gehen die von der Gesellschaft für deutsche Sprache herausgegebenen Fingerzeige für die Gesetzes- und Amtssprache und Berger Schreiben; umsonst verfügbar: das Handbuch Bürgernahe Verwaltungssprache des Bundesverwaltungsamts (im Druck: 4. Aufl. 2004) unter t1p.de/lp83 und die Tipps zum einfachen Schreiben der Stadt Bochum (Hrsg.); zum Nutzen von Stillehren Schnapp JURA 2015, 130 ff.

309 Es gibt eine Reihe von Empfehlungen, die für alle wissenschaftlichen Texte sinnvoll sind, nicht nur für rechtswissenschaftliche; dazu Kühtz Wissenschaftlich formulieren.

310 Es kommt vermutlich nicht von Ungefähr, dass in den jüngeren Anleitungen zum wissenschaftlichen Arbeiten (auch außerhalb des spezifisch Juristischen) die Hinweise und Hilfestellungen zum richtigen Gebrauch der deutschen Sprache einen nennenswerten Teil des Umfangs beanspruchen, zB Kornmeier Kapitel 7.2.1.; noch umfänglicher Staaden Rechtschreibung.

311 Ein Beispiel unter Tausenden: „… und schreibt eine Postkarte, wo er dieses Angebot annimmt." Das darf auch in der Klausur nicht passieren. Also: Das Abitur zu haben genügt nicht; man muss es immer wieder beweisen (lesenswert Derleder NJW 2005, 2834 [2835], der auf die Anforderungen der Mittleren Reife hinweist). Mit anderen Worten: Ihre Erfolgsaussichten korrelieren direkt

Fehlermachen, sondern das Fehler-nicht-korrigieren(-Lassen). Im Extremfall führen zu viele Fehler zur Abwertung.[312]

–   Traditionell[313] fehleranfällig ist die **Abgrenzung** *das/dass* (Regel: Kann man ersatzweise *dieses, jenes, welches* sagen, dann *das*, sonst immer *dass*).   325

> **Beispiele:** „… immer das Gefühl, das man stört …" – *das* oder *dass*?; „Ein Leistungsstörungsrecht, dass ihnen im Falle der Nichterfüllung …"[314] – *das* oder *dass*? „Die Befürchtung, die Anwesenheit des Klägers in dem Hotel könne zu Beschwerden anderer Gäste oder gar dazu führen, das diese ihren Hotelaufenthalt vorzeitig beenden oder von einem neuerlichen Aufenthalt Abstand nehmen werden, vermag bereits deshalb ein Hausverbot nicht zu tragen, weil es auch insoweit jedenfalls an hinreichend konkreten Anhaltspunkten für eine solche Annahme fehlt."[315]

–   Fehlende oder überflüssige **Satzzeichen** können dem Leser das Verständnis erheblich erschweren.[316] Zum Teil verändern Fehler bei der Interpunktion[317] den Sinn der Aussage.   326

---

mit dem Grad Ihrer Alphabetisierung. Unter anderem. Defizite kann man – einem verbreiteten Irrtum zum Trotz – auch im Erwachsenenalter noch ausgleichen. Die betreffenden Kurse heißen, je nach Anbieter, Zielgruppe und Anforderungen, *Konstruktion und Interpretation komplexer alphanumerischer Zeichenketten* oder *Deutsch in Wort und Schrift II*. – Hier noch ein Beispiel aus einer Klausur: „Dann müsste zwischen G und A einen wirksamen Kaufvertrag gemäß § 433 BGB zustandegekommen sein und ein Anspruch entstanden sein. Dies setzt ein wirksamen Kaufvertrags gemäß § 433 BGB zwischen den Parteien G und A voraus." In der Prüfung winke ich das vielleicht durch (*war halt nervös …*), aber ein solcher Klops in der Bewerbungsmappe – und Sie sind raus aus dem Verfahren (zur Beherrschung des Deutschen bei der Begründung und Beendigung von Arbeitsverhältnissen Herbert/Oberrath DB 2009, 2434 ff.; Herbert/Oberrath DB 2010, 391 ff.). Und es ist wohl auch kein Zufall, dass in einer seriösen Anleitung zum juristischen Schreiben für Studium und Praxis ein ganzes von einem Deutschlehrer verfasstes Kapitel von Zeitenfolge, Konjunktiv und Satzbau handelt (Salzer in: Busch/Konrath SchreibGuide Jus 121 ff.).

312   VGH BW NJW 1988, 2633 f. – Solche Abwertungen werden in den Voten der Korrektoren nicht immer ausdrücklich ausgewiesen. Als Verfasser darf man aber davon ausgehen, dass eine schwache Rechtschreibung ihren Eindruck auf den Leser nicht verfehlt. Selbst wenn dieser zunächst gutwillig ohne Wertung die Interpunktionsfehler nur am Rand markiert: Was wird wohl geschehen, wenn sich in einer 50-seitigen Arbeit im Schnitt auf jeder Seite 20 Striche am Rand finden? Anders gefragt: Kann man 1.000 Fehler ignorieren, ohne gegen den Gleichheitssatz zu verstoßen?

313   Und offensichtlich bis ins hohe Alter hinein: Noch im Referendar- und Assessorexamen wird das oft verwechselt. Zum Nachlesen zB Hoffmann Besser schreiben S. 217 und Lang www.das-dass.de.

314   Gregor MDR 2006, 1084 (1085).

315   BGH NJW 2012, 1725 Rn. 17.

316   Wer das nicht glaubt, versuche einmal, das letzte Kapitel bei Joyce Ulysses (in der Übersetzung von Wollenschläger) laut vorzulesen – oder das letzte Kapitel bei Garcia Marquez Der Herbst des Patriarchen. Ausgeklammert bleiben fortgeschrittene Probleme wie die Frage nach Apostrophen und deren richtigem Einsatz; dazu etwa Oelwein apostroph.de/.

317   Die aktuellen Zeichensetzungsregeln finden Sie zB bei Duden Bd. 1, §§ 71 ff., einige wichtige Regeln unter t1p.de/ru3y; hier nur eine Anmerkung zu einem letzthin sehr beliebten Fehler: Das respiratorische Komma, das viele Schreibende dort setzen, wo sie beim Vorlesen eine Pause zum Atemholen oder beim Schreiben eine Pause zum Nachdenken eingelegt haben („In unserer schnelllebigen Zeit, ist dies eine unverzichtbare Voraussetzung", Danwerth AL 2015, 361 [361]; Beispiele auch bei Deuschl JA 2022, 184 ff.) – auch zwischen *sowohl* und *als auch* und zwischen *entweder* und *oder* steht kein Komma), sehen die amtlichen Regeln nicht vor. Wer es setzt, hat damit vielleicht Goethe auf seiner Seite, aber den Duden gegen sich. Dazu auch Sick Das gefühlte Komma, in: Sick Dativ Folge 2 S. 50 ff.

> **Beispiele:** „Die Perle in der Auster beschäftigte im darauf folgenden Jahr 1906 noch den Kieler Gelehrten, Professor Schloßmann."[318] „Der brave Mann denkt an sich selbst zuletzt" oder „Der brave Mann denkt an sich, selbst zuletzt"[319]; „Nazis töten sofort!" oder „Nazis töten, sofort!"[320]; „Es regnet, Jungs (Halleluja!)" oder „Es regnet Jungs (Halleluja!)"[321]; plastisch auch „A meint, B habe eine strafbare Handlung begangen" oder „A, meint B, habe eine strafbare Handlung begangen." Offenkundig ist der Unterschied zwischen „Du mich auch?" und „Du mich auch!"

Selbst ein nur „verrutschtes" Komma kann ähnliche Wirkung haben.

> **Beispiele:** „Der Brief muss zugestellt werden. Heute, nicht morgen!" oder „Heute nicht, morgen!"; versteht man beim ersten oder zweiten Lesen „Der Arbeitgeber soll nicht kraft seiner Organisationsgewalt, das Risiko seinen Betriebszweck zufällig nicht verfolgen zu können, auf den Arbeitnehmer abwälzen"[322]?

Gleichermaßen beliebt wie falsch ist auch die Kennzeichnung von Vergleichen durch Kommata.[323]

> **Beispiele:** „Für sie sollten die gleichen strengen erwachsenenpädagogischen Kriterien gelten, wie für alle modernen Seminarformen."[324] „Muss das Gespräch eines Sohnes mit seiner Mutter weniger geschützt werden, als das Gespräch mit dem Steuerberater?"[325]

Selbst ein fehlender Doppelpunkt kann verwirren.

> **Beispiel:** „Polizeipräsidenten fordern: Heroin vom Staat"[326] oder „Polizeipräsidenten fordern Heroin vom Staat".

Das immer häufigere Fehlen des Bindestrichs

> **Beispiele:** *Verfahren aus US Sicht*[327]; *Diplom Juristin*[328]; *BGH Richter*[329]; *Gesetz zur Beschleunigung der Umsetzung von Öffentlich Privaten Partnerschaften und zur Verbesserung gesetzlicher Rahmenbedingungen der Öffentlich Privaten Partnerschaften*[330], *Das Stauffenberg Attentat*[331]; *Die Bourne Identität*; *Das Osterman Weekend*; auch die *Deutsche Islam Konferenz* heißt nicht mehr Deutsche Islamkonferenz[332]. Kein Bindestrich steht aber wohl bei *Panama Papers* und bei *Hammer Unterhaltsleitlinien*. Unklar: *Im Zentralen Bürgeramt können online Termine vereinbart werden.*

---

318 Mit dem Komma bei Fahl Jura S. 19; das klingt, als habe es in ganz Kiel nur einen einzigen Gelehrten gegeben, eben Professor Schloßmann – möglich, aber unwahrscheinlich. Gemeint war es bestimmt ohne Komma.

319 Wie hat es Schiller (Wilhelm Tell, 1. Aufzug, 1. Szene, Zeile 139 nach der Zählung der Säkular-Ausgabe in sechzehn Bänden, 1905, zugänglich über Reclams Universal Bibliothek, Bd. 12) geschrieben? Wie hat er es gemeint? Mehr bei Schneider Deutsch! S. 120 f.

320 Ist das ein Imperativ? Eine Begründung zum Imperativ? Oder augenzwinkernd beides? Juristisch überlegenswert: Führt die unterschiedliche Interpunktion zu unterschiedlichen moralischen oder sogar strafrechtlichen Bewertungen dieser Äußerung? – Graffiti sind übrigens schwer zitierbar; aber es gibt Quellen, zB Schmude Freiheit.

321 Wie haben es Shaffer und Jabara im englischen Original geschrieben? Was haben sie gemeint? Einzelheiten bei t1p.de/5swx.

322 Schmaus JA 2022, 107 (110).

323 Beispiele bei Becker/Schäfer JA 2006, 597 ff.; Hörndler MDR 2008, 184 (188).

324 Wellensiek/Strittmatter-Haubold Riesenburger, in: Vec ua Campus-Knigge S. 169 f.

325 Hirsch in: Huster/Rudolph Rechtsstaat 164, S. 177.

326 Spiegel-Titel Nr. 5/1997, taz v. 16.6.1998, 1.

327 Bolthausen MDR 2006, 1081 (1083).

328 Millgramm/Grafmüller MDR 2008, 1139.

329 Puppe Schule S. 60.

330 ÖPP-Beschleunigungsgesetz v. 1.9.2005, BGBl. I 2676.

331 So der Untertitel des Films Operation Walküre, 2008 (engl. Valkyrie).

332 t1p.de/wmnw.

ist wohl eine Form des allgegenwärtigen Anglizismus[333] und deshalb fast schon entschuldbar – aber es nervt.[334]

Zugegebenermaßen ist Zeichensetzung ein langweiliges Thema, wenn man das Abitur erst einmal hinter sich hat. Sie bietet aber im Prüfungsalltag ungeahnte Distinktionsmöglichkeiten. Als Prüfer bekommt man nämlich nur ausnahmsweise eine Arbeit in die Hand, bei der keine Zeichensetzungsfehler zu beanstanden sind. Das gilt nicht nur für Klausuren, sondern genauso für Hausarbeiten. Schade.

– Nur gelegentlich ziehen Fehler bei der **Getrenntschreibung**   327

> **Beispiele:** „A begann mit B ein Gespräch, in dem er ihn fragte, ob …" ist etwas anderes als „A begann mit B ein Gespräch, indem er ihn fragte, ob …"; „Bei den Tätern kam es auf Geld nicht an" und „Beiden Tätern kam es auf Geld nicht an" betonen verschiedene Seiten des gleichen Sachverhalts, ähnlich „ein ernst zu nehmendes Problem" und „ein ernst zunehmendes Problem", „in Anbetracht des Vorhergesagten" und „in Anbetracht des vorher Gesagten"; ob man etwas *zusammen trägt* oder *zusammenträgt*, ist ein Unterschied.

und bei der **Groß- und Kleinschreibung** Bedeutungsverschiebungen nach sich.

> **Beispiele:** „Die mitreißende Mitreisende berichtete von den tauben Tauben, die vereinsamt im Vereinsamt saßen, und bestellte eine runde Pizza für alle und eine Runde Pizza für alle." Ist es ein Unterschied, ob man von der *demokratischen Republik Kongo* oder von der *Demokratischen Republik Kongo* spricht?

Trotzdem ist es Ehrensache, die berechtigten Erwartungen des Lesers möglichst selten zu enttäuschen.[335]

– Die meisten Rechtschreibfehler sind zwar Fehler, aber im Übrigen harmlos. Achten Sie beim Gegenlesen Ihres Texts auf **sinnentstellende Tippfehler.**   328

> **Beispiele:** „Das Gesetz findet auch auf neue *Kreditarten* Anwendung" unterscheidet sich in einer wichtigen Nuance von „Das Gesetz findet auch auf neue *Kreditkarten* Anwendung" – ähnlich „Das *Vorgehen* des T ist nicht zu missbilligen" und „Das *Vergehen* des T ist nicht zu missbilligen", „Verhandlungen mit dem *Vermieter*" sind etwas anderes als „Verhandlungen mit dem *Vormieter*". Es ist ein Unterschied, ob Sie Ihren *Enkel* oder Ihren *Onkel* als Erben einsetzen und ob bei einem Verkehrsunfall ein *Rentner* oder ein *Rentier* verletzt wird. Problematisch sind auch *Hymne* und *Hyäne*, *Nagel* und *Angel*, Der Schutz *von Diskriminierungen* anstatt *vor Diskriminierungen*, „Anne hat Markus zuerst ins Herz und dann in die Arme *geschossen*" statt „Anne hat Markus zuerst ins Herz und dann in die Arme *geschlossen*"[336], *skrupellos* statt *skrupulös*, *Kohlvorkommen* statt *Kohlevorkommen*, *Schweinwerfer* statt *Scheinwerfer*[337], *Nachtbar* statt *Nachbar*, *Redefreiheit*

---

333 Zu Anglizismen noch → Rn. 369, zum Bindestrich → Rn. 602.

334 Es gibt allerdings auch Gegentendenzen, zB *Access-Blocking* (Schnabel JZ 2009, 996 ff.); das wird indes im amerikanischen Original klein und getrennt geschrieben. Auch *ad-hoc Mitteilungen* und *ex-ante Perspektive* sind falsch; entweder werden die Worte alle mit Bindestrich verbunden (*Ex-ante-Perspektive*) oder der Bindestrich steht zwischen dem feststehenden lateinischen Ausdruck und dem folgenden Wort (*Ex ante-Perspektive*).

335 Man achte also etwa darauf, dass feststehende Ausdrücke ähnlich wie Eigennamen groß geschrieben werden: *Zweiter Weltkrieg, Europäische Union, Bürgerliches Gesetzbuch*, aber nicht Fachbegriffe wie *milderes Mittel, richtlinienkonforme Auslegung* etc.

336 Schön Beck ZRP 1999, 85 (89): *Schussbemerkung* statt *Schlussbemerkung* und Gildeggen/Lorinser/Tybusseck NJOZ 2011, 1353 (1357): *Im Verbogenen* statt *im Verborgenen*.

337 Dazu ausführlich Hamann NJW 2015, 459 ff.

(Staatsrecht) statt *Einredefreiheit* (Zivilrecht), *Verrichtungsgehilfe* (Zivilrecht) statt *Vernichtungsgehilfe* (Völkerstrafrecht), *Reispreis* statt *Reisepreis*, *Akte* statt *Aktie*, *Meditation* statt *Mediation*, *Anlage* statt *Anklage*, *Ausschuss* statt *Ausschluss*, *Beitrag* statt *Betrag* statt *Betrug*, *unstrittig* statt *umstritten*, *Gehhilfen* statt *Gehilfen*, *Anwaltschaft* statt *Anwartschaft*, bestehende Vorurteile *zementieren* statt *dementieren*, *Krise nationalen Denkens* statt *Krise rationalen Denkens*. Unterscheiden Sie jedenfalls zwischen *uniformierten* und *uninformierten* Beamten, *nicht ehrlichen* und *nicht ehelichen* Kindern, *Hypotheken* und *Hypothesen*, zwischen *vertraglichen* und *vertraulichen* Vereinbarungen, zwischen *Katarern* und *Katharern*, *Batterien* und *Bakterien*, *täglichen* und *tätlichen* Beleidigungen, zwischen *greisfreien* und *kreisfreien* Städten, *belasteten* und *belastenden* Verwaltungsakten sowie zwischen *Wiederkäufer* (§ 457 I BGB) und *Wiederkäuer* und erst recht zwischen *Käufer* und *Käfer*. Es ist etwas anderes, ob man *alle* oder nur *alte* Rechnungen begleicht. Schnell führen auch Fehler bei Abkürzungen zur Verwechslungen: *NSU-Untersuchungsausschuss* oder *NSA-Untersuchungsausschuss*?

Schreiben Sie insbesondere nicht „A hat also einen Anspruch gegen B aus § 823 I BGB", wenn Sie „A hat also keinen Anspruch gegen B aus § 823 I BGB" meinen[338]. Das führt den Leser nur in die Irre. Auch ein vergessenes oder überflüssiges *nicht* kann irritieren.

Tippfehler kann man bis zu einem halbwegs befriedigenden Grad mit der Rechtschreibprüfung des Textverarbeitungsprogramms[339] finden und korrigieren. Ein solcher Korrekturlauf entbindet Sie aber nicht von der Obliegenheit[340], selbst noch einmal das Manuskript durchzusehen. Die eben genannten Fehler kann die Rechtschreibprüfung nicht finden.

Erst recht gilt das für Eigennamen im Schrifttumsverzeichnis und in Fußnoten.[341]

> **Beispiele:** *Hettinger* und *Tettinger*, *Larenz* und *Lorenz*

329   Nur ausnahmsweise sinnverändernd wirken **Fehler bei der Silbentrennung**.

> **Beispiele:** Achten Sie aber immerhin auf den Unterschied zwischen
>
> „G wurde von einem herabstürzenden Baum-
>
> ast verletzt" und
>
> „G wurde von einem herabstürzenden Bau-
>
> mast verletzt."
>
> Irritationen des Lesers sind auch möglich bei
>
> „Das ist nur ein Politik-
>
> ersatz" und
>
> „Das ist nur ein Politiker-
>
> satz."

---

338 Besonders deutlich wird das Problem bei „Die BRD ist ein Einwanderungsland" und „Die BRD ist kein Einwanderungsland". Zu missverständlichen Verneinungen auch sogleich → Rn. 332.

339 Dazu noch → Rn. 421. Vor der Rechtschreibprüfung, die gelegentlich das Programm zum Absturz bringt, sollte man den aktuellen Textstand speichern.

340 Können Sie auf Anhieb den Unterschied zwischen einer Obliegenheit und einer Pflicht erklären?

341 Hier hilft die Rechtschreibprüfung nur, wenn Sie konsequent alle als potentiell fehlerhaft eingestuften Eigennamen und Ortsnamen in Ihr Benutzerwörterbuch aufnehmen und dabei streng auf Fehlerfreiheit achten. Das führt nach einiger Zeit dazu, dass beanstandete Namen falsch geschrieben sind – oder eben zum ersten Mal auftauchen.

sowie beim schrecklichen *bein-halten*, bei den *Drucker-zeugnissen*, dem *Euro-parat* und dem *Mode-rat*, dem *Spar-gel*, dem *Beil-eid*, dem *Rohr-ohrzucker*, dem *Ruma-roma,* der *Gemen-gelage,* der *Voran-kündigung*[342], dem *Er-blasser,* der *Org-anklage,* dem *Falten-gel,* den *Karibi-kreisen,* der *Tari-feinheit,* dem *Zäh-laufwand,* dem *Formal-dehyd,* dem *Ta-trichter* und ähnlichem. Ob der Trennalgorithmus Ihrer Textverarbeitung mit *Arbeitsamt, Transport, Nachtruhe, Staubecken* und *Baumangel* Schwierigkeiten hat, sollten Sie ausprobieren. Nötigenfalls müssen Sie bei der Endkontrolle darauf achten und von Hand trennen. Was bei *zeitweilig* noch beanstandungslos funktioniert, kann schon bei *zweiteilig* schief gehen.[343]

- **Tempus** (Zeitform des Verbs)   330

  Manchmal kommt es auf die richtige Verwendung der Vergangenheitsform an.

  > **Beispiel:** *T muss Vertretungsmacht haben* bringt bei weitem nicht so deutlich zum Ausdruck, was gemeint ist, wie *T muss Vertretungsmacht gehabt haben.* Bei der letzten Formulierung wird klar, dass Voraussetzung für die Zurechnung einer Willenserklärung zum Vertretenen nicht die bis in die Gegenwart fortdauernde Vertretungsmacht ist, sondern die Vertretungsmacht des Stellvertreters bei Abgabe der Erklärung.

  Der Sachverhalt beschreibt üblicherweise vergangene Geschehnisse. Werden diese im Gutachten wiederholt, sollte das im Imperfekt oder **Perfekt** geschehen. Meist passt das Perfekt am besten. Die Antwort auf die Fallfrage

  > **Beispiele:** „Was kann A tun?" – „Hat B einen Anspruch?" – „Wie ist die Rechtslage?"

  steht in der Gegenwartsform (**Präsens**).

  > **Beispiele:** „A kann kündigen." – „B hat keinen Ersatzanspruch." – „Die Rechtslage ist kompliziert."

  Dies gilt nicht nur für die Ergebnissätze selbst, sondern auch für das Gutachten, aus dem diese abgeleitet werden. Gefragt ist eine Darstellung der gegenwärtigen Rechtslage. Das ändert sich in Ihrer beruflichen Praxis; im Studium gibt es nur wenige Aufgaben, die Ihnen die Recherche einer früheren Rechtslage abnötigen.

  In aller Kürze also: Rechtsausführungen im Präsens, Ausführungen zum Tatsächlichen im Perfekt.

  > **Beispiel:** „A hat später als vereinbart geleistet und ist so in Verzug geraten. Daher hat B einen Anspruch auf Schadensersatz wegen der ihm entstandenen Mehrkosten."

- **Kasus** (Fall des Substantivs)   331

  Der mit den deutschen Deklinationsregeln vertraute Leser bleibt bei bestimmten Fehlern unweigerlich hängen.

  > **Beispiele:** „Für den Student hat dies zur Folge, dass …"[344] – „… dem Doktorand die Möglichkeit bieten …"[345].

---

342 *Vorankündigung* ist Unsinn, *Ankündigung* genügt; näher dazu → Rn. 347.

343 Aber so ein Algorithmus hat es auch nicht leicht. Woher soll er wissen, dass man *Nachteile* anders trennt als *Nachteule*? Ähnlich *Die Gas-träume dürfen nur zu Kurz-wecken betreten werden.* Und *Honorarsch-windel* ist auch nicht leicht zu durchschauen.

344 Weber ZRP 1997, 315; das kann allerdings auch noch *Habilitanten* (!) passieren, vgl. Krolop ZRP 2008, 40 (dort auch Fn. 17: *Großbrittanien* – naja, man kann nicht alles wissen …).

345 Huff JuS 1991, 214.

Eine ernstzunehmende Fehlerquelle liegt beim **Genitiv**.

> **Beispiel:** „Die Kündigung des A" ist unklar: Handelt es sich dabei um „Die Kündigung des A gegenüber B" oder um „Die von B dem A ausgesprochene Kündigung"? Wenn Arbeitgeber und Arbeitnehmer oder Mieter und Vermieter einander kündigen, sollten Sie daher nicht mit dem Genitiv arbeiten oder *Kündigungserklärung* schreiben.

Überhaupt ist die Gerichtssprache deutsch (§ 184 GVG), nicht etwa hessisch: *Anderst, besser als wie* und der süddeutsche Genitiv (*Wegen dem/Trotz dem besseren Argument …*) sollten der mündlichen Rede vorbehalten bleiben.

Die richtige Verwendung des Genitivs ist verdienstvoll;[346] man muss es aber auch nicht übertreiben.

> **Beispiel:** „Der Wert des Gutachtens des Sachverständigen zur Frage der Möglichkeit der Fortsetzung der Tätigkeit des Klägers ist zweifelhaft."; – Zählen Sie die Genitive!

Gleichermaßen unschön wie falsch ist *der Kaufpreiszahlungsanspruch des Buchs* statt *der Anspruch auf Kaufpreiszahlung wegen des Buchs.* Solche Ungeschicklichkeiten müssen spätestens beim Korrekturlauf rausfliegen.

Was hilft ein noch so elaborierter sprachlicher Code, wenn die Regeln der Grammatik nicht eingehalten sind?

> **Beispiel:** „Einziger der in diesem Kontext einer Wortlautauslegung zugängliche Terminus ist derjenige der Anerkennung in Art. 33 Abs. 1 EuGVO, dessen genaue Bestimmung die Verordnung entbehrt. [Fn] Anzuerkennen sind ausschließlich die Wirkungen einer Entscheidung, sodass eine Wortlautinterpretation des Art. 33 EuGVO die Frage nach den Funktionen der res iudicata [Fn] nur dann beantworten hülfe, wenn man diese als der Anerkennung nach Art. 33 EuGVO unterfallend betrachtete."[347] Was stimmt hier nicht?

331a • Nur selten geht beim Geschlecht (**Genus**) eines Substantivs etwas schief. Es gibt aber ein paar vereinzelte beliebte Fehler.

> **Beispiel:** Entgegen dem ersten Eindruck ist „Anerkenntnis" (zB § 371 BGB) nicht weiblich (wie *Kenntnis*), sondern sächlich (wie *Erfordernis*): das (Schuld-)Anerkenntnis.

332 • Achten Sie beim Schreiben und besonders beim Überarbeiten auf den **Satzbau**. Vorsicht: Unbedachtes Hin- und Herkopieren mit der Textverarbeitung kann enormes Chaos anrichten.[348]

> **Beispiele:** „Hinzu treten verschiedene allgemeine Umstände, deren Fehlen bei jeder Kündigung dieselben Auswirkungen haben, deswegen stets zu beachten sind und sicher beherrscht werden müssen."[349] Zwischen „Eine Anfechtungsmöglichkeit ist in der Insolvenzordnung nicht ausdrücklich vorgesehen" und „Eine Anfechtungsmöglichkeit ist in der Insolvenzordnung ausdrücklich nicht vorgesehen" besteht ein sinnverändernder Unterschied.[350] Ähnlich ist das bei „Der Beweis des Gegenteils ist nicht eindeutig erbracht" und „Der Beweis des Gegenteils ist eindeutig nicht erbracht" und bei „Vertrauen Sie nicht

---

346 Hilfreiche Hinweise bei Wieduwilt Übersicht: Konjunktiv und Genitiv, als PDF abrufbar unter: juratexter.de. Und manchmal trifft man auf geradezu Vorbildliches: *Wer auf einem rollenden Fahrrad sitzt, führt dieses Fahrrad, weil ein rollendes Fahrrad des Lenkens bedarf* (BayVGH NJW 2015, 1626, Ls.).

347 Sepperer S. 97.

348 Allerdings passieren solche Missgeschicke sogar dem Gesetzgeber; lesen Sie § 623 BGB. Und im Juni 2008 scheiterte in Hessen die Abschaffung der Studiengebühren an einem Kopierfehler in der Gesetzesvorlage, t1p.de/0iss.

349 Kintrup ZJS 2022, 22 (30) = t1p.de/9rdx1.

350 Auf ein ähnliches Beispiel in § 133 III 2 InsO weist Kohler JZ 2018, 88 f. hin.

nur dem Staat" und „Vertrauen Sie nur nicht dem Staat". Missverständlich ist *ein Recht zum Besitz des Käufers*; besser ist *ein Recht des Käufers zum Besitz.*

Passt das Ende des Satzes nicht zum Anfang, ärgert sich der Leser.

> **Beispiele:** „Die Arbeit der unterschiedlichsten Behörden, seien es Polizei oder Militär oder umwelt- oder Entwicklungshilfeeinrichtungen, sie alle müssen lernen, ‚zusammenhängend‘ und ‚ganzheitlich‘ zu denken."[351] – „Auch das Ermutigen der Mitarbeiter auf solchen Schulungen, dass zum Beispiel rechtswidrige Anweisungen des Vorgesetzten nicht ausgeführt werden dürfen oder sie sich bei moralisch bedenklichen Anweisungen an die Geschäftsführung oder die Rechtsabteilung wenden könnten, müssen den Teilnehmern vermittelt werden." – „Infrage käme ein Verstoß gegen Art. 3 GG, § 611a BGB, dem Diskriminierungsverbot einer Schwangeren."[352]

Auch kurze und übersichtliche Sätze werden leicht durch Änderungen unverständlich, wenn man sie nicht noch einmal vollständig liest.

> **Beispiel:** „Diese Umstände hat der Kläger selbst zu beweisen, welcher er nicht führen konnte und infolgedessen die Klage abgewiesen wurde" ist nur noch inhaltlich verständlich, aber grammatikalisch nicht mehr.

Nicht selten werden gedankliche Anschlüsse unklar, weil ein Satz oder Absatz anderswohin verschoben wurde. Der stehengebliebene nächste Satz beginnt dann etwa mit *Folglich* oder *Außerdem*, aber der Leser findet den Grund für die Schlussfolgerung oder das erste von zwei Argumenten nicht mehr. Teils ist der Anschluss innerhalb eines Satzes unklar.

> **Beispiel:** „Trotz der Überschrift ist die Anwendung auf Fernabsatzverträge ausgeschlossen und soll sich nur auf den stationären Handel konzentrieren."

Selbst grammatikalisch richtige Sätze können noch ordentlich viel Unsinn enthalten.

> **Beispiel:** „Seiner Meinung hat sich die Kommission mit ihrem salomonischen Schiedsspruch aus der Affäre gezogen, dies sei doch ganz offensichtlich ein Fall von jüdisch verfolgtem Raubgut."[353]

- Das mit der *reitenden Artilleriekaserne* dürfte eigentlich niemandem mehr passieren – aber es schleicht sich doch immer wieder ein.   333

> **Beispiele:** Richtig sind *negative Zukunftsprognose* und *öffentliches Baurecht*, eher zweifelhaft sind *weiterverarbeitende Gewerbezweige* und *soziale Netzwerkseite*[354], falsch sind *erneuerbare Energiegewinnung*, *rasche Auffassungsgabe* und *fließende Englischkenntnisse*; auch die Sprache des Rechts ist voll davon: *kurzer Zeitablauf*[355], *angemessene Fristsetzung*, *auch fremde Geschäftsbesorgung*, *einstweiliges Verfügungsverfahren*[356], *negative Feststellungsklage*, *bewegliches Sachenrecht*[357], *außerordentliches Kündigungsrecht*[358],

---

351 Lange in: Huster/Rudolph (Hrsg.): Rechtsstaat, 64, 70.

352 §§ 1, 7 AGG (§ 611a BGB aF) enthalten ein Verbot der geschlechtsbedingten Ungleichbehandlung; von Schwangerschaft ist dort nicht die Rede.

353 Adorjan FASZ v. 6.7.2008, 23. Kann Raubgut verfolgt werden? Und nennt man Raubgut *jüdisch verfolgt*, wenn es im Zuge der Judenverfolgung geraubt wurde? Oder verfolgen hier wirklich Juden das Raubgut?

354 Schlecht gelungene Übersetzung von *social network site.*

355 ZB BGH NJW 2002, 669 (670); LG Gießen MDR 2003, 1041 (1042).

356 Das gehört hierher, trotz kurzen Zögerns. Es handelt sich nämlich nicht um ein einstweiliges Verfahren; das Verfahren ist endgültig, nur die Verfügung am Ende des Verfahrens ist einstweilig. Bei näherem Nachdenken stellt sich so auch *Internationales Privatrecht* als schlecht gelungen heraus.

357 Wer wollte schon bei einem Repetitor pauken, der solches auf seine Skripten schreibt?

> *arbeitsvertragliche Pflichtverletzung*[359], *mittelbares Drittwirkungstheorem*[360], *geistige Eigen-tumsrechte, parlamentarisches Souveränitätsdogma, energetische Modernisierungsmaß-nahmen*[361]*, freies Mitarbeiterverhältnis, gewerblicher Rechtsschutz, Europäisches Ge-meinschaftsrecht.* Wenn sich eine solche Fehlbildung derart eingebürgert hat, dass sie schon amtlichen Charakter annimmt (zB *Bürgerliches Gesetzbuch, Vereinigtes König-reich*), darf man sie verwenden. Keine überzeugende Lösung ist der Bindestrich: *Bar-rierefreie Informationstechnik-Verordnung* macht den Begriff nur minimal leichter ver-ständlich.[362] *Bonitätsprüfung des Kunden* darf man nicht sagen, wenn man *Prüfung der Bonität des Kunden* meint, ähnlich *Bewirtungskosten Dritter* für *Kosten der Bewirtung Dritter*; unglücklich auch *internationale Wissenschaftler* statt *Wissenschaftler aus ver-schiedenen Ländern.* Nur halb hierher gehören die *digitalen Grundrechte.*[363]

Besondere Vorsicht ist geboten, wo der falsche Zungenschlag inhaltliche Unter-schiede zur Folge haben kann.

> **Beispiele:** Ist ein *starker Raucher* jemand, der viel raucht, jemand, der starken Tabak bevorzugt – oder nur ein muskulöser Mensch, der raucht? Ist ein *aktiver Sterbehelfer* jemand, der in der Sterbehilfe aktiv ist, oder jemand, der aktive Sterbehilfe betreibt? Auch bei der *angemessenen Fristsetzung* (statt *Setzung einer angemessenen Frist*) dro-hen Missverständnisse; ist nämlich die *Fristsetzung* angemessen, so ist sie notwendig, sinnvoll, erforderlich (also nicht entbehrlich iSv § 323 II BGB). Ist die *Frist* angemes-sen, entfaltet sie die Wirkung des Rücktrittsgrunds iSv § 323 I BGB.

334 **Zur Lernkontrolle:** „Vorraussetzung für einen Anspruch aus § 280 I 1 BGB ist das ein entgeldlicher Vertrag zustande gekommen ist." – In der Sache ist das ganz richtig; in der Sprache verfehlt es nur knapp den Super-GAU. Zehlen sie die Fehler; wen sie weniger als fier vinden: Weitersuchen!

> **Beispiel:** Beliebt sind auch *Interresse, pottentiell, orginal, Internas, Konsenz, Privi-ligierung, seperat, Dilletantismus*[364]*, Subsumption*[365]*/Konsumption, subsummieren*[366]*, Reparatur, Apell, Aquise, Sequestor, Repititor, Ergebniss, Standart, wiederrufen, widerrum, fechtet an, vorsetz-lich, Maschiene, Komitee, Progrom* und viele andere mehr. Derlei Kleinigkeiten ziehen die Aufmerksamkeit des Lesers von Wichtigerem ab.[367]

335 Dass Deutsch nicht Ihre Muttersprache ist, gibt nicht immer Anlass zur Nachsicht. Bitten Sie also jemanden um Hilfe beim Korrekturlesen.[368] Möchten Sie einen Nicht-

---

358 So die amtliche Überschrift zu § 489 BGB.

359 BAG NJW 2004, 1547 (Ls.).

360 Fischer-Lescano/Maurer NJW 2006, 1393 (1394).

361 Singbartl/Wächter AL 2014, 89 (90).

362 Also amtlich: Verordnung zur Schaffung barrierefreier Informationstechnik nach dem Behinder-tengleichstellungsgesetz (BGBl. 2002 I 2654).

363 Ein paar Beispiele zum Üben finden Sie in Schimmel Juristendeutsch Rn. 320 ff.

364 Schramm JA 2007, 581 (582), der die falsche Schreibung noch dazu unglücklich als Zitat kenn-zeichnet.

365 Nicht falsch, aber inzwischen ganz ungebräuchlich.

366 Dazu Heuer Summieren und subsumieren, in: Heuer Deutsch unter der Lupe S. 222.

367 Fehler wie diese finden sich auch in redaktionell betreuten Fachzeitschriften, so etwa *Rechts-sprechung* und *Vorraussetzung* bei Ladiges GreifRecht 2006, 91 Fn. 9, 99.

368 Das ist das Mindeste, was Ihr Leser von Ihnen erwarten kann. Wer in einem deutschsprachigen Land deutsches Recht studiert, sollte am besten selbst gut Deutsch sprechen. Aber wenigstens müssen Sie einen (!) Menschen kennen, der Ihre Fehler flickt. Alles andere geht am Ende zu Ih-ren Lasten. Lektüre: Sander Deutsche Rechtssprache.

Muttersprachler-Bonus in Anspruch nehmen, sollten Sie das bekannt geben – am besten auf dem Deckblatt der Klausur.[369]

Um Missverständnissen vorzubeugen: Bei den vorstehenden Hinweisen geht es nicht um die Beherrschung von Feinheiten der deutschen Orthographie,   336

> **Beispiele:** Mit wie vielen *f* schreibt man *Stofffrosch* und warum? Wie ist es bei *Schifffahrt*?[370] Wie viele *e* braucht ein *Seeelefant*?

sondern nur darum, die Fehler zu vermeiden, die dem Leser ins Gesicht springen.

Halten Sie sich an die allgemein- und fachsprachlichen Regeln über Wortbedeutungen.   336a

> **Beispiele:** Unterscheiden Sie *kurzfristig* von *kurzzeitig*, *vertrauensvoll* von *vertraulich* und *letztlich* von *letzthin*. Während in der Allgemeinsprache *streitig* und *umstritten* praktisch gleichbedeutend sind, verwenden Juristen *streitig* für Tatsachen und *umstritten* für Rechtsfragen. Wer nicht sicher ist, wann das Wort *indem* passt, vermeide es oder informiere sich.[371]

Exkurs: Legasthenie als Entschuldigung?   337
Dem stillen Vorwurf dieser Seiten mag man sich leicht mit dem Hinweis *Aber ich bin Legastheniker, gestern – heute – morgen!* entziehen. Seit es beinahe mehr Legastheniker als Allergiker gibt, ist man damit immerhin in großer Gesellschaft. Trotzdem geht das Argument fehl: Sie lassen schließlich auch keine Chirurgin an Ihren Blinddarm, die erkennbar an einem nervösen Zittern der Hände leidet. Also können Sie schwerlich erwarten, dass das rechtssuchende Publikum Sie als Anwalt beauftragt, wenn es nicht sicher sein kann, ob Sie *Bahnkrise* meinen, wenn Sie *Bankriese* schreiben (oder *Parcours*, wenn Sie *Parkuhr* schreiben, *Ponton* statt *Pendant*, *Anthraxdelikt* statt *Antragsdelikt*, *tres chic* statt *trashig* – oder *Shampoos*, wenn Sie *Schampus* schreiben)[372]. Legasthenie ist eine Erklärung, aber keine Entschuldigung.[373]

Exkurs: Rechtschreibreform als Entschuldigung?   338
Die Rechtschreibreform und die dadurch hervorgerufene neue orthographische Beliebigkeit (*Entweder war es bis vor kurzem richtig oder es ist jetzt richtig oder jedenfalls bald ...*) taugen mittlerweile auch nicht mehr als Ausrede.

Exkurs: Unvollkommenheiten des Rechtschreibkorrekturprogramms als Entschuldigung?   339
Die traurigste Erklärung für eine Vielzahl formaler Schwächen ist der Verweis auf kompetente Korrektur durch dafür qualifizierte Maschinen (*Aber ich habe doch die SuperSoftware Version 7.12.b von meinem neuen Computer nach Fehlern suchen lassen!*). Die Grenzen derartiger Hilfsmittel, die von – auch nur künstlicher – Intelligenz weit entfernt sind, sind eng gesteckt.[374]

---

369 Sehr skeptisch gegenüber diesem Vorschlag Schnapp Stilfibel S. 31 ff. – stimmt: Wer auf der sicheren Seite sein will, muss Deutsch lernen. Das ist schwer, aber möglich. Denken Sie also daran: Vielleicht drückt man an der Universität noch ein Auge zu; in Ihrem juristischen Hauptberuf wird schlechtes Deutsch über kurz oder lang rächen. Lesen Sie etwa die Beispiele in → Rn. 355, die bestimmt zum Teil von Nicht-Muttersprachlern stammen. Würden Sie einen Anwalt bezahlen wollen, der so schreibt? Und wenn Sie sich vorstellen, Examensleistungen bewerten zu müssen, in denen wiederholt Sätze vorkommen wie „Damit hat V ein Anspruch gegen B aus § 816 I BGB", ist Ihnen der Gedanke doch auch unangenehm – oder?

370 *Schifffahrt* ist juristisch vielleicht nicht wichtig; aber wer *Schifffahrt* verstanden hat, kann auch die juristischen Wörter *Falllösung* und *Stofffülle* richtig schreiben.

371 ZB bei Baldus JURA 2020, 942 ff.

372 Zum Sonderproblem Bordo (*Bordeaux* oder *Porto*?) bei Flugbuchung durch eine Sächsin AG Stuttgart-Bad Cannstatt BeckRS 2012, 17508.

373 Als Legastheniker genießen Sie allerdings einige rechtliche und gesellschaftliche Vorteile, zB die Schreibzeitverlängerung in der Ersten Juristischen Prüfung (dazu HessVGH NJW 2006, 1608 f.) und das Recht auf einen Pflichtverteidiger (LG Hildesheim NJW 2008, 454).

374 Dazu → Rn. 421. Umgekehrt wird allerdings ein Schuh draus: Wenn Ihr Text voll ist mit Fehlern, die jede Standard-Rechtschreibprüfung gefunden hätte, ärgert sich der Leser zu Recht.

B. Lesefreundliches Deutsch

Nicht alles, was sprachlich richtig ist, ist schön. Oder auch nur genießbar. Gerade wer etwas so Langweiliges zu verfassen hat wie ein juristisches Übungsgutachten, muss aber lesefreundlich schreiben.

Was schön ist, hängt zu guten Teilen vom eigenen Geschmack ab. Aber es kann sich lohnen, den eigenen Geschmack zu entwickeln. Irgendwann fällt einem dann auf, dass *den Brief eingeschmissen* statt *den Brief eingeworfen* zwar sachlich richtig ist, aber in der Wortwahl für ein Rechtsgutachten einfach auf der falschen Stilebene liegt (ähnlich übrigens *auf den AB quatschen* statt *auf den Anrufbeantworter sprechen, kaputtmachen* statt *beschädigen* oder *zerstören* und *hauen* statt *schlagen*; manchmal sind es Kleinigkeiten: *andersrum* statt *andersherum*). Vermeiden Sie allzu Umgangssprachliches wenn schon nicht in der gesprochenen, so doch wenigstens in der geschriebenen Sprache.[375] Das beste Mittel zur Verbesserung Ihres sprachlichen Stilgefühls: Lesen. Faustregel: Im geschriebenen Deutsch eher *öffnen* als *aufmachen*, eher *also* oder *das heißt* als *sprich:* oder *soll heißen:*; eher *Arbeitslosengeld II beziehen* als *Hartz IV kriegen*. (*Hartz IV* scheint ähnlich erfolgreich zu sein wie *BAföG*: ursprünglich wurde damit ein Gesetz bezeichnet, mittlerweile aber fast nur noch die Geldleistungen aufgrund dieses Gesetzes). Die Verwendung des Universalverbs *machen* statt des jeweils spezielleren Ausdrucks ist oft ein Hinweis auf Denkfaulheit; statt *Aufwendungen ... gemacht* hätte auch der Gesetzgeber in § 284 BGB leicht *Aufwendungen ... getätigt* setzen können. Schon „Eine ganz andere Linie fährt das OLG Frankfurt ...“ ist im schriftlichen Ausdruck ein bisschen zu flapsig. Zu journalistisch ist *Unlängst hat der BGH eine Klausel gekippt, nach der ...* Juristen würden eher schreiben *Mit Urteil vom 7.3.2019 hat der BGH eine AGB-Bestimmung für unwirksam erklärt, der zufolge ...* (das ist viel technischer, aber auch weitaus präziser) Nicht *Idiotentest*, sondern *Medizinisch-psychologische Untersuchung (MPU); Klagen* werden nicht *abgeschmettert*, sondern *abgewiesen*. Statt *Das ist schade* eher *Das ist bedauerlich/unglücklich/suboptimal/folgenreich/folgenschwer.*

340 • Das Schreiben in **vollständigen Sätzen** sollte als Selbstverständlichkeit nur kurzer Erwähnung bedürfen. Ein deutscher Hauptsatz enthält ein Subjekt, ein Prädikat und oft ein Objekt.[376] Die beiden erstgenannten sind unentbehrlich.

> **Beispiele:** Was ist unter diesem Gesichtspunkt von Sätzen wie dem folgenden zu halten? „Anders derjenige, der, indem er eine damit in gewissem Zusammenhang stehende Berufstätigkeit ausübt und sich dafür dem Publikum anbietet, eine Verantwortung dafür übernimmt, dass da, wo von seinen Diensten Gebrauch gemacht wird, ein geordneter Verlauf der Dinge gewährleistet ist.“[377]

---

375 Allerdings spricht inzwischen auch der BGH von *Namensklau im Internet* (NJW 2008, 3714). Einige lesenswerte Beispiele und Hinweise bei Schnapp JURA 2006, 583 (584 f.).

376 Lesen Sie zB Art. 31 GG. Kürzer als drei Worte (zB „Hieran fehlt es“, OLG Düsseldorf MDR 2007, 836) geht es nur selten; zB „Dies genügt“ (BGH NJW 2000, 2894) und „Eigentum verpflichtet“ (Art. 14 II 1 GG). Gerade Art. 14 GG beweist allerdings eindrücklich, dass Kürze allein wenig besagt: Man vergleiche den Normwortlaut einmal mit dem Umfang einer beliebigen Kommentierung zu Art. 14 GG. Eine der schönsten kurzen Bestimmungen im GG ist 1993 gestrichen worden: Art. 16 II 2: „Politisch Verfolgte genießen Asylrecht.“ Bleibt nur der großartige Art. 102 GG. Das BGB ist nicht ganz so wortkarg: Die kürzeste Vorschrift (§ 2254 BGB) lautet: „Der Widerruf erfolgt durch Testament.“ Die amtliche Überschrift heißt übrigens „Widerruf durch Testament“. Deutlich länger schon § 857 BGB, § 266 BGB usw.; Übersichten zu den kürzesten und längsten Vorschriften bei Hamann NJW 2009, 727 ff.

377 RGZ 102, 372 (375); richtig: Hier fehlt das Prädikat.

Ganz selten einmal kann man eine Ausnahme riskieren. Dann sollte aber der unvollständige Satz gezielt als Stilmittel eingesetzt werden, etwa um einen Gedanken besonders prägnant zu fassen, nicht aus Unachtsamkeit.

> **Beispiel:** In studentischen Arbeiten werden letzthin immer beliebter Sätze wie „Womit gezeigt wäre, dass der Ansatz der hM rechtlich und tatsächlich sehr angreifbar ist". Das ist kein vollständiger Satz, weil das Subjekt fehlt. Es ist ein vollständiger Nebensatz, der durch Komma an den vorhergehenden Satz angehängt werden müsste (ähnlich „Denn eine Regelung, der zufolge …"). Die Pause, die im mündlichen Vortrag vor diesem Satz eingelegt wird, darf nicht dazu führen, dass er durch einen Punkt abgetrennt wird.

● **Zu lange Sätze** erschweren das Lesen und lassen auf eine schlechte gedankliche Strukturierung schließen.   341

Zwischen juristischen Übungsarbeiten und der Thomas-Mann-Werkausgabe bestehen mehrere wichtige Unterschiede: Bei Ersteren muss man beispielsweise mit Lesern rechnen, die von anderen, vielleicht schlechten Arbeiten entnervt und daher nicht mehr fehlertolerant sind, oder die nach Mitternacht arbeiten und sich deswegen nicht mehr gut konzentrieren können.

Am besten ist es, wenn die Denkschritte sich in möglichst nur einen Haupt- und einen Nebensatz gliedern. Schreiben Sie übungshalber die folgenden Beispiele so um, dass sie dieser Regel nahe kommen.

> **Beispiel:** „Für die Auffassung der älteren Rechtsprechung würde es sprechen, wenn es eine Rechtsvorschrift gäbe, die eine ausdrückliche Regelung der Freigabe vorschreibt, da sonst die Entscheidung, ob eine Verpflichtung, die sich aus der Rechtsnatur des Vertrages ergibt, ausdrücklich geregelt wird, gemäß dem Grundsatz der Vertragsfreiheit bei den Vertragsparteien liegt."

Es gibt zwar keine festen Grenzen, aber ab ungefähr fünf Zeilen pro Satz bei gängiger Formatierung besteht begründeter Anlass zum Misstrauen.

> Einige harmlose **Beispiele**[378]: „Soweit sich ein Vertragspartner als Bereicherungsgläubiger die erlangte Gegenleistung als Bereicherung entgegenhalten lassen muss, hat er demnach gegenüber dem Vertragspartner den Anspruch auf die Herausgabe seiner Leistung als auf seine Kosten von dem Vertragspartner erlangte ungerechtfertigte Bereicherung nur mit der Maßgabe, dass er diesem zugleich die Bereicherung, die ihm – dem Kläger – auf Grund der erlangten Gegenleistung zuzurechnen ist, als Zug um Zug-Leistung anbietet."[379]
> „Im Regelfall wird die Existenz einer solchen Vorschrift und deren Anwendung durch die Prüfungsbehörde genügen, um den von manchen enttäuschten Kandidaten bei Gericht geltend gemachten Vortrag, er habe im Gegensatz zu anderen Prüflingen nicht getäuscht und daher aus einem ordnungswidrigen Verhalten keinen Vorteil ziehen können, was eine Verletzung des Grundsatzes der Chancengleichheit darstelle, der das solchen Missbrauch ermöglichende Prüfungssystem verfassungswidrig erscheinen lasse, ohne weiteres zu entkräften."[380]
> „In diesem Rahmen kommt nicht nur der Frage Bedeutung zu, ob und gegebenenfalls mit welcher Wahrscheinlichkeit auch ohne das konkrete Schadensereignis wegen der psychischen

---

378 Lesen Sie auch den Kürzungsvorschlag bei Müller NJW 2003, 638.
379 Flume JZ 2002, 321 (322).
380 Jestaedt JA 1984, 145 (146).
381 BGH VersR 1998, 201 (203).
382 Aus einer Übungsarbeit – das ist zwar enorm dicht, aber recht anstrengend zu lesen. Besser ist es, die verschiedenen gedanklichen Schritte in kurze einzelne Sätze zu fassen: „Ob dieses Verhalten eine Kündigung rechtfertigt, ist fraglich. Hierzu muss B das ihr entgegengebrachte Vertrauen in hohem Maße enttäuscht haben. Das ist zweifelhaft, schon weil die falsch beantwortete Frage unzulässig gewesen sein kann. Die Frage nach der Schwangerschaft kann nur Frauen betreffen und ist daher eine Benachteiligung wegen des Geschlechts im Sinne von §§ 1, 7 AGG. Also verstößt sie gegen das dort normierte Diskriminierungsverbot. Selbst wenn sich nur Frauen um die Stelle bewerben, knüpft die Frage an eine geschlechtsspezifische Eigenschaft an. Sie benachteiligt die Adressatin geschlechtsbedingt. Deswegen ist sie unzulässig."

Ausgangssituation beim Verletzten eine entsprechende neurotische Entwicklung mit vergleichbaren beeinträchtigenden Auswirkungen früher oder später zum Tragen gekommen wäre; es ist vielmehr auch das Risiko in die Betrachtung mit einzubeziehen, das durch eventuelle unbewusste Begehrensvorstellungen, wie sie – was sich in der Neurose offenbart hat – in der psychischen Struktur des Geschädigten angelegt waren, für die zukünftige berufliche Situation des Verletzten bestanden hat."[381]

„Fraglich ist jedoch, ob sie hierdurch das ihr entgegengebrachte Vertrauen der X-Bank in dem Maße enttäuscht haben könnte, welches ihre Kündigung rechtfertigen könnte, zumal diese Frage grundsätzlich unzulässig ist, da sie eine Benachteiligung wegen des Geschlechts i.S.d. § 611a darstellt und deshalb gegen das dort genannte Diskriminierungsverbot verstößt, gleichgültig, ob sich nur Männer oder Frauen – wie hier – um den Arbeitsplatz bewerben."[382]

„Unter diesen Umständen stellt es eine mit den Artt. 43 und 48 EG grundsätzlich nicht vereinbare Beschränkung der Niederlassungsfreiheit dar, wenn ein Mitgliedstaat sich unter anderem deshalb weigert, die Rechtsfähigkeit einer Gesellschaft, die nach dem Recht eines anderen Mitgliedstaats gegründet worden ist und dort ihren satzungsmäßigen Sitz hat, anzuerkennen, weil die Gesellschaft im Anschluss an den Erwerb sämtlicher Geschäftsanteile durch in seinem Hoheitsgebiet wohnende eigene Staatsangehörige,[383] ihren tatsächlichen Verwaltungssitz in sein Hoheitsgebiet verlegt haben soll, mit der Folge, dass die Gesellschaft im Aufnahmemitgliedstaat nicht zu dem Zweck parteifähig ist, ihre Ansprüche aus einem Vertrag geltend zu machen, es sei denn, dass sie sich nach dem Recht dieses Aufnahmestaats neu gründet."[384]

Ein pragmatisches Kriterium: Sätze mit mehr als 25 Wörtern sind zu lang.[385] Was man nicht mehr vorlesen kann, soll man auch nicht schreiben. Und was selbst beim zweiten Anlauf nicht vorzulesen ist, geht gar nicht. Vielleicht funktioniert als Faustregel: Schreiben Sie so, dass ein Simultandolmetscher noch eine Chance hätte, den gesprochenen Text zu dolmetschen.[386]

Nehmen Sie sich ein Beispiel am Verfassungsgeber.

> **Beispiele:** Schön kurz sind etwa Artt. 1 I 1, 2 II 2, 3 I, 3 II 1, 14 II 1, 22, 31, 102 GG.

In fachsprachlichen Texten – Rechtsgutachten oder gar rechtswissenschaftlichen Untersuchungen – kurze Sätze zu schreiben ist nicht ganz leicht. Bemühen Sie sich trotzdem.[387] Setzen Sie statt jeden zweiten Semikolons einen Punkt. 92,3% aller Kommata zwischen Hauptsätzen sind durch Punkte gut ersetzbar.

---

383 Der Kommafehler ist aus der NJW zitiert.

384 EuGH NJW 2002, 3614 (3616) Rn. 82 – fast wörtlich übernommen in BGHZ 154, 185 (188 f.) = NJW 2003, 1461 (unter Bereinigung des Kommafehlers). Überhaupt bieten die Urteile des EuGH schönes Übungsmaterial, etwa EuGH ECLI:EU:C:2015:357 Rn 44 = NJW 2015, 2237.

385 Das Handbuch der Rechtsförmlichkeit (hrsgg. vom Bundesjustizministerium = t1p.de/khnv), Rn. 78 ff., empfiehlt maximal 22 Wörter pro Satz, Berger Schreiben S. 4, 31 empfiehlt 12 bis 18 Wörter, Baumert Professionell texten S. 58, spricht von 10 bis 15 Wörtern, Mix Schreiben S. 75, von 6 bis 15. Letzteres ist eine echte Herausforderung. Probieren Sie's mal aus! Sie können das Vorwort zu diesem Buch aufschlagen und Satz für Satz die Wörter zählen. Jetzt gleich. Weitere Nachweise bei Möllers Arbeitstechnik Rn. 363.

386 Beispiele zum Üben finden Sie bei Schimmel Juristendeutsch Rn. 47 ff.

387 Dass es geht, zeigen die Texte von Uwe Wesel, dem es ohne schwere Verluste an Genauigkeit gelingt, verständlich zu bleiben – unter anderem durch kurze Sätze. Wem die manchmal schon auffällig kurzen Sätze bei Wesel zu bemüht wirken, der nehme sich ein Beispiel an Sofsky Verteidigung oder Hassemer Strafe oder Haft Einführung. Zeitschriftenbeiträge, in denen kein Satz länger ausfällt als nötig: Doerfert ZJS 2017, 281 ff.; von Schlieffen JA 2013, 1 ff.; Klamser JA 2013, 206 ff.; Honer JuS 2018, 661 ff.; gute Ratschläge zum Thema bei Schnapp JURA 2004, 22 ff.; Harbst JA 2018, 129 (132). Wenn Sie keine Lust auf fachsprachliche Beispiele haben, versuchen Sie es mal mit literarischen, etwa den Romanen von Karl Aloys Schenzinger, zB Anilin, oder den Krimis von Lee Child (übrigens dem Studium nach Jurist), besonders den frühen, oder den Büchern von Cormac McCarthy, zB Die Straße.

Kollidieren allerdings die Anforderungen „kurze Sätze" und „genaue Aussagen", so ist Letzterer der Vorzug zu geben: Niemand muss bis zur inhaltlichen Entstellung oder bis zur sprachlichen Primitivität vereinfachen.[388]

342

Kurze Sätze allein verbürgen noch nicht Verständlichkeit.[389]

> **Beispiele:** „Die materielle Rechtslage ist die tatsächliche. Zu prüfen ist folglich, wer tatsächlich das Recht erworben hat. Dazu kommt es maßgeblich auf die tatsächliche Rechtslage an. Inhaber des tatsächlichen Rechts könnte K sein. Tatsächlich war K eingetragen. Möglicherweise ist allerdings auf weitere materielle Gründe abzustellen." – Das klingt beinahe schon wieder abgehackt, jedenfalls zu bemüht. Trotzdem ist es besser als die obigen Bandwurmsätze. Bei „Vorliegend ist nichts ersichtlich" grinst der Leser, auch wenn er genau weiß, was gemeint ist.

Manchmal sind kurze Sätze nur kurz, aber ansonsten unschön.[390]

> **Beispiel:** „Der Hauptteil beinhaltet die schrittweise und eingehende Erarbeitung des Themas. Seine Problematik wird entwickelt und einer Lösung zugeführt."[391]

Und manchmal sind lange Sätze unvermeidlich, etwa bei Aufzählungen.

> **Beispiel:** Ganz gut funktioniert „Lassen sich präventive Ziele nicht erreichen oder lässt sich nicht verlässlich zeigen, dass sie erreicht werden, oder erweist sich, dass die Kollateralschäden in einem unerträglichen Missverhältnis zu den präventiven Wirkungen stehen, dann ist es mit der präventiven Rechtfertigung des staatlichen Strafens vorbei, dann sind die präventiven Konzeptionen als Lügen oder Irrtümer entlarvt, dann darf sich niemand mehr auf sie berufen; sie sind dann zusammengebrochen."[392]

Schachtelsätze fordern selbst bei mäßiger Länge viel Aufmerksamkeit.[393]

343

> **Beispiele:** „Die Möglichkeit einer Rechtsfindung praeter oder contra verba legis ist heute – abgesehen von den Rechtsbereichen, in denen ausnahmsweise ein Analogieverbot zu beachten ist – allgemein anerkannt, weil das Gesetz, wie heute, in einer rasant beschleunigten Gesellschaft, nicht mehr ernstlich bestritten werden kann, an allen Ecken und Enden lückenhaft ist."[394]. –
> „Wer auf der Autobahn im Bereich von Vorsortierräumen, die durch Aufstellen von fahrstreifengliedernden Vorfahrtweisern eingerichtet sind, auf der durch eine breite Leitlinie abgetrennten Rechtsabbiegespur an den auf den für den Geradeausverkehr bestimmten Fahrbahnen befindlichen Fahrzeugkolonnen rechts vorbeifährt, ohne nach rechts abbiegen zu wollen, und anschließend nach links in eine Fahrzeuglücke einschert, überholt verbotswidrig rechts."[395]

Ist der Satz sowohl lang als auch verschachtelt, geht das Risiko, erst nach mehrfachem Lesen verstanden zu werden, erst recht zulasten des Verfassers.

---

388 Lesen Sie mal ein paar Texte in Leichter Sprache – um festzustellen, dass man so weit vielleicht dann doch nicht gehen muss.

389 Wer sich mit dem Thema näher befassen will, ziehe Langer/Schulz von Thun/Tausch heran.

390 Kurz ist für gut weder notwendige noch hinreichende Bedingung, am ehesten ein Indiz. Ein paar Gegenbeispiele finden Sie bei Schimmel Juristendeutsch Rn. 70 ff.

391 Kohler-Gehrig Diplomarbeiten S. 28. Das ist zwar ohne Weiteres zu verstehen – aber finden Sie es nicht auch ein bisschen holprig? *Beinhalten* sollte man sowieso vermeiden, die *Problematik* kann man zum *Problem* eindampfen, das Passiv und das *zuführen* haben so etwas Behördenhaftes; und worauf sich das *seine* bezieht (grammatikalisch wäre es der *Hauptteil*, gemeint ist das *Thema*), wird erst beim zweiten Lesen klar ... – kurz: Die Sätze sind kurz, aber nicht schön.

392 Hassemer Strafe S. 86.

393 Empfehlungen zur Auflösung von Schachtelsätzen bei Esselborn-Krumbiegel S. 49 ff.; Würdigung des Schachtelsatzes bei Rath LTO v. 25.2.2018, t1p.de/zthg.

394 Kramer Methodenlehre S. 134 – was ist eigentlich eine *rasant beschleunigte Gesellschaft*?

395 OLG Düsseldorf NZV 1990, 281.

Relativsätze in der Satzmitte führen zu Schachtelsätzen. Man vermeide sie. Wenn das nicht geht, halte man sie kurz.[396]

> **Beispiel:** Warum Relativsätze anstrengend zu lesen sein können, versteht man sofort, wenn man die Möglichkeit vergessener Kommata in Betracht zieht. Ein Beispiel aus der Klausurpraxis: „Gemäß § 701 I BGB hat ein Gastwirt der gewerbsmäßig Fremde zur Beherbergung aufnimmt den Schaden der durch die Beschädigung von Sachen entsteht die ein im Betrieb dieses Gewerbes aufgenommener Gast eingebracht hat zu ersetzen."

344 • **Zu viele Einschübe** (Parenthesen) erwecken schnell den Eindruck, der Verfasser schreibe wie er spricht. Manche Klammer lässt sich ganz streichen (mit oder ohne Inhalt, der nicht ohne Grund als weniger wichtig in einer Klammer steht) oder – lesefreundlicher – durch Gedankenstriche ersetzen. Bilden Sie lieber zwei kurze klare Sätze als einen langen unübersichtlichen, denn ein Einschub – egal ob durch Klammern oder Gedankenstriche vom eigentlichen Text abgetrennt – unterbricht (in den meisten Fällen) den Gedankengang.

> **Beispiel:** „Die Schwierigkeiten potenzieren sich, wenn der ‚Dritte' den Leistungsgegenstand aus eigenem Vermögen in das Vermögen des Empfängers der Leistung (der gleichzeitig Gläubiger ist, aber regelmäßig nicht gegenüber dem Erbringer der Leistung) übermittelt und durch diesen Vorgang (gegenüber dem Schuldner des Leistungsempfängers) auch einen eigenen Leistungszweck verfolgt (Erfüllung einer eigenen Schuld im Deckungsverhältnis)."[397] – Das ist ein Satz von hoher gedanklicher Dichte. Aber wie oft muss man ihn lesen, um ihn richtig zu verstehen?

345 • Die **Häufung von Füllwörtern** (Modalpartikeln wie *durchaus, ja*, teils *freilich*)[398] kann die Lesbarkeit Ihres Textes spürbar beeinträchtigen.

Beliebt ist das überflüssige *dann*.

> **Beispiele:** „Diese Verpflichtung besteht auch dann, wenn …"[399]; ähnlich: „Das ist deswegen/deshalb nicht der Fall, weil …" und das typisch juristische *so* bei Konditionalsätzen.

Achten Sie überhaupt auf **Klarheit und Kürze** im Ausdruck.

> **Beispiele:** Man schreibe *Im Völkerrecht* statt *Auf dem Gebiet/Im Bereich des Völkerrechts, umfassen, einschließen* oder *enthalten* statt *beinhalten*[400], *Problem* statt *Problematik, programmieren* statt *vorprogrammieren*[401], *prüfen* statt *überprüfen, einschließen* statt *miteinschließen*. Auch die *potentielle Möglichkeit*, die *kriminellen Delikte*, die *zeitliche Befristung* und Ähnliches können Sie kürzen.[402] Für das floskelhafte *nach Sinn und Zweck* genügt meist *nach dem Zweck*[403] (ähnlich *Art* für *Art und Weise*), für *durch aktives Tun* regelmäßig *durch*

---

396 Berger Schreiben S. 32, empfiehlt eine Länge des Relativsatzes von nicht mehr als zehn Wörtern.

397 Koppensteiner/Kramer Bereicherung S. 24; bemerkenswert auch Vogel Juristische Methodik passim. Ziemlich viele Einschübe auch zB in BGHZ 152, 137.

398 Dazu auch Schnapp JURA 2003, 602 (603 f.); instruktiv die Aufzählung bei Berger Schreiben S. 40 f.

399 Beispielsweise in §§ 305 II, 812 I 2 BGB, § 13 I StGB; BGHZ 152, 137 (Ls. und Gründe).

400 Leider immer wieder auch in obergerichtlichen Entscheidungen, zB BGH NJW 2007, 2912 Ls. und Rn. 9; BGH NJW 2005, 56 Ls. 1; BAG NJW 2005, 3595 Ls. 2. Wie klingt denn das: *Das Gebäude beinhaltet 20 Unterrichtsräume, in denen jeweils bis zu 30 Schüler beschult werden.*

401 Schön zB Tondorf DB 2010, 956 (957): „Anwendungsprobleme sind daher im Ansatz vorprogrammiert." Blablabla.

402 Zur *drohenden Gefahr* → Rn. 364. Beispiele zum Üben bei Sick Zweifach doppelt gemoppelt, in Sick Dativ Folge S. 3, 29 ff.

403 Noch eine kleine Warnung im Vorbeigehen: Ausführungen zu *Sinn und Zweck* einer Vorschrift sind in Klausuren fast immer gefährlich, wenn sie nicht eindeutig Überlegungen untergeordnet werden, die den Anwendungsbereich und/oder die Auslegung einer Norm betreffen. Wenn sie isoliert stehen – und das kommt sehr häufig vor –, werden sie in aller Regel als überflüssig, zusammenhangslos, schlecht eingeordnet. Das gefährdet den Prüfungserfolg.

Tun, für *zwingend erforderlich* genügt *erforderlich*. Anstelle von „Die Beantwortung der Frage, ob …, ist umstritten" reicht „Ob …, ist umstritten". Nicht sinntragende Füllsel wie *im Rahmen der …, ein gewisses …, ein entsprechender* uÄ kann man ersatzlos streichen.

Oft ist *sogenannte/r/s* geradezu aussagelos. Sinnvoll ist es aber bei Formulierungen wie „Das sogenannte Signaturgesetz bezweckt …", weil das Gesetz nicht vom Gesetzgeber, sondern von der um griffige Bezeichnungen bemühten juristischen Fachöffentlichkeit so genannt wird. Auch bei „die so genannten christlichen Gewerkschaften …" steht es zu Recht, denn ob Gewerkschaften dieses Attribut beanspruchen dürfen, die hauptsächlich dazu dienen, eine Billigkonkurrenz gegenüber den großen Gewerkschaften aufzubauen, darf man bezweifeln – allein schon wegen der sozialen Folgekosten der Niedriglohnbeschäftigung. Darüber hinaus ist aber *sogenannt* fast immer überflüssig. Dass etwas so genannt wird, wie es genannt wird, erfährt der Leser auch ohne das Wort. Beispiel: *Dann entsteht ein sogenanntes Anwartschaftsrecht* ist nicht aussagestärker als *Dann entsteht ein Anwartschaftsrecht*. Zumindest in Prüfungssituationen ist der Leser ein Fachkollege. Es gibt also kaum einen Grund, durch *sogenannt* dem Adressaten den Zugang zur Fachterminologie zu erleichtern.

Faustregel: Wenn man ein Drittel alles als überflüssig Verdächtigten streicht, bleibt noch genug übrig. Deswegen: Kürzen! Kürzen! Kürzen![404] Und immer an den Leser denken.

Gelegentlich gerät aber gerade der kurze Satz missverständlich.

Beispiele: „Daraus kann man den Rückschluss ziehen, dass der Völkermord dem Schutz von Allgemeinrechtsgütern dient." [405] Das ist kein *argumentum ad absurdum*[406], sondern eine unglücklich kurz geratene Formulierung. Gemeint ist „Daraus kann man schließen, dass das Verbot des Völkermords Allgemeinrechtsgüter schützt."

Ersparen Sie sich und dem Leser unbedingt die Auswüchse einer unnötig aufgeblähten Politiker-[407] und Verlautbarungssprache.   346

Beispiele: *Singuläres Phänomen* statt *Ausnahme* oder *Einzelfall*; *Räumlichkeiten, Örtlichkeiten, Persönlichkeiten, Feierlichkeiten, Ländereien* statt *Räume, Orte, Personen, Feiern, Land* – all das sind nicht inhaltliche Notwendigkeiten, sondern stilistische Peinlichkeiten[408]; wer so schreibt, bläht auch *Geld* zu *Gelder* auf und *datenschutzhalber* zu *aus datenschutzrechtlichen Gründen*. *An und für sich* kann man kürzen zu *eigentlich* oder *an sich* und oft ganz weglassen. *Erwartungshaltung* pumpt meist nur *Erwartung* auf, so wie *Stellenwert Bedeutung, Zielsetzung Ziel* und *Aufgabenstellung Aufgabe*.

Im besten Fall wirkt das nur aufgebläht, oft aber vernebelnd.[409]

Erlaubt es die Zeit, sehe man den Text wortweise darauf durch, ob das einzelne Wort   347
entbehrlich ist. Bei den genannten kleinen Füllwörtern hilft der Suchbefehl des Textverarbeitungsprogramms.

---

404 Nachdrückliche Leseempfehlung: Hattenhauer S. 149–163. Hattenhauer zeigt dort an einem Beispiel aus BGHZ 49, 167 ff. = NJW 1968, 588, wie man einen Text kürzer und zugleich klarer fasst. S. auch Valerius Gutachtenstil S. 35 ff.
405 Lagodny Begründen S. 98.
406 Dazu Stellhorn ZJS 2014, 467 ff.
407 Dazu kurz und heiter Illner; umfang- und erkenntnisreicher Kercher und Georgi.
408 Zu *Begrifflichkeiten* statt *Begriffe* deutlich auch Zimmer Wortlupe S. 27 f., 164 f.; teils gibt es aber auch offenkundige Bedeutungsunterschiede: *Ursache* und *Ursächlichkeit* sind nicht dasselbe. Würde der frühere Jurastudent Herbert Grönemeyer heute Stadien füllen, wenn er 1984 auf *4630 Bochum* das siebte Stück *Entweder zum gegenwärtigen Zeitpunkt oder zu keinem Zeitpunkt* (mit freundlicher Bitte um Beachtung: das „oder" ist ein „exklusives oder" im logischen Sinne) genannt hätte statt *Jetzt oder nie*?
409 Dazu zB Biermann t1p.de/d7sx; umfänglicher Biermann/Haase Sprachlügen.

Beispiele: Für *oder aber* genügt meist *oder*, für *anders geartet* genügt *anders*, für *sodass folglich* genügt *sodass*. Das bekräftigende *ja* gehört mehr in die gesprochene als in die geschriebene Sprache (also „Eben hier liegt das Problem" statt „Hier liegt ja gerade das Problem").

Fortgeschrittene kürzen zuletzt silbenweise.

Beispiele: Für *keinerlei*[410] genügt *kein(e)*, für *ist fern liegend* reicht *liegt fern*, für *Thematik* fast immer *Thema*, für *Unterfall* schon *Fall*, für *Anrecht* meist *Recht*, für *verbleiben* in der Regel *bleiben*, für *absichern* fast immer *sichern*, für *aufkündigen, aufzeigen* und *auffinden* fast immer *kündigen, zeigen* und *finden*, für *ausdrucken* im Allgemeinen *drucken*, für *ausgestalten gestalten*, für *abzielen zielen* und für *abändern ändern*[411], für *gänzlich* meist *ganz*, für *inhaltsleer* regelmäßig *leer* sowie für *sicherlich sicher*, für *dadurch, dass* genügt *indem*, für *Anzahl Zahl*, für *Unkosten Kosten* oder *Auslagen* und für *den Vertrag abschließen* immer *den Vertrag schließen*[412]. Und so weiter[413]. Damit beseitigt man ganz nebenbei auch Unsinn wie *Mithilfe, Vorbedingung, Voranmeldung* und *Vorwarnung* statt *Hilfe, Bedingung, Anmeldung* und *Warnung*. Ein bisschen Disziplin erfordert *gelöst* statt *losgelöst*[414]. Immer einen aufmerksamen Seitenblick wert sind die überflüssigen Partizipien: *Durchgeführte Untersuchungen ergaben* teilt dem Leser nicht mit, was er nicht auch durch *Untersuchungen ergaben* schon wusste.

- **Unnötige Verneinungen** verlängern ebenfalls den Satz. Verneinte Aussagen brauchen mehr Konzentration beim Lesen, daher sollte man wo immer möglich positive Aussagen bevorzugen.[415] Das gilt besonders bei doppelten Verneinungen. Hier kommt es allerdings vor, dass die doppelt verneinte Aussage etwas anderes meint als die positive Aussage.

  Beispiel: *Nicht unerheblich* ist etwas anderes als *erheblich*. *Nicht selten* heißt nicht: *oft*.

348 - **Aufzählungen** – etwa wie hier mit herausgestellten Aufzählungszeichen – sind in Gutachten unüblich. Arbeiten Sie damit nur, wenn das der Übersichtlichkeit unmittelbar dient.

  Beispiel: Zweckmäßig kann vielleicht bei schadensersatzrechtlichen Fragen die Aufzählung verschiedener Schadenspositionen im Obersatz sein, die dann später einzeln abgearbeitet werden.

  Vermeiden Sie Aufzählungen, wenn sie nur dazu dienen, Ihnen das Formulieren vollständiger Sätze zu ersparen.

349 - **Direkte Fragen** im Text fasst man besser als Aussagesätze.

  Beispiel: „Ist danach nun ein Vertrag zustande gekommen?" wird zu „Zu entscheiden ist nun/ Es kommt also darauf an/Fraglich/Zweifelhaft/Problematisch/Entscheidend ist, ob ein Vertrag zustande gekommen ist."

---

410 Etliche davon zB in BGHZ 131, 136 = NJW 1996, 248.
411 Anders leider § 323 ZPO. Interessant auch § 27 StGB, der in der Überschrift von *Beihilfe* spricht, im Normtext aber von *Hilfe*.
412 Mehr Beispiele für überflüssige Vorsilben bei Hirsch Die alte Dame abkassieren, in: Hirsch Deutsch S. 99 f.; Hirsch Grundprinzip mit Vorbedingung, in: Hirsch Mehr Deutsch S. 163 f.; Sick Bitte verbringen Sie mich zum Flughafen!, in: Sick Dativ Folge 3 S. 117 ff.
413 Warum es wichtig ist zu lernen, wie man einen Text sinnwahrend kürzt, merken Sie spätestens am Ende Ihrer Ausbildung: In der Zweiten Staatsprüfung ist ein Aktenvortrag Pflicht, bei dem Sie eine teils umfangreiche Gerichtsakte in zwölf (höchstens: fünfzehn) Minuten nach Sachverhalt und rechtlicher Beurteilung darstellen müssen. Wer das einmal versucht hat, weiß, dass Kürzen Not tut.
414 Noch heute findet sich in Fachtexten der Ausdruck *völlig losgelöst* (statt *unabhängig von* oder *getrennt von*). Anyone remember Peter Schilling?
415 Lahnsteiner JURA 2011, 580 (587); Beyerbach Doktorarbeit S. 339 ff.

Fragezeichen sind im juristischen Gutachten ebenso selten wie Ausrufezeichen. Das ist erstaunlich, weil man sowohl beim gedanklichen Vorbereiten des Gutachtens als auch bei der Niederschrift ständig Fragen stellt. Aber als stilistische Konvention funktioniert es überraschend gut.

In Überschriften sollten Sie Fragen nur zurückhaltend verwenden, am besten – wenn überhaupt – nur bei den Merkmalen, die Sie im Ergebnis verneinen werden.

Faustregel: In einem Rechtsgutachten stehen keine Ausrufezeichen[416] und fast keine Fragezeichen.

- **Unnötige Verallgemeinerungen oder Einschränkungen** vertragen sich nicht mit einer   350
sachnahen Argumentation. Verallgemeinerungen bringen leicht falsche Aussagen hervor,
obwohl das für den konkreten Sachverhalt gefundene Ergebnis stimmt.

Umgekehrt zeigen unnötige Einschränkungen und Relativierungen

> **Beispiele:** *insoweit*[417]*, gewissermaßen, quasi, sozusagen, wohl*

geringes Vertrauen des Verfassers in die Richtigkeit seiner Aussagen.

Zu weite oder zu enge Aussagen, die inhaltlich von den zuvor angestellten Überlegungen nicht gedeckt sind, fallen dem Leser auf.

> **Beispiel:** „Eine Bevollmächtigung wurde nach § 167 BGB nicht erklärt" geht zu weit, wenn
> eigentlich gemeint ist „Eine Vollmacht iSv § 167 BGB hatte B für das infrage stehende Geschäft nicht." Letzteres lässt nämlich die Möglichkeit offen, dass B zwar bevollmächtigt ist,
> aber eben nicht für das zu beurteilende Rechtsgeschäft.

Es wirkt unglücklich, wenn Sie ein bereits begründetes und argumentativ unterstütztes Ergebnis durch die Formulierung wieder relativieren.

> **Beispiel:** „Zwischenergebnis: Vom wirksamen Zustandekommen eines Gesellschaftsvertrags
> ist daher auszugehen" sät Zweifel an einer Stelle, an der gerade nicht mehr gezweifelt werden
> soll. Besser: „Damit ist ein wirksamer Gesellschaftsvertrag geschlossen worden."

- Bemühen Sie sich um **präzisen Ausdruck.** Das ist schwer, aber nicht unmöglich. Sie   351
erleichtern sich und dem Leser, den Punkt zu finden, an dem Ihre Gedanken in die Irre
gehen. Die Verständigung über juristische Probleme ist anstrengend genug. Wenn Sie
noch dazu ungenau formulieren, erschwert das die Dinge unnötig.

> **Beispiele:** Oft ist in Übungsarbeiten von *Verschulden* die Rede, wo es eigentlich um *Vertretenmüssen* geht. Wenn Ihnen der Unterschied nicht klar ist, lesen Sie §§ 276 ff. BGB.[418, 419]
> – Sie sollten nicht von der *Firma* (definiert in § 17 I HGB) sprechen, wenn Sie das *Unter-*

---

416 Dazu → Rn. 378.

417 Das wird letzthin beliebter als scheinbar einfach funktionierendes Hintertürchen; gerade wenn es
– wie meist – pauschal und gehäuft verwendet wird, schreibt der Leser irgendwann genervt „Inwieweit denn nicht?" an den Rand.

418 Näher Ulber JA 2014, 573 f. Ebenfalls nicht ganz einfach ist die Unterscheidung von *Schuld* und
Haftung, zumal letzterer Begriff in verschiedenen Bedeutungen gebraucht wird; dazu zB
Larenz Schuldrecht Allgemeiner Teil, § 2 IV. Spätestens im Gesellschaftsrecht muss man das aber
verstanden haben, weil man sonst in Gefahr gerät, eine Norm, die nur die Haftung anordnet (zB
§ 128 HGB), als Anspruchsgrundlage fehlzuverstehen.

419 Unbedingt zu vermeiden ist das Durcheinanderwerfen der Formulierungen. Falsch ist „A
muss die Pflichtverletzung zu verschulden haben". Richtig sind „A muss die Pflichtverletzung
zu vertreten haben" und „A muss die Pflichtverletzung verschuldet haben".

nehmen oder die *Gesellschaft* meinen; in der Alltagssprache ist das sehr verbreitet.[420] Auch *Unternehmen* und *Betrieb* muss man auseinander halten,[421] und ein *Unternehmenskauf* ist nicht dasselbe wie ein *Handelskauf*. – Nach der Konstruktion des Gesetzes (§ 142 I BGB) werden nicht *Verträge* angefochten, sondern einzelne der ihnen zugrunde liegenden *Willenserklärungen*.[422] – Zu trennen sind (nicht trotz, sondern gerade wegen der ähnlichen Begriffe) *Scheingefahr* und *Anscheinsgefahr*, *Handeln in fremdem Namen* und *Handeln unter fremdem Namen*, *Sofortvollzug* (§ 47 II HSOG), *sofortige Vollziehung* (§ 80 II Nr. 4 VwGO, die übrigens richtig *sofortige Vollziehbarkeit* heißen müsste) und *unmittelbare Ausführung* (§ 8 HSOG), *Klageerwiderung* und *Widerklage*, *höherer Dienst* und *gehobener Dienst*, *Gegenbeweis* und *Beweis des Gegenteils*, *Fahrerlaubnis* und *Führerschein*, *standrechtlich* und *standesrechtlich* usw. – Zu unterscheiden ist zwischen *Aufrechnung mit* und *Aufrechnung gegen*. Das wird an § 393 BGB deutlich: Die Aufrechnung durch den Schuldner der deliktischen Forderung (den Schädiger) heißt *Aufrechnung gegen die deliktische Forderung* und ist unzulässig, die Aufrechnung durch den Gläubiger (den Geschädigten) heißt *Aufrechnung mit der deliktischen Forderung* und ist unbedenklich. *Gegen* bezieht sich auf die Forderung desjenigen, *der* die Aufrechnung erklärt, *mit* auf die Forderung desjenigen, *dem* sie erklärt wird. – Bei „Nach § 276 BGB handelte N fahrlässig, da er seine Sorgfaltspflicht gegenüber den Kühen außer Acht ließ" verkennt der Verfasser einer Übungsklausur, dass nicht die Kühe Gläubiger der Sorgfaltspflicht sind, sondern die Nachbarn, deren Eigentum N vor den marodierenden Kühen zu schützen hatte.[423] – Der Rechtswidrigkeitsvorwurf bezieht sich auf ein Verhalten, nicht auf den dadurch hervorgerufenen Zustand.[424] Es heißt also nicht „Der Tod des O war rechtswidrig", sondern „Das Verhalten des T – das zu schnelle Fahren auf der Gegenfahrbahn – war rechtswidrig". – Sprechen Sie nicht von *vier Wochen* (= 28 Tage), wenn Sie *einen Monat* (= 30 Tage, § 191 BGB, s. aber auch § 188 II, III BGB) meinen. – Dass *Klage* und *Klageschrift* nicht das gleiche sind, zeigt§ 253 I ZPO; auch *Widerklage* und *Klageerwiderung* sowie *anhängig* und *rechtshängig* sind nicht dasselbe. Überhaupt hilft Gesetzeskenntnis bei dem Versuch, juristisch genau zu formulieren: Wer den Unterschied zwischen einer *fortgeschrittenen elektronischen Signatur* und einer *qualifizierten elektronischen Signatur* nicht kennt, lese § 2 SigG.

Dazu kommen die Schwierigkeiten, die die deutsche Sprache auch ohne ihre juristischen Verästelungen aufwirft: *Vergrößerung um das Doppelte* ist nicht das Gleiche wie *Vergrößerung auf das Doppelte*, *dasselbe* ist nicht dasselbe wie *das Gleiche*, *scheinbar* nicht dasselbe wie *anscheinend*, *zeitgleich* nicht dasselbe wie *gleichzeitig*[425], *beerben* bedeutet nicht *jemanden als Erben bestimmen/bedenken*, sondern *das Erbe eines anderen erhalten*, *gesittet* und *sittlich* berühren sich, stimmen aber nicht überein usw. – Ist ein *Banker* das gleiche wie ein *Bankier*?

352   Dass man das Geschriebene selbst nicht verstanden hat oder den Leser für begriffsstutzig hält, zeigt die umformulierte Wiederholung eines Satzes oder Absatzes, einge-

---

420 Auch die Gerichte und die Rechtsanwälte nehmen es nicht immer ganz genau, zB BAG NJW 2003, 2473; BGH NJW 2004, 2301; 2008, 843; Minoggio Firmenverteidigung; Petersen Firmenbestattung; wären aber die *Firma* und das *Unternehmen/das Handelsgeschäft* identisch, bräuchte es die Regeln in §§ 22 ff. HGB nicht. Von Juristen darf man begriffliche Genauigkeit erwarten. Sprechen Sie also im Fachdiskurs nicht vom *Firmenhandy*, wenn sie das *arbeitgebereigene Mobiltelefon* meinen. In amerikanischen Thrillern aus dem Justizmilieu mag das in Ordnung gehen, in deutschen Rechtsgutachten eher nicht.

421 Beliebt ist die Verwechslung von Einrichtung und Träger offensichtlich auch im Sozialrecht; zu eigenartigen Verwechslungen von *Krankenhaus* und *Krankenhausträger* sowie *Apotheke* und *Apotheker* s. Schnapp GesR 2010, 475 ff.; Schnapp JZ 2010, 562 ff.

422 Die Wirkung ist aber ziemlich ähnlich; dazu etwa Brox/Walker BGB AT Rn. 439.

423 Das kommt auch in Doktorarbeiten noch vor: „Nach der aktuellen Rechtslage kann die BNetzA gem. § 67 Abs. 1 TKG gegen eine rechtswidrig genutzte Rufnummer vorgehen" (Bonnekoh S. 165). – Gegen wen kann die BNetzA vorgehen?

424 Deutsch Deliktsrecht Rn. 81 aE.

425 BGH NJW 2008, 3710 Ls.

leitet durch *Mit anderen Worten*[426]: …/*Das heißt: …* oder *Soll heißen: …* . Oft kann man aus einer Übungsarbeit genau herauslesen, wenn der Verfasser etwas einfach abgeschrieben hat, ohne es zu verstehen. Der Leser erkennt das am unpräzisen Ausdruck. Ohne Verstand abgeschriebene Passagen bleiben unverständlich, weil der Zusammenhang mit dem umgebenden Text nicht klar ist.

Eindeutigkeit im sprachlichen Ausdruck wird immer wieder angemahnt. Wiederum 353 gilt: Leichter gesagt als getan. Zumal kaum jemand erklären kann oder will, was sprachliche Klarheit bedeutet.

> **Beispiel:** „2020 erwarb B das bis dahin von A gemietete Hausgrundstück." – Hier wird nicht klar, ob B das Grundstück von A erworben hat, von dem er es vorher auch gemietet hatte, oder ob er das bislang von einem Dritten an A vermietete Grundstück erworben hat.[427]

Juristen sind anfällig für die Verwechslung von Ursache und Wirkung.

> **Beispiele:** Das zeigt die Beliebtheit des Worts *bedingen*. „A bedingt B" kann heißen „A setzt B voraus", aber auch „A bewirkt B".[428] Vorzugsweise ist deshalb *bedingen* zu vermeiden. „Allerdings wurde ein Spam-Mailer in den USA, bekannt als ‚Buffalo Spammer', aufgrund einer Mitteilung der Frankfurter Allgemeinen zu sieben Jahren Haft verurteilt." – Hier stimmt die behauptete Kausalbeziehung nicht (statt *aufgrund* muss es heißen *zufolge* oder *laut*).

- Eine einfache und zugleich genaue Ausdrucksweise ist ein **Wettbewerbsvorteil**, weil 354 auch ein mäßig kluger Adressat einen Text verstehen kann, wenn der Verfasser verständlich schreibt. Gerade bei juristischen Übungsarbeiten lässt sich dagegen nicht einwenden, man habe es nur mit sehr klugen Lesern zu tun, die man ruhig ein wenig herausfordern könne. Das verkennt die Arbeitsbedingungen an Massenuniversitäten. Die sämtlich sehr klugen Professoren lesen Ihre Arbeit mit hoher Wahrscheinlichkeit nicht oder nur flüchtig oder nur zufällig. Ihren Text lesen in erster Linie wissenschaftliche Hilfskräfte, teils die wissenschaftlichen Mitarbeiter. Die sind nicht alle Genies. Dass sich unter ihnen auch eher durchschnittliche Karrieristen finden, sollte man sich schon im Hinblick auf die mögliche Bewertung der eigenen Arbeit mit *ausreichend* oder *mangelhaft* immer vor Augen halten. An einem schlechten Ergebnis sind nämlich grundsätzlich die anderen schuld.

- **Unverständliches** 355

   Überschätzen Sie nicht Intelligenz, Konzentrationsvermögen, Dechiffrierungskompetenz und guten Willen Ihrer Leser.

> **Beispiele:**[429] Verständlicher fassen muss man „Im gegebenen Fall kann man höchstens von einer Mitquasikausalität sprechen." – „Die Auslegung eines Begriffes dient zur Vermittlung des Sinnes eines Textes, der eine Problematik beinhaltet, die verstanden werden muss um mit diesem Text, hier ist es der Inhalt eines Gesetzes." – „Es lassen sich auch in der objektiven Theorie, wie in der subjektiven, Anwendungsprobleme im Ergebnis finden, die hier eine Unberücksichtigung befürworten würden." – Gemeint war wohl „Auch die objektive Theorie begegnet Bedenken". Nur mit Wohlwollen verständlich sind „R hat also einen Gewinnverlust gemacht". – Gemeint war entgangener Gewinn. „Das bestandene Arbeitsverhältnis …" – Gemeint war das früher bestehende, inzwischen aufgelöste Arbeitsverhältnis. „Die Rechtsfolge des Verzugs ist der Verzugsschaden." – Gemeint war wahrscheinlich „Die Rechtsfolge des Verzugs ist die Verpflichtung zum Ersatz des Verzugsschadens".

---

426 Unschön und sehr floskelhaft übrigens die hierfür teils gebräuchliche Abkürzung *m.a.W.*
427 Zu den Schwierigkeiten mit *von* anschaulich Hirsch Deutsch kommt gut S. 12 ff.
428 Heuer Bedingt, in: Heuer Darf man so sagen? S. 92 f.; zu *haftungsbegründet* statt *haftungsbegründend* noch Fn. 639.
429 Vermutlich teils von Nicht-Muttersprachlern, dazu → Rn. 335.

Was der Verfasser nicht klar ausdrückt, wird oft als nicht vorhanden betrachtet. Das heißt: Unklarheiten gehen zu Ihren Lasten. Lassen Sie deswegen das Gutachten gegenlesen, vielleicht auch einmal von Nichtjuristen.

> **Beispiel:** „A sagt, B sei mit seinem Pkw in einem Zug am Lkw des C vorbeigefahren" ist nicht unverständlich, aber auch nicht ganz eindeutig.

Oft hilft es, sich die Arbeit laut vorzulesen oder vorlesen zu lassen.[430]

356 • **Pronomina** erlauben teils nicht die klare Zuordnung des Verbs zu einem bestimmten Subjekt.

> **Beispiele** für missverständliche **Personalpronomina:** „Nachdem Presseberichte über solche Verschwendungen öffentliche Proteste nach sich zogen, wurden sie abgeschafft." – Was wird hier abgeschafft: die Presseberichte (na endlich!), die Verschwendung von Steuergeld (na endlich!) oder die öffentlichen Proteste (na endlich!)? „A sagte B, er sei zur Zahlung verpflichtet." – Es wird nicht klar, ob A sich selbst oder B für verpflichtet hält. „Denn der Zugang einer Willenserklärung erfolgt jedenfalls nicht mehr am selben Tag, wenn er nach Schluss der Geschäftszeiten in den Briefkasten eines Betriebs eingeworfen wird."[431] Worauf bezieht sich hier das *er*?

> **Beispiel** für ein missverständliches **Relativpronomen:**[432] „Der Sohn des S, der zwischenzeitlich 500 EUR an G gezahlt hat, hat gegenüber G die Aufrechnung erklärt." – Wer hat nun gezahlt: S oder sein Sohn?

> **Beispiel** für ein missverständliches **Possessivpronomen:** „Im Fokus von Compliance steht hingegen die Sicherstellung der Einhaltung derjenigen Rechtsnormen, die Strafen, Geldbußen, Haftungsansprüche oder andere Rechtsnachteile nicht nur für Mitarbeiter, sondern gerade auch für das Unternehmen und deren Organe nach sich ziehen."[433] – Wessen Organe?

In solchen Fällen muss sich die zweifelhafte Frage zumindest aus dem Zusammenhang eindeutig beantworten lassen; am besten ist es aber, den Satzbau zu ändern.

C. Einige juristische Besonderheiten

Die juristische Fachsprache stellt zusätzliche Anforderungen an den Schreibenden. Sie bietet zugleich typische Fehlermöglichkeiten, die dem Leser Ihres Texts nur allzu vertraut sind. Ein guter Teil der nachstehenden Empfehlungen richtet sich nicht nur an Juristen. Aber Juristen scheinen für manche sprachliche Fehlleistungen besonders anfällig zu sein.[434]

357 • Ein wenig Aufmerksamkeit erfordert die Vermeidung von **Trivialitäten, Banalitäten** und **Plattitüden.**

> **Beispiele:** „Damit geht das Gesetz in seiner Intention davon aus, dass mögliche Konfliktsituationen, die aus der Abtretung von Forderungen entstehen, gelöst werden müssen." Oder: „Problematisch ist in der vorliegenden Konstellation, dass eine komplizierte Rechtslage gegeben ist." – Hier schreibt der Korrektor nur Giftiges im Stil von „Wer hätte das gedacht?" an den Rand. Überhaupt zeichnen sich Banalitäten dadurch aus, dass sie zweifelsfrei wahr sind,

---

430 Die darauf verwendete Zeit ist nicht verschwendet: Meist kommen dabei auch unerträglich lange Sätze, grammatikalische Fehler, Eigenwilligkeiten bei der Interpunktion usw. zutage.
431 BGH NJW 2008, 843 Rn. 9.
432 Richtig eingesetzte (aber absichtsvoll ins Unverständliche gesteigerte) Relativpronomina bei Weller JuS 2003, 515 Fn. 5. Material zum Üben bei Kühtz Wissenschaftlich formulieren S. 50 ff.
433 Pape Corporate Compliance S. 25. Hier ist übrigens auch die Substantiv-Quote nicht zu verachten: 12 von 35 Wörtern.
434 Empfehlungen auch bei Valerius Gutachtenstil S. 35 ff.

aber nicht der Erwähnung bedurft hätten. In diese Richtung geht etwa der Satz „Die Lebens- und Arbeitsbedingungen waren hart" in einem Beitrag über Zwangsarbeit unter der national- sozialistischen Herrschaft.[435] Mittlerweile dürfte auch die Erkenntnis „Das Internet ist kein rechtsfreier Raum" den Rang der Banalität erreicht haben. Und für Juristen ist „In verschie- denen Gesetzen des Handels- und Gesellschaftsrechts sowie des Kapitalmarktrechts sind recht- liche Parameter vorzufinden" keine allzu überraschende Aussage.

Triviale Aussagen entstehen leicht, wenn man den Gutachtenstil geradezu sklavisch durchhält[436]

Beispiele: Die Forderung, in einem guten Gutachten müsse jeder Satz den logischen Zusam- menhang zum vorherigen Satz erkennen lassen, sollte möglichst nicht zur Verlegenheitsein- schüben wie „Der Anspruch besteht, wenn alle seine Voraussetzungen vorliegen" führen. Zwar ist der Satz zweifelsfrei richtig – aber sein Inhalt ist wirklich jedem Leser klar. Gleiches gilt für das letzthin beliebte „A kann gegen B einen Anspruch auf … haben. Dazu muss der Anspruch zunächst entstanden sein".

und oft überhaupt ganz unfreiwillig.

Beispiele: „Die Stellvertretung wird in §§ 164 ff. BGB geregelt." Das stimmt. Im Gutachten führt aber „Die Erklärung des B kann A nach den Regeln über die Stellvertretung (§§ 164 ff. BGB) zugerechnet werden" den Gedanken viel besser. – Den Satz „Fraglich ist, wie es sich vorliegend verhält" kommentiert der Korrektor trocken mit „Das ist immer die Frage …" Recht hat er. Die Aussage ist trivial und kann weggelassen werden.

- Altkluge, besserwisserische und oberlehrerhafte Bemerkungen   358

Beispiele: „Bekanntermaßen/Bekanntlich …" (besser: „Wie sich aus [Norm] ergibt, …"); „Richtig ist daran, dass …" (besser: „Das trifft nur teilweise zu …"); „Überzeugend ist das, soweit …"; „Das setzt im objektiven Tatbestand bekanntlich die Wegnahme einer fremden beweglichen Sache voraus."[437]

geben dem Leser leicht ein Gefühl der fachlichen Unterlegenheit gegenüber dem Ver- fasser. Viele Leser können das aber nicht gut vertragen, zumal wenn es nicht der Wirk- lichkeit entspricht. Juristen gelten – neben Lehrern – sowieso als Besserwissertypen. Diesen Ruf müssen Sie nicht noch festigen.

Überhaupt ist eine Prüfungsarbeit kein guter Ort für Besserwissereien.[438]

Beispiel: Ist die Aufgabe erkennbar darauf angelegt, ein bestimmtes Problem zu diskutieren und sachgerecht zu entscheiden, sollten Sie überlegen, ob Sie das Problem in vier Zeilen er- schlagen, die Sie mit einem souveränen „In der Praxis …" einleiten, nur weil Sie es dem Rechtsanwalt vorgelegt haben, bei dem Sie letzthin Ihr Praktikum abgeleistet haben und der es gar nicht so spannend fand.[439]

---

435 Frauendorf ZRP 1999, 1 (2) – hier gehen Banalität und Euphemismus (dazu → Rn. 362) ineinan- der über, da die Lebens- und Arbeitsbedingungen der Zwangsarbeiter nicht selten tödlich waren.

436 Spätestens in der Fortgeschrittenenarbeit und im Examen wird man dafür nicht mehr gelobt.

437 Rennicke ZIS 2020, 343 (344).

438 Das bedeutet nicht, dass Sie es nicht besser wissen dürften als Ihr Prüfer – Sie sollen es ihm nur nicht allzu dick aufs Brot schmieren.

439 Überhaupt ist bei allen *In-der-Praxis*-Argumenten zu bedenken, dass Sie beim Abfassen eines universitären Gutachtens eben nicht in der Praxis arbeiten. Mancher Leser kennt sich zudem in der Praxis auch gar nicht so gut aus. Fast immer empfiehlt es sich zu belegen, woher man weiß, wie *die Praxis* das jeweilige Problem handhabt. Meist wird das nicht die eigene Erfahrung sein, sondern juristische Literatur oder Rechtsprechung.

359 • **Bekräftigende Formulierungen** zeigen Unsicherheiten des Verfassers.[440]

> **Beispiele:** *unzweifelhaft, außer Zweifel, zweifelsfrei, zweifellos, zweifelsohne, offenkundig, offensichtlich*[441]*, evident, definitiv, unproblematisch, problemlos, eindeutig, unzweideutig, erkennbar, unbestreitbar, natürlich, gewiss, unbedingt, ohne Weiteres, sicher(lich), selbstverständlich, mit Sicherheit, jedenfalls/keinesfalls, unter allen/keinen Umständen, es versteht sich von selbst, fraglos, es bedarf keiner Frage, es steht außer Frage, es liegt auf der Hand, es ist klar, es braucht nicht näher begründet zu werden, es kann keine Rede/nicht die Rede davon sein/ niemand wird bestreiten wollen, dass, ist ein klarer Fall von* sowie Wendungen der Art „Die Forderungen des K sind absolut/völlig/total/gänzlich/komplett/vollständig abwegig und absurd", „Das kann B keinesfalls zugemutet werden", „Dass das nicht zutrifft, liegt auf der Hand".[442]

Den Eindruck der Unsicherheit kann man ohne Weiteres (!) vermeiden. Die genannten Wörter benutzt man nur, wenn der Leser gar keine andere Ansicht haben kann. Das ist ziemlich selten – etwa einmal auf 102 Textseiten. Selbst dann ist es aber geschickter, den betreffenden Satz als schlichte Aussage zu formulieren. Zu leicht wirkt es sonst, als wolle man fehlende Begründung durch umso lautstärkere Behauptung ersetzen. Besonders unglücklich ist es, wenn solche Bekräftigungsformeln inhaltliche Fehler überdecken.

> **Beispiele:** „Es gab keine Einigung und somit keine Übergabe"; „Hier geht es um eine Streitigkeit zwischen P und B, folglich ist der Rechtsweg unproblematisch eröffnet." Der mit *somit* und *folglich* angedeutete logische Zusammenhang ist nicht erkennbar; das *unproblematisch* ändert daran nichts. So etwas fällt jedem halbwegs routinierten Korrektor sofort auf.[443] „Da A das Fahrrad nicht mehr hatte, konnte er es naturgemäß auch nicht mehr verkaufen." Das ist falsch, weil A das Fahrrad wirksam verkaufen konnte, auch ohne es zu besitzen; nur die Übereignung war ihm unmöglich.

Manchmal kippen die Eindeutigkeitsbehauptungen unfreiwillig ins Hilflose.

> **Beispiel:** „Zu jedem Unternehmen gehört nun mal eine Buchhaltung." Das mag stimmen oder auch nicht – die Aussage ist begründungsfrei und wird durch das *nun mal* nicht überzeugender.

Häufig finden sich kurze Sätze mit den genannten Vokabeln nach zu umfangreich geratenen Definitionen unproblematischer Merkmale. Versuchen Sie, den *Unproblematisch*-Satz an den vorstehenden Satz anzuschließen.

Nichts Unklares und nichts Klares wird dadurch eindeutig oder auch nur eindeutiger, dass man es als *eindeutig* etikettiert. Also kann man diese Etikettierung auch platzsparend weglassen.

---

440 Das kann man nicht oft genug wiederholen; vertiefend zB Harbst JA 2018, 129 (133); Schnapp JURA 2006, 583 (584); Foth JZ 1968, 236; Eilsberger JZ 1971, 522. Während in der mündlichen Rede auch des Juristen die nachstehenden Begriffe ständig auftauchen, vermeidet man sie so gut es geht im schriftlichen Ausdruck. Mündlich kann das Gegenüber nämlich immer einhaken: „Einen Augenblick bitte, das ist nicht unproblematisch!"

441 Es gibt indes Situationen, in denen man den Ausdruck *offensichtlich* nicht vermeiden kann, etwa wenn der Gesetzgeber vom Rechtsanwender die Wertung *offensichtlich rechtswidrig* fordert, so in § 3 II Nr. 2 NetzDG.

442 OLG Düsseldorf NJW-RR 1996, 1112; die von wenig Selbstzweifeln angekränkelte Sprache mancher Urteile (zB OLG München NJW 2006, 3079 und die in Fn. 175 zitierte Entscheidung des OLG Koblenz) und vieler (schlechter!) Anwaltsschriftsätze taugt nicht als Vorbild.

443 Auch die Gerichte verwenden Bekräftigungsformeln, wo eine logische Ableitung nicht zu leisten ist (zB BGH NJW 2005, 2852 [2853 sub II.2.c]): „Es besteht kein vernünftiger Zweifel daran, dass dem Beklagten ein Zuchtfehler nicht vorzuwerfen ist. Der Beklagte betreibt die Hundezucht seit mehr als 30 Jahren, hat damit zahlreiche nationale und internationale Auszeichnungen gewonnen und verkauft jedes Jahr etwa 50 Welpen im In- und Ausland. Er ist im Deutschen Teckelclub als seriöser Züchter anerkannt und war selbst als Zuchtwart tätig. Daraus ergibt sich, dass der Beklagte die Hundezucht mit der erforderlichen Sachkunde und Professionalität betreibt". Nötig ist das aber nicht.

Ähnlich ist es mit *unstreitig*. Das ist ein *terminus technicus*, der sich bei richtigem Gebrauch auf Tatsachenfragen bezieht, nicht auf Rechtsfragen.

> **Beispiel:** Fachsprachlich korrekt, aber in einem akademischen Gutachten unglücklich ist „Dass A und B einen Kaufvertrag geschlossen haben, ist unstreitig". Es geht ja nicht um die Herstellung und Begründung einer prozessualen Wahrheit, sondern um eine Subsumtionsleistung. Deshalb schreibt man eher: „Gegen die Wirksamkeit des zwischen A und B am 6.6.2022 mündlich unter Anwesenden geschlossenen Kaufvertrags über den Pkw bestehen keine Bedenken."

Umgekehrt sollten Sie Ihre Aussagen nicht ohne Not relativieren oder unter Vorbehalt stellen. Sätze mit *vermutlich* oder *wahrscheinlich* machen den logischen Zusammenhang Ihrer Ableitungen angreifbar.[444]   360

> **Beispiel:** „A hat das Angebot des B wahrscheinlich auch angenommen" ist in einem Gutachten heikel – denn egal, welches Ergebnis am Ende steht, der Leser kann sich nicht darauf verlassen.

Auch *wohl, eigentlich, relativ, verhältnismäßig, mehr oder weniger, an und für sich, ziemlich, einigermaßen, sozusagen, quasi, gewissermaßen*, zum Teil auch *insofern/insoweit* und *entsprechende/r/s* sollten Sie nur zurückhaltend einsetzen, weil sie Unsicherheit signalisieren oder zumindest als Füllwörter überflüssig sind.[445] Gleiches gilt für *wird anzunehmen sein*; hier genügt *ist anzunehmen* – oder eine schlichte Aussage ohne alle Relativierungen.

> **Beispiel:** Besser als „Dies wäre hier wohl eher zu verneinen" ist „Das ist zu verneinen".

- Selbst dort, wo Sie Ihrer Sache sicher sind, müssen Sie nicht in den **Brustton der Überzeugung** verfallen.   361

> **Beispiel:** „Wirklich plausibel und allein dem tatsächlichen Geschehen sachadäquat ist …"[446] – diese Sprache ist Professoren und Praktikern mit jahrelanger Erfahrung angemessen, weniger Studenten vor dem großen Schein.

Überhaupt dürfen **Evidenzbehauptungen** nicht die argumentative Begründung oder gleich die ganze inhaltliche Subsumtionsleistung ersetzen. Das fällt immer auf.

> **Beispiele:** „Dass dieser Kaufvertrag wie jeder gültige Rechtsvertrag zwei übereinstimmende Willenserklärungen voraussetzt und diese auch im vorliegenden Fall ohne größere Bedenken vorliegen, ist aus dem Sachverhalt ersichtlich." Mit solchen Sätzen delegiert der Klausurbearbeiter die Aufgabe an den Leser zurück. Das darf nicht passieren.[447] „Laut Sachverhalt ist ein Kaufvertrag geschlossen worden" ist nur zulässig, wenn der Sachverhalt ausdrücklich das Wort *Kaufvertrag* enthält und dieses auch offensichtlich im juristisch-technischen Sinne verwendet wird (sozusagen als Vorwegnahme der Subsumtion). Selbst dann sollte man aber das unschöne *Laut Sachverhalt*[448] weglassen. „Laut Sachverhaltsangaben kann sich B aber exkulpieren" geht nur, wenn im Sachverhalt der *terminus technicus Exkulpation* steht (das dürfte selten sein). Ansonsten muss der Bearbeiter die Subsumtion schon selbst unternehmen.

- Juristische Sprache bezieht ihren Reiz aus einer gewissen Trockenheit[449] – schöner: Sachlichkeit –, die sich mit einer **zu bildhaften Wortwahl**   362

---

444 Zu Unterstellungen und den dafür typischen Wörtern und Wendungen" → Rn. 425.
445 Dazu auch Schnapp JURA 2006, 583 (585).
446 Gernhuber, Die Erfüllung und ihre Surrogate, 2. Aufl. 1994, 209. Immer wieder gut für eine deutliche Aussage war Tröndle, zB „realitäts- und rechtsfremd und in den Konsequenzen absurd …" (Tröndle, StGB, 49. Aufl. 1999, StGB § 185 Rn. 19).
447 Gleichwohl ist das ein ziemlich häufiger Fehler, der in Klausuren gerade bei Zeitknappheit leicht geschieht. Hier werden viele Punkte verschenkt. Üben Sie deshalb das Formulieren faktengesättigter kurzer Subsumtionsschritte – die bringen Punkte und vermeiden unnötigen Ärger des Lesers.
448 Näher dazu → Rn. 384.
449 Kluge Bemerkungen dazu bei Radbruch Rechtsphilosophie § 14 (S. 202).

Beispiel: „Das ist eine himmelschreiende Ungerechtigkeit."

nicht recht verträgt. Zu Bildern greifen zwar auch die Rechtswissenschaft[450]

Beispiele: die *schwebende Unwirksamkeit*[451] und – beachten Sie die Steigerung! – der *fliegende Gerichtsstand*[452], nur historisch erklärbar die *Schlüsselgewalt* bei § 1357 BGB, das *Werkzeug* bei der strafrechtlichen Lehre von der Täterschaft, die *juristische Sekunde* überall, wo es um das Prioritätsprinzip geht, das *Organ* im Vereins-, Kapitalgesellschafts- und Staatsrecht[453], die *Rosinentheorie* beim öffentlichen Glauben des Handelsregisters[454], die *Rügeverkümmerung*[455] zu § 274 StPO, das *Schutzschirmverfahren* bei § 270b InsO, die *Abwälzung* von Schönheitsreparaturen im Mietrecht; der *Durchgriff* im Recht der GmbH (dabei wird der *corporate veil gepierct*); die *aufschiebende Wirkung* von Rechtsmitteln im Verwaltungsprozessrecht, die *Anfechtung* (mit ähnlicher, aber nicht identischer Bedeutung im allgemeinen Zivilrecht, im Insolvenzrecht, im Eherecht, im Aktienrecht und im Verwaltungsprozessrecht), die *Kettenbefristung* und die *Drehtürkonstruktion* im Arbeitsrecht, die *Verschmelzung* und die *Spaltung* im Gesellschaftsrecht, die *Immunität* des Bundestagsabgeordneten (Art. 46 II GG); die Auslegung nach dem objektivierten *Empfängerhorizont* (§§ 133, 157 BGB); aus der Alltagssprache entlehnt sind die *Mondpreise*[456] und die *Schleuderpreise* im Lauterkeitsrecht (das auch so bildhafte Begriffe kennt wie die *Schwarze Liste* für den Anhang zu § 3 III UWG, die *Schleichwerbung* bei § 5a VI UWG[457]) und das *Schneeballsystem* (vgl. § 16 II UWG); die *goldene Aktie* und der *goldene Fallschirm* (vermutlich aus dem Amerikanischen) im Gesellschaftsrecht sowie die *goldene Brücke* für den Straftäter beim Versuch[458], die *Wechselreiterei* im Strafrecht, im Verfahrensrecht das *Nachschieben von Gründen*, in der Methodenlehre/Rechtstheorie die *Rechtsquelle* und die *Gesetzeslücke*; schön auch die *forderungsentkleidete Eigentümerhypothek*, die *kriminalpolitischen Zombies*[459] und die *Schleierfahndung* im Polizeirecht sowie die *Güterstandsschaukel* und die *hinkende Ehe* im Familienrecht.

und gelegentlich sogar der Gesetzgeber.

Beispiele: die *Verletzung* von Pflichten in § 280 I 1 BGB (und die *Heilung* von Formmängeln, zB § 766 S. 2 BGB), die *stille Gesellschaft* (§§ 230 ff. HGB), das *Mutter-* und das *Tochterunternehmen* in § 290 HGB (in der Wissenschaft weitergeführt auf *Enkelgesellschaften* usw.), die *Organismen für gemeinsame Anlagen* in *Wertpapieren*, die *Dunkelheiten* in § 320 I ZPO, die *Schwarzarbeit*[460], die *Lieferkette* in § 478 V BGB, die *Erschöpfung des Rechtswegs* in § 90 II BVerfGG und der *Erschöpfungsgrundsatz* im Urheberrecht, die *kollidierenden Tarifverträge* (legaldefiniert in § 4a II 2 TVG), etwas blasser der *Rücktritt* im Straf- und Zivilrecht und das der *Rechtskraft* im Prozessrecht (zB § 322 I ZPO), im Strafrecht etwa die *Erpressung* (§ 253

---

450 Dazu auch Thüsing NVwZ 2013, 193; monographisch Kleinhietpaß und Schindler. Ein metapherngesättigter Fachzeitschriftenbeitrag ist Kämmerer/Kotzur NVwZ 2020, 177.

451 Dazu zB Medicus/Petersen AT Rn. 490 und 569; zu beachten ist, dass das Gesetz die schwebende Unwirksamkeit von Rechtsgeschäften anordnet und nicht, wie in Übungsarbeiten immer wieder zu lesen ist, die *schwebende Wirksamkeit*. Letztere gehört eher zu den unter Widerrufsvorbehalt stehenden Rechtsgeschäften, solange die Widerrufsfrist noch nicht abgelaufen ist.

452 Dazu Köhler/Bornkamm/Köhler Wettbewerbsrecht UWG § 14 Rn. 15.

453 Beim *Organ* kommt es manchmal zu etwas irritierenden Assoziationen, wenn man fälschlicherweise an natürliche Personen denkt statt an juristische, zB BGH NJW 1980, 223: „Rechtsfehlerfrei gelangt das BerGer. auch zu der Überzeugung, für die Organe des Bekl. habe die Besorgnis nahegelegen, daß die Zuschauer während des Essens versuchen würden, sich von der Menge abzusetzen und in das Gelände der Kl. einzudringen, und daß sie dabei eine Gefahr für das Eigentum der Klägerin bilden konnten."

454 Röhricht/Graf v. Westphalen/Ammon HGB § 15 Rn. 21.

455 BVerfG JZ 2009, 675 ff.

456 BGH MDR 2004, 696 f. – Mondpreise?

457 ZB OLG Hamburg ZUM-RD 2000, 168 ff. Rn. 17; OLG Karlsruhe WRP 2011, 1335 ff. Rn. 25.

458 RGSt 53, 62 (70) unter Verweis auf Feuerbach.

459 Schünemann ZIS 2014, 1.

460 Dazu das Gesetz zur Bekämpfung der Schwarzarbeit und illegalen Beschäftigung (SchwarzArbG) v. 23.7.2004, BGBl. I 1842.

StGB) und die *Rechtsbeugung* (§ 339 StGB – gesteigert zum *Rechtsbruch*), schön auch der *Unterschleif* in § 11 I 1 BayJAPO[461] und die *Geldwäsche* in § 261 StGB sowie § 1 I GwG.

Wenn man aber Metaphern und Ähnliches einsetzt, sollte man darauf achten, nicht aus dem Bild zu fallen.

> **Beispiele** für schiefe Bilder (Katachresen)[462]: „Folgende Beispiele mögen aber einen Hinweis geben, in welchen Bahnen der Anwendungsbereich dieses Rechts üblicherweise verläuft."[463] – Auch das Gesetz verwendet gelegentlich schiefe Bilder, zB den *Zeitraum* in §§ 188 II, 191 BGB, der *Zeitspanne* heißen müsste, wenn man das geometrische Bild des *Zeitpunkts* auf einen *Zeitstrahl* fortdenken wollte. – „Rechtsbeugung begeht … der Amtswalter, der sich bewusst in schwerwiegender Weise vom Gesetz entfernt …"[464] Verbreitet aber schief ist der *räuberische Aktionär*, der *erpresserischer Aktionär* heißen müsste.[465] „Die Auseinandersetzung um ein Pro oder Contra der Tätigkeit der Suizidhilfeorganisationen ist gespickt mit der Berufung auf das verfassungsmäßig garantierte Recht auf Leben und dem staatlichen Auftrag des Lebensschutzes und dem ebenfalls verfassungsrechtlich verankerten Selbstbestimmungsrecht bzw. dem Recht auf Entscheidungsfreiheit des Einzelnen."[466] – Kann man eine Auseinandersetzung mit einer Berufung spicken? Wenn ja: Braucht es dazu nicht mehr als nur ein Element? Geradezu widersprüchlich wird es bei „Derjenige Teil der geozentrisch-aristotelischen Kosmologie, den Ptolemäus um jeden Preis zu bewahren versuchte, beruht auf vier zentralen Eckpfeilern: …"[467]. Ein seltsames Bild ist auch das vom *Freischuss* im Prüfungsrecht.[468] Was ist von der gendergerechten Ersetzung von „Väter des Grundgesetzes" durch „Eltern des Grundgesetzes"[469] zu halten, wenn man bedenkt, dass von diesen Eltern nur vier Mütter waren?

Als nützlich erweist sich manche Metapher wegen ihrer abkürzenden Funktion.

> **Beispiele:** Nachdem man einmal die recht komplizierte Regelung des Art 109 III GG erklärt hat, spricht man nur noch von der *Schuldenbremse*; ähnlich bei § 556e BGB und der *Mietpreisbremse*[470].

Die schönsten Bilder tragen in Ihre Überlegungen leicht ein wertendes Element, das Sie möglicherweise gerade vermeiden wollen.

> **Beispiel:** Der *Mietnomade* hat sich weiträumig durchgesetzt;[471] aber welcher Mieter möchte gern so bezeichnet werden, wenn er mit den ersten beiden Monatsmieten in Verzug ist? [472]

---

461 Der Begriff ist in Süddeutschland gebräuchlich; anderswo spricht man vom *Spicken*.

462 Lehrreich dazu Gärtner Man spricht Deutsh zB 114 ff.; Kühtz Wissenschaftlich formulieren S. 31 ff.

463 Ahrens Zurückbehaltungsrechte Rn. 175 aE.

464 BGHSt 38, 381 (383) = NJW 1993, 605.

465 Und wer das Problem nicht gleich durch seine metaphorische Bezeichnung schon in eine bestimmte Richtung vorentscheiden möchte, könnte auch von *Berufsklägern* sprechen, so etwa Homeier, Berufskläger im Aktienrecht, 2016. Zu den Begriffen Karsten Schmidt ZIP 2020, 2494 ff.

466 Gottwald Regulierung S. 43; ebd. S. 250: „Ruft man sich nämlich die Wirkung etwaiger Strafverfahren oder gar Verurteilungen ins Auge, wird der Gesellschaft damit verdeutlicht, dass die (Bei-)Hilfe zur Selbsttötung ein strafwürdiges Verhalten und somit Gegenstand der Strafverfolgung ist." Wie ruft man sich denn eine Wirkung ins Auge?

467 Wiltsche Einführung S. 18.

468 In den Juristenausbildungsgesetzen der Länder heißt es daher *Freiversuch*, wenn der Begriff nicht vermieden und durch eine Fiktion umschrieben wird.

469 ZB Frankenberg APuZ 16-17/2019, 37 (41).

470 Beim *Mietpreisdeckel* wechselt das Bild – aber der steht bislang noch nicht im Gesetz.

471 Bibliographieren Sie nur mal schnell, wie viele juristische Monographien das Wort *Mietnomaden* im Titel tragen. – Wenn man auf solche schlagwortartigen Bezeichnungen nicht verzichten kann oder will, wird es sich für juristische Zwecke meist anbieten, den Begriff möglichst früh zu definieren (Vorschläge in → Rn. 370), damit der Leser wenigstens weiß, was genau gemeint ist.

472 Mit den Bildern ist es ähnlich wie mit den englischen Schlagwörtern. Wenn sie sich erst durchgesetzt haben, liebt sie jeder. *Ich werde gemobbt, ich werde gestalkt, ich habe Mietnomaden …*

Gelegentlich ist die Metapher auch politisch als Schlagwort besetzt. Dann sollte man umso mehr auf zurückhaltende Verwendung achten.

> **Beispiele:** Wer vom *Betreuungsgeld* sprechen will, kann auch *Herdprämie* schreiben; emotionslos-sachlich wirkt das aber nicht mehr. Was ist von *Studentenschwemme, Doktorandenlawine, Asylantenflut, Flüchtlingswelle* uÄ zu halten? Natürlich kann man die akustische Überwachung von Wohnräumen (Art. 13 III GG) als *Großen Lauschangriff* bezeichnen, zumal das in der politischen Debatte gängig war und ist. Die damit verbundene inhaltliche Positionierung ist aber oft gar nicht nötig.

Manche Menschen mögen die Bilder nicht, die aus Kampf, Krieg und Militär stammen.

> **Beispiele:** Der *Warnschussarrest* im Strafrecht und die *Torpedoklage* im internationalen Zivilprozessrecht.[473] Selbst der ungebrochen beliebte *Polizeikessel* hat zwar seinen Ursprung in der Küche, seine metaphorische Bedeutung aber erst in Stalingrad gewonnen.

Wer versucht, darauf Rücksicht zu nehmen, merkt schnell, dass der Krieg der Vater aller Dinge ist.

Rhetorische Figuren werden am besten sorgfältig dosiert und eher beiläufig eingesetzt, sonst entsteht schnell der Eindruck, man habe an der Form mehr gefeilt als am Inhalt. Schon der **Euphemismus**

> **Beispiele:** *Ableben* statt *Tod, finaler Rettungsschuss* statt *gezielter Todesschuss, Teilerfolg* statt *Flop; Verbraucherinformation* statt *Werbung*; im Übrigen heißt es *Schwangerschaftsabbruch*, nicht *Unterbrechung der Schwangerschaft*[474] – wie hätte man sich Letztere auch vorzustellen? Und das *Luftsicherheitsgesetz* hätte vielleicht treffender *Flugzeugabschussgesetz* genannt werden sollen; jedenfalls hat auch die harmlose Bezeichnung nicht verhindern können, dass irgendein Schelm das Gesetz komplett gelesen und seine Bedenken wegen § 14 III (dort war die verräterische Formulierung *unmittelbare Einwirkung mit Waffengewalt* aus Bestimmtheitsgründen wohl nicht vermeidbar) vor das BVerfG getragen hat – der Rest ist Rechtsgeschichte.[475] Auch *Betäubungsmittel* statt *Rauschgift* (durchgängig im BtMG) ist ein wenig euphemistisch. Unübertroffen ist aber *alternative Fakten* statt *Lügen*.

ist eine rhetorische Figur, die manchmal die neutrale Problembeschreibung eher erschwert denn erleichtert.[476, 477] Ob Sie den Leser durch Anführungsstriche auf die verwendeten Bilder hinweisen wollen,

---

473 Zur Herkunft der Metapher zB Herberger ZJS 2015, 327.

474 So zB BGHZ 7, 198 (199) = NJW 1953, 700; gegen solchen Unsinn Heuer Schwangerschaftsabbruch, in: Heuer Darf man so sagen? S. 113 f.; Beispiele bei Hirsch Deutsch kommt gut S. 155 ff.

475 Insbes. BVerfGE 115, 118 ff. = NJW 2006, 751.

476 Öfter als man denken sollte schwappen solche Euphemismen und bewusste Falschetikettierungen aus der Sprache professioneller Lügner und Schönfärber (Politiker, Werbeleute, Unternehmensberater etc.) in die Sprache des Rechts. Ganz ausnahmsweise trifft aber die euphemistische Variante den Inhalt besser: Wer *Wertstoff* statt *Müll* sagt, transportiert damit eine inhaltliche Information (unsicher ist das aber schon wieder bei *thermische Verwertung* statt *Müllverbrennung*). Keinesfalls darf der Euphemismus in Zynismus kippen, wie das bei Politikern manchmal geschieht, zB Margot Honecker: nicht *Schießbefehl*, sondern *Waffengebrauchsbestimmungen* (Interview für die Dokumentation „Der Sturz – Honeckers Ende" mit Eric Friedler, ausgestrahlt am 2.4.2012 von der ARD, t1p.de/c7dr, 35:20 Min.); zu den *verschärften Verhörmethoden* → Rn. 370; neuerdings auch *Friedenssicherungsmission* oder *militärische Sonderoperation* statt *Krieg* (schon im Algerienkrieg *Operation zur Aufrechterhaltung der Ordnung*); näher Biermann/Haase Sprachlügen. Einen Bogen zum letzthin beliebten framing schlagen Kohl/Nimmerfall S. 74 f.

477 Bei Behördenbezeichnungen sollte man Euphemismen akzeptieren: Der *Bundesnachrichtendienst* mag ein *Geheimdienst* sein; er heißt aber eben *Bundesnachrichtendienst*. Auch beim *Verteidigungsministerium* hat man sich längst daran gewöhnt, dass es für Kriegführung ebenso zuständig ist wie früher die Kriegsminister.

> **Beispiel:** „Am 21.12.2002 befuhr ein Versicherungsnehmer der Beklagten ... als ‚Geisterfahrer‘ die Autobahn entgegen der vorgeschriebenen Fahrtrichtung.“[478]

ist Geschmackssache – der Duden verlangt das nicht.

Auch ins **Poetische** sollen Sie nicht abgleiten, schon gar nicht, wenn damit unnötige Längen verbunden sind. Sie schreiben nicht Lyrik, sondern Sachprosa.

> **Beispiele:** In der Sprache des Rechts genügt *wörtlich*; *wortwörtlich* enthält demgegenüber keinen Informationsgewinn,[479] ähnlich *nur/ausschließlich* statt *einzig und allein* und *täglich* statt *tagtäglich*.

Das ist in anderen Rechtskulturen teils anders.

> **Beispiel:** In einem Urteil des BGH würde man einen Satz wie „The mills of justice grind slowly, but they grind exceedingly fine“[480] nicht erwarten.

- Die erwünschte schlichte und sachliche Diktion darf andererseits nicht so weit gehen, dass Sie vor lauter Abstraktion in eine – meist schwache – Kopie der **Kanzleisprache** vergangener Jahrhunderte verfallen.   363

> **Beispiele:** „Zufolge und nach näherer Maßgabe des § 8a I 1 StVG gilt die Halterhaftung auch gegenüber dem Insassen des Fahrzeugs, wenn ...“[481] „Auch aggressive Marketingmethoden vermögen an dieser Rechtslage nichts zu ändern.“[482]

Den auffällig spröden Charme mancher Auswüchse der Gesetzes- und Verwaltungssprache

> **Beispiele:** „Als sich der Fahrzeugführer der Lichtzeichensignalanlage näherte, betätigte er den Fahrtrichtungswechselanzeiger“ statt „Vor der Ampel setzte der Fahrer den Blinker“, *einliefern* statt *bringen* (zB Menschen in ein Krankenhaus), *verbringen* statt *bringen* (zB störende Obdachlose an den Stadtrand), *beschulen* statt *unterrichten*, *entsprechende Maßnahmen durchführen*, *erfolgen* (besonders unschön bei „Da der Kaufvertrag am 16.4. erfolgte ...“), *erstellen, wohnhaft* usw.

muss man sich nicht in vorauseilendem Gehorsam aneignen.[483] Irgendwann erwischt man sich sowieso dabei, ohne Not ins Nicht-Anschauliche, Abstrakte abzuleiten. Oft ist das dann auch noch sprachlich unschön.[484]

> **Beispiel:** Beim Subsumieren ist es unvermeidlich, immer wieder einmal Ergebnisse mit ... *liegt also vor/ist daher gegeben* zu formulieren. Vermeiden Sie aber „Ein Erfüllungsgehilfe/eine oHG liegt also vor“. Da sieht doch der Leser vor seinem inneren Auge den Erfüllungsgehilfen vor dem Verfasser liegen. Schreiben Sie lieber „E ist mithin Erfüllungsgehilfe des P/eine oHG

---

478 BGH NJW 2007, 2764 (2765 f.) Rn. 2 sowie 14, 16.

479 An diesen Übertreibungen, die im Kleinen anfangen und im Großen weitergehen, erkennt man übrigens auch die Schriftsätze provinzieller Rechtsanwälte.

480 U.S. Court of Appeals v. 19.11.2008 – 08-1136 (Vineberg v. Bissonette), KUR 2008, 158 (162); übersetzt etwa: „Die Mühlen der Justiz mahlen langsam, aber äußerst fein.“ Zur Urteilssprache in ausländischen Rechtsordnungen Vorpeil NJW 1994, 1925 ff.; Kötz RabelsZ 37 (1973), 245 ff. = DRiZ 1974, 146 ff. u. 183 ff.

481 BGHZ 114, 348 (350) = NJW 1991, 2143.

482 Geiger NJW 2007, 3030 (3031). Es ist überhaupt nicht peinlich, statt des altertümlichen *vermögen* einfach *können* zu schreiben. Übungsbeispiele bei Schimmel Juristendeutsch Rn. 129 ff.

483 Zur Verwaltungssprache – und wie man sie erträglich macht – *Gesellschaft für deutsche Sprache* (Hrsg.) Fingerzeige; Berger Schreiben. Weiterführend für (gegenwarts-)historisch interessierte Leser Korn Sprache; Sternberger/Storz/Süskind Wörterbuch; Klemperer LTI; Schlosser Sprache.

484 Wer sich diese Sprache abgewöhnen will, greife zu Glavinic Kameramörder (passim); dort wird der oft unbeholfen wirkende Duktus des polizeilichen Vernehmungsprotokolls zum literarischen Stilmittel. Instruktiv auch Claßen/Reins Deutsch S. 264 ff.

ist also entstanden". Besonders bei abstrakten Begriffen wirkt das *vorliegen* befremdlich: „Ein Schuldverhältnis liegt damit vor" und „Also liegt hinreichende Bestimmtheit vor" kann man sich nun gerade wieder nicht bildlich vorstellen – warum nicht „Ein Schuldverhältnis ist gegeben" oder „Ein Schuldverhältnis liegt im Mietvertrag"? Wenn man den wertenden Charakter der Subsumtion betonen möchte, kann man schreiben *ist anzunehmen*. Richtiggehend schief wirken „Ein entgegenstehender Wille des G liegt vor" und „Weiter muss eine Verletzungshandlung vorliegen" sowie „Äquivalente Kausalität liegt vor"[485], ähnlich „Ein Mangel liegt vor", kaum noch vorstellbar: „Eine Nichtleistung liegt also vor." Ähnlich unschön „Weiter muss eine kausale Handlung des A vorliegen". Nicht „Es müsste ein Schaden vorliegen", sondern „Es muss ein Schaden entstanden sein"[486]; nicht „Die Verjährung liegt nicht vor", sondern „Die Verjährung ist nicht eingetreten".

Eine gewisse Abstraktheit im Ausdruck fällt jedem auf, der sich zum ersten Mal mit Rechtssprache befassen muss. Diese kann man nachahmend erlernen. Indessen ist hier übermäßiger Eifer fehl am Platz.

> **Beispiel:** Wenn es etwa heißt „Spielplätze: Die Verkehrspflicht ist hier dem besonderen Risiko der Benutzung durch junge Personen anzupassen"[487], hätte man ohne allzu herben Verlust an Genauigkeit auch von *Kindern* sprechen können (und damit zugleich juristische Personen ausgeschlossen).

Juristische Sprache dient nicht nur der fachlichen Genauigkeit, sondern soll möglichst auch für Nichtjuristen („Normadressaten") verständlich sein.[488] Mit dem Bemühen darum kann man schon bei Kleinigkeiten anfangen.

> **Beispiel:** „Eine Regelung über … ist nicht existent" lässt sich bescheidener fassen als „Eine Regelung zu … gibt es nicht/fehlt".

Manchmal ist aber bei aller Mühe die fachsprachlich-gespreizte Formulierung nicht zu verbessern.

> **Beispiel:** „Bei einem Schlag auf das Gesäß handelt es sich um einen Eingriff in die körperliche Intimsphäre, der objektiv als sexuell bestimmt i.S.v. § 3 IV AGG anzusehen ist."[489] Das klingt ein bisschen seltsam – aber es geht nicht besser.

364 • **Sprachliche Nachlässigkeiten** haben nicht nur symbolische Bedeutung. Im Blick auf das oben Gesagte[490] müssen Sie daran arbeiten, dass Ihren Texten wenigstens das Bemühen um sprachliche Güte anzusehen ist. Die Ergebnisse Ihrer Mühe sollten also zumindest dem in § 243 I BGB bezeichneten Standard entsprechen.[491]

---

485 Inzwischen hat auch der Gesetzgeber Gefallen an *vorliegen* gefunden; die Begriffsbestimmungen in § 3 I, II AGG etwa definieren etliche abstrakte Begriffe mit *liegt vor* – fürchterlich.

486 Ein typisches Beispiel aus der Klausurpraxis: „Vorliegend liegt Unmöglichkeit in Form von absoluter Fixschuld vor." Unschön ist das nicht nur wegen der Doppelung beim *vorliegen*, sondern auch logisch, weil *absolute Fixschuld* begrifflich kein Fall von *Unmöglichkeit* ist. Also eher: „Wegen der Vereinbarung einer absoluten Fixschuld ist also mit dem Verstreichen des festgelegten Liefertermins Unmöglichkeit eingetreten, § 275 I BGB."

487 Deutsch/Ahrens Deliktsrecht Rn. 269.

488 Beherzigen Sie auch das anschließend bei → Rn. 365 zum Gebrauch von Fremdwörtern Gesagte.

489 BAG DB 2011, 2609 Rn. 33.

490 → Rn. 1 ff.

491 Ihre Prüfer achten auf sprachlich guten Stil, beziehen ihn in Ihre Noten mit ein und dürfen das auch (OVG NRW NVwZ 1995, 800; VGH BW VBlBW 1988, 262 f.; BVerwGE 92, 132 [135] Rn. 20 = NVwZ 1993, 681).– Dass selbst Professoren nicht immer Vorbilder abgeben, zeigt knapp und anschaulich Simon myops 2/2008, 49 ff.; auf Grenzen des Bemühens um gute Prosa weist Limbach ZRP 2010, 61 f. hin.

> **Beispiele:** Fälle *löst* man nicht[492], man *entscheidet* sie. *Lösung* klingt, als gäbe es nur eine. Das stimmt meist nicht: Es sind eben weder Mathematikaufgaben noch Kriminalfälle. Es gibt keine gleich oder ähnlich *gelagerten* Fälle (schöner übrigens: *Sachverhalte*); wo sollten sie auch gelagert sein? Sie können höchstens ähnlich *liegen* oder *sein*.[493] Rechnungen und Forderungen *zahlt* man nicht, man *begleicht* sie – oder man *zahlt auf* sie.
>
> Wenn Sie über die richtige Verwendung von **Fachausdrücken** unsicher sind, sollten Sie nicht blind schießen:[494] *Rechtsgeltung* beansprucht ein Gesetz, *gültig* dagegen verwendet die Fachsprache kaum; das *Trennungsgebot* (Verfassungsrecht) verlangt etwas anderes als das *Trennungsprinzip* (Zivilrecht); *Verschuldensprinzip* (Schuldrecht) ist etwas anderes als *Verschuldungsprinzip* (Haushaltsrecht), *Haftungsbedingungen* (Zivilrecht) etwas anderes als *Haftbedingungen* (Strafvollzugsrecht), *Ermahnung* (Arbeitsrecht) etwas anderes als *Abmahnung* (Arbeitsrecht, Zivilrecht) etwas anderes als *Mahnung* (Zivilrecht), *Delinquent* (Strafrecht) und *Derelinquent* (Sachenrecht, Polizeirecht) müssen nicht dieselbe Person sein, genauso wenig wie *Besitzer* (Sachenrecht) und *Beisitzer* (Verfahrensrecht). Beachten Sie die subtilen Unterschiede zwischen *Nießbrauch* (Zivilrecht) und *Missbrauch* (fast überall), *Kollision* (Straßenverkehr, Internationales Privatrecht) und *Kollusion* (fast überall)[495], *Schuldverhältnis* und *Schulverhältnis*. Oft werden auch Produkt (*Versicherung*) und Anbieter (*Versicherer*)[496] verwechselt, manchmal der Straftäter (*Krimineller*) und sein Verfolger (*Kriminaler*). Der *Beweis des Gegenteils* ist nicht dasselbe wie der *Gegenbeweis*. Materiellrechtliche Fehler lauern, wenn Sie *Geschäftsführungsbefugnis* und *Vertretungsmacht*[497] durcheinander werfen, ähnlich bei der Verwechslung von *Fahrzeugbrief* und *Fahrzeugschein*. Eine Gefahr *droht* nicht (so aber zB § 11 III 1 Nr. 2 BayPAG[498]), sie *besteht* – denn begrifflich ist die Gefahr die drohende Verletzung eines geschützten Guts. Nicht jeder *Gläubiger* ist ein *Gläubiger* – und ob man von *Regalen* (Büroeinrichtung) oder *Regalien* (Rechtsgeschichte) spricht, macht einen Unterschied.

Gerade der richtige Umgang mit Fachtermini ist unter Kollegen Teil gelingender Kommunikation und gegenüber Nichtfachangehörigen ein Zeichen von Professionalität.

> **Beispiele:** Wer schreibt „Ein rechtskräftiger Kaufvertrag kommt unter zwei Bedingungen zustande" statt „Ein wirksamer Kaufvertrag …", wird wahrscheinlich noch verstanden. Aber er drückt sich unnötig ungenau aus. *Bedingung* ist ein *terminus technicus* (§ 158 BGB) und sollte deshalb im untechnischen Sinne durch *Voraussetzung* oder ähnliches ersetzt werden; *rechtskräftig* wird ein Urteil, *rechtswirksam* ein Rechtsgeschäft, *bestandskräftig* ein Verwaltungs-

---

492 So aber manchmal sogar der BGH, zB NJW 2005, 1039; DB 2010, 1814 (1817) Rn. 32.

493 ZB Lohr MDR 2000, 429 (433): *in gesondert gelagerten Fällen* statt *in besonderen Fällen*; ähnlich BGH JZ 2005, 255 (259).

494 Die folgenden Beispiele illustrieren eine wichtige Einsicht: Auf Fachausdrücke kann eine Fachsprache nicht verzichten. Während Sie also gern, wie hier vorgeschlagen, Juristenlatein, Juristenpassiv und Juristensubstantivitis zurückdrängen sollen, müssen Sie sich und Ihren Lesern die Fachterminologie des Rechts zumuten. Man kann sie erforderlichenfalls erklären und übersetzen, aber man muss sie richtig benutzen. Vor den damit verbundenen Schwierigkeiten darf man sich auch als Anfänger nicht drücken. Schlimmstenfalls lernt man eben durch Fehler. Einige fortgeschrittene Hinweise zu anständiger Sprache in wissenschaftlichen Texten bei Groebner Wissenschaftssprache S. 69 ff.

495 Welcher Buchstabe ist falsch bei „Wenn Angehörige des Klerus bei Rechtsstreitigkeiten mit Dritten obendrein mit ihren Oberen kollidierten, dann wurde die Beweislage für den Aussenstehenden, der gegen das Kloster einen Rechtsanspruch geltend machte, vollends hoffnungslos?" (Ronald Moeder Inzidente Gesetzesprüfung im Vereinigten Königreich, 2002, S. 113).

496 ZB BGH NJW 2003, 2018; NZBau 2005, 287. Dass mit *Versicherung* etwas anderes gemeint ist, erkennt man auch an der *eidesstattlichen Versicherung*.

497 Die Geschäftsführungsbefugnis bezeichnet im Gesellschaftsrecht das rechtliche Dürfen im (Innen-)Verhältnis zu den Mitgesellschaftern, die Vertretungsmacht das rechtliche Können im (Außen-)Verhältnis zu gesellschaftsfremden Dritten.

498 Dazu Schafmeister AL 2018, 340 ff. mwN, Wehr JURA 2019, 940 ff.; Löffelmann KJ 2018, 355 ff.; Austermann/Schlichter KJ 2018, 479 ff.

akt;[499] *glaubhaft* ist die Zeugenaussage, *glaubwürdig* der Zeuge. Außerfachlich ist oft von *lebenslänglicher Freiheitsstrafe* ist die Rede, das Gesetz spricht in § 211 StGB von *lebenslanger*. Eine *Strafanzeige* ist nicht dasselbe wie ein *Strafantrag*.

Manchmal haben ähnliche Wörter eine ähnliche Bedeutung, meist nicht.

> **Beispiele:** *Sold* und *Besoldung* sind nicht identisch. *Frequenzhandel* (Telekommunikationsrecht) ist nicht das gleiche wie *Hochfrequenzhandel* (Kapitalmarktrecht, zB § 1 Ia 2 Nr. 4d KWG).

Genauigkeit ist auch bei nicht rechtlichen Begriffen wichtig.

> **Beispiele:** Wer bei einem Mangelgewährleistungsproblem *Laufleistung* und *Tachometerstand* (gemeint eigentlich: *Kilometerzählerstand*) durcheinanderwirft, macht sich selbst und dem Leser die Sache unnötig schwer. Natürlich lässt sich auch die Aussage „Der Tachometerstand ist eine wichtige Eigenschaft des Kfz" begründen. Aber wie viel leichter geht das für „Die Laufleistung ist eine wichtige Eigenschaft des Kfz"! – *Amerika* und *die USA* sind nicht dasselbe;[500] wer über die Rechtslage in den USA eine Aussage treffen will, sollte also nicht schreiben: „Anders ist das in Amerika: …"

Für Ihr juristisches wie Ihr allgemeines Ausdrucksvermögen gilt: Man kann keinen guten Stil von Ihnen erwarten, aber doch das erkennbare Bemühen, schlechten Stil zu vermeiden. **Formulierungen** wie „Der § 817 S. 2 BGB ist … anwendbar"[501] und „[Problem] wird von keinem Paragraphen[502] im BGB erfasst" wirken unschön. Man spricht nicht von Paragraphen[503], erst recht nicht, indem man das Wort ausschreibt. Anderes gilt aber bei gebeugten Formen.

> **Beispiel:** Im Genitiv heißt es „Der Anwendungsbereich des § 280 I BGB ist weit".

Passend sind *Bestimmung, Norm, Vorschrift, Regelung, Regel* uÄ. Diese *schreiben vor, normieren, bestimmen, ordnen an, bewirken, sehen vor, regeln, legen/setzen fest, erlauben, gestatten, verbieten, gebieten, lassen zu, ermöglichen, stellen klar, erklären für anwendbar, verweisen auf, erfordern, verlangen, setzen voraus, enthalten Erfordernisse, sind einschlägig/(un)anwendbar, greifen ein/Platz, finden Anwendung, knüpfen (Rechtsfolgen) an, erfassen, kommen zum Tragen/zur Anwendung, können herangezogen werden, erwähnen, passen auf/für Fälle, bringen zum Ausdruck, beschränken, beziehen sich auf, heben hervor, gehen aus von,* …

Unschön sind „§ 823 I BGB geht/schlägt durch/trifft zu", „§ 812 I 1 Alt. 1 BGB zieht/greift nicht". Nicht nur leicht makaber, sondern eher schon falsch ist „§ 211 StGB sieht einen Mord vor/verlangt einen Mord"[504]. Laienhaft klingt „In diesem Fall tritt

---

499 Mit dem Binde-s ist das so eine Sache: *rechtswirksam* und *rechtskräftig*, aber *rechtlos* und *rechtmäßig*, *Anspruchsteller*, aber *Anspruchsgegner* (dazu noch → Rn. 375), *Antragsteller*, aber *Vertragsstrafe*, falsch wohl *Interessensabwägung* (zB Dittmann/Reichhardt JA 2011, 173 [174]). Ab dem Ende des ersten Semesters muss man das können.

500 Gibt es einen Unterschied zwischen *Holland* und den *Niederlanden*, zwischen *England* und dem *Vereinigten Königreich*?

501 BGHZ 39, 87 = NJW 1963, 950; ähnlich zB § 16 S. 1 VerlG.

502 Seit Inkrafttreten der reformierten Rechtschreibungsregeln auch: *Paragrafen*.

503 Gemeint ist unter Juristen regelmäßig nicht der formal beschriebene Ort der Regelung im Gesetz (der Paragraph), sondern der Inhalt der Regelung (die Norm). Paragraph und Norm sind aber nicht identisch, wie man sofort bemerkt, wenn man eine auf mehrere Paragraphen verteilte Norm zu verstehen versucht.

504 Die Vorschrift *verbietet* den Mord. Die Strafbarkeit nach § 211 StGB dagegen *setzt* den Mord *voraus*. Daran kann man sehen, dass Strafvorschriften einen primären und einen sekundären Imperativ enthalten. Der eine richtet sich an den Richter („Bestrafe den Mörder!"), der andere an alle („Morde nicht!") einschließlich Richter.

§ 14 in Kraft". § 14 ist schon in Kraft; gemeint ist „§ 14 ist einschlägig/anzuwenden". Ähnlich ist die Formulierung mit *laut [Norm]*, etwa „Laut Strafgesetzbuch § 224 ist die Beschneidung eine vorsätzliche Körperverletzung".[505] – Steht die Beschneidung in § 224 StGB? Nein. Gemeint ist vermutlich: „Die Beschneidung lässt sich unter den Tatbestand der gefährlichen Körperverletzung (§ 224 I StGB) fassen und geschieht regelmäßig vorsätzlich." Unschön sind auch „Daher gilt § 2, § 221 trifft zu." Gefälliger als „Im § 398 BGB ist geregelt …"[506] ist „In § 398 BGB ist geregelt …".

Sprachliche Nachlässigkeiten können auch darauf beruhen, dass Sie schreiben wie Sie sprechen.

> **Beispiele:** Im schriftlichen Ausdruck sagt man nicht *extra*, wenn man *absichtlich* meint. Gesprochen ist das unproblematisch. Zunehmend von der gesprochenen Sprache in den schriftlichen Ausdruck einzusickern scheint *zwischen 80 bis 100 km/h* (statt *von 80 bis 100* oder *zwischen 80 und 100*)[507]. Gesprochen geht „Gegen B läuft ein Ermittlungsverfahren" gerade noch, schreiben würde man aber „Gegen B ist ein Ermittlungsverfahren anhängig".

- Übertreiben Sie den Gebrauch von **Fremdwörtern** nicht.[508]   365

> **Beispiele:**[509] „Einerseits ist der Geldanspruch nur als ultimum remedium anzusehen, auf das der Verletzte nur insoweit rekurrieren kann, als …"[510] „Als Konstrukt der zweiseitigen Direktion impliziert das Weisungsrecht nämlich unweigerlich, dass einschlägige Tarifvertrags- und Betriebsnormen als Regulativ akzeptiert werden."[511] „Die richterliche Fallentscheidung hat primär retrospektiven Charakter: Der Richter entscheidet ex post streitige Sachverhalte."[512] „Das Modell systematisch-deduktiver Entscheidungsbegründung i.S. des juristischen Syllogismus versagt hier weitgehend; an dessen Stelle tritt induktiv-heuristische Abwägung von Lösungsgesichtspunkten rechtlicher und außerrechtlicher Provenienz, wobei die Interessen aller involvierten Betroffenen abzuwägen sind."[513] „In der Sprache der ‚Neuen Formel' bewirkt die Kongruenz von Differenzierungsgrund (die unterschiedliche ethisch moralische Evaluation zweier Persönlichkeitsmerkmale) und Differenzierungsziel (die Durchsetzung einer vorherrschenden ethisch-moralischen Bewertung eben dieser Persönlichkeitsmerkmale) die Unmöglichkeit der geforderten funktionalen Inbezugsetzung beider Punkte zueinander, was wiederum die Unzulässigkeit der Differenzierung impliziert."[514] „Danach muss er die bereits vorliegenden Teilergebnisse möglichst gut miteinander verbinden und durch die kompensatorisch-suppletive Addition ihrer Stärken zugleich ihre gravierenden partiellen Schwächen summarisch minimieren."[515]

Wer so redet, will nicht verstanden werden. In fast jedem juristischen Beruf müssen Sie über rechtliche Fragen mit Menschen sprechen, die nicht die Segnungen eines Rechtsstudiums erfahren haben. Manche haben – horribile dictu – noch nicht einmal das

---

505 Kelek Chaos S. 135.
506 So aber zB § 595 II ZPO.
507 ZB Schwintowski Methodenlehre S. 130.
508 Der Gesetzgeber des BGB soll mit einem Fremdwortanteil von 2% ausgekommen sein, Mertin ZRP 2004, 266. – Wenn Sie in Österreich studieren, können Sie die nachstehenden Hinweise natürlich ignorieren.
509 Lesenswert auch Herdegen JZ 2004, 873 ff. passim sowie die Fremdwortorgien bei Fischer-Lescano/Maurer NJW 2006, 1393 ff.; aus der Ausbildungspresse Kersten JuS 2014, 673 ff.; Winkler JA 2014, 881 ff. (dazu Schimmel t1p.de/0rfa).
510 Kötz/Wagner Deliktsrecht Rn. 642.
511 Popp BB 1997, 1790 (1791).
512 Langenfeld JuS 1998, 33.
513 Kramer Methodenlehre S. 205.
514 Risse Schutz S. 162.
515 Köbler Etymologisches Rechtswörterbuch S. V.

Abitur. Versuchen Sie das mal auf Deutsch.[516] Für viele xenoglotte Expressionen existieren adäquate teutsche Äquivalente.[517] Warum also nicht einmal *Zusammenhang* statt *Kontext*? Und welcher Nichtjurist weiß schon, was ein *synallagmatischer* Vertrag ist oder *materielle Präklusion*? Es beginnt beim Titel der Arbeit: Muss man nicht erst kurz Luft holen, bevor man sich entschließt, ein Buch zu lesen wie *Manipulation allokationsrelevanter Patientendaten – Eine systematische Analyse der internen Kommissionsberichte der Prüfungs- und Überwachungskommission bei der Bundesärztekammer*[518].

Wenn noch nicht einmal alle Juristen das Wort verstehen, weil es nur in einer Teildisziplin gängig ist,

> **Beispiel:** die letzthin so beliebten Finanzierungen mit *Mezzanine-Kapital*

sollte man es wenigstens erklären.

Schlimmstenfalls hinterlässt man beim Leser das Gefühl, ihn auf durchsichtige Art beeindrucken zu wollen.

> **Beispiel:** „Der Kontinent ist kein abstraktes Konzept, das die meiste Zeit kulturalistisch aufgeladen und mit Suggestionen von exkludierender Homogenität abgehandelt wird."[519]

Weniger schlimmenfalls bringt das Fremdwort einfach nur keinen Erkenntnisgewinn.

> **Beispiel:** Muss man wirklich auf die *Akzessorietät* (was für ein Wort!) der Bürgschaft abstellen, um zu begründen, dass ein Bürgschaftsvertrag das Bestehen einer Hauptverbindlichkeit voraussetzt? Eigentlich ergibt sich das doch aus dem Wortlaut des § 765 I BGB – oder?[520]

366   Bestenfalls wird die Aussage durch Fremdwörter aber auch schlank und pointiert.

> **Beispiel:** Kürzer als *Obsoleszenz interdisziplinär*[521] kann man den Titel eines Sammelbands kaum noch fassen.

Die falsche oder ungeschickte Verwendung von Fremdwörtern blamiert unter uns Bildungsbürgern mehr, als die richtige beeindruckt[522].

> **Beispiele:** „Der Vorsatz ist im Tatbestandsmerkmal Arglist intendiert."[523] „Dieses Recht auf informelle Selbstbestimmung ist mit den Belangen des Vermieters abzuwägen."[524] „300 Anwohner mussten evakuiert werden." (Die Armen!)[525] Eine *offizielle* Bekanntgabe kann nur durch ein Amt oder eine Behörde, nicht aber durch ein Unternehmen oder eine Privatperson erfolgen. Es gibt keine *zweite* oder sogar *dritte Alternative* – warum

---

516 Selbstverständlich kann man seinem nicht juristisch ausgebildeten Gegenüber auch erklären, es habe einen Anspruch auf *Naturalrestitution* statt einen auf *Wiederherstellung der beschädigten Sache* (oder schlicht *Reparatur*). Klug klingt das allemal. Man riskiert aber eben, nicht verstanden zu werden. Übungsmaterial bei Schimmel Juristendeutsch Rn. 79 ff.

517 Zur Selbstkontrolle: Welches der vorstehenden Wörter findet sich nicht im Fremdwörterduden?

518 Tatjana Hahn, 2020.

519 Vec FAZ v. 13.10.2010, 30 (ironischerweise in einer Besprechung zu Wesel, Geschichte des Rechts in Europa, 2010; Wesel wäre solche Bildungshuberei nicht untergekommen).

520 Immerhin ist ein Begriff wie *Akzessorietät* als kurzes Problemstichwort sinnvoll, das man auch in Prüfungen fallenlassen kann, um „abhakfreundlich" zu schreiben.

521 Brönneke/Wechsler (Hrsg.), 2015.

522 Nützlich zum Decodieren typischer Angebervokabeln Augst Bildungswortschatz.

523 Gemeint war vermutlich „Arglist bedeutet soviel wie Vorsatz".

524 Bub/Treier/Bub Hdb der Geschäfts- und Wohnraummiete II Rn. 669; gemeint ist *informationelle Selbstbestimmung*.

525 *Evakuieren* bedeutet *entleeren*. Dazu auch Sick Unglück mit Toten, schwere Verwüstungen, in: Sick Dativ S. 135, 137.

nicht?[526] Unterscheiden Sie zwischen *kollaborieren* und *kollabieren*, zwischen *pauschalieren* und *pauschalisieren*, zwischen *Intension* und *Intention*, zwischen *Liquidation* und *Liquidität*, zwischen *eminent* und *evident*. Wer nicht weiß, ob es *konkludent* oder *konkludend*[527] heißt, schreibe einfach *schlüssig* – und statt *Profilaxe*[528] geht ganz gut *Vorsorge*.

Allerdings sollte man nicht so weit gehen, in fröhlicher Deutschtümelei jedes *Problem* durch eine *Schwierigkeit* und jeden *Kommentar* durch ein *Erläuterungsbuch*[529] zu ersetzen. Auch wird sich kaum noch jemand an *relativ* anstatt *verhältnismäßig* stören.[530] Bei einigen Ausdrücken ist die deutsche Übertragung geradezu unschön.

> **Beispiele:** Wenn nur *Förmelei* zur Auswahl steht, kann man es bei *Formalismus* belassen. Wenn Ihnen für *Präjudiz* nur *Vor-Urteil* einfällt, sagen Sie – im Blick auf *Vorurteil* – lieber *Präjudiz*. Geschmackssache ist es auch, ob Sie *alter und neuer Gläubiger Zedent und Zessionar* vorziehen[531], solange Sie *Altgläubiger* und *Neugläubiger* vermeiden, die gesellschaftsrechtlich anderweitig besetzt sind.

Für *enumerativ* darf man aber schon einmal *abschließend* sagen, für *temporär* etwa *zeitweise*, für *konstituieren* vielleicht *begründen*; für *primär* kann man *in erster Linie* oder *hauptsächlich* einsetzen, für *undolos* etwa *ohne Vorsatz*, für *sukzessive* leicht *schrittweise*, für *lukrativ* vielleicht *lohnend* oder *ertragreich*, für *peripher* und *marginal* etwa *am Rand*, und für *irrelevant belanglos* oder *bedeutungslos*.

Ein Vorschlag zum Mittelweg zwischen Fremdworthuberei und zu flapsiger Wortwahl: Sagen Sie statt *Zuckerbrot und Peitsche* oder *positive und negative Sanktionierung* einfach *Belohnung und Bestrafung*.

Benutzen Sie nur Fremdwörter, deren deutsche Bedeutung Sie kennen,[532]

> **Beispiele:** *Idiosynkrasie, perhorreszieren, ephemer, Dichotomie, Phänomenologie, Prävarikation*[533], *Dysmorphophobie*[534]

die auszusprechen Ihnen keine Schwierigkeiten bereitet,

> **Beispiele:** *Makrokriminalität, Reziprozitätsprinzip, Authentizität, Plausibilitätskriterienselektionsmechanismen, Praktikabilitätsprobleme, Institutionalisierungstendenzen, Rehabilitationsinteresse, Inkompetenzkompensationskompetenz*[535]

367

---

526 Zu einer Möglichkeit gibt es eine andere Möglichkeit, die Alternative (lat. *alter* = der eine, der andere). Gibt es mehrere, spricht man nicht mehr von Alternativen, sondern von Varianten oder Fällen. Das wird allerdings heute immer großzügiger gehandhabt (dazu zB sueddeutsche.de/ service/sprachlabor-drei-alternativen-1.964941).

527 So AG Köln NJW 2006, 1600.

528 Walter Rhetorikschule S. 84.

529 ZB BGH NJW 1992, 3237 Ls. 2.

530 In der juristischen Fachsprache hat *relativ* eine zusätzliche Bedeutung, so etwa bei der Unterscheidung zwischen relativen und absoluten Rechten.

531 Dagegen ist es ganz in Ordnung, *Zession* durch *Abtretung* oder *Anspruchsübergang* zu ersetzen. Folgerichtig sollte man dann auch vom *alten* und vom *neuen Gläubiger* sprechen – fragen Sie mal einen Lateinunkundigen, wer denn nun der *Zedent* sei und wer der *Zessionar*.

532 Eigentlich gilt das nicht nur für Fremdwörter. Wer *unbeschadet* (dazu Wolff JZ 2012, 35 ff.) nicht von *unbeschädigt* unterscheiden kann, frage den Duden. Achten Sie einmal darauf, wie viele Rechtsanwälte nicht wissen, was *mittelständisch* bedeutet: Obwohl ihr eigenes Büro kaum ein Dutzend Mitarbeiter hat (und daher ein kleines Unternehmen ist), wird es flugs zur *mittelständischen Anwaltssozietät* erklärt, weil man schon einmal ein mittelständisches Unternehmen beraten oder gegen ein mittelständisches Unternehmen prozessiert hat.

533 Können Sie auf Anhieb den Unterschied zwischen *optisch* und *visuell* nennen? Wenn ja: Ändern Sie Ihren Sprachgebrauch.

534 Dazu BGH NJW 2016, 639.

535 Der Begriff geht zurück auf Marquard Inkompetenzkompensationskompetenz, in: Marquard Abschied vom Prinzipiellen S. 23 ff.

und die Sie von ähnlich klingenden Wörtern unterscheiden können.

> **Beispiele:**[536] *effektiv* von *effizient*, *real* von *reell*, *empathisch* von *emphatisch*, *dezidiert* von *dediziert*, *Katheter* von *Katheder*, *monieren* von *sich mokieren*

und die Sie ohne zu stocken deklinieren oder konjugieren können.

> **Beispiele:** Wie leicht geschieht es einmal, dass man *Dilemma, Index, Bonus, Alumni, Campus, Matrix, Mafiosi, Prokura, Order, Paparazzi, Graffiti, Sinti und Roma, Volumen, Praktikum* oder *Taliban* in den Plural (oder Singular) setzen muss?[537] Und wer das Verb zu *Dereliktion* konjugieren möchte, muss es erst einmal kennen oder richtig bilden können.

Faustregel: Die Verwendung von Fremdwörtern ist auf ein Minimum zu reduzieren.[538]

368 Entsprechendes gilt für **lateinische Rechtssprich- und -stichwörter.**[539]

> **Beispiele:** Verträge wirken nicht *inter patres*, sondern *inter partes*. Entgegen einer verbreiteten Praxis heißt es richtig *condicio sine qua non*[540]. Für *diligentia quam in suis (rebus adhibere solet)* kann man nicht schöner, aber ebenso kurz *eigenübliche Sorgfalt* sagen. *Adäquität*[541] ist eine unschöne Mischung aus *Adäquanz* und *Antiquität*. *Parentelsystem*[542] hat nichts mit falsch geschriebenen Spinnen zu tun, sondern heißt eigentlich *Parentelsystem*. *Frustrierte Aufwendungen* kann man benutzen, aber nichts spricht gegen eine kurze Erklärung bei der ersten Verwendung. *Das Inhibitorium ist neben dem Arrestatorium eine der beiden Wirkungen, die durch die Pfändung einer Forderung eintritt.*[543] – schon um die Wikipedia zu lesen, kann ein Auffrischungskurs in Latein nützlich sein.

Wenn Sie unsicher sind, was *de profundis* von *pro defunctis*, *habeas corpus* von *habemus papam*, *anonym* von *antonym* und *Anatozismus* von *Anachronismus* unterscheidet,[544] was ein *Statist*, was ein *Statiker* und was ein *Statistiker* ist, können Sie ein Wörterbuch heranziehen.[545]

Zu dichtes Einstreuen lateinischer Satzsplitter in den laufenden Text

> **Beispiele:** *sedes materiae für die societas unius personae ist [Norm]* statt *einschlägig für die europäische Einpersonengesellschaft ist [Norm]*; *... ist nicht expressis verbis geregelt* statt *... ist*

---

536 Mehr Beispiele etwa bei Kühtz Wissenschaftlich formulieren S. 18 f.
537 Manchmal ist die Pluralbildung auch bei simplen deutschen Wörtern schwierig: Bei *Kaufmann* heißt es traditionell *Kaufleute* (obwohl *Kaufmänner* nicht eigentlich falsch ist).
538 Pardon: ... auf das Mindestmaß zu beschränken. – Übrigens: *minimieren* und *reduzieren* sind nicht das Gleiche.
539 Zurückhaltung empfiehlt auch Maier-Reimer JZ 2003, 944 f.
540 Dazu Molsberger/Kettgen JA 2/2010, VII f.
541 BGHZ 57, 25 (29) = NJW 1971, 1980 (wohl aber in Süddeutschland regional üblich).
542 Mörschner Erbrecht S. 20 und öfter.
543 t1p.de/a3nwy – in § 829 ZPO finden Sie übrigens weder *Arrestatorium* noch *Inhibitorium*.
544 Ach ja: Welches der Beispiele ist nicht lateinisch, sondern griechisch?
545 Schnapp Latein für Juristen: Lieberwirth Latein im Recht; Liebs Lateinische Rechtsregeln und Rechtssprichwörter; Filip-Fröschl/Mader Latein in der Rechtssprache; Benke/Meissel Juristenlatein; Bruß Lateinische Rechtsbegriffe; Adomeit/Hähnchen, Latein für Jurastudierende. Wenn Sie bei *Traditionsprinzip* nicht an das Übergabeerfordernis bei der Übereignung beweglicher Sachen, sondern an das Parteiprogramm der CSU denken, empfehlen sich Meyer Juristische Fremdwörter, Fachausdrücke und Übersetzungen, Weber Rechtswörterbuch und Köbler Juristisches Wörterbuch; Alpmann Brockhaus Studienlexikon Recht; Tilch (Hrsg.), Deutsches Rechts-Lexikon; nur Notlösungen, nicht zitiertauglich: rechtswoerterbuch.de, rechtslexikon.net/ (schauen Sie mal ins Impressum: Panama!) und jur-abc.de/cms/index.php?id=130; proverbia-iuris.de/. Neben lateinischen Rechtssprichwörtern gibt es übrigens auch ein paar deutsche; dazu Schmidt-Wiegand (Hrsg.), Deutsche Rechtsregeln und Rechtssprichwörter. Jedes einzelne der genannten Bücher enthält genug Sentenzen für die nächsten elf Semester. Also: Lesen – und sparsam einsetzen. Zum Einlesen Schnapp JURA 2010, 97 ff.; Schnapp JURA 2012, 16 ff.

> *nicht ausdrücklich geregelt, … ist Usus* statt *… ist gängig/üblich/gebräuchlich; bona-fide-Erwerb* statt *gutgläubiger Erwerb; Causa* statt *Angelegenheit, Sache* oder *Streitfall.*

hinterlässt schnell einen altphilologisch-angeberischen Eindruck[546]. Natürlich kann es nicht schaden, gelegentlich ein kämpferisches *fiat iustitia pereat mundus*[547] oder *res ipsa loquitur*[548] fallen zu lassen, immer wieder einmal *dies interpellat pro homine*[549], *iura vigilantibus*[550], *solvendi causa*[551] oder *fur semper in mora*[552] auszurufen und an passender Stelle *summum ius summa iniuria*[553] oder *Roma locuta causa finita*[554] zu seufzen – aber bitte nicht *ad nauseam* und auch nicht *ad libitum*. *Dolo agit qui petit quod statim redditurus est* sollte man seinem Leser oder Zuhörer nicht vorenthalten. Man zeigt so dem Professor, dass man zu der kleinen Gemeinschaft derer gehört, die humanistische Bildung nicht nur schweigend genossen haben, sondern diese auch mit – *notabene!* – offenen Händen zur Beglückung des gemeinen Mannes auszuteilen gewillt sind. Irgendwie muss man sich schließlich vom akademischen Fußvolk abheben.[555] Hat man sein Gegenüber wenn schon nicht argumentativ überzeugt, so doch wenigstens sprachlos geredet, schließt man am besten mit einem triumphalen *Quod erat demonstrandum*. Das wirkt immer – *probatum est*.

Gegenüber Fachkollegen kann man also von *Ingerenz* sprechen, aber gegenüber Nichtjuristen ist *gefährdendes Vorverhalten* gewiss leichter verständlich.

Das gilt auch für die vielen kleinen lateinischen Einsprengsel allgemeiner

> **Beispiele:** *ab ovo, ad hoc, eo ipso, ipso iure, per se, per definitionem, ab tuitio, ad rem, sui generis, in praxi, in extenso, nihil novi sub sole, ad acta, ultima ratio.* Kann man *pro bono* arbeitend *pro domo* argumentieren?

oder juristischer Natur,

> **Beispiele:** *audiatur et altera pars, ratio legis, amicus curiae*[556], *ultra vires, res iudicata, clausula rebus sic stantibus, condictio ob turpem vel iniustam causam*, vielleicht sogar schon so scheinbar geläufige wie *ex ante* und *ex post, ex nunc* und *ex tunc*

die zwar mit Google und Wikipedia jeder sofort übersetzen kann, die aber leicht als kommunikative Hürden wirken gegenüber allen, die nicht Latein gelernt haben.

---

546 Manchmal will man genau diesen Eindruck hinterlassen. Der Anwalt, der seinem Auftraggeber mit der Schadensersatzklage nicht nur das *damnum emergens*, sondern zudem das *lucrum cessans* verschafft, wird gewiss weiterempfohlen (wenn auch nicht verstanden). Der Student, der einen Korrektor beeindrucken will, setzt anders an. Schönes Beispiel bei Singbartl/Wächter AL 2014, 89 ff: hier ein *in concreto*, dort ein *bis dato* – und *expressis verbis* gleich ein Dutzendmal, Strg+C+V sei Dank.

547 Das bedeutet ungefähr: „Es geschehe Gerechtigkeit, möge auch die Welt untergehen!"

548 Das heißt: „Die Sache spricht für sich selbst."

549 Übersetzung in § 286 II Nr. 1 BGB.

550 Heißt: „Das Recht ist für die Wachsamen da."

551 Das bedeutet etwa: „Zwecks Erfüllung eines Schuldverhältnisses."

552 Das heißt: „Der Dieb ist mit der Rückgabe der gestohlenen Sache immer im Verzug", dazu Grüneberg/Heinrichs BGB § 286 Rn. 25.

553 Zu übersetzen vielleicht mit: „Höchstes Recht – größtes Unrecht!". Geht zurück auf Cicero, De officiis I, 33 (= thelatinlibrary.com/cicero/off1.shtml33).

554 Heißt: „Das war ein Machtwort, weiteres Diskutieren ist zwecklos."

555 Eine gleichermaßen bewährte wie unnötige Form von Bildungshuberei besteht darin, den Herausgabeanspruch aus § 985 BGB mit *rei vindicatio* oder *Vindikationsanspruch* zu bezeichnen (ähnlich im Bereicherungsrecht die Verwendung der lateinischen Begriffe; besonders eindrucksvoll ist hier erfahrungsgemäß die *condictio causa data causa non secuta*). Das ist frei von inhaltlichem Ertrag, solange man nicht argumentativ tatsächlich auf römisches Recht zurückgeht.

556 § 27a BVerfGG spricht vom *sachverständigen Dritten*.

Faustregeln: Es geht auch ganz ohne[557]. (Oft kann man zB *mutatis mutandis* einfach streichen.) Ansonsten gilt: Latein lernen oder lassen! *Diligentia non nocet.* Und gelegentlich statt vom zungenbrecherischen *venire contra factum proprium* einfach mal vom *widersprüchlichen Verhalten* sprechen. Nicht mehr als ein Sprichwort auf 20 Seiten einstreuen. Auf längere Sicht zahlt sich das aus: *manus manum lavat.*

Dass Sie noch genug Kenntnisse aus dem Latein-Leistungskurs herüber gerettet haben, wissen Sie, wenn Sie auf Anhieb sagen können, ob es stimmt, dass die Frau des vollmachtlosen Vertreters (§§ 177, 179 BGB) *falsa procuratrix* heißt, dass die Mehrzahl von *notwendige Bedingung conditiones sine quibus non*[558] und die von *Tempus Tempi*[559], die Umkehrung von *in dubio pro reo* tatsächlich *in dubio contra reo*[560] und die Einzahl von *notwendige Bestandteile des Rechtsgeschäfts essentialia negotii* lautet.[561] Wer das grammatische Geschlecht richtig ins Deutsche überträgt, schreibt *die lex specialis*, nicht *das*; im Lateinischen ist *lex* ein Femininum.

Wenn Sie aber *commodum ex negotiatione* fließend aussprechen, inhaltlich erklären und einer Vorschrift im BGB zuordnen können, dürfen Sie es auch benutzen – einmal pro Semester.[562] Gleiches gilt für alle, die nicht erst überlegen oder nachschlagen müssen, wo bei der *aberratio ictus* die Betonungen hingehören und was eine Analogie

---

557 Nur selten findet sich keine griffige Übersetzung, zB bei der *Societas Europaea* (SE), beim *obiter dictum* (näher Meier JuS 2021, 636 f.), bei *tu quoque* (außer *unclean hands*), bei *lege artis* und beim *non liquet* (das sich unterscheidet vom *non licet*), ein bisschen auch bei *ceteris paribus*. Ähnlich ist es bei der *Exkulpation* in § 831 I 2 BGB, die man mit *Entschuldigung* nicht treffend übersetzen kann. Oder fällt Ihnen eine kurze und genaue Übersetzung ein? Kandidaten könnten ebenfalls sein das *wesensgleiche Minus* (etwa beim Anwartschaftsrecht) und vielleicht die *actio libera in causa*. Eine weitere Ausnahme von der hier empfohlenen Zurückhaltung: Mit sich selbst dürfen Sie gern lateinisch sprechen; so kann es beispielsweise nicht schaden, sich immer einmal wieder *cui bono?* zu fragen oder vor dem *forum internum* gelegentlich beherzt *ignorabimus!* zu sagen. (Ersteres heißt ungefähr: „Wer hat eigentlich was davon?" und geht auf *Cicero* zurück, Zweiteres bedeutet: „Da müssen wir durch!"). Wenig einzuwenden ist gegen Latein auch in der Fachterminologie etwa des internationalen Zivilprozessrechts: *forum non conveniens* ist für alle Beteiligten eine Fremdsprache.

558 So BGHZ 2, 138 (139) = NJW 1951, 711. Ein paar Übungsbeispiele bei Schimmel Juristendeutsch Rn. 218 ff.; weitere Beispiele unter t1p.de/brh2.

559 So OLG Frankfurt a.M. NJW 2010, 780.

560 So Meyer-Mews NJW 2000, 916 ff. Zum angeblichen Grundsatz *in dubio pro consumatore* Riesenhuber JZ 2005, 829 mit Erwiderungen Rösler JZ 2006, 400 ff. und Tonner S. 402 ff., zu falschem Latein dann Adomeit JZ 2006, 557 und aufschlussreich Hamann NJW 2009, 727 (731). Der Dummheiten ist kein Ende: Flechsig/Bisle würzen ihren Beitrag in ZRP 2008, 115 zwar mit einem coolen *Cicero*-Zitat, überschreiben ihn aber peinlicherweise mit „Unbegrenzte Auslegung pro autore". Dass der Urheber *auctor* heißt, hätte man in jedem Stowasser nachlesen können, zur Not in einem Internet-Lateinwörterbuch (zB auxilium-online.net/wb/formenanalyse.php).

561 Wie ist es mit dem Plural von *Status* und *Modus*? Und bei *corpus delicti*? Bei *Fiskus*? Und wenn das noch keine Herausforderung ist, versuchen Sie es einmal mit dem Urteilstatbestand von BGH VersR 1998, 601 ff. (das Urteil ist auch sonst lesenswert). – Wie steht es im Übrigen mit der richtigen Mehrzahl zur *Textsammlung Verfassungs- und Verwaltungsgesetze*: Heißt die *Sartorii*, *Sartoria*, *Sartoriusse*, *Sartorien* – oder gibt es sie überhaupt nicht?

562 Alles hier Gesagte ist auf altgriechische Angebereien uneingeschränkt übertragbar. Allerdings sind die in der Rechtssprache selten, sie verhalten sich zu den lateinischen ungefähr wie die französischen zu den englischen (dazu gleich bei Fn. 627). Hier und da mal eine *Analogie* und ein *Synallagma*, im BGB immerhin die *Hypothek*, gelegentlich ein *Telos* oder *Topos* und ein *genetisches Argument* – und das war's. Fremdwörter altgriechischen Ursprungs darf man verwenden, wenn man *Synopse* und *Synapse* unterscheiden und erklären kann.

in bonam partem[563] ist. Wer in drei Sätzen den *numerus clausus* vom *actus contrarius* abgrenzen kann, darf beide Begriffe unübersetzt verwenden.

Besonders unschön ist übrigens die Kombination aus Abkürzungswahn und lateinischer Angeberei.

> **Beispiel:** „Hier kann es sich aber um eine alic gehandelt haben." – Solches Repetitorendeutsch möchte keiner lesen; wer es lesen muss, schreibt Ihnen dann freundlich-desinteressiert „Who the f*** is alic?" an den Rand. Abkürzungen wie *cic* und *CV* kennt das klassische Latein nicht. Wenn sie nicht wirklich ganz allgemein geläufig sind, müssen sie mindestens im Abkürzungsverzeichnis aufgelöst werden – aber man kann auch ganz auf sie verzichten.

Für den Adressaten wirkt Latein oft nicht gerade verständniserleichternd.

> **Beispiel:** Was ein *vorweggenommenes Besitzmittlungsverhältnis* ist, erklärt sich nicht eben ganz leicht; wenn man es aber zur Sicherheit als *antezipiertes Besitzkonstitut* bezeichnet, wird es dadurch nicht einfacher.

Schon die Verkürzung lateinischer Rechtsregeln führt dazu, dass der Nichteingeweihte den Gedanken nicht mehr versteht.

> **Beispiele:** „Darin liegt ein schwerer Verstoß gegen den Nemo-tenetur-Grundsatz." Während ein Leser mit Lateinkenntnissen die Langfassung *nemo tenetur se ipsum accusare*[564] noch verstehen kann, gelingt das in der Kurzfassung nur, wenn er den Grundsatz schon kennt. Man signalisiert damit also Fachzugehörigkeit, aber nicht das Bemühen um Verständlichkeit. – Die gebräuchliche Verkürzung von *res iudicata pro veritate accipitur*[565] zu *res iudicata* ist letztendlich nur noch für Eingeweihte verständlich, ähnlich das verbreitete *diligentia quam in suis* für *diligentia quam in suis rebus adhibere solet*.

Wo auf den lateinischen Begriff nicht zu verzichten ist,

> **Beispiele:** Wie ersetzt man *Postpendenz* und *Ingerenz*, *Simultanitätsprinzip (Koinzidenzprinzip* macht es nicht besser, oder?), *dolus subsequens* und *actio libera in causa*?

kann man ihn vielleicht wie eine Klammerdefinition einführen.

> **Beispiele:** „Widersprüchliches Verhalten einer Partei (*venire contra factum proprium*) im Prozess kann rechtsmissbräuchlich und damit unzulässig sein."[566]; „Überdies wirkt es erga omnes. Eine Verletzung des Völkermordverbots gilt also als Verletzung gegenüber der gesamten Staatengemeinschaft."[567]

- **Anglizismen** und coole **englische Einsprengsel** im Text wirken oft weniger weltläufig als peinlich.[568]   369

Niemand muss beweisen, dass er ein Jahr *out of area*, vorzugsweise in den USA[569], studiert hat. Das ist inzwischen eine Selbstverständlichkeit und wird – wenn überhaupt – durch Einfügen eines Initials auf der Visitenkarte sowie Anhängen des dort

---

563 Gefunden bei Puppe Schule S. 101.
564 Ungefähr: „Niemand muss sich selbst belasten" (im Strafprozess).
565 Ungefähr: „Der Inhalt des Urteils gilt als wahr und erwächst also in Rechtskraft" (im Zivilprozess).
566 BGH NJW 2015, 2965 Rn. 25.
567 Vormbaum AL 2019, 194 (195).
568 Schönes und überlegtes Plädoyer gegen zu viel Englisch bei Schneider Speak German!, dort auch kleine Vorschlagsliste zum Abgewöhnen S. 66 ff.; lesenswert Krämer Modern Talking, der das Ausmaß der Zerstörung leicht kalauernd vorführt, ähnlich Melzer/Sieg Come in and burn out. Hilfreich der Anglizismen-Index unter t1p.de/kp70.
569 Ausgesprochen als *the States*.

erworbenen akademischen Abschlusses signalisiert: *John R. Ewing, LL.M. (University of Texas, Dallas)*[570]. Es wirkt lächerlich, wenn man ständig mit *leading cases, dissenting opinions*[571], *law in action, judicial self-restraint, soft law, asset deals*[572], *labeling approach*, dem mittlerweile allgegenwärtigen *disclaimer* und dergleichen um sich wirft, besonders, wenn man den richtigen Terminus am falschen Ort einsetzt. Überhaupt ist falsches Englisch peinlich.

> **Beispiele:** Immer wieder liest man unangenehm berührt *think global act local!*; *fair trail*[573] ist etwas anderes als *fair trial;* auch *publish or parish*[574] trifft es nicht ganz. Und bei *due dilligence* müssen Sie auch noch mal überlegen, wieviele *l* die *diligence* wirklich braucht. Jenseits von Grammatik und Rechtschreibung gilt das erst recht für die inhaltlichen Fragen: Wer zeigen will, wie gut er sich auskennt, sollte nicht standardisiert *Urheberrecht* als *Copyright* aussprechen. Hinter beiden Begriffen stehen – bei aller thematischen Verwandtschaft – unterschiedliche Konzepte.

Schlechte Übersetzungen aus dem Englischen gehen in die gleiche Richtung.

> **Beispiel:** *Musikindustrie* klingt wie *music industry*, meint aber *Musikbranche*. Von *Bankindustrie* spricht dagegen keiner, wenn die *Finanzbranche* gemeint ist. Ein ähnlicher falscher Freund ist *administration*, das im amerikanischen Englisch *Regierung* bedeutet und nicht zu *Administration* oder gar *Verwaltung* übersetzt werden sollte.

Auch geheimnisvolle englische Abkürzungen (*OTC, PoS, PPP, USP, faq*[575], *B2C*[576], *Expat* etc.) beeindrucken heute nur noch Landeier. Und warum sollte man nicht statt *goodwill Geschäfts-* oder *Firmenwert* (§ 266 II A.I.3. HGB) sagen, statt *Bike, Event, Game* und *Tattoo Rad, Veranstaltung, Spiel* und *Tätowierung*, statt *Button Schaltfläche* (so § 312j III 2 BGB) oder statt *cold call unverlangter Werbeanruf?*

Versuchen Sie aber umgekehrt keine krampfhaften Eindeutschungen; für *Leasing-, Franchise-* und *Factoring*-Verträge haben sich die Bezeichnungen *Leasing-, Franchise-* und *Factoring*-Verträge durchgesetzt, ähnlich das *Outsourcing* gegen die *Auslagerung*. Auch gibt es einige wenige Wörter im Englischen, die auf Deutsch nicht treffender zu fassen sind.

---

570 Zu den damit verbundenen Karriereaussichten Korte btA, in: Vec ua Campus-Knigge S. 40 f.; echte Distinktionsgewinne sind aber wohl heute nur noch möglich, wenn Sie drei Vornamen haben – und alle abkürzen: H.L.A. Hart. Wenn Sie unbedingt englisch/deutsche Weltläufigkeit signalisieren wollen, versuchen Sie es doch einmal mit etwas wirklich Originellem: einem zweisprachigen Vertraulichkeitshinweis am Anfang Ihrer E-Mails. So etwas kann man sich aus jeder besseren anwaltlichen E-Mail herauskopieren. Die Empfänger werden es Ihnen danken, besonders beim Drucken einer eigentlich kurzen Korrespondenz, die durch hunderte solcher Hinweise leicht die Länge einer Toilettenpapierrolle annimmt.

571 Statt *abweichende Meinung* oder *Sondervotum*, vgl. Steiner/Gerhardt ZRP 2007, 245 f.

572 Zu den zahlreichen englischen Fachbegriffen im Recht der Unternehmenstransaktionen Grädler/Wehlage JuS 2019, 109 ff.

573 Michel/Bruns, Der Schriftsatz des Anwalts im Zivilprozess, § 3 Rn. 68.

574 Fahl ZRP 2012, 7.

575 Wie spricht man eigentlich *faq* aus? Letztendlich unnötig, weil man auch *oft gefragt* schreiben könnte.

576 ZB Berger ZGS 2004, 329 ff.; typisch auch der Titel von Hansen ZGS 2006, 14 ff.: *AGB-Inhaltskontrolle von Geschäftsbedingungen im B2C-eCommerce*. Was bedeuten *F2F, R2P* und *R2D2?* Und was helfen diese Abkürzungen dem Uneingeweihten?

> **Beispiele:** Sind *unverlangter elektronischer Werbemüll* statt *spam* und *in direkter Verbindung mit der Datenverarbeitungsanlage arbeitend* statt *online*[577] handlich genug? Noch deutlicher wird es beim *gender mainstreaming* – vielleicht allerdings nur, weil niemand so genau weiß, was das bedeutet.[578] Und wie man *early adopter, Double-opt-in-Verfahren*[579] oder auch nur *insider* schön übersetzt, ist auch noch offen.[580] Was ist mit *gentlemen's agreement, filesharing, sabbatical, startup* und mit *Doping*? Die *E-Mail* immerhin ist seit 2013 ins BGB gewandert (§ 312c II).

Ähnlich liegt es, wenn der englische Ausdruck ein Konzept bezeichnet, das im englischsprachigen Teil der Welt erdacht wurde.[581]

> **Beispiele:** *Just-in-time*-Klauseln und -Verträge könnte man vielleicht irgendwie übersetzen (und bei der rechtlichen Einordnung etwa als Fixgeschäft muss man dann auch wieder deutsche Begriffe gebrauchen). Das ist aber unüblich. Und anders als bei *mobbing* und *stalking* (das gibt es überall) gilt bei *just in time*: not invented here, sondern elsewhere (nämlich in Japan). *Safe harbor* (Datenschutzrecht), *hate crimes* (Strafrecht) und *fruit of the poisonous tree* (Strafprozessrecht) sind zwar leicht übersetzbar – aber wenn die Metapher im angloamerikanischen Rechtskreis geprägt wurde, darf man das auch kennzeichnen. Das gilt nicht nur für die juristischen Begriffe, sondern ebenso für die zugrundeliegenden sozialen oder technischen Phänomene und Konzepte, zB *social freezing, geo-blocking* oder *nudging*[582] oder *burnout*, vielleicht *auch racial profiling*[583] und *fake news*[584] sowie Menschen *of color*[585] oder *othering*, nicht aber *brathering*.

Auch Kürze kann ein Argument sein.

> **Beispiel:** Wenn *skimming* übersetzt werden kann mit *das „Abschöpfen" von Daten aus einer Bank- oder Kreditkarte durch Auslesen und Kopieren des Inhalts des auf der Karte enthaltenen Magnetstreifens, um die Informationen anschließend auf einen Kartenrohling zu übertragen und diesen in der Folge gemeinsam mit der ebenfalls ausspionierten persönlichen Identifikationsnummer (PIN) für Geldabhebungen im Ausland zu missbrauchen*[586], ist die Verwendung eines kurzen englischen Ausdrucks der Lesbarkeit sehr dienlich. Anstatt zu sagen „Wenn das Vorstandsmitglied bei einer unternehmerischen Entscheidung vernünftigerweise annehmen durfte, auf der Grundlage angemessener Information zum Wohle der Gesellschaft zu handeln" (§ 93 I 2 AktG) lässt man mittlerweile nur noch das Problemstichwort *business judgement*[587]

---

577 *Online* verwenden auch das Gesetz in § 100b I StPO und der BGH (zB BGH NJW 2005, 53 [55]), während *spam* in BGH JZ 2005, 94 ff. durchgängig als *unerbetene E-mail-Werbung* bezeichnet wird. Dem BAG gelingt es in NJW 2006, 540 ff. fast ausnahmslos, statt von *Surfen* von *Internetnutzung* zu sprechen – und es hört sich gar nicht provinziell an.

578 Beispielhaft die mäßig eleganten Übersetzungsvorschläge in der Wikipedia (t1p.de/vqip), unter anderem *geschlechtersensible Folgenabschätzung*.

579 ZB BGH NJW 2011, 2657 Ls. 3 u.ö.

580 Konsequent spricht das WpHG in §§ 12 ff. von *Insiderüberwachung, -papieren* usw.; in § 33 I 2 Nr. 1 WpHG findet sich dann die *Compliance-Funktion*.

581 Beinahe zwingend ist Englisch auch für die Titel von Dissertationen, weil sich anders die internationale Anschlussfähigkeit kaum wirksam behaupten lässt, zB Zerche, Distributed Ledger als Intrument einer dezentralen Energiewende, 2022; Preuß, Fake News – eine phänomenlogische, kriminologische uns strafrechtliche Untersuchung, 2021; Derfler, Trigger-Warnungen – Hochschulen zwischen Grundrechten und Identitätspolitik, 2021; Wüst, Die Underground Economy des Darknets, 2021. Bei Aufsätzen in Fachzeitschriften sieht es nicht viel anders aus, zB Augsberg/Petras JuS 2022, 97 ff.: *Deplatforming als Grundrechtsproblem*.

582 Dazu zB Hufen JuS 2020, 193 ff.

583 Dazu zB Boysen JURA 2020, 1192 ff.

584 Dazu zB Hoven/Krause JuS 2017, 1167 ff.

585 Das scheint vorerst unübersetzbar.

586 So Seidl/Fuchs HRRS 2011, 265 = t1p.de/ccwi; kürzere Definition bei BGH NStZ 2011, 154.

587 Kenntnis der Begriffsherkunft aus dem amerikanischen Recht kann man zeigen, indem man die amerikanische Schreibweise *judgment* verwendet, so etwa BGH NZG 2011, 549 (550).

rule fallen. Ähnlich ist es bei *black box* und § 63a I StVG und *comply or explain* und § 161 AktG. Geht auch. Liegt die Ersparnis nur im Unterschied von *deal* und *Absprache*, ist aber auch *Absprache* noch vertretbar.

Produktnamen sollte man respektieren.

Beispiele: Wenn Gegenstand einer Straftat eine *Playstation* ist, kann man die auch so bezeichnen.[588] Es spricht aber auch wenig dagegen, von einer *Spielekonsole* zu sprechen, wo es nicht auf Hersteller und Typ ankommt. Nennt der Anbieter sein Spiel *Lasertag*[589], sollte man das bei der rechtlichen Würdigung nicht übersetzen, sondern nötigenfalls inhaltlich erklären. Einen *DSL-Anschluss* muss man weder als Abkürzung auflösen noch übersetzen, wenn es für die rechtliche Argumentation nicht wichtig ist.[590]

Ob andererseits der *Wiederverkauf* erst verständlich ist, wenn man ihn sicherheitshalber mit („*Resale*")[591] ergänzt, und ob der *Personalvermittler* wirklich *headhunter*[592] und der *Endhersteller* unbedingt *OEM* oder *assembler*[593] heißen müssen, ist zweifelhaft. *Dual use*[594] ist so militärisch konnotiert, dass man es beim harmlosen Verbraucherbegriff des § 13 BGB nur ungern liest. Ob *Hausunterricht* erst durch die Bezeichnung *Homeschooling*[595] zum doktorarbeitstauglichen Thema wird, wird sich zeigen. Das *AGG-Hopping*[596] dagegen ist als Thema halbwegs erledigt, seitdem die schwarze Liste schließen musste.

Wo sich englische und lateinische Angeberei treffen,

Beispiele: *forum shopping*, „*Kick back*" – *quo vadis?*[597], *pro bono round table*[598]; *multi fora disputes; Exzellenzcluster*; ganz witzig aber *lawfirm legibus solutus*[599]; warum muss man von *Cum/ex-Geschäften* sprechen, wenn man auch elegant von *Dividendenstripping* reden könnte?

ist das nicht doppelt klug, sondern meist doppelt unnötig[600].

---

588 ZB BGH NStZ-RR 2015, 148 f.; s. auch BGH NJW-RR 2004, 615 f.; ähnlich EuG BeckRS 2018, 27640 (t1p.de/mnmr) zu *spinning* als Marke.
589 ZB OVG RhPf NVwZ-RR 2017, 278 ff.
590 ZB BGHZ 196, 101 = NJW 2013, 1072.
591 So BVerwG NVwZ 2004, 878 ff.
592 ZB Wulf NJW 2004, 2424 f.; Reichold JZ 2005, 259 f.; BGH JZ 2005, 255 ff. dagegen spricht durchgängig vom *Personalberater*. Aus dessen Angebot fallen von vornherein die *low performer* (Hunold BB 2003, 2345; Friemel/Walk NJW 2005, 3669; Tschöpe BB 2006, 213 ff.; zurückhaltender Singer/Schiffer JA 2006, 833) heraus, also leistungsschwache Arbeitnehmer (dieser Begriff scheint sich durchzusetzen, zB Hunold NJW 2008, 3022 f.). Viel lieber vermittelt er *high potentials* (die sich wiederum dadurch auszeichnen, dass sie all das auch auf Deutsch sagen können …).
593 Wältermann/Kluth ZGS 2006, 296.
594 ZB OLG Celle ZGS 2004, 474; Grüneberg/Heinrichs BGB § 13 Rn. 4.
595 ZB Fischer-Lescano KJ 2008, 166 (167); mittlerweile monographisch zB Reimer (Hrsg.), Homeschooling, 2012; v. Lucius Homeschooling, 2016.
596 Diller NZA 2007, 1321 ff.; zuletzt Brand/Rahimi-Azar NJW 2015, 2993 ff.
597 Rößler NJW 2008, 554. Eine Antwort auf diese Frage könnte zu finden sein in Kluge Kickbacks, Die zivilrechtliche Aufklärungspflicht nach Umsetzung der Finanzmarktrichtlinie, 2013. Ähnlich Günther Bad Banks, Die Bewältigung systemischer Finanzkrisen durch Errichtung staatlicher Abwicklungsanstalten, 2012. Typisch auch Reisch/Sandrini Nudging in der Verbraucherpolitik, 2015.
598 Bälz/Moelle/Zeidler NJW 2008, 3383.
599 Krüper JZ 2010, 655 ff.
600 Ein paar Beispiele zum Üben finden Sie in Schimmel Juristendeutsch Rn. 238 ff.

Viel sagend sind auch **Pseudo-Anglizismen**.

> **Beispiele:** In englischsprachigen Ländern benutzt und versteht niemand *Handy*[601], wenn *mobile phone* oder *cell(ular) phone* gemeint ist.[602] Nicht ganz so deutlich ausgeprägt ist das bei *Hostprovider*.[603] Wenn Sie wollen, schreiben Sie *einmal mehr* – aber eigentlich heißt es *wiederum* oder *erneut*.[604] Und die *Patchwork-Familie* heißt auf Englisch *blended family* oder *step family*.

Im Bemühen um geschlechtergerechte Sprache kommen immer mehr Berufs- und Tätigkeitsbezeichnungen hinzu, die englisch klingen, im Englischen aber nicht existieren.

370

> **Beispiele:** *Insiderinnen*, *Whistleblowerinnen*, *Speakerinnen*, *SpeakerInnen*, *Speaker*innen*, *Speaker:inn:en*, *Speaker_innen*, U name it.

Auf weiten Strecken hat allerdings das Deutsche gegenüber dem Englischen resigniert[605].

---

601 Der Ausdruck ist in der Sprache der Gerichte (zB OLG Hamburg NJW 1997, 3452, AG Berlin-Mitte NJW 2005, 442) und der Rechtswissenschaft (zB Hufnagel NJW 2006, 3665 ff. passim; Weber ZJS 2009, 536 ff.) schon gängig; dagegen halten BGH NJW 2003, 2034 ff., MDR 2006, 98; OLG Brandenburg NJW 2004, 451; OLG Bamberg NJW 2006, 3732 ff.; OLG Köln NJW 2008, 3368 f.; OLG Stuttgart NJW 2008, 3369 f. sowie der Gesetzgeber in § 23 Ia StVO am *Mobiltelefon* fest (das dann aber in einer *Handyvorrichtung* im Auto abgelegt wird und mittels *Bluetooth* mit einem *Earset* oder *Headset* verbunden wird, OLG Stuttgart NJW 2008, 3369 f.; schwächelnd allerdings mittlerweile BGHZ 196, 101 Rn. 5 = NJW 2013, 1072: „ein so genanntes Handy"). Selbst der anglizismenskeptische Schneider plädiert für *Handy* (Speak German! S. 50) – ein Bauernopfer? Wer auf *Handy* verzichtet, vermeidet auch die Frage, ob der Plural eher wie bei *Black-Berries* zu bilden ist oder eher wie bei *Babys*. Noch nicht ganz so beliebt wie *Handy*, aber ebenfalls enorm praktisch ist *handelbar/handlebar*. Gemeint ist damit nicht *zum Handel zugelassen*, sondern *handhabbar*. Zum Adjektiv *händisch* BGH NJW 2015, 2040. Ähnlich hübsch ist *Powerseller* (denkt man da nicht automatisch an Energieversorgungsunternehmen, bei denen man *powershoppen* kann?) statt *gewerblicher Verkäufer* (zB v. Westphalen ZGS 2004, 129; AG Bad Kissingen NJW 2005, 2463 f.; zurückhaltender AG Radolfzell NJW 2004, 3342; OLG Koblenz K&R 2006, 48; LG Mainz NJW 2006, 783). Englische Ausdrücke sickern nicht nur in die Gerichts-, sondern auch in die Amtssprache ein, zB OVG NRW NJW 2005, 2246 f. (*Showroom*).

602 Und bei *mobbing* und *cutter* werden Sie ähnliche Probleme haben. *Public viewing* wird in den USA für das öffentliche Aufbahren eines Toten verwendet, *Home Office* im Vereinigten Königreich für das Innenministerium. Gerade bei den Anglizismen gilt: Was gestern noch cool war, ist heute schon peinlich und morgen unmöglich. Das Weglassen des Bindestrichs nach amerikanischer Manier (*eBay Auktion*, *EU Verordnung*, *E-Commerce Richtlinie* etc.) zeigt vielleicht, dass Sie im Herzen Amerikaner sind – sicher zeigt es, dass Sie lange keinen Duden in der Hand hatten (zum Nachlesen: dort §§ 40 ff. der Rechtschreib Regeln).

603 Etliche Male verwendet, aber kein einziges Mal erklärt bei BGH NJW 2016, 2106; ähnlich bereits NJW 2012, 148, wo der Begriff *Blog* noch erklärt, der des *Hostproviders* aber als offensichtlich geläufig vorausgesetzt wird.

604 Noch 1969 sah Süskind das *einmal mehr* als Anglizismus auf dem Rückzug (Dagegen hab' ich was, 83) – so kann man sich täuschen. Vor *Sinn machen* (to make sense) und *sicherstellen* (to make sure) sollte man eigentlich nicht mehr warnen müssen, zumal *sicherstellen* auch eine strafprozessuale Bedeutung hat (§§ 111b ff. StPO) und schon 1984 die *Talking Heads* forderten: *stop making sense*. Gleichwohl findet sich das schreckliche *Sinn machen* (aufgeschlossen aber Hirsch Deutsch kommt gut S. 65 f.) selbst in Texten, denen man im Übrigen den Feinschliff anmerkt, zB Hassemer ZRP 2007, 213 (217 f.).

605 Hier ein Vorschlag, wann man selbst resignierend den Unsinn anderer mitmachen sollte: Wenn ein falscher Begriff sich so breit durchgesetzt hat wie *Trojaner* (was den Sinn von *Trojanisches Pferd* einigermaßen ins Gegenteil verkehrt und schon ganz schön blöd ist; s. aber immerhin zB BGH NJW 2015, 3463 ff.; NStZ 2018, 401 ff.; Großmann JA 2019, 241 ff.), muss man nicht mehr die Fahne hochhalten. Also von mir aus: *Handy*. Aber Widerstand ist noch möglich bei *Plagiatssoftware* statt *Plagiatserkennungssoftware*. Auch hier droht nämlich eine Sinnentstellung. Beliebt *Klimaleugner* statt *Klimawandelleugner*. Hä?

> **Beispiele:** Die Regierungskommission *Deutscher Corporate Governance Kodex* nennt sich selbst so[606] – kein Übersetzungsversuch, kein Bindestrich, und nur eine Frage der Zeit, bis aus dem *Kodex* ein *Code* wird (veröffentlicht ist er übrigens noch im *Bundesanzeiger*, aber der heißt bestimmt bald *Bundes Anzeiger* oder *BundesAnzeiger*[607] und bald darauf *Federal Reporter*; jedenfalls wird schon jetzt dort das *Common Procurement Vocabulary* veröffentlicht). – Ob die Arbeitsämter mit *Job-Center*[608] treffender bezeichnet sind, mag offenbleiben, solange sie sowieso fast keine Arbeitsstellen zu vermitteln haben. Für das *Enforcement-Verfahren*[609] scheint schon niemand mehr nach einem deutschen Wort zu suchen, ähnlich bei *De-Mail*[610]. Statt *Fachbereich* oder *Institut* heißt es an modernen Hochschulen mittlerweile *School*[611]. In § 84 II SGB IV definiert der Gesetzgeber das *betriebliche Eingliederungsmanagement*; vereinzelt werden auch schon Gesetzesparagraphen englisch überschrieben, etwa § 28b BDSG mit *Scoring*, gelegentlich auch ganze Gesetze wie das *DesignG*[612]; und manchmal ist auch eine obergerichtliche Entscheidung voll mit englischen Besuchern: *E-Mail, Laptop, Printmedien*[613]. Für manche Begriffe denkt sich schon niemand mehr eine deutsche Übersetzung aus, zB *Body-Cam*. Bei den *smart contracts* ist sowohl zweifelhaft, ob sie smart sind, als auch, ob sie contracts sind[614].

Besonders schade ist das dort, wo man die richtige Bedeutung des englischen Worts erst nachlesen muss.

> **Beispiele:** Wissen Sie auf Anhieb, was *fogging* ist[615], wie man *off-shoring* umschreiben könnte[616] und was man unter *squeeze out*[617] zu verstehen hat? Wenn Sie nicht sicher sein können, dass der Leser den Begriff *going concern* dem Bilanz- oder Insolvenzrecht zuordnet statt dem Konzernrecht, erklären Sie ihn lieber, beiläufig in Klammern.

---

606 Vgl. corporate-governance-code.de. Zweifel an der Übersetzbarkeit von *corporate governance* äußert zB Posner in Spinnen/Posner KlarsichtHüllen S. 19 ff. Folgerichtig heißen heute die Titel von Fachzeitschriftenbeiträgen *Whistleblowing – ein integraler Bestandteil effektiver Corporate Governance* (Berndt/Hoppler BB 2005, 2623 ff.) oder *Vendor Loan, Rückbeteiligung und Earn-Out als aktuelle Finanzierungsalternativen bei Buy-Outs* (v. Braunschweig DB 2010, 713 ff.) und die Fachzeitschriften selbst *Corporate Compliance Zeitschrift* (CCZ) oder *Risk, Fraud & Compliance* (ZRFC). Monographische Untersuchungen tragen Titel des Typs *Bring Your Own Device (BYOD) – Rechtsfragen der dienstlichen Nutzung arbeitnehmereigener mobiler Endgeräte im Unternehmen* (Monsch 2017), *Das Rating von CDOs* (Angele 2014), *Odious Debts, Status quo und Regelungsmodell ubB internationaler Menschenrechte* (Schneider 2015) oder *Die Kapitalerhaltung unter dem MoMiG ubB des Cash Poolings* (Hömme 2015).
607 Bücher werden jetzt schon mal *AutoKaufRecht* betitelt (Himmelreich/Andreae/Teigelack 6. Aufl. 2017) oder *Europäische MenschenRechtsKonvention* (Frowein/Peukert 3. Aufl. 2009); nicht sehr viel schöner *CyberLaw – Lehrbuch zum Internetrecht* (Boehme-Neßler 2001). Und wie lauten *BGB* und *ZPO* ausgeschrieben?
608 Dazu BVerfGE 119, 331 ff. Rn 26 = NZS 2008, 198 und öfter zu § 9 Ia aF SGB III. Dass *Jobcenter* zur deutschen Amtssprache gehört, begründet VG Neustadt BeckRS 2014, 45264.
609 ZB OLG Frankfurt a.M. DB 2010, 2274; Hein DB 2010, 2265 ff.
610 De-Mail-Gesetz v. 28.4.2011, BGBl. I 666.
611 Immerhin 30-mal im Gesetz zur Weiterentwicklung der Hochschulregion Lausitz v. 11.2.2013 (GVBl. Bbg I Nr. 04, 1 = t1p.de/n57k). Eigentlich sind *Schools* aber nicht erstaunlich; wenn die Universitäten/*Universities* seit Jahren fast nur noch *Bachelor* und *Master* hervorbringen, ist das wohl die ehrlichere Bezeichnung.
612 V. 12.3.2004, BGBl. I 390.
613 BGH NJW 2015, 782 (783); zur *Printform* (statt *gedruckter Form*) zB BGH GRUR 2015, 581 Ls. a). BGH JZ 2017, 634 vermeidet das *Elektrofahrrad* und das *Pedelec* zugunsten des *E-Bike*.
614 Paulus JuS 2020, 107 f.
615 Wer an den *Nebel des Grauens* denkt, liegt nicht ganz falsch; Einzelheiten zB bei BGH NJW 2006, 1061; 2008, 2432 f.
616 Auslagerung von Arbeitsprozessen ins Ausland, vgl. zB Gaul/Mückl DB 2011, 2318.
617 Das Hinausdrängen (oder den zwangsweisen Ausschluss) von Minderheitsaktionären aus der Kapitalgesellschaft, vgl. §§ 327a ff. AktG; BGH NJW 2007, 300 ff.

Manche Rechtsgebiete funktionieren kaum noch ohne die englischen Fachausdrücke. So sind Medien- und IT-Themen stark von amerikanischen Begriffen geprägt – und natürlich der Kapitalmarkt und das Gesellschaftsrecht. *White Knights, Golden Parachutes, Crown Jewels, Management Buy-Outs* etc.

Zuerst könnten Sie sich vornehmen, nicht selbst alles unnötigerweise ins Englische zu übertragen.

> **Beispiele:** Ein Klausursachverhalt sprach davon, dass A dem B seine Zugangsdaten für eine Internetauktionsplattform überlassen habe; etliche Klausurbearbeiter schrieben, der eine *user* habe dem anderen seinen *account* bei *eBay* zur Verfügung gestellt. *Nutzer* und *Konto* hätten es doch auch getan – und von *eBay* war im Sachverhalt gar nicht die Rede gewesen.[618] – Eine neue Straftat wird entdeckt: das *Schottern* – gibt's dafür ein englisches Äquivalent?

Als nächstes könnten Sie versuchen, wenigstens diejenigen englischen Verben zu vermeiden, die bei der Bildung der Partizipien seltsam klingen.

> **Beispiele:** *liken* und *leaken, sharen* und *posten.* Bei *dopen* heißt es *gedopt* – na gut. Konjugieren Sie es mal eben durch: *Ich dope, du dopst ...*; bei *chippen* heißt es *gechipt*.[619]

Aber wie beim Latein und bei den Fremdwörtern gilt auch für Englisch: Wenn es kein passendes deutsches Wort gibt, soll man ohne schlechtes Gewissen das englische benutzen.

> **Beispiele:** Für den *whistle-blower* findet sich keine so richtig taugliche Übersetzung (bestenfalls *Hinweisgeber*, aber das ist ziemlich farblos) – oder? Beim *label* geht teils *Marke*, teils aber auch nicht. *Churning* kann man erklären, aber nicht gut in ein einziges deutsches Wort fassen. Und ob sich für den strafrechtlichen Begriff der *hospitality* etwas Passendes findet, ist auch noch offen. Haben Sie einen Vorschlag für *waterboarding*[620], für *equal pay*[621], für *stakeholder* oder eine elegante Idee für *screenshot*[622]? Und bei den *heatballs*[623] liegt der Pfiff der Bezeichnung zur Hälfte im englischen Begriff.

Wenn der Gesetzgeber den englischen Ausdruck benutzt, darf es der Rechtsanwender auch.

> **Beispiele:** In § 23 StVZO ist der *Oldtimer* erwähnt[624], in § 2 Nr. 22 FZV ist er legaldefiniert. Das *REITG*[625] regelt nicht das Reiten im Walde, sondern *Real Estate Investment Trusts*, also Immobilien-Aktiengesellschaften mit börsennotierten Anteilen. Die *AIFM-Richtline*[626] richtet sich an *Alternative Investment Fund Manager*. Das muss man wohl so hinnehmen.

Aber man muss nicht alle englischen Begriffe aus dem Management-Sprech übernehmen.

> **Beispiele**: *timeline, benchmark, milestones, work-life-balance, up or out, keynote speaker.*

---

618 Das klingt kleinkrämerisch – aber die Erfahrung zeigt, dass im nächsten Schritt die Teilnehmer die ihnen aus dem eigenen Handeln geläufigen eBay-AGBen in den Sachverhalt hineininterpretieren – mit den seltsamsten Folgen für die Fallbearbeitung (zur Sachverhaltsauslegung → Rn. 427 f.).

619 LG Düsseldorf BeckRS 2008, 19405.

620 „Verschärfte Verhörmethode in Form des simulierten Ertränkens zwecks Aussage- und/oder Geständnisbeschleunigung" mag inhaltlich das Gemeinte recht genau treffen, ist aber ziemlich unhandlich und kippt ins Zynische.

621 Seit BAGE 110, 79 ff. Rn. 47.

622 BGH VersR 2012, 66 ff., Rn. 18.

623 VG Aachen ZUR 2011, 547; OVG NRW GewArch 2012, 253 ff.

624 Der aber in den englischsprachigen Ländern nicht so heißt.

625 V. 28.5.2007, BGBl. I 914.

626 RiLi 2011/61/EU v. 8.6.2011.

Für englische, lateinische, fachsprachliche und überhaupt alle schwer verständlichen Begriffe[627] gilt: Sehr wahrscheinlich wird der Leser Ihres universitären Übungsgutachtens Ihre Angebereien verstehen (ob er beeindruckt ist, ist eine andere Frage). Trotzdem ist es gut, sich selbst abzuverlangen, so verständlich wie irgend möglich über rechtliche Fragen zu sprechen. Wenn Sie auf einen nur englisch oder lateinisch fassbaren Begriffsinhalt Wert legen, können Sie – ganz nach Art des Gesetzes – eine Klammerdefinition einführen,[628] eine Übersetzung voran- oder hintanstellen,[629]

> **Beispiel:** „Die Beteiligten haben einen Vertrag über verschiedene Dienstleistungen auf dem Gebiet der Telekommunikation (im Folgenden: I dunno what kinda contract) geschlossen."

dem Begriff eine Definition nachstellen[630] oder ihn in Anführungsstriche setzen. Das ist für den Leser viel komfortabler.

> **Beispiel:** „… weil die Schuldnerin sich – schlagwortartig – als „Start-up-Unternehmen" bezeichnete …"[631] zeigt, dass der Begriff nicht als juristischer Fachterminus verwendet wird.

So kann man übrigens auch bei den Begriffen vorgehen, die vielleicht in Zukunft zum Fachausdruck werden, bislang aber nur auf dem Weg dahin sind.

> **Beispiel:** *Schrottimmobilien* bezeichnet einen einigermaßen gut fassbaren Befund, aber gesetzlich oder rechtsprechungsrechtlich definiert ist der Begriff noch nicht.

Faustregel: Genauigkeitsgewinne sind in Ordnung, Coolnessgewinne sind unnötig.

---

627 Erfahrungsgemäß sind es fast nur die englischen. Französisch ist weit abgeschlagen (hier und da mal ein *effet utile* und ein *acquis communautaire* im Europarecht, gelegentlich ein *ordre public* im IPR und der eine oder andere *agent provocateur* im Polizeirecht, eine *Enquete* im Parlamentsrecht, zu Seuchen- oder Kriegszeiten eine *Triage* im Straf- oder Verfassungsrecht (zB BVerfG NJW 2022, 380 = t1p.de/0lnq), gelegentlich ein *Pastiche* im Urheberrecht (§ 51a UrhG), rechtspolitisch vielleicht mal ein *Parité-Gesetz* als Verbeugung vor dem vergessenen Erbe der Französischen Revolution und rechtsphilosophisch die *volonté générale*); schönes Beispiel zur geschickten Verwendung französischer Brocken in rechtlicher Rede bei Schlink/Popp Selbs Justiz S. 40 f.; wenn man lange genug sucht, findet man aber wenigstens das eine oder andere französische Zitat, etwa den *bouche de la loi* bei Montesquieu. Auch jenseits der Fachausdrücke gilt: Sprachkenntnisse können nicht schaden. Heißt es nun *jour fix* oder *jour fixe*? Und wie lautet der Plural?
628 So zB BGH JZ 2004, 1124 in Ls. a) beim Begriff des *dialers*; ähnlich BGH NJW 2006, 1736 beim *cash pool* und BGH NJW 2006, 2630 in Ls. 1. und Rn. 22 ff. beim *disclaimer* (wo das auch dringend nötig ist), das BVerwG (Fn. 591) beim *resale* und das BVerfG NJW 2008, 3556 (Rn. 1 und öfter) beim *off-label-use* (müsste der nicht eigentlich *off-label use* heißen?). Auch bei etwas komplizierteren Fremdwörtern funktioniert das mit der Klammerdefinition ganz gut. Beispiel (Otte, Umfassende Streitentscheidung durch Beachtung von Sachzusammenhängen, 1998, S. 2): „Präjudizialität (gemeint ist der materiellrechtliche Bedingungszusammenhang zwischen dem Inhalt einer bereits getroffenen oder erst zukünftigen Entscheidung und dem Gegenstand eines weiteren Verfahrens)…" – schwer zu sagen, ob das Definiens oder das Definiendum schöner ist.
629 Wie hier in → Rn. 73 bei *singularia non sunt extendenda*.
630 Wie hier in → Rn. 567 beim *obiter dictum*.
631 BGH NJW 2006, 1594 (1595 Rn. 14). Ist das gut gelungen beim *Flashmob* in BAG NZA 2009, 1347 ff.? Letzteren übersetzt die FAZ v. 29.12.2009 auf S. 1 mit *Blitzmeute*, auf S. 9 mit *Blitzaktion* – und im Hintergrund lauert der *Blitzkrieg*. Oder kommt *mob* doch von *mobil* (so Schwarze JA 2010, 468 [469] bei Fn. 3)? Interessant auch der Vorschlag bei Neumann NVwZ 2011, 1171: *Blitzpöbel*. – Das BVerfG (JZ 2014, 736) kennzeichnet den *Flashmob* durch *sogenannter* (ähnlich Rüthers Anm. zu BVerfG JZ 2014, 736, in JZ 2014, 738 [740]). Geht auch.

- In einem Rechtsgutachten darf man die richtige Verwendung **juristischer Fachsprache** von Ihnen erwarten.[632]

  – **Juristische Fachtermini**

    Etliche Begriffe kommen in der Alltagssprache ebenso vor wie in der juristischen   371
    Fachsprache. Wenn Sie für einen juristischen Adressatenkreis[633] schreiben, gehen
    die Leser von einer fachsprachlich korrekten Verwendung dieser Begriffe aus. Alles
    andere sollten Sie kennzeichnen, etwa durch Anführungsstriche.[634]

    > **Beispiele:** In der Alltagssprache bedeutet *klagen* so viel wie *jammern*, in der juristischen
    > Fachsprache aber *Klage erheben*. Allgemeinsprachlich bedeutet *billig* ungefähr *preiswert*
    > (manchmal auch *von schlechter Qualität*), juristisch bedeutet es *gerecht, angemessen* (zB in
    > § 253 II BGB). Allgemein bedeutet „Damit ist bewiesen, dass …" nur so viel wie „Damit
    > liegt ein wichtiger Hinweis/Beleg dafür vor, dass …", juristisch heißt es aber „Es ist zur
    > Überzeugung des Gerichts festgestellt, dass …" Auch *unter Beweis stellen* wird in der All-
    > tagssprache häufig falsch gebraucht, nämlich im Sinne von *beweisen*. Im fachlichen Zu-
    > sammenhang bedeutet es aber *mit einem Beweisangebot versehen. Kontrahenten* bedeutet
    > allgemeinsprachlich *Gegner*, fachsprachlich dagegen *Vertragspartner. Pflicht* und *Oblie-*
    > *genheit* sind in der Alltagssprache kaum unterscheidbar, in der Fachsprache dagegen un-
    > terschiedlich (wenn auch ähnlich) besetzt, so auch *Garantie* und *Gewährleistung*. Die All-
    > tagssprache unterscheidet oft nicht zwischen *Diebstahl* und *Raub* – in einem
    > strafrechtlichen Gutachten darf das nicht passieren. Geradezu tückisch ist *grundsätzlich*,
    > das alltagssprachlich überwiegend *ausnahmslos* bedeutet, fachsprachlich dagegen *regelmä-*
    > *ßig*[635] (sodass es Ausnahmen gibt). Fachsprachlich ist die *Abtretung* auf Ansprüche be-
    > schränkt, alltagssprachlich wird auch schon einmal Eigentum abgetreten. *Konzern* bedeu-
    > tet in der Alltagssprache nur *großes Unternehmen*, in der Rechtssprache aber
    > *Unternehmensgruppe* (Einzelheiten in §§ 18 ff. AktG). *Unterhalten* heißt im Alltag *enter-*
    > *tainen*, juristisch aber *Unterhalt leisten. Vortrag* bedeutet alltagssprachlich die meist münd-
    > liche Präsentation eines Gedankens oder eines Kunstwerks, fachsprachlich das Vorbringen ei-
    > ner Partei im Prozess (und die Ökonomen brauchen bei *Verlustvortrag* wiederum einen
    > anderen Aspekt).

    Manchmal ist der rechtliche Begriff weiter als der alltagssprachliche,

    > **Beispiel:** Die *Früchte* in § 99 BGB.

    oft aber auch enger.

    > **Beispiel:** Die *Bücher* in §§ 166, 238 ff. HGB bezeichnen die Handelsbücher des Kauf-
    > manns, nicht Bücher im Allgemeinen.

---

632 Diese Fehler unterlaufen nur dem, der überhaupt die Fachsprache benutzt. Das aber ist anzura-
     ten. Es heißt nicht *Pleite* oder *Bankrott*, sondern *Insolvenz* oder *Konkurs*. Und statt *Schwarzfah-*
     ren kann man in fachlichen Zusammenhängen auch von *Beförderungserschleichung* sprechen (in
     anderer Bedeutung in § 7 III StVG). Wer das auf Dauer zu geschraubt findet, möge gern ein
     Schwarzfahren einstreuen, so lange nur klar ist, dass die Begriffe synonym verwenden werden.

633 Im Prinzip ist das Rechtsgutachten ein Text für einen juristischen Kollegen. Es kann aber nicht
     schaden, darauf Rücksicht zu nehmen, dass es auch einen nichtjuristischen Leser geben könnte.
     Manches Rechtsgutachten im beruflichen Alltag wird nämlich für einen (zahlenden!) Mandanten
     geschrieben, der oft kein Fachkollege ist. Was hilft es dem Kunden, wenn ihm der Rechtsanwalt
     mitteilt, ihm werde ein *Neonatizid/Infantizid/Genozid/Suizid* vorgeworfen, wenn in der Unter-
     suchungshaft gerade kein Fremdwörterbuch zu bekommen ist?

634 Zu viele Anführungsstriche irritieren das Auge des Lesers und hinterlassen den Eindruck, Sie
     seien terminologisch unsicher. Sinnvoll kann die durchgängige Verwendung von Anführungs-
     strichen gleichwohl sein, wenn Sie etwa die Begriffe *Ehrenmord* oder *no go area* als nicht-
     juristische (und auch als ethisch nicht akzeptabel) kennzeichnen wollen.

635 Schnapp Stilfibel S. 103; Mix Schreiben S. 65. *Ausnahmslos* drückt man dann mit *generell* aus.

Allgemein gilt: Fachausdrücke werden nicht als solche hervorgehoben.

> **Beispiel:** Nicht „Es muss sich aber nach § 994 I BGB um ‚notwendige Verwendungen'
> handeln" oder „Es muss sich aber nach § 994 I BGB um Notwendige Verwendungen[636]
> handeln", sondern unspektakulär „Es muss sich aber nach § 994 I BGB um notwendige
> Verwendungen handeln".

Die Erwartung korrekter Begriffsverwendung beginnt schon bei den Dingen, die
man ganz am Anfang lernt.

> **Beispiel:** „Das Angebot des V war deshalb nur eine *invitatio ad offerendum*" ist wider-
> sprüchlich, denn ein *Angebot* ist verbindlich, eine *invitatio* gerade nicht. Richtig ist des-
> halb „Das Ausstellen der Ware im Schaufenster des V war trotz des Preisschilds nur eine
> *invitatio ad offerendum*".

Manchmal ist die allgemeinsprachliche Bedeutung von einer anderen Wissenschaft
geprägt.

> **Beispiel:** Unter *Leistung* versteht man im Allgemeinen so etwas wie *Arbeit pro Zeit* (wie in
> der Physik), bereicherungsrechtlich (§ 812 I 1 Fall 1 BGB) aber eine *bewusste und zweck-
> gerichtete Mehrung fremden Vermögens*.

Besondere Sorgfalt ist bei den Begriffen vonnöten, die man alltagssprachlich fast be-
deutungsgleich verwendet, die aber in der Fachsprache unterschiedlich besetzt sind.

> **Beispiele:** Die Allgemeinsprache hält *Eigentum* und *Besitz* oft nicht klar auseinander –
> juristisch ist die Verwechslung gefährlich. Anders als nach verbreitetem Laiensprach-
> gebrauch sind *Mord* und *Totschlag* ähnlich, aber nicht identisch. Von *Herausgabe* spricht
> man juristisch nicht, wenn ein Gegenstand[637] (etwa die Kaufsache beim Kaufvertrag,
> § 433 I BGB) erstmals verlangt werden kann (dann heißt es *Übereignung und Übergabe*
> oder auch einmal *Lieferung*). Letzthin hat sich *diskriminieren* (kurz: *dissen*) in der Alltags-
> sprache eingebürgert als Synonym für *ungerecht behandeln* – juristisch ist das zu ungenau.

Manche Wörter, die in der Alltagssprache negativ konnotiert sind, erweisen sich in
der Rechtssprache als neutrale Fachvokabeln.

> **Beispiel:** *Kartell* (Einzelheiten im GWB, das zwar im Grundsatz Kartelle als gefährlich an-
> sieht, aber zum Teil eben auch erlaubt)

Gefährlich ist der dilettantische Gebrauch pseudo-juristischer Begriffe.

> **Beispiel:** *Kausaler Schaden* ist ein typischer Fall studentischen und repetitorialen Dumm-
> gebabbels.[638] Natürlich ist nicht der Schaden kausal (wofür denn auch?), sondern die
> pflichtwidrige Handlung ist kausal für den Schaden. Die Bezeichnung *kausaler Schaden*
> dreht das um und ist schlicht falsch[639] (anders wieder der *zurechenbare Schaden*[640]).

---

636 Adjektive werden nur ausnahmsweise bei feststehenden Ausdrücken und Eigennamen groß geschrieben. Also *Deutsche Welle* und *Große Koalition*, aber *haftungsbegründende Kausalität,
rechtmäßiges Alternativverhalten* und *primäre Leistungspflicht*.

637 Leider scheut sich die Rechtssprache nicht, *Herausgabe* auch auf Menschen anzuwenden, insbesondere auf Kinder, zB in § 1632 I BGB. Ähnlich sensibel der *Leiharbeitnehmer* im AÜG.

638 Vereinzelt aber auch schon in Urteilen (zB BGH BeckRS 2006, 01933; OLG Oldenburg MDR
2011, 1100) und in der Ausbildungspresse (zB Hornberger JA 2015, 7 [10]; Michl/Joseph AL
2019, 101 [104]) zu finden.

639 Neuerdings immer wieder in Übungsarbeiten zu lesen: *haftungsbegründete Kausalität* statt *haftungsbegründende Kausalität*. Muss das sein? (in Rspr. und Schrifttum ist das noch die seltene
Ausnahme, zB OLG Düsseldorf BeckRS 2013, 09658).

640 Der *ersatzfähige Schaden* ist eigentlich auch falsch, aber vermutlich nicht mehr aufzuhalten;
besser wäre aber der *ersetzbare Schaden*.

Manchmal ist es auch nur ein kleiner Zungenschlag, der die ungenaue Alltagssprache von der Fachsprache unterscheidet.

> **Beispiele:** Es heißt nicht *Werksvertrag*, sondern *Werkvertrag*; nicht *Gesellschaftervertrag*, sondern *Gesellschaftsvertrag* (aber *Gesellschafterversammlung*, zB § 48 GmbHG); nicht *Gefahrenübergang*, sondern *Gefahrübergang* (zB §§ 446 f., 644 BGB, obwohl mehrere Gefahren übergehen), nicht *Lizens* und *lizensieren*, sondern *Lizenz* und *lizenzieren*. „Die Sache wurde zurückgewiesen" ist etwas anderes als „Die Sache wurde zurückverwiesen".

Grundsätzlich kann jeder juristische Fachausdruck verwendet werden – Ihr Leser ist Jurist.

> **Beispiele:** Dass der Begriff des *Außenseiters* nicht im soziologischen oder literarischen, sondern im juristischen (also gesellschafts- und insbesondere konzernrechtlichen) Sinne verwendet wird, muss man in einem juristischen Text normalerweise nicht erwähnen. Ausnahmen sind vorstellbar. Wenn etwa die im Sachverhalt genannten Parteien von einem *Auftrag* sprechen, der Begriff aber nicht im Sinne der §§ 662 ff. BGB gemeint ist, im Gutachten dann wiederum auch ein Anspruch aus Auftragsrecht erörtert wird, kann es sinnvoll sein, an geeigneter Stelle etwa in einer Fußnote auf die unterschiedliche fachliche/nichtfachliche Verwendung hinzuweisen. Das Wort *Vollzug* bezeichnet bei einer S-Bahn etwas anderes als etwa im Verwaltungs- oder Strafrecht; ein Hinweis darauf wird regelmäßig aber nicht nötig sein.

Diese Möglichkeit muss man nicht ausreizen. Gerade bei den lateinischen Rechtsbegriffen kann man es immer wieder einmal auch leichtverständlich versuchen.

Wenn möglich verwende man den Fachbegriff unverändert.

> **Beispiel:** Man sollte nicht ohne Not aus der *Lizenzanalogie* eine *Analog-Lizenz* machen,[641] zumal die Gefahr der Verwechslung mit einer *analogen Lizenz* (also einer Lizenz für analoge Ausstrahlung) auf der Hand liegt.

Mancher juristische Fachausdruck hat zwei oder mehr Bedeutungen. Erforderlichenfalls muss festgehalten werden, in welcher Bedeutung der Ausdruck verwendet wird. Meist wird das aber aus dem Sachzusammenhang hinlänglich klar.

> **Beispiele:** *Überfall* bedeutet im Strafrecht (§ 224 I Nr. 3 StGB) etwas ganz anderes als im Zivilrecht (§ 911 BGB) Die *Gewalt* in Art. 20 II GG und in § 240 I StGB haben eine gemeinsame Wurzel, aber doch unterschiedliche Bedeutungen.

– **Fachterminologie anderer Wissenschaften**

Wo ein Wort verwendet wird, das in einem fremden Fachgebiet eine andere als die juristische Bedeutung hat,   372

> **Beispiel:** In den Wirtschaftswissenschaften ist der Begriff *Prozesskosten* anders besetzt als in den Rechtswissenschaften; im Bergbau bedeutet *Auflassung* etwas anderes als im Bürgerlichen Recht.

ist manchmal eine Klarstellung vonnöten. Konkurrieren ein juristischer und ein anderweitig fachsprachlicher Sprachgebrauch, ist – soweit sich nicht sowieso die Bedeutung klar aus dem Zusammenhang ergibt – in juristischen Texten normalerweise der juristische Begriffsinhalt gemeint.

> **Beispiel:** *Beweis* im rechtlichen Sinne ist nicht ganz das gleiche wie im mathematischen oder logischen Sinne. Klarstellen muss man das aber nur selten.

---

641 So Bisges JURA 2013, 705 (709). Man schreibt schließlich auch nicht *Staatsrecht*, wenn man *Rechtsstaat* meint.

Nicht alle Juristen sind aufgeschlossen gegenüber allen Nachbardisziplinen; es gibt sogar einige, denen Soziologen-

> **Beispiele:** *verorten*[642]*, immunisieren, aufladen* uÄ

und Sozialpädagogendeutsch

> **Beispiele:** „Das müssen wir aber mal hinterfragen." – „Find' ich echt gut, dass wir diese komplexe gesellschaftspolitische[643] Thematik kontrovers diskutiert haben. Ey. Echt jetzt!" – „In der Literatur angedacht wurde …" (statt „Im Schrifttum ist erwogen worden …").

als schwammig oder peinlich-modisch gilt.

Auch die Sprache der Wirtschaftswissenschaften kann in juristischen Zusammenhängen zu Missverständnissen führen.

> **Beispiel:** „Verträge kommen durch Angebot und Nachfrage zustande." – Das ist zwar nicht ganz falsch, aber aus dem Blickwinkel der gesetzlichen Regeln über den Vertragsschluss (§§ 145 ff. BGB) auch nicht ganz richtig.

Begriffe aus Informatik und PC-Alltagswissen

> **Beispiel:** „Dieser Standpunkt ist nicht kompatibel mit der Rechtsprechung des BGH zum …"

sind ebenfalls vorsichtig zu verwenden; teilweise verursachen sie Stilbrüche.

Vielleicht gar keiner Wissenschaft (mehr) zuzuordnen ist der inflationäre Gebrauch von *Prozess* (kein *Friedensprozess* ohne *Lernprozess* und *Kriegsverbrecherprozess*, keine Entscheidung ohne *Entscheidungsfindungsprozess*. Im juristischen Sprachgebrauch hat der *Prozess* eine recht klar definierte Bedeutung.

Grundsätzlich gilt: Es kann nicht schaden, dem juristischen Leser den aus einem anderen Wissensgebiet stammenden Fachbegriff kurz zu erklären.

> **Beispiel:** Wer nicht wirtschaftswissenschaftlich beschlagen ist, wird mit dem Ausdruck *rationale Apathie* vielleicht nicht auf Anhieb etwas anzufangen wissen.

– **Wahl der richtigen Sprachebene**

372a   Schon der Verfasser einer Anfängerarbeit muss beim Bemühen um begriffliche Genauigkeit darauf achten, pseudo-juristische Redensarten zu vermeiden.

> **Beispiel:** „Der Vertrag läuft auf B und seine Frau E" lässt zwar ungefähr erkennen, was gemeint ist. In juristischen Zusammenhängen sagt (jedenfalls: schreibt) man aber „Vertragspartner auf Mieterseite sind B und seine Frau E". So richtig gelungen ist die Metapher sowieso nicht – oder *laufen* Verträge (und wenn ja: laufen sie *auf* jemanden)?

372b   Fachsprache bedeutet übrigens nicht **Fachjargon**. Wie auch andere Berufsgruppen haben Juristen Wörter erfunden, die es sonst nicht gibt – und die nur dazu gut sind, Zugehörigkeit zur Berufsgruppe zu zeigen. Wenigstens die hässlicheren unter diesen Wörtern vermeiden Sie bitte.

> **Beispiele:** *verfristet*[644] statt *verspätet* oder *verjährt* oder *verfallen* (allgemeiner Juristenslang), *ausgebührt* (Anwaltsslang)

---

642 Bei Krämer/Kaehlbrandt Ganzjahrestomate S. 227 als *Feuilletondeutsch* bezeichnet. Auch gut.

643 Fragen Sie mal rum, ob Ihnen jemand erklären kann, was genau *gesellschaftspolitisch* bedeutet. Sie werden sich wundern. Meist kommt so etwas heraus wie *gesellschaftlich* oder *politisch*. Das könnte man auch schreiben – wenn nicht *gesellschaftspolitisch* gleich viel eindrucksvoller daherkäme.

644 *Verfristet* ist entbehrlich, *entfristet* dagegen kaum. Wie soll man die Aufhebung der Befristung sonst treffend bezeichnen?

Jenseits der Erstsemestersprache gibt es eine Reihe von Ausdrücken aus dem Jura(studenten)jargon, vor denen hier im Text anderswo gewarnt wird.[645]

> **Beispiele:** Das sind insbesondere *abwegig* → Rn. 193; *beinhalten* → Rn. 345; *bekanntlich* → Rn. 358; *darstellen* → Rn. 382, Fn. 55; *der A/die B* → Rn. 404: *eigene Meinung* → Rn. 188; *eigentlich* → Rn. 360; *eindeutig* → Rn. 359; *Fälle lösen und lagern* → Rn. 364; *grundsätzlich* → Rn. 371; *hier* → Rn. 388; *ich* → Rn. 394, 186 ff.; *in der Praxis* → Rn. 358; *kausaler Schaden* → Rn. 371; *längst überfällig* → Rn. 378; *laut Rechtsprechung* Fn. 212; *laut Sachverhalt* → Rn. 384; *lebensnahe Auslegung* Fn. 825; *Mittelmeinung* → Rn. 430; *offensichtlich* → Rn. 359: *Sinn machen* Fn. 604; *Sondermeinung* → Rn. 430; *unstreitig* → Rn. 359; *vorliegen* → Rn. 363; *wir* → Rn. 394; *zu prüfen ist* → Rn. 439.

Eine andere Variante des Fachjargons ist die **Erstsemestersprache**. Die kann man eine Weile lang sprechen, wenn es bei der Bewältigung des Alltags hilft; aber man schreibt sie nicht.

> **Beispiel:** *Generalklauseln* nennt man in einem geschriebenen Text nicht *Gummiparagraphen*. Das Wort ist nur (!) erträglich, wenn man Freunden aus anderen Fachbereichen beim Mittagessen in der Mensa erklären will, warum das Klausurschreiben manchmal so schwierig ist.

Anleihen aus dem Slang der Alltagssprache meide man[646].   **372c**

> **Beispiele:** Journalisten und Werbetexter verkürzen schon fast gewohnheitsmäßig *Informationen* und *Demonstrationen* zu *Infos* und *Demos*; aus *Gemisch* oder *Mixtur* wird oft *Mix*[647]. In Rechtsgutachten versucht man, etwas gewählter zu klingen. Manchmal ist es nur ein kleiner Schritt: Mündlich geht *geschockt*, schriftlich würde man eher *schockiert* wählen. Deutlicher wird es bei *einwerfen* statt *einschmeißen*[648], *erwischt* statt *ertappt* und *gestohlen* statt *geklaut*.

Besonders wichtig wird der korrekte Sprachgebrauch, wo es um Fachbegriffe geht.

> **Beispiele:** Journalisten sprechen von der *Krankschreibung*, Juristen von der *Arbeitsunfähigkeitsbescheinigung*. Wenn in einer Zeitungsmeldung steht, das Gericht habe die Klage *abgeschmettert*, schreiben Sie sachlicher *abgewiesen*.

Wenn einem mal in der Eile – zumal der Klausur – nichts Besseres einfällt, kann man vielleicht einfach Anführungszeichen setzen.

> **Beispiel:** „Damit wird vermieden, dass A auf dem Schaden ‚sitzenbleibt'" (oder: „… dass der Schaden am A ‚hängenbleibt'").

- Bestimmte Allgemeinplätze, **Leerformeln und Floskeln** finden sich in Lehrbüchern, Kommentaren und gerichtlichen Entscheidungen immer wieder.   **373**

---

645 Beyerbach Doktorarbeit Rn. 300 nennt außerdem *nach Maßgabe von, mit Ausnahme von, dahingehend, unter Außerachtlassung, unbeschadet, insoweit* und *insbesondere* – mit der Empfehlung, diese Wendungen nur einzusetzen, wenn sie wirklich nötig sind.

646 Ein paar Beispiele zum Üben finden Sie bei Schimmel Juristendeutsch Rn. 158 ff.

647 Das passiert auch in wissenschaftlich-didaktischen Texten. Beck Recherchieren S. 66 schreibt *Plausi-Check* für *Plausibilitätsprüfung*. Nun ja.

648 Wo steht der große Satz „Ihr ‚au' und ‚doof' kennzeichnen sie sozial" (in einer anderen Fassung „Ihr ‚jau' und ‚Quatsch' …")? Fragen Sie mal eine Suchmaschine! – Mit der Zeit bekommt man ein Gefühl dafür, ob man *dem B etwas anhängen* schreiben kann, wenn man sagen will *B etwas vorwerfen* und ob man Aufwendungen eher *stemmen* oder *tragen* muss. Dann schreibt man „S und T wussten, was sie taten" statt „S und T wussten, was sie gemacht haben". – Gelegentlich findet sich derlei auch in Urteilen (zB ArbG Berlin BeckRS 2012, 74756 Rn. 42 zur *Traute* des rot-grünen Gesetzgebers in Sachen AGG als gesellschaftliches Erziehungsprogramm).

> **Beispiele:** „... muss unter Abwägung aller Umstände des Einzelfalls entschieden werden. Welche Anforderungen an ... zu stellen sind, ist im Einzelfall nach Treu und Glauben unter Berücksichtigung der betrieblichen und örtlichen Verhältnisse sowie der Verkehrssitte zu bestimmen."

Das ist angesichts zahlreicher Generalklauseln, wertausfüllungsbedürftiger Tatbestände, Ermessensnormen und normativer Merkmale im Gesetz nicht weiter verwunderlich. Trotzdem sollte man in Übungsarbeiten möglichst selten solche nichts sagenden Formulierungen einfach abschreiben. Vielmehr sollen Sie subsumieren – das bedeutet konkretisieren, kritisieren, kleinarbeiten. Der Gesetzgeber kann in die Generalklauseln flüchten, Sie nicht – Sie sollen sie doch gerade ausfüllen. Also langweilen Sie Ihre Leser nicht durch breite, aber erkenntnisfreie Wiederholung des Altbekannten.

Dass die Sprache des Rechts immer wieder ins Phrasenhafte kippt, ist ärgerlich genug, aber wohl schwer zu vermeiden, wo es um allgemeine Aussagen geht (etwa in Gesetzen, Handbüchern, Kommentaren usw.). In Urteilen und Rechtsgutachten ist aber eine Entscheidung des konkreten Einzelfalls gefragt – also ist die allgemeine Phrase dort nur ein argumentatives Durchgangsstadium. Und jenseits des Juristisch-Fachlichen ist die Vermeidung von langweiligen Phrasen sowieso ein Gebot der Klugheit, wenn man den Leser nicht langweilen will.[649]

> **Beispiel:** „Von Bedeutung ist dabei auch ..." – Lassen Sie den Leser möglichst nicht allein mit der Aussage, dieses oder jenes sei *von Bedeutung*. Erklären Sie ihm, von wie großer (also *maßgeblicher* oder *eher untergeordneter*) Bedeutung der jeweilige Umstand ist.

374 • Durch die Verwendung des **Passivs** ist es möglich, dass sich seitens des Subjekts des Schreibens keine Gedanken über das Subjekt des Geschriebenen gemacht werden.[650]

> **Beispiel:** „Es wird auch die Ansicht vertreten, ..."

Unter diesem Aspekt kann das Passiv sinnvoll sein; aber übertreiben Sie es nicht.[651] Ersatzweise:

> **Beispiel:** „Ein Teil des Schrifttums steht auf dem Standpunkt, dass ..."

Statt „Es kann davon ausgegangen werden, dass ..." kann man es mit „Es ist davon auszugehen, dass ..." versuchen, statt „Wenn ein Bevollmächtigter durch den Antragsteller bestellt wurde, ..." mit „Wenn der Antragsteller einen Bevollmächtigten bestellt hat, ..." Passiv klingt einfach nach Behördendeutsch.[652]

Das Passiv ist ein möglicher Weg, die in der Wissenschaftssprache verpönte erste Person Singular zu umgehen. Teils gerät das aber ziemlich holprig.

> **Beispiel:** „Dieses weite und höchst aktuelle Feld des Datenschutzrechtes kann nicht umfassend bearbeitet werden, es wird sich daher auf spezielle Probleme in sozialen Netzwerken und der neuen Technologien der Smart-Geräte konzentriert."[653]

---

649 Einige kluge Hinweise und etliche Beispiele bei Beck Recherchieren S. 119 ff.

650 Außerdem kann man mit dem Passiv absichtlich das handelnde Subjekt in die zweite Reihe stellen; als Beispiel zwei Nachrichtenmeldungen vom 18.8.2003: „Im Irak ist ein Kameramann der Nachrichtenagentur Reuters erschossen worden. Er wollte vor einem Gefängnis filmen, als die tödlichen Schüsse fielen. US-Soldaten hatten ihn offenbar für einen Attentäter gehalten" (ZDF). Und: „Im Irak haben US-Soldaten einen Kameramann der britischen Nachrichtenagentur Reuters erschossen" (Sat 1) – beides zitiert nach taz v. 21.8.2003, 13.

651 Näher Schnapp JURA 2004, 526 ff.; Harbst JA 2018, 129 (130); Beyerbach Doktorarbeit Rn. 332 ff.; ein paar Beispiele zum Üben finden Sie in Schimmel Juristendeutsch Rn. 235 ff.

652 In der Wissenschaftssprache ist das Passiv allerdings oft unentbehrlich; näher Esselborn-Krumbiegel 58 ff.

653 Ocak/Fisahn AL 2016, 152 (155).

Wer das Passiv ein wenig zurückstutzen möchte, achte darauf, das Kind nicht mit dem Bade auszuschütten.

> **Beispiel:** Ist dem Leser geholfen, wenn er statt „Auf eine formale Darstellung wird auch hier durchgehend verzichtet" aushalten muss „Auch hier erfolgt konsequent ein Verzicht auf eine formale Darstellung."[654]?

- Die **Substantivitis** (der Nominalstil) ist eine typisch juristische Krankheit;[655] früher oder später ist die Infektion unvermeidlich.[656]

> **Beispiele:** (Aus dem Gesetz:) „Das Dienstverhältnis kann von jedem Vertragteil aus wichtigem Grund ohne Einhaltung einer Kündigungsfrist gekündigt werden, wenn Tatsachen vorliegen, auf Grund derer dem Kündigenden unter Berücksichtigung aller Umstände des Einzelfalles und unter Abwägung der Interessen beider Vertragteile die Fortsetzung des Dienstverhältnisses bis zum Ablauf der Kündigungsfrist oder bis zu der vereinbarten Beendigung des Dienstverhältnisses nicht zugemutet werden kann"[657]; „Straftaten des Unterlassens der Stellung des Antrags auf Eröffnung des Insolvenzverfahrens (Insolvenzverschleppung)"[658]. (Aus der Rechtsprechung:) „Mit Anerkennung der Rechtsfähigkeit der (Außen-)Gesellschaft bürgerlichen Rechts scheidet die Eintragung der Verpfändung eines Gesellschaftsanteils in das Grundbuch eines im Eigentum der Gesellschaft stehenden Grundstücks aus."[659] „Im Verhältnis zum Geschäftsherrn ist aber die Ausübung der Aufsicht die Ausführung der Verrichtung, zu der der Ausführende bestellt ist."[660]; (Aus der Rechtswissenschaft:) „In diesen Fällen liegt der Schwerpunkt der Vorwerfbarkeit nicht in dem Einzelakt des Abbruchs durch Ausschalten der Apparate und Entfernen der Infusionen, sondern im Unterlassen der weiteren Versorgung des Kindes mit lebensnotwendigen Stoffen."[661] (Aus einer Prüfungsarbeit:) „Weiterer Bestandteil des Sachgrunds der Vertretung ist eine Prognose des Arbeitgebers über den Wegfall des Vertretungsbedarfs nach Rückkehr des Vertretenen." – Jeweils mehr als jedes dritte Wort ist ein Substantiv.[662]

Auch bei kurzen Sätzen,

> **Beispiel:** „Streit besteht über die Auslegung des Begriffs der Beschädigung einer Sache."

einzelnen Worten,

> **Beispiele:** *Gesellschaftergeschäftsführer, Gerichtsberichterstatter, Fortsetzungsfeststellungsinteresse, Terrorismusfinanzierungsbekämpfung, Elektrizitätsversorgungsunternehmen, Infrastruktursicherungsauftrag, Beratungshilfeberechtigungsschein, Gerichtsvollzieherverteilerstelle, Sachmangelgewährleistungsvorschriften, Zeugengebührenverzichtserklärung, Tatbestandsberichtigungsantrag, Gleichstellungsministerinnenkonferenz, Schwangerschafts-*

---

654 Ihden ZDRW 2017, 187 (190).
655 Plastisch Berg Übungen S. 198, der die Substantivsucht als *Krebsübel der Juristensprache* bezeichnet. Lesenswerte Hinweise zum Nominalstil (und den Fällen, in denen er sinnvoll ist) bei Schnapp JURA 2003, 173 ff.; Harbst JA 2018, 129 (131); Beyerbach Doktorarbeit Rn. 323 ff.; Engelken LTO v. 2.5.2016, t1p.de/lhwx.
656 Das liegt nicht zuletzt daran, dass Juristen es ständig mit Leitsätzen von Urteilen und Überschriften von Aufsätzen zu tun haben, deren Verfasser sich um Problemverschlagwortung (!) bemühen (zB Bredemeyer Regresskollision bei Mehrheiten von Sicherungen, JURA 2012, 612 ff.; Schaub Haftung des Inhabers eines privaten Internetanschlusses für Rechtsverletzungen im Rahmen von Online-Musiktauschbörsen, GRUR 2016, 152; Weingart Architektenhonorardeckelung durch Baukostenobergrenzenvereinbarung, BauR 2017, 952 ff.).
657 § 626 I BGB; unter den 20 Substantiven sind wiederum sieben Komposita.
658 § 6 II Nr. 3 a) GmbHG.
659 BGH WM 2016, 1973 Ls. und Rn. 10.
660 BGHZ 11, 151 (153) = BeckRS 1953, 30378129.
661 Heim Ektogenese S. 209.
662 Bei kurzen Sätzen sind allerdings auch höhere Substantivquotienten tolerabel, zB die 50% bei *Eigentum verpflichtet.* Noch ein wenig höher bei *Einigkeit und Recht und Freiheit sind des Glückes Unterpfand.*

> *konfliktberatungsstelle, Schweigepflichtentbindungserklärung, Ermittlungsaktenversendungspauschale, Prozesskostenhilfebewilligungsentscheidung, Einzugsermächtigungslastschriftverfahren, Urkundenvorbehaltsteilanerkenntnisurteil, Publikumsinvestmentkommanditgesellschaft (§ 160 I KAGB), Umsatzsteuer-Identifikationsnummer (§ 27a UStG), Zustimmungsersetzungsverfahren (§ 99 IV BetrVG).*

und Bezeichnungen

> **Beispiele:** *Lieferkettensorgfaltspflichtengesetz*[663]*, Terrorismusbekämpfungsergänzungsgesetz*[664]*, Finanzmarktstabilisierungsfortentwicklungsgesetz*[665]*, Rinderkennzeichnungs- und Rindfleischetikettierungsüberwachungsaufgabenübertragungsgesetz*[666]*, Schulverwaltungsorganisationsreformgesetz, Pfändungsschutzkonto-Fortentwicklungsgesetz*[667]*, EWG-Richtlinie zur Verwirklichung des Grundsatzes der Gleichbehandlung von Männern und Frauen hinsichtlich des Zugangs zu Beschäftigungsverhältnissen, zur Berufsbildung und zum beruflichen Aufstieg sowie in Bezug auf die Arbeitsbedingungen*[668]*, Verordnung über die Zulassung privater Gegenproben-Sachverständiger und über die Regelungen für amtliche Gegenproben sowie zur Änderung der Gegenprobensachverständigen-Prüflaboratorienverordnung, Gesetz zur Neuregelung des Verbots der Vereinbarung von Erfolgshonoraren*[669]*, Gesetz zur Beschleunigung des Wirtschaftswachstums*[670]*, Gesetz zur Behebung der Not von Volk und Reich*[671]*, Gesetz zur Sicherung der Einheit von Partei und Staat*[672]*.*

kann Hauptworthäufung anstrengend sein. Oft wirkt sie geradezu unbeholfen.

> **Beispiel:** „Bauen eines Unfalls bringt immer eine Gefährdung mit sich und ist stets rechtswidrig."[673]

Meist ist sie vermeidbar.

> **Beispiele:** „Der Zeitpunkt der Durchführung dieser Identifizierung soll dabei nach § 4 I 1 GwG regelmäßig vor Begründung der Geschäftsbeziehung angesiedelt sein" kann man auch fassen als „Die Identifizierung soll nach § 4 I 1 GwG regelmäßig vor Begründung der Geschäftsbeziehung stattfinden". Nicht selten wird dabei der Text kürzer, schon im Kleinen etwa bei *durch Auslegung* statt *im Wege der Auslegung.*

Die Sprache des Rechts neigt zu uneleganten Komposita. Nur manchmal kann man im eigenen Sprachgebrauch gegensteuern.

> **Beispiel:** *Justizvollzugsanstalt* ist fachsprachlich richtig, aber *Gefängnis* ist kürzer und verständlicher; *Knast* ist zu umgangssprachlich.

---

663 BGBl. 2021 I 2959.
664 BGBl. 2007 I 2 – wünscht man sich da nicht so ehrliche Bezeichnungen wie *Kontaktsperregesetz* (vgl. §§ 31 ff. EGGVG) zurück? Kluge Anmerkungen dazu bei Prantl Terrorist S. 144 ff.
665 BGBl. 2009 I 1980.
666 Dazu AnwaltsReport 11/99, 30.
667 BGBl. 2020 I 2466.
668 So die vollständige Bezeichnung der Richtlinie 76/207/EWG, die im juristischen Volksmund meist als *Antidiskriminierungsrichtlinie* bezeichnet wird.
669 V. 11.8.2009, BGBl. I 2852.
670 Schon vor Inkrafttreten (zum 1.1.2010, BGBl. 2009 I 3950) zusammengezogen zu *Wachstumsbeschleunigungsgesetz* und zärtlich abgekürzt als *WachstumsBeschlG* oder *WaBeschG*. Dass 40 Jahre nach dem Bericht des Club of Rome (Meadows Grenzen) noch Gesetze mit solchen Titeln verabschiedet werden, steht auf einem anderen Blatt. Immerhin hat kurz zuvor der Gesetzgeber das Risikobegrenzungsgesetz (genauer: Gesetz zur Begrenzung der mit Finanzinvestitionen verbundenen Risiken, BGBl. 2008 I 1666) erlassen.
671 V. 24.3.1933, RGBl. I 141.
672 V. 1.12.1933, RGBl. I 1016.
673 Die Aussage dieses Satzes ist auch inhaltlich falsch.

Es heißt nicht *Rechtssprechung*[674] (was wäre das Gegenteil?), sondern *Rechtsprechung* (was ist das Gegenteil?), anders aber *Rechtsstreit, Rechtsschutz, Rechtssicherheit*, zweifelhaft *Schadenersatz* (Duden)/*Schadensersatz* (BGB)[675], wieder anders *Einkommensteuer* und *Schenkungsteuer*; nicht *Interessenskonflikt*, sondern *Interessenkonflikt*.

Besonders Substantive auf *-ung, -kung, -hung, -heit* und *-keit* wirken schwerfällig.

> **Beispiele:** „Der Arbeitgeber hat das Recht zur Stellung solcher Fragen." – „Der Arbeitnehmer hat das Recht zur wahrheitswidrigen Beantwortung der Frage." – „Der Vermieter ist zur Zurverfügungstellung der Mietsache verpflichtet." – „Die Respektierung der Zweckbindung des Gesellschaftsvermögens zur vorrangigen Befriedigung der Gesellschaftsgläubiger während der Lebensdauer der GmbH ist unabdingbare Voraussetzung für die Inanspruchnahme des Haftungsprivilegs des § 13 II GmbHG."[676] „Eine mühevoll wirkende Sprachübung ist die Erlernung des Gutachtenstils."[677] – *Verpflichtung* statt *Pflicht*, *in Ermangelung* statt *mangels*, *über Verschuldensfähigkeit verfügen* statt *schuldfähig sein*. Lies § 785 BGB.

Manchmal geht es aber nicht anders.

> **Beispiele:** Eine *Verweisung* ist etwas anderes als ein *Verweis*. Auch wenn die Bedeutungen einander häufig überlappen (etwa beim *Platzverweis*), sollte man in juristischen Zusammenhängen den *Verweis* für die Sanktion und die *Verweisung* für den Befehl *Springe im Text (des Gesetzes, des Rechtsgutachtens) an eine andere Stelle* verwenden. Die Bezeichnung von Straftaten hat der Gesetzgeber vorgegeben; dagegen ist kein Kraut gewachsen: *Aussetzung* (§ 221 StGB), *fahrlässige Tötung* (§ 222 StGB), *Körperverletzung* (§ 223 StGB) (und *Beleidigung* und *Beteiligung an einer Schlägerei* und *Anstiftung zur Brandstiftung* usw.).

376

Wenn Sie schon Verben substantivieren müssen, bilden Sie wenigstens nicht aus *wegschaffen* eine *Wegschaffung*[678], sondern *das Wegschaffen, der Abtransport* oder zur Not *die Entfernung*; aus *zitieren* nicht *unter Zitierung von*, sondern *unter Wiedergabe von* oder *unter Berufung auf*; lieber *ersatzfähig* als *ersetzungsfähig*[679], lieber *das Einreichen* als *die Einreichung*[680]. Aus *niederschlagen* sollte weder *Niederschlagung* noch *Niederschlag* noch *Niederschlagen* noch *Niedergeschlagenheit* werden[681], aus *wegfallen* nur im echten Notfall *in Wegfall geraten*. Der Verzicht auf ständiges Substantivieren erspart Ihnen auch die Zweifelsfrage, ob aus *ordnungsgemäß* nun *Ordnungsgemäßheit* oder doch besser *Ordnungsmäßigkeit* zu bilden ist. Wird aus *abfallen* immer *Abfall*, aus *entziehen* immer *Entziehung* (Führerschein) oder auch einmal *Entzug* (Alkohol)? Sie vermeiden auch falsche

> **Beispiele:** *Akzessorität* (statt *Akzessorietät*) bei *akzessorisch*; *Eigentumsvorbehalt* statt *Vorbehaltseigentum*[682]; *Hoheitsgebiet* und *Gebietshoheit* sind nicht das gleiche.

und missverständliche

> **Beispiele:** „… ist doch der Anfangsverdacht einer Sachbeschädigung durch den Auftrag eines Graffito gegeben."[683] – „Die Aufgabe des Naturrechts als Prüfungsmaßstab" (wird hier das Naturrecht als Maßstab aufgegeben oder geht es um seine Funktion als Maßstab?)

---

674 Wobst GreifRecht 2009, 41 (46) und öfter; Gottwald DB 2012, 1270 (1274).

675 Zum *Werksvertrag* → Rn. 371.

676 BGH JZ 2002, 1047 – Ls. a) S. 1.

677 Hoffmann Fallbearbeitung S. 10.

678 ZB Bub/Treier/v. Martius III Rn. 874.

679 Beides ist unschön, aber der *ersetzbare* Schaden hat sich nicht durchgesetzt; zu *zitierfähig* → Rn. 519.

680 Anders aber leider § 170 I StPO.

681 Der Obersatz Ihres strafrechtlichen Gutachtens lautet am besten „Indem A den B niederschlug, kann er sich … strafbar gemacht haben". – Prüfen Sie die anderen Möglichkeiten!

682 Verhält sich *Quotenfrau* zu *Frauenquote* so wie *Vorbehaltseigentum* zu *Eigentumsvorbehalt*?

Substantivierungen. Wiederum gilt: Man kann klein anfangen – der gute Vorsatz zählt fast so viel wie die gute Tat.

> **Beispiel:** Statt *eine Vielzahl von* schreibe man *viele*.

377 • Achten Sie auf **Fehler beim Konjunktiv**.[684]

> **Beispiel:** *Der Beklagte meint, er habe die Leistung vertragsgemäß erbracht,* aber *Die Beklagten meinen, sie hätten die Leistung vertragsgemäß erbracht,* weil bei *haben* nicht erkennbar wird, ob es sich um einen Konjunktiv oder einen Indikativ handelt.

Entbehrlich ist der Konjunktiv bei Wendungen wie „Fraglich/Problematisch könnte jedoch/indessen sein, ob ...". Es genügt „Fraglich ist/kann sein, ob ...".

• Bei **Steigerungsformen** ist in mehrfacher Hinsicht Achtsamkeit am Platz.

– zu häufige Verwendung

378 Nicht alles ist *sehr/extrem/äußerst/hochgradig zweifelhaft,* manches ist einfach nur *zweifelhaft;* nicht alles ist *enorm/immens aufwendig,* manches ist nur *(sehr/recht/zu) aufwendig.* Nicht alle Kosten sind *exorbitant,* manche sind nur *hoch.* Manche Konsequenzen sind gar nicht *untragbar,* sondern nur *schwerlich zumutbar.* Verzug tritt auch ein, wenn eine Leistung *schon fällig* ist, sie muss nicht *längst überfällig* sein.

Sie gestalten doch auch eine Zeitungsseite nicht ausschließlich mit unterstrichenen fettgesetzten Überschriften in Großbuchstaben. Ständige Übertreibungen[685] verkaufen entweder den Leser für dumm oder signalisieren ihm, dass Sie keinen Schwerpunkt setzen wollen oder können. Gute Fachprosa kommt weitgehend ohne die ausschmückenden **Adjektive** aus.[686]

Für das **Ausrufezeichen** gibt es abgesehen von der Wiedergabe einer wörtlichen Rede kaum einen sinnvollen Ort im Rechtsgutachten.[687] Es trägt nicht umsonst den Beinamen *Kraftausdruck der Zeichensetzung.*

Exkurs: Zu Wertungen und unnötig starken Wertungen
Wertungen abzugeben ist des Juristen tägliches Geschäft. Sie müssen ständig entscheiden, was erlaubt und verboten, zulässig und unzulässig ist. Wo das Gesetz es erfordert, lauten diese Wertungen auch *strafbar, unlauter, sittenwidrig, unverhältnismäßig, verwerflich* usw. Niemand ist aber gezwungen, statt *unverhältnismäßig* zu schreiben *außerhalb jeder Relation.* Und es ist mehr als nur eine andere Nuance, ob man einen abzulehnenden Sachverständigen als *möglicherweise interessengebunden* oder als *korrupt* oder *käuflich* bezeichnet. Solche unnötig starken Wertungen schießen argumentativ über das Ziel hinaus. Sie geraten zudem

---

683 Brandt/Mittag KJ 2005, 177 (181). Hier wird nur aus dem Zusammenhang verständlich, dass *der Auftrag* soviel bedeuten soll wie *das Auftragen* oder *das Aufbringen,* nicht aber *der Auftrag zum Aufsprühen.*

684 Dazu auch schon die Hinweise bei → Rn. 55 mit Fn. 85. Knapp und hilfreich auch Wieduwilt (Fn. 346).

685 Letztgültige Ausführungen hierzu bei Grefe Tischvorlage, in v. Berenberg/Kunstmann (Hrsg.) Längst fällig S. 73 ff. – Hinsichtlich des Übertreibungswerts ganz ähnlich ist „Das ist logisch". Gemeint ist damit meist nur „Das ist plausibel". Achten Sie einmal darauf. Ein paar Übungsbeispiele bei Schimmel Juristendeutsch Rn. 324 ff.

686 Dazu Schnapp JURA 2006, 583 (584); Mix Schreiben S. 71; Beyerbach Doktorarbeit Rn. 304.

687 Wie anstrengend die ununterbrochene Verwendung des Ausrufezeichens geraten kann, lässt sich gut bei Vogel, passim, studieren. Wird das Plädoyer von Birken AL 2009, 291 ff. gegen die Erosion des Rechtsstaats überzeugender durch die vielen Ausrufezeichen? Zum Fragezeichen oben → Rn. 349.

kommunikativ ungeschickt, weil sie Widerspruch herausfordern, der in der Sache nicht nötig wäre. Wenn sie sich häufen, bringen sie einen unschönen sprachlichen Stil hervor. Und – vielleicht das Wichtigste – sie lassen den Leser zweifeln, ob Sie *sine ira et studio* an das zu beurteilende Problem herangegangen sind. Professionell formulierende Kollegen lassen daher den gelegentlichen heiligen Zorn allenfalls zwischen den Zeilen hervorblitzen.[688]

– falsche Steigerungsformen (Hyperlative)

> **Beispiele:** Gegenüber *optimalst, einzigst, in keinster Weise, sämtlichst, bestbezahltest, näherliegender, vorzugswürdiger* sind *optimal/bestens, einzig, in keiner Weise/nicht, sämtlich, bestbezahlt, näher liegend/naheliegender, vorzugswürdig* vorzugswürdig. – Ähnlich schmerzhaft ist „Richtiger erscheint es, auf ... abzustellen". Es gibt kein Richtigeres im Falschen.[689]

379

– unglückliche Steigerungen

Bei schnellem Schreiben unterlaufen dem Schreibenden immer wieder ungeschickte Größenvergleiche.

380

> **Beispiel:** „Die bis jetzt aufgetretene Verzögerung ist mehr als geringfügig" ist nur aus dem Zusammenhang richtig zu verstehen. Es kann heißen „Die Verzögerung ist winzig" (das war gemeint) oder „Die Verzögerung ist mittlerweile erheblich" (das ist die nächstliegende Lesart bei isolierter Lektüre).

● Man überschätzt leicht die eigene Stilsicherheit. Gerade wenn man sich beim Schreiben auf den Inhalt konzentriert, geschieht es schnell, dass sich Formulierungen oder Ausdrücke laufend wiederholen. Angesichts der subjektiven Vorlieben des einzelnen Verfassers gibt es zu **Häufungen individueller Lieblingswörter und -wendungen**[690] nur eine Empfehlung: Den Text gegenlesen (lassen) und, wenn schon ein Verdacht besteht, mit dem Textverarbeitungsprogramm[691] nachzählen, ob das betreffende Wort mehr als einmal pro Seite auftaucht.

381

Wo Fachbegriffe (*termini technici*) verwendet werden, sind Wiederholungen unvermeidlich. Es geht dann um einen bestimmten Begriffsinhalt, von dem man nicht durch Umschreibungen oder die Benutzung ungefähr ähnlicher Begriffe ablenken darf.

● Vermeiden Sie wenn möglich bestimmte **sprachliche Katastrophen**, zum Beispiel
– die Komposita von *mäßig*; gerade noch erträglich ist *unmäßig*, sehr unerfreulich dagegen etwa *quellenmäßig, mengenmäßig* (wie wäre es mit *quantitativ*?), *vertragsmäßig* (ersetzen durch *vertraglich*), *haftungsmäßig* (ersetzen durch *hinsichtlich der Haftung*), *tatbildmäßig* uÄ,[692]

382

---

688 Das Ganze ist also nicht nur eine Stil-, sondern im Wesentlichen eine Haltungsfrage. Als Kriterium hilft oft: Welche Wertung und welche Formulierung würde man sich als Prozesspartei von einem Richter noch gefallen lassen, ohne ihn für voreingenommen und/oder befangen zu halten? S. auch bei Fn. 741 zu den Betroffenheitsfloskeln.

689 In der Sache mag der missglückte Komparativ angebracht sein (schließlich ist es juristisch ganz schwierig, von *richtig* und *falsch* zu sprechen) – aber sprachlich ist er doch einigermaßen unschön.

690 Der Text von Ahrens, Zivilrechtliche Zurückbehaltungsrechte, 2003 wäre ohne die Tausenden überflüssigen *hier, insoweit* und *sog.* um etwa ein Viertel kürzer.

691 Wer den Text gründlicher analysieren will, braucht eine spezialisierte Software, etwa AntConc.

692 Dazu Gesellschaft für deutsche Sprache (Hrsg.) Fingerzeige S. 56; Hirsch Hierseitig formgerecht, in: Hirsch Deutsch für Besserwisser S. 73 f.; Sick Die maßlose Verbreitung des Mäßigen, in: Sick Dativ Folge 2 S. 132 ff.; hübsches Beispiel: BGH NJW 2003, 3192 f. Ls a): „Die kumulative formularmäßige Überbürdung der turnusmäßigen Schönheitsreparatur- und Endrenovierungspflicht auf den Mieter ist wegen unangemessener Benachteiligung unwirksam."

– *im Bereich von/des* (besser *bei/in*),[693]
– Komposita von *machen* wirken oft unelegant bis unbeholfen (also *vereinbaren* statt *ausmachen, verdeutlichen* statt *deutlich machen*),[694] und *machen* ist als Verb überhaupt farblos bis unschön,[695]
– unnötige Wortneuschöpfungen, zB *zumindestens* (besser: *mindestens* oder *zumindest*), *nichtsdestotrotz*[696] (besser: *des(sen)ungeachtet*), *lohnenswert* statt *lohnend*[697]
– Das ständige *darstellen*[698] ersetze man durch *sein*, also „Das ist ein Problem" statt „Das stellt eine Problematik dar". Unbedingt vermeide man die unfreiwillig komischen Aussagen des Typs „A stellt eine natürliche Person dar" statt „A ist eine natürliche Person".

383 • Überhaupt: Die **unfreiwillige Komik**[699] Ihres Ausdrucks mag den Leser amüsieren; ob sie ihn für die Qualität Ihrer Argumentation einnimmt, ist unsicher. Gehäufte Stilblüten gehen nur selten mit einer wirklich guten Note einher.

> **Beispiele:** „Es handelte sich zweifelsfrei um das verunfallte und geflüchtete Fahrzeug."[700] – „Zu prüfen ist noch die Verjährung, da fünf Jahre ein langer Zeitraum sind." – „Ein Irrtum ist dann, wenn der eine nicht das bekommt, was er will und der andere ihm das aber gibt." – „Nach Ansicht der hM und des BAG ist die Schwangerschaft nur ein vorübergehender Zustand." – „Die Erklärung des T wäre rechtzeitig, wenn sie bei V am 35.1. eingegangen wäre." – „B hat nach § 932 BGB gutgläubig ein nichtberechtigtes Bild erworben." – „Die Willenserklärung ist nach der Empfängnis auszulegen, §§ 133, 157 BGB."[701] – „Aus § 535 BGB ergibt sich der ungeschriebene Grundsatz, der in § 541 BGB niedergelegt ist, dass der Mieter mit der Mietsache vorsichtig umzugehen hat."[702] – „Die Tatbestandsmäßigkeit injiziert die Rechtswidrigkeit." – „Die Gattungsschuld ist so zur Stückschuld kritisiert worden." Wer statt vom *Ausscheiden* des Gesellschafters aus der Gesellschaft von der *Ausscheidung* spricht, erntet Verwunderung.[703]

---

693 Beispiele bei VGH BW NJW 2004, 89 f.
694 Anders aber teils das Gesetz, zB § 164 I 2 BGB.
695 Dass die eine sprachliche Ungeschicklichkeit schnell die andere nach sich zieht, zeigt dieses Beispiel: „Für die Frage der Rechtswidrigkeit und Schuld gelten die unter Kapitel 10 II 8 und 9 gemachten Ausführungen" (Heim S. 244 Fn. 877). *Ausführungen* ist ein Abstraktum der Verwaltungssprache, das an sich schon unschön ist. Das zugehörige Verb heißt dann kaum überraschend *machen*. Man könnte weitaus gefälliger schreiben *die oben angestellten Überlegungen* oder *die oben gefundenen Ergebnisse* oder ganz knapp *das oben Gesagte*.
696 Herkunft nicht ganz sicher, sowohl Kurt Tucholsky als auch Heinz Erhardt zugeschrieben, oft auch als studentischer Scherz bezeichnet (zB Hirsch Deutsch kommt gut S. 126).
697 Dazu *oV* t1p.de/oxgg8.
698 ZB BGH NJW 2006, 2918; 3494; NJW-RR 2006, 1157; OLG Frankfurt a.M. NJW 2007, 2494; dazu zB Hirsch Ist das Deutsch S. 19.
699 Dazu Weber JURA 2004, 672 ff.; wer an Stilblüten Vergnügen hat oder aus ihnen lernt, versuche es mit Ahrens Geschädigte, Ahrens Unfallort, Ahrens Angeklagte, Ahrens Polizist und Frings Sachverhalt (sowie den vor Jahren bei dtv erschienenen Bänden von Wittich).
700 Neben dem *verunfallten Fahrzeug* (gegen das kein Kraut mehr gewachsen ist, zB BGH NJW 2009, 1663 [1664] Rn. 11) kommt letzthin auch das *verunfallte Kind* in Mode, zB OLG Karlsruhe NJW 2005, 3158 Ls. 1, substantiviert zu *die Verunfallte* bei OLG Jena MDR 2006, 514 – muss das wirklich sein?
701 Gemeint war „nach dem (objektivierten) Empfängerhorizont".
702 Entweder ungeschrieben oder gesetzlich niedergelegt; gemeint dürfte übrigens nicht § 541 BGB gewesen sein, sondern § 241 II BGB.
703 Das ist nicht erfunden, sondern in einer Examensklausur knapp 10% der Teilnehmer wirklich unterlaufen.

Setzen Sie **freiwillige** humoristische Einlagen nur sehr überlegt und dosiert ein.[704] Der Leser erwartet sie nicht, also vermisst er sie auch nicht. Und nicht alle können über die gleichen Scherze lachen. Ähnlich und erst recht gilt das von **Ironie** und **Spott**

> **Beispiel:** „Man muss nicht die Frage stellen, welches Rauschmittel hier kollektiv verabreicht worden ist, um diesen Wärme- und Geborgenheitswunsch zu artikulieren."[705]

als Stilmittel: Fein dosieren oder ganz verzichten.[706] Ironische Bemerkungen enthalten implizit immer die Behauptung eigener intellektueller Überlegenheit, die in einem Rechtsgutachten unnötig ist. Manchmal ist auch der Schritt zur peinlichen Besserwisserei nicht weit. Und je mehr einer spottet, desto schneller wird ihm Unsachlichkeit vorgeworfen. Selbst die eine oder andere augenzwinkernde Formulierung

> **Beispiel:** „Allerdings könnte A Glück haben. Sie könnte sich auf § 241a I BGB berufen."

empfinden juristische Leser manchmal schon als unpassend. Im Zweifel entscheide man sich immer für die sachlich-trockene Variante.[707]

In Gesetzen, Urteilen, Steuerbescheiden und überhaupt hoheitlichen Akten rechnet niemand mit Humor. Ironie und Sarkasmus[708] würden vielleicht sogar als verletzend aufgefasst. Deshalb sind beide der Rechtssprache eher fremd, abgesehen von gelegentlichen Ausnahmen in der Rechtswissenschaft.[709]

D. Einige Besonderheiten juristischer Übungsgutachten

Gegenüber dem Stil der juristischen Fachsprache weisen die Konventionen für Übungs- und Prüfungsgutachten weitere Eigenarten auf.

---

704 Mögliches Kriterium: Würde die Partei eines Rechtsstreits Ihre augenzwinkernde Bemerkung noch hinnehmen, ohne Sie als Richter für befangen zu halten? Gut auszuhalten mE etwa OLG Köln NJW 2005, 1666 (die Parteien stritten um einen besonders empfindlichen Sofabezug; das Urteil ist lesenswert): „Wäre die Beklagte dieser Verpflichtung nachgekommen, spricht alles dafür, dass der Kläger dann von dem Kauf dieser Möbel Abstand genommen hätte, schon um nicht jeden Gast vor dem Angebot, doch Platz zu nehmen, nach der Beschaffenheit, der Qualität und womöglich auch noch dem Ursprung der von ihm getragenen Kleidungsstücke befragen zu müssen." – Überhaupt ist der Richter ein gutes Kriterium: Sarkastische oder zynische Bemerkungen hört man vom Richter nicht gern; erlaubt ist ihm aber vielleicht ab und zu eine ironische Bemerkung, zumal wenn die Parteien des Rechtsstreits ihm gerade beide ins Gesicht lügen.

705 Rieble DB 2011, 356 (358) über einen Beschluss des DJT, der sich zum gesellschaftlichen Wert des Normalarbeitsverhältnisses bekennt. Hier geht der Spott schon langsam in Provokation über.

706 Wenn Sie ausnahmsweise – etwa aus Notwehr – mal eine witzige Bemerkung einbauen, weisen Sie nicht mit einem Humormarker darauf hin, etwa einem Emoticon. Ein Rechtsgutachten ist keine E-Mail.

707 Im Beispiel ließe sich mit Fug und Recht bezweifeln, ob A nur das Glück hilft – wenn ihr nämlich § 241a I BGB zu Hilfe kommt, steht dahinter doch eine wertende gesetzgeberische Entscheidung, die mit *Glück* nicht ganz treffend beschrieben ist. Sachlicher hätte der Satz also etwa lauten können „A muss trotzdem keinen Schadensersatz für das verschwundene Buch leisten, wenn sie sich auf § 241a I BGB berufen kann".

708 Ein Beispiel: AG München NJW 1987, 1425 mAnm Putzo. Vertiefend Rath LTO v. 28.2.2016, t1p.de/h3tb.

709 Bezeichnenderweise gehen die Meinungen schon deutlich auseinander, wenn ein Gericht ein Urteil etwa dadurch lustiger gestaltet, dass es die Gründe in Reimen abfasst (zB AG Höxter NJW 1996, 1162; ArbG Detmold NJW 2008, 782; zahlreiche Beispiele bei Schroeter Justitia). Zu Humor im Recht auch Förster JURA 2005, 314 ff.; Beaumont NJW 1990, 1969 ff.; Vorpeil NJW 1994, 1925 ff.

384   •   Die ausdrückliche **Bezugnahme auf den Sachverhalt**

> **Beispiele:** „Laut Sachverhalt/Dem SV nach/zufolge …"/„Wie der Sachverhalt nahe legt, handelte es sich um …"/„In unserem Fall/Im vorliegenden Fall …"/„Im zur Beurteilung stehenden Fall …"/„Aus dem Sachverhalt ergibt sich, dass …" sowie umgekehrt „mangels dahingehender Hinweise im Sachverhalt", „der Sachverhalt enthält hierzu keine Angaben/Tatsachen/Informationen, sodass …" etc.

ist unnötig und zu unterlassen. Es wird eine fiktive Lebenswirklichkeit unterstellt. Eine andere Erkenntnisquelle als den Sachverhalt gibt es hinsichtlich der Informationen zum Tatsächlichen sowieso nicht.[710]

> **Beispiel:** Besser und kürzer als „Aus dem Sachverhalt ergibt sich, dass B … hat" ist „B hat …".

Wenn Sie merken, dass Sie jeden vierten Satz mit *Laut Sachverhalt* beginnen, legen Sie einfach einen AutoKorrektur-Eintrag an: *Laut Sachverhalt* ersetzen durch: nix.

Ähnliches gilt auch für **Bearbeitervermerke**, die nicht ausdrücklich mit *laut Bearbeitervermerk* in Bezug genommen werden sollten.[711]

385   •   **Zitate aus dem Sachverhalt** sind äußerst sparsam einzusetzen. In der Regel liegt der Sachverhalt vor dem Leser auf dem Tisch; Sie können den Platz besser für inhaltliche Ausführungen verwenden.

Ausnahmen: Bei Sachverhaltsauslegungen kann eine Inbezugnahme der maßgeblichen Passage auch im Wortlaut sinnvoll sein. – In Hausarbeiten mit kompliziertem und langem Sachverhalt ist es für den Leser, der nur ein einziges Gutachten zu dieser Frage zu bewerten hat, eine Hilfe, wenn Sie ihm das eine oder andere Detail kurz (!) und unauffällig ins Gedächtnis rufen. In der Examensarbeit ist das vielleicht nötig, aber nicht in der Anfängerübung mit 300 Teilnehmern.

Gelegentlich wird empfohlen, den Prüfungssachverhalt in der Subsumtion möglichst wörtlich zu wiederholen.[712] Das mag in der Klausur die Zeit für ein intelligentes Zusammenfassen, Umformulieren usw. ersparen. Anzuraten ist es trotzdem nicht – oder nur in kleinen Stücken. Die Gefahr ist einfach zu groß, dass fast wörtliche Wiederholungen der einschlägigen Normen sich mit Wiederholungen des Sachverhalts abwechseln und der Leser gelangweilt-genervt darauf wartet, dass der Verfasser endlich eine eigene intellektuelle Leistung erkennen lassen möge.

386   Wenn Sie **aus einer Norm** zitieren, müssen Sie das Tatbestandsmerkmal selbst dann nicht in Anführungsstriche setzen („H muss ‚vorsätzlich' gehandelt haben"), wenn es sich um ein Wort handelt, das neben der juristischen eine alltagssprachliche Bedeutung hat. Es genügt ein „[Merkmal] im Sinne des/von [Norm]".

387   •   Man vermeide „Im gegebenen Fall …", „Im vorliegenden Fall …", „Hier …" Um einen anderen Sachverhalt als den gegebenen geht es nicht. Die Diskussion von nicht zur Bearbeitung gestellten Sachverhaltsvarianten ist im Gutachten unangebracht. Sie darf allenfalls ausnahmsweise am Rand stattfinden, wenn es nötig wird, eine Streitfrage darzustellen und zusätzliche Argumente zu begründen, für die im Sachverhalt nichts ersichtlich ist.

Wie viel kostbare Zeit man mit dem ständigen *Im vorliegenden Fall* verschwendet, merkt man oft erst, wenn man die Klausur später noch einmal liest.

---

710 Ähnlich Hildebrand Gutachtenstil 39; Fleck/Arnold JuS 2009, 881 (884); Murmann JA 2012, 728 (731). Zu Unterstellungen und Erfahrungswissen → Rn. 425, zur Sachverhaltsauslegung → Rn. 426.

711 *Laut* wird in erster Linie für Quellen eingesetzt, von denen man sich inhaltlich distanzieren will, etwa weil man sich des Wahrheitsgehalts der wiedergegebenen Aussage nicht sicher ist. Beim Gesetz, der Rechtsprechung und dem Sachverhalt einer Prüfungsaufgabe ist das nicht nötig.

712 Valerius Gutachtenstil S. 19; genau in die Gegenrichtung Haft Einführung S. 379.

Man kann die genannten Formulierungen aber gelegentlich einsetzen, um nach etwas abstrakteren Erörterungen den Bezug zum Sachverhalt wieder herzustellen

> **Beispiel:** „Grundsätzlich kommen für die Nacherfüllung wegen Fehlern der Kaufsache die Lieferung einer mangelfreien Sache und die Beseitigung des Mangels (also: Reparatur) infrage, § 439 I BGB. Hier wird aber eine Reparatur ausscheiden, weil ..., sodass ...“

oder um beiläufig Zweifel an der Wirklichkeitsnähe der Fallgestaltung auszudrücken.

> **Beispiel:** „Im Allgemeinen gelingt es zwar dem Schuldner, ... Hier fehlt aber insofern jeglicher Anhaltspunkt, sodass davon auszugehen ist, ...“

- **„Zu prüfen ist, ob ...“ und Ähnliches**

Es gibt mehrere gute Gründe, diese Formulierung nur zurückhaltend oder überhaupt nicht zu verwenden. Zum einen ist sie so beliebt, dass sie routinierten Lesern schon zum Hals heraushängt.[713] Zum anderen weist sie Sie als Ankündigungskünstler aus.[714] Anstatt umständlich zu benennen, was zu prüfen ist, können Sie es ebenso gut gleich erörtern. Keinesfalls sollten Sie *Zu prüfen ist* ersetzen durch *Zu hinterfragen ist*. Und *Zu prüfen wäre* zieht unweigerlich die Randbemerkung nach sich „Unter welchen Voraussetzungen wäre denn zu prüfen?“.[715] Meist genügt „Dazu muss ...“ oder „Dafür kommt es auf ... an“. **388**

Direkte **Ankündigungen**

> **Beispiele:** „Es wird nun ... geprüft“ und „Zu zeigen ist nun, dass/warum/ob ...“ und „Abzugrenzen ist zunächst der Werkvertrag vom Dienstvertrag ...“

unterlassen Sie, wenn es geht. Der Verlauf des Gutachtens soll sich aus diesem selbst ergeben und ohne Erklärungen verständlich sein. Wenn es schon sein muss, schreiben Sie lieber „Für ... kommt es also darauf an, ob ... /Im Folgenden ist daher zu fragen, ob ...“. Wenn Sie für den roten Faden einen gedanklichen Zwischenschritt benötigen, versuchen Sie es einmal mit „Das hängt davon ab, ob ...“. Das ist nicht viel origineller, fügt sich aber deutlich besser in den Ableitungszusammenhang ein.

Keinesfalls sollte man ankündigen, was man zu unterlassen gedenkt.

> **Beispiel:** „Nicht zu erörtern ist daher, ob ...“ Wenn es einmal gar nicht zu vermeiden ist, schließt man einen Halbsatz an: „..., sodass es auf ... nicht ankommt“.

Das ist eine unnötige Wissenspräsentation.[716] In einem Aufsatz und selten einmal in einer Hausarbeit kann man dadurch ein Stichwort fallen lassen, das dem Leser hilft weiterzudenken – am ehesten noch in einer Fußnote. In Klausuren droht Zeit- und Platzverschwendung.

Ein wenig großzügiger darf man verfahren, wenn man damit rechnen muss, dass der Leser nur eine einzige (aber umfangreiche) Ausarbeitung zu dem betreffenden Sachverhalt vor sich hat. Dann kann es zweckmäßig sein, durch einen einführenden Satz an der richtigen Stelle den Gang der Darstellung vorzustrukturieren.

> **Beispiel:** „A kann gegen B Ansprüche auf Erstattung des Kaufpreises (dazu sogleich I.) und auf Lieferung der Ware (dazu unten II.) haben.“

---

713 Fragen Sie mal einen Korrekturassistenten, der gerade 180 Fortgeschrittenenklausuren im Bürgerlichen Recht zu bewerten hatte, nach der Ausdrucksvielfalt der deutschen Sprache. In Examensklausuren kann es leicht geschehen, dass das schöne Wort *vorliegend* 50 oder 60 Mal vorkommt. Zu *vorliegend* unbedingt lesenswert K. Schmidt JuS 7/2012, XXV (t1p.de/p59d).

714 Hier gilt, was schon Eliza Doolittle in My fair Lady sprach: „Tu's doch!“

715 Zum unglücklichen Konjunktiv → Rn. 55, 377.

716 Näher dazu noch bei den Hilfsgutachten Rn. 418 f.

Solche kleinen Einführungssätze sollten kurz bleiben. Sie haben aber den zusätzlichen Vorteil, zwischen zwei Überschriften eingeschoben werden zu können, die sonst übergangslos aufeinanderprallen würden.

389   Man vermeide **unnötige Imperative und Aufforderungen**.

> **Beispiele:** „Zu beachten ist, dass …" Wäre das dann Gesagte nicht zu beachten, würde es gar nicht erst gesagt werden. Außerdem verwässert man auf diesem Weg die Aussage, indem man sie in den Nebensatz schiebt, während der Hauptsatz den überflüssigen Imperativ enthält.[717] „Zu denken ist dabei insbesondere an …" Sensible Leser ärgern sich, wenn man ihnen das Denken vorschreiben will.

Anstrengende Längen erzeugt das Bedürfnis, für den Leser den langweiligen oder komplizierten Stoff zu **moderieren**.

> **Beispiele:** „Als sehr viel problematischer als diese Feststellung erweist sich indes die Antwort auf die Frage, ob es sich bei … um … handelt." Das merkt der Leser auch selbst, weil sich solchen Sätzen zwangsläufig eine meist längere Erörterung anschließt. Charakteristisch: „Schwieriger ist die Feststellung, wer der Eigentümer ist." Die Schwierigkeiten des Verfassers als solche interessieren den Leser nicht. Vielmehr möchte dieser auch durch anspruchsvolle Subsumtionen hindurchgeführt und überzeugt werden. Zum anderen ist die Frage zu ungenau gestellt. Für das Gutachten kommt es nicht allgemein darauf an, wer Eigentümer ist, sondern darauf, ob eine bestimmte Person (etwa der Anspruchsteller) Eigentümer geworden oder geblieben ist. Besser müsste es also heißen: „Darüber hinaus muss E Eigentümer sein." Das klingt zwar viel schlichter, ist aber zielführender. Bei „Da nun … und … geklärt sind, können wir uns der Frage zuwenden, ob …" wabert die im mündlichen Ausdruck etwa in der Vorlesung ganz hilfreiche Moderation in die schriftliche Ausarbeitung, wo sie als aussagelose Passage störend wirkt.

Solche Moderationen sind also mit Augenmaß zu verwenden.

- Zur Verwendung von **Abkürzungen**:

390   – **Juristisch-technische** Abkürzungen

> **Beispiele:** *WE* für *Willenserklärung, KV* für *Kaufvertrag, Dsl* für *Drittschadensliquidation, NKK* für *Normenkontrollklage, ETUI* für *Erlaubnistatumstandsirrtum* und Ähnliches

kommen im Unterricht an der Tafel und im Skript Ihres Lieblingsrepetitors vor, aber nicht im Text Ihrer Arbeit. Besonders irritierend sind eigene Erfindungen.

> **Beispiele:** *TAO* für *Teilungsanordnung, quafaK* für *qualifizierter faktischer Konzern, HaeG* für *Handeln auf eigene Gefahr, r.i.p.* für *reformatio in peius, Ev.A.* für *Eventualaufrechnung, nsbB* für *nicht so berechtigter Besitzer*

Auch die teils recht anstrengenden Abkürzungen, die Sie im juristischen Schrifttum finden, sind nicht zur Nachahmung zu empfehlen. Nicht immer heißt von *Grüneberg* lernen siegen lernen.[718]

Bei Zeitdruck in der Klausur mag man von dieser Regel abweichen (*GoA, TOA, BAK* und *EBV* sind eben doch schneller geschrieben als *Geschäftsführung ohne Auftrag, Täter-Opfer-Ausgleich, Blutalkoholkonzentration* und *Eigentümer-Besitzer-Verhältnis* oder auch nur *Vindikationslage*), in der Hausarbeit[719] nicht. Zudem zeigt man mit unglücklich gebildeten Abkürzungen

---

717 Übungsbeispiele bei Schimmel Juristendeutsch Rn. 301 ff.
718 Zur Zurückhaltung rät auch Valerius Gutachtenstil S. 43.
719 Hier bietet es sich an, einen AutoKorrektur-Eintrag im Textverarbeitungsprogramm anzulegen, der einem das Ausschreiben künftighin erspart. Dann wird aus *RaeuaG* mühelos wieder *Recht am eingerichteten und ausgeübten Gewerbebetrieb* und aus *AwR* wieder *Anwartschaftsrecht*.

> **Beispiele:** *EBV-Verhältnis, ABM-Maßnahme, HIV-Virus, TOEFL-Test, ISBN-Nummer, LCD-Display, IT-Technologie, MiFID-Richtlinie, DBA-Abkommen*

ungewollt, dass man nicht ganz verstanden hat, wovon man spricht.

Achten Sie auf Eindeutigkeit, wo eine Abkürzung für verschiedene Begriffe verwendet wird.

> **Beispiele:** *EV* kann für *Eigentumsvorbehalt* oder für *Einstweilige Verfügung* oder für *Eidesstattliche Versicherung* oder für *Eingetragener Verein* stehen, *GBR* für *Gesellschaft bürgerlichen Rechts* oder für *Gesamtbetriebsrat*, *EG* für *Einführungsgesetz* und für *Europäische Gemeinschaft* und für *Vertrag zur Gründung der Europäischen Gemeinschaft* und für *eingetragene Genossenschaft*[720], *VA* für *Verwaltungsakt* oder *Versorgungsausgleich*.

Wer eine bereits „besetzte" Abkürzung anderweitig nutzen will, sollte sie möglichst eindeutig einführen, vorzugsweise aber nach einer Alternative suchen.

> **Beispiel:** Weil *GWB* bereits für das *Gesetz gegen Wettbewerbsbeschränkungen* etabliert ist, sollte man es für den *Geldwäschebeauftragten* gar nicht benutzen, wenigstens kleinschreiben und sowohl im Text bei erstmaliger Verwendung als auch im Abkürzungsverzeichnis ausweisen.

Der richtige Sinn lässt sich zwar meist aus dem Zusammenhang erschließen – aber all das nötigt dem Leser Konzentration ab, die besser auf den Inhalt Ihres Gutachtens fokussiert bleibt.

> **Beispiele:** Lassen Sie Ihre Leser erst gar nicht darüber nachdenken, ob *FN* für *FußNote* steht – schreiben Sie einfach *Fn.* (leider aber recht verbreitet: *RL* für *Richtlinie*). Und versuchen Sie einmal herauszufinden, was ein *LL.M. corp.restruc.* ist oder was mit *HRRDN*[721] gemeint sein könnte.

– Abkürzungen für **Gesetze, Gerichte, Fachzeitschriften** und **Entscheidungssammlungen** sind üblich und müssen im Abkürzungsverzeichnis nicht nachgewiesen werden (anders allenfalls bei selten gebrauchten Gesetzen und Verordnungen   391

> **Beispiele:** *PQsG* für *Pflegequalitätssicherungsgesetz*, *SozSichAbkÄndAbk2ZAbkTURG* für *Gesetz zu dem Zusatzabkommen vom 2. November 1984 zum Abkommen vom 30. April 1964 zwischen der Bundesrepublik Deutschland und der Republik Türkei über Soziale Sicherheit und zu der Vereinbarung vom 2. November 1984 zur Durchführung des Abkommens vom 11. Dezember 1986*, *GVIDVDV*, schön auch *G 10* für *Gesetz zur Beschränkung des Brief-, Post- und Fernmeldegeheimnisses*.

und bei solchen, für die verschiedene Abkürzungen gängig sind). Abkürzungen aus anderen Fachgebieten sollten nicht als bekannt vorausgesetzt werden.

> **Beispiele:** Sobald also eine Übungsarbeit die Auswertung politikwissenschaftlicher, medizinischer oder geschichtswissenschaftlicher Fachmedien erfordert, schlüsselt man die dafür verwendeten Abkürzungen im Verzeichnis auf. Gleiches gilt für juristische Abkürzungen aus anderen Rechtsordnungen.

Achten Sie auf das Geschlecht.

---

720 Zugegeben: jeweils mit Unterschieden in der Groß- und Kleinschreibung – aber kann man die beim Vorlesen hören?
721 Gefunden bei Gergen AL 2009, 255 (257).

> **Beispiele:** *das HSOG, das EGZPO, die KostO, das UFITA* und *das AcP*, nicht *die HSOG, die EGZPO, die UFITA* und *die AcP*. Richtig sind *das JIPITEC* und *der KÖSDI*.[722]

Vermeiden Sie Trennstriche in Abküzungen so gut es geht. *O-WiG* und *DS-GVO* irritieren das Auge.

Bei Arbeiten, die sich hauptsächlich innerhalb eines Gesetzes abspielen, kann platzersparnishalber eine Fußnote am Anfang zweckmäßig sein: „§§/Artt.[723] ohne Gesetzesbezeichnung sind im Folgenden solche des StGB/BGB/GG.“

Abkürzungen wollen richtig dekliniert sein.

> **Beispiele:** Bei *Die Rechtsprechung des BGH …* und *Die Entstehung des BGB …* kommt hinter die Abkürzung kein Genitiv-s (*BGHs*). *AGB* heißt im Plural nicht *AGBs*, sondern *AGB* oder *AGBen*.[724] Und wenn man *Nichtregierungsorganisation* statt englisch *NGO* deutsch *NRO* abkürzt, sollte man auch den Plural deutsch bilden: *NROen*, nicht *NROs* (und eher *PEP* als *PEPs* für *politisch exponierte Personen*).

Im juristischen Sprachgebrauch ist die Abkürzung *BVG* unüblich, weil man daran nicht erkennen kann, ob das *BVerfG* oder das *BVerwG* gemeint ist. Nur in Ausnahmefällen steht hinter den Abkürzungen ein Punkt[725] (zB *DVBl.*, anders aber *DÖV, MDR, AcP* etc.).

Vermeiden Sie *S/S-* für *Schönke/Schröder* oder *Sattelmacher/Sirp* wegen der unangenehmen Assoziationen, die viele Menschen noch heute bei *SS* haben.[726]

392   – **Sonstige** Abkürzungen

> **Beispiele:** *d.h., z.B., vgl., i.V.m., sog., mind.*

sind unproblematisch und müssen nicht im Abkürzungsverzeichnis nachgewiesen werden. Ihre Verwendung am Satzanfang ist unelegant. Die häufige Benutzung stört den Lesefluss.[727]

Gängig ist die Abkürzung von Namen der im Sachverhalt handelnden Personen (*M* statt *Meier*).

Wenn man schon abkürzt, muss das auch wirklich eine Verkürzung bewirken.

> **Beispiele:** Was helfen *Stck.* statt *Stück*, *Beschl.* statt *Beschluss*, *anal.* statt *analog* (Letzteres ist zudem ein wenig irritierend)?

---

722 *Der* AStA, nicht *die* AStA. *Die* Asta hieß die Schauspielerin Nielsen. *Die* CIA, aber *der* BND. *Der, die* oder *das URL*? Beim Konjugieren eines Verbs muss man wissen, ob das jeweilige Substantiv eine Ein- oder eine Mehrzahl bezeichnet: „Die USA haben begonnen“, nicht „Die USA hat begonnen“.

723 *Artt.* ist der Plural von *Art.*, so wie *§§* von *§*. Ähnlich geht das bei ff. als Plural von *f.* – aber beides spricht man als *folgende* aus; *fortfolgende* ist Unsinn, wenn auch verbreitet (dazu Krüger JZ 1995, 934; Schnapp JURA 2012, 681 f.). Bei *§§ 32 ff.* lässt man übrigens zwischen *32* und *ff.* ein Leerzeichen.

724 Eigentlich falsch, aber ähnlich gebildet und zur Kennzeichnung des Plurals sehr praktisch sind die *GmbHen* und *AGen*, unbedenklich *IHKen* (jedenfalls schöner als *IHKn* oder *IHKs*).

725 Überhaupt werden in juristischen Texten oft zwecks Platzersparnis die Punkte hinter den Abkürzungen weggelassen (*dh* statt *d.h.*). Kann man machen. Das Auge gewöhnt sich dran.

726 Schön auch Rieck NZFam 2017, 1033: „SA ist für gute ärztliche Versorgung bekannt“ und „Die Attraktivität von SA für Europäer und insbesondere für Deutsche ist ungebrochen“.

727 Wer das nicht glaubt, nehme einmal einen Grüneberg zur Hand und versuche, daraus flüssig vorzulesen. Nicht selten lässt sich die Abkürzung vermeiden; so kann man statt *bspw.* auch *etwa* schreiben.

In Übungsarbeiten wirkt ein **Abkürzungsverzeichnis** eher etwas übertrieben. Solange Sie keine Arbeit in einem ganz entlegenen Rechtsgebiet[728] schreiben und nur die üblichen Abkürzungen verwenden, können Sie es sich sparen (es sei denn, der Leiter der Übung verlangt es ausdrücklich). Sie verweisen dann am besten unmittelbar nach dem Schrifttumsverzeichnis unter der Überschrift *Abkürzungen* (Wortlaut: „Wegen der verwendeten Abkürzungen wird auf ... verwiesen" oder „Soweit nicht gesondert nachgewiesen, folgen die Abkürzungen den Vorschlägen bei ...") auf eines der gängigen Abkürzungsverzeichnisse.[729]

393

Wenn Ihnen das Zusammenstellen eines eigenen Abkürzungsverzeichnisses Vergnügen macht, spricht nichts dagegen[730] – es sollte dann aber auch vollständig sein und keine falschen Übersetzungen enthalten.

> **Beispiele:** Wenn Sie die Abkürzung *NJW* erklären wollen, muss es *Neue Juristische Wochenschrift* heißen, obwohl orthographisch richtig *juristische* kleingeschrieben werden müsste. Aber es ist ein Eigenname – und so heißt es dann eben *Deutscher Corporate Governance Kodex*[731]. *PC* kürzt nicht *Personalcomputer* ab, sondern *Personal Computer* (englisch *personal computer*)[732]. *EG* heißt nicht *Europäischer Gemeinschaftsvertrag*, sondern *Vertrag zur Gründung der Europäischen Gemeinschaft*.[733]

Alles andere macht einen unnötig unprofessionellen Eindruck. Vergessen Sie das alphabetische Sortieren nicht.

Wo Verwechslungsgefahr droht, ist ein Abkürzungsverzeichnis sinnvoll.

> **Beispiele:** Sowohl die *Zeitschrift für Lebensrecht* als auch die *Zeitschrift für das gesamte Lebensmittelrecht* werden mit *ZLR* abgekürzt (manchmal auch die *Zins- und Lizenzrichtlinie 2003/49/EG*). Meist wird zwar aus dem inhaltlichen Zusammenhang recht klar ersichtlich sein, wofür die Abkürzung steht – aber sicher ist sicher. Ob *KuR* und *K&R* nun die Zeitschriften *Kommunikation und Recht*, *Kunst und Recht* oder *Kirche und Recht* abkürzen, weiß man vielleicht nicht immer auf Anhieb. Und manchmal ist eine Abkürzung aus einem anderen Wissensgebiet so stark in die Alltagssprache eingesickert, dass man sie juristisch noch einmal kurz erklärt, etwa *EEG* in Medizin und Recht.

Die Verwechslungsgefahr steigt bei Tippfehlern in der Abkürzung.

> **Beispiele:** *MDR* und *MedR* sind nicht das Gleiche, auch *ZGR* und *ZHR*, *DB* und *BB* trennt nur ein falscher Tastaturanschlag.

---

728 Schon das Mietrecht ist aber für manchen Leser abgelegen. Nicht von der Hand zu weisen. Könnten Sie auf Anhieb sagen, wofür *II. BV* steht? Wenn nein, ist ein Abkürzungsverzeichnis vielleicht doch keine schlechte Idee.

729 Kirchner/Pannier Abkürzungsverzeichnis der Rechtssprache (das umfänglichste und verbreitetste Abkürzungsverzeichnis, in der Taschenbuchausgabe 2. Aufl. 1993 aber nicht mehr ganz aktuell) oder das Abkürzungsverzeichnis der NJW oder das des Grüneberg oder Meyer (Fn. 545); für nicht-fachspezifische Abkürzungen: Steinhauer Duden: Das Wörterbuch der Abkürzungen, 5. Aufl. 2005. Wer im Netz juristische Abkürzungen dekodieren will, versuche es mit t1p.de/io2dx oder t1p.de/bvlw. Die Registerzeichen der Gerichte lassen sich entschlüsseln mit Meyer (Fn. 545) und t1p.de/5ko37 oder t1p.de/spoe. Für Österreich: Dax/Hopf AZR.

730 Abkürzungsverzeichnisse haben nicht zuletzt den Vorteil, dass auch ein fremdsprachiger Leser die Abkürzungen entschlüsseln kann. Bei juristischen Übungsgutachten spielt dieser Gesichtspunkt im Allgemeinen keine Rolle. Aber als Höflichkeitsgeste beim wissenschaftlichen Publizieren ist es eine Überlegung wert – oder?

731 Dazu noch → Rn. 370; zu falschen Abkürzungen des Typs *fortfolgende* bereits Fn. 723.

732 Zu *Rz.* für *Randziffer* Fn. 1125.

733 Bei konsequenter Handhabung benennt man im Abkürzungsverzeichnis Gesetze und Verträge mit ihrem amtlichen Titel, mag dieser auch länger und unhandlicher sein als die im juristischen Jargon gebräuchliche Bezeichnung. *Europäischer Gemeinschaftsvertrag* ist aber jedenfalls unschön wegen der *reitenden Artilleriekaserne* (dazu → Rn. 333).

In Abschlussarbeiten und Themenarbeiten ist ein Abkürzungsverzeichnis oft sinnvoll und wird nicht selten von der Prüfungsordnung gefordert. Gerade bei fächerübergreifenden Themen tauchen meist Abkürzungen auf, mit denen Juristen nicht hauptberuflich vertraut sein müssen.

Fremdsprachige Abkürzungen kann man im Verzeichnis beiläufig übersetzen als kleinen Service für den Leser,

> **Beispiel:** *OEM* wird dann aufgelöst zu *Endprodukthersteller (Original Equipment Manufacturer).*

Ähnlich wie einen fremdsprachigen Terminus kann man auch eine Abkürzung im Text einführen[734], indem man sie einmal ausschreibt und dann in Klammern anfügt: *(im Folgenden: [Abk.]).*

> **Beispiel:** „2001 erschütterten die Terroranschläge des 11. September (im Folgenden 9/11) die Welt."[735]

Je länger der Text ist, desto eher sollte sie gleichwohl ins Abkürzungsverzeichnis aufgenommen werden.

Selbst wenn alle Abkürzungen sauber im Text eingeführt und im Abkürzungsverzeichnis noch einmal aufgeschlüsselt werden, können sie auf einen nichtfachlichen Leser noch ziemlich abschreckend wirken.

> **Beispiel:** „Somit kann die EU Enteignungsschutzstandards in ILAs im Bereich der ADI kompetenzrechtlich umfassend durch den Rahmen des Art. 207 AEUV festlegen."

Überlegen Sie also gelegentlich, wie Sie es halten wollen, wenn Sie nicht mehr unter dem Druck einer Seitenzahlbegrenzung in der Übungsarbeit stehen.

394 • **Die erste Person Singular,**

> **Beispiele:** „Ich bin jedoch der Ansicht, dass Karthago zerstört werden muss. Nach meiner Auffassung/Meines Erachtens liegen die Dinge hier aber grundlegend anders."

im Umgehungsfall auch die dritte Person Singular

> **Beispiel:** „Der Verfasser kann dem so nicht zustimmen."

und die erste Person Plural

> **Beispiele:** „Aber wir haben es hier mit einem Sonderfall zu tun: ..."; „Folglich haben wir zwei übereinstimmende Willenserklärungen, sodass ein Vertrag zu bejahen ist."

sind unüblich.[736] Genauer gesagt: Ihre Verwendung in schriftlichen Texten ist konventionsgemäß namhaften juristischen Autoritäten[737] und der Formulierung abweichender Voten in Entscheidungen des Bundesverfassungsgerichts vorbehalten.[738] Sie sind zwar ein kluger Kopf, aber während Ihres Studiums noch keine namhafte juristische Autorität. Deshalb vermeiden Sie die erste Person Singular. Verwenden Sie sie frühes-

---

734 Dazu → Rn. 370.

735 Birken AL 2009, 291.

736 Das gilt allgemein in der Wissenschaft; näher zum Ich-Verbot, dem Metaphern-Verbot und dem Erzählverbot (sowie deren Erosionstendenzen) Esselborn-Krumbiegel S. 14 ff.

737 Und selbst die anerkannt klugen Köpfe setzen die erste Person sparsam ein (zB Hassemer ZRP 2007, 213 ff.; Zuck NJW 2008, 479 ff.), hauptsächlich wenn es darum geht, eine Abweichung von einer ganz herrschenden Ansicht kenntlich zu machen (zB Kornblum NJW 2006, 2888 [2889]). Woher diese Zurückhaltung kommt, erklärt Groebner Wissenschaftssprache S. 102 ff.; eine selbstbewusste Ermutigung zum „Ich-Sagen" bei Haft Einführung S. 247 f., 416.

738 ZB König zu BVerfG NJW 2016, 1295 (1305) Rn. 1 ff.

tens wieder in Ihrer Doktorarbeit. Im Vorwort: „Ich danke meinen Eltern …". Das moderierende *Wir*, das Sie aus Vorlesungen und Tutorien kennen, in denen der Dozent gemeinsam mit den Teilnehmern eine Fallbearbeitung oder Problemlösung gedanklich entwickelt, ist nur in der gesprochenen Sprache am Platz. In der schriftlichen Ausarbeitung des Gutachtens sind die einzigen Subjekte *A, B, der Gesetzgeber, die Rechtsprechung* usw., nicht aber *ich* und *wir*. Überhaupt sollten Sie in einer schriftlichen Arbeit nicht in den Duktus lauten Denkens verfallen, etwa „Spielt man das Ganze mal durch, denkt man sich die Tat, also das Inverkehrbringen, hinweg, ist dann tatsächlich zu sagen, dass dann der Geschädigte nicht dennoch einen Schaden davongetragen hätte?" Das ist nicht nur zu umgangssprachlich, sondern auch als **lautes Denken** im Rechtsgutachten etwas unglücklich.

Umschreiben kann man sie mit *man* und im Passiv.

> **Beispiele:** „Man wird demnach der …-theorie zu folgen haben, der zufolge …"/„Folglich ist davon auszugehen, dass …/kann … zugrunde gelegt werden."

Diese Regel fordert zwar Kritik heraus,[739] weil sie bewirkt, dass der Verfasser schon sprachlich seine subjektive Rechtsansicht hinter scheinbar objektiven Wahrheiten versteckt. Sie verlangt aber trotzdem vorläufig Beachtung – einerseits aus opportunistischen Überlegungen, andererseits wegen der höheren Begründungsanforderungen an objektive Wahrheiten.[740]

Sie müssen Ihre Ansicht als die objektiv richtige darstellen; schließlich haben Sie überzeugende Gründe dafür, dass Sie ihr anhängen. Ihre eigene Person müssen Sie dabei heraushalten. Einschränkungen wie „Ich persönlich bin der subjektiven Meinung, dass …" klingen zu unsicher und unentschieden.

Exkurs: Unbedingt sind **Betroffenheitsfloskeln** zu vermeiden;[741] das individuelle **Rechtsgefühl**[742] hat im Kanon juristischer Argumente kaum einen richtigen Platz. In Prüfungen ist das Rechtsgefühl – wenn Sie nach acht Semestern juristischen Studiums überhaupt noch eins haben – mindestens ebenso oft Ihr Feind wie Ihr Freund. Kaum ein Prüfer wird Ihnen einen Sachverhalt als Aufgabe stellen, den Sie mittels Ihres Rechtsgefühls in zwei Minuten richtig entscheiden können und dann „nur noch" mit ein paar Rechtsnormen begründen müssen. Für eine Prüfung ist das nicht schwierig genug. Richtiggehend gefährlich wird das Rechtsgefühl in den nicht ganz seltenen Prüfungssituationen, in denen ein scheinbar ungerechtes Ergebnis nur darauf beruht, dass die Fallfrage schlicht nicht alle denkbaren Anspruchsbeziehungen abfragt (das kommt etwa aus Zeitgründen nicht ganz selten vor). Der gerechte Ausgleich findet dann in einer nicht zu erörternden Anspruchsbeziehung statt. Wenn man sich das als Bearbeiter nicht klarmacht, gerät man aber leicht in Versuchung, die prüfungsgegenständlichen Ansprüche zurechtzubiegen. Wenn es doch sein muss, kann man vielleicht so arbeiten:
„Diese Regel gilt jedoch nicht ausnahmslos; nach § 242 BGB ist bei eklatanten Gerechtigkeitsverstößen … möglich."

---

739 Haft Einführung S. 416.

740 Letztendlich dient das der Vorbereitung auf das Schreiben von Urteilen. Das Urteil soll nämlich auch nicht mehr die Zweifel des Richters erkennen lassen, sondern im Gegenteil so überzeugend abgefasst sein, dass die unterliegende Partei es akzeptiert (über das Unpersönliche im Urteil Less JZ 1951, 468 f.).

741 In Übungsarbeiten während der juristischen Ausbildung sollte man selbst die vorsichtiger formulierten Wendungen des Typs „… wie es überhaupt dem natürlichen Gerechtigkeitsgefühl widerspricht, dass …" (BGHZ 7, 223 [228] = NJW 1953, 99) meiden; sogar schon ein harmloses *leider/bedauerlicherweise* wirkt irritierend. Emotionales Engagement für die eine oder andere Seite gilt zu Recht als unpassend, denn die Partei eines Rechtsstreits erwartet einen unbefangenen Richter. Plastische Beispiele bei OLG Frankfurt a.M. NJW 1999, 2447 f.; deutlich auch AG Berlin-Mitte NJW 2008, 529 (530): „… wird die Argumentation völlig irrational … schlicht willkürlich …"

742 Zum Gerechtigkeitsgefühl als Korrektiv in juristischen Gutachten Schuster JA 2018, 728 ff.

Vorsicht: § 242 BGB ist als entscheidungstragendes Element für juristische Übungsarbeiten ziemlich ungewöhnlich[743] (anders im Arbeitsrecht). Fast immer signalisiert die scheinbare Notwendigkeit des Rückgriffs auf diese Norm, dass man bisher etwas übersehen hat. Allerdings sollten Sie sich einen Überblick über die feststehenden Fallgruppen des § 242 BGB verschaffen (Grundlage für Nebenpflichten im Schuldverhältnis, Dolo-agit-Einrede, Verwirkung usw.).

Gerade in Prüfungen wirkt die pauschale Feststellung der Ungerechtigkeit des bisher erzielten Ergebnisses oft hilflos. Statt „Das kann nicht im Interesse der Privatrechtsordnung liegen" versuche man präziser zu formulieren: „Eine solche nach dem Wortlaut der Vorschriften über … und … naheliegende Verzahnung der Regelungsmaterien wirkt widersprüchlich und würde häufig zu Ergebnissen führen, die mit dem Sinn des … kaum vereinbar wären." Das liest sich weitaus technischer, entspricht aber auch viel mehr der juristischen Scheu vor den großen Gerechtigkeitskonzepten, wenn das Problem im Alltag mit kleinen Argumenten zu bearbeiten ist.

Allgemeine Gerechtigkeitsüberlegungen finden die meisten Leser in Gutachten eher irritierend, zumal wenn sie so recht an keine Norm angeknüpft sind und daher für die Logik des Rechtsgutachtens „in der Luft hängen". Es gibt aber ein paar gelegentliche Ausnahmen. So kann und sollte man, wenn die Zeit in der Klausur und der Platz in der Hausarbeit es zulassen, etwa ein Rechtsinstitut wie den innerbetrieblichen Schadensausgleich/die Betriebsrisikolehre im Arbeitsrecht nicht nur technisch sauber versuchen aus einer analogen Anwendung anderer Normen herzuleiten, sondern auch kurz erklären, welche wirtschaftliche und rechtliche Ungerechtigkeit damit verbunden wäre, wenn es die Figur nicht gäbe.

Selbst wenn die Anknüpfung an eine bestimmte Rechtsnorm auf Anhieb nicht gelingen will, sollte man gründlich überlegen, ob man das Problem wirklich einleiten will mit „Es kann aber auch nicht richtig sein, dass …" Fast immer lässt sich das eigene Unbehagen auf einen Widerspruch zurückführen, an den man auch sprachlich anknüpfen kann: „Dieses Ergebnis steht aber im Widerspruch zu den Wertungen des Grundgesetzes, insbesondere der Meinungsfreiheit des Art. 5 I GG" oder „… zu den oben beim Schadensersatzanspruch gegen C gefundenen Ergebnissen".

Was halten Sie unter letzterem Gesichtspunkt von einer Urteilsbegründung wie dieser: „Völlig unverständlich ist dem Gericht insbesondere aber der Vortrag des Beklagten, es erscheine ihm nicht glaubhaft, dass die Mitarbeiter der Praxis und der Begleiter des Klägers nicht in der Lage gewesen sein sollten, den Kläger ohne seinen Rollstuhl in den Hausflur zu heben. Eine derartige Verhöhnung eines Rollstuhlfahrers durch einen Verkehrssünder, der sein Fahrzeug in einer Fußgängerzone derart behindernd vor einem Hauseingang abstellt, ist dem Gericht bisher noch nicht untergekommen. Der Beklagte hat offenbar jegliches Augenmaß für das damalige Geschehen verloren: Nicht der Kläger hat sich in diesem Fall etwas vorzuwerfen, vielmehr hat ganz allein der Beklagte durch sein egoistisches, rücksichtsloses und verkehrsordnungswidriges Verhalten die Ursache für die Probleme des Klägers gesetzt."[744]

395 • **Namensnennungen im laufenden Text** vermeide man. Fundstellen mit Namen gehören in die Fußnoten. Wird die referierte Ansicht nur von einer einzigen Person vertreten, darf man diese aber im Text nennen. Auch Gerichte werden mitten im Text genannt, obwohl man sie auch mit *die Rechtsprechung* umschreiben könnte.[745] Es darf allerdings nicht der Eindruck entstehen, man habe ein hübsches Meinungspotpourri zusammengestellt, ohne selbst über das Problem nachgedacht zu haben.

396 • **Vorbemerkungen**, **Schlussbetrachtungen** und Ähnliches sind in Gutachten fast nie gefragt.[746] Stellen Sie, was Sie in eine Vorbemerkung ziehen wollen, lieber dar, wo es zum ersten Mal darauf ankommt, und verweisen Sie später darauf. Eine **Nachbemerkung** nach dem Ende des Gutachtens (etwa in dem Sinne: „Ich habe gesehen, dass das hier erzielte Ergebnis ungerecht ist. Nach geltendem Recht kann aber nicht anders entschieden werden; alles andere ist Aufgabe des Gesetzgebers.") ist ebenfalls unüblich.

---

743 Zurückhaltung empfiehlt auch Schneider/Schnapp Logik S. 8.

744 AG Frankfurt a.M. NJW 1999, 223.

745 Näher noch → Rn. 567.

746 Das ist anders als im Referat in der Schule und in der Seminararbeit. Rechtsgutachten überzeugen aus der Logik der Sache heraus; idealerweise gibt es keine erläuterungsbedürftigen Alternativen für den Aufbau.

Wenn Sie etwas in dieser Art sagen wollen, lassen Sie in einer Fußnote durchblicken, dass auch Sie – neben folgenden prominenten Autoren ... – der Ansicht sind, dass hier noch Regelungsbedarf bestehe. Oder verhandeln Sie die rechtspolitischen Argumente („De lege ferenda[747] wird allenthalben gefordert, ...“) bei den teleologischen Erwägungen zur Auslegung des betreffenden Merkmals.

- **Ausnahmsweise** kann eine Vorbemerkung erforderlich sein, wenn es um die **Auslegung der Aufgabe** geht. Oft ist es aber sinnvoller, eine Sachverhaltsinterpretation erst an der Stelle zu thematisieren, an der sie für die Subsumtion wichtig wird. Am beiläufigsten kann man das vielleicht in einer Fußnote erledigen.   397

Die meisten Aufgaben bedürfen zwar einer aufmerksamen Lektüre und einer wertenden Erfassung dessen, was Inhalt der Frage ist und was nicht. Sie müssen jedoch im Gutachten nicht eigens interpretiert werden. Gelegentlich wird aber genau das nötig. Ist nämlich die Frage weder besonders eng und damit eindeutig

> Beispiel: „Kann A von B die Rückzahlung des Kaufpreises verlangen?“

noch besonders weit und damit (nicht immer, aber doch meist) umfassend

> Beispiel: „Wie ist die Rechtslage?“

sondern „mittel präzise“,

> Beispiel: „A will ... und erklärt ... Wird er mit ... Erfolg haben?/Wie ist die Rechtslage?“

so kann es nötig sein, vor dem Einstieg in die eigentliche gutachtenförmige Fallbearbeitung das Interesse (*Begehr*) des Anspruchstellers herauszupräparieren. Dem Gutachten voranzustellen sind dann unter einer geeigneten Überschrift einige Sätze, die dem Leser eine Übersicht geben, was vernünftigerweise zu untersuchen ist und in welcher Reihenfolge dies zu geschehen hat. Deren Ausgangspunkt sind meist die wirtschaftlichen Interessen des Anspruchstellers. Diese Einleitung sollte möglichst kurz (und zugleich möglichst überzeugend) ausfallen, um nicht den Eindruck einer langen und wasserköpfigen Vorrede zu erwecken.

- Auch ein **Vorwort** ist im Gutachten nicht zu empfehlen und in Themenarbeiten besser mit *Einführung* oÄ zu bezeichnen. Völlig kontraindiziert – milde ausgedrückt – sind in Übungsarbeiten **Widmungen** wie *Meinen Eltern* oder *Für Elise*. Was und wie viel immer Sie Ihren Eltern oder Elise verdanken – teilen Sie es dem Leser nicht mit. Ein **Motto** (zB „Ich weiß, dass ich nichts weiß“) über einem juristischen Übungsgutachten ist, naja, ungewöhnlich, jedenfalls aber unnötig.   398

- Wenn nicht zwingende Erwägungen einen **Exkurs** nahelegen, ist ein solcher zu vermeiden. Im Ableitungszusammenhang des Gutachtenstils weist ein Exkurs auf einen nicht hinreichend durchdachten Aufbau hin. Wenn man schon Exkurse unternimmt, sollten sie möglichst knapp gehalten und nicht gerade mit *Exkurs: Zur Geschichte des Bestimmtheitsgebots* überschrieben werden. Besonders riskant sind **verdeckte Exkurse** (Muster: „Der Elefant – Der Elefant hat an der Vorderseite eine wurmförmige Nase, den sogenannten Rüssel. Der Wurm ...“). In schriftlichen Arbeiten empfiehlt sich diese Form der Wissenspräsentation nur sehr eingeschränkt. Einen Hinweis auf eine nicht ganz durchdachte Darstellung gibt auch „Zu ... ist anzumerken, dass ...“[748]   399

---

747 Das bedeutet ungefähr: „Nach dem noch zu erlassenden Gesetz / rechtspolitisch wünschenswert.“

748 Wer also eine Überschrift setzt wie *Historisches zum Überschuldungsbegriff*, achte darauf, dem Leser die Notwendigkeit der dann folgenden Ausführungen möglichst klar vor Augen zu führen. Man könnte etwa fortfahren mit: „Um das heute herrschende Verständnis des Überschuldungsbegriffs nachvollziehen, einordnen und kritisieren zu können, braucht es einen Blick auf drei Rechtsprechungs- und Gesetzgebungsänderungen in der Vergangenheit.“

400   •   Ähnlich problematisch wie regelrechte Exkurse sind die **ergänzenden Ausführungen**, die sich in Übungsarbeiten immer wieder finden und die zur Abrundung des Entscheidungsvorschlags beitragen sollen.

> **Beispiel:** Erläuterungen zur Rücktrittsmöglichkeit und anschließenden Rückgewähr bereits ausgetauschter Leistungen sind überflüssig, wenn nur nach Schadensersatzansprüchen gefragt ist.

Gerade für Anfänger ist die Versuchung groß, solche zusätzlichen Erklärungen anzubringen. Leicht befürchtet man, das Gutachten könnte in seiner Unvollständigkeit den Eindruck erwecken, man habe kein angemessenes Ergebnis erzielt. Der Leser weiß aber meist genau, was gefragt war und was nicht. Den Platz kann man sinnvoller verwenden.

Wer nicht aushält, dass das von der Fallfrage verlangte Ergebnis „unvollständig" bleibt, setze eine Fußnote, in der kurz (!) ergänzend auf die weiteren Ansprüche hingewiesen wird.

   •   **Verweise**

   – nach **unten**

401   sind im Gutachten unbedingt zu unterlassen. Die zum Verständnis erforderliche Information darf nicht irgendwann später

> **Beispiel:** „Wie noch/im Folgenden zu zeigen/begründen/beweisen sein wird, …"

oder vielleicht auch gar nicht, sondern muss an Ort und Stelle wiedergegeben werden oder bereits vorher präsentiert worden sein. Ersparen Sie sich und dem Leser Ankündigungen.

> **Beispiel:** „Wie sich der Umstand auswirkt, dass hier der Kläger den Unfall verschuldet hat, wird unten zu 5. erörtert."[749]

   – nach **oben**

402   sind oft erforderlich bei Aufgaben mit Sachverhaltsvarianten und grundsätzlich zulässig, können bei zu häufiger Verwendung aber den Eindruck eines ungeschickten Aufbaus erwecken. Wird eine Definition mehrfach gebraucht, ist es nicht nötig, sie erneut und wortlautidentisch niederzuschreiben und jedes Mal mit einer umfänglichen Fußnote zu versehen. Es genügt, nach oben zu verweisen.[750]

> **Beispiel:** Wenn man den sperrigen Satz „Wegen der Definition des Angebots wird auf die obigen Ausführungen unter II.1. verwiesen" zu lang und zu ungelenk findet, kann man knapper formulieren „Ein Angebot im oben beschriebenen Sinne kann in der E-Mail des T an S vom 29.4. zu sehen sein."

Wenn die betreffende Definition erst wenige Absätze vorher gegeben wurde, darf man darauf vertrauen, dass der Leser sich noch erinnern kann. Bedenken Sie: Lesen geht schneller als Schreiben; was Sie vor zwei oder drei Seiten gesagt haben, ist dem aufmerksamen Leser noch gegenwärtig.[751] Wird auf mehrere in Folge geprüfte Fragen verwiesen, genügt häufig ein einziger Verweis. Um den Lesefluss nicht

---

749   BGHZ 57, 137 (143) = NJW 1972, 36.
750   Hildebrand Gutachtenstil S. 22, empfiehlt, selbst diesen Verweis nicht zu setzen. Zur Vorsicht rät Valerius Gutachtenstil S. 41.
751   Deshalb sollte möglichst nicht auf den vorherigen Absatz verwiesen werden, insbesondere nicht mit den Worten „Wie soeben ausgeführt …"

zu unterbrechen, ist es am besten, in einer Fußnote den Gliederungspunkt oder die Seite anzugeben.[752]

> **Beispiele:** „Wie bereits (oben) [Fn] festgestellt/dargestellt/dargetan/gezeigt/geprüft/ausgeführt/nachgewiesen/gesagt, ist .../handelt es sich bei ... um ... Für ... gilt das oben [Verweis] Gesagte (entsprechend). Hinsichtlich ... wird auf ... Bezug genommen."
> „Auch insoweit liegen die Voraussetzungen ... vor. Problematisch ist ... Wie sich aus den obigen Ergebnissen/Ausführungen zu .../den bereits genannten/aufgeführten/erwähnten/wiedergegebenen/erörterten Argumenten ergibt, ... ist aus denselben Gründen/den gleichen Erwägungen wie ... abzulehnen."
> Im Anschluss an unmittelbar vorangehende Ausführungen: „Gleiches gilt für ..."

Ein ungenauer Verweis des Typs *(s.o.)* ist dagegen einigermaßen unhöflich, weil der Leser dann erst suchen muss, wo das Gemeinte stehen könnte.

– Einleiten kann man Verweisungen mit *Wieder(um)/Ähnlich/Wie/Gleichermaßen/ Ebenso wie oben [Verweis auf Seiten oder am besten auf Gliederungsnummer] stellt sich die Frage/kommt es (für ...) darauf an, ob ...*   403

– Wiederholungen können mit *ebenfalls/auch/wiederum/abermals/gleichfalls/des- gleichen/erneut/neuerlich/auch hier/nochmals* usw. angedeutet werden. Angesichts des meist beschränkten Platzes sollte man Wiederholungen vermeiden oder kurz halten; viel besser als das oft eher störend wirkende *wie gesagt* ist dann ein präziser Verweis auf die wiederholten Überlegungen.

● **Die Bezeichnung von Personen mit *der* oder *die***   404

> **Beispiel:** „Der Schmidt/der A kann gegen den Schulz/den B einen Anspruch haben."

ist ein Relikt aus Jahrhunderten, in denen die Rechtsunterworfenen noch um ihre Subjektsqualität zu kämpfen hatten.[753] Schöner und platzsparender ist „Schmidt/A kann gegen Schulz/B einen Anspruch haben." Aber: „T ist Vertreter des V." „Die C-GmbH klagt gegen die F-oHG."

● **Wiederholungen des Gesetzes** sind fast immer überflüssig.[754] Es gilt allgemein als un-   405
nötig und falsch, das Gesetz wörtlich abzuschreiben oder Umschreibungen des Geset-
zeswortlauts

> **Beispiele:** „Nach § 107 BGB braucht der Minderjährige für eine Willenserklärung, durch die er nicht nur einen rechtlichen Vorteil erlangt, die Zustimmung seiner Eltern."[755] „§ 433 II BGB besagt, dass der Käufer zur Kaufpreiszahlung verpflichtet ist."

mit einer Fußnote („Vgl. § 276 BGB"/„So auch § 904 BGB") zu versehen. *Iura novit curia:* Der Korrektor kennt das Gesetz oder ist wenigstens imstande, sich Kenntnis

---

752 Als praktisch erweist sich hierfür die Querverweis-Funktion der Textverarbeitungsprogramme (meist unter Einfügen-Referenz). Damit lassen sich dynamische Verweise herstellen, die beim Drucken des fertigen Texts automatisch die aktuelle Gliederungsziffer oder Seitenzahl einsetzen.

753 Historisch geht das wohl noch etwas weiter zurück: Schon im Römischen Recht wurde der Kläger *Aulus Agerius* (AA) genannt, der Beklagte *Numerus Negidius* (NN). Eine weitaus harmlosere Erklärung bietet Hildebrand Gutachtenstil S. 39, an: Oft ist der Buchstabe schlicht der Anfangsbuchstabe einer Berufsrollenangabe (Unternehmer U), die dann den Artikel verlangt, sodass aus dem gedachten *der Unternehmer* das geschriebene *der U* wird.

754 Zurückhaltung empfiehlt auch Haft Einführung S. 379, ein anschauliches Beispiel dort S. 400 f.

755 Häufiger Fehler. – An diesem Beispiel wird zugleich erkennbar, dass Umschreibungen des Gesetzes oft mit einem Verlust an Genauigkeit verbunden sind, der zu Fehlern in der Subsumtion führen kann. Im Beispiel könnte es etwa heißen: „Der beschränkt Geschäftsfähige [wie sich aus § 106 BGB ergibt, gilt § 107 BGB nicht für alle Minderjährigen] braucht die Einwilligung [andernfalls ist die Willenserklärung nach § 108 I BGB schwebend unwirksam] seines gesetzlichen Vertreters [dies sind im statistischen Regelfall die Eltern]."

davon zu verschaffen. Es abzuschreiben ist also nicht nur Platz- und Zeitverschwendung, sondern auch unhöflich, weil man dadurch dem Leser fehlende Gesetzeskenntnis unterstellt. Diese Verschwendung führt in überraschend vielen Klausuren (und nicht wenigen Hausarbeiten) zu einer schwachen Schwerpunktsetzung. Das kostet unnötigerweise Punkte. Wer zu solchen Nacherzählungen neigt, muss sich das unbedingt abtrainieren. Trifft die Wiederholung des Gesetzes mit der Wiederholung des Sachverhalts (dazu → Rn. 463) zusammen, wird das zu einer massiven Gefahr für Ihren Prüfungserfolg, weil die eigentliche juristische Leistung, die Subsumtion, also die wertende Inbezugsetzung des Sachverhalts zum Gesetz, dann durch die Wiederholungen ersetzt wird. Auf dieses Zurückdelegieren der Arbeit an den Aufgabensteller reagieren Leser praktisch immer gereizt.

Ausnahmen: Bei wirklich entlegenen Normen aus anderen Rechtsordnungen oder lange vergangener Rechtsgeschichte kann es sinnvoll sein, diese in einer Fußnote oder in einem Anhang wörtlich wiederzugeben, möglichst unter Angabe der amtlichen Fundstelle. So erspart man dem Leser unnötiges Wühlen. Gleiches gilt für technische Normen und dergleichen.[756]

Wenn es auf den Wortlaut der Norm ankommt, darf diese zitiert werden; sinnvollerweise sollten Sie aber nur die erheblichen Merkmale wiedergeben, nur ausnahmsweise in Anführungsstrichen. Gleiches gilt, wenn jede Umschreibung mit einem Verlust an Genauigkeit einherginge.

Ähnlich wie das Gesetz sollte man quasi-legislative Akte als bekannt oder wenigstens zugänglich betrachten und daher allenfalls ausnahmsweise wörtlich zitieren.

> **Beispiel:** Der Deutsche Corporate Governance Kodex ist im Bundesanzeiger veröffentlicht.[757]

Wer das Gesetz umschreibt, um einen subsumtionstauglichen Obersatz zu erhalten, muss darauf achten, der Vorschrift nicht einen falschen Sinn beizulegen.

> **Beispiel:** Nicht passieren darf „Gemäß § 147 I BGB gilt der einem Anwesenden gemachte Antrag als sofort angenommen". Dann kommt fast zwangsläufig Falsches (oder eben nur noch zufällig Richtiges) heraus. Wer unsicher ist, schaue ins Gesetz. Wer danach noch unsicher ist, frage einen Kommentar. Wer danach noch unsicher ist, frage einen Juristen.

406 Fußnoten, die auf eine geltende Norm als Fundstelle verweisen, werden Ihnen immer als Fehler angestrichen werden. Nicht zu beanstanden sind dagegen Fußnoten wie „So aber noch § 28 des Gesetzes über … vom … (RGBl. yyy), außer Kraft gesetzt durch Gesetz vom … (BGBl. I yyyy)" oder „So § 322 des Entwurfs der Kommission zur Reform des Schuldrechts (BGB-KE)". Auch Normen ausländischen Rechts darf man gern mit einer Fundstellenangabe belegen.

407 Oft ist es übrigens sinnvoll, ein wenig im Gesetz zu blättern, weil man sich dadurch die Ableitung wichtiger Argumente aus dem Zweck der Regelung sparen kann. Ein Blick ins Gesetz erspart Geschwätz. Der kluge Jurist liest weiter – wenigstens die Norm bis zum Ende und auch einmal die nächste(n),[758] immer aber den nächsten Absatz. Der Regel folgt im nächsten Satz oder Absatz oft die Ausnahme, deren Kenntnis für die Subsumtion hilfreich ist – und giftige Randbemerkungen im Stil von *anderer Ansicht das Gesetz* vermeiden hilft.

> **Beispiele:** Manchmal hat man schon im Gespür, dass nach der Regel die Ausnahme kommen muss, zB bei § 518 I BGB; manchmal ist das nicht ganz so leicht zu erahnen, etwa bei § 179 I BGB.

---

756 **DIN-Normen** etwa muss der Interessierte meist kostenpflichtig über den Verlag beziehen. Da sie nicht von einer staatlichen (veröffentlichungspflichtigen) Institution stammen, wird es sinnvoll sein, sie im Text oder im Anhang zur Arbeit wörtlich wiederzugeben.

757 Und leicht einsehbar (auch in den früheren Fassungen) über t1p.de/zhj6.

758 Nicht zu vergessen: die vorherige Norm. Manchmal steht die Ausnahme nämlich vor der Regel, etwa in § 149 BGB, der eine Ausnahme zu § 150 BGB enthält.

- **Lehrbuchartige Ausführungen** sind bei Studenten beliebt, vor Korrektoren aber   408
  gefährlich. Prüfen Sie jeden (!) Satz auf seine Unentbehrlichkeit für die Subsumtion.

  Es ist zwar unerlässlich, eine Reihe von Definitionen insbesondere für Klausurzwecke zu beherrschen, also sinngemäß auswendig zu wissen. Es nützt aber nichts, wenn Sie eine auswendig gelernte Definition niederschreiben, ohne darunter zu subsumieren – oder die Subsumtionsleistung sich in einem pauschal-hilflosen „Dies ist hier der Fall" erschöpft.

  > **Beispiel:** „Nach § 243 II BGB beschränkt sich das Schuldverhältnis auf die einzelne Sache, wenn der Schuldner alles zur Leistung Erforderliche getan hat." Bis dahin ist es unproblematisch. „Diesen Schritt der Umwandlung einer Gattungsschuld in eine Stückschuld nennt man Konkretisierung." Das ist zwar inhaltlich richtig, aber zu lehrbuchartig.

  Lesen Sie Ihren fertigen Text einmal mit den Augen des Korrektors. Wo er „Fallrelevanz?" oder „Warum kommt es darauf an?"[759] an den Rand schreiben könnte, müssen Sie das Gutachten besonders sorgfältig überarbeiten.

  > **Beispiel:** Bei der Frage nach der Wirksamkeit eines Rechtsgeschäfts eines 12-Jährigen wird es oft sinnvoll sein, den Inhalt des § 110 BGB kurz wiederzugeben, weil das eine stimmige Subsumtion erleichtert. Nicht sinnvoll (sondern eben lehrbuchhaft) ist es aber, nach einer solchen Gesetzeswiedergabe zu schreiben „Diese Regelung nennt man den Taschengeldparagraphen". Unter diese Aussage kann man nämlich beim besten Willen nicht subsumieren.

  Die Versuchung ist groß, soeben erst angelesenes Wissen um jeden Preis zu präsentieren. Besonders gilt das, wenn man gerade ein Erfolgserlebnis gehabt hat, weil man die kryptischen Ausführungen in Literatur und Rechtsprechung endlich verstanden zu haben glaubt. Den Leser interessiert das aber nicht – deswegen: Kürzen Sie!

  Unter keinen Umständen sollten Sie **Lehrbuchtexte wörtlich abschreiben.** Zeit und Platz können Sie sinnvoller verwenden.[760] Bei nicht gekennzeichneten Zitaten (Plagiaten) ziehen Sie zudem den Zorn des Korrektors auf sich.[761] Zwar dürfen und müssen Sie, wenn beispielsweise ein Streitstand darzustellen ist, mit ähnlichen, gelegentlich gleichen Worten wiedergeben, was andere zum Problem sagen. Das ist aber nur die Vorbereitung für Ihre eigene Stellungnahme. Auch die beinahe wörtliche Wiedergabe eines fremden Standpunkts in indirekter Rede sollte die Ausnahme bleiben. Von Juristen wird erwartet, dass sie einen Rechtsstandpunkt in eigenen Worten formulieren – innerhalb der Grenzen, die die Fachterminologie fast zwangsläufig zieht.

  Faustregel: Ihre Aufgabe ist nicht, die Rechtsordnung anhand des vorgegebenen Falls zu erklären, sondern den vorgegebenen Sachverhalt anhand der Rechtsordnung nachvollziehbar zu entscheiden.

  Nur ausnahmsweise erforderlich sind Ausführungen wie „In einem anderen Urteil hatte der BGH zu entscheiden, ob …"/„Es ging dabei um die Frage, …". Das ist die Diktion eines juristischen Fachzeitschriftenbeitrags, dessen Verfasser sich mit neueren Rechtsprechungsentwicklungen auseinandersetzt. Im Gutachten brauchen Sie das höchstens, wenn Sie am Hauptproblem arbeiten – aber lassen Sie den Fallbezug nicht

---

759 Das sind zwei der meistgebrauchten Korrekturanmerkungen überhaupt.

760 Ganz ausnahmsweise ist ein wörtliches Zitat aus Lehrbüchern, Kommentaren, Aufsätzen etc. sinnvoll: Wenn deren Verfasser das Problem so pointiert formuliert hat, dass man seine Äußerung nicht umschreiben kann, ohne dass die Originalität der Formulierung leidet, darf und sollte man wörtlich zitieren – in Anführungsstrichen und unter Nennung der Quelle.

761 Sie würden sich als Leser doch auch verschaukelt fühlen, wenn der Verfasser einer Prüfungsarbeit zwölf Zeilen lang aus einem Urteil Text übernimmt und dabei auch noch desinteressiert genug ist, die urteilstypische Floskel „Nach ständiger Rechtsprechung des Senats" mit zu kopieren. Nicht sehr viel besser ist es, wenn ein einkopierter Abschnitt von anderthalb Seiten durchgängig den Regeln der hergebrachten Rechtschreibung folgt, der Rest des Gutachtens aber denen der neuen.

verloren gehen. Gerade die Wiedergabe umfangreicher theoretischer Kontroversen sollte wasserdicht gestaltet werden, indem man mit möglichst schulmäßigen Obersätzen darlegt, warum all das diskussionsbedürftig ist.

Manchmal verfallen auch Richter in den Lehrbuchstil.

> **Beispiel:** „Auf der Grundlage der vorstehenden Erwägungen ist davon auszugehen, dass …"[762] – solche Formulierungen weisen darauf hin, dass das Vorstehende in einem Rechtsgutachten zu abstrakt wäre und mehr Fallbezug hergestellt werden müsste.

Ein beliebter Fall des Lehrbuchstils ist das **Anhäufen umfangreicher Definitionen bei unproblematischen Tatbestandsmerkmalen.** Wann soll man aber nun ein nicht weiter problematisches Merkmal definieren, wann nicht? Die Frage beantwortet jeder Korrektor anders.[763]

Faustregeln: In Anfängerarbeiten ist es im Zweifel (!) besser, eine Definition hinzuschreiben als wegzulassen. Der Aufgabensteller will manchmal bestimmte Definitionen von Ihnen lesen. So kann es ratsam sein, bei der Subsumtion unter § 242 StGB selbst dann *bewegliche Sache* noch einmal zu definieren, wenn es sich um eine Brieftasche handelt.
Vermeiden Sie aber Definitionen, wenn sich die Merkmale der Definition noch schwieriger anwenden lassen als der definierte Begriff selbst.

> **Beispiel:** Manche **Lehrbuchdefinition** für den Begriff der Willenserklärung erweist sich im Gutachten als sperrig: „… eine private Willensäußerung, die auf die Erzielung einer Rechtsfolge gerichtet ist"[764] – da ist bereits bei *private* im alltäglichen zivilrechtlichen Gutachten ein Umweg programmiert.

Ausführungen zu Sinn und Zweck einer Regelung sind meist überflüssig, solange keine streitige Normauslegungsfrage sie erforderlich macht. Gerade diese Erklärungen hat man oft mit Herzblut verfasst und mit Stolz niedergeschrieben, weil man selbst eben erst verstanden hat, worum es geht. Hier gilt die alte Kürzungsregel „Kill your darlings!".

Gefährlich sind auch Beispiele zur Erläuterung von Rechtsbegriffen oder juristischen Konstruktionen. Das erinnert an den Stil von Lehr- und Lernbüchern und ist im Rechtsgutachten fast immer entbehrlich, wenn nicht gar falsch.

Die Lehrbuchhaftigkeit in Wortwahl, Gedankenführung und Abstraktionsgrad berührt sich oft mit einer gewissen Theorieverliebtheit.

> **Beispiele:** Die Theorien vom Handlungs- und vom Erfolgsunrecht bei § 823 I BGB führen in den allermeisten Fällen nicht zu unterschiedlichen inhaltlichen Ergebnissen, sondern nur zu einer Frage des „richtigen" Prüfungsaufbaus. Deshalb sollte man tendenziell die Erörterung kurz halten und in der Klausur vorzugsweise gar nicht darüber diskutieren, sondern nur einleitend ein Problemstichwort abwerfen: „Nach der heute herrschenden Theorie vom Erfolgsunrecht …" Wenn nicht gerade erörtert werden muss, welche Konzepte falsch und damit unanwendbar sind, sollte man nur ganz kurz erklären, warum es die Adäquanztheorie und den Schutzbereich der Norm zur Einschränkung der Zurechnung braucht, etwa mit „Weil aber das Abstellen auf die rein naturwissenschaftlich bestimmte Ursächlichkeit zu einer zu weitgehenden Verantwortung führen würde, werden dem Handelnden nur die Rechtsgutsverletzungen zugerechnet, für die sein Handeln adäquat kausal war und die vom Schutzbereich der verletzten Norm erfasst sind". Wer aber in der Fallbearbeitung beide Gesichtspunkte problematisieren muss, sollte auch nicht ganz schnörkellos einleiten mit „Zudem muss das Handeln des A adäquat kausal für die Eigentumsverletzung des B gewesen sein", weil so der Leser nicht versteht, warum ein im Normwortlaut nicht ersichtliches Tatbestandsmerkmal erörtert wird.

---

762 OLG Köln NJW 2006, 2272.
763 Das ist einigermaßen unbefriedigend. Aber neben „harten" Regeln für die fachliche Kommunikation gibt es eben manchmal auch „weiche".
764 Brox/Walker BGB AT Rn. 82; ähnlich Rüthers/Stadler BGB AT § 17 Rn. 1; Schack BGB AT Rn. 178.

Schon kleine Satzteile können Ihre Argumentation ins Unnötig-Lehrbuchhafte kippen lassen.

> **Beispiel:** „Grundsätzlich kommt ein Kaufvertrag – wie jeder schuldrechtliche Vertrag – durch Angebot und Annahme zustande." Wofür ist der Einschub gut? Im Lehrvortrag für die Anknüpfung an vorhandenes Wissen der Zuhörer, in der Prüfung für nichts. Also: weglassen! (Und das *grundsätzlich* ist auch nur sinnvoll, wenn im Anschluss eine Ausnahme vom Grundsatz diskutiert werden soll.)

Anlass zur Überarbeitung Ihres Texts besteht, wenn Sie beim Lesen auf Formulierungen treffen wie „Wendet man diese Grundsätze auf den vorliegenden Sachverhalt an, so ergibt sich Folgendes: …"[765] oder „Bei Berücksichtigung dieser Grundsätze ist …"[766]. Diese weisen darauf hin, dass im vorangehenden Abschnitt sehr wenig vom konkreten Sachverhalt, aber umso mehr abstrakt von den Prinzipien des Gutglaubenserwerbs an beweglichen Sachen die Rede ist.   **409**

Als überflüssig angreifbar sind fast immer Ausführungen, die nach „Anders lägen die Dinge, wenn …" kommen. Sie sollen ein Gutachten zum vorgegebenen Sachverhalt verfassen, nicht eines, das etliche selbst erfundene Varianten mitdiskutiert. Wenn das ausnahmsweise einmal erforderlich ist, weil das Argument sonst nicht deutlich wird, kann man den Gedanken vielleicht in eine Fußnote verlegen.

Überschriften wie *Das Wesen der Grundschuld/Die Rechtsnatur der Bürgschaft* signalisieren Änderungsbedarf.[767] Das gilt jedenfalls im Rechtsgutachten; in einer Themenarbeit sind sie unbedenklich. Erörterungen zu Bedeutung und Ursprung der Sicherungsübereignung verfehlen den Schwerpunkt des Problems, wenn es um die Wirksamkeit einer konkreten Sicherungsübereignung geht.[768]   **410**

Ähnlich unglücklich sind im Rechtsgutachten aussagearme Sätze des Typs „Dabei ist … von Bedeutung". In dieser Allgemeinheit ist das der Stil eines Lehrbuchs, das gerade keinen konkreten Sachverhalt diskutiert, sondern das Problem abstrakt erörtert.[769] Sie sollten im Gutachten besser die Bedeutung des jeweiligen Arguments genauer herausstellen („Für … ist … wegen … von erheblicher/entscheidender Bedeutung") oder wenigstens quantifizieren („Dabei ist von ausschlaggebender/maßgeblicher Bedeutung, ob … oder …").   **411**

Zu theoretisch geraten leicht auch die Überlegungen, die Klausurbearbeiter mit „Abzugrenzen ist zunächst … gegenüber …" einleiten. Vorzuziehen ist eine strenger sachverhaltsorientierte Erörterung, die etwa mit „Da die Parteien den Vertrag nicht (oder nur laienhaft) bezeichnet haben, kann es sich ebenso wie um einen … auch um einen … handeln. Für die Einordnung kommt es auf … (meist: den Parteiwillen) an. Das wichtigste Abgrenzungskriterium ist …" beginnt.   **412**

Die systematisierende Herangehensweise eines Lehrbuchs erkennt man an Sätzen wie „Es ist zwischen Innen- und Außenvollmacht zu unterscheiden". Diese sollten im Rechtsgutachten möglichst selten vorkommen. Man erkläre dem Leser nicht, dass Innen- und Außenvollmacht rechtlich unterschiedlich behandelt werden, sondern setze

---

765 BGHZ 11, 151 (155) = BeckRS 1953, 30378129; ähnlich zB BGHZ 90, 69 (77 und 84) = NJW 1984, 1177. In Übungsarbeiten sollten Sie den Anschluss der Subsumtion an die Erörterung theoretischer Streitfragen möglichst nicht allzu mechanisch wirken lassen. Statt „Das bedeutet auf den konkreten Fall bezogen, dass …" formuliert man eher „Für A bedeutet dies/würde das bedeuten, dass er …"

766 BGH NJW 2002, 2232 (2233).

767 Wegen der Wesensargumente → Rn. 225.

768 Lesen Sie noch einmal das bei → Rn. 399 zum Thema „Exkurse" Gesagte.

769 Außerdem neigen Ihre Leser dazu, solche Aussagen als trivial aufzufassen; dazu auch → Rn. 357.

dies als bekannt voraus und diskutiere im Gutachten sowohl die Innen- als auch die Außenvollmacht – wenn dazu Anlass ist.

413 • Ausführungen zur **früheren Rechtslage** und zu mittlerweile aufgegebenen Standpunkten von Rechtsprechung und Rechtswissenschaft,

> **Beispiele:** „Vor dem Inkrafttreten des …-gesetzes stellte sich das Problem folgendermaßen dar: …“; „Bis 1996 ging das BAG in ständiger Rechtsprechung davon aus, dass …“/„Unter Geltung des damaligen § …“

wie sie sich in Lehrbüchern und Aufsätzen finden, beschränke man auf das Notwendige und prüfe sie besonders gründlich auf ihre Bedeutung für die Argumentation zum geltenden Recht.

> **Beispiele:** Eine noch halbwegs schlanke Wissenspräsentation in der Klausur könnte etwa so aussehen: „Während noch vor einigen Jahren Rechtsprechung und überwiegende Meinung im Schrifttum eine gefahrgeneigte Tätigkeit voraussetzten, genügt nach heute ganz herrschender Ansicht eine betrieblich veranlasste Tätigkeit.“ Damit kann man Fachwissen demonstrieren, aber man sollte es nicht übertreiben, zumal man dann in aller Regel nur unter die heute herrschende Ansicht subsumiert. Oder „Die ursprünglich für gefahrgeneigte Tätigkeiten entwickelten Regeln wendet die Rechtsprechung seit einigen Jahren auf alle betrieblich veranlassten Tätigkeiten an, sodass zu fragen ist, ob …“

Eine Rolle spielen können sie etwa bei der historischen Auslegung der anzuwendenden Norm. Manchmal ist auch ein bestimmtes Argument nur verständlich, wenn man die damalige Rechtslage kennt.

Informationen zur **künftigen Rechtslage** sind eher in Seminarreferaten als in Übungsarbeiten gefordert. Der Inhalt einer bevorstehenden Neuregelung kann aber etwa bei der Auslegung der noch geltenden Vorschrift nach deren Zweck erörtert werden.[770] Gleiches gilt für eine frühere Textfassung, von der der Gesetzgeber bei der Neufassung bewusst abgewichen ist.

414 • Eine häufig anzutreffende Schwachstelle studentischer Übungsarbeiten liegt im **Schema-Fetischismus**. Im Vordringen begriffen ist die sklavische Verwendung von Aufbauschemata,[771] wie sie wohlfeil und in unterschiedlicher Qualität in zahlreichen Lernhilfen und Lehrbüchern zu finden sind. Wahrscheinlich liegt der Grund für ihre Beliebtheit in der ständigen Angst, Wichtiges zu vergessen, und in dem von Lehrenden und Lernenden gleichermaßen manchmal übertriebenen Bemühen, den einzig richtigen Aufbau zu finden. Die Verwendung solcher Schemata birgt Gefahren: Der Benut-

---

770 Allerdings ist es problematisch (warum übrigens?), das noch geltende Gesetz auslegungswegig mit dem Inhalt des noch nicht erlassenen oder noch nicht in Kraft getretenen Gesetzes zu füllen. Ein Beispiel: Der BGH vermeidet in NJW 2013, 220 ff. die Bezugnahme auf den Referentenentwurf zur Gesetzesänderung (t1p.de/831s), obwohl sein Auslegungsergebnis mit der geplanten Gesetzesänderung übereinstimmt. Auch in den Anmerkungen zu dieser Entscheidung wird die künftige Rechtslage als unterstützendes Argument herangezogen, nicht als entscheidendes (zB Looschelders JA 2013, 149 ff.; S. Lorenz NJW 2013, 207 [209]).

771 Zuerst einmal: Der Plural von *Schema* heißt nicht *Schemas*, *Schematas* oder *Schemen*, sondern *Schemata*. Ist das jetzt klar? (Der Duden hat allerdings vor den Nebenformen schon kapituliert …) – Die Warnungen vor blinder Schemagläubigkeit sind zahllos (zB Bull JuS 2000, 778 f.; schön auch Derleder NJW 2005, 2834 [2836]: „Checklistenfetischisten“; Oestmann JuS 2003, 870 spricht anschaulich von der „Flucht ins Schema“), bedürfen aber wegen dauernder Missachtung einer kurzen Wiederholung. Zu einem besonders beliebten Schema („Anspruch entstanden – Anspruch untergegangen – Anspruch durchsetzbar“) sehr skeptisch Fervers ZJS 2015, 454 ff.; differenziert zum Wert von Schemata Rosenkranz JuS 2016, 294 ff.; die Grobstruktur zivilrechtlicher Ansprüche erläutert Max ZJS 2022, 135 ff.

zer tendiert dazu, alles abzuhaken[772] – und sei es auch nur mit einem Satz, der dann aber unbedingt (warum eigentlich?) eine eigene Überschrift erhalten muss[773]. Nicht selten erörtert er dabei das Problematische zu knapp, das Unproblematische zu breit.

Ebenso gefährlich wie die falsche Schwerpunktsetzung sind die zeitlichen Probleme, die das sture Abarbeiten von Schemata in Klausuren nach sich zieht.

> **Beispiele:** Der letzthin in zivilrechtlichen Gutachten immer beliebtere Satz „Dazu muss der Anspruch zunächst entstanden sein" ist nicht falsch[774]. Aber er ist beinahe aussagelos und kostet auf Dauer zu viel Zeit und Konzentration. „Weiterhin sind keine Gründe ersichtlich, die diesem Kaufvertrag entgegenstehen" ist sehr schematisch und fast aussagefrei. Anknüpfungspunkte im Sachverhalt sind dabei gar nicht mehr zu erkennen (bei verneinten Aussagen ist das allerdings auch nicht ganz einfach.)

Nicht selten führt das stumpfe Herunterbeten von Schemata zu einer eigentümlich armen Ausdrucksweise.

> **Beispiele:** Bei „§ 323 BGB ist abzulehnen" oder „Auch § 151 BGB liegt nicht vor" sieht man den Verfasser fast vor sich, wie er inhaltlich nur maßvoll interessiert Häkchen hinter auswendiggelernte Prüfungspunkte setzt.

Außerdem sind Schemata nicht immer vollständig (wie sollten sie auch?) und stellen die einzelnen Merkmale nicht notwendig in überzeugender Reihenfolge und Anordnung dar. Am besten benutzen Sie Schemata wie Krücken: mit dem Zweck, sie möglichst schnell überflüssig zu machen.[775]

Hinzu kommt eine eigenartige Perspektivverschiebung im Kopf des Lernenden. Es geht immer weniger um das Problem in der Sache, sondern immer mehr um das Abarbeiten eines Schemas, das meist nicht der Gesetzgeber vorgibt, sondern ein Lehrbuchautor oder Repetitor. In der Folge finden sich in Übungsgutachten immer häufiger Sätze wie „Folglich ist auch dieser Prüfungspunkt erfüllt" statt etwa „Damit besteht eine dem B zurechenbare Ursachenbeziehung zwischen seinem Verhalten und dem bei A eingetretenen Schaden".

Überlegen Sie, inwieweit das betreffende Schema vom Gesetz getragen ist. Das Gesetz dürfen Sie bei Ihren Gutachten nicht ignorieren. Alles, was darüber hinausgeht, sind Zweckmäßigkeitsregeln, die man bei Bedarf außer Acht lassen kann.

Wenn Sie den Sinn einer Norm verstanden haben, werden Sie sich die Struktur auch leichter merken können, sodass das Schema letztlich entbehrlich wird.[776]

> **Beispiel:** Beim Erlernen der Voraussetzungen der Rechtsscheinvollmachten (Anscheins- und Duldungsvollmacht) findet man etwa bei *Brox/Walker*[777] die Voraussetzungen a) keine Vollmacht, b) Rechtsschein, c) Zurechnung, d) Vertrauen des Dritten auf Rechtsschein. Im Gutachten schreibt man aber natürlich die erste Voraussetzung nicht noch einmal stumpf hin –

---

772 Wenn Sie in Ihren eigenen Gutachten gehäuft Überschriften finden, denen ein einziger Satz rein feststellenden Inhalts folgt, haben auch Sie es vielleicht mit den Schemata übertrieben.

773 Für die Überschriften plädiert Brockmann HanLR 2018, 88 ff.

774 Dazu Fervers ZJS 2015, 454 ff.

775 Lesenswerte Bemerkungen zu Sinn und Unsinn von Schemata und dem intelligenten Umgang mit ihnen bei Puppe Schule 181 ff.; s. auch Hufen JuS 2013, 1 (7).

776 Eine Faustregel: Lange Schemata mit Vollständigkeitsanspruch („Das gesamte Polizeirecht auf dreieinhalb Seiten") erstarren spätestens im Kopf des auswendiglernenden Anwenders schnell; kleine Schema-Atome („Bei Anfechtung einer Willenserklärung prüft man immer: Anfechtungsgrund – Anfechtungserklärung – Anfechtungsfrist") sind weniger gefährlich und werden erfahrungsgemäß auch flexibler und sachverhaltsbezogener angewandt.

777 Brox/Walker BGB AT Rn. 563 ff.; zur Vertiefung Kneisel JA 2010, 337 ff.

vielmehr erörtert man eben zuerst, ob der Stellvertreter eine ausdrückliche oder schlüssige Vollmacht erteilt bekommen hat, und wenn das nicht der Fall ist, fragt man im nächsten Schritt, ob seine Erklärung wenigstens aufgrund einer Rechtsscheinvollmacht dem Vertretenen zuzurechnen ist. Als deren Voraussetzungen erörtert man aber nur noch b)–d). Alles andere birgt das Risiko, den Leser für blöd zu verkaufen.

415   Es ist Teil der Aufgabe, dass Sie eine problemangemessene Gliederung entwerfen. Diese ist nur ganz selten im Maßstab 1:1 aus einem „Wie-subsumiere-ich-richtig?-Buch" zu entnehmen. Die Mustergutachten, die Sie in den Ausbildungszeitschriften finden, sind eben nur Muster.[778] Auch die Originalarbeiten, die Sie in den Sammlungen einiger studentischer Hochschulgruppen[779] einsehen und kopieren können, sind nicht zum wörtlichen Abschreiben gedacht. Das geht fast immer an den Problemen Ihrer Aufgabe knapp vorbei und wird vom Leser eher belächelt.

Bei Überlegungen, die in Ihre Aufbauvorstellungen auch nach längerem Nachdenken nicht einzuordnen sind, aber dem Sachverhalt oder Ihrer Vorstellung von der vollständigen Bearbeitung zufolge dazugehören, kann es zweckmäßig sein, nach Schema aufzubauen, dann ein Zwischenergebnis zu ziehen und fortzufahren mit „Etwas Anderes kann gelten / An diesem Ergebnis/hieran/daran kann sich etwas ändern, weil [Umstand]/[unbequeme Idee]".

Wenn Sie nicht gewiss sind, ob der Gedanke vielleicht etwas abwegig ist, können Sie Ihre Zweifel signalisieren mit „Man könnte daran denken, …", „Zu denken ist (allenfalls)/wäre an …", „… ist zumindest in Erwägung/Betracht zu ziehen", „Man könnte annehmen/vermuten, …"/„Bei näherer Überlegung/Prüfung bestätigt sich diese Annahme/Vermutung/dieser Verdacht jedoch nicht: …"/„Dies wird zu verneinen sein, weil …"(- Urteilsstil!).

416   Meist gibt es keine zwingende Reihenfolge für die Erörterung einzelner Tatbestandsmerkmale; es ist aber immer das logisch Vorrangige zuerst zu untersuchen.[780]

> **Beispiele:** Ob ein Vertrag gegenseitig ist, kann man erst feststellen, wenn man weiß, dass und mit welchem Inhalt er überhaupt geschlossen wurde. – Sinnvollerweise stellt man (im Deliktsrecht, Strafrecht) zuerst den Erfolgseintritt fest, diskutiert dann, welches Verhalten dazu geführt hat und problematisiert anschließend Fragen der Ursächlichkeit und der Zurechnung (Äquivalenz, Adäquanz, Zurechnungsprobleme). Beim Diebstahl oder der Sachbeschädigung sollte man erst fragen, ob es sich um eine Sache handelt, bevor man deren Fremdheit erörtert.

Oft ist es zweckmäßig, sich an die von der Norm vorgegebene Reihenfolge zu halten.

Nach dem hier Gesagten werden Sie sich nicht wundern, wenn Sie in diesem Buch keine Aufbauschemata finden.[781]

417   • Bei **Regel-Ausnahme-Verhältnissen** ist es meist sinnvoll, zuerst kurz festzustellen, dass der Regelfall nicht gegeben ist, bevor man die Ausnahme diskutiert.[782]

---

778 Wenn Sie trotzdem gezielt nach einer Musterarbeit mit ähnlichem Thema suchen wollen, finden Sie diese meist in den Lehr- und Lernbüchern nachgewiesen, außerdem bei Niederle sowie jährlich neu bei Tholl Fundus, zuletzt 2008.

779 Und immer öfter im Internet, zB unter hausarbeiten.de, rewi.hu-berlin.de/stud/fsj/Hausarbeit/ Hausarbeiten. Die mit über 3.000 Arbeiten recht beachtliche Sammlung der Frankfurter Giraffen ist katalogisiert unter t1p.de/81we.

780 Dazu auch → Rn. 434.

781 Immerhin eine Empfehlung: Minas Anspruchsgrundlagen (leider keine Neuauflage seit der Schuldrechtsreform).

782 Das ist eine für juristische Gutachten ganz geläufige Vorgehensweise, die man in zahllosen Mustergutachten in den Ausbildungszeitschriften studieren kann, zB die Erörterung des Gläubigerverzugs bei von Koppenfels JuS 2002, 569 (570).

> **Beispiele:** Zuerst stellt man fest, dass eine Willenserklärung des Vertretenen fehlt, dann prüft man, ob es eine zurechenbare Willenserklärung des Vertreters gibt: „Da K selbst gegenüber V keine Erklärung abgegeben hat, kann er vertraglich nur zu … verpflichtet sein, wenn dies durch eine Erklärung des S bewirkt worden ist. Ob das anzunehmen ist, bestimmt sich nach §§ 164 ff. BGB …" Zuerst erörtert man das Verschulden des Vertragspartners selbst (§ 276 BGB), dann ein zurechenbares Verschulden seines Erfüllungsgehilfen (§§ 278, 276 BGB).

Durch solches Abklappern von Regel und Ausnahme wird zwar das Gutachten hier und da einen Satz länger als unbedingt nötig. Es kommt aber zugleich den Erwartungen des Lesers entgegen, der meist über einen systematischeren Problemzugriff verfügt. Deshalb ist hier der sonst zu vermeidende Wissensexhibitionismus einmal zulässig, zumal er eher bescheiden bleibt. Das gilt nicht zuletzt aus prüfungstaktischen Gründen: Nicht selten ist mit der Regel ein Punkt zu holen – und mit der Ausnahme drei.

- **Hilfsgutachten** sind – gerade in zivilrechtlichen Arbeiten – selten erforderlich.[783]   **418**
Häufig signalisieren sie dem Leser nur, dass Sie Ihrem Ergebnis oder Ihrer Begründung selbst nicht recht trauen. Auch wenn die Versuchung groß ist, ein weiteres Problem hilfsweise darzustellen, das Sie sich mit Ihrer Argumentation abgeschnitten haben: Lassen Sie es bleiben. Ist die Arbeit im Übrigen gut, brauchen Sie nicht zu beweisen, dass Sie noch eine zusätzliche Streitfrage gesehen und anständig entschieden haben. Umgekehrt können Sie nie wissen, ob nicht ein Fehler im Hilfsgutachten Punkte kostet. Wenn Ihnen eine Frage so am Herzen liegt, dass Sie ein Hilfsgutachten (typische Einleitung: „Folgt man der oben vertretenen/hier zugrunde gelegten Auffassung nicht, so …") erwägen, überlegen Sie, ob Sie sich nicht einfach oben anders entscheiden.

Ausnahme: Etwas anderes gilt, wenn die Aufgabe für einen bestimmten Fall ausdrücklich ein Hilfsgutachten verlangt.[784]

Bei der hilfsweise angestellten Prüfung kommen Sie nicht selten zum gleichen Ergebnis wie bei der Hauptprüfung. Die Formulierung darf nicht widersprüchlich geraten.

> **Beispiel:** Augenfällig ist das bei: „Der Anspruch ist also erloschen. Er ist zudem nicht durchsetzbar." Wer so argumentiert – was grundsätzlich zulässig ist – muss anders formulieren: „Der Anspruch ist also erloschen. Bestünde er noch, wäre er nicht durchsetzbar wegen …"

Man muss aus der Frage „Hilfsgutachten ja oder nein?" keine Wissenschaft machen. Meist wird es genügen, sich zwei Überlegungen vor Augen zu halten: Der auf das Hilfsgutachten aufgewendete Platz steht für das Hauptgutachten nicht mehr zur Verfügung. Und: Zwei oder mehr Hilfsgutachten kommen in verwickelten Sachverhalten praktisch vor, in akademischen Übungen sind sie die seltene Ausnahme.

Ähnlich, aber nicht ganz gleich liegt das Problem bei **Hilfsargumenten.** Bei der Erör-   **418a**
terung streitiger Fragen geschieht es oft, dass Sie mit einem starken Argument eine Entscheidung in die eine oder andere Richtung begründen können. Stehen „hinter" diesem Argument kraft sachlogischer Reihenfolge weitere Argumente, müssten diese strenggenommen nicht mehr dargestellt und erörtert werden. Gleichwohl sollten Sie anders verfahren, weil es sich um ein rechtswissenschaftliches Gutachten handelt, das den Adressaten über alle wichtigen Überlegungen informieren soll. Gerade bei größeren Problemen ist es zudem taktisch sinnvoll, mehr Argumente zu präsentieren. So hat der Prüfer Gelegenheit, Punkte zu vergeben.

---

783 Bei öffentlichrechtlichen Aufgaben wird das in der Ausbildungsliteratur teils anders gesehen, teils auch ausdrücklich von der Aufgabe anders gefordert. Näher dazu Schnapp JuS 1998, 420 ff.; ein paar kluge Überlegungen zum Hilfsgutachten bei Beyerbach JA 2014, 813 (818 f.).

784 In manchen Bundesländern sind allerdings Aufgaben üblich, bei denen die Fallfrage wie folgt ergänzt wird: „Soweit ein Eingehen auf alle berührten Rechtsfragen nicht erforderlich erscheint, sind diese in einem Hilfsgutachten zu erörtern."

Unter den Bedingungen knapper Zeit in der Klausur und beschränkten Platzes in der Hausarbeit wird man aber das zweite und dritte Argument wenn möglich schlanker, gedrängter, eleganter, wenig intensiv mit Belegen untermauert präsentieren. Das mag wissenschaftlich betrachtet seltsam anmuten, ist aber als Kompromiss mit den endlichen Ressourcen und als Zeichen der Schwerpunktsetzung fast immer erforderlich.

419   Es kommt vor, dass ein Sachverhalt erkennbar auf ein Kernproblem zielt, Ihre Bearbeitung aber nicht bis dahin gelangt, weil ein Tatbestandsmerkmal keine Entsprechung im Sachverhalt findet. Sie sollten dann

– zuerst noch einmal überlegen, ob der Sachverhalt wirklich auf das zentrale Thema hin angelegt ist, das Sie zu erkennen glauben; auch eine unerwartet einfache Entscheidung kann richtig sein,
– entweder das Gutachten abbrechen und eventuell ein Hilfsgutachten beginnen
– oder sich über das Merkmal nicht weiter den Kopf zerbrechen. Wenn die Aufgabe deutlich auf ein Thema zielt, sind Nebensächlichkeiten nicht problematisch gemeint. Handeln Sie diese kurz ab, sodass Sie auf dem Weg zum eigentlichen Thema weiter kommen.

Folgender Maßstab mag helfen: Je früher ein Gutachten abbricht, desto unwahrscheinlicher ist es, dass der Aufgabensteller das wollte. Das ist ein rein taktisches Kriterium ganz ohne inhaltliche Aussagekraft.

420 • Es ist weder erforderlich noch angebracht, in Hausarbeiten laufend die einschlägigen Texte des Veranstalters zu zitieren. Das hat mehrere Gründe:

– Der Betreffende kennt seine eigene Meinung und ist nur maßvoll daran interessiert, sie auf studentischem Niveau noch einmal nacherzählt zu bekommen.
– Er erkennt daher auch sehr schnell Fehler und Verständnislücken der Bearbeiter.
– Oft korrigiert nicht er selbst, sondern seine Mitarbeiter; die Schmeicheleien bleiben dann noch vor dem Ziel stecken. Außerdem teilen nicht alle Korrekturassistenten die Meinung des Übungsleiters.
– Kaum jemand ist so eitel, dass ihm nicht **Opportunismus** unangenehm auffiele.

Umgekehrt lohnt sich ein Blick in den Kommentar oder das Lehrbuch des Aufgabenstellers.[785] Es kann eben doch passieren, dass dieser ein Thema zur Bearbeitung stellt, das ihn selbst schon beschäftigt hat. Dann erwartet er, dass sich die Bearbeiter mit seiner Meinung zur betreffenden Frage wenigstens kurz **auseinandersetzen**.

Manchmal ist opportunistisches Verhalten in Ordnung: Wenn Sie erkennen, dass der Aufgabensteller den Sachverhalt auf die Erörterung bestimmter inhaltlicher Probleme hin konstruiert hat – so ist es im Allgemeinen –, vergeben Sie sich nichts, wenn Sie bei eben jenen Problemen Schwerpunkte setzen, auch wenn Ihnen andere Fragen viel interessanter erscheinen.

421 • Wenig nachahmenswert sind bestimmte Formen von **PC-Exhibitionismus**. Der Einsatz des Computers bei der Anfertigung von Übungs- und Seminararbeiten bietet eine Reihe von Vorteilen. Während diese schnell ins Auge fallen, geraten einige spezifische Gefahren leicht aus dem Blick:[786]

– Ausgesprochen peinlich wirkt es, wenn Sie sämtliche DTP-Funktionen Ihres Textverarbeitungs- oder Satzprogramms wirklich einsetzen. Eine gute Arbeit braucht

---

785 Eher als ein Kommentar oder Lehrbuch ist es übrigens oft ein jüngerer Zeitschriftenaufsatz oder dergleichen. Aber selbst entlegenere Texte findet man heute leicht, weil auf fast allen Lehrstuhlheimseiten eine Veröffentlichungsliste eingestellt ist.

786 Sehr bedenkenswert Gelernter FASZ v. 28.2.2010, 23 sub 4.: „Textverarbeitungsprogramme haben unterm Strich dazu geführt, dass wir mehr, nicht dass wir besser schreiben."

das nicht; bei einer schlechten erwecken Sie unweigerlich den Eindruck, als hätten Sie sich mit Computerspielzeug anstatt mit Recht befasst. Ersparen Sie dem Leser jedenfalls mehrfarbig ausgedruckte Arbeiten.[787] Auch Grafiken, Diagramme, Wasserzeichen und dergleichen sind unüblich, weil unnötig.[788] Sie können davon ausgehen, dass Ihre Leser an typographisch schlichte Arbeiten („Bleiwüsten") gewöhnt sind und allzu starke Abweichungen davon nicht wertschätzen werden.[789]

– Misstrauen Sie den Vorschlägen von automatischen Trennhilfen und Rechtschreibkorrekturprogrammen. Wie wenig man sich auf diese verlassen kann, sehen Sie an der Rechtschreibhilfe.[790]

> **Beispiel:** Wenn Sie *freundlich* versehentlich ohne *r* schreiben (also *feundlich*) und das Ganze mit MS Word korrigieren, schlägt Ihnen das Programm zuerst *feindlich* (danach allerdings auch *freundlich*) vor. Je nach Tippfehler wird aus *Logik* auch mal *Logistik* und *statistisch* ungewollt *statisch*. Also Obacht – Beginnen Sie Korrekturläufe nicht mehr nach Mitternacht. Die Rechtschreibhilfe ist besonders leicht zu irritieren, wenn der Tippfehler am Wortanfang steht, etwa bei *elastisches* statt *plastisches Beispiel*. Und ihr Wortschatz ist begrenzt: *Sandaale* kennt sie nicht – also schlägt sie *Sandale* vor. Das wird zwar nur selten missverständlich, aber manchmal unfreiwillig komisch, etwa bei der *verdreckten Regelungslücke*.

Etliche Fehler findet die Rechtschreibhilfe nicht, weil sie sie nicht finden kann.

> **Beispiele:** *Im Jahr 2019 gab es mehrere Initiativen zur Straflosstellung des Containers*[791]. Schreiben Sie *wahr* ohne *h*, wird das Programm nicht misstrauisch. Ob Sie *Grundschule und Gesamtschule* oder *Grundschuld und Gesamtschuld, Modifikation* oder *Kodifikation, Beschuss* oder *Beschluss*[792], *Diebstahl der rosaroten Kaffeekasse* oder *der rostroten Kaffeetasse, Ehering* oder *Hering, Nivellierung wichtiger* oder *Novellierung nichtiger* (oder: *richtiger*) *umweltrechtlicher Gesetze, revolvierende Sicherheiten* oder *revoltierende Sicherungen, Vereinigung, Vereidigung* oder *Verteidigung, reklamieren, deklamieren* oder *deklarieren, Zeitschrift* oder *Zweitschrift, Bestätigung* oder *Betätigung, Gegenwert* oder *Gegenwart, Patient* oder *Patent, Bürger* oder *Bürge, Rektor* oder *Reaktor, Betrag* oder *Beitrag, schön war's* oder *schön wär's, Fuchs, Luchs, Lachs* oder *Dachs, gescheiter* oder *gescheiterter Rechtskandidat, Notar* oder *Notarzt, Gestank* oder *Gastank, Instanzgericht* oder *Instantgericht, Gericht, Gedicht, Gesicht, Gewicht* oder *geeicht, Autorennen* oder *Autorinnen, Annahme* (§§ 148 ff. BGB) oder *Abnahme* (§§ 640 f. BGB), *dinglicher* oder *dringlicher Anspruch, Verlobung, Verlosung* oder *Vorlesung, Nomade* oder *Monade* oder *Monate* gemeint haben, kann das Programm nicht wissen – es zeigt also keinen Fehler an. Es müsste den Text auf seinen Sinn und inhaltlichen Zusammenhang analysieren, um einen einfachen Tippfehler feststellen zu können.[793]

---

787 Wer schon einmal eine auch nur zweifarbige Arbeit im CopyShop vierfach hat drucken und binden lassen hat, weiß, dass schwarz/weiß billiger ist.

788 Skeptisch zu Visualisierungen als Argumentersatz Puppe Schule S. 151 f.

789 Normalerweise kommen juristische Argumentationen mit schwarzen Buchstaben auf weißem Papier aus. Genauso sah auch lange Zeit die juristische Wissensvermittlung aus – schauen Sie sich einmal ein klassisches großes Lehrbuch an. Die visuellen Erleichterungen moderner Lehrbücher (noch ausgeprägter meist: Skripten) gehören aber nicht in die Prüfungsarbeit. Keinesfalls sollten Sie die dümmlichen Marotten fortschrittlicher Lernliteratur übernehmen, indem Sie etwa jeden Hinweis mit *Hinweis* ankündigen. Wer mit diesem Quatsch anfängt, kann auch jede Fußnote ausdrücklich als *Fußnote* bezeichnen und jede Überschrift als *Überschrift*. So blöd sind Ihre Leser dann vielleicht doch nicht.

790 Juristisches Fachvokabular einschließlich Abkürzungen enthält der Duden Korrektor Jura, der sich in die MS Office-Produkte einbinden lässt, allgemeiner der Duden-Mentor (unter t1p.de/gonp), ein Open-Source-Alternativprodukt unter t1p.de/6ewd; nützliche Ressourcen unter t1p.de/9mtg

791 Rennicke ZIS 2020, 343 (346).

792 Umfassend zur Unterscheidung *Beschluss/Beschuss* Hamann JZ 2016, 1108 ff.

793 Lesenswert zu den Grenzen derartiger Programme Zimmer Grammätik, in: Zimmer Deutsch S. 252 ff.

Besonders tückisch ist das bei Worten, bei denen man etwas anderes erwartet hätte.

> **Beispiele:** *zunähst* statt *zunächst*, *beeide* statt *beide*, *Zecke* statt *Zwecke*, *leiht* statt *leicht*, *unterminieren* statt *umterminieren*, *Moderduft*[794] statt *Modeduft*, *Gewebe* statt *Gewerbe*, *verseucht* statt *versucht*, *Erfolge* statt *Erbfolge*, *strickt* statt *strikt*, *Betübung* statt *Betäubung*, *Nachteule* statt *Nachteile*, *Montagabend* statt *Montageband*

Bei Eigennamen und Ortsnamen stößt das Benutzerwörterbuch zwangsläufig an seine Grenzen, erst recht bei Abkürzungen für Eigennamen.

> **Beispiele:** *REWE* und *RWE, BKA* und *KBA, Aldi* und *Audi, Passau* und *Nassau*

Vereinzelte fremdsprachliche Zitate werden (anders als längere fremdsprachliche Abschnitte) nicht verlässlich als solche erkannt, sodass man sie über die Funktion *Sprache festlegen*[795] kennzeichnen muss, um eine Rechtschreibprüfung anhand des richtigen Wörterbuchs zu erreichen.

– Eine Silbentrennung ohne Grammatikanalyse kann nicht entscheiden, ob *Mietende* vor (*Der/die Mietende*) oder nach (*Das Mietende*) dem *t* getrennt werden muss.[796]

– Professoren, Assistenten, wissenschaftliche Mitarbeiter und Korrekturkräfte sind ebenso gut wie Sie mit den Manipulationsmöglichkeiten vertraut, die verschiedene Schriftgrade, variable Zeilenabstände, Proportionalschrift[797] usw. hinsichtlich der Gesamtlänge eines Texts bieten. Am klügsten ist es, Sie verwenden Ihre Zeit auf vernünftiges Kürzen, anstatt durch Quetschen um jeden Preis das vorgegebene Seitenlimit einzuhalten. Es fällt nämlich auf. Bestimmt.

– Für die Umsetzung der hier gegebenen Hinweise können Sie den PC sinnvoll einsetzen[798]. Legen Sie sich beispielsweise eine Liste der beliebtesten Unwörter einschließlich Ihrer eigenen an, mit deren Hilfe Sie die fast fertige Hausarbeit noch einmal durchsehen.[799] Sie können die *jedochs* in Ihrem Text zählen, indem Sie *jedoch* durch *jedoch* ersetzen lassen. Wenn es zu viele sind, ersetzen Sie sie durch Synonyme oder lassen gelegentlich eines weg. Für Wörter, die Sie ganz vermeiden wollen, richten Sie einen AutoKorrektur-Eintrag ein.

> **Beispiele:** *Mobiltelefon* statt *Handy, Frage* statt *Fragestellung, hier* statt *laut Sachverhalt* und *im vorliegenden Fall*, nichts statt *entsprechend/e/r*, *nach hM, sogenannte/r/s, es ist so, dass …*, *sinnvoll sein* oder *Sinn ergeben* statt *Sinn machen* usw.

Man kann die in der Anleitungsliteratur[800] zusammengestellten Hinweise zur äußeren Gestaltung einer Hausarbeit in eine Formatvorlage umsetzen und diese dann immer wieder verwenden. Solche Formatvorlagen gibt es auch im Internet.[801]

---

794 ZB von Gehlen Mashup S. 37: „Postmoderne Denker".
795 In MS Word unter Extras-Sprache.
796 Dazu auch schon → Rn. 329. Insgesamt haben die Silbentrennalgorithmen der großen Textverarbeitungsprogramme aber mittlerweile ein beachtliches Niveau erreicht. Im Großen und Ganzen kann man sich jetzt auf sie verlassen. Allerdings kommt es bei längeren Texten immer noch gelegentlich zu Programmabstürzen – also Speichern vor Trennen.
797 Zu diesen raffinierten Tricks instruktiv Krämer/Rohrlich Haus- und Examensarbeiten S. 72 ff.
798 Mittlerweile gibt es kommerzielle Software, die an Ihrem Stil arbeitet, zB TextLab (t1p.de/rpbj).
799 Für den Anfang genügen die in → Rn. 359 genannten Wörter, die man im Gutachten vermeiden sollte.
800 Etwa Fahse/Hansen Übungen S. 7 ff.
801 ZB unter der-jurist.de/hausarbeit/Leitfaden.pdf; Universität Hamburg (t1p.de/ztyy)/; cfmueller-campus.de/pieroth/hausarbeit und v.hdm-stuttgart.de/~riekert/theses/thesis-arial11.doc (alle für MS Word); Hinweise zu WordPerfect bei Spona JuS 1996, 367 ff.; wer sich auf LaTeX einlassen will, kann bei jurawiki.de/LaTeX oder mit den Hinweisen von Mantz t1p.de/ssee beginnen.

– Die Benutzung von EDV beim Hausarbeitenschreiben geht auf eigenes Risiko. Niemand verlängert Ihnen die Bearbeitungszeit, nur weil Ihr PC überraschend den Geist aufgegeben hat. Bislang werden auch Datenträger nicht anstelle eines papiernen Ausdrucks akzeptiert,[802] selbst wenn Sie beweisen können, dass Ihr Drucker nicht mehr funktioniert. Sie müssen sich also gegen EDV-Ausfälle sichern, so gut es geht. Beachten Sie daher folgende unvollständige Hinweise zu **elementaren Sicherheitsmaßnahmen** gegen unerwünschten Datenverlust:[803]

– Schalten Sie *Automatisch speichern* ein und stellen Sie das Intervall auf fünf oder zehn Minuten ein; anderenfalls müssen Sie sich regelmäßiges Zwischenspeichern angewöhnen. Das Sicherungsmedium sollte man täglich wechseln.

– Schreiben Sie eine Stapeldatei, welche die wichtigen Dateien automatisch bei Beenden einer Arbeitssitzung auf einem Wechselmedium (zB USB-Stick) speichert.

– Für den Fall des Festplattendefekts lohnt es sich, lauffähige Kopien des Betriebssystems und des Textverarbeitungsprogramms in Griffweite aufzubewahren.

– Gelegentlich sollte man den Text drucken. Das hat zwei Vorteile: Richtig Korrektur lesen kann man sowieso nicht am Bildschirm. Und wenn alle Daten verloren gehen, kann man wenigstens durch Einscannen die Textfassung des Stands „letzter Ausdruck" retten.

– Insbesondere bei termingebundenen Arbeiten sollte man vorausschauend eine Tonerkartusche und einen Stapel Papier anschaffen. In der Nacht vor dem Abgabetermin hat kein Fachhändler geöffnet. Falls die ganze EDV nicht mehr arbeitet, ist es gut zu wissen, welche Freunde man anrufen kann, um sich ein Notebook auszuleihen.

Der PC ist kein Allheilmittel. Auch wenn Entscheidungssammlungen, Fachzeitschriften und Datenbanken längst online zugänglich sind, dürfen Sie gerade als Anfänger nicht darauf verzichten, den Umgang mit gedruckten Kommentaren, Entscheidungssammlungen und Zeitschriften zu erlernen.[804] Im Übrigen ist es eine Kunst, einer Datenbank die richtigen Fragen zu stellen; üben Sie das nicht erst im Ernstfall. Sie brauchen sonst zu viel Zeit – und gerade die wollen Sie doch sparen.

• Erwägen Sie sorgfältig, ob der argumentative **Anschluss an große Theoriemodelle**   422
wirklich nötig ist. Der Einbau sozial-, wirtschafts- oder staatswissenschaftlicher Theorien

  Beispiele: ökonomische Analyse des Rechts, Strafzwecktheorien

in das Gutachten reizt zwar, weil er günstigstenfalls mit Erkenntnisgewinn verbunden ist[805] und man außerdem schön zeigen kann, dass man über den juristischen Tellerrand

---

802 Eher werden sie jetzt zusätzlich verlangt; dazu noch Fn. 939.
803 Näher zu Fragen der Datensicherheit Hofer JURA 2006, 794 ff. mit Fortsetzungen.
804 Zur Bibliothek als bester Freundin des Juristen Gußen Arbeiten S. 81.
805 Ein gelungenes Beispiel für eine ökonomische Argumentation findet sich bei Wehrt/Mohr JURA 1995, 536, interessant auch Gregor JA 2005, 820 ff., Schlösser JURA 2008, 81 ff.; Hartmann ZJS 2010, 633 ff.; Heyers JURA 2014, 936 ff.; Heyers JURA 2014, 464 ff.; Faltmann ZJS 2017, 10 ff.: Tröger/Scheibenpflug AL 2017, 273 ff. (überhaupt bemühen sich die Vertreter der ökonomischen Betrachtungsweise wohl am nachdrücklichsten um Anschlussfähigkeit für juristische Argumentationen, vgl. etwa Schäfer/Ott Lehrbuch; Towfigh/Petersen Methoden; Weigel Rechtsökonomik; Richter/Furubotn Neue Institutionenökonomik; lesenswert auch die Urteilsanmerkungen bei Kötz/Schäfer Judex oeconomicus); zur Vertiefung etwa Mathis Effizienz; Eidenmüller Effizienz; Adams Theorie; Dieckmann/Sorge (Hrsg.) homo eoconomicus; Übersichten zur Diskurstheorie Volkmann JuS 1997, 976 ff.; zur Systemtheorie Smid JuS 1986, 513; Vesting JURA 2001,

geguckt hat. Er birgt aber auch Risiken: Oft genügt es nicht, mittels eines kurzen Stichworts beim Leser vorhandenes Wissen abzurufen. Der stattdessen erforderliche Exkurs kann arg lang werden.

> **Beispiele:** Versuchen Sie einmal, in einem strafrechtlichen Prüfungsgutachten die letzthin immer wieder gestellte Frage nach der Berechtigung des Schuldvorwurfs angesichts möglicherweise neurobiologisch belegbar nicht bestehender Handlungsfreiheit sinnvoll zu diskutieren – ohne dabei das Seitenlimit massiv zu überschreiten!
> Wer eine Informationsasymmetriesituation bei Vertragsschluss mit den Modellen und der Terminologie der Wirtschaftswissenschaften (etwa dem Principal-Agent-Modell) beschreibt, wird sie oft besser auf den Punkt bringen können; aber letztendlich ist ein Streitfall mit den Begriffen des Gesetzes zu entscheiden, sodass man immer irgendwie „rückübersetzen" müssen wird.

Zum anderen besteht die Gefahr, ein eher kleines Problem, das man mit gängiger juristischer Dogmatik in den Griff bekommen kann, unnötigerweise mit Ausführungen in der schwer verständlichen Sprache einer Nachbarwissenschaft zu überfrachten. Für eine anständige Fallbearbeitung werden derartige Ausführungen gemeinhin nicht erwartet. Sie sollten sie also nur präsentieren, wo Sie Ihrer Sache sicher sind.[806]

> **Beispiele:** Wenn Sie einen Sachverhalt zu entscheiden haben, in dem es um **kollidierende Sicherungsrechte** und die mögliche Nichtigkeit der zugrunde liegenden Verträge nach § 138 BGB geht, können Sie zwar versuchen, das Problem[807] aus dem Blickwinkel von *Rawls, Habermas, Luhmann* oder der legal gender studies zu beschreiben und zu entscheiden. Das ist aber nicht nur schwierig und aufwendig (sodass der rechtsphilosophisch uninteressierte Student im achten Semester, der Ihre Arbeit korrigiert, vielleicht überfordert ist), sondern unnötig. Ebenso gut können Sie sich mit der einschlägigen Rechtsprechung des BGH auseinandersetzen, diese erforderlichenfalls kritisieren und dann die Frage mit konventionellen juristischen Argumenten entscheiden. Dieses Vorgehen ist im Allgemeinen anzuraten.
> Bei der Begründung des **Fahrlässigkeitsvorwurfs** bietet es sich geradezu an, einen kleinen Ausflug in die ökonomische Analyse des Rechts zu unternehmen. Man kann etwa die Vokabeln *cheapest cost avoider* und *cheapest cost insurer* fallen lassen[808] und den Schadensvermeidungsaufwand mit dem Produkt aus Schadenshöhe und Schadenseintrittswahrscheinlichkeit vergleichen.[809] Um aber wirklichen Erkenntnisgewinn aus diesem Ansatz zu ziehen, braucht es dann eben konkrete Zahlen etwa zur Schadenseintrittswahrscheinlichkeit. Die haben Sie als Fallbearbeiter fast nie verfügbar (anders vielleicht in der Versicherungswirtschaft). Also müssen Sie über den Daumen peilen. Richtig überzeugend gelingt die Berechnung dann aber auch nur noch in Fällen, die auch mit konventionell-juristischem Denkansatz einigermaßen klar zu entscheiden sind. Damit ist in solchen Situationen die ökonomische Analyse nur ein schickes Etikett, das Sie auf Ihre Überlegungen draufpappen

---

299 ff.; insbesondere zu Luhmann Möhle ZJS 2019, 339 ff.; zur ökonomischen Betrachtung des Rechts Burow JuS 1993, 9 ff.; Steinmetzler JA 1998, 335 ff.; Heyers AL 2010, 56 ff.; Fehling/Brinkschmidt JURA 2020, 110 ff.; Oehlrich JURA 2020, 887 ff.; Bärnreuther/Melhardt JURA 2022, 65 ff; Engert AL 2021, 259 ff., zu Rawls' Theorie der Gerechtigkeit Schwill JA 2002, 433 ff.; zur feministischen Rechtstheorie Bode BLJ 2021, 39 ff.; Kocher AL 2017, 281 ff.; Lembke JURA 2005, 236 ff., alle mwN; Verfassungstheorie heruntergebrochen auf staatsrechtsdogmatische Fragen bei Honer JA 2022, 446 ff.

806 Dies ist – natürlich – kein Plädoyer für eine Abschottung der Rechtswissenschaft gegenüber den Nachbarwissenschaften. Es ist nur der bescheidene Hinweis, dass Ihre fachübergreifenden Kenntnisse oft anderswo besser aufgehoben sind als in standardisierten Prüfungsleistungen des Typs Rechtsgutachten. Denken Sie an Ihre Doktorarbeit.

807 Dazu zB Soergel/Hefermehl BGB § 138 Rn. 175.

808 Eindrucksvoll immer auch der *homo oeconomicus*, vor dessen Auftritt man sich aber kurz über die korrekte Deklination vergewissern sollte, damit nicht *homo oeconomici* (wer das nicht glaubt, kann ja mal eine Suchmaschine fragen; näher → Rn. 368) oder *homi oeconomici* (und wer das nicht glaubt, lese nach bei Schmalz No economy S. 167) daraus werden, wenn er sich Weib und Kind zulegt.

809 Dazu Schäfer/Ott Lehrbuch S. 169 ff.

können – oder eben nicht.[810] Überhaupt drängt sich der Ansatz in manchen Rechtsgebieten (Kartellrecht) eher auf als in anderen (Familienrecht).

Jedenfalls müssen Sie auf die Schnittstelle zwischen gängigen juristischen Argumenten und ungewöhnlichem Theorieaufwand besondere Sorgfalt wenden.[811]

- Das richtige **Zitieren einschlägiger Normen** sollte eine professionelle Selbstverständlichkeit sein.[812] Gewöhnen Sie sich früh an, Rechtsnormen möglichst exakt zu zitieren.[813] Das zwingt Sie, sich zu entscheiden, welche Vorschrift Sie anwenden wollen.   423

Und der Leser muss nicht raten. Das tut er ungern.

Beispiel: Bei § 812 BGB ist es ein ziemlicher Unterschied, ob Sie § 812 I 1 Fall 1 oder § 812 I 1 Fall 2 BGB anwenden. Dass der Gesetzgeber Leistungs- und Nichtleistungskondiktion im gleichen Paragraphen untergebracht hat, muss man hinnehmen. Inhaltlich sind das zwei verschiedene Paar Schuhe. Welches davon Sie anziehen, sollten Sie dem Leser von Anfang an mitteilen. Wer nur *§ 812 I 1 BGB* zitiert, enthält dem Leser die entscheidende Information vor.

Je nach dem Grad der Untergliederung im Gesetz zitiert man nach *§/Art., Abs.*[814]*, Satz, Halbsatz, Nr./Ziff., 1. Alternative/Fall, am Ende, 1./2. Begehungsweise, 5. Spiegelstrich (= tir.), Buchst./lit. c).*

Lassen Sie dabei zwischen den einzelnen Stellen Leerzeichen.[815]

Beispiel: § 23 I 1 Alt. 2 Fall 3 Hs. 1 a.E.

Hat eine Vorschrift mehr als zwei Fälle, sollte man nicht von *Alternativen*, sondern von *Varianten* oder *Fällen* sprechen. Man ergänzt *a.F.*, wenn auf eine nicht mehr geltende Fassung des Gesetzes Bezug genommen wird (dann ist es oft sinnvoll, eine Zeitangabe („in der ab … geltenden Fassung") oder eine Fundstelle („in der Fassung der Verkündung v. …, BGBl. I …") anzugeben.

Man kann sich die ständige Wiederholung des zitierten Gesetzes sparen, wenn man als erste Fußnote eine des Typs „§§ ohne Gesetzesbezeichnung sind solche des BGB" setzt.

Das Gegenteil eines genauen Normzitats ist die diffuse Information *laut Gesetz* (ohne Nennung der Norm). Das ist unprofessionell – spätestens Ende des ersten Semesters muss man sich das abgewöhnt haben.

- **Überschriften** sollten Sie möglichst nicht als Fragen formulieren (anders höchstens, wenn die Frage im Ergebnis verneint wird und das bereits durch die Überschrift deutlich werden soll), einheitlich mit Großbuchstaben beginnen lassen und am besten kurz   424

---

810 Während beim Fahrlässigkeitsbegriff also der ökonomische Blickwinkel bestätigt, was man juristisch schon zu wissen glaubte, führt er in anderen Zusammenhängen zu neuen Erkenntnissen; rein juristisch betrachtet ist die Idee des effizienten Vertragsbruchs nur schlecht darstellbar, ökonomisch gesehen hat sie dagegen einiges für sich.

811 Es gibt auch Situationen, in denen die Rechtsanwendung von der Philosophie (nicht: von der Rechtsphilosophie) etwas lernen kann; dazu lesenswert Tiedemann JA 2012, 8 ff.; Gündüz/Hildt JURA 2022, 2 ff.

812 Wiederholte Stichproben in Examensklausuren zeigen, dass beinahe die Hälfte der Kandidaten selbst am Ende des Studiums damit noch Schwierigkeiten hat. Für die andere Hälfte ist das eine einfache Möglichkeit, einen guten Eindruck zu machen.

813 Näher Schmidt JuS 2003, 649 (653 f.); Halkenhäuser/Blum JuS 2021, 297 (298); ein plastisches Plädoyer für die Vorteile genauer Normzitate bei Haft Einführung 400 f.

814 Ob man beim Zitieren von Gesetzesnormen die Absätze mit *IV* (so das Gesetz) oder *Abs. 4* bezeichnet, ist Geschmackssache und hängt hauptsächlich davon ab, wie schreibfaul man ist. Aber: Einheitlich handhaben! Gegen die römischen Zahlen Beyerbach Doktorarbeit Rn. 347 aE.

815 Außer bei den a-Paragraphen, weil sonst so schwer zwischen *§ 312f* und *§§ 312 f.* zu unterscheiden ist.

fassen.[816] Der leichten Orientierung wegen sollten sie weniger als eine Zeile lang, jedenfalls nicht länger als zwei Zeilen und zumindest bei höherrangigen Überschriften durch erhöhten Abstand vom folgenden, unbedingt aber vom vorhergehenden Text abgesetzt sein.[817] Wichtiger als die Kürze ist die Aussagekraft der Überschrift.

> **Beispiele:** Schreiben Sie statt „Mitverschuldenseinwand, § 254 BGB" lieber „Minderung der Anspruchshöhe wegen mitwirkender Verursachung durch O nach § 254 I 2 BGB", weil das genauer und informativer ist. – Ob allerdings eine Überschrift immer den gesamten folgenden Text inhaltlich vorwegnehmen muss, ist unsicher: *Rechtsfolgenverweisende Vorsatzschuldverneinende eingeschränkte Schuldtheorie* bei der Erörterung der verschiedenen Ansichten zum Erlaubnistatbestandsirrtum ist ein Grenzfall.

Die Angabe der im anschließenden Abschnitt geprüften Norm hilft dem Leser bei der Orientierung.

Bilden Sie besser nicht Überschriften wie „Anwendung auf den vorliegenden Sachverhalt", „Vorbemerkung", „Rechtslage", „Subsumtion", „Fallanalyse", lieber auch nicht „Eigene Meinung/Würdigung" uÄ; das „Gesamtergebnis" nennt man nicht „Lösung".

In Klausuren braucht man sie nur sparsam zu verwenden,[818] aber setzen Sie möglichst über jeden Anspruch oder jeden Straftatbestand und vor jedes Ergebnis eine. Man gehe davon aus, dass der Prüfer auf die Überschrift keine oder wenige Punkte vergibt. Oft verschwendet man also Zeit und Platz, wenn man eine Überschrift über einen kurzen Prüfungspunkt setzt. Man kann fast genauso gut strukturieren, indem man einen neuen Absatz für das neue Tatbestandsmerkmal beginnt und dieses unterstreicht.

> **Beispiel:** Während in einer Hausarbeit die strukturierende Wirkung von Überschriften nicht zu unterschätzen ist, ist in Klausuren meist die Zeit knapp und der Umfang des fertigen Texts noch übersichtlich. Man überlege deshalb genau, ob die Zeit nicht anderswo besser angelegt ist, die es braucht, um die – vom Normtatbestand des § 823 I BGB nicht vorgegebenen – Überschriften „Haftungsbegründender Tatbestand" und „Haftungsausfüllender Tatbestand" einzufügen.

Zur „Überschriftendichte": In einer rechtsdogmatischen Arbeit können schon mal drei Überschriften je Seite (im Mittel) auftauchen.[819]

Oft werden Überschriften verständlicher, aussagekräftiger und gefälliger, wenn man sich nicht darauf beschränkt, den Wortlaut des Gesetzes wiederzugeben.

> **Beispiel:** Gelungener als „1. etwas erlangt, 2. durch Leistung, 3. ohne rechtlichen Grund" ist „1. Gegenstand der Bereicherung, 2. Leistung des [Leistender], 3. Fehlen eines Rechtsgrunds" – falsch sind aber auch die weniger schönen Überschriften nicht.

Kurze Überschriften sind willkommen – aber aussagelos kurz sollten sie nicht werden.

> **Beispiel:** Wer nur „1. Anwendbarkeit" schreibt, muss sich darauf verlassen, dass der Leser sich den Sinn des Worts aus der nächsthöheren Überschrift erschließt; mit „1. Anwendbarkeit der AGB-Vorschriften" sieht man sich noch nicht dem Vorwurf der Geschwätzigkeit ausgesetzt.

---

816 Lesenswerte Empfehlungen zur Formulierung von Überschriften bei Slapnicar in: Engel/Slapnicar Diplomarbeit S. 152, 170 f.; Beyerbach Doktorarbeit Rn. 174 ff.

817 Der Einheitlichkeit und Einfachheit halber stellt man das am besten in der Formatvorlage für die jeweilige Überschriftenebene ein. Je größer der Schriftgrad der Überschrift, desto mehr Platz fällt durch sie für inhaltliche Aussagen weg. Eine ganze Leerzeile Abstand verschwendet vielleicht ebenfalls zu viel Platz.

818 Ein paar Empfehlungen dazu bei Schimmel LTO v. 22.7.2015, t1p.de/d6ij.

819 In einem Rechtsgutachten nicht mehr durchgehen dürfte eine Gliederung wie bei Fisahn/Ciftci JA 2016, 364 ff.: fünf Überschriften auf (nur) einer Ebene strukturieren knapp sieben Seiten Text.

Am Ende einer Überschrift steht allenfalls dann ein Punkt, wenn sie ausnahmsweise aus einem vollständigen Satz besteht.[820]

- Wenn möglich, vermeiden Sie **Unterstellungen**.   425

> **Beispiele:** Beim Vertragsschluss kommt es häufig nicht darauf an, wer das Angebot und wer die Annahme erklärt. Bei gemeinsamer Unterzeichnung einer Vertragsurkunde mit vorher ausgehandeltem Text ist das auch gar nicht feststellbar. Dahingehende Sachverhaltsauslegungen sind zu vermeiden, weil für die Subsumtion nicht erforderlich.[821] Ob eine Genehmigung des vollmachtlosen Vertreterhandelns verweigert wird oder einfach unterbleibt, ändert nichts an der Rechtsfolge, nämlich der Unwirksamkeit des Vertrags gegenüber dem Vertretenen; wenn es gerade auf diese ankommt, braucht man die Verweigerung nicht zu unterstellen. – Wenn Sie einen Eigentumsvorbehalt annehmen, wo in der Aufgabe von einem Ratenzahlungskauf die Rede ist, mag das statistisch betrachtet stimmen; es kann aber Ihre Entscheidung auf einen ganz anderen Weg führen als vom Aufgabensteller vorgesehen – und daher falsch sein. – Leicht vermeiden lassen sich Unterstellungen auch bei Gestaltungsrechten.[822]

Gerade die unnötigen Unterstellungen irritieren den Leser. Prüfen Sie also immer, ob der Sachverhalt nicht mit anderen Argumenten unterstellungsfrei zu entscheiden ist.

> **Beispiel:** Beruft sich der auf Begleichung der Hauptverbindlichkeit in Anspruch genommene Bürge auf die Einrede der Vorausklage (§ 771 BGB), die dem Sachverhalt nach nicht ausgeschlossen ist, kann man natürlich unterstellen, sie sei vertraglich ausgeschlossen: „Zudem ist es übliche Bankenpraxis, über eine selbstschuldnerische Haftung des Bürgen nach § 773 I Nr. 1 BGB zu einem Ausschluss der Einrede der Vorausklage zu kommen." Handelt es sich aber bei der Bürgschaft aber um ein Handelsgeschäft (§ 343 I HGB) eines Kaufmanns (§§ 1 ff. HGB), ist die Einrede von Gesetzes wegen ausgeschlossen (§ 349 S. 1 HGB).

Oft ist eine Unterstellung bei näherem Hinsehen gar nicht nötig, weil sich die vermeintliche Lücke im Sachverhalt zwanglos schließen lässt.

> **Beispiel:** Der Sachverhalt enthält zwar keine Aussage darüber, ob der Werklohn/Mietzins/ Kaufpreis bereits gezahlt ist. Die Fallfrage „Kann A von B Zahlung des Werklohns/Mietzinses/Kaufpreises verlangen?" ist aber nur sinnvoll, wenn die Zahlung noch nicht erfolgt ist.

Eine Unterstellung ist es allerdings nicht, wenn Sie **Erfahrungswissen** in die Fallbearbeitung einbringen. Ganz unbedenklich ist das, wo es um die Anwendung von Naturgesetzen geht. Sie dürfen also davon ausgehen, dass die Schwerkraft wirkt, auch wenn der Sachverhalt das nicht eigens erwähnt. Problematischer wird es, wenn etwa zwischen zwei Ereignissen oder Aussagen kein logisch zwingender Zusammenhang besteht, sondern nur ein – angeblich – statistischer oder empirisch belegbarer.

> **Beispiele:** Die meisten Briefe kommen innerhalb Deutschlands einen Werktag oder zwei Werktage nach Aufgabe zur Post beim Adressaten an. – Nicht *Alle Jungs sind doof* (fragen Sie mal eine Neunjährige!), aber *Viele Jungs sind doof* (fragen Sie mal eine Fünfzehnjährige!).

---

820 Während es in Klausuren aus Zeitgründen manchmal sinnvoll sein kann, einfach dem Obersatz einer Anspruchsprüfung eine Überschriftenkennzeichnung (Unterstreichen, Nummerierung etc.) zuzuweisen, sollte man in einer Hausarbeit konventionell vorgehen: Die Überschrift lautet also etwa „II. Anspruch des A gegen B auf Zahlung von Schadensersatz nach § 280 I BGB", der darauf folgende Obersatz hieße dann „A kann daneben gegen B einen Anspruch auf Zahlung von 200 EUR als Schadensersatz wegen des zerstörten Fahrrads nach § 280 I BGB haben".

821 Dazu oben Sachverhalt 2 (→ Rn. 41).

822 Dazu → Rn. 447.

Hier sind Sie letztlich doch auf Unterstellung oder Spekulation angewiesen. Wenn es nicht anders geht, versuchen Sie Ihre Behauptung (*Regelmäßig führt … zu …*) zu belegen.[823] Manche angeblich gesicherte empirische Erkenntnis stellt sich dabei nämlich plötzlich als urban legend heraus.[824]

Anderenfalls gibt es zwei Strategien:

426

- **Kaschieren** können Sie Unterstellungen durch Vokabeln wie *regelmäßig, typischerweise, im Allgemeinen, üblicherweise, normalerweise, gewöhnlich*, mit denen Sie aber sparsam umgehen sollten. Ebenfalls möglich ist das Aufstellen einfacher Behauptungen, die aber nicht stärker (lies: aussagereicher, inhaltsreicher und damit angreifbarer) ausfallen dürfen als im konkreten Zusammenhang benötigt. Am überzeugendsten wirken diese, wenn Sie einen Beleg dafür angeben können.

  Formulierungen wie *… ist zu unterstellen* und deren platteste Umschreibungen sollten Sie vermeiden. Stattdessen schreibt man *… ist anzunehmen/kann angenommen/ davon ausgegangen werden/ist der Sachverhalt dahingehend auszulegen, dass … Von/Vom Vorliegen … ist auszugehen/kann ausgegangen werden, Vermutlich/ mutmaßlich … oder umgekehrt … kann nicht ohne Weiteres/ohne ausdrückliche Hinweise davon ausgegangen werden, dass … Ob …, ist nicht hinreichend/ausreichend/hinlänglich sicher zu klären. Für … gibt der Sachverhalt nichts her.*

  Bemühen Sie dabei möglichst nicht die **Lebenserfahrung**. Der 22-jährige Verfasser einer Übungsarbeit hat meist nicht so enorm viel Lebenserfahrung. Zudem hört sich das immer an wie der letzte Rettungsanker – und altklug klingt es noch dazu. Im Übrigen ist merkwürdigerweise die Lebenserfahrung des Korrektors oft eine andere.[825]

  Faustregel (leider viele Ausnahmen): Was im Sachverhalt nicht erwähnt ist, braucht man auch für die Entscheidung nicht. Je wichtiger für die Bearbeitung eine Information ist, desto weniger wird der Fallsteller sie bewusst verschweigen.

  Zum Kaschieren gehört auch das **Nicht-Thematisieren**. Das klingt gefährlicher als es ist. Teils muss man die eigene Unterstellung überhaupt nicht erwähnen.

  > **Beispiel:** Enthält der Sachverhalt keine Aussage zu Alter und Geschäftsfähigkeit der Beteiligten, dürfen Sie unterstellen, dass es sich um volljährige und unbeschränkt geschäftsfähige Personen handelt. Das ist nämlich statistisch und rechtlich der Normalfall; auf Abweichungen davon würde der Sachverhalt hinweisen. Im Gutachten verliert man über die Geschäftsfähigkeit der Parteien dann kein Wort.

427

- **Offenlegen**

  Wenn Sie doch einmal glauben, eine Lücke im Sachverhalt gefunden zu haben, stellen Sie sie zunächst ausdrücklich fest.

  > **Beispiel:** „Ob … (oder …) der Fall ist, lässt sich nicht mit der nötigen Eindeutigkeit sagen/ dem Sachverhalt nicht entnehmen."

---

823 Für Statistiken beispielsweise ist das Statistische Bundesamt, das ein Statistisches Jahrbuch herausgibt, immer eine gute Adresse (destatis.de).

824 Wer das nicht glaubt, lese mal zum Vergnügen Krämer/Trenkler Lexikon der populären Irrtümer (zahlreiche Neuauflagen und Folgebände).

825 Deshalb sollte man die eigene Sachverhaltsauslegung auch nicht als *lebensnahe Auslegung* bezeichnen, selbst wenn die Versuchung noch so groß ist. Damit verbunden ist immer der Vorwurf, alle anderen Sichtweisen seien lebensfern – und wer lässt sich das schon gern sagen?

Anschließend sollten Sie in aller Klarheit die Unterstellung vornehmen.

Beispiel: „Im Folgenden ist daher mit Blick auf (wenn es für eine bestimmte Auslegung andere als nur strategische Argumente gibt, führen Sie diese hier an, zB „Ein solches widersprüchliches/interessenwidriges Verhalten des H kann nicht (ohne Weiteres) unterstellt werden") davon auszugehen, dass/wird angenommen, dass …" etc.; „Ein Indiz/Anhaltspunkt/Hinweis hierfür/für eine solche Annahme ist … Es soll (hier) daher angenommen werden, dass … Zwar ist auch … vorstellbar. Angesichts … ist dies jedoch wenig wahrscheinlich. "; „Auch wenn/Obwohl/Wiewohl die Einzelheiten … nicht bekannt sind, lässt sich aus dem Zusammenhang schließen, …"; „Zudem deutet … darauf hin, dass …"; „Jedenfalls liegt … nahe, weil …"

Manche Unterstellungen brauchen gar nicht erst argumentativ unterfüttert zu werden.

Beispiel: „Vom ursprünglichen Eigentum des L am Fahrrad ist auszugehen." Entweder liegt das im Sinne des Prüfers oder nicht. Wenn nicht, wird wahrscheinlich auch die Fallbearbeitung einen heiklen Verlauf nehmen. Wenn ja, braucht man nicht auf den Rechtsgedanken in § 1006 I 1 BGB zurückzugreifen. Sogar die Einleitung „Mangels anderer Hinweise …" ist oft entbehrlich.

Andere hat der Aufgabensteller vielleicht schon vorausgesehen und wird sie deshalb klaglos akzeptieren.

Beispiel: (Problem: Eintritt der Unmöglichkeit iSv § 275 I BGB nach Konkretisierung [§ 243 II BGB] einer Gattungsschuld zur Stückschuld im Versandhandel bei Schickschuldvereinbarung; Voraussetzung ist, dass der Schuldner die Kaufsache einer verlässlichen und geeigneten Transportperson übergeben hat.[826]) Wenn der Sachverhalt nur die Information enthält, V habe den Paketdienst T mit dem Transport beauftragt, soll man als Bearbeiter davon ausgehen, es handele sich um einen geeigneten und qualifizierten Transporteur. Alles andere würde der Aufgabensteller durch gegenteilige Informationen im Sachverhalt kenntlich machen. „Es ist anzunehmen, dass T als Transportunternehmen grundsätzlich verlässlich ist." Wenn Sie den Gedanken noch etwas auskonturieren wollen und der Sachverhalt wenigstens einen kleinen Anhaltspunkt für Zweifel ergibt, können Sie fortfahren mit: „Daran ändert sich nichts dadurch, dass der Angestellte A der T hier einen Verkehrsunfall mit verursacht/das Paket des V unterschlagen etc. hat. Zum einen war das vorher nicht absehbar, zum anderen würde ein vereinzeltes solches Geschehnis auch für die Zukunft die Verlässlichkeit der T nicht infrage stellen."

Sehr überzeugend kann es auf den Leser wirken, wenn Sie mit einer unklaren Sachverhaltsinformation so umgehen, dass Sie zunächst mit einem guten Argument die Ihnen plausibler scheinende Lesart wählen und dem Gutachten zugrunde legen. Daran können Sie eine hilfsweise Prüfung anschließen, diese aber schlank halten – schon um nicht den Eindruck zu erwecken, Sie trauten Ihrer eigenen Interpretation nicht.

Beispiel: „Geht man von … aus – was mit Blick auf [Sachverhaltsinformation] vorstellbar erscheint –, gelangt man wegen [Argument] zu einem ganz ähnlichen Ergebnis."

Am besten gelingt das, wenn die hilfsweise Argumentation in rechtlicher und/oder tatsächlicher Hinsicht keine Probleme aufwirft.

Man kann versuchen, den Leser ein bisschen zum Komplizen zu machen, indem man ihn gedanklich in die die Unterstellung erfordernde Situation hineinzieht.

Beispiel: „Will man nicht … unterstellen – wofür es an allen Anhaltspunkten fehlt – ist der rechtlichen Bewertung … zugrunde zu legen."

Im weiteren Text betonen Sie besser nicht die Unterstellung.

---

826 Grüneberg/Heinrichs BGB § 243 Rn. 5.

> **Beispiel:** „Wie oben unterstellt/angenommen" uÄ.

Sie könnte ja ein Fehler gewesen sein …

Im günstigsten Fall rettet man mit einer plausiblen Unterstellung einen Sachverhalt, den der Aufgabensteller nicht bis ins letzte Detail durchdacht hat.

> **Beispiel:** Nach bejahender Prüfung aller Voraussetzungen der Gastwirtshaftung bemerkt man den Erlöschenstatbestand des § 703 S. 1 BGB wegen unterlassener unverzüglicher (!) Schadensanzeige; der Sachverhalt erwähnt aber keine Schadensanzeige des Gasts gegenüber dem Gastwirt. Entweder lässt man den Anspruch scheitern (mit „Für eine – unverzüglich erforderliche – Anzeige des Schadens liegen keine Hinweise vor, sodass der Anspruch nach § 703 S. 1 BGB erloschen ist") oder man rettet ihn mit: „Zwar ist nicht klar, ob B gegenüber A den Diebstahl des Koffers unverzüglich angezeigt hat; da er aber Schadensersatz verlangt, darf die Anzeige des Schadens angenommen werden. Dass diese unverzüglich iSv § 121 BGB erfolgte, liegt mangels Hinweisen zu einer Verzögerung nahe." Hat man für das eine ebenso wenig Hinweise wie für das andere, halte man es mit der Regel, nicht mit der Ausnahme.

427a   Wenn es irgendwie möglich ist, sollten Sie den auf der Unterstellung beruhenden Teil Ihrer Erörterungen knapp halten.

> **Beispiel:** Ihr Gutachten hat ergeben, dass A gegen B keinen Schadensersatzanspruch aus §§ 280 I, III, 283 S. 1 BGB wegen Unmöglichkeit der Übereignung der gekauften Sache hat, weil B den kurz vor der geplanten Übereignung erfolgten Diebstahl nicht zu vertreten hat. Wenn die Aufgabe nur nach Schadensersatz fragt, ist hier Schluss. Wollen Sie zeigen, dass Sie gesehen haben, wie eine gerechte Entscheidung aussieht, schließen Sie einen (!) Satz an: „Geht man davon aus, dass B als gewerblich Handelnder gegen das Risiko solcher Diebstähle versichert ist, so hat A nach § 285 I BGB Anspruch auf Auszahlung der Versicherungssumme." Wenn Sie das knackig kurz halten, verlieren Sie wenig Zeit und haben die Chance, einen Extrapunkt mitzunehmen.

Exkurs: Zum Umgang mit dem Sachverhalt

Im Allgemeinen ist der Sachverhalt sehr vorsichtig, geradezu pfleglich zu behandeln – am besten wie ein rohes Ei. Das wird später in der juristischen Praxis anders: Als Parteivertreter (und teils auch als Richter) kann man auf den Sachverhalt Einfluss nehmen.[827] Für Studenten aber gilt *Don't mess with the Sachverhalt.*[828] Oder vielleicht noch pointierter: *Don't fix it if it isn't broken.* Wenn Sie einen geringfügig oder erheblich anderen Sachverhalt bearbeiten als den zur Begutachtung gestellten, führt das günstigstenfalls zu einem moralischen Problem für den Korrektor. Der muss dann nämlich entscheiden, ob er die Ausarbeitung von vornherein für ganz oder teilweise untauglich erklärt (Thema verfehlt) oder ob er sich die Mühe macht, für den von Ihnen unterstellten Sachverhalt eine Alternativlösung zu erarbeiten. Die damit verbundenen Ärgernisse und Risiken erspart man sich und anderen am einfachsten, indem man den Sachverhalt als heilig betrachtet.

Wenn man wirklich einmal nach langem Heruminterpretieren nicht weiter weiß, fragt man beim Aufgabensteller, wie der Sachverhalt zu verstehen sei. Es kommt eben manchmal vor, dass auch kluge Professoren eine mögliche Lesart ihres Sachverhalts erst auf studentische Rückfrage bemerken. Aber erst nachdenken – dann rückfragen!

Dieser mühselige Umgang mit dem Sachverhalt ist meist in der Klausur schnell erledigt: Die Zeit ist knapp. In der Hausarbeit kann er ziemlich viel Nerven kosten. Bedenken Sie: Außerhalb der Universität ist das Problem nur noch halb so schlimm, weil Sie nötigenfalls ergänzende Informationen einholen können. Im akademischen Betrieb zu üben ist trotzdem sinnvoll, denn einen kurzen Text regelgeleitet und halbwegs wirklichkeitsnah zu interpretieren ist eine Kunst.

---

827   Einige erste aufschlussreiche Einzelheiten hierzu findet man in den Lehrbüchern zum Zivilverfahrensrecht unter dem Stichwort *prozessuale Wahrheit.*

828   Stellvertretend für die allgegenwärtige Warnung vor der Sachverhaltsquetsche Hildebrand Gutachtenstil S. 86 f.; Schneider JURA 2018, 165 (167).

> **Beispiel:** Wenn bei der Sachverhaltsauslegung der eigene Wunsch der Vater des Gedankens ist, kann sich das bitter rächen. Erwähnt etwa der Sachverhalt eine *Klausel im Mietvertrag* im Wortlaut, so wird es bestimmt auf das wörtliche Zitat ankommen, sodass eine Auslegung der betreffenden Bestimmung erforderlich ist.[829] Die Bezeichnung als *Klausel* darf Sie aber nicht dazu veranlassen, ohne irgendeinen Hinweis zu unterstellen, es handle sich um eine AGB-Klausel – nur weil Sie gerne mit einer AGB-Prüfung Punkte sammeln möchten. Die so entstehende überflüssige (und schlimmstenfalls inhaltlich fehlerbehaftete) Erörterung ist meist mehrere Seiten lang. Das rächt sich nicht erst in der B-Note.

Auch wenn der Sachverhalt entgegen aller Lebenserfahrung geradezu konstruiert wirkt, damit der Bearbeiter ein bestimmtes Problem erörtert, sollte man das respektieren.

- Nur ausnahmsweise empfehlenswert ist es, Fragen mangels genauer Informationen **offenzulassen**, wie man das manchmal in Musterbearbeitungen und Urteilen findet. Das ist zwar ehrlich, trifft aber oft nicht das vom Fallsteller Gewollte. Versuchen Sie zuerst, die erforderliche Information über gesetzliche Vermutungen, Beweislastregeln, Sachverhaltsauslegungen oder Unterstellungen zu beschaffen.   428

- Eine andere Form des Umgangs mit **Lücken im Sachverhalt** besteht darin, schlicht das gesetzliche Erfordernis zu benennen und dann nicht darunter zu subsumieren.   429

> **Beispiele:** „Ein Anhörungsverfahren im Sinne des § 28 I VwVfG muss stattgefunden haben." Oder: „Erforderlich ist ein Strafantrag, § 230 StGB."

Wenn man keine Unterstellung in die eine oder andere Richtung vornehmen will, ist das eine gute Möglichkeit, dem Leser zu zeigen, dass man das betreffende Erfordernis wenigstens gesehen hat.

- Die **Bezugnahme auf die herrschende Meinung** („Nach hM/überwiegender Ansicht") insbesondere ohne argumentative Vertiefung ist opportunistisch und unreflektiert: Der Mehrheitsstatus einer Ansicht sagt nichts über ihre Richtigkeit.[830]   430

Weiß man nicht, was die hM zu einem entscheidungsrelevanten Problem sagt, ist es nicht angebracht, sich eine hM zu erfinden: Der Leser weiß es besser oder kann wenigstens nachschlagen. Außerdem ist es nicht ganz einfach, seriös zu ermitteln, welche Meinung eigentlich herrscht.[831]

Die Kenntnis der jeweils hM und deren Darstellung ändern nichts daran, dass Sie selbst begründen müssen, warum Sie sich für dieses oder jenes Ergebnis entscheiden. Das ist ein verbreiteter Irrtum.

Übrigens: *MM* heißt nicht *Mindermeinung*[832] – es ist keine minder gute Meinung, und es spricht auch umgekehrt niemand von *Mehrmeinung* –, sondern *Meinung einer*

---

829 Dazu → Rn. 443.

830 Lehrreich Wesel hM; Pilniok JuS 2009, 394 ff.; Djeffal ZJS 2013, 463 ff.; Theisen Arbeiten S. 87; instruktiv Schulze-Osterloh JZ 1984, 276; Haft Einführung S. 237 ff.; Schopenhauer Eristische Dialektik S. 57 ff.; vertiefend Althaus Konstruktion; Drosdeck herrschende Meinung; knapper Rath LTO v. 23.10.2011, t1p.de/q1mi; Schneider JURA 2018, 165 (166). Ein schönes nichtjuristisches Beispiel: Von ca. 1960 bis 2010 war der Rhein nach hM ca. 1.320 km lang, vorher und nachher aber nur 1.230 km; in Wirklichkeit war er die ganze Zeit nur 1.230 km lang, die hM war nicht nur faktisch falsch, sondern peinlicherweise (vermutlich) aus einem Zahlendreher und laufendem unkritischem Abschreiben entstanden; näher Schrader/Uhlmann t1p.de/fghwg.

831 Beyerbach Doktorarbeit Rn. 384 weist zu Recht darauf hin, dass eine rein quantitative Vorgehensweise nicht den Kern des Problems trifft.

832 Leider ganz verbreitet, zB Prasse MDR 2006, 360 (362); sogar Medicus BGB AT zB Rn. 275; BVerfGE 90, 1 (12) = NJW 1994, 1781; BGH NZG 2019, 505 (506); BGHZ 168, 1 Rn. 24 = NJW 2006, 2099; dagegen schon Horn JURA 1984, 499 (500); Horn JZ 1983, 719 f.

Minderheit.[833] Verdeutlichen Sie sich gelegentlich den Unterschied. *Sondermeinung* verrät allenfalls dem Leser, dass Sie die so bezeichnete Ansicht nicht recht in Beziehung zu den anderen Ansichten haben setzen können, ist aber im Übrigen aussagefrei. Die *Mittelmeinung* nennt man vielleicht besser *vermittelnde Meinung*. Unschön ist die gelegentlich anzutreffende Bezeichnung *herrschende Literatur* – gemeint ist wahrscheinlich die *im Schrifttum überwiegende Ansicht*. Vermeiden Sie möglichst „Einige Vertreter in der Literatur wollen …"[834] zugunsten von „Einzelne Stimmen im Schrifttum wollen …" oder zur Not von „Einer teilweise vertretenen Ansicht zufolge …".

Insgesamt gilt: Autoritätsargumente sind meist die schwächsten Argumente, die Sie einsetzen können. Man nutze sie nur in großer Not.

Eine Ausnahme mag man etwa im rechtsprechungsgeprägten Arbeitsrecht zulassen, wo der Gesetzgeber seine Aufgabe nicht wahrnimmt und der Rechtsprechung überlässt. Im Zeitdruck der Klausur kann man vielleicht einmal auf die *gefestigte Rechtsprechung des BAG* verweisen; misslich ist das aber, weil in einer Klausur Belegstellen definitionsgemäß nicht verfügbar sind. Günstigstenfalls präsentiert man kurz zwei Argumente in der Sache, um dann fortzufahren mit „Auf die letztgenannte Erwägung stellt auch das BAG ab, das mit Blick auf … eine/n … für angemessen und ausreichend hält".

431 • Eine bedachtsam einzusetzende Argumentationstechnik ist das **laufende Vergleichen mit Präzedenzfällen**. Sie sollten erst subsumieren, dann Vergleiche anstellen. Das deutsche Rechtssystem ist nicht so präzedenzfallorientiert wie etwa das angloamerikanische. Wenn Sie einen Sachverhalt nur durch Vergleich mit höchstrichterlichen Entscheidungen bearbeiten, besteht außerdem die Gefahr, beim ständigen Blick auf die Ähnlichkeiten die Unterschiede zu übersehen oder zu vernachlässigen. Im Übrigen gibt es keine *gleichen* Sachverhalte, sondern nur *ähnliche* oder *vergleichbare*. Ob zwei Sachverhalte insgesamt oder in einer bestimmten Hinsicht gleich oder vergleichbar sind, ist das Ergebnis einer wertenden Betrachtung[835]. Wenn der Vergleich für die Argumentation wichtig ist, muss man dem Leser wenigstens kurz erklären, warum man die Sachverhalte für ähnlich hält. Außerdem ist die Gefahr groß, dabei eine Frage ganz aus dem Blick zu verlieren: Sind die Präzedenzfälle richtig entschieden?

Zurückhaltung ist auch angebracht beim Vergleich mit Beispielsfällen aus Lehrbüchern; nicht diese sollen entschieden werden, sondern der Ihnen gestellte Sachverhalt.[836] Zudem sind Lehrbuchfälle aus didaktischen Gründen von allen störenden Einzelheiten befreit – gerade auf solche Einzelheiten kann es aber für die richtige Entscheidung ankommen.

Ganz anders kann das allerdings bei der inhaltlichen Ausfüllung von **Generalklauseln** und unbestimmten Rechtsbegriffen liegen. Wenn auch Wissenschaft und Rechtsprechung eine Norm wie § 242 BGB nur durch Fallgruppenbildung in den Griff bekommen, dürfen Sie sich an die richtige Entscheidung ebenfalls über Präzedenzfallvergleiche herantasten.

---

833 Hildebrand Gutachtenstil S. 53 f., schlägt vor, auf *Meinung* ganz zu verzichten und stattdessen *Ansicht* oder *Auffassung* zu verwenden. (Nicht ganz zu Unrecht, weil *Meinung* spürbar subjektiv konnotiert ist.)

834 Denkt man da nicht gleich an den *Tod eines Handlungsreisenden*?

835 Lesenswert zur Ähnlichkeitsfalle Würdinger JuS 2021, 198 ff.

836 Dass der „ähnliche" Sachverhalt eine der größten Fallen in juristischen Prüfungen ist, wird allenthalben betont (mit plastischen Beispielen aus dem StGB AT Kudlich/Oğlakcıoğlu JA 2015, 426). Man darf vermuten, dass sich das Problem bis in die Rechtspraxis fortsetzt.

- Die **Forderung nach Widerspruchsfreiheit** gilt nicht nur für die formale Gestaltung 432
einer Arbeit,[837] sondern erst recht für deren Inhalt. Ist eine Streitfrage an mehreren
Stellen entscheidungserheblich, dürfen Sie sich nicht einmal so und ein andermal anders entscheiden. Haben Sie den Sachverhalt in eine bestimmte Richtung ausgelegt,
müssen Sie an dieser Auslegung durchgehend festhalten.

Das kann schwierig werden, besonders wenn man an einem facettenreichen Sachverhalt über Wochen und Monate arbeitet. Nötigenfalls fertigt man als Hilfsmittel eine
Liste mehrfachrelevanter juristischer Streitfragen und eine Liste von Sachverhalts-
ergänzungen und -interpretationen, anhand deren man Widersprüche finden und aus-
räumen kann. Die damit verbundene Mühe lohnt sich, weil der Leser Inkonsistenzen
viel schneller erkennt als der Bearbeiter.

Schließen Sie sich einer juristischen Glaubenslehre

> **Beispiel:** Kausaler oder finaler Aufbau der Strafbarkeitsprüfung?

an, können Sie dieses Bekenntnis nicht bei nächster Gelegenheit[838] über Bord werfen.
Widersprüche in der Argumentation gehen zu Ihren Lasten.

- **Zirkelschlüsse** 433

> **Beispiel:** „Ein Sachkauf setzt einen wirksamen Sachkauf voraus." – Wenn schon Ihr Obersatz
> diese Form annimmt, was soll denn dann als logischer Schluss am Ende stehen?

und überhaupt **offenkundige Fehlschlüsse**

> **Beispiele:** „Z verfügt über einen gedruckten Kaufvertrag, daraus folgt, dass er über mindestens
> drei Verträge dieser Art verfügt." – Wieso eigentlich? „Da A für B rechtsgeschäftlich tätig
> wird, verfügt er auch über eine Stellvertretervollmacht im Sinne des § 167 BGB." – Nein!
> Wenn das stimmte, bräuchte man keine Regeln über die Vertretung ohne Vertretungsmacht.
> „Da B Angestellter des A ist, tritt er auch im Namen des A auf." – So sollte es sein, aber so ist
> es nicht immer (und schon gar nicht in juristischen Prüfungsarbeiten). „Laut Sachverhalt war
> A zum Zeitpunkt der Bestellung in Urlaub, also kann er die Willenserklärung nicht selbst ab-
> gegeben haben." – Wieso eigentlich nicht? Gibt es nicht Telefone, Faxe, E-Mails? Und bedeu-
> tet Urlaub zwangsläufig, dass A auf Malle und damit ortsabwesend war? Der Fehlschluss kann
> nicht nur im falschen Umgang mit den Tatsachen liegen, sondern auch in einem falschen Ver-
> ständnis der Norm: „Voraussetzung für den Rücktritt ist entweder ein Sach- oder ein Rechts-
> mangel, §§ 434 f. BGB. Da es sich bei dem VW Golf um den Kauf einer Sache handelt, kommt
> nur ein Sachmangel infrage." Wer das Gesetz so interpretiert, kommt zum Rechtsmangel nur
> beim Rechtskauf, zum Sachmangel nur beim Sachkauf.

sind menschliche Fehler und können in den besten Familien vorkommen.[839] Sie sollten
aber nicht schon beim ersten Lesen ins Auge springen.

> **Beispiel:** „Weiter muss die Leistung noch möglich sein. Sie ist nicht nach § 275 BGB un-
> möglich geworden, sodass sie noch möglich ist." Das ist so substanzlos, dass es schon ganz
> nahe an einen Zirkelschluss gerät. Wenn man den Nichteintritt der Unmöglichkeit iSv
> § 275 BGB begründet, kann man ebenso gut auch positiv feststellen, dass die Leistung noch
> möglich ist.

---

837 Dazu → Rn. 323 unter 3.
838 Mindestens innerhalb einer Klausur oder Hausarbeit muss also konsistent argumentiert werden.
839 Zur Vertiefung: Schneider/Schnapp Logik § 51; Klaner Basiswissen Logik; Aichele/Meier/Renzi-
   kowski/Simmert Einführung; anspruchsvoll Joerden Logik im Recht.

Teils fällt der Fehler erst beim zweiten Hinsehen auf.

> **Beispiele:** „Das Ausstellen des Geräts im Schaufenster des T war nur eine *invitatio ad offeren-
> dum*. Somit ging das Angebot von C aus." – Zwar mag es stimmen, dass das Angebot von C
> ausgegangen ist. Das ergibt sich aber nicht logisch (*somit*) daraus, dass das Ausstellen im
> Schaufenster nur eine *invitatio* ist. Schließlich kann neben oder nach der *invitatio* T auch ein
> verbindliches Angebot erklärt haben. Eine solche Argumentation mag zwar zum richtigen Er-
> gebnis führen – aber eben nur zufällig, wenn die Logik der Sache nicht beachtet wird. „Da C
> aber minderjährig ist, ist sie beschränkt geschäftsfähig." – Vielleicht drückt der eine oder ande-
> re Korrektor bei solchen Aussagen ein Auge zu, wenn sie für den zu bearbeitenden Fall richtig
> sind und nicht zu weiteren Fehlern führen. Aber die Aussage bleibt falsch hinsichtlich der be-
> haupteten Kausalbeziehung: Nicht jeder Minderjährige ist beschränkt geschäftsfähig – etwa
> ein Drittel aller Minderjährigen ist geschäftsunfähig (§ 104 Nr. 1 BGB).

Dagegen hilft nur aufmerksames Gegenlesen.[840] Manches liest sich auf den ersten Blick
zirkulär, ist es aber nicht.

> **Beispiel:** „Es mangelt jedoch an der mangelnden Tauglichkeit der Mietsache. Folglich liegt
> kein Mangel iSd § 536 BGB vor."

Hier genügt sprachliche Überarbeitung.

434 • **Offensichtliche Fehler bei der Prüfungsreihenfolge** führen zur Abwertung. Innerhalb einer einzelnen Norm ist die Reihenfolge der verschiedenen Tatbestandsmerkmale
oft einigermaßen beliebig; Sie können also nach persönlichem Geschmack, nach der
Reihenfolge des Gesetzestexts oder nach Zweckmäßigkeitserwägungen vorgehen. Die
innere Logik einer Norm sollte man nicht ignorieren.[841]

> **Beispiele:** Bei Zurechnungsnormen (Stellvertretung, Verschuldenszurechnung nach § 278 BGB
> usw.) ist es irritierend, zuerst zu fragen, ob es sich um einen Stellvertreter oder Erfüllungsge-
> hilfen handelt, und erst danach, ob überhaupt eine zurechenbare Willenserklärung oder ein
> zurechenbares schuldhaftes Verhalten vorliegt.[842] Unglücklich ist es auch, bei § 242 StGB oder
> § 303 StGB zuerst die Fremdheit einer Sache zu erörtern und dann die Sacheigenschaft: Würde
> letztere verneint, verlöre die Diskussion der ersteren ihre Berechtigung.

Nicht selten hat die in der Norm selbst vorgegebene Reihenfolge einen inhaltlichen
Sinn.

> **Beispiel:** Die Feststellung eines Sachmangels nach § 434 BGB geschieht mit gutem Grund in
> der von der Norm vorgegebenen Reihenfolge „1. § 434 I 1 vereinbarte Beschaffenheit,
> 2. § 434 I 2 Nr. 1 vertraglich vorausgesetzte Verwendung, 3. § 434 I 2 Nr. 2 gewöhnliche
> Verwendung und übliche erwartbare Beschaffenheit". Vorrangig ist also, was die Parteien
> vereinbart haben, erst in dritter Linie ist auf den „allgemeinen" Erwartungshorizont abzu-
> stellen.[843]

Dann kann die Abweichung von der gesetzlich gewollten Prüfungsreihenfolge schnell
zu falschen Ergebnissen führen.

Oft hat sich auch ohne logisch zwingende Gründe eine Reihenfolge der Darstellung
und Erörterung eingeschliffen, von der man im Einzelfall abweichen kann, die aber die
Erwartungen des Lesers unbewusst prägt.

---

840 Dazu noch → Rn. 469 ff.
841 Dazu auch schon → Rn. 416.
842 Abweichen kann man von der logisch sinnvollen Reihenfolge aber immer, wenn ein nachgeord-
netes Tatbestandsmerkmal (zB Erfüllungsgehilfeneigenschaft) klar zu verneinen ist, während das
logisch vorrangige (zB Vertretenmüssen des Erfüllungsgehilfen) unnötigerweise breit geprüft
werden müsste.
843 Ähnliche Konstruktionen finden sich oft im Gesetz, zB in §§ 269, 271 BGB, die Leistungsort
und -zeit nach den Kriterien „1. Parteivereinbarung, 2. Umstände, 3. Auffangregelung" bestimmen.

Beispiel: Bei Mangelgewährleistungsansprüchen wird fast immer zunächst erörtert, ob die Kaufsache oder das Werk mangelhaft ist, und anschließend, ob der Mangel bei Gefahrübergang vorgelegen hat. In aller Regel ergibt sich daraus eine stimmige und gut lesbare Darstellung im Gutachten. Man kann diese Reihenfolge aber auch umdrehen. Hat man zuerst den Zeitpunkt des Gefahrübergangs bestimmt, lässt sich die Frage, welcher von mehreren Mängeln in diesem Moment bereits vorlag, möglicherweise viel fokussierter und damit auch zeit- und platzsparender beantworten.

Die richtige Reihenfolge der Prüfung mehrerer konkurrierender Normen

Beispiel: Zahlungsansprüche aus Vertrag, Rückabwicklungsschuldverhältnis, Geschäftsführung ohne Auftrag, ungerechtfertigter Bereicherung, unerlaubter Handlung und Eigentümer-Besitzer-Verhältnis

ist eine eigene Wissenschaft, die ihre Argumente aus dem materiellen Recht bezieht und hier nur erwähnt, nicht aber vertieft werden kann. In Hausarbeiten sollte man darauf Sorgfalt und Zeit wenden. In Klausuren kommen die Konkurrenzen oft schon wegen des Zeitdrucks sehr kurz; manchmal entsteht der Zeitdruck aber erst gerade daraus, dass Bearbeiter über Konkurrenzfragen gar nicht nachdenken, deshalb unnötigerweise zwei zusätzliche Ansprüche umfassend prüfen – und so Zeit verlieren.

Exkurs: Richtige Prüfungsreihenfolge:[844]
In welcher Reihenfolge der Bearbeiter den rechtlichen Stoff präsentiert, hängt in erster Linie von Erwägungen in der Sache (also meist: des materiellen Rechts) und in zweiter Linie von Zweckmäßigkeitsüberlegungen ab (wie viel Zeit oder Platz steht zur Verfügung, wo sind Schwerpunkte zu setzen, welcher Grad an Komplexität ist für den Leser noch zumutbar?). Manchmal lassen die Zweckmäßigkeitsfragen ein Abweichen von der sachlich naheliegenden Reihenfolge geboten erscheinen.[845] Das ist die Ausnahme, nicht die Regel.[846]

- Dass **inhaltliche Fehler** die Qualität Ihres Gutachtens beeinträchtigen, liegt auf der Hand. Besondere Sorgfalt braucht die rechtzeitige Beseitigung eines bestimmten Typs unnötiger und beiläufiger Fehler.   435

Beispiele: „Da L durch den Leihvertrag Besitz an dem Fahrrad erlangt hat, …" signalisiert die (versehentliche?) Nichtbeachtung des Trennungsprinzips. Es muss heißen „Da L aufgrund/in Erfüllung des Leihvertrags Besitz an dem Fahrrad erlangt hat, …". Noch deutlicher wird das Problem bei „K hat durch den Kaufvertrag Eigentum an dem Automobil erhalten" und „Zunächst einmal ist durch Einigung und Übergabe (§ 929 S. 1 BGB) ein wirksamer Kaufvertrag im Sinne des § 433 BGB geschlossen worden". Selbst Examenskandidaten, die das Trennungs- und Abstraktionsprinzip längst (wenn auch widerwillig) verstanden haben, geben derlei aus Gedankenlosigkeit noch von sich.

Besonders tückisch sind inhaltliche Fehler in Textabschnitten, die Sie für das Gutachten nicht gebraucht hätten.

Beispiel: Wer den Eigentumsübergang in einem Fall des Eigentumsvorbehalts (§ 449 BGB) erörtert, braucht in aller Regel auf die Wirksamkeit des zugrunde liegenden Kaufvertrags nicht oder nur kurz einzugehen; wer es aber tut, darf dann nicht den Kaufvertrag als unter einer aufschiebenden Bedingung (§ 158 I BGB) abgeschlossen bezeichnen, sondern eben nur die auf Übereignung gerichteten Willenserklärungen (§ 929 S. 1 BGB).

---

844 Kluge Bemerkungen dazu bei Horn JURA 1984, 499 (501).

845 Zum „Springen" im strafrechtlichen Gutachten Hardtung JuS 1996, 610 ff., 706 ff., 807 ff.

846 Um bewusst von der Regel abweichen zu können, braucht man eine Vorstellung von ihrem Inhalt. Also muss man ein Notgepäck auswendig kennen. Im Strafrecht ergibt sich das aus dem Straftataufbau. Fast alle privatrechtlichen Gutachten im Anspruchsaufbau lassen sich sinnvoll nach dem Schema „I. Anspruchsentstehung II. Einwendungen/Ausschlusstatbestände III. Einreden IV. Anspruchsübergänge" organisieren. Wer das nicht beherzigt, wird immer schief angeguckt und schlechter bewertet.

Weniger schwerwiegend, aber für den routinierten Leser immer noch auffällig und ärgerlich sind Ungenauigkeiten im sprachlichen Ausdruck, die den Schluss auf eine oberflächliche Gedankenführung nahe legen.

> **Beispiel:** In dieser Kürze ungenau ist „Der Vertrag müsste unmöglich geworden sein". Besser muss es heißen „Die Übergabe und Übereignung des verkauften Pferds müssen unmöglich geworden sein", denn unmöglich wird nicht der Vertrag, sondern die Erfüllung einer sich daraus ergebenden Pflicht.

436 • Wirklich brauchbare Regeln zur **Schwerpunktsetzung** gibt es nicht.[847] Trotzdem ist es nützlich, sich ein Gespür dafür anzueignen. Wahrscheinlich hilft da nur Routine.[848]

> **Beispiele:** Nach allgemeiner Überzeugung ist die analoge Anwendung des § 113 I 4 VwGO auf Verwaltungsakte, die sich bereits vor Klageerhebung erledigt haben, zulässig und geboten. In der Klausur sollte daher hier nichts mehr argumentativ unterfüttert werden. In der Hausarbeit begnügt man sich mit einer knappen Begründung und einer Fußnote oder zwei. Die Schwerpunkte liegen in aller Regel anderswo. Nach der Anfängerübung weiß man das.

Jedenfalls sollte man versuchen, nicht durch offensichtliche Fehler dem Korrektor unnötigen Anlass zur Kritik zu geben.

> **Beispiele:** Diskutieren Sie nicht seitenlang, ob nun durch die Handlung des T der Körper oder die Gesundheit des O verletzt wurde – § 823 I BGB knüpft an beides die gleiche Rechtsfolge, sodass die Frage akademischen Charakter hat.[849] Auch umfängliche Ausführungen zum Vorsatz sind nicht nötig, wenn – wie häufig – fahrlässiges Handeln für die Haftungsbegründung genügt und ohne Weiteres zu bejahen ist.[850] Die Entscheidung zwischen Konsensual- und Realvertragstheorie beim Darlehen ist unnötig, wenn die Darlehenssumme ausbezahlt wurde (und auch sonst eher kurz zu diskutieren). Gleiches gilt für die Abgrenzung der *condictio indebiti* zur *condictio ob causam finitam* (§ 812 I 1 Fall 1 oder § 812 I 2 Fall 1 BGB) bei Anfechtung des der Leistung zugrunde liegenden Vertrags.[851]

Die zugrunde liegende Regel lautet verallgemeinert: Wenn das Gesetz eine Unterscheidung einführt, die aber für die konkret interessierende Rechtsfolge keine Bedeutung hat, darf man auf die Unterscheidung nur wenige Worte verwenden. Alles andere erweckt den Eindruck, Sie hätten den Sinn der Norm nicht verstanden.

> **Beispiele:** Die in → Rn. 243b erwähnte Unmöglichkeit führt zum Ausschluss der Leistungspflicht (nach § 275 I BGB), egal ob es sich um eine anfängliche oder nachträgliche, objektive oder subjektive, zu vertretende oder nicht zu vertretende Unmöglichkeit handelt. Wer also das Erlöschen eines Anspruchs nach § 275 I BGB erörtert, braucht auf die Unterscheidungen keine

---

847 Ein paar Hinweise aber immerhin in → Rn. 243 ff.

848 Routine eignet man sich auf zwei Wegen an: Zum einen muss man immer wieder (und das bedeutet: deutlich öfter als die Prüfungsordnung vorschreibt) Übungsaufgaben bearbeiten. Wenn man den Text schon nicht ausformuliert, sollte man wenigstens eine ernsthafte Gliederung entwerfen und diese mit einer Einschätzung des Gewichts der einzelnen Probleme verbinden. Zum anderen kann man sich auf dem Trockenen überlegen, wie die angemessene sprachliche Form aussehen könnte.

849 Ausführliche Erörterungen sind in solchen Situationen unangebracht und werden teils als falsch angesehen. Vermeiden lassen sie sich, indem man konsequent bei der Auseinandersetzung mit Streitfragen eingangs nach der Bedeutung für die Entscheidung des konkreten Sachverhalts fragt; dazu → Rn. 181. Anders liegen die Dinge aber, wenn etwa ein Unterschied im Strafmaß an die verschiedenen Begehungsalternativen anknüpft, zB in § 303 I StGB *beschädigen* und *zerstören*. In einer solchen Situation kann man nicht einfach offenlassen, ob das eine oder das andere Merkmal verwirklicht wurde.

850 In strafrechtlichen Gutachten wird das aber anders liegen: Hier ist zwischen vorsätzlichem und fahrlässigem Verhalten immer zu unterscheiden, sei es, weil die Tat nur als vorsätzliche überhaupt strafbar ist, sei es, weil es für das Strafmaß auf den Schuldvorwurf ankommt.

851 Zu einem ähnlichen Problem Jandl JZ 1974, 109.

oder wenig Mühe zu investieren; geht es aber um die richtige Anspruchsgrundlage für Schadensersatz (§ 311a II 1 oder §§ 280 I, III, 283 S. 1 BGB), muss nach anfänglich und nachträglich unterschieden werden; geht es um die Voraussetzungen des Schadensersatzanspruchs (§ 280 I 2 BGB), ist zu entscheiden, ob der Schuldner für das Ausbleiben der Leistung verantwortlich ist. – Weil § 536 BGB beim Mietmangel zwei Möglichkeiten zulässt (nämlich den anfänglich vorliegenden und den später auftretenden Mangel), sollte man auf die Subsumtion und die Unterscheidung nicht allzu viel Mühe investieren, wenn es für die konkret infrage stehende Rechtsfolge darauf gerade nicht ankommt, etwa bei § 536a II BGB.

Für das Identifizieren der Schwerpunkte einer Aufgabe mag es vielleicht keine richtigen Regeln geben[852] – es gibt aber wenigstens ein paar Indizien.

Eines davon ist die im Sachverhalt beschriebene Interpretation, die die Konfliktparteien selbst ihrem vorherigen Verhalten beilegen.

Beispiel: Wahrscheinlich ist der wirksame Vertragsschluss kein allzu großes Problem, wenn ausweislich des Sachverhalts die Parteien den Vertrag beiderseits erfüllen und erst während der Erfüllung eine Leistung (zB die Monatsmiete für Mai) ausbleibt, über die dann gestritten wird. Das ist aber eben nur ein Indiz. Da im Streit den Parteien meist jedes Argument recht ist, muss man damit rechnen, dass sich die auf Leistung in Anspruch genommene Partei mit dem Einwand verteidigt, der Vertrag sei nicht wirksam geschlossen. Also muss man als Bearbeiter auch darüber nachdenken.

Viele Sachverhalte sind so konstruiert, dass sie wenige größere Probleme enthalten (ungefähr ein bis drei) und daneben einige kleinere bis allenfalls mittlere Nebenschauplätze (etwa drei bis sieben). Sie können sich das zunutze machen, indem Sie am Anfang der Bearbeitung und bei Bedarf immer wieder eine Liste der großen und kleinen Probleme aufstellen und schätzen, wie viel Platz Sie ihnen jeweils in der Darstellung einräumen wollen (zB drei Seiten oder 20%). Das hilft zugleich bei der zeitlichen Planung: An einem Problem, das man in ein oder zwei Absätzen abhandeln will, darf man keine drei Wochen verbringen.[853]

437

Eine Möglichkeit, an den Schwerpunkten vorbei zu denken und zu schreiben, besteht darin, das nur scheinbar Selbstverständliche nicht ausreichend unter die einschlägigen Normen zu subsumieren.

Beispiele: Es darf eben nicht von der Behauptung des Anspruchstellers, er sei in seinem Arbeitsverhältnis *gemobbt* worden, ohne detaillierte Subsumtion darauf geschlossen werden, es bestehe ein Anspruch auf Ersatz des entstandenen immateriellen Schadens.[854] Dass ein bestimmtes tatsächliches Verhalten (zB Drängeln auf der Autobahn) manchmal, oft oder fast immer rechtlich auf eine bestimmte Art zu bewerten ist (zB als Nötigung), bedeutet nicht, dass es immer rechtlich auf diese Art zu bewerten und deshalb die Subsumtion entbehrlich sei.

Die Feststellung im Einzelfall obliegt dem Bearbeiter. Wer sich in der Übungsarbeit mit der pauschalen Subsumtion begnügt, bleibt argumentativ auf dem Niveau des juristischen Laien.

---

852 Wenn man die offenkundigen Banalitäten einmal ausklammert. Denken Sie aber trotzdem daran, dass in einer sachenrechtlichen Hausarbeit der Einstieg im Vertragsrecht spielen kann oder im Erbrecht – wenn dagegen alle Probleme zB familienrechtlicher Art zu sein scheinen, setzen Sie vermutlich gerade falsche Schwerpunkte.

853 Einige Handreichungen zum Umgang mit unterschiedlich großen Problemen finden Sie bei → Rn. 227 ff.

854 Lesenswert dazu BAG MDR 2007, 1380 (1381): „Mobbing ist kein Rechtsbegriff und erst recht keine Anspruchsgrundlage"; LAG Berlin MDR 2003, 881 f.; Definitionsansatz bei BAG NJW 1997, 2542. Ganz ähnlich vermeidet BAG DB 2012, 2404 ff. den Begriff *Stalking* zugunsten des *Nachstellens* (der wiederum nicht strafrechtlich zu bestimmen sei). Inzwischen ist *stalking* weitgehend durch *cyberstalking* ersetzt worden; dazu Gesetzentwurf in BT-Drs. 19/28679.

438 • Wenig empfehlenswert ist das großzügige Zusammenfassen verschiedener Personen, Gegenstände, Umstände, Argumente. Für den Leser erweckt solches Vorgehen leicht den Eindruck eines unsystematischen **Durcheinanderwerfens von Personen, Anspruchsgegenständen usw.** Meist ist es klüger, verschiedene Anspruchsteller, -sgegner, Straftäter usw. getrennt zu diskutieren.[855]

> **Beispiel:** Besonders deutlich wird dies bei Schadensersatzansprüchen, bei denen eine Vielzahl von Ersatzleistungen (materieller Schadensersatz für unterschiedliche Gegenstände und Verletzungen, Ersatz immateriellen Schadens aus verschiedenen Gründen usw.) verlangt wird.

Spätestens auf der Rechtsfolgeseite muss die Prüfung aufgegliedert werden. Im Gutachten heißt es dann „Hinsichtlich des [Vorbringen] des [Anspruchsteller] ist zu differenzieren: Soweit damit … gemeint/davon … betroffen ist, ist … unbeachtlich/kann es darauf nicht ankommen. Etwas anderes gilt jedoch für …"

Bei deutlicher Zeitnot in Klausuren sagt man aber, was man zu sagen hat, besser zu pauschal als gar nicht.

439 • Vermeiden Sie **nichtssagende Obersätze** wie „Zu prüfen ist, welche Auswirkungen … auf … hat" oder „Es fragt sich, welche rechtlichen Folgen daraus zu ziehen sind"[856] und „Fraglich ist, wie es sich auswirkt, dass …". Das spiegelt wider, was Sie beim Durchdenken der Aufgabe getan haben. Für die Darstellung Ihres Ergebnisses ist es zu ungenau. Zurückhaltung sollte man überhaupt mit dem beliebten „Fraglich ist, ob …" üben. Es muss schon vorher oder spätestens im nächsten Satz deutlich werden, warum das „Fragliche" interessiert, also welche Rechtsfolge zur Diskussion steht. „Klärungsbedürftig ist zunächst die Rechtsnatur des Lizenzvertrags" sollten Sie nur verwenden, wenn sofort folgt „Ordnet man ihn nämlich als … ein, so [entscheidungsrelevante Folge]". Oder man präsentiert das Problem gleich im ersten Satz: „Ob die Parteien den vertragsnotwendigen Konsens über die *essentialia* eines Lizenzvertrags erzielt haben, ist nur zu beantworten, wenn die Rechtsnatur des Lizenzvertrags eine Bestimmung der *essentialia* erlaubt."

Wer nicht die richtigen Fragen stellt, wird nicht oder nur zufällig zur richtigen Antwort kommen. Deshalb kann man auf die klare Formulierung der Obersätze nicht genug Mühe verwenden. Wenn Sie ein Problem ausführlich diskutieren, muss der gelangweilte Leser beim erneuten Lesen des Obersatzes sofort wieder einsehen, dass diese Erörterung für das Ergebnis wichtig ist.

Der Obersatz soll die Rechtsfolge so deutlich wie irgend möglich nennen.

> **Beispiele:** Nur der zweitbeste Ansatz ist „Fraglich ist, wie es sich auswirkt, dass C bei Vertragsschluss erst 16 Jahre alt war". Der rechtskundige Leser ahnt zwar, wohin die Reise gehen wird – aber er erfährt nicht unmittelbar, ob nun die Wirksamkeit des Vertrags zweifelhaft ist oder seine Unwirksamkeit oder was sonst diskutiert werden soll. Besser und gar nicht aufwendiger ist „Der Vertrag kann aber wegen der beschränkten Geschäftsfähigkeit der C nach § 108 I BGB unwirksam sein". Ebenfalls nicht optimal ist „Zwar ist C bei Vertragsschluss nur beschränkt geschäftsfähig, doch führt das nicht automatisch zur Nichtigkeit des Vertrags". Das moderiert zwar den Gedanken gar nicht schlecht, aber es führt den Leser an einer zu langen Leine. – Das Problem wird schon erkennbar an „Fraglich ist, welche Partei das Angebot gemacht hat". – Da schreibt der Korrektor sofort „Warum?" an den Rand. In aller Regel kommt es gerade nicht darauf an, welche Partei das Angebot abgegeben hat. Genauer heißt es also: „Ein Angebot kann von C ausgegangen sein, als diese erklärte, sie wolle den PC für 700 EUR

---

855 Nicht umsonst erkennt man beim fröhlichen Fakultätenraten nach Lieblingssätzen den Juristen recht schnell an „Es kommt darauf an …", „Hier ist zu differenzieren: …", „Das hängt davon ab, ob …" und „Zu unterscheiden ist zunächst zwischen …".

856 RGZ 97, 336 (338).

kaufen." Besser ist es immer, die Rechtsfolge mitsamt der sie anordnenden Norm ausdrücklich zu nennen. Wer sich das bei „einfachen" Problemen angewöhnt, wird bei schwierigen Fragen Nutzen daraus ziehen.

Der Obersatz soll aber auch – sofern irgend möglich – den tatsächlichen Anknüpfungspunkt für die Rechtsfolge klar identifizieren.

> **Beispiel:** Zu ungenau ist „Ein Angebot könnte hier durch C in der Internetauktion zu sehen sein". Vielmehr sollte ein menschliches Handeln, genauer: ein Erklärungshandeln, also eine (wenigstens potentielle) Willenserklärung benannt werden. Es kann also etwa heißen „Ein Angebot kann darin liegen, dass C die Beschreibung des Pkw nebst Startpreis auf der Internetauktionsplattform eingestellt hat".

● Die papierne Beschaffenheit des Sachverhalts erfordert dessen **umfassende Auswertung**[857]. Lesen Sie ihn gelegentlich noch einmal daraufhin durch, ob alle Informationen im Gutachten verwertet sind. In aller Regel steht nichts in der Aufgabe, was nicht zumindest für eine denkbare Entscheidungsmöglichkeit bedeutsam wäre. Nur Weniges ist tatsächlich ausschließlich zur Ausschmückung gedacht.[858] Will man eine solche Information dem Leser zuliebe wenigstens einmal erwähnen, so geht dies mit *ohne Belang/Bedeutung/belanglos/bedeutungslos/unmaßgeblich/unbeachtlich ist … oder keine Wirkungen auf die …eigenschaft des … hat [Umstand] oder auf [Umstand] kommt es dabei nicht an* (worauf aber eine Begründung folgen sollte).   440

Manchmal soll mit solchen Ausschmückungen ein zu konstruiert wirkender Sachverhalt etwas lebensnäher gestaltet werden. Eher selten – besonders in Klausuren – sind regelrechte **Fallen**. Es gibt sie aber. Schon deshalb lohnt sich das sorgfältige Lesen und Durchdenken des Sachverhalts.

Was in Klammern steht, ist immer wichtig – und sei es auch nur für eine denkbare Sachverhaltsinterpretation oder eine diskutable rechtliche Einordnung.

Der gute Vorsatz, den Sachverhalt auszuschöpfen, darf aber nicht dazu führen, dass das Gesetz dem Sachverhalt angepasst wird.

> **Beispiel:** Verheerende Folgen kann es haben, wenn der Klausurbearbeiter, der im Sachverhalt Angaben findet, die ziemlich deutlich auf eine Erörterung des Vertretenmüssens zielen, den zutreffend diskutierten Anspruch auf Nacherfüllung des Vertrags nun *contra legem* als verschuldensabhängigen konstruiert, nur um die betreffenden Angaben „unterzubringen". In einer solchen Situation ist höchstwahrscheinlich noch ein anderer – wirklich: verschuldensabhängiger – Anspruch zu diskutieren.

Zahlen aller Art stehen nicht zufällig im Sachverhalt. Meist weisen sie auf Fristlauf-, Verspätungs-, Verzugs- oder Verjährungsprobleme (bei Datumsangaben), erforderliche Berechnungen (Preis- und Wertangaben bei Minderungsverlangen des Käufers, Daten und Zinsangaben für die Höhe des Verzugsschadens) oder Prioritätsprobleme (im Sachenrecht: Reihenfolge von Übereignungen, Abtretungen, Pfändungen) hin.   441

Im einfachsten Fall dienen **Datumsangaben** nur der Umschreibung zeitlicher Abfolgen, die auch durch relative Angaben (*drei Tage darauf, zwei Wochen später, anderntags* usw.) ausgedrückt werden könnten. Das erkennt man meist daran, dass die Jahresangabe fehlt. Manchmal steckt in einem genauen Datum (*1.5., 3.10., 24.12., 31.12.,* usw.) der Hinweis auf einen Feiertag oder eine feiertagsähnliche Handhabung. Mit Blick auf bewegliche Feiertage wie Ostern sollte man konkrete Angaben (*2.4.2020*) mit

---

857 Kluge Empfehlungen zur Sachverhaltslektüre bei Leisner-Egensperger JA 2019, 841 ff.
858 Die Namen der Beteiligten etwa sind meist bedeutungslos und legen nur Zeugnis von der oft außerjuristischen Phantasie des Aufgabenstellers ab. Zur möglicherweise sexistischen Konstruktion von Sachverhalten und der Wahl fiktiver Namen Schweigler DRiZ 2014, 52 ff. = t1p.de/zjvc.

dem Kalender abgleichen. Auch kann die Angabe eines schon etwas zurückliegenden Datums ein Indiz dafür sein, dass zur Zeit des Geschehens noch eine andere Rechtslage galt.[859] Wegen des damit verbundenen Rechercheaufwands dürfte das allerdings eher in Hausarbeiten als in Klausuren problematisch werden.

442 Komplizierte **Berechnungen** (etwa zur Unterhaltshöhe) bilden in Übungsarbeiten die absolute Ausnahme.[860] Gleiches gilt für Abwägungsentscheidungen, deren Ergebnis sich in Zahlen oder Quoten ausdrückt. Anders als die juristische Praxis verlangen Übungsaufgaben überwiegend **Alles-oder-nichts-Entscheidungen.**

> **Beispiele:** Höhe des Ersatzes für immaterielle Schäden (§ 253 II BGB), Mitverursachungs- und Mitverschuldensanteile (§ 254 BGB)[861] etc.

Für korrekte Abwägungen kommt es auf die Kenntnis aller relevanten Umstände an, wofür meist ein Übungssachverhalt zu kurz ist. Hier liegt also nur selten ein Schwerpunkt der Aufgabe.

Das Maximum an Rechenleistung bildet etwa der nach §§ 288 I, 247 BGB geschuldete gesetzliche Zins im Zahlungsverzugsfall; selbst hier wird aber im Allgemeinen eher die Angabe des Zinssatzes und der Zeitspanne erwartet als die Berechnung des konkreten Betrags. Und schlimmere Mathematik als einen Dreisatz bei § 441 III BGB braucht man kaum je.

443 Enthält der Sachverhalt **Zitate aus Verträgen**, sind diese immer für die Entscheidung erforderlich. Meist wird eine Auslegung (§§ 133, 157 BGB) der betreffenden Bestimmung nötig sein, teils genügt auch eine Zuordnung zu einem bestimmten in Praxis und Schrifttum bekannten Klauseltyp,

> **Beispiel:** Ausschlussklauseln und Buchwertabfindungsklauseln in Gesellschaftsverträgen

um das Rechtsproblem erschließen zu können. Die wörtliche Wiedergabe eines als *Formular* bezeichneten Vertrags weist auf die Erforderlichkeit einer AGB-Prüfung hin.

444 Während der Sachverhalt im Tatsächlichen so wenig wie irgend möglich gedehnt werden soll, ist ein bisschen Einfallsreichtum durchaus am Platze, wo es darum geht, den **Rechtsstandpunkt** der Beteiligten zu entfalten. In den meisten Übungssachverhalten finden sich zu den Rechtsansichten der Parteien keine oder nur vereinzelte Hinweise. Es wird vielmehr als Aufgabe der Bearbeiter angesehen, aus den Informationen zum tatsächlichen Geschehen juristische Argumente zu entwickeln. Konzentrieren Sie sich nicht ausschließlich auf die guten Argumente. Ein Gutachten wird dadurch gut, dass es an den entscheidenden Stellen möglichst viele Argumente auffächert – und dann trenn-

---

859 Das ist in universitären Übungen zwar selten, aber eben nicht ausgeschlossen. Einer verbreiteten Praxis folgend werden allerdings die Probleme des intertemporalen Rechts kaum je geprüft (dazu auch schon → Rn. 214).

860 Im Studium gilt das wirklich weitgehend: *iudex non calculat*. Das erweist sich auch daran, dass Sie an der Universität eher die Radbruch'sche Formel kennenlernen als die Baumbach'sche – und es ändert sich, sobald Sie Referendar sind.

861 Überlegen Sie trotzdem, ob Sie eine Quote vorschlagen, damit Sie ein vollständiges Ergebnis vorbereitet haben. Insgesamt gilt für § 254 BGB: Einer ungeschriebenen Regel zufolge wird die Norm aus den meisten Prüfungssachverhalten ausgeklammert, sodass man als Bearbeiter meist vollen oder gar keinen Schadensersatz zusprechen wird. Meist muss und sollte man nicht nach Anknüpfungspunkten für ein geringes Mitverschulden suchen (obwohl sich mit etwas Phantasie oft etwas findet). Es gibt aber gelegentlich Ausnahmen: Springt das Mitverschulden ins Auge (meist als erhebliches), sollte man es unter § 254 BGB bei der Schadenshöhe thematisieren.

scharf die entscheidungseinschlägigen von den übrigen unterscheidet. Im wirklichen Leben bringen die Parteien eines Rechtsstreits oft viele Argumente vor, sodass das Gericht die sachfernen auszusortieren und die sachnahen zu wägen hat.

> **Beispiel:** „Daneben könnte sich A auf eine Verletzung des Gleichheitssatzes berufen, da … (Erörterung). Im Ergebnis kommt der Gleichheitssatz A nicht zugute. Auch … kann er aus dem gleichen Grund nicht mit Erfolg für sich in Anspruch nehmen."

Enthält der Sachverhalt Rechtsmeinungen (und sei es nur in Anführungsstrichen), muss der Bearbeiter auf diese wenigstens kurz eingehen, selbst wenn sie sich als unzutreffend oder geradezu abwegig herausstellen sollten. Das kann dazu führen, dass ein Anspruch oder ein Gegenrecht erörtert werden, die sonst unerwähnt geblieben wären. Hier darf und sollte der Bearbeiter von der konsequenten Linie (*nur das Notwendige darstellen!*) abweichen.[862]

- Der Sachverhalt ist, so wie er mitgeteilt wird, als wahr zu unterstellen – mag er noch so   445
konstruiert wirken.[863] Sie sollten daher weder den Geschehensablauf in Zweifel ziehen noch **Überlegungen zur Beweisbarkeit** der mitgeteilten Tatsachen anstellen.[864]

Zur Geschäftsgrundlage juristischer Übungsgutachten gehört es, dass die im Sachverhalt vorgegebenen Informationen **als** wahr und **beweisbar hingenommen** werden. Wenn also die Aufgabe nicht ausdrücklich etwas anderes verlangt,[865] sind Fragen der Darlegungs- und Beweislast selbst dort nicht zu erörtern, wo es sich um einen außergewöhnlich unwahrscheinlich oder lebensfern[866] erscheinenden Sachverhalt dreht. Das muss man wissen, weil es in den Aufgaben als selbstverständlich vorausgesetzt wird. Angedeutet findet sich diese Geschäftsgrundlage in der gelegentlich anzutreffenden Formulierung „Gehen Sie von folgendem Sachverhalt aus: …"

Das alles ist eine Vereinfachung vom wirklichen Leben zum akademischen Unterricht hin, die es ermöglicht, die grundlegenden Techniken der Rechtsanwendung zu erlernen, ohne sich gleichzeitig mit der Mühsal der Tatsachenermittlung befassen zu müssen. Leider weiß man das erst so richtig zu schätzen, wenn man sich als Referendar mit eben diesen Schwierigkeiten auseinandersetzen muss.

- Noch ein gutachtentaktischer Hinweis zu Beweislastargumenten: **Beweislastregeln**   446
und Vermutungen (zB §§ 280 I 2, 286 IV, 831 I, 1006 BGB, § 22 AGG) sollten im Gutachten zur materiellen Rechtslage erst herangezogen werden, wenn es an inhaltlichen Gesichtspunkten fehlt. Man schneidet sich sonst leicht interessante Diskussionen ab. Nur wenn der Sachverhalt keine Anhaltspunkte für zB das Vertretenmüssen bietet, greift man auf diese Vermutungen zurück.

---

862 Das hat seinen Grund letztendlich im Gedanken des rechtlichen Gehörs: Auch in Gerichtsurteilen werden üblicherweise die Rechtsansichten der Parteien kurz erörtert, selbst wenn das Gericht die Entscheidung auf andere Gesichtspunkte stützt. Das dient dem Rechtsfrieden.

863 Sowohl im Unterricht als auch in der Prüfung bekommt man vermutlich mehr **Lehrbuchkriminalität** (dazu zB Haft Einführung S. 129 ff.) zugemutet als nötig. Im Unterricht kann man sich dagegen zur Wehr setzen, in der Prüfung ist das entweder nicht möglich oder nicht sinnvoll.

864 Daher formuliert man in einem juristischen Übungsgutachten regelmäßig „Dem B ist kein Unterlassen vorzuwerfen" statt „Dem B ist kein Unterlassen nachzuweisen".

865 Das kann in einer Übung im Zivilprozessrecht durchaus einmal geschehen.

866 Ihr gefährlichster Feind ist die ständig lauernde Überlegung: „Warum hat denn S nicht einfach …?" Es lohnt sich nicht, darüber nachzudenken. S hat eben nicht. Und wenn Sie trotzdem für Ihre Bearbeitung unterstellen, S habe, wird Ihnen der Korrektor mit Sicherheit übel nehmen, dass Sie aus seinem liebevoll ausgedachten schrägen Sachverhalt einen anderen gemacht haben, ohne auch nur zu fragen. Wenn Sie das nicht glauben wollen, probieren Sie es einfach mal aus.

Gelegentlich ist aber eben doch eine Auseinandersetzung mit Beweislastregeln gefragt. In einer zivilprozessualen Aufgabe werden diese vielleicht sogar im Mittelpunkt stehen, in einer materiellrechtlich geprägten eher am Rand. Im letztgenannten Fall wird es meist genügen, zur Problembeschreibung und -lösung das allgemeine Schrifttum[867] heranzuziehen.

447 • **Ausübung von Gestaltungsrechten:**[868] Auch wenn der Sachverhalt nicht erkennen lässt, dass ein Gestaltungsrecht (Kündigung, Widerruf, Anfechtung, Rücktritt usw.) bereits ausgeübt wurde, ist es zweckmäßig, unter dessen Voraussetzungen zu subsumieren und – falls diese im Übrigen bejaht werden – am Schluss darauf hinzuweisen, dass der Berechtigte die Möglichkeit zur Ausübung hat, diese jedoch fristgemäß erklärt werden muss.[869] Ähnlich liegen die Dinge bei **Einreden**, die der Berechtigte erheben muss,

> **Beispiele:** Formulieren kann man dann etwa: „A kann den Kaufvertrag mit B nach § 119 II BGB anfechten, wenn er die erforderliche Anfechtungserklärung gegenüber B umgehend abgibt, § 121 BGB." Oder: „Die Kündigung ist nur wirksam, wenn sie innerhalb der Zweiwochenfrist des § 626 II BGB zugeht." Oder: „Die Forderung des G ist mit der Einrede der Verjährung behaftet; wenn S diese erhebt, wird G seinen Anspruch nicht durchsetzen können."

und bei **Wahlrechten**.

Das hat den Vorteil, dass Sie nicht darüber spekulieren müssen, ob die betreffende Erklärung abgegeben wurde oder nicht.

Einfach liegen die Dinge, wenn die Aufgabe von vornherein nach einem Gestaltungsrecht fragt.[870]

> **Beispiel:** Lautet die Frage „Kann A vom Vertrag mit B zurücktreten?", ist nicht nach einem Anspruch zu suchen, sondern nach einer Norm, die dem Berechtigten ein Rücktrittsrecht gewährt. Im Ergebnis ist dann festzustellen „A kann (nicht) zurücktreten" – ergänzende Ausführungen dazu, dass dieses Recht auch ausgeübt werden muss, würde man knapp halten oder weglassen.

Das kommt vor, wenn auch eher ausnahmsweise.

448 • Fast immer bläht eine **Inzidentprüfung** – also die Erörterung eines Anspruchs innerhalb der Prüfung eines anderen Anspruchs – die Gliederung auf. Sie ist daher zu vermeiden, solange das die Verständlichkeit der Darstellung nicht beeinträchtigt. Gelegentlich ist das aber nicht möglich. Dann muss der Leser da eben durch.

> **Beispiele:** Beim Erlöschen eines Anspruchs durch Aufrechnung ist unter der Überschrift „Bestehen eines Gegenanspruchs" zu erörtern, ob ein aufrechenbarer Gegenanspruch tatsächlich entstanden (und gegebenenfalls wieder weggefallen) ist. Wenn diese Frage wiederum innerhalb der Prüfung eines Anspruchs aus abgetretenem Recht beim Bestehen des abgetretenen Anspruchs zu erörtern ist, erreicht man leicht die achte Gliederungsebene. Das Problem verschärft sich, wenn die Verschachtelung inzident bei der Inanspruchnahme eines Bürgen unter dem Gesichtspunkt „Bestehen der Hauptverbindlichkeit" diskutiert werden muss …

---

867 Im Bürgerlichen Recht enthalten die meisten BGB-Kommentare jeweils am Ende der Erläuterungen zu den einzelnen Normen kurze Ausführungen zu Beweislastfragen; zur Vertiefung Wieser Prozessrechtskommentar zum BGB; Baumgärtel ua Handbuch der Beweislast im Privatrecht.

868 Dazu auch Wolf JA 2006, 476 ff.

869 Vorsicht: Nicht selten lässt der Sachverhalt die Ausübung des Gestaltungsrechts genau deshalb unerwähnt, weil der Aufgabensteller sich den Lösungsweg ganz anders vorstellt.

870 Dazu schon → Rn. 62.

- Soll die im Obersatz gestellte Frage bejaht werden, müssen Sie auf die **Vollständigkeit** der Prüfung achten. Das bedeutet, dass alle für das Eintreten der erwünschten Rechtsfolge erforderlichen Tatbestandsmerkmale erörtert und bejaht werden müssen. Es kann also nicht schaden, immer wieder das Gesetz zu lesen, obwohl man es schon auswendig zu kennen glaubt.

  Beispiel: Leicht fällt einmal das Ursächlichkeitserfordernis in § 119 I BGB unter den Tisch.

449

2. Kapitel. Ratschläge zur Anfertigung von Übungsarbeiten

450 Im Folgenden finden Sie einige Hinweise, die Ihnen beim Verfassen von Übungs- und Prüfungsgutachten helfen. Man kann diese Hinweise so verdichten, dass die zu schreibende Arbeit Gegenstand geradezu generalstabsmäßiger Planung wird.[871] Darauf wird hier bewusst verzichtet. Finden Sie lieber selbst heraus, nach welcher Methode Sie am besten arbeiten.

Informationen zu den Anforderungen an das **Äußere Ihrer Arbeiten** enthält Anhang I.[872] Deren Wichtigkeit sollte man nicht über-, aber erst recht nicht unterschätzen. Letzteres kommt häufiger vor. Es ist wenig ertragreich, die Bedeutung, die solchen Formalien beigemessen wird, als Haarspalterei zu belächeln. Halten Sie sich einfach an die Vorschläge in der Ausbildungsliteratur; Sie vergeben sich dadurch nichts.

451 • Schon **vor der Bearbeitung** ist es empfehlenswert, gelegentlich zwei Stunden in der Bibliothek zu verbringen, um sich einen Überblick über das einschlägige Schrifttum zum betreffenden Rechtsgebiet zu verschaffen. Man kann dabei bereits eine Literaturdatenbank anlegen, welche die aktuellen Auflagen der wichtigsten Kommentare und Lehrbücher erfasst. Das hat zwei Vorteile: Zum einen erspart man sich so den Stress des Nachsehens unmittelbar vor dem Abgabetermin („Weiß jemand, ob das hier wirklich die jüngste Auflage ist …?"[873]), zum anderen wird diese Datenbank mit der Zeit umfangreicher und kann im Examen noch nutzbringend verwendet werden. Die aufwendigeren Recherchen („Wie heißt *Erman* mit Vornamen?"[874]) werden kurz vor der Abgabe einer Prüfungsarbeit leicht so nervenzehrend, dass man ganz darauf verzichtet.

---

871 Systematisch Theisen Arbeiten; hilfreich bei dieser Herangehensweise zB Kosman/Kling/Richarz Hausarbeiten; des Weiteren (teils allgemeiner) Hugenschmidt Studier- und Arbeitstechniken; Klaner Lernen; Klaner Hausarbeiten. Teils zweifelt man aber, ob die Ratschläge wirklich nötig waren: Selbst die recht pfiffige Zusammenstellung nützlicher Lernliteratur bei Niederle ist mit Ernährungsratschlägen für die Prüfungsvorbereitungsphase (S. 59 ff.) auf Buchlänge gebracht worden. Wer sich einmal so gründlich wie nötig mit Fragen **wissenschaftlicher Arbeitstechnik** befassen möchte, fange an mit Eco Abschlussarbeit (um zu verstehen, worin der Sinn der vielen merkwürdigen Regeln liegt), nehme dann Theisen Arbeiten (um die technischen Einzelheiten zu erlernen) und benutze Franck Handbuch, zum Nachschlagen; empfehlenswert sind zudem (weil juristisch-spezifischer) Stein Arbeit; Möllers Arbeitstechnik; Tettinger/Mann Einführung; Haft Einführung.

872 → Rn. 476 ff.

873 Diese Information liefert zB der Bibliothekskatalog, der heute als Datenbank (OPAC) geführt wird und vom heimischen Arbeitsplatz aus online zugänglich ist. Für bibliographische Recherchen online bieten sich im Übrigen an: der Katalog der DNB (dnb.de, dort sind neben den deutschen Büchern auch etliche aus der Schweiz und Österreich recherchierbar), das Verzeichnis Lieferbarer Bücher (buchhandel.de) und mit Einschränkungen die Kataloge der Internet-Buchhändler (am bekanntesten: amazon.de, juristisch spezialisiert: beck-shop.de); bei Monographien vor 1913, die die DNB nicht kennt, wird man mit etwas Glück unter zvab.com oder mit der Metasuchmaschine findmybook.de fündig. Mit der DNB (für Monographien) und der CD von Kuselit (für unselbstständige Veröffentlichungen) kann man mittlerweile den größeren Teil des in Übungsarbeiten einschlägigen Schrifttums komfortabel on- und offline recherchieren und bibliographieren. In die Inhalts- und Stichwortverzeichnisse etlicher Fachbücher schauen kann man über buchkatalog.de (das mag den Weg in die Bibliothek ersparen, wenn es nur noch darum geht, eine einzige Fußnote nachzuprüfen). Teils bieten auch die juristischen Verlage nützliche Informationen auf ihren Heimseiten; wer etwa wissen will, wann der zitierte Band des Staudinger erschienen ist, wird schnell bei degruyter.de/downloads/staudinger.xls fündig. Zu Möglichkeiten und Grenzen des Zugriffs auf Fachliteratur im Internet immer noch lesenswert Zimmer Bibliothek.

874 Walter. Die Information findet sich nicht im CIP-Datensatz, sondern am Ende des Vorworts zur ersten Auflage des Kommentars (oder zB im Katalog der DNB, dazu Fn. 873). Muss man wissen …

● Stehen Sie bei Ihrer ersten Hausarbeit plötzlich vor der Frage „Die Bibliothek habe ich   452
gefunden, aber wo sind die Bücher?", empfiehlt sich ein Blick in die einschlägige Spezialliteratur.[875] Der Umgang mit und der **Zugriff auf juristische Informationsquellen**
wollen gelernt sein.[876]

Es erfordert zugegebenermaßen einige Disziplin (und ein bisschen Zeit), sich diese Fertigkeiten
anzueignen. Viele Studenten scheuen beides, bis es nicht mehr anders geht. Aber die Mühe lohnt
sich – und sie ist letztendlich unvermeidbar.

● Manche Sachverhalte sind ganz oder teilweise neueren oder jüngsten Gerichtsent-   453
scheidungen[877] nachgebildet. Bei solchen **Aufgaben am Puls der Zeit** lohnt es sich, die
Entscheidungsgründe des betreffenden Urteils auf gute Argumente, einschlägige Vorschriften usw. durchzusehen. Diese Entscheidungen finden Sie noch nicht in Kommentaren und Lehrbüchern und auch nicht in den Registern der gebundenen Fachzeitschriften.

Oft hilft aber ein Blick in die noch ungebundenen Hefte des laufenden Jahrgangs oder in eine Datenbank oder ins Internet. Vielleicht hatte erst letzthin der BGH genau die gleiche Frage zu entscheiden wie jetzt die Teilnehmer an der Übung im Bürgerlichen Recht.[878]

Einen Überblick über das jüngere Schrifttum einschließlich der Zeitschriftenaufsätze
kann man sich mittels der *Literaturübersicht der JZ* (auf den Umschlagseiten) verschaffen. Ist das Thema der Suche eingrenzbar, greift man zu den spezialisierten Fachzeitschriften, etwa dem *Zeitschriftenspiegel* im *DB* oder im *AG-Report*. Wer Zugang
zu juristischen Datenbanken[879] hat, sollte diesen nutzen. Teils berichtet auch die seriöse
Tagespresse über Entscheidungen der höheren Gerichte. Die Recherche ist hier aber
komplizierter, will man nicht die kostenpflichtigen Zeitungsarchive bemühen. Immer-

---

875 Allgemein Grund/Heinen Bibliothek; für juristische Zwecke Bergmans Informationen; Hirte
     Zugang; Walter/Heidtmann Literatur; sowie Möllers JuS 2000, 1203 ff.; Kaufmann/Keller DRiZ
     2000, 333 ff.; nützlich evtl noch heute Wilke Informationsführer; heranziehen. Zur Einführung
     Braun JuS 2004, 359 f.; für Österreich Stitic/Winter Medienkompetenz.
876 Eine kurze Anleitung auch bei Schimmel//Basak/Reiß Themenarbeiten Rn. 123 ff.
877 Fast noch schlimmer: anhängigen Verfahren.
878 Vorsicht: Ein immer wieder anzutreffendes Missverständnis liegt darin, dass studentische Bear-
     beiter einer Übungsarbeit meinen, sie hätten den Erfolg schon in der Tasche, wenn sie die ein-
     schlägige Entscheidung des BGH gefunden haben, der die Aufgabe erkennbar nachkonstruiert
     ist. Eine gelungene Ausarbeitung muss nicht nur in der Darstellung (Gutachtenstil!) deutlich von
     dem gefundenen Urteil abweichen, sondern oft auch in Breite und Tiefe der Problemerörte-
     rung andere Schwerpunkte setzen. So kann es etwa leicht geschehen, dass eine Urteilsbegrün-
     dung unvollständig ist, also Ansprüche oder Gegenrechte oder einzelne Tatbestandsmerkmale
     überhaupt nicht mehr erörtert (weil manches im Verfahrensverlauf und im Instanzenzug un-
     streitig oder unerweislich geworden ist), die in einem Übungsgutachten unentbehrlich sind.
     Selbst dort, wo Gerichte ihre Entscheidungen geradezu schulmäßig begründen (schön zB die
     Gesetzesauslegung bei BGH NJW 2003, 2739 ff.), begründen sie eben schulmäßig nach den
     Regeln für Urteile, nicht nach denen für Gutachten. Das einschlägige Urteil ist also erst die
     halbe Miete. Treffend dazu NdsOVG BeckRS 2016, 50260 Rn. 22: „Funktion und Stil einer Revi-
     sionsentscheidung des Bundesgerichtshofs unterscheiden sich wesentlich von einem in der Ers-
     ten Juristischen Staatsprüfung zu erstellenden Gutachten; gerade in der ‚Umarbeitung' vom Ur-
     teils- in den Gutachtenstil läge erst eine wirklich zu honorierende Leistung. Darüber hinaus
     müssen sich die übernommenen Textpassagen in einen folgerichtigen gedanklichen Ablauf einfü-
     gen, damit sie positiv bewertet werden können. Schließlich ersetzen sie nicht ohne Weiteres eine
     vom Prüfling erwartete Auseinandersetzung mit unterschiedlichen Rechtsauffassungen und eine
     eigene Positionierung des Prüflings, wenn hierauf nach der erkennbaren Anlage der Aufgaben-
     stellung Wert gelegt wird."
879 Das sind in den letzten Jahren beck-online, juris, Wolters Kluwer online und Legios. Ältere
     Marktübersichten bei Kraft Online-Datenbanken; Noack/Kremer NJW 2006, 3313 ff. Insbeson-
     dere juris und beck-online sind häufig an den PC-Pools der juristischen Fachbereiche verfügbar.

hin finden Sie meist die Tageszeitungen der letzten Wochen in etlichen Bibliotheken. Die Lücke zwischen den aktuellen Fachzeitschriften und den bereits ergangenen, aber noch nicht veröffentlichten Entscheidungen[880] lässt sich über das Internet füllen.[881]

Aktuelle Sachverhalte verlangen übrigens nach **aktuellen Gesetzestexten**. Auf Dauer dürften in dieser Hinsicht die Loseblattausgaben (Habersack, Sartorius usw.) den dtv- und Nomos-Textausgaben überlegen sein. Letztere sind dafür nicht so teuer und viel handlicher. Maßgeblich in allen Zweifelsfällen ist die amtliche Veröffentlichung im betreffenden Gesetzblatt.[882]

454 • Nützliche und unstreitig erlaubte **Hilfsmittel** in Klausur und Hausarbeit sind Schaubilder und Zeittabellen, die man sich natürlich erst während der Prüfung anfertigen kann. Je mehr Personen der Sachverhalt benennt, desto unentbehrlicher wird für die meisten Menschen eine einfache **graphische Übersicht** über die Beteiligten und ihre Rechtsbeziehungen, wie sie auch im Unterricht an der Tafel ständig verwendet wird. Eine **Zeittabelle** oder einen **Zeitstrahl** zu erstellen empfiehlt sich spätestens, wenn der Sachverhalt zahlreiche Datumsangaben enthält und nicht beim ersten Lesen schon klar ist, in welcher Reihenfolge die einzelnen Ereignisse geschehen. Sie erweist sich als hilfreich, wenn etliche Willenserklärungen zwischen den Beteiligten hin und her gegangen sind und es nun herauszufinden gilt, ob und mit welchem Inhalt dadurch ein Vertrag geschlossen wurde. Nützlich ist sie auch bei mehreren Abtretungen, Übereignungen oder Pfändungen, wenn wegen des Prioritätsprinzips zu klären ist, welcher dieser Vorgänge der erste wirksame war. Weder Skizze noch Zeittabelle gehören aber zur Bearbeitung; sie sind daher nicht mit abzugeben (und werden auch nicht bewertet).

---

880 Der zeitliche Nachlauf der Fachzeitschriftenveröffentlichung gegenüber der Verkündung beträgt in der Regel einige Monate (im Arbeitsrecht ein bisschen mehr); manchmal geht es deutlich schneller, zB ist BVerfG Urt. v. 30.7.2008 – 1 BvR 3262/07 in NJW 2008, 2409 ff. (erschienen am 8.8.2008) veröffentlicht, EuGH Urt. v. 26.1.2012 – C-586/10 in DB 2012, 290 ff. (erschienen am 3.2.2012) – da hinkt der Fachzeitschriftenabdruck der Online-Veröffentlichung fast nicht mehr hinterher. Ähnlich schnell Buchner/Schumacher DB 2010, 1124 ff. erschienen am 21.5.2010, zwei Monate nach der ersten Eruption des Eyjafjallajökull; noch schneller Fahl JA 2012, 161 ff., sechs Wochen nach der Havarie der Costa Concordia; vergleichbar Prütting/Wilke K&R 2016, 545 ff. und Tinnefeld K&R 2016, 551 ff. wenige Wochen nach der Verfügbarkeit des Spiels Pokemon GO im Juli 2016. Am 23.6.2016 beschloss Großbritannien in einer Volksabstimmung den Brexit; die Monographie Brexit und die juristischen Folgen (hrsgg. v. Kramme/Baldus/Schmidt-Kessel) erschien im November 2016 (2. Aufl 2019). Mitte März 2020 erzwang die Corona-Pandemie massive Einschränkungen des öffentlichen Leben, bis zum Erscheinen von Schmidt (Hrsg.) COVID-19, 2020 vergingen ca. acht Wochen. Ein Beispiel für den Vergleich zwischen Materialverfügbarkeit im Druck und im Internet bei Schimmel LTO v. 21.4.2016, t1p.de/fr31.

881 Die Entscheidungen des **BGH** in Straf- und Zivilsachen ab 2000 findet man unter t1p.de/4zuz. Fünf Jahre lang rückwärts stellt das **BAG** unter bundesarbeitsgericht.de seine Entscheidungen zur Verfügung. Die Entscheidungen des **BVerfG** seit 1998 findet man unter t1p.de/fg84g, viele Entscheidungen aus BVerfGE unter t1p.de/1u3ux. Zentralen Zugriff auf die Entscheidungen der obersten Bundesgerichte ermöglicht lexetius.com. Die Entscheidungen des **EuGH** und des **EuG** sind abfragbar unter t1p.de/o6kq; (für die letzten zehn Jahre, für die Zeit davor unter eur-lex. europa.eu/JURISIndex.do?ihmlang=de=; die deutschen Übersetzungen unter recht.uni-jena.de/ z02/materialien/FKVO/c1.htm; recht.uni-jena.de/z02/materialien/FKVO/c2.htm; recht.uni-jena. de/z02/materialien/FKVO/t2.htm), die des **EGMR** unter t1p.de/d8e3f. Bereits ergangene, aber noch nicht veröffentlichte Entscheidungen lassen sich in Umrissen über die Pressemitteilungen der Gerichte erschließen, die meist über die Internetpräsenzen abfragbar sind.

882 Zum Umgang mit Gesetzblättern Hirte Zugang S. 56 ff.; fast das vollständige geltende Bundesrecht ist übrigens im Internet über die Seite des Bundesjustizministeriums abrufbar: gesetze-im-internet.de. Diese ist ziemlich komfortabel und aktuell – aber das amtliche Verkündungsorgan ist bis auf Weiteres das Bundesgesetzblatt.

- **Umgehen Sie nicht die Probleme.** Anders als im täglichen Leben gilt für Prüfungsar-   455
  beiten der Grundsatz der problemfreundlichen Bearbeitung.

  Das bedeutet, dass man zwar mit der Wahl eines einfachen Wegs keinen Fehler begeht; man
  nimmt aber mit dem weiträumigen Umfahren der Probleme dem Korrektor die Möglichkeit,
  Punkte auf die anständige Bewältigung umstrittener Fragen zu geben. Wer also mehr als nur gerade eben so bestehen will, sollte im Zweifel den Begründungsweg wählen, der die Schwierigkeiten nicht meidet. Hier holt man Punkte.

- Zurückhaltung ist angebracht gegenüber einer zu **stark ergebnisorientierten Ar-**   456
  beitsweise. Es ist nicht sinnvoll, auf ein vorgefasstes Ergebnis zuzuarbeiten, selbst
  wenn das eigene Rechtsgefühl[883] sagt, dieses bilde die einzig richtige Entscheidung.

  Für die Bewertung der Arbeit kommt es weniger auf das Ergebnis als vielmehr auf die Argumentation dahinter – genauer: davor – an. Man verrennt sich schnell in abwegige Begründungen,
  wenn man sich des Ergebnisses zu sicher ist. Jedenfalls ist es Zeitverschwendung, darüber zu spekulieren, welches Ergebnis dem Aufgabensteller am besten gefallen würde.[884] Umgekehrt kann
  das „gesunde Rechtsgefühl" als Korrektiv dienen – aber eben erst, wenn Sie das Ergebnis technisch solide hergeleitet haben.[885]

  Ebenso wie in der Sache selbst müssen Sie sich stilistisch zurückhalten. So sehr man
  nach längerem oder kürzerem Nachdenken von der Richtigkeit eines bestimmten Ergebnisses überzeugt ist, so wenig sollte man im Rechtsgutachten vom gerechten Ergebnis her argumentieren.

  > **Beispiel:** Vermeiden Sie so gut es geht „Es muss ..." und „... kann nicht ... sein".

- Unbedingt empfehlenswert ist es, während der Bearbeitung (auch in Klausuren, be-   457
  sonders aber bei Hausarbeiten) immer **wieder** einmal den **Sachverhalt** zu lesen. Etliche Informationen und Formulierungen, die beim ersten Lesen bedeutungslos, wichtig, eindeutig, vieldeutig, unvollständig oder unstimmig wirken, erscheinen in einem
  anderen Licht, wenn man erst einmal eine Weile versucht hat, eine rechtlich tragfähige
  Entscheidung zu entwerfen.[886] Das hat mit dem vielzitierten Pendelblick zu tun, der
  abwechselnd Sachverhalt und Rechtsnormen in den Fokus nimmt und so schrittweise
  zu entscheiden hilft, welche Normen einschlägig sind und welche Informationen zum
  Tatsächlichen benötigt werden.[887]

- **Juristische Kreativität** ist in Übungsarbeiten nur ausnahmsweise gefragt (am ehesten   458
  noch in Fächern wie „Vertragsgestaltung", aber auch dort setzt die Klausur als Prü-
  fungsformat Grenzen). Prüfungen fragen weitaus stärker systematisches Arbeiten ab
  als Kreativität. Wenn Sie einen Sachverhalt nur durch etliche Analogieschlüsse hintereinander entscheiden können, ist das meist ein Zeichen dafür, dass Sie den vom Aufgabensteller anvisierten Verlauf der Begründung verfehlt haben.

---

883 Zu Rechtsgefühl und Judiz Gröschner JZ 1987, 903 ff. sowie → Rn. 394. Lesenswertes Plädoyer
     für das Rechtsgefühl bei Haft Einführung S. 149 ff.
884 Dazu auch unter „Opportunismus", → Rn. 420.
885 Eine zu starke Ergebnisorientierung ist auch prüfungstaktisch gefährlich. Fast immer fällt es dem
     Leser auf, wenn der (Gerechtigkeits-)Wunsch Vater des (rechtsdogmatischen) Gedankens ist.
     Höher honoriert wird aber ganz oft eine technisch stimmige Argumentation mit merkwürdig
     anmutendem Ergebnis als ein sofort einleuchtendes Ergebnis, zu dessen Begründung Sie immer
     nur Treu und Glauben heranziehen können.
886 Gerade wenn man die Sachverhalte – wie das oft empfohlen wird – mit verschiedenfarbigen
     Textmarkern bearbeitet, geschieht es in der knappen Zeit der Klausur leicht, dass der nicht her-
     vorgehobene Teil der Aufgabe nicht mehr beachtet wird.
887 Zum Pendelblick Engisch Studien S. 15.

Oft ist es nicht angezeigt, Rechtsfortbildung am laufenden Meter zu betreiben. Gerade in Anfängerübungen geht es in erster Linie darum zu zeigen, dass man bereits vorhandene Normen ordentlich anwenden kann. Es gibt aber gelegentlich Aufgaben, die genau darauf zielen, dass Sie ein aktuelles Problem durch eigenes Nachdenken strukturieren und entscheiden. Von diesen erfreulichen Ausnahmen abgesehen geht Solidität vor Originalität. Der Grund dafür ist einfach: Prüfer denken sich meist Aufgaben aus, die nicht nur Genies lösen können sollen, sondern auch die vielen Normalbegabten. Wir.

459 • Bei **Sachverhaltsvarianten** muss man neu überlegen, wenn die Ergebnisse für die Variante und den Grundfall völlig übereinstimmen. Das hat der Aufgabensteller wahrscheinlich nicht gewollt (außer bei ganz unterschiedlichen Begründungen für das gleiche Ergebnis). Auch das Zusammenfassen mehrerer Sachverhaltsvarianten ist selten zu empfehlen: Was der Sachverhalt trennt, soll der Bearbeiter nicht zusammenfügen. Aber was der Sachverhalt zusammenfügt, kann der Bearbeiter durchaus einmal trennen.

In Gedanken **Varianten** nach dem Muster „Wie wäre es, wenn …?" zu bilden ist eine typisch juristische Arbeitstechnik. Das hilft beim Durchdenken unklarer Fragen, weil man gerade durch die Konstruktion extremer Fallvarianten besser einordnen kann, ob der zu beurteilende Sachverhalt näher am einen oder am anderen Extrem liegt.[888] Diese Überlegungen werden aber in aller Regel nicht Teil des Gutachtens. Es irritiert, wenn Sie nebenher noch mehrere Sachverhalte bearbeiten, nach denen nicht gefragt ist. Zudem verschwendet das Platz und Zeit. Manchmal wirft die Variantenbildung ein schönes plastisches Erst-recht-Argument ab; dieses sollte man dem Leser nicht vorenthalten, aber eben auch nicht in epischer Breite vorführen. Gelegentlich ist es sinnvoll, mit „Anders liegt das erst, wenn …" zu zeigen, dass der gewählte Ansatz Differenzierungen zulässt, für die aber im zu entscheidenden Sachverhalt die Anhaltspunkte fehlen.

460 • Wenn eine **Sachverhaltsinformation** nach bestem Wissen **nicht entscheidungsrelevant** ist, sich aber so liest, als solle sie verarbeitet werden, erwähnt man sie nur eher nebenher.

> **Beispiel:** Die Firma des Unternehmens ist handelsrechtlich unzulässig; für die Bearbeitung der Aufgabe kommt es jedoch nur auf die Entstehung der Gesellschaft, nicht dagegen auf firmenrechtliche Feinheiten an: „Zwar ist nach § 19 I HGB die Firma unzulässig, doch beeinträchtigt dies den wirksamen Abschluss des Gesellschaftsvertrags nicht."

Das gilt auch für Probleme, die sich schon innerhalb des im Sachverhalt beschriebenen Geschehens erledigt haben.

> **Beispiel:** Die Bürgschaftserklärung ist nur mündlich abgegeben worden; zwischenzeitlich hat aber der Bürge auf die Hauptschuld gezahlt. „Der Formmangel ist nach § 766 S. 3 BGB geheilt, sodass der zunächst nach §§ 125 S. 1, 766 S. 1 BGB nichtige Bürgschaftsvertrag durch die Zahlung des B wirksam geworden ist."

Mit einem kurzen Satz kann man zeigen, dass man das Problem identifiziert und die einschlägigen Bestimmungen gefunden hat (*number-dropping*). So erhält man wenigstens einen Anstandspunkt, wenn entgegen den Erwartungen des Aufgabenstellers das Problem zu kurz thematisiert ist. Insofern gilt: Im Zweifel lieber kurz erwähnen als nicht erwähnen.

> **Beispiele:** Teilt der Sachverhalt mit, dass B den von A vorgelegten Vertragstext nur *widerwillig* unterzeichnet hat, so wird das regelmäßig nach kurzem Überlegen weder für einen geheimen Vorbehalt iSv § 116 BGB ausreichen noch für einen fehlenden Rechtsbindungswillen, sodass daran der Vertragsschluss letztlich nicht scheitern kann. Wer gleichwohl nicht wortlos über das *widerwillig* hinweggehen möchte, muss also einen Satz schreiben wie „Der Widerwille des B ist für A nicht erkennbar; er gibt zumindest bei Auslegung nach §§ 133, 157 BGB dem A keinen Anlass, an der Verbindlichkeit der gleichzeitig geleisteten Unterschrift zu zweifeln;

---

888 Dazu zB Wank Auslegung § 5 IV. mwN.

> auch ein geheimer Vorbehalt würde wegen § 116 S. 1 BGB nichts an der Wirksamkeit der Erklärung ändern." – Oder: „Die erforderliche notarielle Form des Anteilskaufvertrags (§ 15 III GmbHG) ist durch die Beurkundung eingehalten." – Oder: „Wegen des deklaratorischen Charakters der Handelsregistereintragung (§ 53 I HGB) kommt es für das Bestehen der Prokura nur auf die wirksame Erteilung nach § 48 HGB an."

Manches scheinbar Erledigte stellt sich bei näherem Hinsehen als gar nicht erledigt heraus.

> **Beispiel:** Eine Vollmacht (§ 167 BGB) ist im Innenverhältnis widerrufen worden oder jedenfalls durch Kündigung des zugrunde liegenden Arbeitsvertrags erloschen (§ 168 BGB). Unerwähnt lassen sollte man weder Erteilung noch Widerruf der Vollmacht, wenn ernsthaft zu diskutieren ist, ob sie im Außenverhältnis fortbesteht (§§ 171 ff. BGB). Fortbestehen kann nur, was einmal bestanden hat. Deshalb sollte in solchen Fällen chronologisch geprüft werden, was mit der Vollmacht geschehen ist.

- Vermeiden Sie die **Überschreitung des Seitenlimits**. Vom Aufgabensteller angegebene Seitenbegrenzungen sind verbindlich.   461

> Es ist ein Gebot der Fairness gegenüber den Mitstudenten, sich daran zu halten. Auf 40 Seiten kann man leicht mehr sagen als auf 20. Gewöhnlich liegt es aber im eigenen Interesse, sich kurz zu fassen. Der Sachverhalt ist so angelegt, dass er auf ungefähr 20 Seiten angemessen zu bearbeiten ist. Außerdem hat der Korrektor nicht nur Ihre Arbeit zu lesen.[889]

> Eine substantielle **Unterschreitung** des Limits (ab etwa 20%) weist in aller Regel darauf hin, dass ein Problem übersehen worden ist. Unausgesprochen erwartet der Aufgabensteller, dass Sie etwa so viel Platz brauchen werden, wie es die Seitenzahlbegrenzung vorgibt.

- Vor der Abgabe klopfen Sie den Text in Hausarbeiten satzweise auf Ergebnisrelevanz ab – Faustregel: Ungefähr 5–10% können Sie **kürzen**. Sehen Sie am Ende noch einmal nach, ob Sie die Fallfrage beantworten. Antworten auf nicht gestellte Fragen führen zu Punktabzug, zumal wenn sie falsch und/oder umfangreich sind.[890]   462

> **Beispiele:** Fragt eine Prüfungsaufgabe nach Ansprüchen des Vertragspartners K gegen den Vertretenen V, sind Ansprüche gegen den Stellvertreter S selbst dann nicht zu erörtern, wenn dieser als vollmachtloser Vertreter gehandelt hat und nach § 179 I BGB auf Erfüllung oder Schadensersatz in Anspruch genommen werden könnte. Wenn Ihnen das richtige Ergebnis „K hat keinen Anspruch gegen V" zu nackt oder isoliert zu ungerecht erscheint, ergänzen Sie es eben um „Er muss sich also nach § 179 I BGB an S halten". Einen kurzen Satz kann man riskieren – aber keine dreiseitige schlimmstenfalls fehlerbehaftete Prüfung von Ansprüchen, nach denen die Aufgabe mit gutem Grund nicht gefragt hat. – Ist in der Aufgabe (nur) nach Ansprüchen gegen drei Anspruchsgegner als Gesamtschuldner gefragt, sollte man auf den Gesamtschuldnerinnenausgleich höchstens kurz eingehen, auch wenn die verschieden gewichtigen Verhaltens- und Verschuldensbeiträge der drei Beteiligten ins Auge springen; an das Ergebnis „A, B und C haften daher dem T gesamtschuldnerisch auf die vollen 15.000 EUR" kann man dann kurz anschließen „Für den Ausgleich im Innenverhältnis muss sich der leistende Schuldner nach § 426 BGB an die anderen Schuldner wenden".

---

889 Ein kleiner Trost für alle, die mit der Seitenzahlbegrenzung kämpfen: Sie dient nicht nur der Herstellung fairer Wettbewerbsbedingungen und auch nicht nur der Arbeitserleichterung der Korrektoren. Hauptsächlich soll sie Ihnen ein juristisches Talent anerziehen: Sich auf das Wesentliche zu konzentrieren, das beste Argument am breitesten zu verhandeln, ohne die anderen Argumente ganz zu verdrängen, mit den Aufmerksamkeitsressourcen des Gerichts vernünftig und anständig umzugehen. – Zur Bewertung einer Hausarbeit mit 0 Punkten wegen Seitenzahlüberschreitung instruktiv VG Ansbach BeckRS 2017, 137181 (= t1p.de/lkwa).

890 Wie wichtig es ist, sich zunächst (und im Lauf der Bearbeitung immer wieder) Klarheit über den Inhalt der Aufgabe zu verschaffen, wird in der juristischen Ausbildungsliteratur durchgängig und zu Recht betont. Deshalb kann hier diese Fußnote genügen.

Je mehr Korrekturerfahrung ein Leser hat, desto mehr wird er es zu schätzen wissen, wenn er Ihrer Arbeit ansehen kann, dass Sie gekürzt haben. Die Mühe des Kürzens zeigt nämlich auch den Respekt vor dem Leser. Und dieser Respekt wird bei der Bewertung wertgeschätzt.

463 Kürzen ist auf verschiedenen Ebenen möglich und nötig. Zum einen sind überflüssige Seiten, Absätze, Sätze und Satzteile zu streichen.[891] Weiter kann man Wiederholungen weglassen, die noch nicht einmal eine Bedeutungsnuance enthalten. Wenn eine Aussage so wichtig ist, dass sie wiederholt werden soll, dann jedenfalls nicht unmittelbar anschließend.[892]

Juristen sind überproportional gefährdet, sich lesend und schreibend einen unnötig wortreichen Stil anzugewöhnen.

> **Beispiele:** Statt „Von 2018 bis 2021 wurde ..." heißt es dann etwa „In der Zeitspanne zwischen den Jahren 2018 und 2021 wurde ..." oder „A fordert von B die Zahlung des Betrags von 800 EUR" statt „A fordert von B 800 EUR".

Da hilft nur: Gegenlesen.

In einem gelungenen Rechtsgutachten schließt jeder Satz entweder an den unmittelbar vorhergehenden oder einen weiter oben stehenden Satz an. Wo dies nicht der Fall ist, muss man entweder über die richtige Einordnung oder über die Entbehrlichkeit des Satzes nachdenken.

Leider gibt es für das Kürzen keine allgemeinen Regeln. Gut geeignet sind aber immer die Abschnitte, an deren Erforderlichkeit Sie selbst zweifeln. Typische Fälle von Kürzungsbedarf signalisieren „Von großer/erheblicher/einiger Bedeutung/Relevanz für ... ist auch ..." sowie „Dies ist im vorliegenden Fall weder möglich noch gefragt". Da der Leser in solchen Aussagen nichts Konkretes oder Entscheidungserhebliches erfährt, sollte man sie entweder im nächsten Satz präzisieren oder weglassen. Einen weiteren Ansatzpunkt bietet „Etwas anderes gilt für/bei/wenn ...". Die sich daran anschließenden Erörterungen gehen nicht selten knapp an der Frage vorbei. Beibehalten sollte man sie nur, wenn sie eine vorher eingeführte und diskutierte Unterscheidung zu verdeutlichen helfen.

Exkurs: Arbeitsökonomie/Ökonomie der Darstellung
Grundsätzlich ist im Gutachten nur darstellungsbedürftig, was zum Beantworten der gestellten Frage erforderlich ist. (Leichter gesagt als getan ...) Gerade als Anfänger stellt man bei der Fallbearbeitung meist etliche Überlegungen an, die später als nicht zielführend verworfen werden müssen – mögen sie auch für die gedankliche Klärung noch so wichtig gewesen sein. Diese gilt es aus der Ausarbeitung herauszuhalten oder herauszustreichen. Ganz typisch sind überflüssige Diskussionen um beliebte Abgrenzungs- und Streitfragen.
Es kann aber sinnvoll sein, das im Gutachten erzielte Ergebnis auf mehr als ein Argument zu stützen. Das liegt in der Funktion des Gutachtens begründet: Dieses soll (spätestens wenn der Referendar es dem Richter erstattet) eine Entscheidung vorbereiten. Dafür ist es nützlich, wenn das Gutachten die Möglichkeit berücksichtigt, dass der Adressat anderer Meinung ist als der Verfasser.
In der Ausarbeitung des Gutachtentexts ist das vorzugsweise so zu bewerkstelligen, dass man nicht ein Hilfsgutachten hinter das andere setzt, sondern das gefundene Ergebnis lieber auf die Summe mehrerer Argumente stützt als auf jedes einzelne.

Überraschend viel Platz einsparen lässt sich durch das Streichen unnötig weitschweifiger Ausführungen und bedeutungsloser **Floskeln**.

---

891 Zu Kürzungsmöglichkeiten bereits → Rn. 139 ff., 156, 384, 389, 413.

892 Dazu auch schon → Rn. 352. Das geschieht öfter als Sie glauben, etwa weil Sie immer einmal wieder eine Formulierungsalternative in den Text notieren, ohne sie als solche zu kennzeichnen.

> **Beispiele:** „Dabei ist allgemein anerkannt, dass eine Täuschung nicht nur durch aktives Tun, sondern auch durch Unterlassen möglich ist" kann man schöner, kürzer und genauer fassen als „Eine Täuschung kann durch Tun oder pflichtwidriges Unterlassen geschehen." Oder: „Die Pflicht zur Tragung eines Armbands könnte allenfalls dann der Sollbeschaffenheit der gebuchten Reise entsprechen, wenn …"[893] wird lesbarer als „Die Pflicht, ein Armband zu tragen, entspricht der Sollbeschaffenheit der Reise, wenn …". Oder: „Die Tatsache, dass …" kann man häufig ersetzen durch „Dass …". Für „Anzumerken ist hier zudem, dass …" genügt meist „Zudem …". Gleiches gilt für „Es ist so, dass …" – Heute seltener geworden sind Kürzungsmöglichkeiten durch **de-gendering**.[894]

Nicht selten bieten die Passagen Kürzungspotenzial, in denen ohne echten Subsumtionsbezug der Sachverhalt wiederholt und nacherzählt wird. Solche Abschnitte sind nicht nur fehlerhaft im Sinne einer guten juristischen Arbeitstechnik, sondern langweilen den Leser, der mit dem Sachverhalt durch die Lektüre zahlreicher weiterer Übungsarbeiten vertraut ist. Gleiches gilt für weitschweifige Umschreibungen des Gesetzestexts.

Ein gutes Kriterium beim Zusammenstreichen ist: Nehmen Sie alles weg, was Sie selbst nicht verstanden haben.

Im kleinen Maßstab achte man auf die beliebten überflüssigen **Adjektive**. In der Wissenschaftssprache werden nicht nur offenkundig unnötige Doppelungen

> **Beispiele:** *Runde Kreise* und *weiße Schimmel* liest man selten, aber *zeitliche Verzögerungen, überwiegende Mehrheiten, vertragswesentliche essentialia* und *haftungsbegrenzte GmbHen* kommen durchaus vor.

als störend empfunden, sondern auch informationslose Quantifizierungen

> **Beispiel:** „Sehr wichtig ist in diesem Zusammenhang …" – kaum je kann man erklären, warum *sehr wichtig* und nicht nur *wichtig* (und wo eigentlich die Grenze zwischen *wichtig* und *sehr wichtig* verläuft).[895]

und überhaupt Adjektive in ihrer ausmalenden Funktion.[896]

> **Beispiel:** „A erwarb das alte Kfz des B." – Ob der Wagen *gebraucht* war, wird für die rechtliche Beurteilung leicht einmal wichtig, ob er *alt* oder sogar *sehr alt* war, nur selten.

Immerhin optisch wirksame Kürzungen[897] kann man mit dem Textverarbeitungsprogramm bewirken: Die Silbentrennung spart ungefähr 2% des Textumfangs ein.[898]

Empfehlungen zu **inhaltlichen Kürzungen** sind immer etwas heikel. Daher finden Sie hier nur ganz vorsichtige Annäherungen.

---

893 AG Baden-Baden NJW 1999, 1340 f.

894 Das standardisierte Ersetzen von *Kaufleute* oder *Kaufmänner* durch *Kaufmänner und Kauffrauen* (dazu auch schon Fn. 5) ist mittlerweile nur noch in wenigen politischen Submilieus gängig. Sollten Sie aber zu einem dieser Milieus gehören und Ihr Gutachten gegendert haben, können Sie durch de-gendering den Textumfang um ca. 3% reduzieren. Denn ganz ehrlich: Es gibt keine Zusatzpunkte aufs Gendern.

895 Die Grenze zur unnötigen quantitativen Übertreibung (*unzählige, immense, enorme, massive* usw.) ist fließend.

896 Wo das Gesetz ein Tatbestandsmerkmal einer Norm als Adjektiv fasst (*wichtiger Grund*, § 626 I BGB, *erhebliche Beeinträchtigung, auffälliges Missverhältnis*, § 32a I UrhG), muss man aber beim Subsumieren mit genau diesem Adjektiv arbeiten.

897 Vom Kürzen mittels typographischer Tricks ist abzuraten (→ Rn. 421).

898 Spürbar wird das erst bei längeren Texten. Bei kurzen Texten hilft es nur, wenn auf der letzten Seite wenige Zeilen stehen. Die Silbentrennzone sollte recht klein eingestellt werden.

Juristisches Denken und Gutachtenschreiben vollzieht sich zu großen Teilen in Regel-Ausnahme-Schemata. Während es meist zwingend oder wenigstens sinnvoll ist, alle Voraussetzungen der einschlägigen Regel zu erörtern, kann man bei den **Ausnahmen** vielleicht einmal auf Vollständigkeit verzichten. Das gilt erst recht, wenn der Sachverhalt zur Diskussion der Ausnahme keinen Anlass bietet.

> **Beispiel:** Die positiven Voraussetzungen eines Mangelgewährleistungsanspruchs sollte man alle abarbeiten, sei es auch kurz. Ob aber bei knapper Zeit und/oder knappem Platz auch eine Aussage zur Verjährung nötig ist, ist zweifelhaft. Zum Schema-Abhaken ist ein Satz wie „Für eine Verjährung im Sinne des § 438 BGB fehlt es an Anhaltspunkten" sinnvoll, aber er beansprucht eben Platz, zumal wenn er unter eine eigene Überschrift gestellt wird.[899]

Lehrbuchkriminalität gibt es nicht nur im Strafrecht. Auch im Bürgerlichen Recht begegnet man Rechtsfiguren, die ersichtlich nur für eine statistisch gesehen ziemlich spezielle Sachverhaltskonstellation gebraucht werden. Daraus ergibt sich Kürzungspotenzial, wenn eben diese Konstellation gerade nicht gegeben ist.

> **Beispiel:** Die Abgabe einer Willenserklärung wird meist als die „willentliche Entäußerung in den Rechtsverkehr" definiert – und als Voraussetzung für die Wirksamkeit angesehen. Wo aber nicht ausnahmsweise die Willenserklärung ohne oder gegen den Willen des Erklärenden abgeschickt wird (etwa aufgrund Missverständnisses beim Büropersonal), ist fast jede Willenserklärung, die zugeht, auch abgegeben. Das spricht dafür, unter Bedingungen der Knappheit von Zeit und Raum auf eine lehrbuchnahe Definition der Abgabe und eine schulmäßige Subsumtion zu verzichten.

464 • Ob man eine Übungsarbeit allein oder im Team verfasst, ist Geschmackssache. **Teamarbeit** ist sinnvoll, solange jeder noch versteht, was er da eigentlich schreibt. Gruppen ab vier Personen tendieren zu ineffizientem Arbeiten. Insbesondere bei der Quellenauswertung kann Arbeitsteilung wertvolle Zeit sparen. Man sollte aber darauf achten, an wessen Ratschlägen man sich orientiert. Es gibt eine ganze Reihe erfahrungsgemäß **schlechter Ratgeber:**[900]

– Studenten höherer Semester

(„Der Freund von der Ruth is' im siebten Semester und sagt, das sei eindeutig ein Fall von unerwünschter GoA ..." – Der Freund von Ruth ist juristisch nicht sehr begabt und nur durch Zeitablauf bis ins siebte Semester gekommen. Jedenfalls kennt er das konkrete Problem trotz gegenteiliger Beteuerungen auch nicht genauer als die Leute, die sich jetzt seit zwei Wochen entnervt damit abmühen.)

– Eltern im Anwalts- oder Richterberuf

(„Dem Christoph sein Vater is' Anwalt und sagt, die Vertragsverletzung besteht in ..." „Die Gabi hat ihre Mutter gefragt – die is' Vorsitzende Richterin am OLG – und die hat gesagt, man müsste hier erst mal ..." – Anwälte und Richter arbeiten oft nach anderen Regeln als Studenten und sind daher nur ausnahmsweise wirkliche Helfer.[901])

---

899 Wer in aller Kürze das Stichwort (Verjährung), die Norm (§ 438 BGB) und das grundsätzliche Problembewusstsein vorführen will, kann vielleicht auch schlank schreiben „Zur Vermeidung der Verjährungseinrede muss der Anspruch binnen der zweijährigen Frist des § 438 I Nr. 3 BGB gerichtlich geltend gemacht werden".

900 Die Aufzählung strebt Vollständigkeit an, erreicht sie aber nicht.

901 Ein zweites Risiko neben der inhaltlich unglücklichen Schwerpunktwahl: Sprachstil und Terminologie des Anwalts haben sich meist schon weit von der studentischen Herangehensweise entfernt. Prüfer sind hierfür sensibler als man glauben sollte. Überlegen Sie also genau, ob Sie wirklich einen Anwalt als Lohnschreiber anheuern wollen.

– Die herrschende Seminarmeinung

(„Aber die letzten 19 Leute, mit denen ich darüber geredet hab', waren alle der Ansicht, …" – Hier gilt dasselbe wie von herrschenden Meinungen allgemein: „… Millionen Fliegen können nicht irren", gerade wenn es sich um die Teilnehmer an der Anfängerübung im Bürgerlichen Recht handelt.)

– Leute, die ihre Ansicht mit auffälliger Selbstsicherheit ungefragt und kostenlos bekannt geben

(„Ich bin der Meinung, man kann dies und das nur so und so sehen. Übrigens haben sich mir die Herren Professoren *Medicus* und *Flume* da seinerzeit vollinhaltlich angeschlossen …" – Dummschwätzer sind gefährlich.)

– die Assistenten, Mitarbeiter und Korrekturkräfte des die Übung veranstaltenden Lehrstuhls

(„Die Gabi hat letztens den … in der Disco getroffen und bei der Gelegenheit ganz unauffällig gefragt, wie man am besten die …-prüfung aufbaut." – Die Lehrstuhlmitarbeiter waren nicht in der Disco, um über die laufende Hausarbeit zu sprechen.)

– Informationen aus zweiter Hand

(„Angeblich kennt der Philip einen, dessen beste Freundin schreibt am selben Sachverhalt wie wir. Naja, und eine von den Leuten, mit denen sie zusammenarbeitet, hat einfach in der Vorlesung von Prof. … gefragt, ob man eigentlich …" „Also, der Rüdiger is' doch bei Dick & Doof im Baby-Rep – die haben neulich einen Fall besprochen, da soll ein ganz ähnliches Problem drin vorgekommen sein." – Verlassen Sie sich auf solche Gerüchte?)

– Leute, die auf die Bitte um Hilfe nur völlig entnervt oder allzu bereitwillig antworten

(„Also, das ist ganz einfach: …" – Antworten, die nicht mit Blut, Schweiß und Tränen erkämpft sind, sind meistens falsch.)

– Freunde, die sofort die „richtige Lösung" kennen

(„Klarer Fall, hier geht es um …" – ein zu schneller Problemzugriff birgt mehr Risiken als Chancen: Man vergisst leicht die Hälfte der Probleme auf dem Weg, wenn man nur das Ziel im Auge hat. Manchmal löst man auch schlicht die falschen Probleme.)

– Mitstudierende, die zwölf Stunden vor Abgabe der Arbeit anrufen, weil sie die einzig richtige Entscheidung gefunden haben

(„Du, ich hab's!" – Wann haben Sie das letzte Mal in Torschlusspanik eine gute Entscheidung getroffen?)

● Das gelungene **Zusammenfassen von Gedankengängen** kann die inhaltliche Güte Ihrer Arbeit schon äußerlich zeigen. Versuchen Sie, dem Leser die Lektüre zu erleichtern, indem Sie den Text strukturieren.   465

Was gedanklich eng zusammengehört, sollte zusammengefasst werden. Ganz eng zusammenhängende Gedanken werden in zwei Hauptsätze gefasst und nur durch Kommata getrennt; etwas mehr Abstand signalisiert das gemeinhin völlig unterschätzte Semikolon.[902] Manchmal hilft auch ein Doppelpunkt. Mehr Distanz kommt durch einen Punkt zum Ausdruck, noch mehr durch Punkt und Absatz,[903] noch mehr durch Punkt, Absatz und Leerzeile, noch mehr durch eine Gliederungsnummer ohne Überschrift (nur bedingt zu empfehlen), noch mehr durch eine neue Überschrift.

---

902 Dazu zB Schneider Deutsch! S. 128 f.

903 Daher darf nicht hinter jedem Satz ein Absatz stehen. Das wirkt zusammenhangslos – kommt aber immer wieder vor.

Es lohnt sich, den fertigen Text unter diesem Aspekt durchzugehen und für den Leser erneut zu gliedern: Nicht immer ist der Gedankengang auf dem Papier so klar, wie er dem Verfasser im Kopf erscheint.

466 • **Hervorhebungen** im Text kann man durch Unterstreichen, fetten Satz oder Kursivschreibweise bewerkstelligen. Letztere ist am unaufdringlichsten und daher vorzuziehen.

Teils werden alle Hervorhebungen vehement abgelehnt, weil der Leser nicht als dumm behandelt werden will; außerdem müsse aus der Formulierung hervorgehen, was wichtig sei, nicht erst aus der Formatierung. Andererseits ist aber nicht jeder Leser immer voll konzentriert und wird vielleicht eine visuelle Akzentuierung zu schätzen wissen.[904] Man kann beispielsweise die Tatbestandsmerkmale einer Norm kursiv setzen, wenn man jeweils eigene Überschriften für überflüssig hält. Insgesamt sollten Sie Hervorhebungen ziemlich sparsam verwenden.

Betonungen kann man auch durch den Satzbau bewirken.[905]

> **Beispiel:** In dem Satz „Das Verhalten des B war jedoch nur rechtswidrig, wenn …" kann das Wichtige an den Anfang gestellt werden, um den Leser sofort darauf hinzuweisen: „Rechtswidrig war das Verhalten des B jedoch nur, wenn …"

467 • Bilden Sie **Zwischenergebnisse**. Je unübersichtlicher Sachverhalt und Gutachten sind und je länger keine neue Überschrift kommt, desto dankbarer ist der Leser für ein Zwischenergebnis, zumal

– wenn angesichts längerer theoretischer Ausführungen der Fallbezug ein bisschen verloren gegangen ist, insbesondere wenn man eine Reihe guter Argumente pro und contra erörtert hat („Zusammenfassend ist festzustellen/lässt sich festhalten, dass …") oder

– wenn eine gedankliche Wende kommt („Nach den bisherigen Feststellungen ist ein Anspruch gegeben./Scheinbar kann danach A von B … verlangen." Es folgt die Subsumtion unter die Tatbestandsmerkmale einer Einwendung, zB Aufrechnung.).

468 • Vergessen Sie nicht ein **Gesamtergebnis** am Ende der Arbeit. Das erleichtert auch die eigene Plausibilitätskontrolle. Hier nennen Sie noch einmal alle bejahten Ansprüche oder alle Gründe für die Rechtswidrigkeit eines Verwaltungsakts oder alle Strafnormverstöße, gegebenenfalls unter Einbeziehung der Konkurrenzen.

Ergebnisse sollen knapp formuliert sein und nicht erneut inhaltliche Diskussionen aufnehmen.

Wenn Sie gegen Ende Ihrer Arbeit ganze Ergebniskaskaden hintereinander schalten müssen, weil Sie alle geöffneten Klammern jetzt wieder schließen wollen, können Sie die irritierende Häufung von sieben *Ergebnissen* entschärfen, indem Sie sie als *Zwischenergebnis zu 4., Ergebnis zur Arbeitnehmereigenschaft, Endergebnis, Gesamtergebnis* uÄ voneinander abheben.

469 • Vor der eigenen Endkorrektur ist es (nicht zwingend,[906] aber) empfehlenswert, zwei **Korrekturleser** um Hilfe zu bitten. Der juristische Korrekturleser kann helfen, erkennbare Widersprüche[907]

> **Beispiel:** *Ein Vertrag ist also nicht zustande gekommen; der Vertrag kann angefochten werden.*

---

904 Näher zur typografischen Gestaltung der Arbeit bei Bedarf Bendix Arbeiten, oder Willberg/ Forssman Erste Hilfe; für eine erste Sensibilisierung Engelbrecht ZJS 2011, 297 ff.

905 Empfehlungen bei Kühtz Wissenschaftlich formulieren S. 57 f.

906 Wenn Sie zu einer der Risikogruppen (ehemalige Legastheniker, Einwanderer, Einwandererkinder) gehören, ist Korrekturlesen besonders dringend angezeigt. Die Korrekturleser sollten möglichst keiner Risikogruppe angehören, mindestens aber einer anderen als Sie selbst. Wer ein Lektorat einkauft, achte darauf, dass der Lektor nicht zum ersten Mal in seinem Leben einen juristischen Text liest.

907 Dazu schon → Rn. 432.

zu erkennen und sachliche Fehler

> **Beispiele:** „Um zu klären, wer Eigentümer ist, kommt es darauf an zu prüfen, ob zwischen A und B sowie zwischen A und C jeweils wirksame Kaufverträge geschlossen worden sind." (Das kann nur korrigieren, wer das Abstraktionsprinzip kennt und verstanden hat.) „Als das UrhG geschaffen wurde, hatte der Gesetzgeber ganz schlichte Vervielfältigungstechniken im Sinn, die sich problemlos dem § 16 I UrhG subsumieren lassen, wie zB das Kopieren von Lehrbüchern oder das Brennen von CDs."[908] (Um das verbessern zu können, muss man wissen, dass das UrhG 1965 geschaffen wurde, also ca. 30 Jahre vor der wiederbeschreibbaren CD.)

richtig zu stellen. Am besten machen das übrigens die Leute, die nicht an derselben Aufgabe sitzen wie Sie. Anderenfalls ist die Gefahr der Betriebsblindheit zu groß. Der nicht-juristische Gegenleser möge auf Lesbarkeit, Verständlichkeit, Satzbau, Formatierungsfehler und den roten Faden achten.

> **Beispiel:** „Die Möglichkeit der Risikosteuerung durch eine Übertragung von Compliance-Risiken ist nur eingeschränkt möglich."[909] – Als Autor wird man leicht betriebsblind, wenn man den Satz zu oft umgearbeitet hat. Der Korrekturleser sieht derlei aber sofort.

Oft ist es besser, erst fachlich zu korrigieren und dann den fachfremden Leser redigieren zu lassen. Leicht passiert es nämlich dem juristischen Leser, dass er einmal einen Fachausdruck durch einen anderen ersetzt – und vergisst, die darauf Bezug nehmenden Pronomina zu ändern. Dafür ist der nichtfachliche Leser genau richtig.

- • Für die **Endkorrektur** einer Hausarbeit sollte man wenigstens einen Tag ansetzen.[910]   470
  Verwenden Sie ein einheitliches Zeichen (### oÄ) für die redaktionellen Anweisungen, die Sie beim Schreiben der Arbeit in den laufenden Text notieren. So können Sie vor der Abgabe noch einmal das Textverarbeitungsprogramm nach diesem Zeichen suchen lassen; der Korrektor findet dann nicht ständig in den Fußnoten Hinweise wie „Fundstelle ergänzen!", „Hier noch ein paar überzeugende Argumente nachtragen!" oder „kücük fall nachlesen, ob dass da drin steht", die nichts dokumentieren außer guten Willen und zu oberflächliche Schlussredaktion.[911]

Immer wieder gern auf den Abgabetag verschoben werden die Herstellung des Schrifttumsverzeichnisses und der Gliederung. Einerseits ist das sinnvoll, weil man erst am Ende übersieht, was wirklich zitiert wurde. Andererseits ist es gefährlich, weil man sich leicht über den erforderlichen Zeitaufwand täuscht. Je nach Stand der Vorarbeiten dauert die Anfertigung eines präsentablen Schrifttumsverzeichnisses leicht einen Arbeitstag (vorausgesetzt, die Bibliothek ist geöffnet[912]). Auch ein anständiges Inhaltsverzeichnis braucht Zeit. Schnell geht es nur, wenn Sie bei den Überschriften konsequent mit Formatvorlagen arbeiten – und mit der Funktion „Inhaltsverzeichnis erstellen" umgehen können.

Sobald Sie sicher sind, dass Ihre Fallbearbeitung rechtlich „rund" ist, gehen Sie den Text ein letztes Mal durch. Achten Sie dabei nur noch auf drei Fragen, auf diese aber wirklich bei jedem (!) einzelnen Satz:

– Transportiert der Satz den Gedanken, den er festhalten soll, so deutlich wie möglich?

> Wenn der Gedanke unklar ist, kann der Satz kaum klarer sein. Aber es geschieht oft, dass man einen klaren Gedanken unklar in Worte fasst. Das rächt sich. Also: Was Sie klar denken können, können Sie auch klar sagen. Oft kostet das Zeit und Mühe. – Hier liegt eine der

---

908 Klein JA 2014, 487 (489).

909 Pape Corporate Compliance S. 49.

910 Wertvolle Ratschläge bei Schnapp JURA 2003, 602 (606 f.); s. auch die Checkliste hinten → Rn. 569 ff.

911 Auch professionellen Autoren und professionell arbeitenden Redaktionen rutscht dergleichen noch durch, s. zB Gusy ZDRW 2019, 1 (8) mit Fn. 10; aber das muss man sich nicht zum Vorbild nehmen.

912 Mittlerweile hilft allerdings auf weiten Strecken das Internet; dazu Fn. 873.

größten Chancen, aus dem Feld der Mitbewerber herauszustechen. Juristische Anfänger fassen ihre Gedanken häufig zu weit, zu pauschal, zu ungenau. Bei Fortgeschrittenen werden zu pauschale Aussagen als Anfängerfehler gewertet. Das kostet Punkte.

– Schließt der Satz an den vorherigen Satz gutachten-logisch sinnvoll an?

Wenn nein, müssen Sie das ändern. Oder sich selbst sehr gründlich Rechenschaft darüber ablegen, warum das nicht nötig ist.[913]

– Kann der Satz kürzer sein?

Sehr oft schafft Kürze Klarheit.[914]

Sie werden sich wundern, wie viele Änderungen nötig werden, wenn Sie die drei Fragen nach **Klarheit**, **Stimmigkeit** und **Kürze** ernst nehmen.

471 ● Es lohnt sich, beim abschließenden Polieren besondere Mühe auf **die ersten zwei Seiten** des Texts zu investieren, weil auch beim Lesen von Prüfungsarbeiten nicht selten der erste Eindruck entscheidet.

Richtig gut wird eine Übungs- oder Prüfungsarbeit aller Erfahrung nach zwar nur bewertet werden, wenn sie durchgängig gut ist. Trotzdem kann es – zumal angesichts beschränkter Kapazitäten – sinnvoll sein, besonders intensiv den Anfang zu überarbeiten. Selbst routinierte Prüfer sind nämlich manchmal schlecht gelaunt, wenn eine Arbeit schwach anfängt, und gut gelaunt, wenn sie souverän beginnt.

Eine Voraussetzung für einen gelungenen Einstieg ist es, die Fallfrage nachvollziehbar in einen Obersatz überzuleiten.[915] Fast ausnahmslos muss nach der ersten Überschrift der erste Obersatz mit einer Hypothese folgen.

> **Beispiel:** Nicht gut ist deshalb „Es erhebt sich zunächst die Frage nach dem Rechtsweg, den S beschreiten müsste"[916], weil so nicht erklärt wird, warum sich diese Frage erhebt. (Erhebt? Na gut: erhebt.)

Noch weiter vorn steht die Pflege der Gliederung. Je näher man der vom Leser favorisierten oder in der Musterlösung niedergelegten Gliederung kommt, desto besser. Aber auch wenn man darüber noch so viel nachgedacht hat, sollte man sich **Erläuterungen zum Aufbau** sparen.[917] Eine gute Gliederung erklärt sich von selbst. Außerdem kann der Leser das Inhaltsverzeichnis lesen und sich so über den Gang des Gutachtens orientieren.

> **Beispiel:** Selbst die kurze Erläuterung „Dabei erfolgt die Prüfung der Kausalität in drei Stufen" ist unglücklich, jedenfalls unnötig. Sie klingt zu lehrbuchhaft – und sie gibt dem Leser keine nützliche Information, denn die dreistufige Prüfung schließt sich zwangsläufig diesem Satz an.

Unter dem Gesichtspunkt eines gelungenen Einstiegs sind auch **Wasserköpfe** (also Aufbauvarianten, die ab der ersten Zeile massenhaft Probleme diskutieren, auf die dann später verwiesen wird) heikel. Gleiches gilt für Erörterungen definitiv unproble-

---

913 Hier ein harmloses Beispiel: „Fraglich ist, ob ein Anspruch entstanden ist. Dazu müsste es zu einem Kaufvertrag gekommen sein." – Nein. Das ist logisch nicht zwingend. Richtig wäre „Fraglich ist, ob ein Kaufpreiszahlungsanspruch entstanden ist. Dazu müsste es zu einem Kaufvertrag gekommen sein." Oder man muss nach der Überschrift „Anspruch des A gegen B auf Kaufpreiszahlung in Höhe von 2.200 EUR" gedanklich anschließen mit „Für einen solchen müsste es zu einem Kaufvertrag gekommen sein".

914 Lesen Sie noch einmal → Rn. 463. Ein Kürzungsbeispiel bei Schimmel LTO v. 18.3.2017, t1p.de/dkq5.

915 Dazu schon → Rn. 55 ff.

916 Flaemig/Heuvels JuS 1985, 717.

917 Murmann JA 2012, 728 (732) mwN.

matischer Tatbestandsmerkmale, die den Leser von Absatz zu Absatz ungeduldiger werden lassen.[918]

- Es empfiehlt sich, den in der Aufgabe angegebenen Abgabetermin (oder noch schlimmer: die **Abgabefrist**[919]) unter allen Umständen einzuhalten.   472

  Hochschullehrer und ihre Assistenten sind froh um jede Bearbeitung, die sie nicht korrigieren müssen. Eine verspätet eingegangene Arbeit werden sie nicht bewerten. Nehmen Sie also die Fristen oder Termine ernst: Spätestens in der Ersten Juristischen Prüfung ist der einzige natürliche Feind des Kandidaten das Justizprüfungsamt, dessen Mitarbeiter in dieser Hinsicht überhaupt keinen Spaß verstehen.[920]

  Regelmäßig sind die Bearbeitungszeiten so großzügig bemessen, dass die rechtzeitige Abgabe kein Problem ist[921] – entscheidend ist: Arbeiten statt Arbeitsmimikry. Manchmal wird es aber doch knapp. Fällt die persönliche Abgabe im Sekretariat des Lehrstuhls flach, bleibt nur die Post. Informieren Sie sich rechtzeitig über die Öffnungszeiten der wichtigen Postfilialen. Am längsten geöffnet sind meist die im Hauptbahnhof und im Flughafen. Da Sie nicht wissen können, was die Post und die Poststelle der Universität mit Ihrer Sendung anstellen, sollten Sie erwägen, diese per Einwurfeinschreiben[922] mit Rückschein zu senden – der Aufpreis beträgt 4,70 EUR.[923]

  Versuchen Sie es nicht mit dem Freistempler in Vaters oder Mutters Büro – auf den Gedanken der Zeitreise sind schon Tausende vor Ihnen gekommen, sodass freigestempelte Sendungen meist nicht akzeptiert werden.

  Für den seltenen Fall, dass eine Arbeit am Lehrstuhl verloren geht, ist es zweckmäßig, vor der Abgabe eine Kopie anzufertigen.

- Unbedingt empfehlenswert ist die **Teilnahme an der Besprechung**, die meist der   473
  Rückgabe der Arbeit unmittelbar vorausgeht. Man kann sich dabei die eigenen Fehler aus erster Hand erklären lassen[924]. Außerdem hilft das, spätere Blamagen zu vermeiden, wenn man mit einer Frage oder dem Wunsch nach Verbesserung der Note am Lehrstuhl erscheint.[925]

  Oft erhalten Sie bei dieser Besprechung nicht nur eine Musterlösung[926], sondern auch Hinweise auf die häufigsten Fehler. Günstigstenfalls können Sie also nicht nur aus eigenen Fehlern lernen, sondern auch noch aus einer repräsentativen Auswahl fremder Fehler. Eine solche Gelegenheit darf man sich nicht entgehen lassen. Der Ertrag steigt,

---

918 Neben den hier erwähnten formalen Gründen ist der Anfang eines Rechtsgutachtens natürlich auch inhaltlich besonders wichtig: Wer schon hier mit seinen Überlegungen falsch abbiegt, mutet dem Leser oft einen ganz jenseits dessen Erwartungen liegenden Bearbeitungsansatz zu. Das muss nicht schlimm sein – es nötigt aber dem Leser mehr Konzentration und Ergebnisoffenheit ab.

919 Hier haben Sie zum vielleicht ersten Mal Gelegenheit, Ihre Kenntnisse aus dem Allgemeinen Teil des BGB auf das wirkliche Leben anzuwenden: Den Abgabetermin berechnet man nach §§ 187 ff. BGB, wenn nicht anders angegeben.

920 Dieses Ärgernis setzt sich übrigens in Ihrem späteren Beruf als Rechtsanwalt fort; lesen Sie zB §§ 296 f. ZPO, § 214 I BGB.

921 Bei Klausuren kann das aber auch einmal anders sein.

922 Die Sendung mit Übergabeeinschreiben macht die Angelegenheit unnötig kompliziert, weil dann irgendjemand in der Poststelle der Universität, der dafür gar nicht zuständig ist …

923 Stand 1.1.2020; aktuelle Preise unter www.deutschepost.de/de/e/einschreiben.html.

924 Zur Rolle von Übungsklausuren bei der Examensvorbereitung Knaier JURA 2018, 495 ff.

925 Näher Frenzel ZJS 2011, 327 ff.

926 Dass dieser Text mal *Musterlösung*, mal *Bearbeitungsvorschlag*, mal *Prüferhinweise* und mal *Korrekturanleitung* heißt, ist für Sie als Leser möglicherweise zweitrangig, erzählt aber vielleicht etwas über die Haltung des Verfassers (nicht notwendig des Lehrstuhlinhabers).

wenn man sich tags zuvor noch einmal für eine Dreiviertelstunde in die meist schon ein paar Wochen zurückliegende Aufgabe und den eigenen Bearbeitungsansatz hineindenkt.

474 • Eine realistische Einschätzung Ihrer Erfolge bedarf der Kenntnis der Besonderheiten des **Notenniveaus** an juristischen Fakultäten. Um Enttäuschungen weiträumig vorzubeugen: Die Notenskala ist zwar weiter als an der Schule; sie wird aber – anders als dort – nur nach unten ausgeschöpft. Unter Juristen ist traditionell ein *befriedigend* eine passable, ein *voll befriedigend* eine ziemlich gute Note.[927] Das *sehr gut* ist nach dem Verständnis der meisten Notengebenden dem eigenen Leistungsniveau vorbehalten. Nervenzusammenbrüche und hysterische Anfälle („Ich habe nur 14 Punkte!") sind also völlig verfehlt. Die erste Regel lautet: *Vier gewinnt.* Wenn das geschafft ist, ist Zeit für Ehrgeiz.

475 • **Beschwerden über ungerechte Noten** wollen bedachtsam angegangen sein.[928] Es kommt vor, dass Sie nach der Rückgabe einer Arbeit mit Ihrer Note nicht zufrieden sind. Laufen Sie nicht sofort zum Lehrstuhl und quengeln. Warten Sie zwei Tage und denken dann erneut nach. Ein weit verbreitetes Missverständnis ist es, eine schlechte Note als Bewertung der eigenen Qualitäten als Jurist oder als Mensch überzuinterpretieren. Das ist ganz falsch – es ist nur eine Note auf eine einzelne fachliche Leistung. Es gibt also kaum einen Grund, eine schlechte Note persönlich zu nehmen. Manchmal geraten die Korrekturbemerkungen etwas harsch.[929] Bedenken Sie, dass Ihre Arbeit die siebenunddreißigste gewesen sein könnte, in der der Leser über denselben, ihm ganz überflüssig erscheinenden Fehler gestolpert ist. Bei aller Mühe um Gerechtigkeit in den Niederungen des Notengebungsalltags: Auch Korrektoren sind nur Menschen.

Wenn Sie aber bei dreimaligem Lesen der Korrekturbemerkungen (deren Leserlichkeit einmal unterstellt) und Ihres Texts immer noch nicht einsehen, was da falsch sein soll, schreiben Sie auf, was Ihnen nicht gefällt, und bitten um Nachkorrektur. Erhoffen Sie sich nicht zu viel; statistisch ist es unwahrscheinlich, dass Sie eine bessere Note bekommen.[930] Aber immerhin: Gelegentlich macht es sich der Korrektor wirklich zu leicht. Dann sollten Sie darauf bestehen, dass Ihnen entweder gründlich erklärt wird, warum die Arbeit nicht gut ist, oder Ihre Note angehoben wird.

Sie erhöhen Ihre Erfolgsaussichten, indem Sie in vollständigen deutschen Sätzen und möglichst sachlich erklären, weshalb die an Ihrer Arbeit geübte Kritik Sie nicht überzeugt. Traditionell wenig beliebt sind bei den Korrektoren Argumente der Art „Aber der Holger hat genauso viel Unsinn geschrieben wie ich und trotzdem bestanden". Das ist nicht nur ziemlich undifferenziert, es bringt den so Angesprochenen auch in die Verlegenheit, Ihre Arbeit mit 432 anderen abgleichen zu müssen. Das ist beim besten Willen nicht zu leisten.

---

927 Besonders deutlich wird das in Bayern, wo es nach regionalem Verständnis nur drei Notenstufen gibt: nicht bestanden, ausreichend und Prädikatsexamen.

928 Einige nützliche Hinweise und Schrifttumsnachweise zur Prüfungsanfechtung bei Kallert/Marschner/Schreiber/Söder S. 252 ff.; Specht/Bleckat/Jacobs S. 49 ff., 126 ff.; unbedingt empfehlenswert Gas t1p.de/klc2; Fachschaft Jura der Universität Hamburg Hinweise zur Remonstration, t1p.de/ivqa; Remonstrationsleitfaden der Fachschaft Jura der Universität Osnabrück t1p.de/3lc5; ausführlich Dornis/Keßenich/Lemke S. 141 ff. mwN.

929 Eher im Ton als in der Sache – denn manchmal ist Kritik in der Sache erforderlich: Es gibt eben auch schwache Prüfungsarbeiten.

930 Auch wenn Sie manchmal einen gegenteiligen Eindruck haben: Ihre Korrektoren geben sich Mühe. Ganz besonders übrigens bei der Abgrenzung zwischen 3 Punkten und 4 Punkten. Prüfer wissen recht genau, dass es einen Unterschied zwischen *bestanden* und *nicht bestanden* gibt.

Sinnlos und für den Korrektor ärgerlich ist die pauschale unbegründete Bitte um Neubewertung. Sie führt zu nichts.

Für Juristen ist es Ehrensache, über den Rechtsweg nachzudenken, wenn alle Nachkorrektur nichts hilft.[931] Na klar. Wahrscheinlich ist es aber einfacher, die Übung im nächsten Semester zu wiederholen.[932] Und sich an den Gedanken zu gewöhnen, dass man nicht unfehlbar ist.

Schluss

1. Haben Sie das Buch bis hierhin durchgeblättert, überflogen, gelesen oder sogar durchgearbeitet, sollten Sie in (rechtsanwendungs- und prüfungs-)technischer Hinsicht klüger geworden sein, vielleicht auch ein bisschen in materiellrechtlicher. Das kann ein Wettbewerbsvorteil sein. Wenn Sie den nicht verlieren wollen, dürfen Sie das Buch nicht weiterempfehlen. Niemandem. Burn after reading.   475a

2. Außerdem haben Sie eine ziemliche Menge Arbeitsanweisungen (oder eher -vorschläge) gelesen. Vielleicht haben Sie den Eindruck, man müsse auf tausend oder mehr Dinge achten, um ein gutes Rechtsgutachten zu schreiben. Das stimmt nicht. Aber um in einer Prüfung ein sehr gutes Rechtsgutachten zu schreiben, braucht es schon eine ganze Reihe von Regeln. Das stimmt. Naja, aber ein sehr gutes Rechtsgutachten in einer Prüfung reicht auch aus. Perfektion ist sowieso nicht zu haben.

---

931 Widerspruchsverfahren und verwaltungsgerichtliches Verfahren haben den Vorteil, dass man sich schon mal ans Prozessieren gewöhnt. Außerdem kann es geschehen, dass man in einem solchen Verfahren Recht bekommt. Der Nachteil liegt darin, dass der Rechtsweg zeitraubend, für den Unterliegenden teuer und nervenzehrend ist.

932 Am Ende noch eine kleine Idee zum Nachdenken: Es ist möglich, dass Sie eine schwache Note bekommen oder sogar bei einer Prüfung durchrasseln, weil der Dozent/Korrektor/Prüfer Sie für talentiert (aber faul oder unkonzentriert oder undiszipliniert) hält. Und vielleicht ist das auch richtig so.

5. Teil. Anhang I: Formalien und wissenschaftlicher Apparat

Dieser Anhang umreißt und erklärt die oft unterschätzten Äußerlichkeiten juristischer Übungs- und Prüfungsleistungen.[933] Intelligente Menschen mögen es nicht sehr, ihre Zeit mit diesen Äußerlichkeiten zu verschwenden. Deshalb hier ein kleines Plädoyer für Formalien: Es ist sinnvoll, diese langweiligen Konventionen einzuüben, weil erst Konventionen („Protokolle") Kommunikation erlauben. Stellen Sie sich vor, Sie seien ein Faxgerät und wollten mit einem anderen Faxgerät Daten austauschen. Zuerst müssen Sie ein bisschen pfeifen und den anderen Apparat ein bisschen pfeifen lassen (nach dem Protokoll CCITT v.4.0 oder so) – dann können Sie senden. Oder Sie sind Mensch und wollen einen kleinen Drogendeal an der Frankfurter Konstablerwache einfädeln. Dann müssen Sie zuerst ein paar protokollgemäße Äußerungen austauschen wie *EyAlderWasGeht?* und *KonkretKrassKorrektWeißTuDiggah?*, bevor Sie sich in der Sache unterhalten können. Die Funktion juristischer Konventionen – etwa über den Gutachtenstil oder über die Formatierung von Literaturverzeichnissen – ist ganz ähnlich. Sie garantieren nicht den Erfolg Ihrer kommunikativen Mühe, aber sie erhöhen die Erfolgswahrscheinlichkeit deutlich.

1. Die nachstehenden Hinweise gelten nur unter dem **Vorbehalt**, dass der Leiter Ihrer Übung nicht ausdrücklich etwas anderes verlangt. Im Ernstfall Staatsprüfung sollten Sie sich rechtzeitig informieren, ob das Prüfungsamt Vorgaben für die äußere Form Ihrer Arbeiten macht.[934] 476

2. Formalien sind zu einem kleinen Teil **Geschmackssache**, 477

   > **Beispiel:** Ob eine Fußnote mit einem Punkt abgeschlossen wird, ist eine Glaubensfrage – außer die Fußnote enthält einen grammatikalisch vollständigen Satz (dann muss am Ende ein Punkt stehen).

   sodass es nötig sein kann, auf den Geschmack Ihres Prüfers Rücksicht zu nehmen. Sie können ihn fragen. Nicht selten hinterlegt er auf seiner Heimseite ein Merkblatt.[935]

3. Zum größeren Teil sind Formalien aber geschuldet 478

   a) den **Grundstandards wissenschaftlichen Arbeitens**,

      Dass die Minimalanforderungen wissenschaftlichen Arbeitens (und vielleicht auch mehr als nur diese) in einem rechtswissenschaftlichen Studium dazugehören, erklärt sich hoffentlich von selbst. Deren Nichterfüllung wird Ihnen jeder Korrektor mit Recht entgegenhalten.

   b) einigen **praktischen Erfordernissen** der Korrektur von Prüfungs- und Übungsarbeiten,

   c) ein paar fachbereichsspezifischen **Konventionen**.

      Wenn Sie dem Leser die Korrekturarbeit unnötig erschweren oder es für nicht einmal ansatzweise erforderlich halten, sich mit spezifisch juristischen Kommunikationsformen vertraut zu machen, wird Ihnen das schaden.

Alle drei Kriterien fließen neben der inhaltlichen Qualität Ihres Gutachtens oder Ihres Referats mit in die Prüfungsnote ein. Oft weist Ihr Korrektor Defizite in dieser Hinsicht nicht als notenrelevant aus, um Schwierigkeiten im Prüfungsanfechtungsverfahren zu vermeiden – aber irgendwo in der Note stecken sie dann doch drin.

---

933 Dazu zB etliche der in Fn. 871 Zitierten; Wörlen/Schindler/Balleis Anleitung Rn. 57 ff.; Dietrich JURA 1998, 142 ff.; Jaroschek JA 1997, 313 ff.; Jahn JA 2002, 491 ff.; Garcia-Scholz JA 2000, 956 ff.; Rollmann JuS 1988, 242 ff.; Gas NdsVBl. 2007, 255 ff., 314 ff.; Putzke Arbeiten; Mankowski t1p.de/h6rg; einige abweichende Regeln für den Gebrauch in der Schweiz sind nachzulesen bei Müller ZitierGuide.

934 S. auch Gerhold/Kurt JuS-Aktuell 9/2018, 21 ff. sowie Ebert Sprache S. 38 ff. zur DIN 5008 als nachrangige Regel für Fragen der Textverarbeitung und der Typographie.

935 Einige davon sind nachgewiesen unter t1p.de/6rr3.

479   4. Die Beachtung all dessen, was hier steht, garantiert noch nicht die **Wissenschaftlichkeit** Ihrer Ausarbeitung. Immerhin lassen sich aber damit die schlimmsten Fehler vermeiden. Das Nachstehende ist also keine hinreichende, aber eine notwendige Bedingung für Wissenschaftlichkeit.

480   5. Es gibt eine Reihe ähnlicher Anleitungen im **Internet**.[936]

Meist sind sie von Professoren oder deren wissenschaftlichen Mitarbeitern an Universitäten und Hochschulen verfasst. Wer sich davon einige ansieht, wird schnell feststellen, dass sie im Kleinen voneinander abweichen, aber im Großen und Ganzen ein recht verlässlicher Bestand an Regeln über die Formalia einer rechtswissenschaftlichen Arbeit existiert.

481   6. Diese kleine Anleitung geht spezifisch auf die Üblichkeiten **juristischer Fachtexte** ein. In anderen Disziplinen haben sich meist andere Standards herausgebildet.

Seien Sie also ein bisschen vorsichtig mit den Richtlinien zum Verfassen wissenschaftlicher Arbeiten, die Ihnen Ihre große Schwester in die Hand gedrückt hat, wenn sie Pädagogik oder Physik oder Wirtschaftswissenschaften studiert.

Dass in anderen Wissenschaftsfeldern andere Konventionen gelten – sehen Sie sich zur Erweiterung Ihres Horizonts einfach mal je eine Dissertation aus den Fächern Chemie, Ingenieurwissenschaften, Medizin, Politikwissenschaften, Geschichte, Mathematik, Sinologie und Wirtschaftswissenschaften an[937] –, zeigt deutlich: Die Standards mögen im Detail recht unterschiedlich sein, aber jede Wissenschaft hat Standards. Die erleichtern die fachliche Kommunikation. Und die Gemeinsamkeiten aller dieser Standards zeigen, worauf jede Wissenschaft angewiesen ist: Nachvollziehbarkeit der Aussagen, Zugang zu den Quellen, Prüfbarkeit, Falsifizierbarkeit.

482   7. Soweit möglich, wird erklärt, **wie** die jeweilige Frage zu handhaben ist, und **warum** sie sinnvollerweise so zu handhaben ist.

Damit kommen zwei verschiedene Perspektiven zu ihrem Recht: Einerseits die der Studenten, die in erster Linie auf der Suche nach Anleitung sind, weil sie erstmals eine Übungsarbeit schreiben und nichts falsch machen möchten, andererseits die derjenigen, die sich über jede unnötige einengende Regel ärgern und deshalb wenigstens wissen möchten, warum sie sich solchen Regeln unterwerfen sollen.

Wie viel Mühe Sie auf alle diese Äußerlichkeiten verwenden, ist Ihre Sache. Seit einigen Jahren ist eine Tendenz der Landes-Juristenausbildungsgesetze zu beobachten, wonach in den Staatsprüfungen keine Hausarbeiten mehr geschrieben werden. Oft können Sie Scheine während des Studiums bestehen, indem Sie nur Klausuren schreiben. Im Ergebnis kann es geschehen, dass Sie insgesamt nur eine kleine Handvoll Hausarbeiten zu schreiben haben. Bei ertragsoptimierendem Herangehen an Ihre Prüfungsleistungen ist gewiss die Versuchung groß, sich nicht allzu viele Gedanken um die Hausarbeiten zu machen. Ich halte das für riskant. Und was das für den Wissenschaftlichkeitsanspruch Ihres Studiums bedeutet, steht sowieso auf einem anderen Blatt.

Gehen Sie davon aus, dass Ihre Korrektoren etwa 3 von 18 Punkten auf die Äußerlichkeiten vergeben werden – ausgesprochen oder, wie meist, unausgesprochen. Diese Faustregel gilt sowohl für Anfängerarbeiten (weil es dabei wichtig ist, dass Anfänger die Standards erlernen) als auch für Fortgeschrittenen- und Prüfungsarbeiten (weil die Kandidaten spätestens jetzt die Standards beherrschen müssen). Dabei sollten Sie damit rechnen, dass Korrektoren ungefähr so vorgehen: Von den ca. drei Notenpunkten,

---

936   Rolfs t1p.de/fagr enthält auch eine kleine Musterhausarbeit. Gute Idee. *Exempla docent.* Empfehlenswert ist die Anleitung von Bürge unter gaius.jura.uni-sb.de/Klausuren/Merkblatt, die man am besten online liest, aber auch drucken kann. Außerdem intrecht.euv-frankfurt-o.de/hinweise.htm; Kraatz LL.B. 2012, 42 ff. (t1p.de/wr5q). Die Aufzählung ist zwangsläufig unvollständig: Täglich werden es mehr.

937   Das geht übrigens recht einfach, wenn man die Arbeiten als PDF-Dateien vom Publikationsserver einer Universität herunterlädt.

die Sie mit einem anständigen Äußeren Ihrer Arbeit gewinnen können, wird einer abgezogen, wenn zB das Schrifttumsverzeichnis unvollständig oder schlampig erstellt ist, ein weiterer, wenn die Gliederung widersprüchlich oder zu oberflächlich ist, ein weiterer, wenn der Fußnotenapparat Schwächen zeigt etc. Weist die Arbeit in jeder äußeren Hinsicht Defizite auf, werden Sie zudem kaum einen Prüfer finden, der die Punkte auf den Inhalt voll vergibt. Die Indizwirkung einer schwachen Form für einen schwachen Inhalt ist einfach zu stark.

Wer das Folgende nicht vollständig lesen will, kann im Stichwortregister nach einzelnen Informationen suchen.

A. Formalien bei Hausarbeiten

Im 21. Jahrhundert werden Hausarbeiten auf dem **PC** geschrieben;[938] **Schreibmaschinen** sind praktisch verschwunden, aber nichts spricht dagegen, sie zu benutzen.[939]   483
Beides ist in der Lesbarkeit der handschriftlichen Fassung deutlich überlegen und deshalb meist in den Ausbildungs- und Prüfungsordnungen vorgeschrieben.

Der **Schriftgrad** ist üblicherweise 12 pt (also wie eine normale Schreibmaschinentype), für die Fußnoten 10 pt oder 9 pt, aber nicht kleiner.
Zu kleine Schriftgrade sind auf Dauer anstrengend für den Leser. Der Versuch, damit Platz zu sparen, ist durchsichtig und nervt den Korrektor unnötig.

Als **Schrifttype** wähle man Arial (serifenlos und betont sachlich) oder Times (angeblich die am leichtesten lesbare überhaupt). Für längere Texte empfiehlt der Typograph Serifenschriften. Man kann ohne Weiteres eine ganze Arbeit mit nur einer Schrifttype bestreiten – und allenfalls die Überschriften etwas größer oder fett setzen. Das passt gut zu unprätentiöser Sachprosa.

Der Text und die Fußnoten werden teils linksbündig, üblicherweise aber im **Blocksatz** geschrieben.
Im letzteren Fall sollte mindestens die automatische Silbentrennung eingeschaltet werden, besser aber am Ende von Hand getrennt werden. Die ansonsten entstehenden Lücken im Text erschweren das Lesen.

Verwenden Sie **DIN A4-Papier**, das Sie **einseitig** beschreiben.   484
Das ist zwar Papierverschwendung, aber ganz üblich und erlaubt dem Korrektor, längere Anmerkungen auf der Rückseite fortzusetzen (leider in der Praxis selten). **Umweltpapier** ist Geschmackssache, aber in aller Regel unbedenklich.

---

938 Wer das zum ersten Mal macht und nicht auf eine aus dem Internet heruntergeladene Formatvorlage zurückgreift (dazu Fn. 801), lese Nicol/Albrecht Wissenschaftliche Arbeiten, Heesen Wissenschaftliche Arbeiten, Hahner/Schreiber/Wilke-Thissen Wissenschaftliche(s) Arbeiten, oder Krämer/Rohrlich Haus- und Examensarbeiten (gekürzte Fassung im JuS-Magazin 2006–2008); gut auch Theisen Arbeiten, Anhang III.

939 Das könnte sich ändern mit der Pflicht zur doppelten Abgabe von Hausarbeiten in gedruckter und elektronischer Fassung, die an etlichen Fachbereichen zur Erleichterung der Kontrolle auf Urheberrechtsverstöße, Plagiate und überhaupt Täuschungsversuche eingeführt worden ist. Eine mit der Schreibmaschine geschriebene Arbeit müsste dann wohl wenigstens als nach PDF gescanntes Dokument abgegeben werden. Wenn ausnahmsweise die Abgabe einer nur elektronischen Fassung gestattet ist (etwa weil der Leiter Ihres Seminars auf diesem Weg die eingereichten Referate leichter an die Teilnehmer verschicken kann), empfiehlt sich die Verwendung eines prozessorunabhängigen Formats, also ebenfalls PDF. – Als Übung in Demut ist das Schreiben mit Schreibmaschine immer eine Überlegung wert. Wer an den PC gewöhnt ist, hat dabei einige interessante Erfahrungen vor sich.

485 Sie müssen Ihre Arbeit nicht einbinden lassen (anders im Examen), aber ein **Schnellhefter** ist hilfreich und ganz üblich – wer arbeitet schon gerne mit fliegenden Blättern? Ein schöner Hefter der etwas stabileren Sorte hinterlässt einen besseren Eindruck als die häufig anzutreffenden ganz labberigen.[940] Mindestens aber ein Heftstreifen muss sein – das ist wirklich keine große Investition. Technisch gesehen reicht natürlich eine Heftklammer oben links, aber das sieht sehr lieblos aus und reicht für die mechanischen Belastungen in größeren Hausarbeitsstapeln auch nicht immer aus. Im Fotokopierladen gibt es für wenig Geld eine **Spiralbindung**; die ist mechanisch verlässlicher als eine schlechte Klebebindung.[941] Ziemlich verbreitet und auch für die Korrektoren praktisch sind **Klemmmappen**.

Bitte legen Sie **nicht** jedes einzelne Blatt in eine gesonderte **Klarsichthülle**. Das schützt zwar gegen Kaffeeflecken beim Korrigieren – aber für jede kleine Korrekturbemerkung muss man das Blatt raus- und wieder reinfummeln.

Wo die Studienordnung vorsieht, dass das Prüfungsamt die Arbeiten scannt, geben Sie zweckmäßigerweise eine ungeheftete ungebundene Arbeit in einem verschlossenen Umschlag ab.

I. Deckblatt

486 Jede schriftliche Arbeit beginnt mit einem **Deckblatt**. Darauf gibt man – meist oben links – Namen, Adresse, Fachsemester des Verfassers und – meist oben rechts – das Abgabedatum an. In der Mitte der Seite stehen das Thema der Arbeit,[942] der Titel der Veranstaltung, der Name des Dozenten und das laufende Semester.

Es ist ein immer wieder missachtetes Höflichkeitsgebot, sich nötigenfalls über die richtige Schreibweise von Eigennamen zu informieren.[943] Fast jeder Leser ärgert sich nämlich, wenn er seinen Namen falsch geschrieben liest. In der Regel nennt man die Dozentin mit ihren akademischen Graden (also meist *Prof. Dr.*), lässt aber dafür *Frau* weg.

Am besten fertigt man das Deckblatt, solange man Zeit hat – und nicht erst zwei Minuten vor der Abgabe.[944]

II. Aufgabe

487 Danach folgt auf einem gesonderten Blatt die **Aufgabe** oder der **Sachverhalt**, entweder sauber fotokopiert oder – schöner und im Examen meist zwingend – abgeschrieben.[945]

---

940 Ein anständiger Ordner ist eine der billigsten Möglichkeiten dem Leser zu zeigen, dass auch Sie als Verfasser Ihre Arbeit wertschätzen. Dazu braucht es keinen Einband in schwarzem Kunstleder mit Goldprägung und Lesebändchen. Ein handelsüblicher Hefter reicht. Zur Not betrachten Sie's als Übung für die Bewerbungsmappe.

941 Vorsicht: In manchen Prüfungsordnungen sind die Spiralbindungen ausgeschlossen, weil sie ohne Weiteres ein nachträgliches Aussortieren „falscher" oder Einsortieren zusätzlicher Blätter erlauben.

942 Unter dem Thema versteht man in einer gewöhnlichen Übungsarbeit etwas so kurzes wie „Zivilrecht III: Sachenrecht" (aber Sie müssen nichts erfinden wie „Immer Ärger mit dem Hund"), in einer Seminararbeit so etwas wie „Kann es Rettungsfolter geben?".

943 Fragen Sie das Vorlesungsverzeichnis, das Skript zur Veranstaltung, das Internet etc. Auf die Rechtschreibkorrekturfunktion der Textverarbeitung kann man sich bei Eigennamen nicht verlassen. Immerhin kann man die Eigennamen in das Benutzerwörterbuch aufnehmen – wenn man sie bei dieser Gelegenheit zugleich sorgfältig auf richtige Schreibung kontrolliert. Zudem ist es eine gute Vorbereitung auf die Höflichkeitsfragen des Berufsalltags, auf die richtige Schreibweise zu achten. Zur Not muss man auf der Tastatur suchen, wie man etwa bei Peter Depre auf das letzte „e" einen Akzent bekommt.

944 Musterdeckblätter finden Sie zB bei Putzke Arbeiten S. 172 ff., Dornis/Keßenich/Lemke S. 159 und bei Mix unter t1p.de/24ng.

945 Das Abschreiben in einer frühen Phase der Bearbeitung spart Stress am Schluss und hilft dabei, den Sachverhalt in den Kopf zu bekommen.

Tippfehler im Sachverhalt können Sie beim Abschreiben korrigieren. Auch eine Umsetzung in neue Rechtschreibung ist unproblematisch. Im Übrigen ist jede noch so kleine Änderung des Sachverhalts zu unterlassen, solange Sie nicht am Lehrstuhl oder beim Prüfungsamt rückgefragt haben. Das gilt ganz besonders für Namen, Daten und überhaupt Zahlen. Bearbeitervermerke etwa zum Umfang oder zum Abgabetermin werden dabei weggelassen.

Wenn Sie ein Referat schreiben, steht das Thema auf dem Deckblatt. Es braucht dann nicht noch einmal auf einem gesonderten Aufgabenblatt wiederholt zu werden.

Mit dem Sachverhalt beginnend werden die Seiten **römisch nummeriert**.

Wo Sie die Seitenzahlen unterbringen und wie Sie sie formatieren (Kopf- oder Fußzeile, mittig oder rechts, mit oder ohne Spiegelstriche) ist Geschmackssache. Manche Leser finden es albern, wenn Sie vor die Seitenzahl jedes Mal *Seite* schreiben (tatsächlich enthält das Wort keine wirklich neue Information für den Leser) – also eher weglassen.

Bei der **Formatierung** von Sachverhalt, Gliederung und Schrifttumsverzeichnis sind die für den Haupttext geltenden Normen über Ränder und Zeilenabstand[946] nicht verbindlich. Der Übersichtlichkeit halber darf der linke Rand kleiner sein als 7 cm und der Zeilenabstand kleiner als 1,5. Vorschlag: Rand links 3,5 cm, Zeilenabstand 1,2-zeilig. Damit bleiben Gliederung und Schrifttumsverzeichnis lesbar. Das Schrifttumsverzeichnis legt man am besten in einer zweispaltigen Tabelle[947] an, das erleichtert die einheitliche und übersichtliche Formatierung der Einträge.

III. Gliederung

Als nächstes[948] ist eine Gliederung erforderlich.   488

Sie erhält die mäßig originelle **Überschrift** „Gliederung"; bei einem mehrhundertseitigen Text darf man sie auch „Inhaltsverzeichnis" nennen.[949]

Auf die Gliederung kann man nicht genug Sorgfalt verwenden. Als „Schaufenster" der Arbeit zeigt sie, ob diese sinnvoll und nachvollziehbar aufgebaut ist. Sie dürfen davon ausgehen, dass der Leser sich die Gliederung aufmerksam ansehen wird, bevor er mit der eigentlichen Lektüre beginnt. Zwar wird eine gelungene Gliederung nur selten Zusatzpunkte bei der Benotung abwerfen – aber Defizite ziehen die Note unweigerlich nach unten. So lässt eine Gliederung mit nur einer Ebene auf Anhieb erkennen, dass Sie zu wenig Mühe darauf verwendet haben, das logische Verhältnis der einzelnen Abschnitte Ihrer Ausarbeitung zueinander zu erfassen.

Die Gliederungspunkte müssen hierarchisch angeordnet werden.   489

Dabei geschehen oft Fehler – und Korrektoren achten sehr genau darauf. Wer alle einschlägigen Gesichtspunkte thematisiert, diese aber nicht systematisiert, muss immer mit Punktabzug rechnen. Das gilt erst recht, wenn die Reihenfolge der einzelnen Gesichtspunkte nicht nachvollziehbar ist oder sogar beliebig wirkt.

Es muss erkennbar sein, dass Sie eine Vorstellung dazu entwickelt haben, in welchem logischen Verhältnis die Abschnitte Ihrer Erörterung zu einander stehen.[950]

---

946 Dazu → Rn. 526.

947 In die linke Spalte schreibt man den Namens des Verfassers, in die rechte alle anderen bibliographischen Angaben (zu den Einzelheiten → Rn. 498 ff.). Dann geht das alphabetische Sortieren nach der linken Spalte ganz einfach. Die Tabellenlinien sollten unsichtbar sein.

948 Manchmal wird vorgeschlagen, das Schrifttumsverzeichnis vor die Gliederung zu setzen. Auch gut. Aber doch eher unüblich, wenn Sie sich mal ein Fachbuch zum Vergleich ansehen.

949 Auf „Inhaltsverzeichnis" statt „Gliederung" bestehen Herold/Müller JA 2013, 808 (810); das dürfte eine Minderheitsposition sein; anders zB Bergmann/Schröder/Sturm Zitieren S. 152 ff.

950 Beyerbach Doktorarbeit Rn. 180 ff. spricht von horizontaler (nur ein Unterscheidungskriterium pro Gliederungsebene) und vertikaler Eindeutigkeit der Gliederung (nur gleichrangige Aspekte auf derselben Gliederungsebene).

> **Beispiel:** Wenn der Schadensersatzanspruch des A gegen B aus § 280 I BGB die Überschriftenebene *1.* zugewiesen bekommt, dürfen dessen Voraussetzungen (Schuldverhältnis, Pflicht, Pflichtverletzung, Vertretenmüssen etc.) nicht die gleiche Ebene (*2., 3., 4.* usw.) erhalten, sondern müssen auf einer logisch untergeordneten Ebene stehen (*a), b), c)* usw.).

Auf jeder Ebene der Hierarchie gibt es immer **mindestens zwei Gliederungspunkte** – *wer a) sagt, muss auch b) sagen.*[951] Diese Regel wird oft missachtet, hat aber einen guten Sinn: Überschriften sollen Inhalte kennzeichnen und gegeneinander abgrenzen; wenn auf einer Gliederungsebene nur eine Überschrift steht, gelingt das aber gerade nicht.

Problematisch ist das etwa, wenn schon das erste Merkmal einer Norm verneint wird; Problemvermeidung: auf der betreffenden Ebene nach dem verneinten Tatbestandsmerkmal ein Zwischenergebnis einfügen.

490 Die Überschriften sollen **einheitlich gestaltet** sein. Man benutze entweder vollständige Sätze (fast nie erforderlich oder auch nur sinnvoll) oder **Stichwörter**[952].

> **Beispiele:** Natürlich kann man im Gutachten eine Überschrift so fassen wie einen Obersatz zur Anspruchsprüfung: „A kann gegen B einen Anspruch auf … aus … haben." Richtig schön ist das nicht. Besser ist „Anspruch des A gegen B auf … aus …". Lieber „Erfüllungseinwand, § 362 I BGB" als „Der Anspruch des A kann aber durch Erfüllung erloschen sein".

In der Gliederung stehen die Überschriften aus dem Haupttext nicht sinngemäß, sondern **wörtlich**. Sie enthält alle Überschriften, nicht etwa nur die der ersten drei Ebenen.[953]

491 Verwenden Sie nur eine Art von Gliederungspunkten.

Es gibt zwei gängige Arten der Überschriftennummerierung:

dezimal	und alphanumerisch			
1.	A.			
1.1.	I.			
1.1.1.	1.			
1.1.2.	2.			
1.1.2.1.	a)			
1.1.2.1.1.	aa)			
1.1.2.1.1.1.	(1)			
1.1.2.1.1.2.	(2)			
1.1.2.1.2.	bb)			
1.1.2.2.	b)			
1.2.	II.			
2.	B.			

Letztere ist in juristischen Texten traditionell weiter verbreitet.[954] Erstere ist moderner und hat den Vorteil, dass immer unmissverständlich klar ist, an welchem Punkt sich der Leser gerade befindet. Allerdings kann das bei einer Gliederung mit sieben und mehr Ebenen auch in eine Zumutung des Typs *2.3.17.4.3.1.7.* umschlagen.

Kombinationen der beiden Gliederungstypen und eigene Erfindungen stiften nur unnötige Verwirrung. Bitte verkneifen Sie sich sie.

---

951 Gegen diese Regel wird häufig verstoßen, gern auch in den Lemmata einer bekannten Internet-Enzyklopädie, die allerdings teils noch unvollständig sind und auch im vollständigen Zustand nicht den Anspruch eines wissenschaftlichen Textes erheben.

952 Dazu schon → Rn. 424.

953 In der Gliederungsfunktion der Textverarbeitung sollte man also darauf achten einzustellen, dass wenigstens so viele Ebenen in der Gliederung angezeigt werden wie tatsächlich verwendet wurden.

954 In fast allen anderen Wissenschaftszweigen ist es umgekehrt.

Beim Gliedern achte man darauf, immer nur einen Schritt zu gehen, solange man die Treppe hinabsteigt; beim Hinaufsteigen kann das anders sein.[955]

> **Beispiel:** In der eben gezeigten alphanumerischen Gliederung muss auf *1.* ein *a)* folgen – erst auf der nächsten Ebene ist ein *aa)* zulässig und erforderlich; das Überspringen einer Gliederungsebene ist falsch und verwirrend, besonders wenn innerhalb eines Gutachtens ohne erkennbaren Grund einmal von Ebene 2 nach Ebene 4, das andere mal nach Ebene 3 gesprungen wird. Nach dem *b)* kann man aber auf *II.* zurückspringen, wenn auf der 3. Gliederungsebene keine Überschrift mehr erforderlich ist. Allerdings wird es sich gerade bei Rechtsgutachten oft empfehlen, an solchen Stellen ein Zwischenergebnis einzuschalten.

Hinter jede Gliederungsüberschrift gehört – vorzugsweise rechtsbündig – die zugehörige Seitenzahl aus dem Textteil, damit ein schnelles Finden möglich ist. Am besten weisen Sie jeder Gliederungsebene links einen gegenüber der jeweils höheren um 0,5 cm größeren Einzug zu – so wird es übersichtlicher.   492

Das geht übrigens fast mühelos, wenn man Formatvorlagen für die Überschriften und die Gliederungseinträge verwendet. Wer sich mit der Gliederungsfunktion des verwendeten Textverarbeitungsprogramms vertraut macht, braucht zwar eine Viertelstunde für die Einarbeitung, spart aber Zeit und Nerven vor der Abgabe, weil die Erstellung einer Gliederung dann automatisch läuft und nur noch ein paar Sekunden beansprucht.

Achten Sie darauf, nicht alle Formatierungen der Überschriften in die Gliederung zu übernehmen. Es entsteht sonst schnell eine unübersichtliche Orgie von fett, unterstrichen, kursiv und in viel zu großen Schriftgraden gesetzten Einträgen. Gefälliger ist eine einheitliche Formatierung, bei der die unterschiedlichen Gliederungsebenen nur durch Einrücken (und natürlich die Gliederungsziffern) gekennzeichnet sind.

Nicht in die Gliederung **aufzunehmen** sind die Angaben für das Deckblatt, den Sachverhalt und die Gliederung selbst. Das Schrifttumsverzeichnis und die (nicht nummerierte) Überschrift *Gutachten* für den Textteil können ausgewiesen werden, müssen es aber nicht.   493

Als Richtwert für den **Umfang** der Gliederung empfehlen sich höchstens 10–15% des Textumfangs (gemessen in Seiten), bei längeren Texten eher weniger, insgesamt maximal drei oder vier Seiten.   494

Der Umfang lässt sich in einem ersten Schritt dadurch reduzieren, dass man die Formatierungseigenschaften der Überschriften im Text (Schriftgröße 20 Punkt, fett, anderthalbzeilig, Abstand vorher und nachher anderthalb Zeilen usw.) nicht in die Gliederung übernimmt.

Bei einer Ausarbeitung von zwanzig Seiten Länge sollten Sie ab der fünften **Gliederungsebene** misstrauisch werden, ab der sechsten umstrukturieren; bei einem fünfzigseitigen Gutachten sind vielleicht auch sieben Gliederungsebenen noch tolerabel.[956] Übertriebene Detailverliebtheit in der Gliederung ist ein Anfängerfehler. Andererseits umfasst die Gliederung einer dogmatischen Arbeit erfahrungsgemäß mindestens drei Ebenen.[957]

---

955   Wer den Sprung von der fünften auf die zweite Ebene zurück unschön findet, kann diesen vermeiden durch Einfügen von (Zwischen-)Ergebnissen auf den dazwischen liegenden Ebenen.

956   Dieses Buch beispielsweise kommt mit sechs Gliederungsebenen aus, um gut 300 Seiten Text zu strukturieren. Schauen Sie mal ins Inhaltsverzeichnis. – In einer „normalen" universitären Hausarbeit zwischen 20 und 25 Seiten Umfang sind fünf Seiten Gliederung mit sieben Gliederungsebenen tendenziell zu viel, eine Seite mit zwei Ebenen ist aber noch deutlicher zu wenig. Letzteres kommt öfter vor als Ersteres.

957   In dieser Hinsicht unterscheiden sich wissenschaftliche Texte – und zumal Rechtsgutachten – von Texten des Alltagsgebrauchs. Die Empfehlung, sich auf drei Gliederungsebenen zu beschränken (Baumert S. 85), wird man deshalb ignorieren dürfen. Und die Einschätzung, regelmäßig reichten drei Gliederungsebenen aus (Dornis/Keßenich/Lemke S. 38), dürfte für Hausarbeiten, die ein ernstzunehmendes rechtliches Problem zur Diskussion stellen, zu optimistisch sein.

Während der Bearbeitung kann es sinnvoll sein, den Text gründlicher zu untergliedern. Das erleichtert die Suche nach bereits Gesagtem und ermöglicht eine schnelle Orientierung über die Vollständigkeit. Auch mancher gedankliche Fehler fällt erst auf, wenn man versucht, eine eigene Überschrift dafür zu finden. Die so entstehenden Arbeits-Überschriften entfernt man aber vor der Abgabe.

495 Wenn Sie **Anschauungsmaterial** für Gliederung und Schrifttumsverzeichnis brauchen, nehmen Sie sich eine gute juristische Doktorarbeit oder Habilitationsschrift zur Hand.

Lehrbücher und Kommentare gehen auch; die verfügen aber nicht immer über vorbildliche Schrifttumsverzeichnisse. Das Schrifttumsverzeichnis vorn in diesem Buch ist mit Absicht so angelegt, dass Sie sich daran orientieren können.

IV. Schrifttumsverzeichnis

496 An die Gliederung schließt sich ein Literaturverzeichnis an. Überschrieben wird es mit *Schrifttumsverzeichnis*[958] (oder mit *Quellenverzeichnis*, wenn Sie etwa Quellen aus dem Internet[959] zitiert haben).

497 Aufgenommen wird **nur**, was wirklich in den Fußnoten zitiert ist.

Um das zu gewährleisten (und alles andere nimmt der Korrektor als peinliche und leicht zu durchschauende Angeberei wahr), müssen Sie das Schrifttumsverzeichnis noch einmal mit der Harke durchgehen, wenn das fertige Gutachten gedruckt vor Ihnen liegt. Was nicht zitiert ist, fliegt raus.

Von einigen Ausnahmen[960] abgesehen gehört **alles** ins Schrifttumsverzeichnis, was in den Fußnoten zitiert ist.[961]

Um das zu gewährleisten (und alles andere hinterlässt beim Korrektor den vermeidbaren Eindruck schlampiger Arbeit), müssen Sie das Schrifttumsverzeichnis auch in diese Richtung auf Vollständigkeit durchsehen, wenn der Text gedruckt vor Ihnen liegt. Was nicht im Verzeichnis steht, wird ergänzt. Das Abgleichen geht mit dem Suchbefehl der Textverarbeitung leicht. Noch einfacher können Sie es sich machen, wenn Sie das ausgewertete Schrifttum in einer Datenbank erfassen, deren Feldinhalte Sie beim Anlegen von Fußnoten nach Bedarf in die Textverarbeitung hinüberkopieren. Mit ein bisschen Geschick kann man das von einem Makro erledigen lassen.[962] Wer sich mit Makros nicht auskennt und die Einarbeitung in ein Literaturverwaltungsprogramm scheut, kann zum Abgleichen ein Konkordanzprogramm nutzen.[963]

Übersichtlich gestaltet man ein Schrifttumsverzeichnis, indem man zum einen zwischen den Einträgen oder wenigstens zwischen den Buchstaben des Alphabets eine Leerzeile freilässt. Zum anderen hilft es dem Auge bei der Orientierung, wenn das Verzeichnis in

---

958 Beliebt ist auch „Literaturverzeichnis". Naja: Juristische Fachtexte lösen nur selten den Anspruch ein, der bei *Literatur* immer mitschwingt. Aber es kommt vor. – Man nennt es eher nicht *Bibliographie*. Eine **Bibliographie** ist eine (möglichst vollständige) Übersicht über thematisch einschlägige Texte, unabhängig davon, ob diese zitiert sind oder nicht. Das Quellenverzeichnis ist aber keine Bibliographie.

959 Dazu → Rn. 522.

960 Dazu → Rn. 518 f.

961 Von dieser Handhabung weichen (nicht nur juristische) Monographien und Kommentare teils ab, indem nur die mehrfach zitierten und als wichtig erachteten Quellen in das Verzeichnis aufgenommen werden, die nur einmal zitierten dagegen mit allen erforderlichen Informationen an Ort und Stelle zitiert werden. In Übungsarbeiten ist hiervon dringend abzuraten, auch wenn die dafür nötige Selektionsleistung noch so anerkennenswert ist. Am Ende des Verzeichnisses einen Hinweis etwa des Typs „Im Literaturverzeichnis nicht aufgeführte Literatur ist in der entsprechenden Fußnote nachgewiesen" aufzunehmen ist daher nicht empfehlenswert.

962 Am einfachsten geht es mit einer Quellenverwaltungssoftware (dazu Fn. 217), wenn man sich erst einmal in den Umgang mit dem jeweiligen Programm eingearbeitet hat.

963 Beispielsweise AntConc (antlab.sci.waseda.ac.jp/software.html) oder Simple Concordance Program (als Freeware über textworld.com/scp).

eine Tabelle gegossen wird, sodass in jeder Spalte immer die gleiche Information steht. Dafür genügt eine zweispaltige Tabelle, in deren erster Spalte der Name des Autors und in deren zweiter Spalte alle übrigen Informationen untergebracht sind.[964] Platzsparender und je nach Geschmack schöner ist es, auf die Tabelle zu verzichten und stattdessen die Einträge einheitlich mit hängendem Einzug zu formatieren.

1. Grundsätzliches[965]

Welche Informationen müssen ins Schrifttumsverzeichnis aufgenommen werden – und wie sieht der einzelne Eintrag aus?

Faustregel: Der Leser muss alle Informationen erhalten, die er braucht, um den zitierten Text eindeutig zu identifizieren und in der Bibliothek zu finden.[966]

Der allgemeine Aufbau eines Eintrags sieht so aus:

Verfasser (Name und Vorname); Titel; Auflage; Erscheinungsort; Erscheinungsjahr.

Was Sie darüber hinaus wissen müssen, finden Sie anschließend.

Die zitierten Texte ordnet man alphabetisch nach den Nachnamen der Verfasser,   498

> **Beispiele:** Erstaunlich oft bleibt in studentischen Arbeiten hierfür keine Zeit, sodass
> „*Rock*, Julia: Leitungsmacht und Haftung im italienischen Konzernrecht, Hamburg 2011"
> vor
> „*Jula*, Rocco: Der GmbH-Geschäftsführer, 4. Auflage, Berlin 2012"
> steht. Die richtige Reihenfolge bleibt aber
> > „*Hahn*, Michael
> > *Hähnchen*, Susanne
> > *Henne*, Thomas".[967]
> und
> „*Dreier*, Thomas/*Schulze*, Gernot: Urheberrechtsgesetz, 6. Auflage, München 2018"
> gehört vor
> „*Dreyer*, Gunda/*Kotthoff*, Jost/*Meckel*, Astrid: Kunsturhebergesetz, 4. Auflage, Heidelberg 2018"

---

964 Wer sich nicht ausschließlich wegen des Schrifttumsverzeichnisses in die Tabellenfunktion der Textverarbeitung einarbeiten will, kann den gleichen Effekt auch mit der Tabulatortaste erreichen, wenn die Tabstopps im Zeilenlineal richtig gesetzt sind.

965 Auch wenn das Nachstehende langweilige Lektüre ist: Lesen Sie mal quer drüber. Die wichtigsten Informationen für eilige Leser sind so hervorgehoben, dass man sie schnell findet. Den Sinn hinter all diesen merkwürdig anmutenden Regeln erfasst aber leichter, wer den Abschnitt vollständig liest. – Beispiele für die Regeln zur Erstellung von Einträgen ins Schrifttumsverzeichnis finden Sie ab S. XIII. Welche Informationen aus dem Schrifttumsverzeichnis in die Fußnoten übernommen werden, ist in → Rn. 545 ff. erklärt.

966 Dieses Kriterium sollte über die schlimmsten Unsicherheiten hinweghelfen; detaillierte Informationen zu Schrifttumsverzeichnis, Zitiertechnik etc. bei Bergmann/Schröder/Sturm Richtiges Zitieren (Kurzfassung auf zwei Posterseiten unter t1p.de/wigv; t1p.de/4gya); Byrd/Lehmann Zitierfibel (kritisch rezensiert von Bergmann/Sturm NJW 2008, 742); Vogel Erfolgreich recherchieren S. 104 ff.; knapper Gruber AL 2010, 65 ff.; für Österreich Friedl/Loebenstein Abkürzungs- und Zitierregeln, auszugsweise wiedergegeben bei Busch/Konrath (Hrsg.) SchreibGuide Jus, 183 ff.; Keiler/Bezemek, leg cit.; Jahnel/Sramek NZR; Jahnel Rida Zitieranleitung und Medienkunde 193.33.115.171:8080/Zitiermaster/Index.a5w.

967 Das ist nicht ganz trivial: Löst man die Umlaute *ä, ö, ü* nach *ae, oe, ue* auf, ist die Sortierreihenfolge *Hähnchen-Hahn-Henne*, folgt man der einschlägigen DIN-Norm und ignoriert den Umlaut, lautet sie *Hahn-Hähnchen-Henne*, und nach der Sortierroutine mancher amerikanischer Softwareprodukte rutschen die Umlaute hinter das z, sodass es *Hahn-Henne-Hähnchen* heißen würde. Man halte das, wie man es am überzeugendsten findet, aber einheitlich! **Zum Üben:** Wie ist die richtige Reihenfolge bei Braun, Johann: Deduktion und Invention – Gesetzesauslegung im Widerstreit von Gehorsamskunst, Rechtsgefühl und Wahrheitssuche, 2016 und Braun, Johanna: Leitbilder im Recht, 2015?

bei Nachnamensgleichheit nach den Vornamen[968], mehrere Texte des gleichen Verfassers nach den Titeln[969].

Auf die richtige Schreibweise der Namen[970] ist nicht nur aus Höflichkeit zu achten, sondern auch, damit für den Leser die Identifizierung des zitierten Texts kein Ratespiel wird.

Im Schrifttumsverzeichnis wird üblicherweise der Nachname vorangestellt, weil das Auge des Lesers so am leichtesten den gesuchten Eintrag findet.

Beispiel: *Hirsch*, Christoph statt Christoph *Hirsch*

---

[968] Die **Vornamen** sind ebenfalls anzugeben – nicht nur höflichkeitshalber: Suchen Sie mal im Bibliothekskatalog unter Meier oder Schmidt, wenn Sie den Vornamen nicht kennen (abgesehen davon, dass etwa die in den Naturwissenschaften verbreitete Abkürzung auf den Anfangsbuchstaben noch weder eine klare alphabetische Sortierung ermöglicht noch eine Identifikation des Geschlechts, sodass die Zitierten im Text nicht mit dem Personalpronomen *sie* oder *er* angesprochen werden können). Außerdem gibt es mehr Namensgleichheiten und mehr Gelehrtendynastien als man denkt. Wissen Sie auf Anhieb, welche Texte *Jörn Ipsen* geschrieben hat und welche *Hans Peter Ipsen*, welche *Hans* und welche *Christian Hattenhauer*, welche *Dieter* und welche *Dietrich Simon*, welche *Hermann* und welche *Gerhard Dilcher*, welche *Ludwig* und welche *Thomas Raiser*, welche *Harry* und welche *Harm Peter Westermann*, welche *Manfred* und welche *Eckard Rehbinder*, welche *Michael* und welche *Tonio Walter*, welche *Rolf-Peter*, welche *Gralf-Peter* und welche *Christian Calliess*, welche *Axel* und welche *Claus Halfmeier*, welche *Paul* und welche *Ulrich Stelkens*, welche *Michael* und welche *Winfried Hassemer*, welche *Günter* und welche *Renate Schaub*, welche *Ralf* und welche *Horst Dreier*? Wer auch nur die neuere Rechtsgeschichte in Blick nimmt, muss weiter zwischen *Georg* und *Walter Jellinek* unterscheiden. Usw. usw. usw. Lässt man die Vornamen trotzdem weg, soll man sie einheitlich weglassen. Ob Sie **zweite und dritte Vornamen** sowie **middle initials** (dazu auch → Rn. 369) angeben wollen, steht Ihnen frei (ganz selten haben sie wirklich Unterscheidungsfunktion, etwa bei *Dieter Zimmer* und *Dieter E. Zimmer* – und wer *Meyer* mit Nach- und *Matthias* mit Vornamen heißt wie der Autor von *Standop/Meyer* Form, darf unterscheidungshalber auch einmal ein *L.G.* einfügen). Wenn Sie das für affektiert halten, lassen Sie es bleiben. Identifikationserleichternd wirken middle initials nur bei Namensgleichheiten. Letztendlich wird die Mode über sie hinweggehen. Bis dahin können Sie sich der Middle-initial-Welle auf zwei Arten entgegenstemmen: Den Kindern mehrere Vornamen geben (*Carl Philipp Emanuel Bach*, *Georg Wilhelm Friedrich Hegel*, *Ernst Theodor Amadeus Hoffmann*), sodass doppelte middle initials möglich werden (*Thomas M. J. Möllers*) und/oder die zweiten Vornamen mit mehr als einem Buchstaben abkürzen (*Jochen Abr. Frowein*), vorzugsweise bei Namen mit einem ursprünglich griechischen Buchstaben am Anfang (*Ch.* oder *Chr.* für *Christiane* oder *Christoph* – Hauptsache: unaussprechlich). Zusätzlich kann man ungewöhnliche Namen in Erwägung ziehen: *Roderich C. Thümmel*.

[969] Die Sortierung nach Titeln kann streng alphabetisch erfolgen. Zweckmäßiger und übersichtlicher ist es besonders bei zahlreichen zu sortierenden Titeln, auf das erste sinntragende Wort oder das erste Substantiv im Titel abzustellen (also bei *Der erste Mensch* nicht auf *Der*, sondern auf *erste* oder *Mensch*). Die in vielen Sozialwissenschaften verbreitete Sortierung nach Erscheinungsjahr (sodass es dann in der Fußnote heißt *Schulz 2009c, 153 ff.*) ist unter Juristen ganz unüblich.

[970] Dazu schon → Rn. 486. Manchmal hilft bei der Schreibweise von Namen geographisches Minimalwissen weiter: *Paland* hat keinen Sitz bei den Vereinten Nationen (wie etwa *Poland*), sondern schreibt sich *Palandt* und hieß mit Vornamen *Otto*. Die *Münchner Kommentare* dagegen haben keinen Vornamen; sie sind nach der bayerischen Landeshauptstadt *Münchn* benannt und heißen deswegen korrekt *Münchener Kommentar* (anders die *Dresdner Bank* und in der Schweiz die *Basler Kommentare* und der *Zürcher Kommentar*). Beliebt, aber falsch sind auch *Englisch* statt *Engisch*, *Lorenz* statt *Larenz*, *Jauering* statt *Jauernig*, *Jeschek* statt *Jescheck* (das passiert auch erwachsenen Juristen noch, zB *Schmoeckel* Suche S. 473, 566), zumindest missverständlich *Hanau, Adelmaid* statt *Hanau, Peter/Adomeit, Klaus* (ähnlich *Wellenhofer, Wolf* statt *Wolf, Manfred/Wellenhofer, Marina*). *Fritz Bauer* und *Fritz Baur* sind nicht derselbe. Vermeiden Sie alles, was den Eindruck erweckt, Sie hätten Ihre Arbeit „hingerotzt"! Und lachen Sie nicht über solche Ermahnungen: Die Schrifttumsverzeichnisse nicht nur von Anfängerarbeiten sehen bedauerlich oft aus wie Kraut und Rüben. Das führt zu Punktabzug – schon um diejenigen Kandidaten zu belohnen, die sich Mühe gegeben haben.

So gelingt auch das Sortieren von Hand am leichtesten. Wer die Sortierfunktion einer Datenbank benutzt, kann natürlich auch die zweitgenannte Namensschreibweise verwenden. Dann sollte man aber den Nachnamen fetten, um schnelle Orientierung zu ermöglichen.

> **Beispiel:** Christoph **Hirsch**, Schuldrecht Allgemeiner Teil …

Ob das Schrifttumsverzeichnis in einzelne Abschnitte für Lehrbücher und Monographien,[971] Kommentare, Aufsätze und Beiträge aus Sammelwerken unterteilt wird, hängt vom persönlichen Geschmack und dem Umfang des Verzeichnisses ab. Je umfangreicher das Schrifttumsverzeichnis ist, desto eher sollte auf eine **Unterteilung** verzichtet werden (und ein bisschen albern wirkt sie auch bei ganz schmalen Verzeichnissen)[972]. Überwiegend wird heute empfohlen, auf die Unterteilung zu verzichten[973]. Auch die gesonderte Aufführung der Internetquellen ist nicht erforderlich. 499

Weiß man nicht, wie man einen Titel einordnen soll, orientiert man sich an der Handhabung juristischer Fachliteratur oder am CIP-Datensatz der **Deutschen Nationalbibliothek**[974]. Manche Bücher enthalten vorn einen **Vorschlag zur Zitierweise**. Wenn dieser nicht ganz quer zur sonstigen eigenen Handhabung steht, sollte man ihm folgen. 500

Ausnahmen vom Prinzip der Sortierung nach den Namen der Verfasser oder Herausgeber finden sich oft bei Texten, die unter ihrem Titel viel bekannter sind als unter den Namen der Verfasser. Das betrifft hauptsächlich Kommentare und Handbücher, insbesondere die mit Ortsnamen bezeichneten.[975] Diese werden häufig im Schrifttumsverzeichnis nach dem Titel eingeordnet, zumal wenn sie in den Fußnoten ebenfalls mit dem Titel identifiziert werden.

> **Beispiel:** **Münchener Kommentar** zum BGB, hrsgg. von Kurt Rebmann/Franz Jürgen Säcker/ Roland Rixecker, 8. Auflage, München 2018 ff.

Gerade bei Texten mit vielen Herausgeber erweist sich das als praktisch, weil sich so in den Fußnoten eine platzsparende kurze Zitierweise erreichen lässt.[976]

---

971 Wenn man einzelne Kategorien bildet, sollte man sie nicht *Bücher* und *Fachzeitschriften* nennen, sondern eher *Monographien/Lehrbücher/Handbücher, Kommentare, Fachzeitschriftenbeiträge* oder *unselbstständige Texte*.

972 Vorteile rein alphabetischer Anordnung: Man kann leichter darüber hinwegtäuschen, dass die Verarbeitung problemspezifischen monographischen Schrifttums etwas dünn geraten ist; zudem findet der Leser den einzelnen Titel schneller, weil er sich keine Gedanken machen muss, welcher Literaturgattung der zitierte Text angehört (und nicht über die leidige Frage nachdenken muss, ob ein Handbuch nun eher bei *Lehrbücher*, bei *Monographien* oder vielleicht bei *Kommentare* aufzunehmen ist); Vorteil der Unterteilung nach Textgattungen: einfache Orientierung des Lesers über den Umfang der Schrifttumsauswertung. Insgesamt gerät die Unterteilung nach Quellenarten in den letzten Jahren aus der Mode (statt vieler für ein nicht unterteiltes Schrifttumsverzeichnis Byrd/Lehmann Zitierfibel S. 129).

973 Das erspart Ihnen nicht zuletzt die Zweifelsfragen des Typs: Ist das jetzt ein Lehrbuch oder schon ein Handbuch? Spätestens bei Maurach/Gössel/Zipf Strafrecht Allgemeiner Teil wird das schwierig, weil sogar der Verlag den Text als *Lehr- und Handbuch* bezeichnet – nicht ganz überraschend bei einem zweibändigen Werk mit ca. 2.500 Seiten.

974 Der ist vorn im Buch wiedergegeben oder über den OPAC der DNB (portal.d-nb.de) abfragbar. Gegenüber dem Abschreiben vom Umschlag des Buchs hat das den Vorteil, dass man nicht in Versuchung gerät, unnötige Informationen (zB die markenartige Bezeichnung einer Lehrbuchreihe *Academia Iuris* oder einer Kommentarserie *Beck'sche Kurzkommentare*) ins Verzeichnis zu übernehmen. Umgekehrt kann sich aber auch herausstellen, dass auf dem Umschlag zu wenig Information untergebracht ist; Beispiel: Das Lehrbuch zum Allgemeinen Teil des BGB von *Rüthers/Stadler* ist in der 19. Aufl. 2017 im DNB-Datensatz nach wie vor beiden Verfassern zugeschrieben, auf dem Umschlag nur noch *Stadler*.

975 Dazu noch → Rn. 513.

976 Der Vorteil der Sortierung nach Personennamen besteht darin, dass sie Verwechslungen ähnlicher Titel zu vermeiden hilft, zB beim Anwalts-Handbuch Arbeitsrecht, hrsgg. von *Ulrich Tschöpe*, 11. Aufl. Köln 2019, und dem Münchener Anwalts-Handbuch Arbeitsrecht, hrsgg. von *Wilhelm Moll*, 5. Aufl. München 2021.

> **Beispiel:** MünchKommBGB-*Kramer*, Rn. 5 zu § 104 statt *Kramer* in *Rebmann/Säcker/Rixecker* (Hrsg.), Münchener Kommentar zum BGB, Rn. 5 zu § 104.

2. Namen

501 Namen **natürlicher Personen**: Weggelassen werden – im Schrifttumsverzeichnis und in den Fußnoten – **akademische Grade** sowie Berufs- und Funktionsbezeichnungen.[977]

> **Beispiele:** Nicht *RA Prof. em. Dr. Wilhelm Schulz, LL.M. corp. restruc. (Univ. Heidelberg, Germany), MdB*, sondern *Schulz, Wilhelm*; nicht *Bayer. Hofrat* oder *Notar Hans Th. Soergel*, sondern *Soergel, Hans Theodor*. Nicht *Wiss. Ass. Dr. Michael Anton, LL.M. (Univ. of Johannesburg), Dipl.-Jur. (Univ. des Saarlandes)*[978], sondern *Anton, Michael*. Nicht *Browne-Wilkinson, The Rt. Hon. Lord*, sondern *Browne-Wilkinson, Arthur Rupert*.

Das ist allgemein üblich und signalisiert, dass Sie sich von Titeln und Graden weniger beeindrucken lassen als von der inhaltlichen Überzeugungskraft der vom Autor vertretenen Ansicht – also Argumente statt Autoritäten.[979] Außerdem helfen akademische Grade nicht beim Suchen nach einem Buch – probieren Sie es ruhig mal aus …[980]

Hinter den Namen kommt als Trennzeichen gegenüber dem Buchtitel üblicherweise ein Doppelpunkt.

Adelstitel und ähnliches sind Namensbestandteile und werden daher nicht weggelassen; meist werden sie aber bei der alphabetischen Sortierung ignoriert.[981]

> **Beispiele:** *Wolfgang Graf Vitzthum* und *Katharina Gräfin von Schlieffen* werden so unter *Vitzthum, Wolfgang Graf* und *Schlieffen, Katharina Gräfin von* eingeordnet. Gleiches gilt für Prinzen, Ritter, Freifrauen *von* und *zu, de, ter, ten, van*, usw.[982]

Bei **Namensgleichheiten** hilft manchmal ein klarstellender Hinweis auf die Verwandtschaftsverhältnisse.

> **Beispiel:** *Dahs, Hans jun.* und *Dahs, Hans sen.*

Das immer wieder anzutreffende Weglassen der Vornamen ist unhöflich, führt zu Verwechslungen und ist nicht zu empfehlen.

Dass ein Autor nicht mehr lebt, wird nicht gesondert kenntlich gemacht. Teils ist es aber üblich, darauf durch den Klammerzusatz *Begründer* oder *Begr.* hinzuweisen.

> **Beispiel:** *Jauernig*, Othmar (Begr.), Bürgerliches Gesetzbuch, …

---

977 Noch einmal der Appell aus → Rn. 486: Namen richtig zu schreiben ist mindestens eine Frage der Höflichkeit. Hinzu kommt im Schrifttumsverzeichnis und den Fußnoten, dass mit einem richtig geschriebenen Namen der zitierte Text weitaus leichter zu identifizieren ist.

978 Gefunden in JR 2010, 415, wo die Autorenangabe nur deshalb nicht fünfzeilig wird, weil die Information „Habilitand am Lehrstuhl für Bürgerliches Recht, Handels- und Wirtschaftsrecht, Internationales Privatrecht und Rechtsvergleichung und am Institut für Europäisches Privatrecht von Prof. Dr. Dr. Dr. h.c. mult. Michael Martinek an der Universität des Saarlandes" in die Sternchenfußnote verschoben ist. Für die Visitenkarte hilft bei solchen Häufungen nur: oversized bestellen und in 8 pt Schriftgrad eng bedrucken.

979 Aus dem gleichen Grund lässt man die akademischen Grade auch im laufenden Text regelmäßig weg.

980 Anders als Adelstitel sind akademische Grade zwar (meist) durch eigene Leistung verdient, bilden aber keinen Namensbestandteil.

981 Natürlich dürfen Sie das anders halten, wenn Sie Könige, Kaiser, Prinzen und Herzöge toll finden und sowieso zweifeln, ob die Demokratie eigentlich die beste Staatsform ist. Theisen Arbeiten S. 111 Fn. 1. nennt das pointiert die *Adelsfalle*.

982 Aber *Udo Di Fabio* wird unter *D* eingeordnet. Bei Unsicherheiten empfiehlt sich ein Blick auf die Handhabung der DNB.

Man kann der Übersichtlichkeit halber die **Nachnamen** durch Großbuchstaben (Versalien, Kapitälchen[983]), fetten Satz oder ähnliches **hervorheben**.

Das erleichtert es dem Leser, dessen Blick gerade von einer Fußnote ins Schrifttumsverzeichnis hinüberwandert, schnell den gesuchten Titel zu identifizieren.

Mehrere Namen werden durch Semikolon oder Schrägstrich voneinander getrennt.[984] Je nach Formatierung des Schrifttumsverzeichnisses kann man sie auch einfach untereinander schreiben. Es sind **alle** Verfassernamen anzugeben;[985] meist sind es nicht mehr als zwei, etwa bei Aufsätzen. Es können aber bei Monographien auch einmal ziemlich viele sein.

Pseudonyme sind bei juristischen Fachtexten ziemlich selten; am ehesten findet man sie einmal bei Streitschriften und ähnlich pointiert formulierten Texten.

> **Beispiel:** *Bleifuß*, Bernhard: Absurdes Jurastudium, in: AL 2015, 260 ff.

Wenn sie mittels einer einfachen Recherche im Bibliothekskatalog zu dekodieren[986] oder historisch aufgedeckt sind,

> **Beispiele:** Hermann *Kantorowicz* veröffentlichte seinen Text *Der Kampf um die Rechtswissenschaft* (Heidelberg 1906, Nachdruck Baden-Baden 2002) unter dem Pseudonym *Gnaeus Flavius*, Theo *Rasehorn* sein *Im Paragraphenturm – Eine Streitschrift zur Entideologisierung der Justiz* (Neuwied 1966) als *Xaver Berra*, Ingeborg *Puppe Besorgter Brief an einen künftigen Strafrechtswissenschaftler*, GA 1999, 409 ff. (= t1p.de/ref3) als *Julius Kyriandros Ekklesiandros.*[987]

sollte man den wahren Namen zitieren, anderenfalls das Pseudonym, wo bekannt unter Hinzufügung eines Hinweises auf den Pseudonymcharakter.[988] Ähnlich behandeln sollte man das journalistische Kürzel.

> **Beispiel:** *Paul Schlesinger* ist bekannter unter dem Namen *Sling*. Wer eine seiner Gerichtsreportagen aus den 1920er Jahren zitiert (etwa nach der Ausgabe Der Mensch, der schießt, Düsseldorf 2013), sollte daher das Pseudonym wenigstens mitnennen.

Künstlernamen wird man gleichfalls selten brauchen; wenn aber ein Zitat belegt werden soll, kann das einmal vorkommen. Im Allgemeinen wird es genügen, den Künstlernamen anzugeben.

> **Beispiele:** *Bob Dylan* statt *Robert Allen Zimmermann*[989]; *Bertolt Brecht* statt *Berthold Brecht*[990]

Ähnlich wird man es mit den verbreiteten Verkürzungen **römischer Namen** halten dürfen.

> **Beispiele:** *Horaz* statt *Quintus Horatius Flaccus*; *Justinian* statt *Flavius Petrus Sabbatius Iustinianus*

---

983 Die Großbuchstaben haben nur einen kleinen ästhetischen Nachteil: Namen mit einem *ß* müssen entweder falschgeändert werden zu *ss* oder eben in der Wortmitte mit einem Kleinbuchstaben geschrieben werden.

984 Das erlaubt es, den Bindestrich dort zu verwenden, wo er hingehört: *Leutheusser-Schnarrenberger* bezeichnet eine Person, *Leutheusser/Schnarrenberger* ein Autorenteam. Wer zwischen die einzelnen Personen Bindestriche setzt, muss Doppelnamen mit einem =-Zeichen kennzeichnen (zB MüKo-BGB-*Mayer=Maly*). Geht auch. Näher Zöllner JZ 1981, 242.

985 Zu Ausnahmen → Rn. 514.

986 So etwa beim scherzhaften Gebrauch des Pseudonyms *Civis Romanus* bei Klaus Adomeit (wie im Schrifttumsverzeichnis). Wer wissen will, wie der wahre Name des Autors (Pseudonym *Daniel Jurecks*) von Party, Party, Prädikatsexamen ist, muss allerdings eine Suchmaschine bemühen. – Eher ausnahmsweise findet man juristische Pseudonyme in Nachschlagewerken wie Wilfrid Eymer Eymers Pseudonymen Lexikon – Realnamen und Pseudonyme in der deutschen Literatur, 1997.

987 **Zum Üben:** Wer waren *Reginhardus Muraquensis-Monacensis* (JZ 1962, 380 ff.) und *Franziskus nondum Hesperandus* (JZ 1962, 644 ff.)?

988 Versuchen Sie einmal, den wahren Namen von *Falk van Helsing* herauszufinden (auch wenn seine Bücher kaum je in juristischen Gutachten zitiert werden dürften).

989 So hält es auch die DNB.

990 So Prümm LL.B. 2011, 35 Fn. 1.

502 Namen **juristischer Personen**: Ist der Text (ohne Nennung des Namens des Verfassers) namens einer juristischen Person veröffentlicht, benennt man diese anstatt des Verfassers,

> **Beispiele:** VDI, SPD-Bundestagsfraktion etc.[991]

gegebenenfalls ergänzt um den Zusatz *(Hrsg.)*.

502a Fehlt eine Verfasserangabe ganz, ist der Text meist nicht zitierbedürftig oder zitiertauglich. Ist er es doch, setzt man statt des Verfassernamens entweder *N.N.*[992] oder *ohne Verfasserangabe* ein[993] und ordnet die Quelle alphabetisch unter N oder O ein.

3. Buchtitel und weitere bibliographische Angaben

503 Der Titel wird vollständig angegeben; die **Untertitel** könnte man zwar weglassen,[994] weil sie zur Identifikation des Texts nichts beitragen und nur das Schrifttumsverzeichnis aufblähen.

> **Beispiele:** (Monographien:) *Letixerant*, Peter: Die aktienrechtliche Abhängigkeit vor dem dinglichen Erwerb einer Mehrheitsbeteiligung – eine fallgruppenorientierte Untersuchung der mitgliedschaftlichen und der nicht-, außer- und vormitgliedschaftlichen Abhängigkeit von Zielaktiengesellschaften in den verschiedenen Phasen einer Akquisition unter Einbeziehung fusionskontrollrechtlicher Sachverhalte, Frankfurt 2001; *Madel*, Tobias: Robo Advice – Aufsichtsrechtliche Qualifikation und Analyse der Verhaltens- und Organisationspflichten bei der digitalen Anlageberatung und Vermögensverwaltung, Baden-Baden 2019; *Langguth*, Juliane: Pay-for-Delay-Vereinbarungen im transatlantischen Vergleich – Die kartellrechtliche Beurteilung von Patent-Vergleichsvereinbarungen in der Pharmabranche anhand von Art. 101 AEUV und Sec. 1 Sherman Act, 2018; (Zeitschriftbeitrag:) *Hambel*, Lukas: Die öffentliche Aufforderung zu Straftaten gem. § 111 StGB – Am Beispiel der „Bierzelt-Rede" des Bundesinnenministers Horst Seehofer vom 2.8.2018 und der Rede des Chefs des Thügida Bündnisses David Köckert vom 9.9.2018 in Köthen, in: ZJS 2019, 10 ff.

Oft bieten sie indes dem Leser eine nützliche Zusatzinformation als Entscheidungshilfe, ob er den betreffenden Text nachlesen möchte. Die Angabe ist also Geschmackssache, sollte aber einheitlich gehandhabt werden. Für die Trennung des Untertitels vom Haupttitel empfehlen sich – bitte ebenfalls einheitlich! – ein Doppelpunkt, Bindestrich oder Punkt.

Den Titel in Anführungsstriche zu setzen ist weder nötig noch üblich. Den korrekten Buchtitel sollte man eher dem CIP-Datensatz der DNB oder dem Vorsatzblatt entnehmen als dem Buchumschlag, weil auf dem Umschlag leicht einmal eine werblich verkürzte Form angegeben wird.[995]

504 Es ist die **Auflage** des Texts anzugeben, wenn es sich nicht um die erste Auflage handelt.

Die erste Auflage eines Buchs wird nicht als solche angesprochen, weil das Weglassen dieser Information den eindeutigen Schluss ermöglicht, dass es sich um die erste und bisher einzige Auflage handelt. Auch wenn der Nomos-Verlag hartnäckig in seine Bücher *1. Auflage* reinschreibt, ignorieren Sie das, solange keine zweite auf dem Markt ist. Meist kommt übrigens keine.[996]

Wenn Sie es schön finden, können Sie *4. Auflage* abkürzen zu *4. Aufl.* oder *4. A.* Naja ...

---

991 Die Abkürzungen sollten aber – anders als hier im Beispiel – besser aufgelöst werden. Nicht jeder Leser ist mit jeder Abkürzung eines Interessenverbands vertraut.

992 Abkürzung für lateinisch *nomen nescio*, also *den Namen weiß ich nicht*.

993 Nicht: *Ohne Verfasser*, dazu Theisen Arbeiten S. 114.

994 Das bietet sich an, wenn sie das Schrifttumsverzeichnis aufzublähen drohen, zB Frank Schirrmacher: Payback – Warum wir im Informationszeitalter gezwungen sind, zu tun, was wir nicht tun wollen, und wie wir die Kontrolle über unser Denken zurückgewinnen, 2009.

995 Allerdings nehmen die meisten Leser es Ihnen nicht allzu übel, wenn Sie bei dem von Othmar Jauernig herausgegebenen BGB-Kommentar schlicht *BGB* schreiben statt *Bürgerliches Gesetzbuch. Mit Allgemeinem Gleichbehandlungsgesetz (Auszug)*. Für die Nennung des vollen Titels (bei Grüneberg also ca. sieben Textzeilen) aber dezidiert Kreutz Propädeutik S. 33.

996 Ca. 85% aller Bücher erleben keine zweite Auflage.

Weglassen sollten Sie die Information *unveränderter Neudruck/Nachdruck/reprint der x. Auflage.* Für den Leser macht es keinen Unterschied, ob Sie aus dem Original oder dem Jahre oder Jahrzehnte später erschienenen Nachdruck zitiert haben.[997] Im Gegenteil möchte er wissen, wann die von Ihnen in Bezug genommene Ansicht ursprünglich oder letztmalig vertreten wurde.

> **Beispiel:** Wer Ludwig *Raisers* Recht der Allgemeinen Geschäftsbedingungen zitiert, wird meist den Nachdruck (Bad Homburg 1961) in der Hand gehabt haben; der Text ist aber auf dem Stand der Ausgabe Hamburg 1935, was für den Leser wichtiger ist.

Ist ein Text – was selten vorkommt – in einer Gesamtausgabe besser greifbar, so sollte man im Schrifttumsverzeichnis darauf hinweisen, dass man nach dieser zitiert hat, aber zur Information des Lesers gleichwohl das ursprüngliche Erscheinungsdatum identifizieren.   504a

> **Beispiel:** *Radbruch*, Gustav: Der Geist des englischen Rechts, Heidelberg 1946, hier zitiert nach Bd. 15 der Gesamtausgabe: Rechtsvergleichende Schriften (hrsgg. von Heinrich Scholler), Heidelberg 1999

Wenn ein Text nicht auflagenweise aktualisiert wird, sondern durch **Ergänzungslieferungen** (nämlich bei Loseblattkommentierungen uÄ), gibt man anstatt der Auflage (oder zusätzlich, wenn innerhalb einer Auflage Ergänzungslieferungen stattfinden) die Ergänzungslieferung und den Stand an.   505

> **Beispiel:** *Westphalen*, Friedrich Graf v. (Hrsg.), Vertragsrecht und AGB-Klauselwerke, München, 45. Auflage 2020, Stand Juli 2022 (48. Erg.lfg.)

Nicht zwingend, aber oft sinnvoll ist der Hinweis (*Loseblattwerk*) vor dem Stand.

Mit dem Übergang zum elektronischen Publizieren[998] und der damit einhergehenden laufenden Aktualisierung etwa online verfügbarer Gesetzeskommentare ist es sinnvoll geworden, den **Bearbeitungsstand** anzugeben.   505a

> **Beispiel:** *Hau/Poseck*, BeckOK zum BGB, Edition 61, Stand 1.2.2022

Verwenden und zitieren Sie die **aktuellen Auflagen**: Das Gutachten soll auf möglichst aktuellem Stand sein und nicht die Rechtslage der späten 1990er Jahre wiedergeben.[999] Wenn Sie eine ältere Auflage zitieren, etwa weil darin eine abweichende Meinung vertreten wird,[1000] müssen Sie das durch die Angabe der Auflage (beispielsweise durch eine hochgestellte Zahl hinter dem Titel) in der Fußnote kenntlich machen. Im Schrifttumsverzeichnis muss das Buch dann in der alten und der neuen Auflage nachgewiesen werden.   506

---

997 Ähnliches gilt bei **Sonderdrucken** (Separata, etwa aus Festschriften, Tagungsbänden etc.): Der Leser braucht die Informationen, die ihn zur Originalfundstelle führen; welche Ihnen individuell zugängliche Fundstelle Sie benutzt haben, ist für ihn nicht wichtig. Schließlich weisen Sie ja auch niemanden darauf hin, dass Sie aus einer Fotokopie zitiert haben und nicht aus dem Original.

998 Immer noch hilfreich: Runkehl/Siever Zitat im Internet.

999 In manchen Rechtsgebieten (etwa dem Sachenrecht) ändert sich wenig, in anderen (etwa dem Kapitalmarktrecht und dem Steuerrecht) ändert sich fast alles ständig. Wer hier alte Texte verwendet, lebt gefährlich. Zudem ist in Prüfungsarbeiten immer davon auszugehen, dass aktuelle Probleme zur Diskussion gestellt werden. Auf diese weisen alte Auflagen nur ausnahmsweise hin. Die Wichtigkeit der Auswertung aktuellen Schrifttums sollte man also nicht unterschätzen.

1000 Das ist immer auch ein Hinweis darauf, dass dieser Standpunkt heute vielleicht gar nicht mehr vertreten wird und daher auch in Ihrem Gutachten nicht allzu breit erörtert (zumindest aber als mittlerweile aufgegebene Ansicht gekennzeichnet) werden sollte. Anders liegen die Dinge aber, wenn etwa in einem Kommentar der Bearbeiter der betreffenden Norm gewechselt hat: Dann dürfen Sie eine vom Vorbearbeiter nicht aufgegebene Ansicht als weiterhin vertretene behandeln. – Ebenso ist es zulässig, eine nicht mehr aktuelle Auflage zu zitieren, wenn sich dort eine besonders griffige Formulierung findet, die der Bearbeiter später fallengelassen hat (zB hier das Zitat aus Tröndle in Fn. 446).

Wo das erforderlich ist, zitiert man die letzte Auflage des Lehrbuchs oder Kommentars, in der die betreffende Ansicht noch vertreten wurde, ausnahmsweise vielleicht auch die erste Auflage. Um das herauszufinden, muss man nötigenfalls die alten Auflagen von Hand durchsehen. Was nicht mehr im Präsenzbestand der Bibliothek zu finden ist, steht vielleicht im Magazin und muss bestellt werden. Der damit verbundene Aufwand wird für ein Rechtsgutachten, das den aktuellen Rechtsstand wiedergeben soll, meist nicht erforderlich sein.

Bei der Angabe der Auflage eines Kommentars, Lehrbuchs etc. ist auf die Zusätze *verbesserte, ergänzte, erweiterte, a jour gebrachte, aktualisierte, überarbeitete* usw. zu verzichten; das ist Verlagswerbung, die den Leser des Schrifttumsverzeichnisses nicht interessiert.

Da viele Professoren und deren wissenschaftliche Mitarbeiter überraschend gut über das aktuelle Schrifttum informiert sind,[1001] ist es sinnvoll, gegen Ende einer Hausarbeit hin das Verzeichnis zu drucken und anhand der Bibliothekskataloge auf Aktualität zu prüfen. Das kostet eine Stunde Zeit und lohnt sich. Stellt man dabei fest, dass man nur steinalte Auflagen verwendet hat, sollte man wenigstens (!) stichprobenartig prüfen, ob nicht die Bearbeiter gewechselt oder die gleich gebliebenen Bearbeiter über die Jahre ihre Meinung geändert haben – beides kommt vor.

Wegen schwindender Bibliotheksetats und/oder starker Nachfrage nach einzelnen Titeln während der Hausarbeitszeiten kommen Sie manchmal überhaupt nicht an die aktuellen Auflagen heran.[1002] Wenn Sie mit einer alten Auflage gearbeitet haben, gibt es zwei Möglichkeiten: Im Schrifttumsverzeichnis lügen und die aktuelle Auflage nennen (empfohlen) oder ehrlich die alte Auflage zitieren und damit den Vorwurf, der Staat habe keine aktuelle Auflage ins Regal gestellt, an den Leser weiterreichen (nicht so dringend empfohlen).[1003]

Müssen Sie Aussagen über eine **frühere Rechtslage** treffen – das kommt gelegentlich in rechtsdogmatischen Übungsarbeiten und regelmäßig in rechtshistorischen Seminararbeiten vor –, ist es zwingend erforderlich, älteres Schrifttum heranzuziehen. Manchmal brauchen Sie eine alte Auflage auch nur, um eine besonders schön pointierte Aussage zu belegen, die sich in späteren Textfassungen wegen zwischenzeitlicher Rechtsänderungen nicht mehr findet.[1004]

Im Allgemeinen wird die jüngste Auflage als maßgeblich betrachtet, weil sie den Textstand wiedergibt, den der Autor zuletzt als gültig gewollt hat. Ausnahmsweise zitiert man aber im Gegenteil die **erste Auflage**, wenn es sich um einen historischen Text handelt (der meist unverändert neu aufgelegt wird und bei dem die Bezugnahme auf eine junge Auflage Missverständnisse hinsichtlich des Entstehungszeitpunkts begünstigen würde).[1005]

> **Beispiele:** Das beliebte Zitat Julius *v. Kirchmanns* („Drei berichtigende Worte des Gesetzgebers, und ganze Bibliotheken werden Makulatur") könnte man natürlich mit der derzeit jüngsten Ausgabe (Dornbirn 1999) belegen; aber historisch aussagekräftiger ist es, die erste Auflage (Berlin 1848) zu zitieren. Ähnlich wird, wer den Begriff des Spiels juristisch handhabbar machen will und dazu zuerst eine kulturanthropologische Definition zitiert, Johan *Huizingas* Homo ludens eher in der ersten Auflage von 1938 (deutsch 1939) zitieren als in der aktuellen 19. Auflage (2004). So hat der Leser einen Eindruck davon, in welchen geschichtlichen Zusammenhang der zitierte Text einzuordnen ist.

1001 Das ist nicht so schwer, wie es vielleicht aussieht: Jeden Dezember erscheint der *Grüneberg* (vormals *Palandt*) für das Folgejahr, zum Anfang jeden Wintersemesters erscheinen die Bände von *Brox/Walker* zum BGB AT sowie Schuldrecht AT und BT usw. – irgendwann weiß man das auswendig. Wenn also ein Korrektor die alten Auflagen in Ihrem Schrifttumsverzeichnis moniert, deutet das nicht auf Verfolgungseifer, sondern auf Routine hin.

1002 Überraschend gut geht das aber oft, wenn man frühmorgens oder sonntags das Juristische Seminar besucht. Nicht schön für studentische Aufstehgewohnheiten – aber es muss ja nicht öfter als zwei- oder dreimal sein.

1003 Natürlich ist es ärgerlich, wenn Sie wochenlang nicht an die aktuelle Auflage eines Buchs herankommen, das Sie zitieren wollen. Aber das fällt in Ihre Verantwortung, nicht in die des Hochschullehrers, der die Übung leitet.

1004 So zB hier in Fn. 206.

1005 Noch seltener dürfte der Fall sein, dass man weder die aktuelle noch die erste Auflage zitiert – sondern eine zwischendrin, etwa die letzte noch vom Verfasser selbst besorgte Auflage. Die Mühe des Textvergleichs nimmt man aber meist nur auf sich, wenn zu erwarten steht, dass gerade der zitierte Gedanke überarbeitet wurde oder weggefallen ist. Immerhin kann das vorkommen: Wer etwa eine Formulierung oder einen Gedanken ausdrücklich *Larenz* zuschreiben will, sollte nicht die von *Canaris* überarbeitete Fassung der Methodenlehre zitieren.

Wer höflicherweise dem Leser leichten Zugriff ermöglichen will, nennt im Schrifttumsverzeichnis die jüngste Ausgabe neben der historischen[1006] (oder den in der Bibliothek vorhandenen Sammelband statt der nicht vorhandenen Fachzeitschrift mit der Erstveröffentlichung[1007]). Da meist die Seitenzahlen der verschiedenen Ausgaben nicht identisch sind, empfiehlt sich im Schrifttumsverzeichnis ein Zusatz wie *zitiert nach der Ausgabe Zürich 1983.*

> **Beispiel:** Um die Radbruch'sche Formel mit der ursprünglichen Fundstelle zu belegen, zitiert man *Radbruch*, Gustav: Gesetzliches Unrecht und übergesetzliches Recht, in: SJZ 1946, 105 ff. Je nach benutzter Textausgabe ergänzt man *zitiert nach dem Wiederabdruck in ders. Der Mensch im Recht, Göttingen 1957, 111 ff.* oder *zitiert nach der Radbruch-Gesamtausgabe (hrsgg. v. Artur Kaufmann und Winfried Hassemer), Bd. 3 Rechtsphilosophie 3, Heidelberg 1990, S. 83 ff.*

In juristischen Schrifttumsverzeichnissen wird konventionsgemäß der **Name des Verlags** nicht angegeben. Wenn Sie das trotzdem tun wollen, sollten Sie den Namen wenigstens nicht falsch schreiben,[1008]   507

> **Beispiele:** Falsch sind *Giese King* statt *Gieseking, Dunker und Humboldt* statt *Duncker & Humblot, Heymann* statt *Heymanns* etc.

jedenfalls aber die Angabe der Gesellschaftsform des Verlags weglassen.

Den **Erscheinungsort** zu nennen wird mittlerweile nicht mehr immer für erforderlich gehalten; mit Blick auf die Gewohnheiten der voraussichtlichen Leser[1009] sollte man ihn aber aufnehmen.[1010]   508

Hat ein Verlag in verschiedenen Städten deutschland- oder weltweit **Niederlassungen**, so genügt die **Angabe der ersten Stadt** mit einem *usw.* oder *etc.* Dass etwa der *Peter Lang Verlag* in Frankfurt am Main, Berlin, Bern, Brüssel, New York, Oxford und Gott weiß noch wo ein Büro unterhält, interessiert den Leser des Verzeichnisses nur am Rand. Um den zitierten Titel mit Hilfe des Bibliothekskatalogs zu identifizieren, reicht der erstgenannte Erscheinungsort. Natürlich dürfen Sie auch alle Städte hinschreiben, wenn es Sie nicht zu sehr ermüdet.

Der Erscheinungsort ist nicht der Ort, an dem der Verfasser wohnt oder arbeitet. Wer also aus dem Vorwort von *Medicus'* Bürgerlichem Recht *Tutzing* übernimmt statt *Köln etc.* aus dem CIP-Datensatz, hat etwas falsch gemacht.

An den Erscheinungsort schließt sich (ohne Komma) das **Erscheinungsjahr** an. Dessen Angabe erlaubt es dem Leser nicht nur festzustellen, ob Sie aktuelle Texte zitiert haben, sondern auch neugierig nachzusehen, wie alt die im Gutachten diskutierten Probleme sind.   509

1006   Ähnlich sollte man bei einem Zitat aus der nichtjuristischen Literatur verfahren; wer sich etwa für das oben (Fn. 37) erwähnte Zitat von *Tucholsky* interessiert, wird in erster Linie wissen wollen, dass der Text ursprünglich 1931 veröffentlicht wurde, und nur in zweiter Linie, dass die heute maßgebliche Werkausgabe erstmals 1960 erschienen ist und seither immer wieder neu aufgelegt wird.

1007   So zB beim hier zitierten Wesel hM (Fn. 830), der im Kursbuch erstveröffentlicht, aber über Wesels Sammelband Aufklärungen über Recht viel leichter zu finden ist.

1008   Verlagsnamen kann man über das Verzeichnis lieferbarer Bücher (buchhandel.de) in der Profisuche recherchieren. Da in den letzten Jahren immer wieder juristische Fachverlage einander kaufen, ist die Aussagekraft einer Verlagsangabe sehr beschränkt; meist werden die alten Bezeichnungen als Marke (neudeutsch: imprint) weitergeführt.

1009   Es gibt Leser, die Bücher mit bestimmten Erscheinungsorten (zB Norderstedt) gar nicht erst zur Kenntnis nehmen.

1010   Das hat auch einen praktischen Vorteil: Wer lauter Texte mit dem Erscheinungsort Wien oder Zürich zitiert, hat möglicherweise versehentlich Informationen zum österreichischen oder schweizerischen Recht verarbeitet. Das kommt immer mal wieder vor. In gleicher Weise erlaubt die Verlagsortsangabe bei englischsprachigen Texten dem Leser eine leichte Orientierung darüber, ob es sich um Bücher zum englischen, schottischen, irischen, amerikanischen, australischen usw. Recht handelt.

Wer dafür einen Blick hat, kann leicht erkennen, ob eine Bearbeitung längst ausdiskutierte Streitfragen ausbreitet.

Schöner und verwechslungssicherer als *91* und *05* sind *1991* und *2005*.

Zitieren Sie ein mehrbändiges Werk, dessen einzelne Teile über Jahre verstreut erscheinen, können Sie entweder jeden zitierten Band mit seinem konkreten Erscheinungsjahr nennen oder die Erscheinungszeitspanne für das Gesamtwerk angeben. Letzteres genügt zur Identifikation und wird allgemein für ausreichend gehalten, Ersteres braucht mehr Arbeit und Platz, ist aber vorzuziehen, weil der Leser sich so genauer über den Stand der zitierten Kommentierungen informieren kann.[1011]

> **Beispiel:** Münchener Kommentar zum BGB (Hrsg.: …), 4. Aufl. 2001-2006; 5. Aufl. 2007 ff., 8. Auflage 2018 ff.

Ist das Erscheinungsjahr falsch angegeben, kann man das wahre oder das falsche Jahr nennen. Der Unterschied beträgt nur ein Jahr und geht darauf zurück, dass die Verlage aus werblichen Gründen Bücher, die zum Jahresende veröffentlicht werden, manchmal mit dem folgenden Jahr erscheinen lassen.

> **Beispiel:** Der BGB-Kommentar von *Palandt* erscheint seit langem jährlich im Dezember und wird vom Verlag immer auf das Folgejahr datiert. Um Irritationen zu vermeiden, darf man der Verlagshandhabung folgen.

509a **Noch nicht erschienene Texte** werden nur ausnahmsweise zitiert, da sie für den Leser regelmäßig nicht zugänglich sind. Ausnahmsweise darf man sie verarbeiten, wenn keine andere Belegstelle verfügbar ist. Man sollte dann einen Hinweis wie *im Erscheinen, angekündigt für Mai 2024* oder *erscheint demnächst* anbringen. Hat man etwa einen noch vorläufigen Text als Diskussionspapier auf einer Lehrstuhlheimseite gefunden, sollte man eher diese Fassung zitieren als die noch nicht erschienene Endfassung.[1012]

509b Ist der Text als **eBook** erschienen, sollte man das zumindest dann zusätzlich angeben, wenn man die eBook-Fassung zitiert hat und diese mit der gedruckten Version nicht identisch ist. Dann weiß der Leser, dass er in der elektronischen Version nachsehen muss, um die Belegstelle zu finden.[1013]

510 **Fehlen Informationen** wie der Name des Verfassers, der Erscheinungsort oder das Jahr der Drucklegung, wird das durch die Angaben *o.V.*, *o.O.* und *o.J.* kenntlich gemacht.

Ohne Verfasserangabe erschienene Texte müssen Sie alphabetisch unter O einordnen. Bei juristischer Standardliteratur ist das ziemlich selten. Wenn es vorkommt, sollten Sie immer erst überlegen, ob es sich überhaupt um einen zitiertauglichen Text handelt.[1014]

Fehlende Vornamen – bis in die erste Hälfte des 20. Jahrhunderts wurden die Vornamen insbesondere bei Zeitschriftenbeiträgen oft weggelassen – muss man entweder anderweitig recherchieren oder weglassen.[1015] Hat man den Vornamen herausgefunden, sollte man auf die von eigener Hand erfolgte Ergänzung der Daten durch eine eckige Klammer hinweisen.

> **Beispiel:** *Staudinger*, J[ulius] v. (Hrsg.), BGB, …

510a Nicht angegeben wird regelmäßig die **Textgattung** (Aufsatz, Monographie etc.), da sich diese aus den übrigen bibliographischen Angaben erschließen lässt, wenn man nicht sowieso das Schrifttumsver-

---

1011 Das ist gar nicht so abwegig: Wenn Sie sich etwa die überlappenden Erscheinungszeitspannen der Auflagen von Großkommentaren des Typs Staudinger vor Augen rufen, ist eine eindeutige Angabe sicher ein Vorteil.

1012 Näher zu solchen Phantombüchern Schimmel LTO v. 15.1.2011, t1p.de/3q6a, Schimmel LTO v. 15.1.2013, t1p.de/a3lj und Schimmel LTO v. 11.1.2014, t1p.de/j8gn.

1013 Einzelheiten bei Eienbröker AL 2011, 83 f.

1014 Dazu → Rn. 519.

1015 Anstelle des Vornamens die Angabe *(ohne Vornamen)* zu setzen (so die Empfehlung von Putzke Arbeiten Rn. 268 f.; Gruber AL 2010, 65 [66]), ist nicht erforderlich und bei genauerem Hinsehen falsch, denn die Betreffenden hatten Vornamen, auch wenn man diese nicht kennt. – Der Aufwand bei der Recherche kann bei *E. Müller* erheblich sein; aber herauszufinden, dass der notorisch *J. v. Staudinger* abgekürzte Herausgeber eines Großkommentars zum BGB *Julius* hieß, ist wirklich kein Ding der Unmöglichkeit (und vielleicht sogar eine Frage der juristischen Allgemeinbildung).

zeichnis nach Textgattungen sortiert. Eine Ausnahme kann bei manchen kleinen Texten angebracht sein; so kann etwa ein Leserbrief in Klammern als solcher gekennzeichnet werden.

Fremdsprachige Quellen kann man entweder nach den Zitiergepflogenheiten der ausländischen Rechtsordnung oder nach den hiesigen Regeln aufnehmen.[1016] Letzteres ist zu empfehlen. Warum sollten Sie Seiten auch *pages* oder ein Herausgeberteam *eds.* nennen? Wenn Sie sich an die Zitierregeln fremder Rechtsordnungen halten wollen, müssen Sie sich darüber informieren.[1017]
Ist ein Text in deutscher **Übersetzung** verfügbar,[1018] sollte diese zitiert werden.

510b

> **Beispiel:** *Maine*, Henry Sumner: Das alte Recht, Baden-Baden 1997 (Übersetzung von: Ancient Law, London 1861)[1019]

Das wird für juristische Fachliteratur nur selten zutreffen, um so eher aber für belletristische und populärwissenschaftliche Texte. Bei diesen sollte im Schrifttumsverzeichnis neben den bibliographischen Informationen für die deutsche Ausgabe wenigstens ein Hinweis auf Erscheinungsort und -jahr der Originalausgabe aufgenommen werden. Das erleichtert dem Leser die Orientierung, etwa in der Frage, auf welchem Stand der Text ist.

> **Beispiel:** *Sunstein*, Cass R.: Infotopia – wie viele Köpfe Wissen produzieren, Frankfurt am Main 2009 (deutsche Ausgabe von Infotopia – How many minds produce knowledge, New York 2006)

Gibt es keine Übersetzung, zitiert man das Original im Text, in der Fußnote und im Schrifttumsverzeichnis.

> **Beispiel:** *Bentham*, Jeremy: The Panopticon Writings, London 1995 (t1p.de/ys98)

Bezieht sich das Zitat nicht nur auf ein einziges Wort, sollte es übersetzt werden. Die Übersetzung kennzeichnet man in Klammern als *eigene Übersetzung* oder *Übersetzung vom Verf.*

Einige bibliographische Informationen, die gelegentlich in Übungshausarbeiten auftauchen, gehören **nicht ins Schrifttumsverzeichnis:** Die **ISBN** ist in erster Linie für den Handel nützlich. Der **Preis** und die **Seitenzahl** eines Buchs helfen kaum je einmal bei der Identifikation und werden daher ebenfalls nicht angegeben.

510c

4. Besonderheiten einzelner Textgattungen

Erfahrungsgemäß reicht das bis hier Erklärte für 75% der Einträge im Schrifttumsverzeichnis aus; die nachstehenden Einzelheiten sollten weitere 23% aller aufkommenden Fragen erfassen.[1020]

1016 Zahlreiche Beispiele bei Mankowski t1p.de/h6rg.
1017 Für den angloamerikanischen Rechtskreis etwa bei The Harvard Law Review Association (Hrsg.) The Bluebook, A Uniform System of Citation, 20. Aufl. 2015. Weitere Nachweise bei Byrd/Lehmann S. 91 ff.
1018 Das betrifft nur ganz selten einmal fremdsprachige Lehrbücher zum geltenden Recht, sehr viel häufiger Texte in den Grundlagenwissenschaften Rechtstheorie, -geschichte und -soziologie. Das Problem wird sich also in rechtsdogmatischen Gutachten nur ganz gelegentlich stellen (dazu schon → Rn. 422). Während man bei Übersetzungen aus dem Englischen (das sind wohl die meisten) vielleicht noch davon ausgehen kann, dass der Leser auch das Original wird lesen können (und deshalb zur Not auch das Original zitieren könnte), gilt das bei Russisch, Französisch und Spanisch schon nicht mehr.
1019 Zur besseren Information des Lesers könnte man hier auch noch den Übersetzer nennen (*Heiko Dahle*), sowie die Neuauflagen (hier: zahlreiche) oder die Internetfundstelle des Volltexts (en.wikisource.org/wiki/Ancient_Law). Da Sie aber in aller Regel keine literaturhistorische Arbeit schreiben, sind diese Angaben entbehrlich. Wenn Sie den Gedanken *from status to contract* belegen wollen, genügt es für den Leser zu wissen, wann dieser erstmals publiziert wurde – und wo er die deutsche Übersetzung findet.
1020 Die verbleibenden 2% entscheiden Sie entweder nach eigenem Geschmack oder ziehen einen der in Fn. 933, 966 genannten Texte zur Ergänzung heran. Empfehlenswert für die im gutachtenjuristischen Alltag eher exotischen Texte aus Unternehmen (Broschüren, Bilanzen, Geschäftsberichte, Anleitungen usw.) Träger S. 77 ff.

511 **Monographien:**

Die Monographie ist der Normalfall des Buchs, nämlich eines, das sich mit (nur) einem Thema befasst (daher der Name) und meist von nur einem Verfasser geschrieben ist.

Name, Vorname, Titel, Auflage, Erscheinungsort, Jahr

Mit diesem Format lassen sich **Lehrbücher**

> **Beispiele:** *Katz*, Alfred: Staatsrecht, 18. Aufl. 2010; *Fuchs*, Maximilian/*Pauker*, Werner: Delikts- und Schadensersatzrecht, 9. Aufl. Berlin 2017

ebenso erfassen wie **Doktorarbeiten**

> **Beispiel:** *Mauss,* Egon: Vom Naturrecht zum Natur-Recht: Neuorientierungen des Naturrechts- denkens vor dem Hintergrund der deutschen Verfassungsreform zum Schutz der natürlichen Le- bensgrundlagen, Frankfurt am Main 1998

und **Habilitationsschriften.**

> **Beispiel:** *Hähnchen*, Susanne: Obliegenheiten und Nebenpflichten, Tübingen 2010

Nicht genannt wird üblicherweise der Reihentitel der **Schriftenreihe**, in der ein Buch erschienen ist. Zur Identifizierung ist das nicht erforderlich – und meist auch nicht hilfreich.
Oft werden Monographien, die als **Doktorarbeit** oder als **Habilitationsschrift** verfasst wurden, als solche (nämlich mit den Zusätzen *Diss. jur.* oder *Habil.*) gekennzeichnet. Ein Erkenntnisgewinn ist damit für den Leser aber nicht verbunden (denn ein Buch wird nicht dadurch ergiebiger oder klüger, dass es als Doktorarbeit oder Habilitationsschrift geschrieben worden ist), sodass man diese Bezeich- nungen auch weglassen kann. Sie helfen nur beim Suchen nach dem betreffenden Buch, wenn es nicht in einem Verlag erschienen ist, sondern im Privatdruck. Dann kann sich der Leser zumindest am Hochschulort der Doktorarbeit ein Exemplar beschaffen.[1021]

512 **Sammelwerke** werden entweder nach ihrem Titel oder nach dem Namen des Herausge- bers eingeordnet.

Bei mehreren Herausgebern genügt es, die ersten drei zu nennen. Um zu zeigen, dass es mehr gibt als die genannten, fügt man *u.a.* oder *et al.* hinzu

Sie werden im Schrifttumsverzeichnis nicht eigenständig aufgenommen, sondern nur beim jeweils daraus zitierten Beitrag aufgeführt.[1022]

> **Beispiel:** *Pfeiffer*, Karl-Nikolaus: Internet-Suchmaschinen und das Recht auf freie Meinungsäuße- rung, in: Perspektiven des Geistigen Eigentums und Wettbewerbsrechts – Festschrift für Gerhard Schricker zum 70. Geburtstag, hrsgg. von Ansgar *Ohly*, Theo *Bodewig*, Thomas *Dreier*, Horst- Peter *Götting* und Michael *Lehmann*, München 2005, S. 137 ff., zit.: *Pfeiffer*, in: FS Schricker[1023]

– Festschriften

Natürliche Personen (Wissenschaftler, Richter, Rechtsanwälte, Politiker), Institutionen (Gerichte, Verbände, Verlage), Gesetze (KO, GmbHG, BGB jeweils zum 100.) und Ereig- nisse bekommen Festschriften[1024] oder **libri amicorum**/libri discipulorum,

---

1021 Deshalb ist es am besten, die Bezeichnung *Diss.* (bei einer *Habil.* kommt es nur sehr selten vor, dass sich kein Verlag dafür findet) nur auf selbstverlegte (also im Kopierladen gefertigte) Dok- torarbeiten anzuwenden. Dann weiß der Leser, dass er erst gar nicht anderweitig suchen muss.
1022 Manche Autoren halten das anders und nehmen auch den Sammelband als solchen ins Schrift- tumsverzeichnis auf. Geht auch. Bläht aber das Verzeichnis unnötigerweise auf.
1023 Abkürzungen wie *FS* für *Festschrift* und *GS* für *Gedächtnisschrift* sind juristisch üblich. Wenn Sie aber sowieso ein Abkürzungsverzeichnis herstellen, sollten Sie sie aufnehmen.
1024 Zur Geschichte der juristischen Festschrift als literarische Gattung *Lahusen* myops 4 (2008), 64 ff.

> **Beispiele:** Perspektiven des Geistigen Eigentums und Wettbewerbsrechts – Festschrift für Gerhard *Schricker* zum 70. Geburtstag, hrsgg. von Ansgar *Ohly*, Theo *Bodewig*, Thomas *Dreier*, Horst-Peter *Götting* und Michael *Lehmann*, München 2005, zit.: FS Schricker[1025]; Rechtsdienst der Alp-Transit Gotthard AG (Hrsg.): Juristische Festschrift zur Eröffnung des Gotthard-Basistunnels, Zürich 2016

wenn sie alt genug werden. Manche werden mehrerer Festschriften gewürdigt (zB zum 65., 70., 75. Geburtstag, zum 25-jährigen, 50-jährigen usw. Bestehen). Dann muss die zitierte Festschrift durch Angabe des Anlasses identifiziert werden.[1026]

> **Beispiel:** Festschrift für Karl *Larenz* zum 80. Geburtstag.

Im Schrifttumsverzeichnis nennt man aber den vollständigen Titel, während in der Fußnote die kurze Angabe *FS Larenz zum 80.* genügt.

Funktional äquivalent zur Festschrift, aber nicht als solche bezeichnet, sind die Sammlungen von Beiträgen zum Symposium zu Ehren des Jubilars.

> **Beispiel:** Fuchs oder Igel? – Fall und System in Recht und Wissenschaft – Symposium zum 70. Geburtstag von Günter *Hager*, hrsgg. von Felix *Maultzsch*, Tübingen 2014

– Gedächtnisschriften

Manche Festschrift erreicht den Geehrten nur noch als Gedächtnisschrift, gelegentlich auch genannt *Erinnerungsgabe*.

> **Beispiele:** Gedächtnisschrift für Manfred *Wolf*, hrsgg. von Jens *Dammann*, Wolfgang *Grunsky*, Thomas *Pfeiffer*, München 2011; Liber Amicorum Dolf *Weber*, hrsgg. von Peter *Dieners*, Andreas *Dietzel* und Thomas *Gasteyer*, Baden-Baden 2016

Außer der Bezeichnung unterscheidet sie sich in bibliographischer Hinsicht nicht von einer Festschrift.

– Aufsatzsammlungen

egal ob sie die Aufsätze eines Autors

> **Beispiel:** *Kötz*, Hein: Undogmatisches, hrsgg. von Jürgen *Basedow*, Klaus *Hopt* und Reinhard *Zimmermann*, Tübingen 2005

oder – ähnlich wie eine Festschrift, aber ohne Anlass – Aufsätze verschiedener Verfasser zu einem Großthema sammeln,

> **Beispiele:** Festgabe Zivilrechtslehrer 1934/35, hrsgg. von Walther *Hadding*, Berlin 1999; besonders raffiniert, weil im Gewand der Festschrift auftretend: Das wahre Verfassungsrecht – Zwischen Lust und Leistung – Gedächtnisschrift für Friedrich Gottlob *Nagelmann*, hrsgg. von Dieter *Umbach*, Richard *Urban* und Roland *Fritz*, Baden-Baden 1984

– Tagungs- und **Symposiumssammelbände** etc.

> **Beispiel:** Fehler im Jurastudium – Ausbildung und Prüfung, Tagung vom 13.-14. September 2011 an der Universität Passau, hrsgg. von Urs *Kramer*/Thomas *Kuhn*/Holm *Putzke*, Stuttgart 2012

Enthält ein Sammelband nicht (wie meist) Erstveröffentlichungen, etwa die Beiträge zu einer Festschrift oder zu einer Ringvorlesung,

> **Beispiel:** *Dreier*, Ralf/*Sellert*, Wolfgang (Hrsg.), Recht und Justiz im Dritten Reich, Frankfurt am Main 1989

1025 Die gelegentlich anzutreffende Schreibweise mit Bindestrich (*FS-Schricker*, zB durchgehend bei Puppe Schule) ist unlogisch und nicht zu empfehlen.

1026 Anderenfalls reicht auch *Festschrift für [Jubilar]*. Aber man weiß nie, was als nächstes kommt: Vor dem zweiten Weltkrieg nannte man den ersten Weltkrieg einfach den *Weltkrieg* …

sondern die bereits zuvor publizierten, aber schlecht zugänglichen und verstreuten Texte eines Autors oder einer Gruppe

> **Beispiel:** *Böckenförde*, Ernst-Wolfgang/*Lewald*, Walter (Hrsg.): Adolf Arndt – Gesammelte juristische Schriften, München 1976

nimmt man als Fundstelle für den zitierten Beitrag in erster Linie die ursprüngliche Veröffentlichung auf, ergänzt nur aus Höflichkeit um die bequemer zugängliche Fundstelle im Sammelband. Für den Leser ist nämlich wichtiger, wann und wo der Gedanke zum ersten Mal publiziert wurde.[1027]

513 Texte mit einem **Eigennamen**[1028]

> **Beispiele:** *Karlsruher Kommentar zum OWiG, Münchener Kommentar zum BGB, Alternativkommentar zur ZPO* etc.

werden vorzugsweise nach dem Eigennamen[1029] eingeordnet. Das erleichtert dem Leser das Finden.[1030]

Hat der Text einen **Spitznamen,**

> **Beispiel:** der *Reichsgerichtsrätekommentar* heißt eigentlich *Das Bürgerliche Gesetzbuch. Kommentar, hrsgg. von den Mitgliedern des Bundesgerichtshofs*, wird aber seit Jahrzehnten allgemein *Reichsgerichtsrätekommentar* genannt.

kann man ihn unter diesem Spitznamen im Quellenverzeichnis und in den Fußnoten nennen

> **Beispiel:** der *Reichsgerichtsrätekommentar* würde also unter R eingeordnet (und die Herausgeber nur beiläufig genannt), ergänzt um den Zitierhinweis *zitiert als RGRK-Bearbeiter.*

oder bibliographisch korrekt vorgehen und den Text anhand der Namen der Herausgeber einsortieren – was aber die Identifikation erschwert.

Da diese Texte meist etliche Herausgeber und noch mehr Bearbeiter haben, die noch dazu von Auflage zu Auflage wechseln können, wäre deren Aufzählung zwar zulässig, aber ziemlich unpraktisch. Das Einordnen unter dem Eigennamen hat den Vorteil, dass der Text für den Leser leicht zu finden ist, der ihn in der Fußnote in abgekürzter Form zitiert gesehen hat.

> **Beispiel:** Wer in der Fußnote gelesen hat *MüKo/Emmerich, § 275 Rn. 12*, wird im Schrifttumsverzeichnis eher nach *Münchener Kommentar zum BGB* suchen als nach *Säcker, Franz Jürgen et al.(Hrsg.), Münchener Kommentar ...* – aber Letzteres funktioniert auch; es braucht nur etwas mehr Geduld oder Sachkunde.

Ähnliches gilt für Bücher, die immer noch nach ihren längst verstorbenen ursprünglichen Autoren oder Herausgebern benannt werden.

1027 Dazu schon → Rn. 506.

1028 Nach juristischer Gepflogenheit oft – aber nicht zwangsläufig – ein Städtename.

1029 Bei den Ortsnamenskommentaren und -handbüchern liegt die Schwierigkeit manchmal im Detail. So muss man etwa unterscheiden zwischen dem *Berliner Kommentar zum TKG*, Hrsg. Franz Jürgen Säcker, 3. Auflage, Frankfurt 2013 und dem *Telekommunikationsgesetz Kommentar*, Hrsg. Hans-Wolfgang Arndt, Berlin 2008 (Reihe: Berliner Kommentare). Ähnlich ist es beim *Bonner Kommentar zum Grundgesetz* (derzeit hrsgg. von Wolfgang Kahl/Christian Waldhoff/Christian Walter) und *Das Bonner Grundgesetz Kommentar* (hrsgg. von Hermann v. Mangoldt/Friedrich Klein/Christian Starck), mittlerweile unter dem Titel *Kommentar zum Grundgesetz* (Übersicht unter t1p.de/afeo).

1030 Es mag zwar sein, dass man dem Leser nichts erleichtern muss, weil er alle zitierten Titel kennt oder kennen müsste – aber das weiß man ja nie so genau.

> **Beispiel:** *Palandt, Otto: Kommentar zum BGB* rubriziert man bei *Palandt* und nicht bei den heutigen Autoren (obwohl die es längst verdient hätten).

In diesen Fällen weicht man von der reinen Lehre ab, weil alle Fachangehörigen aus Höflichkeit oder Gedankenlosigkeit so verfahren.

Kommentare   514

Im Normalfall erfasst man Kommentare nach ihren **Herausgebern**:

[Name], [Vorname (Hrsg.)], [Titel], [Auflage], [Ort], [Jahr] [ggf. Zitierweise]

> **Beispiele:** *Grüneberg*, Christian: BGB Kommentar, 81. Aufl. 2022; *Jauernig*, Othmar: BGB, 18. Aufl. 2021

Ein erheblicher Teil der Gesetzeskommentare wird im Alltag mit dem **Eigennamen** angesprochen, den Verfasser und Verlag zwecks leichterer Identifikation gewählt haben. Wer diese Handhabung auch im Quellenverzeichnis umsetzen will, nutzt folgendes Format:

[Werktitel], hrsgg. von: [Name], [Vorname], [weiter wie oben]

> **Beispiele:** *Erfurter Kommentar zum Arbeitsrecht*, hrsgg. von *Dieterich*, Thomas et al., 23. Aufl. 2022; *Gemeinschaftskommentar zum BetrVG*, hrsgg. von Peter *Kreutz* et al., 11. Auflage, Köln 2018, zitiert: GK-Bearbeiter

Wer diesen Typ von Kommentar in den Fußnoten nach dem Sachtitel zitiert hat, meist abgekürzt, sollte im Schrifttumsverzeichnis einen Verweis anlegen.[1031]

> **Beispiel:** Die Fundstellenangabe *MüKo-Heinrichs, Rn. 4 zu § 278 BGB* erlaubt keine verlässliche Zuordnung, wenn im Schrifttumsverzeichnis der *Münchener Kommentar* unter den Namen des Herausgebers *Säcker, Franz Jürgen* einsortiert ist. Mit einem Verweis unter dem Stichwort *MüKo* ist das Problem einfach zu lösen: s. unter *Säcker, Franz Jürgen.*

Bei **mehrbändigen Kommentaren** müssen nicht unbedingt die konkret zitierten Bände angegeben werden: Wenn der Leser in der Bibliothek erst einmal vor dem Gesamtwerk steht, ist es ihm zumutbar, den richtigen Band allein aus dem Regal zu nehmen.

Manchmal wird das anders gehandhabt und anders verlangt. Der Vorteil: Wer im Schrifttumsverzeichnis die einzelnen Bände etwa eines über mehrere Jahre hinweg erscheinenden Kommentars aufführt, kann damit für den Leser leicht den jeweiligen Bearbeitungsstand kennzeichnen.
Wer die einzelnen Bände nennt, darf aber dann nur die wirklich verwendeten nennen. Das Aufblähen des Schrifttumsverzeichnisses durch Aufführen aller Bände des *Staudinger* ist vergebliche Liebesmüh.

Es ist weder erforderlich noch sinnvoll, sämtliche **Bearbeiter** eines Kommentars zu nennen.

Das füllt nur unnötig Platz. Aber Sie können es ruhig mal versuchen, am besten bei *Staudinger, BGB.* Außerdem: Den jeweiligen Kommentator der betreffenden Vorschrift nennen Sie in der Fußnote.

Sind alle Bearbeiter auch als Herausgeber/Autoren genannt, sollte man das respektieren, auch wenn der Eintrag im Schrifttumsverzeichnis dadurch ein wenig länger wird.

> **Beispiel:** *Rehberg*, Jürgen/*Schons*, Herbert P./*Vogt*, Christien/*Feller*, Sabine/*Hellstab*, Heinrich/ *Jungbauer*, Sabine/*Bestelmeyer*, Jürgen/*Frankenberg*, Nina: Rechtsanwaltsvergütungsgesetz Kommentar, 7. Aufl. 2020

Wo aber ein Bearbeiter neben einer herausgebenden Körperschaft genannt wird,

> **Beispiel:** *Deutscher Richterbund* (Hrsg.)/*Fölster*, Uta (Bearb.): Handbuch der Justiz 2020/2021, 35. Aufl. 2020

ist es eine schöne Höflichkeitsgeste, ihn mitaufzuführen. Die Arbeit am Text hat nämlich der Bearbeiter gehabt, nicht der Herausgeber.

1031 So etwa die Empfehlung von Bergmann/Schröder/Sturm Rn. 20.

Gehört der Kommentar einer vom Verlag konzipierten **Reihe** an,

Beispiel: *Beck'sche Kurzkommentare*

lässt man deren Bezeichnung weg.[1032]

Im Titel können Sie (übliche) **Abkürzungen** verwenden. Sie müssen nicht jedes Mal *Handelsgesetzbuch* ausschreiben, aber Sie dürfen natürlich. Wenn Sie unsicher sind, wählen Sie die Schreibweise im Buch selbst oder im Katalog der Deutschen Nationalbibliothek.

515 **Aufsätze**

in **Zeitschriften** werden nach dem Schema

[Name], [Vorname], [Titel], [Zeitschrift], [Jahr], [Seite]

erfasst.

Beispiele: *Einsele*, Dorothee: Kapitalmarktrecht und Privatrecht, in: JZ 2014, 703 ff.[1033]; *Dreier*, Thomas: Die Moral des Fälschers – Beltracchi, in: KUR 2014, 35 ff.; *Zwanziger*, Bertram: Arbeitssouveränität im Erwerbsverlauf, in: AuR 2014, 216 ff.

Aufsätze in **Publikumszeitschriften** oder der Tagespresse brauchen zusätzlich die Angabe des betreffenden Hefts und/oder des Erscheinungstags, weil die jahrgangsweise durchlaufende Seitenzählung nur in wissenschaftlichen Zeitschriften zu finden ist

Beispiel: *Zehnpfennig*, Barbara: Das Experiment einer großräumigen Republik, in: FAZ v. 27.11.1997, S. 11.

Aufsätze in **Sammelwerken** brauchen zusätzlich die bibliographischen Angaben zum Sammelwerk:

[Name], [Vorname], [Aufsatztitel], in: [Name], [Vorname] (Hrsg.), [Buchtitel], [Auflage], [Ort], [Jahr], [Seite]

Beispiel: *Neuner*, Jörg: Vertragsauslegung – Vertragsergänzung – Vertragskorrektur, in: Festschrift für Claus-Wilhelm Canaris zum 70. Geburtstag, Bd. I, 2007, 901 ff.

Der **Name der Zeitschrift** wird sowohl im Schrifttumsverzeichnis als auch in den Fußnoten nur abgekürzt angegeben.[1034]

Beispiel: *NJW, MDR, DB* etc.[1035]

1032 Wenn man sie aber angeben möchte, obwohl sie zur Identifizierung nichts beiträgt, sollte man sie nicht falsch aufnehmen: *Beckliche Kurzkommentare* zeigt nur, dass Ihnen Frakturschriften nicht vertraut sind (aber es reimt sich schön auf *Schreckliche Kurzkommentare ...*).

1033 Statt *703* kann man natürlich auch schreiben *S. 703*. Ob man den Umfang des Texts durch Hinzufügen von *f.* oder *ff.* oder Verwendung des Formats *866–871* kennzeichnen möchte, ist eine Geschmacksfrage (zu streng Herold/Müller JA 2013, 808 [809]). Zur Identifikation der Fundstelle ist nur die Angabe der Anfangsseite erforderlich. In der Anleitungsliteratur wird teils darauf hingewiesen, durch Angabe der Endseite könne man zeigen, dass man die zitierten Texte wirklich in der Hand gehabt habe. Na gut. Zumindest kann der Leser mittels *f.* und *ff.* oder sogar der vollständigen Umfangsangabe erkennen, ob es sich um einen ganz kurzen oder einen umfänglicheren Text handelt und so entscheiden, wie tief er zur Vertiefung in die zitierte Literatur einsteigen will.

1034 Dekodieren kann man diese Abkürzungen mit den in Fn. 729 angegebenen Verzeichnissen.

1035 Eine zweisprachige Abkürzung braucht es nur selten, etwa bei der *AJP/PJA*; immerhin dreisprachig ist mittlerweile die *KritV*, die jetzt *KritV/CritQ/RCrit* heißt. – Handelt es sich um eine Zeitschrift aus einem für Juristen fremden Fachgebiet, sollte die Abkürzung aber im Abkürzungsverzeichnis aufgeschlüsselt werden oder im Schrifttumsverzeichnis der volle Zeitschriftentitel genannt werden.

Die Nummer des Hefts ist überflüssig, da die Seiten der Hefte bei Fachzeitschriften jahrgangsweise durchnummeriert sind.[1036] Eine Ausnahme bilden die Beilagen, **Beihefte** und **Sonderhefte**, die gelegentlich manchen Fachzeitschiften beiliegen. Deren Seitenzählung folgt nicht dem Jahresband, sodass beim Zitat auf das Beiheft hingewiesen werden muss.

> **Beispiele:** *Dörr,* Dieter: Vielfaltsicherung im bundesweiten Fernsehen, in: AfP-Sonderheft 2007, 33 ff.; *Hanau,* Peter: Probleme der Ausübung des Mitbestimmungsrecht des Betriebsrats, in: NZA 1985, Beil. Nr. 2, S. 3 ff.

Wird ein auf den **Umschlagseiten** einer Zeitschrift abgedruckter Beitrag zitiert,[1037] braucht es ebenfalls die Angabe der Heftnummer, weil die Umschlagseiten je Heft neu gezählt werden.

> **Beispiel:** *Thömmes,* Ottmar: Gastkommentar: Was lange währt wird endlich gut? – Steuerfreiheit von Streubesitzdividenden, in: DB 2012, Heft 48, S. M 1.

Zusätzlich zum Erscheinungsjahr wird bei den nach Bänden nummerierten **Archivzeitschriften** (AcP, ARSP, AöR, AVR, GA, JherJb, OdW, RabelsZ, Rg, Rechtstheorie, RW, Der Staat, UFITA, Die Verwaltung, VerwArch, WissR, ZaöRV, ZevKR, ZGE/IPJ, ZHR, ZRG, ZStW, ZVglRW, ZZP[1038]) sowie den periodikumsgleich erscheinenden Tagungsbänden (VVDStRL) meist noch der **Jahrgang** angegeben.[1039]

> **Beispiel:** *Hilger,* Norbert: Die verspätete Annahme, in: AcP 185 (1985), 559 ff.

Ähnlich verfährt man bei **Jahrbüchern.** (Diese ähneln meist den Archivzeitschriften, erscheinen aber eben nur jährlich.)[1040]

> **Beispiel:** *Schulze-Fielitz,* Helmuth: Was macht die Qualität öffentlich-rechtlicher Forschung aus?, in: JöR n.F. 50 (2002), 1 ff.

Hat – wie im vorstehenden Beispiel – die Zählung der Bände irgendwann einmal neu begonnen, kennzeichnet man dies durch den Zusatz *neue Folge,* abgekürzt: *n.F.*

Bei den wenigen Zeitschriften, die thematisch sortiert abgelegt oder abgeheftet werden, zitiert man nach Fach und Seite.

> **Beispiele:** *Horst:* […], ZAP Fach 12, 23 ff.; *Haack:* […], NWB Fach 18, 4665, 4667

Bei nur im **Internet** erscheinenden Zeitschriften[1041] sollte entweder der **deep link** zur konkreten Fundstelle angegeben werden oder wenigstens die Hauptseite der Zeitschrift.

1036 Eine der wenigen Ausnahmen ist *myops,* daher hier die Angabe der Heftnummer in Fn. 491 und 1024. Auch wer einen Text aus den römisch nummerierten Umschlagseiten einer Zeitschrift zitiert (wie hier in Fn. 540), muss die Heftnummer angeben.

1037 Das wird nur selten erforderlich sein, kann aber bei einem besonders aktuellen Thema durchaus einmal passieren. Die Beiträge bieten meist keine wissenschaftliche Vertiefung, oft aber ein gutes erstes Schlaglicht auf eine aktuelle Frage, nicht selten auch ein paar besonders pointierte Aussagen. Allerdings sind sie in den gebundenen Zeitschriftenbänden nicht mehr enthalten, sodass man sie nur noch mit Glück über anderweitige Fundstellenangaben finden wird.

1038 Entgegen dem Namen gehören aber etwa das *GewArch* und das *AfP* nach Format und Erscheinungszyklus nicht zu den Archivzeitschriften. Auch die *KJ,* die *KritV,* die *ZParl* und das *ZGR* werden „normal" zitiert.

1039 Das ist zwar zur Identifikation nicht erforderlich, aber allgemein üblich, weil es die Datierung eines Texts auf den ersten Blick ermöglicht.

1040 Obwohl es etwa beim JöR einen Herausgeber gibt, wird dieser nicht genannt. Der Text wird also wie eine Zeitschrift behandelt, nicht wie ein Sammelband.

1041 Das sind etwa ALJ, ancilla juris, BLJ, Forum Historiae Iuris, ICL, GLJ, GoJIL, GRZ, HanLR, HFR, HRRS, JIPITEC, JSE, KasselLaw, KriPoZ, LL.B., LTO, MIR, NJOZ, OdW, Publicus, ReWir, sui generis, WiJ, ZJS, ZIS, ZVR. Die Aufzählung ist unvollständig, weil ständig Zeitschriften hinzukommen; s. auch die Übersicht unter t1p.de/ll4a.

> Beispiele: *Basak/Schimmel*: [...], in: ZJS 2008, 435 ff. (www.zjs-online.com/dat/artikel/2008_4
> _94.pdf) oder *Basak/Schimmel*: [...], in: ZJS 2008, 435 ff. (abrufbar über www.zjs-online.com)

Wenn es eine PDF-Ausgabe gibt, sind die Seitenzahlen stabil und können wie bei einer gedruckten Zeitschrift zitiert werden.

Günstigstenfalls ist ein **Permanentlink** möglich.

> Beispiele: *Apel*, Simon: Neues zum digitalen Sound Sampling im US-amerikanischen Copyright,
> in: MIR 2010, Dok 048 (abrufbar unter medien-internet-und-recht.de/volltext.php?mir_dok_
> id=2147)

Depublizierte Aufsätze sollten möglichst nicht zitiert werden, jedenfalls aber als solche gekennzeichnet werden.

> Beispiel: *Piper*, Bernd: Schantall versucht zu kellnern..., in: ZJS 2019, 21 ff. [depubliziert]

516 **Entscheidungsanmerkungen** werden in das Schrifttumsverzeichnis aufgenommen, selbst wenn sie keinen eigenen Titel haben.

> Beispiel: *Jahn*, Joachim: Anmerkung zu BGH v. 10.2.2005, III ZR 294/04 (= WM 2005, 810), in:
> EWiR 2005, 485 f.[1042]

Das kommt häufig vor bei Ausbildungszeitschriften (JuS, JURA, JA, AL), die in standardisiertem Format zu didaktischen Zwecken Entscheidungen rezensieren, sowie bei Zeitschriftenpublikationen, die ausschließlich Anmerkungen enthalten (zB LMK, EWiR, WuB, SAE).

516a **Buchbesprechungen** werden ähnlich zitiert wie Entscheidungsanmerkungen[1043].

> Beispiele: *Merkt*, Hanno: Besprechung zu Patrick *Leyens*, Information des Aufsichtsrats, Tübin-
> gen 2006, in: NJW 2007, 1862; *Fischer-Lescano*, Andreas: Rezension zu Karl-Theodor Frhr. zu
> Guttenberg, Verfassung und Verfassungsvertrag. Konstitutionelle Entwicklungsstufen in den USA
> und der EU, Berlin (Duncker & Humblot) 2009, in: KJ 2011, 112 ff.

Zur Identifizierung des besprochenen Buchs braucht es aber nicht alle bibliographischen Angaben, weil die Rezension über die Fundstellenangabe zu finden ist.

516b Je mehr aktuelle Bezüge ein Thema aufweist, desto eher werden Texte außerhalb des eigentlichen juristischen Schrifttums zitiert werden.

Reportagen aus der seriösen Presse (etwa dem *Spiegel* oder der *Zeit*) erfasst man mit dem Namen des Verfassers, dem Namen des Periodikums, der Heftnummer und der Seitenangabe.

> Beispiel: *Heuser*, Jean: Harvard für alle Welt, in: DIE ZEIT Nr. 12 v. 14.3.2013, 35 f.

Interviews[1044] sollten nach dem Namen des Interviewten einsortiert werden.

> Beispiele: *Zuck*, Rüdiger: Fairer Sport, Integrität der Wissenschaft, enttäuschtes Vertrauen – Hilft
> das Strafrecht weiter? ZRP-Rechtsgespräch mit Rudolf Gerhardt, in: ZRP 2014, 28 ff.; *Löwer*,
> Wolfgang: „Die wissenschaftliche Aktivität ist Freiheitsgebrauch" (Interview), BRJ Sonderaus-
> gabe 1/2011, 4 ff.

517 Finden sich von einem Autor mehrere Publikationen im Verzeichnis, die nicht schon durch die Fundstelle (etwa in einer Zeitschrift oder einer Festschrift) eindeutig identifi-

---

1042 Empfehlenswert ist es, wie hier im Beispiel die Entscheidung durch Aktenzeichen und Datum kenntlich zu machen (und nicht nur durch Angabe der Fundstelle), weil so der Leser sie auch dann identifizieren kann, wenn er eine Parallelfundstelle vorliegen hat.

1043 Allzu häufig wird das nicht erforderlich werden, weil hierzulande nur noch selten umfassende Rezensionen erscheinen, in denen inhaltlich argumentiert wird. Die praxisorientierten Fachzeitschriften halten die Buchbesprechungen meist recht knapp, während die wissenschaftlich orientierten (insbesondere: Archiv-)Zeitschriften eher Platz für längere Rezensionen bieten.

1044 Gelegentlich kommen Interviews auch in juristischen Fachzeitschriften vor, zB die Rechtsgespräche in der ZRP. Ein Beispiel hier in Fn. 476.

zierbar sind, sind den Eintragungen die **Zitierweisen** hinzuzufügen. Dies geschieht, indem man entweder hinter oder unter den Eintrag (vielleicht kursiv, gern in Klammern und/ oder in einer kleineren Schrifttype) ein *zitiert: [Name], [Kurztitel]* (bei Kommentaren zB *zitiert: Grüneberg/Bearbeiter*) stellt oder den Namen des Verfassers und den Kurztitel (zweckmäßigerweise das erste Substantiv des Titels) optisch hervorhebt (fett, kursiv, unterstrichen) oder in der linken Spalte Name und Kurztitel angibt und in der rechten die komplette Fundstelle nachweist.

Bei der Angabe der Zitierweise ist darauf zu achten, dass der Leser in der Fußnote die Informationen finden muss, mit denen er im Schrifttumsverzeichnis sofort und eindeutig den zitierten Titel identifizieren kann. Das Wort am Anfang des Kurzzitats muss also bei alphabetischer Sortierung zum richtigen Eintrag im Schrifttumsverzeichnis führen. Die Mühe erscheint bei einer Anfängerarbeit mit zwanzig Titeln im Schrifttumsverzeichnis noch ein bisschen albern. Bedenken Sie, dass Ihre Abschlussarbeit eine dreistellige Zahl von Quellen verzeichnen wird.

In studentischen Arbeiten beliebt, aber unnötig und eigentlich auch unsinnig ist es, bei der Angabe der Zitierweise gleich noch zu erwähnen, dass man nach Seiten oder Randnummern zitiere. Das merkt der Leser doch wirklich selbst.

Beim *Münchener Kommentar* beachte man, dass es unter diesem Namen inzwischen Kommentierungen nicht nur zum BGB, sondern auch zum HGB, zur ZPO, zum StGB, zur StPO usw. gibt, ähnlich wie bei der Reihe *Alternativkommentare*.

Der Name des Verfassers kann jedes Mal neu aufgeführt werden. Gängiger und übersichtlicher ist es aber zu schreiben *derselbe* oder *dieselbe* oder *dieselben*,[1045] was meist mit *ders.* oder *dies.* abgekürzt wird.[1046]

Sortiert werden mehrere Texte desselben Verfassers entweder alphabetisch (nach dem Titel oder dem ersten Substantiv im Titel) oder nach dem Erscheinungsjahr (und innerhalb des Erscheinungsjahrs dann alphabetisch).

Nicht in das Schrifttumsverzeichnis gehören

518

– **Gerichtsentscheidungen** (Urteile, Beschlüsse)[1047],

> **Beispiel:** *Urteil des BGH v. 21.2.2022, Az. VIa ZR 8/21*

– **Entscheidungssammlungen** als solche,

> **Beispiel:** *Sammlung der Entscheidungen des Bundesgerichtshofs in Zivilsachen – BGHZ*

– **Fachzeitschriften** als solche,

> **Beispiele:** *Betriebs-Berater* oder *NJW Jahrgang 2021* – allenfalls muss die verwendete Abkürzung im Abkürzungsverzeichnis erklärt werden (aber nur, wenn sie nicht gängig ist).

– **Gesetze** sowie europäische Richtlinien und Normen aller Art (DIN-Normen, aber auch ausländische Rechtsvorschriften[1048])

> **Beispiel:** Zweites Gesetz zur Änderung schadensersatzrechtlicher Vorschriften vom 19.7.2002, BGBl. I 2674

1045 Das gilt aber natürlich nur bei Identität, nicht bei zufälligen Namensgleichheiten. So sind der emeritierte *Peter Kreutz* (Universität Kiel) und der Zivilrechtswissenschaftler *Peter Kreutz* (Universität Augsburg) nicht identisch, sodass ihre Texte nicht mit *ders.* aufgeführt werden dürfen.

1046 Um entscheiden zu können, ob man *ders.* oder *dies.* setzt, muss man eine Meinung über das Geschlecht des Verfassers haben. Bei ungewöhnlichen Vornamen kann das schwierig werden. Fast immer hilft es, in der ersten Fußnote des Aufsatzes (oder im Klappentext der Monographie) nachzusehen, wo sich meist eine kurze Vorstellung findet. Hat man das Buch nicht mehr zur Hand, hilft manchmal auch die DNB mit den gnd-Datensätzen zur Person, die teils eine Angabe zum Geschlecht enthalten. – Gelegentlich braucht man übrigens auch *dass.*, etwa wenn Herausgeber mehrerer Texte dasselbe Ministerium oder Institut ist.

1047 Für diese wird vereinzelt ein Entscheidungsregister verlangt; dazu → Rn. 552.

1048 Wenn Sie zweifeln, ob der Leser diese wird finden können, sollten Sie sie in einem Anhang wiedergeben (oder ausnahmsweise im Volltext an der richtigen Stelle im Gutachten, wo es um eine Wortlautauslegung geht).

– **Gesetzessammlungen**

> **Beispiele:** dtv-Ausgabe BGB, 87. Auflage; *Habersack*, Deutsche Gesetze, Stand Januar 2023

– und sonstige Quellen wie etwa **Zeitungsartikel**

> **Beispiel:** *Pressemeldung der dpa, in: FAZ v. 30.2.2021, S. 109*; anderes gilt allenfalls bei längeren namentlich gekennzeichneten Beiträgen, die auch eine „richtige" Überschrift haben[1049]

Diese werden als bekannt vorausgesetzt. Sind sie es nicht, sollte die jeweils verwendete Abkürzung im Abkürzungsverzeichnis nachgewiesen werden.

Festschriften, Gedächtnisschriften und ähnliche **Sammelwerke** werden ebenfalls nicht als solche aufgenommen, sondern nur im Zusammenhang mit den Verfassern der einzelnen Beiträge zitiert.[1050]

In juristischen Arbeiten wird konventionsgemäß vorausgesetzt, dass der Leser alle staatlichen Texte kennt oder jedenfalls finden kann. Diese werden also im Text oder in den Fußnoten zitiert und referenziert, aber im Schrifttumsverzeichnis nicht nachgewiesen. Das gilt – nach ganz überwiegender Handhabung – auch für Texte aus Behörden.

> **Beispiel:** Die Bundesanstalt für Finanzdienstleistungsaufsicht (BaFin) verfasst am 10.7.2014 ein Rundschreiben 5/2014 (BA) zur Anwendung von Aussagen zum Grundsatz I, zur Solvabilitätsverordnung (SolvV-alt) und zur Großkredit- und Millionenkreditverordnung (GroMiKV-alt) auf die Richtlinie 2013/36/EU (CRD IV) die Verordnung (EU) Nr. 575/2013 (CRR).[1051]

519   Zur **Zitierfähigkeit**[1052] eines Werks gibt es keine festen geschriebenen Regeln, aber einige recht verlässliche praktische Handhabungen. Üblicherweise werden **Texte zur Prüfungsvorbereitung**,

> **Beispiel:** Die Texte aus der Reihe *Prüfe Dein Wissen!*

Fallsammlungen und **Falllösungsbücher**

> **Beispiel:** Olaf *Werner*, Fälle mit Lösungen für Anfänger im Bürgerlichen Recht, 12. Aufl. 2008

und **Anleitungsbücher**

> **Beispiel:** dieses Buch

nicht zitiert (sondern gelesen, ausgewertet und verschwiegen).

Das gleiche gilt von wissenschaftlichen Leichtgewichten,

> **Beispiele:** Buchreihen mit Reihentiteln wie [Rechtsgebiet] – *leicht gemacht*; *[Verlagsname-] Schnellkurs, … schnell erfasst*; Die Schemata; die Bücher aus den Verlagen *AchSo!*, *Der Fall-Fallag*, *Richter, Rolf Schmidt, NiederleMedia* – Faustregel: Je quietschbunter der Umschlag, desto weniger zitiertauglich der Inhalt. Zweite Faustregel: Bücher, deren Verfasser ihre Leser duzen und immer wieder mit Einwürfen wie *Alles klar?* beglücken, sind nicht zitiertauglich.[1053]

1049 ZB hier in Fn. 353.
1050 Das wird teils anders vorgeschlagen und gehandhabt. Wer will, kann also sowohl den unselbstständigen Beitrag als auch den Sammelband gesondert aufnehmen.
1051 Verfügbar unter t1p.de/nyec.
1052 *Zitierfähigkeit* ist schlechtes Deutsch. (Warum?) Es hat sich aber so durchgesetzt, dass es auch hier gebraucht wird, zumal es an einer schönen Alternative fehlt (*Zitierbarkeit? Zitiertauglichkeit?*).
1053 Dritte Faustregel: Wenn der Verfasser nur einen einzigen Text geschrieben hat (nämlich das Ihnen vorliegende Skript), gehört er (noch) nicht zum Wissenschaftsbetrieb, sondern eher zum Repetitorenbetrieb. Vierte Faustregel: Wenn der Verleger das Buch so wichtig nimmt, dass er es noch nicht einmal bei der DNB katalogisieren lässt, ist es Wegwerfliteratur und wird nicht zitiert. Fünfte Faustregel: Wenn das Buch einen Neupreis unter 10 EUR oder sogar unter 8 EUR hat, liegt der Schwerpunkt im Allgemeinen nicht auf Wissenschaft. Sechste Faustregel: Stimmen der Name des Autors und der des Verlags überein, zitiert man das Buch nicht.

den **Skripten** der juristischen Repetitoren

> **Beispiele:** Am bekanntesten und verbreitetsten sind *Alpmann & Schmidt, Hemmer & Wüst, Abels & Langels* und *Jura Intensiv* – es gibt aber noch einige mehr.[1054]

und dem **Vorlesungsskript** Ihres Dozenten.

Letzteres ist ein Arbeitsmittel für Sie, aber keine zitiertaugliche Quelle. Wenn Ihr Dozent die darin enthaltenen Aussagen in den wissenschaftlichen Diskurs einbringen will, wird er sie als Aufsatz, Monographie oder Lehrbuch veröffentlichen. Bis dahin müssen Sie sich eine andere Belegstelle für Ihre Zitate suchen. Seien Sie sorglos: Ihr Dozent erwartet nicht aus Eitelkeit, dass sein Skript zitiert wird.

Auch ungewöhnlichen Formaten begegnet die Rechtswissenschaft eher konservativ.

> **Beispiel:** Die Lern-CDs der JuS würde man eher nicht zitieren.

Sie alle gelten als nicht zitiertauglich, weil nicht wissenschaftlich.[1055, 1056]

Neben den gerade genannten Titeln, die gewissermaßen absolut nicht zitierfähig sind, gibt es Texte, die man als **relativ nicht zitiertauglich** anzusehen haben wird. Das sind Bücher, deren Verfasser wissenschaftlich ausgewiesen sind und deren Inhalt fachlich kompetent dargestellt ist, die aber deutlich unter dem Schwierigkeitsniveau der jeweiligen Übung liegen.

> **Beispiele:** Juristische Einführungsliteratur (etwa *Hans-Joachim Musielak* Grundkurs BGB; *Gert Brüggemeier* Zivilrechtlicher Grundkurs; *Harm-Peter Westermann* Grundbegriffe des BGB; *Thomas Zerres* Bürgerliches Recht) ist bestens geeignet, wenn man sich einlesen will; weil sie aber ihrem Zweck gemäß nicht ins Detail geht, verwendet man in der Übung die spezielleren Lehrbücher. Wer im dritten Semester noch solche „Anfängerlehrbücher" zitiert, hinkt der Konkurrenz hinterher. Gleiches gilt erst recht für die „Nebenfachliteratur", also etwa die Lehrbücher zum Wirtschaftsprivatrecht von *Führich, Müssig, Aunert-Micus/Tonner et al., Schade* usw. – die sind teils unübertroffen klar zum Einarbeiten für Hauptfachstudenten, aber in der Hausarbeit würde man sie eher nicht zitieren.

Manche Prüfer stehen auf dem Standpunkt, selbst die handelsübliche **Lernbuchliteratur** aus der Feder namhafter Rechtswissenschaftler sei eigentlich nicht zitiertauglich. Das ist streng – aber im Grunde richtig. Texte etwa von der Qualität eines *Brox/Walker* dienen in erster Linie dem Zweck, den Rechtsstoff im Kopf des Studenten operabel werden zu lassen. Weitaus weniger wollen sie eigene Standpunkte entwickeln, belegen und in Auseinandersetzung mit anderen Ansichten verteidigen.[1057] Ähnliches gilt für die zeitweilig sehr beliebten **Casebooks**.

Wenn man diese Überlegung einmal nachvollzogen hat, rücken bestimmte Texttypen fast automatisch an den Rand der Quellenauswertung: Lehrbücher mit *Einführung* im Titel, Kommentare aus Reihen wie *Kurzkommentare* oder *Praxiskommentare*, Skripten[1058] usw. Alles, was sich als nützlich erwiesen

---

1054 Manche Skripten erscheinen mittlerweile in etablierten juristischen Fachverlagen, so etwa die von *Juriq* bei C.F. Müller.

1055 Über die didaktischen Qualitäten dieser Texte ist damit übrigens kein Urteil gefallen, ebenso wenig wie über die Frage, ob nicht gelegentlich ein gutes Skript klügere Argumente enthält als ein schlechtes Lehrbuch.

1056 Bedenken Sie aber auch bei Skripten: *falsa demonstratio non nocet.* Das Skript von Hoeren zum Internetrecht (t1p.de/8lj0) kommt aus kompetenter Feder, umfasst über 550 Seiten und 2.400 Fußnoten – und geht ohne Weiteres als Lehrbuch durch. Die Bezeichnung als *Skript* ist reines Understatement.

1057 Deshalb ist es zwar verständlich, wenn in Hausarbeiten in erster Linie die Literatur zitiert wird, die im heimischen Arbeitszimmer steht – aber es ist letztlich nicht problemadäquat. Konsequent zitiert man als Belegstelle für ein Problem aus dem Allgemeinen Teil des BGB eher die Lehrbücher von *Medicus, Bork, Neuner* als die von *Rüthers/Stadler, Brox/Walker, Köhler, Bitter, Hirsch* usw.

1058 Sehr zurückhaltend dazu auch Becker/Pordzik JURA 2019, 617 (621) mwN.

hat bei der Ausarbeitung einer ersten Struktur für Ihr Gutachten, erweist sich gegen Ende als zu oberflächlich. Damit wird klar: Karteikarten, Online-Kurse, Videoaufzeichnungen von Vorlesungen usw. sind zum Lernen und Wiederholen gedacht, taugen aber nicht als Belegstellen in wissenschaftlichen Ausarbeitungen.

Trotz ihrer Bezeichnung als **graue Literatur** werden die nicht zur Veröffentlichung bestimmten Typoskripte von Verbänden und staatlichen Institutionen üblicherweise im Schrifttumsverzeichnis erwähnt. Solche Texte

Beispiele: Tagungsprotokolle, interne Papiere aus staatlichen und nichtstaatlichen Institutionen

werden eher in Referaten als in rechtsdogmatischen Gutachten zitiert werden und eher als Informationsquelle etwa für Statistisches dienen denn als Belegstelle für in der Rechtswissenschaft diskutierte Problemlösungsansätze.

Wenn sie aber zitiert werden, gehören sie auch ins Schrifttumsverzeichnis. Da sie im Allgemeinen weder über den Buchhandel noch über Bibliotheken erhältlich sind, kann ein Hinweis auf Bezugsmöglichkeiten sinnvoll sein (sofern sie nicht auszugsweise im Anhang wiedergegeben oder wörtlich im Text zitiert werden).

Beispiele: *Hoeren*, Thomas: Gutachten zur Frage der Geltung des urheberrechtlichen Erschöpfungsgrundsatzes bei der Online-Übertragung von Computerprogrammen, vom 17.2.2006, abrufbar unter t1p.de/tcyg.

520 Wo immer möglich zitiert man **Primärquellen**, also Urteile, Monographien, Lehrbücher, Kommentare etc., und nicht Musterfälle in Ausbildungszeitschriften und Fallsammlungen.

Anderes gilt, wenn in einer solchen Fallbearbeitung eigene Argumente des Verfassers auftauchen, die nicht schon anderweitig vertreten werden. Das ist aber die Ausnahme.

521 Gewöhnen Sie sich ab dem ersten Semester an, **Fachliteratur** zu verwenden.

Natürlich bietet auch das elterliche Taschenlexikon in Farbe nützliche (und vielleicht aktuelle) Informationen. Fachbücher sind aber ergiebiger.[1059] Es mag sein, dass man als Studienanfänger von Fachliteratur inhaltlich überfordert ist und sie auch noch gar nicht richtig zu finden gelernt hat (die Bibliothek ist eben doch beeindruckend groß …). Darauf nimmt die Korrektur aber keine Rücksicht. Selbst die großen seriösen Lexika[1060] erreichen nicht die Informationstiefe einschlägiger Fachliteratur. Sich deren Vorsprung an Verständlichkeit für den Einstieg in ein Problem zunutze zu machen, kann sinnvoll sein. Der Leser darf das aber nicht mehr merken. Legitim ist dagegen der Zugriff auf Lexika, wo bei der Auslegung eines Begriffs neben dem fachsprachlichen Inhalt auch der allgemeinsprachliche eine Rolle spielt.[1061]

1059 Grinsen Sie nicht so doof! Das ist leider keine Selbstverständlichkeit.

1060 *Brockhaus, Meyers, Encyclopaedia Britannica,* alle mittlerweile auch auf CD-ROM (ähnlich der Fischer Weltalmanach nebst Online-Fassung unter weltalmanach.de/); kostenlos und oft überraschend gut, teils auch beeindruckend aktuell ist die **Wikipedia** (bedenken Sie aber die fehlende redaktionelle Betreuung und die damit verbundenen Einbußen an Verlässlichkeit; ausführlicher zur Brauchbarkeit der Wikipedia Schimmel, GS Manfred Wolf, 2011, 725 ff. und die Beiträge in v. Schlieffen/Fischer, Tagungsband). Teils sehen Lexika für grundsätzlich nicht zitiertauglich erklärt, weil regelmäßig der Verfasser des einzelnen Artikels nicht ausgewiesen wird und daher – anders als im juristischen und sonstigen wissenschaftlichen Schrifttum – niemand die inhaltliche Verantwortung übernehme. Da ist was dran. Wer aus der Wikipedia zitieren will, verwende Permanentlinks (Beispiel hier in Fn. 578); Einzelheiten zum sinnvollen Zitatformat bei Zosel jurPC WebDok 140/2009, Abs. 73. Nicht als Quellen verwenden sollte man trotz aller Vorteile bei schnellem Zugriff usw.: wirtschaftslexikon.gabler.de; wirtschaftslexikon24.net; meinrechtsportal.de; rechtslupe.de; juracracks.de; juralib.de; juraquick.de. Selbst wenn ein Qualitätssicherungsverfahren existiert (etwa bei Gablers Wirtschaftslexikon), erreichen die Texte aus diesen Quellen in aller Regel nicht das erforderliche juristisch-fachliche Niveau (und sind dafür meist auch gar nicht gedacht).

1061 Exemplarisch der vielzitierte Glasbausteinfall BGH LM Nr. 17 (C) zu § 133 BGB; dazu Koch/Schimmel JA 2000, 287 ff.

Einen ersten Anhaltspunkt für die Literaturauswahl gibt bereits der Titel der Vorlesung. Eine Aufgabe im Fach Rechtstheorie lässt sich ohne rechtstheoretische Standardwerke ebenso wenig erfolgreich bearbeiten wie eine Arbeit im Staatsrecht ausschließlich auf die *Informationen zur politischen Bildung*[1062] gestützt werden darf.

Das bei Anfängern beliebte Rechtswörterbuch von *Weber* ist ein Grenzfall; seine Verwendung signalisiert nicht gerade Professionalität, weil es immer speziellere Literatur gibt. Aber wenn es Sie glücklich macht, zitieren Sie's. Das Buch selbst ist schon gut.[1063]

Will man dem Korrektor unbedingt zeigen, dass man weniger die Vorlesung als die Veranstaltungen eines bekannten Repetitoriums besucht hat, zitiert man Wolfgang *Kallwass*/Peter *Abels*, Privatrecht, 23. Aufl. 2018. Sonst eher nicht. Das gilt wohl überhaupt von **Fachliteratur für Nebenfachstudenten**. Als juristischer Anfänger greift man gern einmal zu Lehrbüchern des Typs Privatrecht für Wirtschaftswissenschaftler, weil deren Verfasser den Mut haben, Kompliziertes einfach zu erklären. Zum Lernen ist das schon in Ordnung (Notwehr halt), aber als Belegstelle verwendet man sie nicht.

Die einführenden Texte in Gesetzestextausgaben (zB denen im dtv) sind zwar oft von juristischen Autoritäten verfasst, richten sich aber nicht in erster Linie an Juristen, sondern an interessierte Laien. Sie werden also nicht zitiert (sondern allenfalls gelesen, meist in der Klausur).

Ebenfalls grenzwertig sind die Texte, die sich (zwar spezifisch juristisch, aber an die „falsche" Zielgruppe, nämlich) an **Referendare** und **Anwälte** wenden[1064]: (**Praktikerliteratur**). Ganz überwiegend enthalten diese keine wissenschaftlichen Auseinandersetzungen mit den referierten Ansichten, sondern im Wesentlichen Arbeitsanleitungen.

Uneingeschränkt gilt die Forderung, Fachliteratur zu verwenden, zunächst nur für rechtliche Probleme, Informationen und Aussagen.

Wenn Ihr Gutachten Informationen aus Astrophysik oder Baustatik braucht, ist es grundsätzlich sinnvoll, auch aus diesen Wissenschaften Fachbücher heranzuziehen. Aber es gibt – zumindest in Übungsarbeiten – Grenzen des Zumutbaren. Kann man die Fachterminologie anderer Wissenschaften nur mit einem Zweitstudium verstehen, ist es sinnvoll und zulässig, auf allgemeine Informationsquellen auszuweichen. Achten Sie aber möglichst immer auf die Seriosität der Quelle. Wenn Sie keine wissenschaftlichen Texte zur Verfügung haben, zitieren Sie wenigstens populärwissenschaftliche.[1065]

Zum **Umfang**: Das Verzeichnis ist kein Belesenheitsnachweis – 95 Titel in einer Anfängerarbeit wirken übertrieben. Umgekehrt sind fünf Titel einfach zu wenig, zumal, wenn es sich um *Weber* Rechtswörterbuch, einen kleinen Standardkommentar und drei veraltete Kurzlehrbücher handelt. Ein bisschen Spezialliteratur darf schon sein. Wenigstens die Standardtitel sollten Sie auf jeden Fall verwerten. 521a

> **Beispiel:** In einer Zivilrechtsarbeit sind das etwa die BGB-Kommentare von *Jauernig*, *Grüneberg*, *Prütting*/*Wegen*/*Weinreich*, *Erman*, *Bamberger*/*Roth* (*BeckOK*), *Soergel* und *Staudinger*, der *Münchener*, der *Reichsgerichtsräte-*, der *Historisch-Kritische* und der *Alternativkommentar* sowie der *BeckOGK* zum BGB – das sind schon mal zwölf (hinzu kommen bei Bedarf der alte und der

---

1062 Die sind nach dem Abitur zwar noch immer lesenswert, aber als taugliche Quellen regelmäßig ausgeschlossen.

1063 Es gibt auch umfangreichere Rechtslexika (dazu Fn. 545). Wenn man sich bei der Erklärung von Begriffen wie *Kaduzierung, Konfusion* oder *Tratte* nicht auf die Wikipedia verlassen will oder im Stichwortregister des *Habersack* und/oder des *Sartorius* suchen möchte, ist so ein *Weber* sehr nützlich.

1064 Also Bücher des Typs Handbuch des Fachanwalts Familienrecht, Formularsammlungen usw.; diese können aber helfen, wenn man herausfinden will, wie die anwaltliche oder gerichtliche Praxis mit einem bestimmten Problem umgeht. In universitären Übungen ist das normalerweise aber nicht oder nur am Rand nötig.

1065 Man würde also in einer juristischen Seminararbeit mit literaturwissenschaftlichen Berührungspunkten nicht oder nur zur Not Kindlers Literaturlexikon zitieren (anders etwa Jeck Die Anfänge der Kriminalpsychologie, näher de.vroniplag.wikia.com/wiki/Quelle:Tj/KLL6_1996) oder zum Beleg historischer Tatsachen Schwanitz, Bildung – Alles was man wissen muß (so aber Moeder Inzidente Gesetzesprüfung im Vereinigten Königreich, 2002, 90, 116, 118).

neue *Studienkommentar*, der *Prozessrechtskommentar*, der *Handkommentar*, der *Anwaltskommentar* und vielleicht auch der *juris-Kommentar* zum BGB)[1066]. Für eine Arbeit mit Schwerpunkt im Sachenrecht nehmen Sie ein gängiges großes Lehrbuch zum Sachenrecht und sehen im Einleitungskapitel unter der Überschrift *Literatur* nach, welche Lehrbücher es sonst noch gibt. Damit sind Sie bei dreißig Titeln, ohne einen einzigen Aufsatz oder eine Urteilsanmerkung zu den spezielleren Problemen gefunden und zitiert zu haben.[1067]

521b Beliebt, aber wissenschaftlich unseriös (und als Trick eher durchsichtig) ist das **Aufpumpen** des Schrifttumsverzeichnisses. Im simpelsten Fall bedeutet das: Wer die gesamte Hausarbeit mit drei Kommentaren, zwei Lehrbüchern und einem Repetitorenskript bestritten hat, investiert noch schnell einen Abend darauf, alle anderen potentiell einschlägigen Kommentare und Lehrbücher genau einmal zu zitieren, um sie zulässigerweise im Verzeichnis nennen zu dürfen und so den Eindruck umfassender Materialauswertung zu erwecken. Das geht schief. Ihr Leser braucht zum Überfliegen Ihres Fußnotenapparats nur ein paar Sekunden. Und schon hat er Sie bei solchen plumpen Tricks erwischt – und ist für den Rest der Korrektur schlecht gelaunt und misstrauisch.[1068]

522 **Internetfundstellen** sind vorsichtig und zurückhaltend zu zitieren. Sie sind in – mindestens – zweierlei Hinsicht wissenschaftlich problematisch. Zunächst sind sie nicht selten **flüchtig** (weil Internet-Adressen sich ändern oder Seiten ganz vom Netz gehen und weil Inhalte im Internet leicht zu ändern sind, während sie in gedruckter Form eben gleich bleiben[1069]) und daher nur eingeschränkt nachprüfbar. Deshalb sind bei gleichem Inhalt **gedruckte Fundstellen vorzugswürdig.**

Faustregel: Wenn möglich, ist aus gedruckten Quellen zu zitieren; anderenfalls sind auch Internetzitate zulässig.

Wenn es die betreffende Information oder Aussage (noch) nur im Internet gibt, muss sie in der Fußnote mit einer nachvollziehbaren Fundstellenangabe nachgewiesen werden.

Zweifelt der Verfasser selbst, ob der Leser die betreffende Seite noch finden wird, muss er einen Ausdruck fertigen und der Arbeit im Anhang beifügen (mit Datum des letzten Besuchs[1070] und Angabe der Adresse). Bei URL-Angaben ist, wo immer möglich, ein *deep link* zu verwenden, weil sich der Leser auf der Suche verirrt, wenn er nur die Angabe der Startseite erhält. Anderenfalls sollte dem URL die Angabe des Menüpunkts hinzugefügt werden, unter man die betreffende Information findet. Eine Netzfundstelle muss ebenso eindeutig identifiziert werden wie eine Fundstelle in einem gedruckten Text,[1071] sodass der Leser mit der Information auszustatten ist, wann sich die gesuchte Information noch an der betreffenden Stelle befand.[1072] Nur so kann er mit einem Internet-Archiv im

---

1066 Analog zu dieser Überlegung empfiehlt Basak ZJS 2018, 568 (572) in einer strafrechtlichen Arbeit die ca. 14 Kommentare zum StGB zu konsultieren und anschließend die dort nachgewiesenen Aufsätze und Urteile auszuwerten.

1067 Allerdings zeigt man eben erst mit der Spezialliteratur, dass man sich den Schwerpunktproblemen wissenschaftlich genähert hat. Routinierte Leser haken also zwei Dutzend Titel erwartbare Standardliteratur freundlich ab – und schauen dann aufmerksam, welche Mühe man sich beim Finden des speziellen Schrifttums gegeben hat, also etwa der nicht überall nachgewiesenen Aufsätze in abgelegeneren Zeitschriften, der Festschriftenbeiträge uÄ.

1068 Ein Beispiel: Schimmel LTO v. 24.1.2013, t1p.de/xkdq.

1069 Mit ein wenig Glück helfen hier Internet-Archive wie die wayback machine unter web. archive.org/collections/web.html.

1070 Eine Uhrzeitangabe dürfte in aller Regel entbehrlich sein. Ist der betreffende Link nur über die wayback machine (https://archive.org/web/) noch aufzurufen, genügt der Tag. Und wenn es einen Grund für minutengenaues Zitieren gibt, tobt auf der betreffenden Seite vermutlich gerade ein „edit war", sodass sie besser überhaupt nicht zitiert wird.

1071 Empfehlungen zu Internetzitaten bei Byrd/Lehmann Zitierfibel S. 89 ff.; Putzke Arbeiten Rn. 241, 302 ff., 228 ff.; Müller ZitierGuide S. 16 f.; Möllers Arbeitstechnik Rn. 476 ff.; ergänzend zur richtigen Zitierweise elektronischer Dokumente Walther NJW-CoR 2000, 298 (302); Willamowski JurPC Web-Dok 78/2000 (jurpc.de/aufsatz/20000078.htm) sowie Niederhauser Arbeit; Bleuel bleuel.com/ip-zit.pdf; jurawiki.de/RichtigZitieren.

1072 Bestenfalls als permanenter Link, wie das etwa die Wikipedia erlaubt.

Nachhinein versuchen, Ihre Fundstelle zu verifizieren. Möglichst sollte ein persistent identifier angegeben werden, also lieber URN oder DOI als URL.[1073]

Das zweite Problem ist die **Seriosität**. Im Internet gibt es unglaublich viel bullshit (also falsche, schlechte, minderwertige, unvollständige Information und Werbung, die sich nur als Information tarnt, aber keine Information enthält[1074]). Kein Wunder, wenn die Redaktion fehlt. Oft ist das Netz also schlicht eine **Quelle minderer Güte.**[1075] Manchmal führt es schnurstracks in die Irre.[1076]

Die leichte Verfügbarkeit von Informationen im Internet verführt Studenten schnell dazu, die elektronische Quelle der gedruckten vorzuziehen, weil man Letztere mühsam in der Bibliothek suchen muss. Hiervor ist zu warnen. Der mühevolle Weg ist der richtige.

Besondere Vorsicht ist geboten, wo eine aus dem Netz gefischte Information **keinem Verfasser zuzuordnen** ist.[1077] Wenn – anders als in einem wissenschaftlichen Text – niemand die Verantwortung als Autor zu übernehmen bereit ist, ist die Quelle eher nicht zitiertauglich. Manchmal ist allerdings der Verfasser an anderer Stelle namhaft gemacht, etwa im Impressum.

Da das Internet allgemeinen und für wissenschaftliche Zwecke aber mehr und mehr als schnelles Medium genutzt wird, ist es in **Aktualität** den gedruckten Quellen oft überlegen. Hier liegt ein legitimer Grund für Zitate aus dem Netz.

Faustregel: Sie können davon ausgehen, dass eine juristische Hausarbeit, die ein Rechtsgutachten zum Gegenstand hat, ganz ohne Internet-Fundstellen bearbeitet werden kann. In Referaten mit aktuellem Thema mag das gelegentlich anders sein.

Möglicherweise werden hier und da Äußerungen in **Blogs** (BLawgs) als Quelle in Betracht kommen. Hier ist zwar grundsätzlich Zurückhaltung zu üben, weil selbst juristische Blogs nicht selten eher einer vorläufigen Meinungsbildung dienen und manchmal wirklich nur Stammtischqualität haben. Andererseits ist nicht zu übersehen, dass im Auftrag der großen Fachverlage in den letzten Jahren auch namhafte Juristen bloggen; dann greift vielleicht eine vorläufige Ansicht der späteren Kommentarmeinung vor. Der Aktualitätsgewinn rechtfertigt hier ein Zitat. Zudem gibt es wenigstens eine Handvoll sehr ernsthafter und ernstzunehmender juristischer Blogs,[1078] die meist selbst Zitiervorschläge vorgeben, an denen man sich orientieren kann.

Beispiel: *Flessner*, Axel: TTIP und Verfassungsrecht, VerfBlog v. 13.5.2014, *www.verfassungsblog. de/ttip-und-das-verfassungsrecht/*

1073 Wer aus dem Browser den URL in den Text herüberkopiert, kann die Protokollangaben *http://* und *www.* platzsparend weglassen, weil diese in den jüngeren Browsern automatisch ergänzt werden und zur Identifizierung nicht mehr erforderlich sind. Sollte auch danach der URL noch unpraktisch lang sein (was nicht zuletzt wegen der Silbentrennung problematisch ist), kann man einen Kurz-URL erzeugen mit zB t1p (t1p.de/), tinyURL (tinyurl.com/) oder bitly (bit-ly.com/).

1074 Und damit sind die vielen im Netz kursierenden Verschwörungstheorien noch nicht einmal erwähnt.

1075 Näher zB Zimmer Bibliothek S. 72 ff. Skeptisch auch zB Kreutz Propädeutik S. 13 f.

1076 Etwa wenn ein real nicht existierendes Urteil als täuschend echtes Imitat im Netz auftaucht, zB EuGH v. 19.6.2008 – C-550/07; das Urteil wird besprochen von Brüssow in *DAV* (Hrsg.) Strafverteidigung S. 91 ff.; dazu Huff FAZ v. 10.8.2009, 28.

1077 Schulz/Klugmann Rn. 220, schlagen als Kriterien für die Verlässlichkeit von Internetseiten vier Fragen vor: 1. Wer ist Autor (Privatperson oder Unternehmen oder Institution)? 2. Wie aktuell ist der Inhalt – ist das dokumentiert? 3. Legt die Seite Wert auf Benutzerfreundlichkeit? 4. Gibt es Hinweise auf Quellen und weiterführende Informationen? Einige nützliche Überlegungen zur Seriosität der Internetquelle bei Bergmann/Schröder/Sturm Rn. 137 ff.; Linke JURA 2016, 247 ff.

1078 Zu rechtswissenschaftlichen Blogs Birkenkötter/Steinbeis JURA 2015, 23 ff.

Eine **Internet-Parallelfundstelle**[1079] können Sie angeben, müssen es aber nicht.

523 Texte aus der **Tagespresse** (Zeitungen, Zeitschriften usw.) sind zitiertauglich.

Wenn sie als Pressemeldungen keinen Verfasser haben, werden sie nicht ins Schrifttumsverzeichnis aufgenommen, sondern nur in der Fußnote zitiert.

> **Beispiel:** Pressemeldung dpa, FAZ v. 13.10.2019, 6

Handelt es sich um längere Texte etwa aus dem Feuilleton, gehören sie unter Nennung des Verfassers und der Überschrift auch ins Schrifttumsverzeichnis.[1080]

> **Beispiel:** *Kammerer*, Dietmar: Zeit der Zäune, taz v. 24.11.2005, 15 f.

Für das typische Rechtsgutachten wird man sie aber so gut wie nie brauchen. Etwas anderes gilt nur, wenn das Thema ungewöhnlich aktuell ist, sodass es noch keinen Eingang in den etwas langsamer reagierenden juristischen Fachdiskurs gefunden hat. In einer Seminararbeit kann das schon wieder anders aussehen.

523a **Mündliche Äußerungen** sind im Allgemeinen zu flüchtig, um als Belegstelle dienen zu können. Von diesem Grundsatz gibt es aber Ausnahmen: Manche **Reden**, die später transkribiert erscheinen, aber nicht in einen Aufsatz oder dgl. umgearbeitet werden, wird man zitieren dürfen oder sogar müssen. Wird das Vortragsmanuskript – meist: im Internet – veröffentlicht, ist das ein gutes Indiz dafür, dass der Verfasser den Inhalt trotz des mündlichen Formats ernsthaft zur Diskussion stellen möchte.

> **Beispiel:** *Jochum*, Uwe: Dissertationen und „open access", Vortrag gehalten am 19.11.2012 in Basel, dokumentiert unter textkritik.de/digitala/dissertationen.htm.

Günstigstenfalls ist dem Manuskript ein Videomitschnitt zur Seite gestellt.

> **Beispiel:** *Leutheusser-Schnarrenberger*, Sabine: Berliner Rede zum Urheberrecht, gehalten am 14.6.2010 in der Berlin-Brandenburgischen Akademie der Wissenschaften, dokumentiert unter carta. info/28969/dokumentation-berliner-rede-zum-urheberrecht-von-sabine-leutheusser-schnarrenberger/.

Die **Redebeiträge** von Wissenschaftlern auf Tagungen, von Politikern im Plenum des Bundestags oder im Rechtsausschuss werden in Protokollen dokumentiert, die gerade dem Zweck dienen, sie zitierbar zu machen.

> **Beispiel:** *Hartmann*, Diskussionsbeitrag, in: Ständige Deputation des Deutschen Juristentags (Hrsg.), Verhandlungen des 58. Deutschen Juristentags München 1990, Band II, München 1990, S. O 175 f.

523b Mit dem bisher Gesagten sollte der Kreis quellentauglicher Texte fast ganz abgeschritten sein. Was hier nicht erwähnt ist, wird sich meist nach den gleichen Regeln sinnvoll erfassen und zitieren lassen. Abschließend zwei Empfehlungen zu – juristisch betrachtet – **exotischen Medien**:

– ein **Popsong**:

Wenn einmal mit einem Augenzwinkern ein geflügeltes Wort oder auch nur eine besonders treffende Formulierung aus einem alltagskulturellen wissenschaftsfernen Gebiet wie

---

1079 Beispiel in Fn. 308.
1080 Die ebenfalls namentlich gekennzeichneten längeren Reportagen werden meist eher als Informationsquellen für Fakten genutzt und erscheinen nur in der Fußnote, während ein Beitrag ins Schrifttumsverzeichnis gehört, wenn er eine Meinung hat, mit der man sich im Text auseinandersetzt. Das gilt auch für Leserbriefe, Interviews (die auch in der juristischen Fachpresse gelegentlich vorkommen, etwa in der ZRP) etc.

der Poplyrik zitiert wird, sollte man entweder unterstellen, dass der Leser *Yesterday* schon einmal gehört hat (dann: keine Belege), oder das Stück identifizierbar machen (nicht *Beatles*, sondern: *John Lennon/Paul McCartney*). Man kann den Text eines Songs behandeln wie ein Gedicht in einer Gedichtsammlung.

> **Beispiel:** Wer den großen Rechtssoziologen *Mark Knopfler* zitieren möchte („Then came the churches, then came the schools, then came the lawyers, then came the rules, then came the trains and the trucks with their load, and the dirty old track was the telegraph road"), würde im Schrifttumsverzeichnis aufnehmen:
> *Knopfler,* Mark: Telegraph Road, auf: Dire Straits, Love over Gold, London 1982.[1081]

– ein **Film**:

Will man ein Zitat oder einen Dialogausschnitt belegen, kann man sich auf die publizierten Versionen der Drehbücher berufen und diese wie ein Buch zitieren.[1082]

Eine andere Möglichkeit wäre es, die genaue Fassung des Films anzugeben (Titel, Regisseur, Verleih, Jahr, Angabe der Fassung – etwa Director's Cut oder Extended Version) und die Filmminute, in der das Zitat beginnt.

Dann sollte man den Film nach Titel im Literaturverzeichnis nennen, mit den Angaben analog zu einer Monographie (Autor = Regisseur, eventuell Drehbuchautor, Filmtitel (ggf. in Originalsprache sowie deutscher Titel), Fassung (Director's Cut oÄ) [Land,] [Verleih,] Jahr). In der Fußnote genügt dann Titel, Jahr, Minute als Angabe.

> **Beispiel:** Wer den wortkargen *Terminator* zitieren möchte (*I'll be back*), würde im Schrifttumsverzeichnis aufnehmen:
> *Cameron,* James: The Terminator (dt. Terminator), USA (Orion Pictures) 1984,
> während in der Fußnote oder im Text je nach Notwendigkeit der Filmcharakter (*T-800*) oder der Schauspieler (*Arnold Schwarzenegger*) erwähnt würde.

Ein Blick durch die Brille des Korrektors: Woran erkennt man professionelle Schrifttums-verzeichnisse? 523c

Viele Leser sehen sich bei der Korrektur als erstes das Schrifttumsverzeichnis an, weil sich – eigene Sachkunde vorausgesetzt – so binnen weniger Minuten ein erster Eindruck von den Qualitäten einer Arbeit gewinnen lässt.

1. Der erste Blick gilt dabei meist dem **Umfang**. Viele Verzeichnisse besonders in Anfängerarbeiten geraten eher zu schlank (meist weil die Verfasser den erforderlichen Aufwand bei der Quellenauswertung zunächst unterschätzen), nur wenige zu umfangreich. Zwar ist mit absoluten Zahlen Vorsicht geboten, aber als Daumenpeilregel darf gelten, dass in einer Übung mit mehrwöchiger Bearbeitungszeit die Auswertung auch von mehr als 20 Quellen unproblematisch möglich sein dürfte. Mit umfassenden elektronischen Datenbanken ist die Recherche Dutzender einschlägiger Titel kaum ein Problem – vorausgesetzt, man formuliert die „richtigen" Abfragen.

Wer im Lauf der Bearbeitung regelmäßig nachrecherchiert, kommt leicht auf eine dreistellige Zahl an Quellen. Irgendwann stößt man an die Grenzen des Auswertbaren – denn die zitierte Quelle muss gelesen und verstanden sein, um eingeordnet und zitiert werden zu können.

2. Ein schneller erster Eindruck ist auch möglich, soweit es um die **Einheitlichkeit der Literaturerfassung** geht. Festzustellen, ob die hier genannten Regeln eingehalten sind

---

1081 **Zum Üben:** Wie würde danach der korrekte Beleg für das Zitat in Fn. 648 lauten? Zum Zitierformat für Popsongs Poenicke unter 4.6.
1082 Filmskripte sind etwa zugänglich unter script-o-rama.com, eine Filmdatenbank unter imdb.com. Zum Zitierformat für Filme, Fernseh- und Hörfunksendungen Prexl S. 154 ff.; ein Beispiel in Fn. 476.

(oder ob einheitlich andere Regeln zugrunde gelegt wurden), bedeutet viel weniger Mühe als der Verfasser investieren muss, um die Regeln einheitlich anzuwenden.

3. Wer sich im Thema der Arbeit auskennt, sieht auch recht schnell, ob die zur Verfügung stehenden **Quellen ausgeschöpft** sind – oder ob eine **sinnvolle und sachkundige Auswahl** getroffen wurde, wo das Ausschöpfen nicht möglich ist. Der Leser wird also zunächst darauf achten, ob die speziellsten Texte gefunden und ausgewertet worden sind, und sodann darauf, ob die Standardliteratur herangezogen worden ist.

Im dritten Schritt wird er sich einen Eindruck bilden, wie sich quantitativ die einen Texte zu den anderen verhalten, ob also der Verfasser mit vielen allgemeinen Texten und nur ganz wenigen speziellen gearbeitet hat oder umgekehrt.

Unter *spezielle Texte* sind dabei diejenigen zu verstehen, die am sachnächsten zum jeweiligen Problem der Arbeit stehen, also etwa Urteilsanmerkungen zu einschlägigen Gerichtsentscheidungen, monographische Auseinandersetzungen mit einschlägigen Grundsatzproblemen, Zeitschriftenaufsätze mit eher engem Problemfokus usw. *Allgemeine Texte* sind Lehrbücher, Handbücher, Kommentare etc.

Eng verwandt mit der Frage nach der Auswahl der problemnahen Quellen ist die Frage nach der **Aktualität** der herangezogenen Texte. Schon durch Überfliegen der angegebenen Erscheinungsjahre kann der Leser recht verlässlich beurteilen, ob Sie die jeweils jüngsten verfügbaren Quellen identifiziert haben oder nur die älteren Texte, die sich leicht aus dem Fußnotenapparat von Übersichtsaufsätzen herausziehen lassen.

4. Eine einfache Orientierung ist auch möglich in der Frage, ob Texte aufgenommen sind, die bei professioneller Herangehensweise **nicht zitiert** werden würden.

Dazu zählen etwa Musterfallbearbeitungen,

> **Beispiel:** *Gsell*, Beate/*Fervers*, Matthias: Übungsklausur: Ausgebootet, ZJS 2014, 282 ff.

Übersichtsaufsätze

> **Beispiel:** *Staudinger*, Ansgar/*Bauer*, Christina: Die Entwicklung des Reiserechts im zweiten Halbjahr 2013, NJW 2013, 895 ff.

oft auch die klassische **Lernliteratur** insbesondere aus den Ausbildungszeitschriften, also etwa Aufsätze zu den Grundstrukturen einer Rechtsfigur

> **Beispiel:** *Martinek*, Michael/*Theobald*, Uwe: Grundfälle zum Recht der Geschäftsführung ohne Auftrag, Teil 1: Die Grundstrukturen der Geschäftsführung ohne Auftrag, JuS 1997, 612 ff.

und Praktikerliteratur

> **Beispiel:** *Härtel*, Ines (Hrsg.): Handbuch des Fachanwalts Agrarrecht, 2012

Diese Textgattungen zeichnen sich dadurch aus, dass sie eher die Ergebnisse darstellen als die zugrunde liegenden Argumente. Wo sie Argumente enthalten (etwa in einer Musterfallbearbeitung), sind das in aller Regel Argumente aus zweiter Hand, sodass man sinnvollerweise auf die Primärquelle zurückgreift.

Hinzutreten die Texte, die kraft Problematisierungsniveaus im Lauf der Arbeit als relativ zu oberflächlich erscheinen.

Während man in den ersten Tagen mit einem **Kurzkommentar**

> **Beispiel:** *Jauernig*, Othmar et al: BGB, 18. Auflage 2021

oft erstaunliche Erfolge bei der Identifikation der Probleme und einiger Schwerpunkte erzielt und eine ganz solide Vorstellung von der möglichen Gliederung bekommt, wird man ihn gegen Ende der Bearbeitung gar nicht mehr zitieren oder nur noch als Beleg für das Unproblematische einsetzen.

Das gilt insbesondere von den eher **schlanken Lehrbüchern,** die man als Student selbst im Regal stehen hat oder typischerweise als erste heranzieht, um nicht von der Fülle der Einzelheiten erschlagen zu werden.

> **Beispiel:** *Looschelders*, Dirk: Schuldrecht Allgemeiner Teil, 19. Auflage 2021

Diese sollten am Ende der Bearbeitung ohne Weiteres komplett ersetzt werden können durch Belegstellen aus Standardkommentaren, Handbüchern oder großen Lehrbüchern.

5. Nicht zu vergessen: Auch eine stichprobenartige Kontrolle auf Stimmigkeit mit dem Fußnotenapparat ist für den Leser eine Sache weniger Minuten. Fehlen im Schrifttumsverzeichnis Texte, die sich in den Fußnoten finden, und umgekehrt, ist die weitere Lektüre oft schon von Misstrauen geprägt.

V. Weitere Verzeichnisse

Nach dem Schrifttumsverzeichnis können weitere Verzeichnisse erforderlich sein. Überwiegend sind sie entbehrlich.

1. Abkürzungsverzeichnis

Im Allgemeinen können Sie auf ein Abkürzungsverzeichnis verzichten.[1083] Wenn die Aufgabe oder die Umstände eins erfordern, setzen Sie es hinter die Gliederung, sodass es – mit römischer Seitennummerierung – am Anfang der Gliederung aufgeführt wird.   524

Zwar gibt es Abkürzungen, die sich dem Leser nicht auf den ersten Blick erschließen,

> **Beispiele:** Dass *ZIP* die *Zeitschrift für Wirtschaftsrecht* abkürzt, ahnt man nur, wenn man weiß, dass sie zuerst *Zeitschrift für Insolvenzpraxis* hieß; ähnlich geht es bei der *AfP*, die einmal *Archiv für Presserecht* hieß, heute aber *Zeitschrift für Medien- und Kommunikationsrecht.*

aber Sie schreiben für Fachangehörige, von denen man erwarten darf, dass sie die Abkürzung kennen oder nachschlagen.

Faustregel: Wenn mehr als ein Fünftel der verwendeten Abkürzungen aus dem ausländischen Recht, aus anderen Wissenschaften oder dem fernerliegenden Teil der deutschen Rechtswissenschaften stammen, lohnt die Mühe (oder kennen Sie auf Anhieb *APuZ, JIPITEC* und *KÖSDI*?).

2. Abbildungsverzeichnis

Ein Abbildungsverzeichnis braucht man, wenn in einer längeren Arbeit selbst erstellte oder anderweitig übernommene Schaubilder, Grafiken, Diagramme, Tabellen etc. enthalten sind. Das ist in juristischen Texten eher unüblich. In universitären Rechtsgutachten kommt es fast nicht vor, leichter einmal dagegen in Themenarbeiten.   525

3. Rechtsprechungsverzeichnis

Ein Rechtsprechungsverzeichnis anzufertigen kostet Mühe. Diese sollte man sich nur zumuten, wenn die Aufgabe es verlangt oder wenn man üben will. Ähnlich wie im Schrifttumsverzeichnis verwendet man übersichtlichkeitshalber eine (hier: dreispaltige) Tabelle.[1084] In der ersten Spalte steht das Gericht, geordnet nach Instanzen, beginnend mit den Obergerichten, innerhalb einer Instanz alphabetisch nach Gerichtsort sortiert, erforder-   525a

---

1083 Näher dazu → Rn. 393.
1084 Beispiel bei Putzke Arbeiten Rn. 307.

lichenfalls nach Gerichtsbarkeiten getrennt. In der zweiten Spalte stehen die zur Identifikation der Entscheidung erforderlichen Angaben: Art der Entscheidung (Urteil, Beschluss), Datum und Aktenzeichen. In der dritten Spalte steht die Fundstelle.[1085]

4. Glossar

525b Ein Glossar wird in einem Gutachten nur ganz selten, in einer Themenarbeit gelegentlich einmal erforderlich sein.

Bei juristischen Fachbegriffen geht man davon aus, dass der Leser sie kennt oder sich selbst kundig macht. Etwas anderes kann bei sehr ungewöhnlichen Fachbegriffen gelten.

> **Beispiel:** Wer eine rechtsvergleichende Arbeit zum islamischen Kreditsicherungsrecht schreibt, wird die erforderlichen arabischen Termini vielleicht nicht nur im Text einführen, sondern zusätzlich in einem Glossar erfassen.

VI. Gutachten/Referat

526 Für den **Textteil** der Arbeit (den Sie mit *Gutachten* überschreiben können, aber nicht müssen) gibt es weniger Regeln. Auf dem Papier ist **links ein Rand von einem Drittel** der Breite – das sind sieben Zentimeter – freizulassen.[1086] Erst dieser Rand bietet den Platz für Korrekturbemerkungen.[1087] Rechts kann der Rand ganz schmal ausfallen. Auch oben und unten auf der Seite genügt ein kleiner Rand.[1088] Der Text muss mit anderthalbzeiligem Zeilenabstand in einer 12 pt großen Schrift geschrieben werden.

Meist sind Proportionalschriften (Arial, Times etc.) erlaubt. Anderenfalls verwendet man Courier – das erleichtert den Vergleich mit Schreibmaschinenseiten.

Die **Seitennummerierung** erfolgt ab hier **arabisch** (wiederum in der Kopf- oder in der Fußzeile).

Der Text wird der Gliederung folgend aufgebaut. Bei den einzelnen Gliederungspunkten finden sich die Gliederungsüberschriften wörtlich wieder, nicht nur sinngemäß.

Verwendet man in der Textverarbeitung die Funktion „Inhaltsverzeichnis erstellen", ergibt sich das von selbst.

527 Die Arbeit endet mit der eigenhändigen **Unterschrift** auf der letzten Seite.

Wenn Ihnen die einschlägige Prüfungsordnung eine Versicherung des Inhalts abverlangt, dass Sie die Arbeit eigenhändig ohne fremde Hilfe usw. abgefasst haben,[1089] sollte diese (unterschrieben!) am Schluss stehen, üblicherweise auf einer gesonderten Seite.

Examensarbeiten werden anonym korrigiert und deshalb nicht unterschrieben. Sie können aber einen Vermerk *Ende der Bearbeitung* anbringen, wenn Sie den Schluss kennzeichnen wollen.

1085 Zur Auswahl unter mehreren Parallelfundstellen gilt das bei → Rn. 549 f. Gesagte. Besonders fleißige Studenten nennen mehrere Fundstellen, aber nötig ist das nicht.

1086 Natürlich wäre ein Rand rechts viel praktischer – für die Mehrzahl der Korrektoren, weil sie Rechtshänder sind (so auch Haft/Kulow Lernen S. 70); aber links hat sich durchgesetzt, und sei es auch nur, weil meist links geheftet wird.

1087 Dass der Korrektor diese Möglichkeit nicht immer so ausgiebig nutzt, wie Sie sich das vielleicht wünschen, steht auf einem anderen Blatt. Fragen Sie ihn doch einfach, was er mit der Korrektur einer einzelnen Arbeit verdient …

1088 Aber ein klein wenig Abstand der Kopfzeile zum Text darf schon sein.

1089 Dringende Empfehlung: Diese Versicherung sollte der Wahrheit entsprechen. Zu Risiken und Nebenwirkungen des Tätigwerdens professioneller Ghostwriter lesen Sie VG Köln NWVBl. 2006, 196 ff.

VII. Anhang

Einen Anhang braucht Ihre Arbeit nur, wenn Sie Material zitiert haben, das der Leser 528
vermutlich nicht oder nur unter ganz erheblichen Schwierigkeiten finden wird.

Das betrifft nicht bereits Bücher, die Sie erst per Fernleihe bestellen mussten. Was in einer Bibliothek
oder einem Archiv zugänglich ist, dürfen Sie als auch dem Leser zugänglich behandeln.

Wenn Sie aber etwa ein **unveröffentlichtes Urteil** bei einem Gericht angefordert haben,
sollten Sie es in Kopie im Anhang der Arbeit beifügen.[1090] Entscheidungen, die nur in
der Datenbank **juris** veröffentlicht sind, kann man aber heute als allgemein zugänglich
ansehen. Als unveröffentlicht wird man auch Urteile betrachten müssen, die Sie (nur) in
einem Internet-Forum gefunden haben.[1091]

Jedenfalls sind Texte aus dem **Internet** zu drucken und in den Anhang aufzunehmen,[1092]
falls zu befürchten steht, dass sie nicht oder nur noch in geänderter Form verfügbar sein
werden, wenn der Korrektor Ihre Arbeit liest.

„Graue" Literatur, die in keiner Bibliothek erhältlich ist, gehört ebenfalls in den Anhang.

Achten Sie aber darauf, den Anhang nicht zu überfrachten. Der Leser geht davon aus, dass alles,
was er im Anhang findet, zu lesen ist. Seine Laune wird nicht besser, wenn er zusätzlich zu einer
zwanzigseitigen Ausarbeitung 50 Seiten Anhang lesen muss. Bei längeren Texten können Auszüge
genügen.

Mehrere Anhänge nummeriert man zweckmäßigerweise, um im laufenden Text präzise auf sie
verweisen zu können. Je nach ihrem Umfang muss man sie mit Seitenzahlen versehen; die Bezeichnung

> **Beispiel:** *Anhang 4: Tagungsprotokoll der Gesellschaft für ... vom ...*

sollte oben auf der Seite oder einem Vorblatt angebracht werden, damit der Leser nicht zu lange
suchen muss.

VIII. Elektronische Fassung

Sieht die einschlägige Prüfungsordnung die Abgabe einer elektronischen Fassung vor, 528a
wird man – vorbehaltlich besonderer Regelungen – dem genügen können, indem man
eine CD oder einen USB-Stick mit einem PDF-Dokument in einer kleinen CD-Tasche
auf die Innenseite der letzten Umschlagseite klebt. Das PDF sollte seitenidentisch mit
der gedruckten Fassung sein. Lesefreundlicher als fünf getrennte Dateien für Deckblatt,
Schrifttumsverzeichnis, Abkürzungsverzeichnis, Gliederung und Haupttext ist eine
Datei mit der vollständigen Arbeit.

Ist ein Hochladen auf einen Universitätsserver mit Plagiatserkennungssoftware gefordert,
sollte man sich rechtzeitig mit dem technischen Verfahren vertraut machen.

1090 Nicht zuletzt aus Höflichkeit gegenüber dem Leser und der Geschäftsstelle des Gerichts, die
sonst die Arbeit ein zweites Mal auf sich nehmen müssen. Außerdem kostet dieser Urteilsversand Geld. Zu Problemen beim Urteilsversand zB Zenthöfer FAZ online v. 7.11.2018
(t1p.de/8j6n)

1091 Dort werden (überwiegend untergerichtliche) Urteile nämlich meist von den Beteiligten oder
ihren Rechtsanwälten eingestellt; da die Quelle nicht selten flüchtig ist, empfiehlt sich die Aufnahme in den Anhang.

1092 Zu Bedenken wegen deren Tauglichkeit als Quelle → Rn. 522.

B. Formalien bei Klausuren

529 In der Klausur sollten Sie folgenden äußeren Minimalstandard auch im eigenen Interesse einhalten:

1. Das **Deckblatt** versehen Sie mit Ihrem deutlich lesbaren Namen.

   Es kann so aussehen wie das Deckblatt einer Hausarbeit. Stellen Sie es einfach vorher daheim mit dem PC her – dann ist es lesbar (und Sie sparen Zeit).

2. Jedes Blatt muss **ein Drittel Rand links** haben. Die Blätter sollten Sie lochen, nummerieren und jedes namentlich kennzeichnen, wenn Sie sie nicht heften.

   Wer keinen Korrekturrand lässt, darf sich nicht wundern, wenn er nur eine Note bekommt, aber eben keine Korrekturbemerkungen. Die kleine Mühe der Kennzeichnung aller Blätter spart eine Menge Arbeit, wenn wirklich mal was beim Transport durcheinander gerät.

3. Beschreiben Sie die Blätter nur **einseitig**, so **leserlich** wie irgend möglich und am besten **anderthalbzeilig** (vielleicht müssen Sie zwischendrin mal einen Satz ergänzen …)

4. **Streichungen** sollten so **eindeutig** sein, dass der Leser sofort erkennen kann, ob ein Satz oder Absatz nun noch zur Bearbeitung gehört oder nicht mehr.

   Ihr Prüfer wird vor schwere Gewissenskonflikte gestellt, wenn Sie nicht klar kennzeichnen, was gelten soll und was nicht. Wenn Sie Falsches nicht eindeutig streichen, riskieren Sie Punktabzug.

5. Die **Unterschrift** unter dem Gutachten nicht vergessen. Teils wird ein Vermerk *Ende der Bearbeitung* verlangt.

6. Den Sachverhalt müssen Sie nur abgeben, wenn das verlangt ist.

   Der Korrektor hat einen Sachverhalt – er braucht nicht Hunderte.

7. Die fertige Klausur **heften** Sie in Schnellhefter oder mit Heftstreifen, wenigstens aber mit einer Heftklammer oder Büroklammer zusammen. Ihr Korrektor dankt es Ihnen.

In Klausuren sind Gliederungen nicht erforderlich. Die Mühe durchgehender Überschriften- oder Absatznummerierung sollten Sie sich sparen: Sie kostet zu viel Zeit, wird nicht erwartet und daher auch meist nicht wertgeschätzt.

Trotzdem müssen Sie ebenso wie in einer Hausarbeit auf einen logisch stimmigen Aufbau achten. **Verweise nach unten** sind unzulässig.

530 **Exkurs: Klausurpraktisches**

Man kann aus dem Thema „Klausurtaktik" leicht eine ganze Wissenschaft machen.[1093] Muss man aber nicht. Hier also als Notgepäck:

1. Man trete **vorbereitet** an und nicht planlos.

   Das tun die Mitbewerber nämlich auch – entgegen anders lautenden Beteuerungen. Und Sie können sich kaum vorstellen, wie wirksam eine gute Vorbereitung gegen Nervenflattern ist. Wenn Sie trotzdem wiederholt Probleme mit echtem Nervenflattern haben, fragen Sie Ihre Studienberatung – und im schlimmsten Fall einen Arzt.[1094] Jedenfalls werden Klausuren in erster Linie mit inhaltlichem Wissen bestanden, erst danach kommen Kaltblütigkeit und taktisch cleveres Verhalten.

1093 Lesenswert etwa Körber JuS 2008, 289 ff. mwN; Weller JuS 2003, 515 ff.; Stöhr MLR 2008, 78 ff.; Beck JURA 2012, 262 ff.; Czerny/Frieling JuS 2012, 877 ff.; hilfreich auch der Klausurentrainer bei Haft Einführung S. 395 ff.
1094 Das ist nicht ehrenrührig. Und Sie sind nicht allein mit dem Problem.

2. Man verwende ein **Drittel** der Zeit aufs **Denken** (vorzugsweise, aber nicht zwingend genau das erste Drittel; manchmal auch mehr als ein Drittel), den Rest aufs Schreiben.

Wer weniger denkt, unterschätzt meist die Schwierigkeiten, die in dem harmlos aussehenden Sachverhalt stecken. Wer mehr denkt, hat nicht genug Zeit zum Schreiben. Beides kommt vor, Letzteres ist für den Korrektor fast noch schmerzhafter: Eine Bearbeitung, die fast alle Probleme sieht, aber alle zu knapp behandelt.

Im Denk-Drittel darf man gern auch schreiben, aber nicht viel. Am besten nur die Notizen für die Lösungsskizze.[1095]

3. Eine **Lösungsskizze** hilft den meisten Menschen beim Schreiben.

Wenn sie gut ist (wenn also ihre Anfertigung das erwähnte Drittel der Bearbeitungszeit für konzentriertes Nachdenken gebraucht hat), kann man sich schreibend an ihr entlangarbeiten, ohne noch inhaltlich viel zu überlegen. Die Konzentration beim Schreiben richtet sich dann ganz auf saubere Formulierungen und solide Schwerpunktsetzung.

4. Man werfe nicht zehn Minuten vor Abgabe das eigene Konzept um.

Das lohnt sich praktisch nie. Die meisten Korrektoren geben lieber „Anstandspunkte" auf eine konsequente „falsche" Bearbeitung als auf eine chaotische nur im Ergebnis richtige.

5. **Spicken** ist die drittschlechteste Strategie zum Klausurenbestehen.[1096]

Auf Dauer hilft Spicken sowieso nicht. Und selbst wenn es im Einzelfall hilft, muss man doch genau überlegen, bei wem man spickt. Ärgerlicherweise sitzt der klügste Kandidat immer drei Reihen weiter vorn.

Wer diese Handvoll Hinweise ernst nimmt, spart Speicherplatz für Inhaltliches, anstatt sich mit angeblich verallgemeinerbaren klausurtaktischen Empfehlungen das Hirn zuzustopfen. Versuchen Sie's mal!

Und zum Schluss: Klausuren können schief gehen. Je seltener, desto besser. Aber es kann halt mal passieren. Wenn es passiert oder zu passieren droht, behalten Sie die Nerven und machen Sie das Beste aus der Situation.

Also nicht rausgehen und ein Eis essen und den lieben Gott einen guten Mann sein lassen, sondern zu Ende schreiben und sehen, was an Punkten noch zu holen ist.

Eine einzelne schlecht bewertete Arbeit sagt – selbst im Examen – nichts aus über Ihre Fähigkeiten. Der Durchschnitt muss stimmen.

C. Fußnoten / Zitate / Belegapparat

Übersicht: warum? → Rn. 532; wo? → Rn. 534 ff.; wo nicht? → Rn. 539 ff.; nicht hinter Untersätzen → Rn. 540; nicht zum geltenden Recht → Rn. 406, 543a; nicht hinter Überschriften → Rn. 544; wo im Satz? → Rn. 544; was steht drin? → Rn. 545 ff.; Gerichtsentscheidungen → Rn. 548 ff.; amtliche Sammlungen → Rn. 550; Aufsätze, Monographien etc. → Rn. 545; Kurztitel → Rn. 546; Zitierweisen → Rn. 547; Vornamen → Rn. 545; Formatierung → Rn. 554; Zahl und Umfang → Rn. 570, 180, 243a; Sekundärzitate → Rn. 555; Plagiate → Rn. 562; Text in Fußnoten? → Rn. 563; Fußnotengräber → Rn. 564; Ordnung der Belege → Rn. 566 ff.; Punkt am Ende → Rn. 569; *a.a.O.* → Rn. 555b; *abwegig* → Rn. 193; *ders./dies.* → Rn. 517; *fortfolgende, ff.* Fn. 723; *ibidem* → Rn. 555b; *loc. cit.* Fn. 1161; *mit weiteren Nachweisen* → Rn. 560; *passim* → Rn. 555; *stellvertretend* → Rn. 557; *vertiefend* Fn. 1170; *vgl.* → Rn. 557;

1095 Die Lösungsskizze weitgehend in ganzen Sätzen auszuformulieren ist ein Fehler, der den meisten Bearbeitern nur einmal unterläuft – bei einer der ersten Klausuren. Selbst für die Schnellschreiber kostet das zu viel Zeit.

1096 Zu den rechtlichen Risiken OVG NRW BeckRS 2011, 55055.

531 Dieser Abschnitt umreißt, wofür Fußnoten gut sind und wie sie aussehen sollen.[1097]

Die Möglichkeiten, durch professionellen Umgang mit Fußnoten das Niveau der eigenen Leistung zu dokumentieren, sind zahlreich; leider werden sie in beide Richtungen genutzt. Geübte Leser erkennen schon mit einem schnellen Blick über die Fußnoten einer Hausarbeit, wie diese ungefähr zu bewerten sein wird. Wer die folgenden Hinweise beachtet, wird die meisten Fehler vermeiden.[1098] Die Prüfungserfahrung lehrt, dass Studenten die Mühen der Fußnote meist unterschätzen. Manchmal kommt das Gegenteil vor.[1099]

In universitären Übungs- und Prüfungsarbeiten in den Rechtswissenschaften ist es ganz üblich, die Belege in Fußnoten unterzubringen (**Chicago Style**). In anderen Textarten – etwa manchen Lehrbüchern oder Kommentaren sowie in Gerichtsurteilen –, in anderen Wissenschaftszweigen und überhaupt in anderen Teilen der Welt zitiert man durch Klammerbelege mitten im Text (**Harvard-Zitierweise**). Das geht genausogut. Im Folgenden ist nur die Rede von Fußnoten nach den deutschen Gepflogenheiten. Gemeint ist damit der Belegapparat einer wissenschaftlich angelegten Arbeit.

I. Warum braucht es Fußnoten?

532 Fußnoten enthalten in erster Linie **Belege** für im Text in Bezug genommene fremde Ansichten oder behauptete Tatsachen.

1097 Dazu auch zB Basak ZJS 2018, 568 ff.; Möllers JuS 2002, 828 ff.; schöne knappe Zusammenfassung zu Zitierregeln und -technik bei Noltensmeier/Schuhr JA 2008, 576 (581 f.); wem der folgende Abschnitt zu langweilig ist, kann stattdessen einfach auch ein paar Aufsätze in einer juristischen Fachzeitschrift lesen. Aus deren Anschauung erschließt sich recht gut, wo Fußnoten erforderlich sind und wie sie auszusehen haben. In letzterer Hinsicht sind aber eben Zeitschriftenaufsätze nicht ganz vorbildlich, weil die dort gehandhabte Zitierweise Rücksicht darauf nehmen muss, dass – anders als im akademischen Gutachten – kein Schrifttumsverzeichnis vorangestellt wird. Und wer mit einem Augenzwinkern mehr erfahren will über das Fußnotenwesen, greife zu Grafton Ursprünge. Ein aufschlussreicher vergleichender Blick auf die Politikwissenschaften findet sich bei Lagodny/Lagodny ZJS 2019, 354 ff.

1098 Anfänger empfinden den Wust an Regeln über wissenschaftliches Zitieren oft als Zumutung. Meist sind sie schon stolz, wenn sie überhaupt die Fußnotenfunktion ihrer Textverarbeitung gefunden und bedienen gelernt haben. Aber das genügt noch nicht. Wirklich nicht.

1099 Auch die **überschätzte Fußnote** ist gefährlich. Das betrifft die inflationär gesetzte und die inhaltlich überfrachtete Fußnote. Zum einen gewinnt der Leser leicht den Eindruck, es fehle Ihnen die Fähigkeit zur Konzentration auf das Wesentliche (was durchaus stimmen kann …). Zum anderen möchte er in Sachen Wissenschaftlichkeit nicht von Ihnen in den Schatten gestellt werden. Wenn Sie nicht gerade Ihre Doktorarbeit schreiben, ist es kaum je nötig, in einem einzigen Satz drei Fußnoten zu setzen. Auch gibt es Selbstverständlichkeiten, die man konventionsgemäß nicht mehr belegen muss. Dass das BGB als solches anwendbar ist, thematisiert und belegt man nur in Aufgaben mit internationalprivatrechtlichem Schwerpunkt. Wissenschaftlichkeit als Anforderung an den Bearbeiter einer Hausarbeit kann sich in zwei Richtungen als Falle erweisen. Zum einen geschieht es ab und an, dass die Bearbeiter übertreiben. Dann gerät eine Übungsarbeit unversehens nicht nur zur Seminararbeit, sondern geradezu zur Doktorarbeit. Das wäre vielleicht nicht schlimm, wenn es nicht oft den Leser überforderte und zugleich Zeit und Platz für andere wichtige Erörterungen raubte. Faustregel: Je weiter man vom Examen noch entfernt ist, desto weniger (kreative) Wissenschaft wird verlangt. Im Vordergrund steht – zumal zu Beginn – die schulmäßige Rechtsanwendung. Hier liegt die andere Falle. Selbst in der mehrwöchigen Hausarbeit zur Staatsprüfung bleiben immer wieder Kandidaten deutlich hinter den Mindestanforderungen an die wissenschaftliche Herangehensweise zurück. Man darf nicht eine Ansicht zu einem erörterungsbedürftigen Problem verschweigen, nur weil man selbst Verständnisschwierigkeiten hat. Oder weil man nicht so recht Argumente findet, um sie zu verwerfen (obwohl man sie verwerfen muss, um zum angestrebten Ergebnis zu kommen.) Oder weil man zwei Absätze darauf verwenden müsste, sie zu diskutieren und zu verwerfen, während gerade der Platz knapp wird. Grobe Leitlinie: Da die Adressaten des Gutachtens für die Erste Juristische Prüfung Wissenschaftler und daher das Lesen wissenschaftlicher Texte gewohnt sind, stören sie sich eher an zu wenig Wissenschaft als an zu viel Wissenschaft.

Dadurch unterscheiden sich wissenschaftliche Texte von journalistischen. Letztere sind zwar vielleicht ebenso gründlich recherchiert, verzichten aber um der Lesbarkeit willen auf die Angabe der Belegstellen. Im wissenschaftlichen Text ist diese Angabe unentbehrlich. Dessen Leser muss, wo immer er zweifeln könnte, für die betreffende Aussage einen Beleg finden. Als Verfasser eines wissenschaftlichen Texts – also auch: eines Rechtsgutachtens – steht man wie ein Zwerg auf den Schultern von Riesen. Der Leser will wissen, auf welcher Schulter welcher Riesen.

Belege sind danach einerseits eine Frage wissenschaftlich anständigen Arbeitens. Andererseits sind sie (oft) urheberrechtlich geboten, §§ 51, 63 UrhG. In prüfungsrechtlicher Hinsicht helfen Belege, den Eindruck einer Täuschungsabsicht zu vermeiden.

Zusammen mit dem Schrifttumsverzeichnis bildet der Fußnotenapparat das **wissenschaft-** 533
liche Rückgrat Ihrer Arbeit.

Hier ist nicht der Ort um zu erklären, was Wissenschaftlichkeit bedeutet.[1100] Das ist schon deshalb schwierig, weil man sich durchaus darüber streiten kann, ob Rechtswissenschaft überhaupt eine Wissenschaft ist.[1101] (Mit dieser Debatte lassen sich Bände füllen. Einigermaßen gewiss ist aber, dass man Recht auf wissenschaftliche Art betrachten und regelgeleitet anwenden kann. So erhöht man wenigstens die Chance eines rationalen Diskurses über die Richtigkeit des Ergebnisses. Das ist nicht viel, aber auch nicht wenig.) Immerhin kann man versuchen festzuhalten, hinter welche Regeln eine rechtswissenschaftliche Untersuchung nicht zurückfallen darf.

In der Sache verlangt Wissenschaftlichkeit wenigstens **Objektivität** und **Ehrlichkeit**.[1102] In formaler Hinsicht erkennt man die wissenschaftliche Herangehensweise des Bearbeiters an das zur Erörterung gestellte Problem am nachvollziehbaren Nachweis der Standpunkte, Quellen und Autoritäten, mit denen er sich auseinandergesetzt hat. Diesem Nachweis dienen der Fußnotenapparat und das Schrifttumsverzeichnis.

Außerdem dienen Fußnoten zwei weiteren Zwecken. Zum einen entlasten sie den Text 533a
von **Nebengedanken**; in juristischen Gutachten ist diese Funktion aber selten.[1103]

> **Beispiel:** In der Fußnote könnte etwa stehen „Näher zum Bestimmtheitserfordernis [aussagekräftige Belegstelle aus dem Schrifttum]"; das wird in einem schulmäßigen Rechtsgutachten nur ausnahmsweise erforderlich sein.

Gelegentlich kann es sinnvoll sein, eine nähere Erläuterung oder eine Begriffsdefinition in eine Fußnote zu verlagern, wenn diese dem Verständnis dient, aber den roten Faden im Haupttext zu durchtrennen droht.

> **Beispiel:** In der Fußnote könnte etwa stehen: „Unter [Begriff] versteht die ökonomische Theorie ... (nähere Nachweise bei [Fundstelle])."

1100 Sehen Sie sich einmal das Schrifttum zum wissenschaftlichen Arbeiten an (Fn. 871). Und überhaupt sollte man ein oder zwei Mal im Lauf des Studiums darüber nachdenken, was Wissenschaft eigentlich ist.

1101 Dazu zB Rüthers/Fischer Rechtstheorie Rn. 280 ff.; Röhl/Röhl Allgemeine Rechtslehre Rn. 79 ff.

1102 Das zu erwähnen ist nicht überflüssig. Wie Sie aus der Tagespresse entnehmen können, kommt es immer wieder vor, dass auch namhafte Wissenschaftler Forschungsergebnisse fälschen oder ganz erfinden (zB 2004/2005 der Frankfurter Anthropologe Reiner Protsch (von Zieten) und 2005/2006 der zuerst noch nobelpreisverdächtige südkoreanische Klonforscher Hwang Woo-Suk). Mehr bei Finetti/Himmelrath Sündenfall. Sehr anschaulich zum großzügigen Umgang mit fremdem geistigem Eigentum Lahusen KJ 2006, 398 ff.; Frankenberg KJ 2007, 258 ff. (beide zu: Schwintowski Methodenlehre); zu den Folgen und Nicht-Folgen von Plagiaten und Nicht-Plagiaten de.wikipedia.org/wiki/Hans-Peter_Schwintowski und Schwintowski, t1p.de/k3lj.; interessant auch das schnelle Verschwinden der ersten Auflage (2006) von Prütting/Wegen/Weinreich BGB vom Buchmarkt, das auf ungekennzeichnete Textübernahmen aus der Kommentierung bei Palandt/Sprau BGB zurückgehen soll; Einzelheiten dazu im Wikipedia-Artikel über Wirth.

1103 Dazu noch → Rn. 563.

Zum anderen enthalten sie die **Verweise**, die im Haupttext stören würden.

> **Beispiel:** Wenn im Haupttext steht „Wie bereits erörtert …" fügt man hinter *erörtert* eine Fußnote ein, in der der Leser erfährt, wo genau diese Erörterung stattgefunden hat, also etwa *Oben S. 17 ff.* oder *Unter A.II.1.a)* oder *Rn. 23 ff.*

In dieser Funktion sind Fußnoten die Vorläufer des Hyperlinks. Nicht vergessen: Im Rechtsgutachten führen diese Verweise immer nach oben, nur ganz ausnahmsweise einmal nach unten im Text.[1104] Letzteres wird allgemein als Hinweis auf einen nicht durchdachten Aufbau angesehen. Ein Verweis nach unten sollte daher nur gesetzt werden, wenn er nicht durch Umstellen der Gliederung vermeidbar ist.

II. Wo braucht es Fußnoten?

534 Belegt werden muss alles, woran Ihr Leser vernünftigerweise zweifeln kann.

Faustregel: Was nicht im Gesetz steht (dafür reicht ein Normzitat) und für Ihre Argumentation wichtig ist, sollte mit einer Fußnote versehen werden.

Das sind im Einzelnen:

1. Aussagen zum **Tatsächlichen**

535 Einen Beleg brauchen – potentiell – alle Informationen, die nicht im Sachverhalt stehen. (Was der Sachverhalt mitteilt, darf und muss als wahr unterstellt werden). Ganz besonders gilt das für Erfahrungstatsachen, die Sie zur Begründung eines Arguments heranziehen wollen.[1105]

Selbstverständlichkeiten werden nicht belegt.

> **Beispiel:** Die Aussage „Wir Menschen teilen eine Welt" *(O'Neill 1997, 515)*[1106] hätte wohl keinen Beleg gebraucht – oder haben Sie eine zweite Welt in Reserve? Wenn man ihn aber belegt, sollte der Eindruck vermieden werden, diese Einsicht sei erst seit 1997 dokumentiert.

Gleiches gilt für Allgemeinwissen.

> **Beispiel:** Eine Aussage des Typs „Etwa 50% der deutschen Wohnbevölkerung sind weiblich" wird nur mit einer Fußnote versehen, wenn Sie eine auf die zweite Nachkommastelle genaue Angabe brauchen, die Sie etwa aus dem Statistischen Jahrbuch entnommen haben.

2. Aussagen zum **Rechtlichen**

536 Der Inhalt des Gesetzes selbst wird nie mit einer Fußnote belegt,[1107] sondern nur mit einem möglichst präzisen Gesetzeszitat im Text. Einer weit verbreiteten Handhabung an den Hochschulen folgend wird regelmäßig nur das Gesetz im Text genannt,

> **Beispiel:** „Nach § 323 I 1 BGB ist hierfür … erforderlich."

aber keine Gesetzesfundstelle in der Fußnote angegeben. Man geht unausgesprochen davon aus, der juristische Leser sei imstande, sich das Gesetz selbst zu erschließen. Zugleich unterstellt man auf diese Weise, es werde immer das Gesetz in der aktuellen Fassung zitiert. Diese Regel gilt aber nur für geltendes staatliches nationales Recht.

Sobald eine alte Gesetzesfassung gebraucht wird (das kommt im Leben außerhalb der Hochschule nicht ganz selten vor) oder man auch für nichtjuristische Leser schreibt, ist es praktischer und höflicher, eine Fußnote mit der korrekten Gesetzesfundstelle zu setzen.

1104 Anders hier zB Fn. 1103. Dazu oben → Rn. 401 f.
1105 Dazu auch → Rn. 425.
1106 Holzleithner Gerechtigkeit S. 99.
1107 Dazu schon → Rn. 405.

Beispiel: Bürgerliches Gesetzbuch vom 18.8.1896 (RGBl. 195), i.d.F. der Bekanntmachung v. 2.1.2002 (BGBl. I 42), zuletzt geändert durch Art. 4 des Gesetzes v. 1.10.2013 (BGBl. I 3719).

Auch ein noch nicht in Kraft getretenes Gesetz oder eines, das sich erst im Gesetzgebungsverfahren befindet, sollte als noch nicht geltendes Recht identifiziert und mit Fundstellen aus dem parlamentarischen Prozess belegt werden.

Ausländisches Recht setzt man nicht einfach als bekannt voraus, sondern setzt eine Fußnote mit der Fundstelle im jeweiligen nationalen Gesetzblatt.

Privat gesetzte Rechtsregeln – Verträge nebst Allgemeiner Geschäftsbedingungen, Tarifverträge, Gesellschafts- und Vereinssatzungen – kann der Leser nicht ohne Weiteres erschließen, weil sie nicht veröffentlichungspflichtig sind. Hier muss also entweder eine Fundstelle angegeben

Beispiel: Deutscher Corporate Governance Kodex i.d.F. v. 16.12.2019, verfügbar unter t1p.de/4dzb.

oder der Wortlaut zitiert werden. Bei längeren Texten empfiehlt sich dafür ein Anhang.

Auch normkonkretisierende Verwaltungsvorschriften

Beispiel: Die MaRisk i.d.F. v. 14.12.2012, Rundschreiben 10/2012 (BA) der BaFin, verfügbar unter t1p.de/wxq4.

sollte man mit Fundstellenangabe einführen.

Faustregel: Der Leser kann unbegleitet ins Bundesgesetzblatt schauen; bei allen anderen Rechtsquellen braucht er Hilfe.

Aussagen, die sich aus dem Gesetz unmittelbar ergeben, werden nicht mit Rechtsprechungs- oder Literaturzitaten belegt. Es genügt die Angabe der Gesetzesfundstelle. Dass auch Gerichte und Rechtswissenschaftler das Gesetz gelesen haben, muss aber nicht mit Fußnoten gezeigt werden.

Sobald es dagegen um **Meinungen** dazu geht, was der richtig verstandene Inhalt des Gesetzes sei, brauchen Sie Belege.

Was belegt werden muss, kann ein wenig variieren, je nachdem, für wen man schreibt: In einem fachlichen Diskurs unter Experten über sehr spezielle Fragen bedürfen **Trivialitäten** nicht oder allenfalls ganz ausnahmsweise eines Belegs. In einem akademischen Übungsgutachten dagegen verlangt teils auch das Einfache (nicht selten also: das bereits Verstandene) noch einen Beleg. Ein gutes Gutachten soll auch für den interessierten Laien noch verständlich sein. Wo der Laie fragen würde „Woraus ergibt sich das?" oder „Wer sagt das?", passt und gehört eine Fußnote hin (oder eine zitierte Rechtsnorm). 537

Beispiel: Bei der Subsumtion unter die Voraussetzungen des § 816 I 1 BGB muss geklärt werden, was eine Verfügung ist. Die Definition ist zwar ziemlich unstreitig, ergibt sich aber auch nicht aus dem Gesetz selbst (zumal das BGB den Begriff auch in anderem Sinne verwendet, § 1937 BGB). Also setzt man hinter den Definitionssatz „Eine Verfügung ist ein Rechtsgeschäft, durch das ein Recht unmittelbar übertragen, belastet, inhaltlich geändert oder aufgehoben wird" eine Fußnote; in diesem Fall wäre der Verweis auf einen Standardkommentar ausreichend, also etwa „*Grüneberg/Sprau*, Rn. 7 zu § 816 BGB".

Sie gehört auch dorthin, wo der Gedankengang beim Abbiegen in eine andere Richtung als die gewählte zu einem anderen Ergebnis geführt hätte. Gerade an diesen kritischen Stellen verlangt der Leser nämlich nicht nur Aussagen, sondern auch Belege.

Das wird immer der Fall sein bei Definitionen, die sich nicht aus dem Gesetz ergeben.

Beispiele: „Sittenwidrig ist eine Handlung, die gegen das Anstandsgefühl aller billig und gerecht Denkenden verstößt." – „Unter einem Mangel versteht man die Abweichung der Ist-Beschaffenheit von der Soll-Beschaffenheit der Sache."

Besonders gilt das bei Tatbestandsmerkmalen, die man dem Wortlaut der Norm nicht oder nur mit Phantasie entnehmen kann:

> **Beispiel:** „Adäquat kausal ist nur ein Ursachenverlauf, der …"

538 Wo der Leser eine Fußnote erwartet, variiert auch danach, ob man ein Rechtsgutachten zu einem Konflikt (typischerweise in Übungs- und Prüfungssituationen) oder ein Referat über ein Rechtsproblem (typischerweise als Seminarleistung, aber eben nicht nur dort) verfasst. In einem **Rechtsgutachten** geht es darum, den Leser zu **überzeugen**. Man muss sich also als Leser den Richter vorstellen, der nicht von vornherein auf der eigenen Seite steht, oder den gegnerischen Rechtsanwalt, den man dazu bringen will, sich dem eigenen Standpunkt widerspruchslos anzuschließen. Deshalb müssen alle Aussagen, die die eigene Argumentation tragen und die sich nicht unmittelbar aus dem Gesetz ergeben, mit einer Fußnote versehen werden. Nur so vermeidet man die Rückfrage des Lesers „Warum? Das sehe ich aber anders …". Das können ziemlich viele Aussagen sein. In universitären Übungsarbeiten werden es in erster Linie Aussagen über Rechtsmeinungen sein („Die hM steht auf dem Standpunkt, …"), es können aber auch Aussagen über Tatsächliches sein („Die gefährlichen Wirkungen von … sind allgemein bekannt").

In einem **Referat** will man zwar auch **überzeugen** – aber der vorgestellte Adressat ist ein anderer. Hier schreibt man nicht zwangsläufig für einen fachlich geschulten Kollegen, sondern versucht, Verständnis für das Rechtsproblem und Zustimmung für die favorisierte Lösung bei jemandem zu finden, der vielleicht gar nicht juristisch ausgebildet ist, vielleicht auch nur das konkrete Problem nicht genau kennt. Daher muss überall eine Fußnote stehen, wo man mögliche Betrachtungsweisen des Problems beschreibt – wenn schon jemand das Problem aus ebendiesem Blickwinkel betrachtet hat. Der Leser muss also in den Stand versetzt werden, sich mit jedem wichtigen Aspekt vertieft zu befassen, auch auf die Gefahr hin, dass er dabei zu anderen Ergebnissen gelangt als der Verfasser.

> **Beispiel:** Eine Fußnote muss daher immer stehen bei „Nach der …theorie" und bei „Die …theorie dagegen will …"

Besonders dringend werden Fußnotenbelege gebraucht, wo es um eine inhaltliche Wertung geht, die das Gesetz an den Rechtsanwender delegiert. Das ist insbesondere bei Generalklauseln der Fall.

> **Beispiel:** Fußnotenbelege sind erforderlich, wenn ein Verhalten oder ein Rechtsgeschäft als sittenwidrig iSv § 826 oder § 138 BGB bewertet werden soll. Die zugrunde liegende Wertung ist zwar Aufgabe des Bearbeiters, aber wie ein Richter auch soll er sich dabei an Präjudizien orientieren, diesen erforderlichenfalls auch widersprechen, sie aber jedenfalls zitieren, damit der Leser sich eine eigene Meinung bilden kann.

III. Wo stehen keine Fußnoten?

539 Umgekehrt gibt es einige Stellen, an denen logisch oder konventionsgemäß kein Fußnotenbeleg stehen darf.

540 Ein ständig wiederkehrendes Ärgernis beim Korrigieren von Prüfungsarbeiten sind Konkretbelege, also Fußnoten **hinter Sätzen, in denen subsumiert wird.**

> **Beispiel:** „Da für S erkennbar ist, dass E den Gefahren bei der Vertragsdurchführung ebenso ausgesetzt ist wie G, handelt es sich hier um einen Vertrag mit Schutzwirkung für Dritte (Fußnote mit Belegstelle)."

Man sollte das eigentlich mit keinem Wort mehr erwähnen müssen – aber die Erfahrung lehrt das Gegenteil. Solche Fußnoten sind unprofessionell und falsch: Die Belegstelle kann keine Aussage über den im Gutachten geprüften (fiktiven!) Sachverhalt treffen. Während manche Prüfer – wenigstens in dieser Hinsicht – vor der Unbelehrbarkeit der Studenten resigniert haben, reagieren die meisten ungebrochen allergisch. Vorsicht ist also dringend geboten.

Wer sich selbst bei solchen Fußnoten ertappt, kann wie folgt vorgehen: Entweder der Text in der Fußnote wird so geändert, dass der Beleg sich nicht mehr unmittelbar auf den Inhalt des Satzes bezieht, an dessen Ende die Fußnote steht

> **Beispiel:** „… Schutzwirkung für Dritte (Fußnote: Zur aktuellen Entwicklung der Rechtsprechung zum Erkennbarkeitserfordernis [Belegstelle]).“

oder die Fußnote wird an die Stelle verschoben, an die sie gehört,

> **Beispiel:** „Zudem muss für den Schuldner erkennbar sein, dass neben seinem Vertragspartner auch Dritte gleichermaßen den Gefahren der Vertragsdurchführung ausgesetzt sind (Fußnote mit Belegstelle). Da für S leicht zu erkennen ist, dass neben G auch dessen Ehefrau und Kinder die Wohnung und die dazugehörenden Verkehrsflächen benutzen sollen, sind alle Voraussetzungen der Einbeziehung der E in den Schutzbereich des Mietvertrags erfüllt.“

oder die Fußnote entfällt.

Das gleiche Problem ergibt sich, wenn der **Obersatz** schon erkennbar **mit Fallbezug** formuliert wird (was im Allgemeinen zu empfehlen ist).   541

> **Beispiel:** „Weiter muss E als Nicht-Vertragspartei in ähnlichem Maß wie G den Gefahren der Vertragsdurchführung ausgesetzt sein (Fußnote mit Belegstelle).“

Wiederum gilt: Wer auch immer in der Fußnote zitiert wird, sagt nichts über E, G und S. Die Abhilfemöglichkeiten sind die eben beschriebenen. Natürlich kann man ebenso gut den Obersatz abstrakt fassen.

> **Beispiel:** „Weiter muss der Geschädigte als Nicht-Vertragspartei in ähnlichem Maß wie der Vertragspartner den Gefahren der Vertragsdurchführung ausgesetzt sein (Fußnote mit Belegstelle). Für G bedeutet das, dass …“

Nicht ganz so häufig ist der umgekehrte Fehler. Aber manchmal geschieht es doch, dass die **Subsumtion in die Fußnote verlegt** wird. Mag die Versuchung noch so groß sein –   542

> **Beispiel:** etwa weil der Obersatz so kompliziert ist und die einfache Subsumtion unter eine seiner Voraussetzungen in einer Fußnote (die dann meist mit *hier* oder *vorliegend* beginnt) die Darstellung zu entzerren geeignet scheint

das ist falsch. Die Fußnote ist der Ort für den Beleg, nicht für den Gedanken, der belegt werden soll.

Wiederholungen: Brauchen Sie dieselbe Definition im Verlauf eines Gutachtens oder Referats mehrmals (etwa die des Vorsatzes im Strafrecht), müssen Sie sie nicht jedes Mal mit einer dicken Fußnote belegen, sondern dürfen auf das Gedächtnis des Lesers vertrauen.   543

Allein das spart schon Platz für Wichtigeres. Wenn Sie darüber hinaus im Wiederholungsfall noch die Definition selbst weglassen oder ganz kurz fassen und sofort mit der Subsumtion beginnen, wird der Text noch schlanker. Das tut ihm gut.
Aber wenn Ihr Herz daran hängt, dürfen Sie auch jedes Mal die gleiche Fußnote setzen. Es sieht halt nicht ganz so professionell aus. Um anzudeuten, dass man sich der langweiligen Wiederholung bewusst ist, kann man auch in der Fußnote schreiben *Nachweise wie oben Fn.x.* Den Verweis kann man mit der Referenz-Funktion der Textverarbeitung dynamisch gestalten, sodass man am Ende nicht mehr mühselig prüfen muss, ob er auch stimmt.[1108]

1108 Der pseudo-dynamische Verweis (zB *wie vorige Fn, ebd., a.a.O.*) dagegen erweist sich nicht selten als unglücklich, wenn und weil im Lauf der Bearbeitung eben doch noch eine Fußnote dazwischenrutscht oder ein ganzes Stück Text an eine andere Stelle im Gutachten verschoben wird.

543a   Der **Inhalt des Gesetzes** wird nicht mit einer Fußnote belegt. Wer für Nichtjuristen schreibt, darf und sollte das anders halten. Aber in Übungsgutachten gilt konventionsgemäß: Geltendes Recht wird mit Normangabe im Text zitiert, aber nicht in der Fußnote.[1109]

Im Allgemeinen setzt man auch keine Fußnoten hinter Aussagen, die sich unmittelbar aus dem Gesetz ergeben.

> **Beispiele:** „Verschulden ist Voraussetzung der Schadensersatzhaftung nach § 823 I BGB (Fn.: Grüneberg/*Sprau* § 823 Rn. 40)"; „Gemäß § 474 I BGB sind Verbrauchsgüterkäufe Verträge, durch die ein Verbraucher von einem Unternehmer eine bewegliche Sache kauft (Fn.: Prütting/ Wegen/Weinreich, Rn. 3 zu § 474)". Die Wiederholung des Gesetzeswortlauts im Kommentar oder Lehrbuch ist für den Leser frei von Erkenntnisgewinn.

Gesetze werden als bekannt oder zugänglich vorausgesetzt, solange es sich um geltendes nationales Recht handelt. Außer Kraft getretene Normen sollte man allerdings höflicherweise mit einer Fußnote belegen, weil das dem Leser die aufwendige Suche nach der Fundstelle erspart.

> **Beispiele:** Wer in einem Rückblick auf wichtige Entwicklungen im Datenschutzrecht das Volkszählungsgesetz 1983 erwähnt, sollte in einer Fußnote als Fundstelle angeben *Gesetz v. 25.3.1982, BGBl. I 369.* – Und wer in einer rechtshistorischen Arbeit den Inhalt des zärtlich *Blutschutzgesetz* genannten Gesetzes vom 15.9.1935 referieren muss, würde etwa schreiben „Nach § 2 des Gesetzes zum Schutze des deutschen Blutes und der deutschen Ehre (Fn.: RGBl. I 1935, 1146) war …"

IV. Wo genau stehen Fußnoten?

544   Das Fußnotenzeichen steht im Text hinter der Aussage oder dem Begriff, die belegt oder erläutert werden sollen.

Es steht gemeinhin **nicht hinter einer Überschrift**, weil diese noch keine Aussage enthält.

Wenig informativ ist es für den Leser, wenn Sie Fußnoten jeweils nur am Absatz- oder Abschnittsanfang oder -ende setzen.

Allerdings ist eine einzelne Fußnote am Absatzende besser als fünf identische Fußnoten am Ende jedes Satzes in diesem Absatz. Erforderlichenfalls können Sie kenntlich machen, dass die Fußnote dem Beleg des vollständigen im betreffenden Absatz referierten Gedankens dient (*Zum Ganzen: …/Zum Vorstehenden: …/Die nachstehende Übersicht zu … folgt der Darstellung bei [Quelle]*)[1110]. Wenn die Fußnote in einem längeren Satz nicht die gesamte Aussage belegen, sondern nur einen Begriff erklären soll, wird sie hinter das betreffende Wort gesetzt. Der Leser soll aus der Position der Fußnote so klar wie möglich entnehmen können, was belegt wird. Besonders wichtig ist das, wenn in einem Satz mehrere Fußnoten stehen.
Ob man das Fußnotenzeichen hinter oder vor den Punkt am Satzende setzt, halte man einheitlich – es sei denn, damit soll eine Unterscheidung angedeutet werden: Manche Autoren setzen das Fußnotenzeichen hinter das Satzzeichen, wenn sie den ganzen Satz oder jeweiligen Satzteil belegen wollen, und vor das Satzzeichen, wenn nur das letzte Wort belegt werden soll.[1111]

Die Fußnote selbst steht immer **unten auf der Seite**, nicht am Ende der Arbeit.

Das erleichtert das Lesen, auch wenn die Textseite dadurch auf den ersten Blick unruhiger aussieht. Endnoten dagegen sind in juristischen Texten unüblich[1112] (anders in populärwissenschaftlichen Texten und vielen Geistes- und Naturwissenschaften).
Richten Sie Ihr Textverarbeitungsprogramm so ein, dass die Fußnoten nicht nach Belieben des Programms auf die Folgeseiten gezogen werden.[1113]

1109 Dazu schon → Rn. 406 und insbes. → Rn. 536 zur Form der Fundstellenangabe.
1110 Wichtig ist das, weil eine Fußnote, die nicht erkennen lässt, wie groß der gedanklich oder gar wortlautnah übernommene Abschnitt ist, leicht den Vorwurf des Bauernopfer-Plagiats und damit des Täuschungsversuchs nach sich zieht.
1111 In diesem Buch stehen die Fußnoten regelmäßig hinter dem Satzzeichen.
1112 Eine der seltenen Ausnahmen: Engisch Einführung.
1113 In MS Word muss man dazu in der Formatierung des Texts den Zeilenabstand auf einen genauen Wert in pt (zB 18) einstellen anstatt auf 1,5-zeilig; näher Krämer/Rohrlich S. 85 ff.

V. Wie sehen Fußnoten aus?

In der Fußnote steht mindestens eine **Belegstelle** für die jeweilige Aussage im Text. Nötigenfalls muss man diese moderieren.[1114]   545

Die Angaben in Fußnoten können als juristisch einigermaßen standardisiert gelten. Enthalten ist in Übungs- und Prüfungsarbeiten nicht ein Vollbeleg, sondern ein **Kurzbeleg**, der in Verbindung mit dem Schrifttumsverzeichnis die Identifikation der Quelle erlaubt.[1115]

Trotz einiger unterschiedlicher Handhabungen in den Einzelheiten gilt immer: Pro Belegstelle braucht es zwei Informationen:

– **Wer** hat sich geäußert

> **Beispiele:** Flume; Scholz; BGH; BVerfG; VII. Zivilsenat des BGH; Staudinger-*Wurm*

– und **wo** ist das nachzulesen?

> **Beispiele:** JZ 2023, 224, 227; NJW 2022, 34; BGHZ 34, 212, 215?[1116]

Eine Ausnahme gilt nur, wenn die Frage nach dem *Wer?* bereits im Haupttext beantwortet wurde.

> **Beispiel:** Im Haupttext steht „Wie der BGH unlängst klargestellt hat … [Fn.]"; dann genügt in der Fußnote die Angabe *NJW 2015, 2345.*

Nicht zulässig ist es, die Autorenangabe bei Internet-Fundstellen wegzulassen, auch nicht bei „sprechenden" URL-Angaben.

> **Beispiele:** Es reicht nicht, in der Fußnote zu schreiben www.bmjv.de/SharedDocs/Downloads/DE/Broschueren/DE/Das_Betreuungsrecht.pdf;jsessionid=0AB197B4E44ADECA14340D66054BC2F7.1_cid324?__blob=publicationFile, auch wenn der informierte Leser aus dem URL entnehmen kann, dass der Herausgeber der Broschüre Betreuungsrecht das Bundesministerium der Justiz und für Verbraucher ist.

Fußnoten sehen so aus:

Bei selbstständigen Veröffentlichungen (**Monographien**, also Lehrbüchern, Handbüchern, Dissertationen, Habilitationsschriften etc.):

[Verfassername], [ggf. Kurztitel], [Randnummer oder Gliederungsziffer, hilfsweise: Seite]

> **Beispiele:** *Scheerer*, S. 44; *Stein*, Staatsrecht, § 20 Rn. 4; *Papier*, Forderungsverletzung, S. 34.

Bei **Kommentaren:**
Name oder Abkürzung des Kommentars/*Bearbeiter*, § … Rn. …
oder

Bearbeiter in: Abkürzung des Kommentars, Rn. … zu § …,

1114 Dazu → Rn. 555b.

1115 Vollbelege, die alle bibliographischen Informationen enthalten, findet man dagegen in Fachzeitschriftenbeiträgen, die regelmäßig kein gesondertes Quellenverzeichnis aufweisen. Für die Zwecke dieser Anleitung bleiben sie ausgeklammert.

1116 Schon damit müsste also klar sein: Fußnoten wie *JuS, S. 178* oder *NJW 2021, 2421* lassen den Leser mit seiner Wissbegier allein. Im ersten Fall hat er sechzig Zeitschriftenbände zu durchsuchen, im zweiten findet er zwar leicht den zitierten Band, aber er muss in die Bibliothek oder an den Rechner gehen, selbst wenn er nur wissen will, wer zitiert ist.

Beispiele: Münchener Kommentar zum BGB/*Schmidt* § 104 Rn. 3 oder MünchKommBGB/ *Schmidt* § 104 Rn. 3 oder *Schmidt* in MüKoBGB, Rn. 3 zu § 104.[1117]

Ähnlich werden **Handbücher** zitiert:

Beispiele: *Jäger, Axel,* Aktiengesellschaft, 2004 und *Bauer, Jobst-Hubertus,* Arbeitsrechtliche Aufhebungsverträge, 10. Auflage 2023; und *Hirte, Heribert,* Kapitalgesellschaftsrecht, 9. Auflage 2023.

Unselbstständige Veröffentlichungen sind insbesondere Aufsätze in Fachzeitschriften und Sammelwerken (beide können gedruckt oder als Internetpublikation erscheinen).

Aufsätze in Fachzeitschriften:

[Verfassername], [Zeitschrift], [Jahr], [Anfangsseite des Aufsatzes], [erforderlichenfalls Zitatseite]

Beispiel: *Tiedtke/Schmitt* JZ 2004, 1092 (1093).

Erscheint die Zeitschrift **nur im Internet**, sollte man Schrifttumsverzeichnis oder im Abkürzungsverzeichnis oder in der ersten Fußnote, in der sie zitiert wird, einen Hinweis auf die Netzadresse aufnehmen.[1118]

Beispiel: *Basak/Schimmel* ZJS 2008, 435 (437) (erreichbar über www.zjs-online.com)

Nicht ganz so schön, aber präziser und jedenfalls zulässig ist die Angabe des deep links.

Beispiel: *Basak/Schimmel* ZJS 2008, 435 (437) (www.zjs-online.com/dat/artikel/2008_4_94.pdf)

Bei Texten in **Sammelwerken**:

[Verfassername], [Kurzbezeichnung des Sammelwerks], [Anfangsseite], [erforderlichenfalls Zitatseite]

Beispiel: *Pfeiffer,* in: FS Schricker, 137 (140).

Wird ausnahmsweise einmal nicht nach Seiten, sondern nach **Spalten** zitiert, sollte man das angeben. Praktisch wird das fast nur bei **Lexikonartikeln**[1119].

Beispiel: *Willoweit/Schlinker,* Art. „Vertragsstrafe", in: Handwörterbuch zur deutschen Rechtsgeschichte, Bd. V, Sp. 858 ff.

An den Beispielen kann man sehen, dass in der Fußnote gerade nicht alle bibliographischen Informationen aus dem Schrifttumsverzeichnis wiederholt werden, sondern nur so

---

1117 Den Bearbeiter anzugeben ist eigentlich eine Selbstverständlichkeit (trotzdem wird das gerade bei Kommentaren gern einmal vergessen oder unterlassen; dazu Geck JZ 1987, 870); für die Zuordnung der jeweiligen Rechtsansicht zu einer individuellen Person – und nicht zu einem Herausgebergremium, das hinsichtlich dieser Rechtsansicht indifferent oder abweichend eingestellt sein kann – ist das aber unbedingt nötig. Das immer wieder zu beobachtende Weglassen des Bearbeiternamens (etwa *Grüneberg, Rn. 4 zu § 2303*) ist nicht nur unsorgfältig und unhöflich, sondern falsch: Die Kommentierung hat eben nicht *Grüneberg,* sondern *Edenhofer* verfasst..

1118 Das betrifft insbesondere die in Fn. 1040 genannten Zeitschriften.

1119 Lexikonartikel werden als Quelle nur ausnahmsweise herangezogen werden müssen, weil meist spezialisierteres Schrifttum zur Verfügung steht.

viele, dass der Text anhand des Schrifttumsverzeichnisses identifiziert werden kann. So werden etwa **Vornamen**[1120] und Auflagenangaben[1121] weggelassen.

Dafür treten die Informationen hinzu, die der Identifikation der konkret zitierten Textstelle dienen, also etwa die Seitenangabe.

Die Angabe eines **Kurztitels** (üblicherweise das erste Substantiv des Titels[1122]) ist nur erforderlich, wenn verschiedene Arbeiten desselben Autors zitiert werden und daher Verwechslungsgefahr besteht.   546

Diese Angabe muss dann im Schrifttumsverzeichnis als Zitierweise (*zitiert als: …*) nachgewiesen sein, um eine eindeutige Zuordnung zu erlauben.[1123]

Lehrbücher, Kommentare, Handbücher, Urteile usw. haben **Randnummern**, damit Sie nicht nach Seiten zitieren müssen. Hat nämlich der Leser zufällig nur die Vorauflage zur Hand, kann er mit einer Seitenangabe wahrscheinlich nichts anfangen, während die Randnummer immerhin auf die richtige – wenn auch vielleicht inhaltlich veraltete – Fundstelle verweist. Zitieren Sie also nach Randnummern[1124].   547

> **Beispiel:** Grüneberg/*Heinrichs* Rn. 4 zu § 254 oder AK-BGB/*Dubischar* vor § 275, Rn. 12.

Für das Wort *Randnummer* benutzen Sie eine einheitliche Abkürzung: üblich sind *Rdnr., Rn., Rz.*[1125]. Ob Sie zitieren *Rn. x zu § y* oder *§ y Rn. x*, entscheiden Sie.

In einigen Lehr- und Handbüchern beginnt die Randnummernzählung kapitelweise neu. Dann müssen Sie Kapitel und Randnummer angeben.

> **Beispiel:** *Brox/Walker* SchuldR BT, § 43 Rn. 5.

Wenn es keine Randnummern gibt, zitiert man nach **Gliederungsebenen**, am besten mit nachfolgender Seitenangabe in Klammern

> **Beispiel:** *Flume* Allgemeiner Teil II, § 16 1.d) (S. 300).

Wenige Texte kann man nach **Zeilen** zitieren; aber wenn es geht, ist es sehr präzise

> **Beispiel:** Koalitionsvertrag für die 19. Legislaturperiode zwischen CDU, CSU und SPD, Z. 5054 f.

1120 Ausnahmsweise ist es allerdings sinnvoll, bei verwechslungsintensiven Namen den Vornamen wenigstens abgekürzt anzugeben. Statt nichtssagend *Schmidt* würde man also *K. Schmidt* oder *Karsten Schmidt* schreiben. Auch *Uwe H. Schneider* sollte nicht nur *Schneider* heißen, schon wegen der Abgrenzung zu seinem ebenfalls im Gesellschaftsrecht publizierenden Sohn *Sven H. Schneider*.

1121 Auch hier gibt es eine Ausnahme: Wenn eine alte Auflage zitiert wird (wie in Fn. 446), wird diese (am besten nebst Erscheinungsjahr) in der Fußnote genannt – die aktuellen Auflagen dagegen ergeben sich aus dem Schrifttumsverzeichnis.

1122 In diesem Buch zB in Fn. 882.

1123 Dazu schon → Rn. 517. Ganz gegen *zitiert als* etwa Kreutz Propädeutik S. 30.

1124 Leider sind auch Randnummern nicht immer verlässlich: Viele Verfasser und Bearbeiter von Lehrbüchern etc. fühlen sich an ihre auflagenübergreifende Randnummerierung nur solange gebunden, wie ihnen nichts wirklich Neues einfällt. Wird der Text aber substanziell ergänzt, ändert sich oft auch die Randnummerierung. Ausnahmen erkennt man an den eingeschobenen → Rn. 538a–h, etwa in diesem Text.

1125 *Rz.* ist eigentlich Unsinn: Es sind keine *Randziffern*, sondern *Randnummern*. Wenn Sie also *Rz.* im Abkürzungsverzeichnis erklären, sollten Sie es als *Randzahl* auflösen. Skeptisch zur *Randziffer* schon Weber JZ 1981, 242 f.

Monographien, Aufsätze und alle Texte, die nicht oder nur mit unveränderter Seitenzählung ein zweites Mal aufgelegt werden (zB in aller Regel Doktorarbeiten[1126]), kann man ohne Weiteres nach **Seiten** zitieren.

Faustregel: Wo es Randnummern gibt, verwende man sie, hilfsweise zitiere man nach Gliederungsziffern, wenn beides nicht zu haben ist, nach Seitenzahl.

Ändert sich die Seitenzählung, sollte man im Schrifttumsverzeichnis darauf hinweisen, welche Ausgabe man zitiert hat.

> **Beispiel:** *Rüthers*, Bernd: Die unbegrenzte Auslegung, Tübingen 1968, zitiert nach der 8. Auflage Tübingen 2017

Oft wird die Abkürzung *S.* für *Seite* weggelassen. Das spart Platz für Wichtigeres.

Werden **mehrere Texte desselben Verfassers** hintereinander zitiert, setzt man zur Kennzeichnung ein *ders.* oder *dies.*[1127]

> **Beispiele:** *Schultz*, JZ 1982, 544, 545; *ders.*, MDR 1984, 212, 217; *Meyer*, BB 2004, 2717 f.; *dies.*, DB 2008, 12, 14; *Klein/Groß*, NZM 1999,177, 178; *dies.*, NJW 2001, 1444, 1449.

547a   Zitate aus der schöngeistigen (**belletristischen**) **Literatur** werden zwar im Rechtsgutachten nur selten erforderlich sein.[1128] Sie folgen aber den gleichen Regeln wie Zitate aus der Fachliteratur.

Manchmal müssen Sie noch nicht einmal richtig zitieren.

> **Beispiel:** Wer die Ringparabel in *Lessings* Nathan der Weise als Bild in einem juristischen Text erwähnt, muss regelmäßig keine Fundstelle angeben. Das dürfte allgemein für **geflügelte Worte** gelten.

Ist der Text geradezu klassisch, kann ein „oberflächliches" Zitat genügen

> **Beispiel:** Das *Goethe*-Zitat in Fn. 299 ist genau genug, als dass der Leser in jeder der dutzenden Faust-Ausgaben immer die betreffende Stelle findet. Hier ist es nicht nötig, im Schrifttumsverzeichnis die nach dem Stand der Literaturwissenschaft maßgebliche Goethe-Werkausgabe aufzunehmen.[1129]

1126   Es gibt aber Ausnahmen: Die Doktorarbeit von Leo Rosenberg Die Beweislast auf der Grundlage des Bürgerlichen Gesetzbuchs und der Zivilprozessordnung, Breslau 1900 hat es über die Jahrzehnte auf beeindruckende fünf Auflagen gebracht; Robert Alexy Theorie der juristischen Argumentation, Frankfurt am Main 1978, und Klaus Mathis, Effizienz statt Gerechtigkeit?, Berlin 2004 sind in dritter Auflage erschienen. Solche Texte werden oft von den Verfassern über die Jahrzehnte weiterentwickelt – und im wissenschaftlichen Zitieralltag meist gar nicht mehr als Doktorarbeiten identifiziert, sondern als Standardwerke, so zB die Habilitationsschriften von Claus Roxin Täterschaft und Tatherrschaft, Hamburg 1962, jetzt in 10. Auflage, Berlin 2019 und Theodor Viehweg Topik und Jurisprudenz, München 1953, 5. Auflage, München 1973.
1127   Routinierten Korrektoren fällt es übrigens auf, wenn Sie *ders.* schreiben, wo bei einer Verfasserin *dies.* stehen müsste. So etwas wird gern als Indiz für ein Blindzitat verstanden. Doppelnamen können (*Knobbe-Keuk*), müssen aber nicht (*Schmitt Glaeser*) auf das Geschlecht des Namensträgers hinweisen.
1128   So lange sich am rechtswissenschaftlichen Diskurs fast nur Angehörige der bildungsbürgerlichen Schicht beteiligten, konnte die Quelle etlicher Zitate, Anspielungen und Bilder als selbstverständlich bekannt vorausgesetzt bleiben; ein Beleg war nicht nötig. Je multiethnischer, heterogener und überhaupt vielfältiger der Verfasser- und Adressatenkreis heutiger juristischer Texte ist, desto eher sollte man einen Beleg setzen. Wer also das biblische Bild vom Splitter im fremden und vom Balken im eigenen Auge verwendet, könnte es mit *Matthäus 7, 3* belegen. Denn wer kennt heute noch die Bibel? Oder den Koran?
1129   Wenn – eher ausnahmsweise – eine vertiefte inhaltliche Auseinandersetzung mit dem jeweiligen Text erforderlich ist, zieht man aber nicht eine beliebige Leseausgabe heran, sondern möglichst die jeweils jüngste historisch-kritische Ausgabe. Zur Not muss man einen Philologen fragen.

Ist der Text nicht ganz so bekannt, zitiert man ihn wenn möglich nach der ersten Ausgabe.

> **Beispiel:** das Buch von *Schlink/Popp* hier in Fn. 627.

Bei **Gerichtsentscheidungen** (Urteilen, Beschlüssen etc.):

548

Gericht, Sammlung oder Zeitschrift mit Jahr, Anfangsseite, erforderlichenfalls Zitatseite(n);

> **Beispiele:** BAGE 28, 255 (257 ff.); BGH NJW 2000, 144 (148); BGH LM § 133 BGB Nr. 17; BAG EzA § 1 KSchG Nr. 24.

wo sinnvoll inoffizieller **Name** der Entscheidung (zB *Höllenfeuer, Lüth, Autokran, Holzmüller* uÄ)[1130, 1131]

> **Beispiele:** RGZ 78, 239, 241 – Linoleumrolle; BGHZ 130, 205 ff. – Feuer, Eis und Dynamit.

Dabei sollte man aber keine eigenen Namen erfinden

> **Beispiele:** *Schweinepanik* für BGHZ 115, 84, *Nerzquäler* für BGH NJW 2016, 1584 oder *Schwarze Löcher* für BVerfG NVwZ 2010, 702 ff.

und auch die eingefahrenen Bezeichnungen nicht ändern oder korrigieren.

> **Beispiel:** BVerfGE 93, 1 ff. wird allgemein *Kruzifix* genannt. Sicher wäre *Kreuz* treffender, weil es in dem Beschluss nicht nur um Kruzifixe, sondern allgemein um christliche Kreuze geht. Aber es ist eben eingebürgert.

Ein **Stichwort** kann eine nützliche Gedächtnisstütze für den Leser sein. Wer also eine Entscheidung leichter identifizierbar machen will, kann sich zur Not auch ein eigenes ausdenken. Man kann es in Anführungsstriche setzen, um zu zeigen, dass es nicht allgemein verbreitet ist.

> **Beispiel:** „*Love Parade*" für BVerfG NJW 2001, 2459 (v. 12.7.2001, 1 BvQ 28/01)

Man kann das entscheidende Gericht hervorheben, indem man es kursiv setzt oder eine Schrifttype mit Versalien wählt. Das sollte man dann aber einheitlich handhaben (also auch auf die Autorennamen anwenden), damit dem Leser wirklich eine schnellere Orientierung ermöglicht wird.

> **Beispiel:** *BGH* NJW 2015, 144 (148 f.)

1130 Gängig sind solche Stichworte für die Urteile im Wettbewerbsrecht und im gewerblichen Rechtsschutz (also beim BGH für die Urteile des I. Zivilsenats), im Gesellschafts- und Konzernrecht (beim BGH also für die Urteile des II. Zivilsenats), gern auch einmal bei Persönlichkeitsrechtverletzungsstreitigkeiten Prominenter (*Caroline 1* bis *Caroline 38*) und weniger Prominenter (*Esra*), manchmal auch dort, wo jeder den Namen kennt (zB BGHZ 179, 27 ff. – *Quelle*), den das Gericht anonymisierend verschweigt (BGH a.a.O. Rn. 1: „Die Beklagte betreibt ein Versandhandelsunternehmen"). Selten vergibt auch der BGH selbst einmal einen Namen, zB *Anastasia* für BGHZ 53, 245 = NJW 1970, 946; meist sind es die Namen natürlicher Personen – üblicherweise die der Kläger (unterscheidungsstark, aber wenig handlich ist *Peter Mark Emanuel Graf von Wolffersdorff Freiherr von Bogendorff* für BGH MDR 2019, 351; gelegentlich kommt aber auch mal ein Götter- oder Produktname vor, zB *Morpheus* für BGH NJW 2013, 1441. Urteile des EuGH werden oft nach den Klägern benannt, zB *Christel Schmidt* und *Ayse Süzen, Kücük* oder *Heininger, Centros, Inspire Art, Überseering*. Solchen Gepflogenheiten sollte man sich als Bearbeiter von Übungs- und Prüfungsarbeiten ruhig anschließen. Gerade wenn man ein inhaltliches Problem unter Heranziehung einer Reihe von obergerichtlichen Entscheidungen erörtert, haben solche Stichworte eine nützliche Orientierungsfunktion (zB der Umfang des kaufrechtlichen Nacherfüllungsanspruchs, der sich sinnvoll nur diskutieren lässt, wenn man die *Dachziegel-*, die *Bodenfliesen-* und die *Parkettstäbe*-Entscheidungen des BGH und des EuGH heranzieht).

1131 Nicht immer ist die Angabe eines Entscheidungsnamens ausreichend unterscheidungskräftig. Teils werden mit demselben Namen mehrere Entscheidungen unterschiedlicher Gerichte identifiziert, etwa mit *Metall auf Metall* LG Hamburg BeckRS 2013, 07726; OLG Hamburg GRUR-RR 2007, 3; BGH NJW 2009, 770; OLG Hamburg ZUM 2011, 748; BGH NJW 2013, 1885; BVerfG NJW 2016, 2247; BGH ZUM 2017, 760; EuGH NJW 2019, 2913; BGH BeckRS 2017, 116421.

Bei längeren Fußnoten hilft das dem Auge. Achten Sie mal in anständig gesetzten Lehrbüchern darauf. Am einfachsten geht es, wenn man sich eine Formatvorlage dafür definiert.

Oft wird der Name des entscheidenden Gerichts durch ein Komma von der Fundstelle abgesetzt. Das ist nicht nötig, aber zulässig. Teils findet sich die Seite mit dem konkreten Zitat in (runde oder eckige) Klammern gesetzt. Geht auch. Bitte einheitlich handhaben.

> **Beispiel:** BGH, NJW 2015, 144 (148).

Im Allgemeinen gibt man nur das Gericht an, nicht den Spruchkörper (das ist der Senat oder die Kammer, die die betreffende Entscheidung gefällt haben), also *BGH* statt *III. Zivilsenat des BGH*. Die Angabe des Spruchkörpers ist für den Leser nur informativ, wenn die Rechtsprechung des BGH nicht mit der des III. Zivilsenats[1132] gleichgesetzt werden darf, weil es divergierende Entscheidungen verschiedener Senate gibt. Solche Abweichungen müssen aber meist auch im Haupttext thematisiert werden; sie werden dann in den Fußnotenangaben nur noch weiter präzisiert.[1133]

Bei der **Bezeichnung der Gerichte** haben sich in der Praxis einige Ungenauigkeiten eingeschlichen.

> **Beispiele:** Das *LAG Frankfurt am Main* heißt amtlich *Hessisches LAG*, der *VGH Kassel* amtlich *Hessischer VGH*.[1134]

Die kann man übernehmen, weil keine Verwechslungsgefahr besteht. Gleichwohl ist auf einheitliche Bezeichnung zu achten – sonst entsteht der Eindruck, die Fußnoten seien aus verschiedenen Quellen ungelesen zusammenkopiert worden.

Überwiegend wird nicht angegeben, um welche Art von Entscheidung (**Urteil, Beschluss**) es sich handelt. Teils wird das aber anders gehandhabt, etwa oft im Arbeitsrecht. Sinnvollerweise schließt man sich den Konventionen des Rechtsgebiets an, in dem man arbeitet.

Es ist zur Erleichterung der sicheren Identifikation üblich, zuerst die Seite anzugeben, auf der der Abdruck beginnt, und dann die Seite(n) mit dem konkret in Bezug genommenen Zitat. Ist der zitierte Abschnitt so wichtig, dass er in den Rang eines dem Urteil vorangestellten Leitsatzes erhoben worden ist, zitiert man trotzdem nicht nur die Anfangsseite mit dem Leitsatz, sondern immer auch die Passage aus den Urteilsgründen. Dort wird in aller Regel präziser argumentiert, es finden sich Belege und der Sachzusammenhang wird deutlicher als im Leitsatz. Steht die zitierte Stelle schon auf der ersten Seite, zitiert man nur diese.[1135]

549 Hat man für eine Entscheidung mehrere Fundstellen zur Verfügung, kann man sie alle angeben – das ist bequem für den Leser.

> **Beispiel:** BGHZ 196, 101 = NJW 2013, 1072 = JZ 2013, 894.

Das ist aber mühselig, weil man sich damit selbst unter Druck setzt, es immer so zu halten.[1136] Außerdem braucht das unnötig viel Platz und bläht so den Text auf, ohne ihn inhaltlich klüger zu machen. Und manchmal sind es Dutzende Fundstellen, die man nicht wirklich alle angeben will. Also genügt eine Fundstelle. Bei deren Auswahl gibt es mehrere Kriterien.

1132 Die Zivilsenate des BGH sind römisch nummeriert, sodass es sich durchgesetzt hat, sie *VI. Zivilsenat* statt *6. Zivilsenat* zu nennen.

1133 Teils wird empfohlen, Entscheidungen des Großen Senats (und dann wohl konsequent auch den Gemeinsamen Senat der Obersten Gerichtshöfe des Bundes) als solche durch die Angabe *GS* bzw. *GmS-OGB* zu kennzeichnen (zB Noltensmeier/Schuhr JA 2008, 576 [582] mit Fn. 82).

1134 In Bayern heißen die beiden Landesarbeitsgerichte aber *LAG München* und *LAG Nürnberg*, in NRW *LAG Düsseldorf*, *LAG Hamm* und *LAG Köln*. Justiz ist Ländersache.

1135 Beachten Sie dabei, dass in den amtlichen Entscheidungssammlungen meist Leitsatz und Sachverhalt soviel Platz einnehmen, dass die Gründe fast immer erst auf einer weiter hinten liegenden Seite beginnen. Aufmerksame Leser wissen das und gehen davon aus, dass Sie das Urteil nicht gelesen haben, wenn Sie nur die Anfangsseite zitieren.

1136 Mit einer Datenbank wie beck-online oder juris kann man leicht die Parallelfundstellen herausfinden. (Sie dürfen aber davon ausgehen, dass nicht nur Sie Zugang zu einer solchen Datenbank haben, sondern auch Ihre Leser.) Bei älteren Urteilsveröffentlichungen bleibt nur der anstrengende Weg: Nachsehen im Register der betreffenden Fachzeitschrift; bestenfalls ist das retrodigitalisiert im Netz zu haben.

5. Teil. Anhang I: Formalien und wissenschaftlicher Apparat

550

Man zitiert bevorzugt[1137] den Abdruck in der **amtlichen Sammlung.**[1138]

> **Beispiel:** Besser BGHZ 196, 101, 108 als *BGH* NJW 2013, 1072, 1074.

es sei denn, dass die Wiedergabe in der amtlichen Sammlung gekürzt erfolgt, während der Text anderswo vollständig abgedruckt ist.

> **Beispiel:** Dann bietet es sich an zu schreiben: BGHZ 72, 252 = NJW 1979, 160 (insoweit in der amtlichen Sammlung nicht wiedergegeben).

Vorrang haben die am **leichtesten zugängliche** Fundstelle und diejenige, an der die Entscheidung **vollständig wiedergegeben** ist. Ist ein Urteil des BVerfG im **Bundesgesetzblatt** abgedruckt (in den Fällen, in denen das Urteil Gesetzeskraft erlangt, vgl. § 31 BVerfGG), sollte man dieses als Fundstelle wählen.

> **Beispiel:** Statt *BVerfGE 130, 263* schreibt man BVerfG BGBl. I 2012, 459.

Auf die Fachzeitschriften- oder notfalls Internetveröffentlichungen muss man ausweichen, wenn die Entscheidung zwar für die Entscheidungssammlung bestimmt,[1139] aber der einschlägige Band noch nicht erschienen ist. Für die Gerichte der unteren Instanzen gibt es keine amtlichen Sammlungen; oft stellt sich das Problem aber nicht, weil die Entscheidung sowieso nur an einem Ort veröffentlicht ist.

Geht aus der Angabe der amtlichen Sammlung hervor, welches Gericht zitiert wird, lässt man die zusätzliche Angabe des Gerichts weg.

> **Beispiel:** Statt *BGH* BGHZ 34, 244, 247 schreibt man nur BGHZ 34, 244, 247.

Weggelassen wird die Gerichtsbezeichnung auch der Kürze halber, wenn mehrere Entscheidungen des gleichen Gerichts hintereinander zitiert werden.

> **Beispiel:** *BGH* NJW 1992, 324, 325; NJW 2004, 1415, 1417; BB 2007, 88, 89.

Nach Möglichkeit wählt man eine deutschsprachige Fassung des Urteils. Praktisch wird das insbesondere bei Entscheidungen des **EuGH**[1140]. In erster Linie werden diese nach der deutschen Sammlung zitiert (*Slg.*, gelegentlich *EuGHE* genannt)[1141], in zweiter Linie nach dem Text in der deutschen Ausgabe des EG-Amtsblatts, in dritter Linie nach einer möglichst leicht zugänglichen deutschen Fachzeitschrift.

> **Beispiel:** *EuGH* Slg. 2001, I-9945 – Heininger (ersatzweise oder zusätzlich: NJW 2002, 282)

Gleiches gilt für das Europäische Gericht erster Instanz (**EuG**). In Zukunft wird sich vermutlich der **European Case Law Identifier** (ECLI)[1142] durchsetzen, der bereits gelegentlich in wissenschaftlichen Texten verwendet wird, bald vielleicht auch der European Legislation Identifier (ELI) für Gesetze.

> **Beispiel:** Urteil Schempp, C 403/03, EU:C:2005:446, Rn. 12.

Um eine Gerichtsentscheidung eindeutig und zugleich leserfreundlich zu zitieren, müsste man eigentlich Datum, Aktenzeichen und eine Fundstelle des Abdrucks angeben.[1143]

1137 Im Arbeitsrecht aber eher das Nachschlagewerk des BAG – Arbeitsrechtliche Praxis (AP) als die BAGE.

1138 Ob ein Urteil in der amtlichen Sammlung wiedergegeben ist, kann man für den BGH, das BVerwG und das BPatG schnell feststellen unter recht.com (leider nicht immer aktuell). Dabei stellt sich aber oft heraus, dass leicht einmal ein Jahr vergeht zwischen der Internet-Veröffentlichung und dem Abdruck in der amtlichen Sammlung.

1139 Das wird in der Internet-Veröffentlichung seitens des Gerichts durch einen ausdrücklichen Hinweis vor dem Rubrum, in den Fachzeitschriften durch ein Zeichen wie * oder † in der Überschrift zur Entscheidung kenntlich gemacht.

1140 Die Entscheidungen des EGMR werden in den Gerichtssprachen Englisch und Französisch abgesetzt, häufig ist aber eine deutsche Übersetzung verfügbar.

1141 Online verfügbar unter curia.europa.eu.

1142 Dazu die Mitteilung in NVwZ 2014, 1361 ff. sowie t1p.de/gsx7; zur bisherigen Verbreitung in Deutschland t1p.de/zevf.

> **Beispiel:** BGH Urt. v. 22.6.2005, Az. VIII ZR 281/04 = NJW 2005, 2852.

In manchen wissenschaftlichen Arbeiten (insbesondere Doktorarbeiten), in einigen Fachzeitschriften und im arbeitsrechtlichen Schrifttum wird so zitiert. Da sich das nicht allgemein durchgesetzt hat, wird es in studentischen Arbeiten nicht gefordert, zumal es mehr Platz braucht. Wenn Sie so zitieren wollen, halten Sie sich durchgängig daran! Die Mühe, die Sie darauf investieren, lohnt in wenigstens einer Hinsicht: Der Leser sieht, dass Sie die zitierten Entscheidungen auch wirklich in der Hand hatten.

Durch ein **Entscheidungsregister** können Sie dem Leser die Suche erleichtern. Gefordert wird das bislang kaum. Wer sich aber beim Schreiben die Arbeit gemacht hat, eine Konkordanztabelle anzulegen, kann diese aus Höflichkeit auch der fertigen Ausarbeitung beifügen.

553 Ist die Entscheidung ganz **neu** und daher noch nirgends abgedruckt, wird sie nach dem **Umdruck** zitiert, also nach der Form, in der das Gericht sie erlassen hat (identisch mit der möglicherweise verfügbaren PDF-Fassung).

Nicht zwingend, aber doch hilfreich ist die Kennzeichnung einer unveröffentlichten[1144] Entscheidung durch einen Vermerk wie *(unveröffentlicht)* oder *n.v.* hinter der Angabe des Gerichts, des Entscheidungsdatums und des Aktenzeichens. Der Leser fängt dann gar nicht erst an, mühsam zu suchen. Wenn Ihnen die Entscheidung aber wichtig erscheint, fügen Sie sie im Anhang an.[1145]

> **Beispiel:** BGH v. 22.6.2005, Az. VIII ZR 281/04 (unveröffentlicht), S. 12 oder (besser): Rn. 23

Letzthin immer beliebter ist es, etwa die Urteile des BGH nur nach der im Internet verfügbaren Fassung zu zitieren. Das ist tolerabel, weil regelmäßig auch der Leser einen Internetzugang hat. Zu empfehlen ist dann ein Zusatz (im Quellenverzeichnis oder in der ersten Fußnote, die ein solches Zitat enthält) etwa folgenden Wortlauts: *Entscheidungen des BGH nach dem 1.1.2000 sind nach der Internetfassung*[1146] *unter Angabe der Seite oder – wo vorhanden – der Randnummer zitiert.*

553a Ist eine Entscheidung nur in der Datenbank von **juris** veröffentlicht, zitiert man sie mit Datum und Aktenzeichen und dem Klammerzusatz *(juris).*[1147]
Unveröffentlichte Entscheidungen, die man in anonymisierter Form vom jeweiligen Gericht bezogen hat, sollte man in Kopie dem Gutachten als Anhang beifügen.
Meist sind die Entscheidungsgründe so lang, dass die genaue Fundstelle angegeben werden muss (sonst muss der Leser immer die ganze Entscheidung lesen, auch wenn er nur nach einem einzigen Satz sucht).
Beim Zitieren aus einer Entscheidungssammlung genügt die **Seite** mit der Fundstelle, beim Zitieren aus einer Fachzeitschrift wird manchmal zusätzlich die **Spalte** angegeben.

> **Beispiel:** BGH NJW 2012, 296, 297 r.Sp.

Das ist nicht zwingend, aber höflich.[1148] Praktischer für den Leser, der an einer anderen als der angegebenen Fundstelle nachlesen will, ist die Angabe der **Gliederungsziffer.**

> **Beispiel:** BGH NJW 2012, 296, 297 unter II.2.a)aa).

1143 Sowie regelmäßig die Art der Entscheidung (Urteil oder Beschluss), weil gelegentlich unter demselben Aktenzeichen und demselben Datum sowohl ein Urteil als auch ein Beschluss ergehen, zB BGH NJW 2007, 909 ff. und 912 f.

1144 In Deutschland bleiben ca. 99 % der Gerichtsentscheidungen unveröffentlicht; dazu Hamann JZ 2021, 656 ff.

1145 Dazu → Rn. 528.

1146 Unter t1p.de/mot1.

1147 Die juris-Dokumentennummer ist mittlerweile abgeschafft und damit für ein ordentliches Zitat nicht mehr erforderlich. Man kann die Entscheidung dem Gutachten als Anhang beifügen, sollte das aber angesichts der verbreiteten Verfügbarkeit von juris nur tun, wenn es ausdrücklich verlangt wird.

1148 Im Allgemeinen darf man aber dem Leser zutrauen, die zitierte Aussage auf der Seite selbst zu finden.

Beim Zitieren nach dem Umdruck oder der PDF-Fassung gibt man die **Randnummern** an (sofern vorhanden[1149]), sonst Gliederungsziffern oder Seiten. In letzterem Fall empfiehlt sich der Zusatz *S. x des Umdrucks*. Wie nützlich Randnummern sind, merkt man spätestens, wenn man in einem Urteil von 100 Seiten Umfang eine einzige kleine Aussage referenzieren will.[1150]

Ist die Entscheidung umgekehrt **alt** – aber eben nicht nur von historischem Interesse –, gelten die bisher genannten Regeln fast ohne Unterschiede ca. 150 Jahre rückwärts: Wenn heute Urteile des BGH in BGHZ oder der NJW veröffentlicht werden, wurden früher Urteile des RG in RGZ oder der JW abgedruckt. Sollten ausnahmsweise die vorstehenden Zitierempfehlungen einmal nicht funktionieren, zitieren Sie das Urteil so, wie Sie es selbst an der Fundstelle zitiert gesehen haben.

Bei **depublizierten Urteilen**

> **Beispiel:** LG Bochum v. 5.10.2017, II-2 KLs 365 Js 335/12 – 8/16.

sollte man zunächst nach einer Parallelfundstelle suchen;[1151] findet sich keine, muss das Urteil wie ein unveröffentlichtes behandelt werden. Mindestens ist ein Hinweis wie *depubliziert* anzubringen. Eine pragmatische Lösung des Problems bieten Online-Archivierungsdienste.[1152]

Haben Sie **ausländische oder fremdsprachige Quellen** zitiert, sollten Sie die Zitierweise den hiesigen Gepflogenheiten anpassen.[1153] Das erspart es dem Leser, sich mit einer für ihn vielleicht exotischen Zitierweise vertraut machen zu müssen.   553b

> **Beispiel:** *Strauss*, Yale LJ 123 (2013/2014), 2676, 2679.

Wenn Sie aber nicht wissen, wie das aussehen soll, belassen Sie es bei der originalen Zitierweise.

Mit diesen Regeln sollten Sie 98% der im Alltag vorkommenden Fragen bei der Fußnotenerstellung beantworten können. Der Rest lässt sich eigentlich immer in den Griff bekommen, indem man Analogien zu den obigen Regeln bildet, sich an den Zitiervorschlägen im zitierten Medium selbst oder an den Zitierhandhabungen anderer Leute orientiert.   553c

Die **Formatierung** der Fußnoten ist nicht besonders kompliziert. Vorzugsweise verwendet man auch hierfür eine Formatvorlage. Als Schriftgröße werden 10 pt oder 9 pt eingestellt (nicht kleiner!), die Schriftart ist am besten dieselbe wie im Text, die Ränder ebenfalls. Mit einem geringeren Zeilenabstand lässt sich ein bisschen Platz sparen, wenn man viele mehrzeilige Fußnoten gesetzt hat. Ist der Zeilenabstand zwischen den Fußnoten ein wenig größer als innerhalb der Fußnoten, dient das der Übersicht.   554

Im Text wird das Fußnotenzeichen im Allgemeinen kleiner gesetzt und hochgestellt. Die Klammer hinter dem Fußnotenzeichen kommt immer mehr außer Mode.[1154] Am Fuß der Seite kann man dieselbe Formatierung verwenden. Am besten richtet man dort einen hängenden Einzug ein, damit die Fußnotenzahlen links herausgestellt erscheinen und das Auge sich leichter orientieren kann. Wer im Text Blocksatz verwendet, sollte das auch in den Fußnoten tun (Silbentrennung vor dem Drucken nicht vergessen). Der Korrekturrand von einem Drittel der Seite links ist auch bei den Fußnoten erforderlich.

1149 Der EuGH und das BVerfG verwenden sie schon lange; 2005 hat auch der BGH damit begonnen, die Instanzgerichte ziehen teils nach (leider übernehmen sie nicht alle Fachzeitschriften beim Abdruck der Urteile). Das wird die genaue Angabe der zitierten Textstelle sehr erleichtern. Zwar könnte man sich damit auf die Angabe der Randnummer beschränken und die Fundstelle ganz weglassen; für den Leser praktischer und höflicher ist es aber, wenigstens eine leicht erreichbare Fundstelle anzugeben. Ein Beispiel finden Sie hier in Fn. 631.

1150 We lange müsste der Leser lesen, wenn er in BVerfG NJW 2020, 1647 = t1p.de/yjap nach der Aussage in Rn. 116 suchen wollte?

1151 Im Beispiel ist das Urteil zwar in Juris, beck-online und NRWE gelöscht worden, aber in openJur teilweise weiter verfügbar; dazu Zenthöfer FAZ Einspruch v. 20.2.2019.

1152 Das sind etwa web.archive.org/, www.webcitation.org/ und https://perma.cc/.

1153 Beispiel für ein Urteil in Fn. 480. Diese Regel ist nicht zwingend. Häufig findet sich auch die gegenteilige Handhabung, also die durchgängige Befolgung der jeweiligen nationalen Zitierregeln.

1154 Sie geht auf die Zeiten der Schreibmaschine zurück, als schon das Hochstellen schwierig war – und erst recht die Wahl einer kleineren Schrifttype. Heute lässt man sie Platz sparend weg.

VI. Einige beliebte Unarten in Fußnoten

Fehlende Routine und unsorgfältige Vorgehensweise lassen sich an einer Reihe von typischen Defiziten leicht ablesen. Diese Defizite zu vermeiden ist einer der einfachsten Wege, beim Leser einen guten Eindruck zu hinterlassen.

555 Die Fußnote soll ein **leichtes Finden** der Belegstelle ermöglichen. Deswegen sind Verweise auf ganze Kapitel (*S. … ff.*) oder gleich die ganze Publikation (*passim* oder *S. 1 ff.*) fast immer untunlich. Der Leser will nicht den ganzen Text lesen müssen, um vielleicht irgendwo eine Aussage zu finden, die Ihr Argument stützt.

Zudem wirken gehäufte Zitate dieses Typs leicht (unfreiwillig?) angeberisch, weil sie immer ein wenig den Eindruck hervorrufen, der Verfasser jongliere mit hunderten von bereits gelesenen und voll verstandenen grundlegenden Monographien.[1155] Eine einfache Faustregel hilft: Einen Text mit *passim* zu zitieren kommt überhaupt nur infrage, wenn man den Text selbst vollständig gelesen hat.

Dient ausnahmsweise wirklich einmal ein ganzer Text als Beleg für Ihre Aussage,[1156] ist *passim* natürlich in Ordnung.

Wenig hilfreich sind **Sekundärzitate**

> **Beispiele:** Wenn Sie die Aussage „It's better to burn out than to fade away" belegen wollen, schreiben Sie nicht *Young*, Hey hey my my, zitiert nach *Cobain*, Brief an die Nachwelt, sondern zitieren direkt bei *Young*[1157]. In juristischen Prüfungsarbeiten sieht das typischerweise etwa so aus: „Auch Friedrich Carl von Savigny erkannte bereits früh, dass eine Sache neben ihrem Verkaufswert auch einen Gebrauchswert hat [Fn.: HKK-BGB/*Jansen*, §§ 249-253, 155, Rn. 126]". Diese Art von Sekundärzitat ist doppelt unglücklich, weil die Primärfundstelle noch nicht einmal angegeben ist.

Um die wirkliche Fundstelle zu erfahren, muss der Leser unnötigerweise erst noch zu einem weiteren Buch greifen.

Ausnahmsweise zulässig ist ein solches Sekundärzitat, wenn die Primärquelle nur ungewöhnlich schwer oder gar nicht mehr zugänglich ist.[1158] Dann sollten Sie aber die Fundstelle in der Primärquelle so genau wie möglich kennzeichnen – und sei es auch nur durch vollständiges Abschreiben aus der Sekundärquelle.

> **Beispiel:** *Kant*, Zum ewigen Frieden, S. 33 ff., zitiert nach *Wilhelm*, S. 225.

In solchen Fällen sollten Sie überlegen, ob Sie die Quelle in einem Anhang wiedergeben.
Das sind aber Ausnahmen. Regelmäßig sind Zitate des Typs *A unter Verweis auf B* verdeckte Sekundärzitate, die dem Leser signalisieren, dass Sie keine Lust hatten, dem Verweis bei A nachzugehen. Darin liegt nicht nur ein alltägliches Ärgernis für den Leser, sondern ein Verstoß gegen ein Gebot des wissenschaftlichen Arbeitens: Sie müssen selbst an die Quelle. *Ad fontes.*

Die Bequemlichkeit, die darin besteht, die eigentliche Quelle nicht aufsuchen zu müssen, rechtfertigt kein Sekundärzitat, selbst wenn die sekundäre Quelle als zuverlässig gelten darf.

> **Beispiel:** Wer aus einem letztinstanzlichen Urteil die Begründung der Vorinstanz zitiert, kann davon ausgehen, dass das letztinstanzliche Gericht das Vorgericht nicht sinnentstellend wiedergibt.

1155 In manchen Wissenschaftszweigen wurde und wird das fachkulturell anders gesehen, oft auch in Sachbüchern für das allgemeine Lesepublikum. Juristen sind da eher strenger.

1156 So zB hier in Fn. 687, 509. In Rechtsgutachten ist das aber eher ungewöhnlich, weil die in Bezug genommenen Gedanken meist eher klein und präzise als groß und wolkig sind – deshalb haben sie auch fast immer eine genau benennbare Fundstelle.

1157 Das ist schon eine Fortgeschrittenenübung: Wer einen Rock'n'Roll-Song zitieren will, muss zuerst überlegen, ob der eigentlich zitiertauglich ist (dazu → Rn. 519) und dann entscheiden, welche Angaben zur Identifizierung erforderlich sind (Zitiervorschlag in → Rn. 523b; vielleicht wie hier in Fn. 408, zur Not auch wie in Fn. 321). Bei einem Graffito fehlt es dann wohl wirklich regelmäßig an der erforderlichen Dauerhaftigkeit (das in Fn. 320 zitierte hat immerhin sechs Auflagen dieses Buchs überstanden), sodass man es nur mit einem ironischen Zwinkern zitiert.

1158 Ein Beispiel finden Sie in Fn. 650.

Ob das Zitat aber vollständig ist oder einen möglicherweise wichtigen Gesichtspunkt unerwähnt lässt, kann man erst beurteilen, wenn man den Originaltext gelesen hat.

Die Regel gilt nicht nur für Aussagen zu Rechtsfragen, sondern auch für Belege zum Tatsächlichen.

Beispiel: Wer die Verbreitung eines sozialen Phänomens statistisch belegen will, zitiert eher die Aussagen und Zahlen des Statistischen Bundesamts als den Bericht in der Tagespresse, der diese Zahlen aufgreift und interpretiert.

Die nicht kenntlich gemachte Form des Sekundärzitats heißt **Blindzitat**.[1159] Auch wenn es viel Zeit sparen mag, sich auf die saubere Arbeitsweise desjenigen zu verlassen, von dem man das Zitat ungeprüft übernimmt, ist das natürlich wissenschaftlich indiskutabel. Außerdem ist Blindzitieren eine Kunst, die beherrscht werden will. Wenn Ihr Korrektor Sie ertappt, bekommen Sie keine Bonuspunkte für Blindzitate.

555a

Beispiel: Die Übernahme von Fundstellen aus dem beliebten Kommentar von *Grüneberg* ist nicht ganz einfach: Die Bearbeiter des *Grüneberg* zitieren nämlich immer nur die Textseite, auf der die belegte Stelle steht, nicht aber die Anfangsseite des Urteils. Aus dem *Grüneberg* abgeschriebene Zitate sind deshalb leicht zu erkennen.

Weder schön noch praktisch sind die Verweise *a.a.O.*, *ibid.* und *ebd.* (*am angegebenen Ort*, *ibidem* und *ebenda*) in Fußnoten, in denen zum zweiten oder häufigeren Mal dieselbe Quelle zitiert wird. Auch wenn sie – und das ist das Mindeste! – mit einer abweichenden Seitenzahl oder Randnummer versehen sind,

555b

Beispiel: BGH a.a.O., Rn. 27.

zwingen sie den Leser, an anderer Stelle nachzusehen. Das mag zwar ohne Weiteres zumutbar scheinen, wenn es um die unmittelbar vorstehende Fußnote geht oder um einen Verweis innerhalb einer Fußnote.[1160] Ärgerlicherweise rutscht ständig im Lauf der Ausarbeitung eine weitere Fußnote dazwischen. Weil der Leser das aber nicht weiß, wird das Ganze für ihn zum Ratespiel. Schlimmstenfalls löschen Sie die in Bezug genommene Fußnote, ohne zu bemerken, dass dadurch etliche Verweise ins Leere gehen. Um das zu vermeiden, wiederholt man einfach die vollständige Fundstelle.[1161]

Ihre **eigene Meinung** versehen Sie nicht mit einer Fußnote – es sei denn, Sie hätten sie im juristischen oder sonstigen Schrifttum schon einmal vertreten.[1162] Dann können Sie sich selbst zitieren, wenn es Ihnen nicht zu peinlich ist.[1163]

556

Fußnoten im Stil von *So auch Flume, Medicus und Larenz; des Weiteren BVerfG und BGH (jeweils mit Fundstellen)* hinter den eigenen Argumenten sind zwar grundsätzlich in Ordnung, klingen aber aus der Feder eines Viertsemesters leicht anmaßend.

Im Allgemeinen schließt sich der Student im vierten Semester der Ansicht von *Medicus* an – und nicht umgekehrt.[1164] Das gilt auch, wenn Sie durch Selbstdenken zum gleichen Ergebnis gelangt sind wie *Medicus*. Er war trotzdem früher da.[1165] Wer unter diesen Umständen *So schon [Autorität]* schreibt, behauptet damit mindestens einen im Großen oder Kleinen abweichenden Begründungsansatz für das identische Ergebnis.

1159 Dazu schon → Rn. 179.

1160 ZB hier in Fn. 1130.

1161 Wenn Sie unbedingt *a.a.O.* und *ebd.* (oder geheimnisvoll lateinisch *loc. cit.*) verwenden wollen, müssen Sie die Checkliste in → Rn. 569 um einen Punkt erweitern: Prüfen aller dieser Verweise auf Stimmigkeit. Meinetwegen.

1162 Damit ist nicht Ihre Hausarbeit für die Anfängerübung im Bürgerlichen Recht gemeint, sondern ein gedruckt erschienener Text, den man in einer Bibliothek finden kann.

1163 Ähnlich Byrd/Lehmann Zitierfibel S. 115 f.

1164 Das kann aber natürlich auch andersherum passieren. Wunder gibt es immer wieder. Wenn Ihnen so etwas gelingt, schreiben Sie mir eine E-Mail? Die Anschrift steht in Fn. 4.

1165 Stellen Sie sich vor, Sie seien R.F. Scott und erreichen den Südpol: Amundsen war schon da, da gibt es nichts zu deuten. Trotzdem eine große Leistung.

Wenn Sie aber – wie so häufig – einem bereits anderweitig vertretenen Standpunkt folgen, müssen Sie Belege für diesen Standpunkt bringen. Wer also nach einigem Lesen von Quellen feststellt, dass vorher schon andere auf den gleichen Gedanken gekommen sind, darf ihn nicht mehr als eigenen beanspruchen, obwohl er im besten Sinne selbst entwickelt ist.[1166]

557   Es wirkt wenig durchdacht, sämtliche Fußnoten pauschal mit einem *Vgl., Ähnlich auch, Dazu siehe* oder dergleichen einzuleiten. Der Informationswert dieser Füllsel ist sehr gering. Kurz: Das ist Platz- und Zeitverschwendung.[1167]

Vgl. (also: *vergleiche!*) setzt man entweder, wenn man eine Belegstelle nicht für unmittelbar, sondern nur für sinngemäß einschlägig hält (sodass man dem Leser die Arbeit der Übertragung des Gedankens vom einen Problem auf das andere zumutet – und das auch schon in der Fußnote andeuten will; in diesen Fällen soll der Leser wirklich einen gedanklichen Vergleich anstellen). Oder man benutzt es als Synonym für *vertiefend* oder *ergänzend* oder *ausführlicher.*

Vgl. bedeutet nicht *Lies nach bei [Quelle]*, auch wenn es in Anfängerarbeiten oft in diesem Sinne gebraucht wird.[1168] Und es bedeutet ganz gewiss nicht *So wörtlich [Quelle]*[1169] oder *So ähnlich [Quelle]*. Es bedeutet am ehesten *Nähere/weitere Informationen bei [Quelle]* und sollte möglichst auch nur in diesem Sinne verwendet werden.

Das einleitende *stellvertretend* (oft auch: *statt aller/statt vieler/vgl nur* uÄ) ist fast immer Blödsinn. Kaum je kann man nämlich alle einschlägigen Belegstellen wirklich aufzählen (oder auch nur wissen, ob man alle gefunden hat), sodass praktisch immer die Nachweise *stellvertretend* sind. Gleiches gilt für *z.B.*, das teils ebenso formelhaft eingesetzt wird. Sinnvoll ist ein *stellvertretend* allenfalls, wenn Sie im Text auf eine *überwiegende* oder *einhellige* Meinung hinweisen und die dafür eigentlich erforderlichen zahlreichen Nachweise dem Leser ersparen möchten.

Sensiblen Lesern gehen irgendwann auch die hirnlosen **Partizipien** auf die Nerven.

> **Beispiel:** *Zustimmend Schulz MMR 2010, 434 ff.* geht noch gut – aber muss es wirklich heißen *Zweifel äußernd Haase NJW 2007, 662, 663* statt *Zweifel äußert* oder wenigstens *zweifelnd* oder einfach *kritisch* oder *skeptisch?* Angesichts der vielen Partizipien (*einführend, vertiefend, klarstellend, differenzierend* usw.) fragt man sich, ob da nicht auch ein Verb in die Fußnote gehört – und wenn ja, welches eigentlich.

558   Fußnoten mit einer **repräsentativen Literaturauswahl** zu einem Problem[1170] sind ehrenvoll, aber unnötig – es sei denn, Sie hätten die zitierten Texte (wenigstens in den einschlägigen Auszügen) wirklich gelesen. Solche Fußnoten finden Sie in Lehrbüchern, Kommentaren und Doktorarbeiten; genau dort hin gehören sie auch.[1171]

559   Einleitungen wie *Instruktiv hierzu* oder *lesenswert* verwende man mit äußerster Zurückhaltung, am besten gar nicht. In einem Übungs- oder Prüfungsgutachten haben solche **Leseempfehlungen** keinen Platz, weil sie leicht als Bevormundung des Lesers missverstanden werden.

In einer Doktorarbeit, einer Seminararbeit oder einem Fachzeitschriftenbeitrag ist das anders, weil der Leser den Text mit einem anderen Erkenntnisinteresse liest. Man gebrauche Empfehlungen wie *Näher*

1166 So ähnlich ging es schließlich auch den vielen Helden, die nach Kolumbus (eigentlich: Leif Eriksson) tapfer von Europa nach Amerika gesegelt sind.

1167 Zum richtigen Gebrauch der zahlreichen Abkürzungen in Fußnoten und deren erläuternder Funktion Höhne JA 2014, 737 ff.

1168 In letzter Zeit ist *vgl.* zusätlich verdächtig geworden als Indikator für Plagiate des Typs *verschärftes Bauernopfer*. Umso mehr Zurückhaltung tut Not. Gelegentlich wird aber auch in der Anleitungsliteratur vorgeschlagen, *vgl.* als standardisierten Marker für ein sinngemäßes Zitat zu verwenden, etwa bei Vogel Erfolgreich recherchieren S. 105; dezidiert Theisen Arbeiten S. 174; v. Weschpfennig HFR 2012, 84 (93) Rn. 27 mwN schlägt vor, *vgl.* zu setzen, „wenn der eigene Text tatsächlich eine eigene Sprachgestalt aufweist oder in prägenden Details vom Ursprungstext abweicht". Näher noch Höhne JA 2014, 737 (740); Beyerbach Doktorarbeit Rn. 428 f.

1169 Sogar in dieser Lesart findet es sich; ein Beispiel bei t1p.de/cjau.

1170 Gern eingeleitet mit *Vertiefend.*

1171 Lesenswerte Warnung vor Fußnotenexzessen bei Haft Einführung S. 296 ff.

dazu die ausgezeichnete Übersicht bei [Quelle] gleichwohl ganz dosiert, denn sie enthalten immer die Behauptung, man könne beurteilen, was eine ausgezeichnete Übersicht jeweils sei. Mancher Leser empfindet das als Anmaßung, zumal aus der Feder eines Drittsemesterstudenten.

Der beliebte Hinweis *m.w.N.* bedeutet *mit weiteren Nachweisen* und ist grundsätzlich 560 sinnvoll. Man nutze ihn aber nicht inflationär. Er darf nicht verwendet werden, um dem Leser eines Gutachtens die Mühe aufzubürden, die sich eigentlich der Verfasser hätte machen sollen. Die größte Berechtigung hat *m.w.N.*, wo ein „ausgekautes" Problem durch Fußnoten dokumentiert werden soll, aber allen Beteiligten klar ist, dass die Schwerpunkte des Gutachtens anderswo liegen. Dann kann man mit *m.w.N.* zeigen, dass man auch die kleinen Probleme bedacht hat, aber dem Leser die Angabe vieler langweiliger Fundstellen zugunsten einer oder weniger ausgesuchter (!) ersparen möchte.

Die Variante *mit zahlreichen weiteren Nachweisen* wird gern benutzt, um Fußnoten, die sowieso schon etliche Nachweise enthalten, am Ausufern zu hindern, etwa ab drei oder vier Zeilen aufwärts.

Eigentlich sollte zitiertes Schrifttum überwiegend, wenn nicht sogar ausnahmslos *weitere Nachweise* enthalten. Texte, von denen man das nicht sagen kann, sind oft nicht wissenschaftlich angelegt, sodass noch einmal zu überlegen ist, ob sie überhaupt zitiert werden sollen.[1172]

Man zitiert **wörtlich** nur dort, wo es auf den genauen Wortlaut ankommt, also wenn man 561 eine Textstelle auslegen will, wie man auch das Gesetz auslegen würde.

Das ist selten.[1173] Viele Rechtsgutachten und Referate kommen ganz ohne wörtliche Zitate aus. Insbesondere sollten Sie überlegen, welcher Text eine solche Autorität hat, dass Sie ihn auslegen wollen oder müssen. Bei einer unklaren Passage aus einem BGH-Urteil kann das aber durchaus geschehen. Zitieren Sie nicht nur aus Unsicherheit andere, weil Sie gerade nicht wissen, was Sie selbst sagen wollen oder sollen. (Das passiert nicht nur Anfängern überraschend häufig.) Wenn Sie wörtlich zitieren, steht das Zitat regelmäßig im Haupttext, nicht in der Fußnote.

Ansonsten sind **wörtliche Zitate** zu **vermeiden**. Eine Arbeit, die sich hauptsächlich oder ausschließlich aus wörtlichen Zitaten zusammensetzt, kann Ihr Prüfer kaum bewerten, weil er nicht feststellen kann, ob Sie den Sinn der zitierten Texte verstanden haben.

Gekennzeichnet werden wörtliche Zitate durch Anführungsstriche (teils durch Kursivschreibweise, aber Anführungsstriche sind eindeutiger). Längere Zitate ab ungefähr drei Zeilen werden üblicherweise eingerückt, meist rechts und links, damit sie sofort erkennbar sind. Dem wörtlichen Zitat muss[1174] in einer Fußnote ein Beleg über Urheber und Fundstelle folgen. Auslassungen in wörtlichen Zitaten sind durch drei Punkte *[…]* kenntlich zu machen[1175]; teils wird diese Regel so gehandhabt, dass ein einzelnes weggelassenes Wort durch zwei Punkte *[..]* symbolisiert wird. Fehler im Zitat kann man mit einem in eckigen Klammern hinter dem Fehler eingeschobenen *[sic!]* kennzeichnen.[1176]

Fehler in ein Zitat einzubauen gilt zu Recht als peinlich.[1177]
Hervorhebungen in einem Zitat, die man selbst hinzufügt (Unterstreichungen, kursive Schreibweise etc.) werden üblicherweise durch einen Hinweis in einer Fußnote gekennzeichnet: *Hervorhebung(en) vom Verfasser*, erforderlichenfalls auch umgekehrt *Hervorhebung(en) im Original*.

1172 Zur Zitiertauglichkeit in Grenzfällen näher → Rn. 526.
1173 In Klausuren kommt es gar nicht vor, weil Sie keinen Text haben, aus dem Sie wörtlich zitieren könnten. Selbst wenn Sie also eine auswendiggelernte Definition verwenden, brauchen Sie diese nicht durch Anführungsstriche zu kennzeichnen.
1174 Und das heißt nicht *kann* oder *soll* oder *darf*, sondern *muss*. Nur bei Rechtsnormen genügt es, wenn aus dem Textzusammenhang klar wird, was Sie zitiert haben. Normen in Fußnoten zu zitieren gilt in juristischen Texten als anfängerhaft.
1175 Hier zB in → Rn. 150.
1176 Das heißt auf lateinisch *so* und bedeutet *so falsch im Original*.
1177 ZB Pätzold Adoption 111 bei Fn. 498, die dem BVerfG ein *dass* statt eines *das* unterschiebt.

Wird das Zitat als Nebensatz an einen eigenen Satz angeschlossen, müssen dadurch erforderlich werdende grammatikalische Änderungen (Flektion) sowie solche des Satzbaus gekennzeichnet werden. Meist werden dazu eckige Klammern verwendet (was zur Unterscheidung von runden Klammern sinnvoll ist, die Teil des Zitats sind).

> **Beispiele:** Heißt es in der Quelle „Dies ist die weitreichendste Reform seit Inkrafttreten des …", so kennzeichnet man die Änderung, indem man schreibt „Schulz spricht von der ‚weitreichendste[n] Reform seit Inkrafttreten des …'". – Soll ein Satz des EuGH zitiert werden, der lautet „Ein internationales Abkommen, das ein solches Gerichtssystem vorsieht, ist grundsätzlich mit dem Gemeinschaftsrecht vereinbar", dieser aber in einen Nebensatz verschoben werden, weil der Hauptsatz lautet „Der EuGH steht auf dem Standpunkt", würde man die nötig werdende Satzumstellung kennzeichnen: „Der EuGH steht auf dem Standpunkt, dass ‚[e]in internationales Abkommen, das ein solches Gerichtssystem vorsieht, [..] grundsätzlich mit dem Gemeinschaftsrecht vereinbar [sei]'." Bei konsequenter Handhabung dieser Technik müssen auch kleine Änderungen gekennzeichnet werten, die nur der Grammatik geschuldet sind, ohne den Sinn des Zitats zu ändern, etwa wenn aus „engen Auslegung" „enge[..] Auslegung" werden soll.

Ebenso verfährt man, wenn durch das Herausnehmen eines isolierten zitierten Satzes ein Bezug unklar wird, etwa schon bei Personalpronomina.

> **Beispiel:** Heißt es in der Quelle „Der Schuldner ist für das Verhalten seiner Erfüllungsgehilfen verantwortlich. Er haftet daher für Sorgfaltspflichtverletzungen seiner Gehilfen wie für eigene" und soll nur der zweite Satz zitiert werden, so sollte das Zitat lauten „Er [lies: der Schuldner] haftet daher für Sorgfaltspflichtverletzungen seiner Gehilfen wie für eigene." Ebenfalls möglich sind „Der Schuldner ‚haftet daher für Sorgfaltspflichtverletzungen seiner Gehilfen wie für eigene'" und „Der Schuldner […] haftet daher für Sorgfaltspflichtverletzungen seiner Gehilfen wie für eigene".

Bei konsequenter Handhabung dieser Regel wird alles gekennzeichnet, was vom ursprünglichen Wortlaut abweicht.[1178] Das gilt etwa auch für die Auflösung von Abkürzungen im Originaltext.

> **Beispiel:** Wer einen Satz aus dem *Grüneberg* wörtlich zitieren will,[1179] muss danach „Die Kombinationstheorie wendet die jew für den betr VertrBestandteil maßg RNormen an u versucht, sich dabei ergebende Ggsätzlich nach dem mutmaß PartWillen auszugleichen"[1180] auflösen zu „Die Kombinationstheorie wendet die jew[eils] für den betr[effenden] Vertr[ags]bestandteil maßg[ebenden] R[echts]normen an u[nd] versucht, sich dabei ergebende G[e]g[en]sätzlich[keiten] nach dem mutmaßl[ichen] Part[ei]willen auszugleichen".

Enthält die zitierte Passage ihrerseits ein Zitat, müssen gegebenenfalls abweichende Anführungszeichen verwendet werden, um das **Zitat im Zitat** zu kennzeichnen.[1181] Möglich sind etwa ‚Zitat', „Zitat" und *[Zitat]*. In diesem Fall sollte die Belegstelle für das Zitat im Zitat in eine Fußnote verlegt werden.

Wenn schon der Umgang mit dem Wortlaut des zitierten Texts solcher Vorsicht bedarf, ist klar, dass eines unbedingt ausgeschlossen sein muss: **Sinnänderungen**.

> **Beispiel:** Heißt es im Original: „Unser Unternehmen bringt Ihnen Schrauben und Muttern zu interessanten Konditionen direkt zu Ihrer Firma", darf das Zitat nicht lauten „Unser Unternehmen bringt Mutter Teresa um", auch nicht „Unser Unternehmen bringt […] Mutter[…] […]Teres[…]a […]u[…]m".[1182]

Das gilt nicht nur für solche Änderungen, die den Sinn des Gesagten ins Gegenteil verkehren (etwa durch Auslassen einer Verneinung), sondern auch für den häufigeren Fall, in dem das Zitat aus dem Zusammenhang gerissen wird und dadurch beispielsweise nicht mehr erkennbar ist, dass die zitierte Aussage nur für einen eher seltenen speziellen Fall gelten soll und gerade nicht allgemein. In der ersten Situation darf man die Quelle überhaupt nicht als Beleg heranziehen, in der zweiten muss jedenfalls darauf hingewiesen werden, dass die Aussage in der Quelle nicht unmittelbar einschlägig ist.

1178 Das bedeutet, dass auch Korrekturen von der alten zur neuen Rechtschreibung entweder unterbleiben müssen oder in jedem einzelnen Zitat durch eckige Klammern zu kennzeichnen sind oder wenigstens durch einmalige Fußnote klarzustellen sind; vorzugswürdig ist wohl der erste Vorschlag.

1179 Das dürfte in einem Rechtsgutachten nur ganz ausnahmsweise vorkommen.

1180 Grüneberg/Grüneberg BGB Überbl vor § 311 Rn. 24.

1181 Ein Beispiel in Fn. 509.

1182 Beispiel aus: Adams, Das Dilbert Prinzip (dt. 1997), S. 92.

Bei **fremdsprachigen Zitaten**[1183] ist es zweckmäßig, im Haupttext eine deutsche Übersetzung zu bringen,[1184] während der fremdsprachige Text zusammen mit der Fundstelle in die Fußnote aufgenommen wird. Dadurch bleibt der Text durchgängig auf Deutsch lesbar – und der Leser kann sich die Mühe der Übersetzung aus einer ihm vielleicht nicht geläufigen Sprache[1185] sparen. Wer zweifelt, ob die eigene Übersetzung wirklich alle Nuancen des Originals wiedergibt, verfährt umgekehrt und verlegt die Übersetzung in die Fußnote.[1186]

Der Normalfall des Zitats in juristischen Arbeiten ist das **sinngemäße Zitat** (indirektes Zitat, Paraphrase/Umschreibung). Übernommen wird dabei der Gedanke, nicht aber die Formulierung. Auch das sinngemäße Zitat braucht einen Beleg, damit klar ist, dass der Gedanke nicht vom Autor selbst, sondern aus der Quelle stammt. Die Formulierung mag näher an der Quelle liegen oder weiter von ihr entfernt sein; bei Verwendung von Fachbegriffen ist eine gewisse Nähe des Wortlauts oft nicht zu vermeiden. Wegen unterschiedlicher Schwerpunktsetzung oder knapperen zur Verfügung stehenden Platzes wird aber allein durch Kürzung oder Perspektivverschiebung meist eine spürbar abweichende Formulierung möglich sein.

Ein nicht ausgewiesenes Zitat nennt man ein **Plagiat**. Aufgedeckte Plagiate führen zu sehr schlechter Laune Ihres Prüfers. Wirklich sehr sehr schlechter Laune.[1187] Diese zu vermeiden ist also nicht nur eine Frage wissenschaftlichen Anstands, sondern auch eine der taktischen Klugheit.[1188]

562

1183 Erforderlich werden diese am ehesten in Gutachten mit rechtsvergleichendem oder internationalprivatrechtlichem Einschlag sein. Im Alltagsgeschäft universitärer Prüfungsgutachten werden Sie nur selten einmal fremdsprachige Zitate brauchen, etwa wenn Sie ein ausländisches Urteil oder Lehrbuch zu einem Problem zitieren, das hier noch kaum bekannt ist.

1184 Sollten Sie die Übersetzung durch eine Maschine haben erledigen lassen, muss sie unbedingt von einem Menschen überarbeitet werden. Auf absehbare Zeit ist von Übersetzungsprogrammen nichts unmittelbar Verwendbares zu erwarten.

1185 Englischkenntnisse sind kraft Schulüblichkeit ganz verbreitet und realistischerweise zu unterstellen; für die slawischen Sprachen gilt das aber nicht.

1186 Ein Beispiel hier in Fn. 480.

1187 Der mit dem Plagiat oft verbundene Urheberrechtsverstoß wird nicht nur ordnungswidrigkeitenrechtlich sanktioniert, sondern auch hochschulrechtlich, schlimmstenfalls droht Exmatrikulation (zB § 65 V HG NRW). Einige interessante Hinweise auch auf strafrechtliche Folgen bei Weber Google-Copy-Paste-Syndrom S. 66 ff.

1188 Natürlich ist das nicht ausgewiesene Übernehmen fremder intellektueller Leistungen in Zeiten des Internet noch einfacher als vorher schon. Aber unterschätzen Sie Ihre Leser nicht. Manchmal kennen die sich verblüffend gut aus. Und Sie glauben nicht, aufgrund welcher kleiner Anhaltspunkte und Zufallsfunde sich ein Anfangsverdacht entwickeln kann. Außerdem leben Ihre Prüfer technisch auch nicht alle auf dem Mond (auch wenn sie vielleicht schon ein bisschen älter sind): Sehen Sie sich einfach mal plagiarism-finder.de und turnitin.com als Beispiele für die kommerzielle Software sowie Weber-Wulff t1p.de/93ky zur Frage an, wie aufmerksam Ihre Leser – vielleicht – sind. Wenn Ihre Textübernahme durch eine einfache Suchmaschinen-Recherche zu entdecken ist, wird der Leser das nicht gerade als Kompliment an seine intellektuellen Fähigkeiten empfinden. Zu den Folgen wissenschaftlich unsauberer Arbeitsweise (1. Nichtbestehen der Prüfung, 2. spätere Aberkennung des erworbenen Abschlusses, 3. ehrenvolle Aufnahme in zahlreiche schwarze Listen und 4. ewige Verdammnis) lesenswert von Weschpfennig HFR 6/2012, 84 ff. = t1p.de/36vv. Gehen Sie davon aus, dass selbst sympathische und harmlos wirkende Professoren in dieser Hinsicht Intoleranz, Ungeduld und Verfolgungseifer an den Tag legen werden. Näher zu Technik und möglichen Folgen des Plagiats zB Finetti/Himmelrath Sündenfall, insbesondere 90 ff.; zu den letzthin beliebter werdenden Methoden der Übernahme fremder Leistungen in juristischen Texten Derleder NJW 2007, 1112 ff.; praktische Anleitung bei Schimmel GreifRecht 2009, 98 ff. (= t1p.de/43up); umfassend Rieble Wissenschaftsplagiat; aus der Rspr. zuletzt zB VGH BW v. 15.2.2015 – 9 S 327/14, juris; VG Köln NWVBl. 2012, 366 = t1p.de/mheq.; VG Düsseldorf ZUM 2014, 602 mAnm Apel.

Dass ein Text seinen Urheber nicht oder nicht sofort erkennen lässt, bedeutet übrigens nicht, dass es keinen Urheber gibt. Auch namentlich nicht gekennzeichnete Texte, die Sie aus dem Internet gefischt haben, dürfen also nicht einfach in Ihre Arbeit hineinkopiert werden.[1189]

563 Am besten steht **kein Text in den Fußnoten**. Regelmäßig soll dort nicht der Haupttext mit Nebengedanken fortgesetzt werden,

> **Beispiel:** „Anders läge es, wenn …“

sondern ausschließlich der Beleg für das im Haupttext Gesagte stehen.[1190]

Ausnahmen: Natürlich darf die Mitteilung einer Belegstelle moderiert werden. Es kann sinnvoll und nötig sein, dem Leser nicht nur kommentarlos eine Fundstelle hinzuwerfen, sondern dazu kurz zu erklären, wie damit umzugehen sei oder in welchem Zusammenhang die Fundstelle eine Rolle spiele.

> **Beispiel:** „So zum parallel liegenden Problem des … ausdrücklich *BGH* NJW 2018, 2112 f. mit zust. Anm. *Schulz*, 2206 f.“

Anders als im Rechtsgutachten darf man in einer Seminararbeit aber auch einmal eine Fußnote nutzen, um einen interessanten Nebengedanken anzureißen, der sonst den Gedankenfluss stören würde. Natürlich nicht in jeder Fußnote, aber doch gelegentlich.[1191] Außerhalb von Rechtsgutachten werden Fußnoten häufig genutzt, um Erläuterungen zu Personen oder Institutionen zu geben.

> **Beispiele:** In rechtsgeschichtlichen Untersuchungen finden sich etwa biographische Angaben zu einer im Text erwähnten historischen Person in der Fußnote; wird im Text einer Arbeit die FATF (noch dazu abgekürzt) erwähnt, kann man durchaus für den nicht spezialisierten Leser in der Fußnote ergänzen: „Die Financial Action Task Force on Money Laundering ist ein Gremium der OECD, dessen Aufgabe …“

Die in manchen wissenschaftlichen Texten anzutreffende Gewohnheit, in jeder einzelnen Fußnote einen neuen Gedanken zu präsentieren, ist für Studenten nicht vorbildlich. So sollte man erst arbeiten, wenn man die W 3-Professur sicher hat. Natürlich kann man damit seinen eigenen Ideenreichtum vorführen – aber vorläufig müssen Sie in erster Linie zeigen, dass Sie sich auf einen Gedankengang konzentrieren können.

564 Die Fußnote muss inhaltlich auf den Text abgestimmt sein, den sie belegt. Wenn im Text steht „… lässt die Rechtsprechung mittlerweile auch … genügen“ und dieser Satz mit einer Fußnote belegt wird (so gehört sich das), muss in der Fußnote eben auch ein Rechtsprechungsnachweis zu finden sein, am besten am Anfang. Wird dort „nur“ Schrifttum zitiert, hat der Leser zu Recht den Eindruck, der Verfasser habe eben keine Rechtsprechung gesichtet, sondern nur Lehrbücher in der Hand gehabt.[1192] Sie glauben nicht, wie oft solche Fußnoten vorkommen. Zu oft. Eine Fußnote, mit der der Standpunkt *der Rechtsprechung* oder *der Lehre* belegt wird, muss mehr als nur eine Quellenangabe enthalten – außer man zitiert die eine *Stellvertretend*.

1189 Überwiegend sind allerdings anonym verfasste Texte keine tauglichen Quellen für eine wissenschaftliche Arbeit.

1190 Dazu schon → Rn. 155.

1191 Ein Beispiel finden Sie hier in Fn. 1099. Der dortige Exkurs zum Thema „Wissenschaftlichkeit als Falle“ hätte den Haupttext zu sehr belastet; weil er aber eine Warnung enthält, die etwa 10% der Studenten dringend brauchen, konnte er nicht entfallen, sondern musste in die Fußnote verlegt werden.

1192 Umgekehrt darf ein Satz wie „[Streitfrage] ist höchstrichterlich bislang nicht entschieden“ nicht mit einer Fußnote belegt werden, die zwei höchstrichterliche Urteile enthält, sondern am ehesten mit einem Nachweis aus dem aktuellen Schrifttum.

Beispiel:[1193] „Es entspricht der ständigen Rechtsprechung, dass die ergänzende Vertragsauslegung nicht zu einer Erweiterung des Vertragsgegenstandes führen darf, sondern sich innerhalb des sich tatsächlich ergebenden Rahmens der getroffenen Vereinbarung halten muss[253].

[253] Grüneberg/*Heinrichs*, § 157, Rdnr. 9.“
Selbst wenn die Fußnote mit *Nachweise bei* eingeleitet worden wäre, wäre das noch ein Ausweis zu bequemen Vorgehens. Der Leser kann nicht wissen, ob die bei Grüneberg/*Heinrichs* aufgeführte Rechtsprechung geprüft worden ist.

Fußnoten sind kein Friedhof für rechtshistorisch Erledigtes, Überholtes oder auch nur Veraltetes. | 565
Aktuelle Nachweise sind alten Nachweisen vorzuziehen. Natürlich dürfen ältere Entscheidungen und Aufsätze zitiert werden; sie sollen es sogar, wenn sie besser begründet und informativer sind als die jüngeren. Wer aber nur ältere Fundstellen aufbietet, setzt sich dem Verdacht aus, diese nicht selbst recherchiert, sondern aus einem älteren Text übernommen zu haben. Wenn der Leser diesen Verdacht erst einmal gefasst hat, schaut er überall genauer hin.

VII. Ein Blick durch die Brille des Korrektors: Schöne Fußnotenapparate

Wer die genannten typischen Fehler in Fußnoten vermeidet, hat schon viel für den Erfolg seines Texts getan. Weiter punkten wird, wer die folgenden Empfehlungen zum Fußnotenputzen beherzigt.

Professionalität kann man zeigen, indem man sich eine **Ordnung der Belege** ange- | 566
wöhnt.[1194] Man kann etwa zuerst die Rechtsprechung, dann die Literatur aufführen, wobei die höchstrichterliche Rechtsprechung zuerst und davon die jüngere am Anfang der Fußnote genannt wird. Das erleichtert die Orientierung in längeren Fußnoten – und entspricht einer verbreiteten Handhabung.

Dass die Fundstellen aus der **Rechtsprechung zuerst** zu stehen pflegen, liegt daran, dass | 567
einem Gericht als staatlichem Organ eine andere Legitimation zur Gesetzesauslegung zukommt als dem Verfasser eines juristischen Lehrbuchs.

Gleichwohl kann es leicht geschehen, dass eine Quelle aus dem Schrifttum mehr und Klügeres zum jeweiligen Problem zu sagen hat als ein Gerichtsurteil: Das Gericht kann nicht beliebig weit ausholen, schon weil es an den Streitgegenstand und die Anträge der Parteien gebunden ist (obwohl sich gerade in obergerichtlichen Urteilen oft *obiter dicta* finden, also Aussagen, die zur Begründung des Urteilstenors eigentlich nicht erforderlich gewesen wären[1195]). Zudem haben die Gerichte in den unteren Instanzen nur beschränkt Zeit für Recherche und Urteilsbegründung.

Ein Gutachten, das keine oder fast keine Rechtsprechung auswertet, ist aber immer fehlerhaft. Das geschieht in Anfängerarbeiten nicht selten, vermutlich weil Lehrbücher, Kommentare und Handbücher besser zugänglich sind als Urteile.[1196] Sie sind aber keine Rechtsquellen und genießen schon gar nicht staatliche Autorität. Mag also ein Lehrbuch oder ein Skript sich besonders um gut handhabbare subsumtionstaugliche Definitionen bemühen, ist es gleichwohl keine Rechtsquelle.

Die **obersten Bundesgerichte** werden **zuerst** zitiert, weil deren Entscheidungen faktisch die stärkste Bindungswirkung entfalten. Außerdem sind die Urteile in der Regel länger und – kein Wunder nach Durchlaufen des Instanzenzugs – problemfokussierter. In der letzten Instanz stehen die Rechtsfragen im Vordergrund, während die Eingangsinstanzen mehr mit der Feststellung der streitentscheidenden Tatsachen zu kämpfen haben.

1193 Tarman, Die Gutachterhaftung gegenüber dem Dritten im deutschen und schweizerischen Recht, 2007, S. 65.

1194 Die Frage stellt sich natürlich nur, wenn mehr als eine Belegstelle pro Fußnote zu finden ist. Sollte das nie der Fall sein, haben Sie sich zu wenig Mühe gegeben. Zum Umfang der erforderlichen Belege → Rn. 180, zur Reihenfolge zB Becker/Pordzik JURA 2019, 617 (622 f.).

1195 Anständigerweise sollte man übrigens darauf hinweisen, dass man ein *obiter dictum* zitiert hat (weil das nebenbei Gesagte weniger Autorität genießt als das zur Urteilsbegründung Erforderliche). Das gerät aber langsam aus der Mode.

1196 Man kann und sollte aber lernen, Urteile zu lesen; einige Empfehlungen dazu in Fn. 243.

568   Innerhalb des **juristischen Schrifttums** laufen die Linien ein bisschen anders. Man kann alphabetisch oder zeitlich ordnen – oder darauf abstellen, wie sachnah und nützlich der jeweilige Text für die Problembearbeitung ist.[1197] Ein wichtiger Unterschied liegt in der **Kompetenz** des Verfassers.[1198]

Dabei spielt nur am Rand eine Rolle, ob es sich um eine bekannte und anerkannte Kapazität handelt, deren Wort quasi immer Gewicht beanspruchen kann. Wichtiger ist die Frage, wie intensiv das Problem in dem jeweiligen Text erörtert wird. Eine Habilitationsschrift ist detaillierter als eine Doktorarbeit als ein Zeitschriftenbeitrag als eine Urteilsanmerkung als eine kurze Urteilsanmerkung mit didaktischem Hintergrund. Meistens jedenfalls. Und der Fokus eines Praxishandbuchs liegt auf anderen Gesichtspunkten als der einer Monographie eines Hochschullehrers. In erster Linie achte man also auf die **Sachnähe** der Ausführungen im zitierten Text mit Blick auf das zu bearbeitende Problem. Der Umfang und der wissenschaftliche Apparat des betreffenden Textteils sind hierfür immerhin Indizien.

Zu bedenken ist in diesem Zusammenhang auch die **Neutralität** des Schreibenden.[1199]

Jenseits der Beachtung wissenschaftlicher Standards gibt es unterschiedliche Ausprägungen von Eigeninteresse. Ob ein unbeteiligter Wissenschaftler schreibt oder ein Rechtsanwalt, der beruflich nur die Interessen einer bestimmten Gruppe vertritt, kann einen Unterschied machen.[1200] (Allerdings haben auch Hochschullehrer Meinungen und Vorlieben und Industriekontakte und Gutachtenaufträge, arbeiten in An-Instituten usw.) Besonders deutlich wird das, wenn der Ausgang eines Rechtsstreits von einem Verfahrensbeteiligten kommentiert wird.[1201]

Von einem Studenten des dritten Fachsemesters kann man vielleicht nicht erwarten, dass er die zitierten wissenschaftlichen Texte nach Kriterien wie Kompetenz und Neutralität des Verfassers sortiert und auswählt. Ohne Weiteres zu leisten ist aber eine Reihenfolge, die etwa mit den Kommentaren beginnt, dann die Lehrbücher und Monographien nennt und mit Zeitschriftenbeiträgen, Entscheidungsanmerkungen etc. schließt. Wer das durchgehend so hält, kann dann im Einzelfall durch Abweichung leicht auf die besondere Bedeutung einer Fundstelle hinweisen.

569   Je länger die Fußnote wird, desto dankbarer ist das Auge des Lesers für die oben empfohlene Hervorhebung der Gerichte und Autoren etwa durch kursiven Satz.

Ob **am Ende** der Fußnote ein **Punkt** zu stehen hat oder nicht, sollten Sie halten, wie Sie wollen – aber einheitlich.

Am schönsten und am weitesten verbreitet ist es, Fußnoten immer mit einem Großbuchstaben beginnen[1202] und mit einem Punkt enden zu lassen.[1203] Das hat den Vorteil, dass Sie nicht jedes Mal neu überlegen müssen, ob es sich beim Text in der Fußnote nun um einen vollständigen Satz handelt (denn dann muss das erste Wort großgeschrieben werden und ein Punkt am Ende ist Pflicht) oder nicht. Man behandelt sie einfach konventionsgemäß als ganze Sätze.

1197   In den Rechtswissenschaften bisher fast keine Rolle spielen Rankings (immerhin Gröls/Gröls JZ 2009, 488 ff. = t1p.de/wl04) oder impact factors (in den Wirtschaftswissenschaften ist das dagegen ganz gängig, dazu zB Gleitsmann/Suthaus Arbeiten 73 ff.; Verband der Hochschullehrer für Betriebswirtschaft t1p.de/bjkb, Hamann RW 2014, 501 ff. = t1p.de/5qq4).

1198   Zugespitzt Möllers Arbeitstechnik Rn. 162.

1199   Dazu Schimmel JA 2015, 643 ff.

1200   Es ist vielleicht nicht genau das Gleiche, ob ein Doktorand produkthaftungsrechtliche Fragen untersucht oder der Justitiar eines Herstellers von stark zuckerhaltigen Babytees. Der Gedanke lässt sich leicht auf das atomrechtliche Genehmigungsverfahren übertragen – und auf eine Menge anderer Rechtsprobleme.

1201   Meist – aber nicht immer – legen die Betreffenden dies offen, etwa in der ersten Fußnote ihres Fachzeitschriftenbeitrags oder ihrer Urteilsanmerkung. Es sind im Allgemeinen nicht die Parteien, sondern ihre Prozessvertreter, die sich im juristischen Schrifttum äußern. Zu Bedenken dagegen Redeker NJW 1983, 1034 f. mit Erwiderung Thieme NJW 1983, 2015; Ulmer NJW 1983, 2923; Habscheid NJW 1999, 2230 ff.; Hübner ZRP 2008, 221; Duhme ZRP 2010, 28.

1202   Ausnahmen: Wenn der Fußnotentext mit einem Eigennamen mit *von* oÄ oder einer konventionsgemäß kleingeschriebenen Internetadresse beginnt.

1203   Aber auch nur mit einem. Endet die Fußnote etwa mit *335 ff.*, kommt hinter den Abkürzungspunkt nicht noch ein Satzende-Punkt. Das sähe nicht schön aus.

Noch einmal: **Zahl und Umfang** der Fußnoten. Weil sich Belegbedürftigkeit und sinnvoller Umfang der Belege aus der Sache selbst ergeben, muss hier Faustregelartiges genügen. Eine ordentliche juristische Übungsarbeit hat im Schnitt vier oder fünf Fußnoten pro Seite. Die Verteilung über den Text kann aber ganz ungleichmäßig sein. Manche Fußnoten brauchen nur einen (oft: stellvertretenden) Beleg, viele werden mehrere Belege erfordern.[1204] Wenn Ihr Text zu etwa einem Fünftel[1205] aus Fußnoten besteht – das sieht man beim Drüberblättern recht schnell –, erwecken Sie wenigstens nicht schon auf den ersten Blick den Eindruck oberflächlichen Arbeitens. 570

Eine falsche Information transportiert die Zusammenstellung Ihrer Fußnote, wenn Sie lediglich einen Nachweis aus dem Schrifttum zu einem Problem zitieren. Dann denkt der Leser, es gebe keine Rechtsprechung zu der Frage. Um diesen Eindruck zu vermeiden, müssen Sie entweder an die Belegstelle anfügen *m.w.N. zur jüngeren Rechtsprechung* oder sich die Mühe machen, die Rechtsprechung wirklich zu zitieren.

Ein sorgfältig ausgearbeiteter Fußnotenapparat verrät dem Leser auf den ersten Blick, wo die problematischen Schwerpunkte der inhaltlichen Diskussion im Haupttext liegen.

Unproblematische Fragen werden entweder gar nicht belegt (etwa, wenn der Adressat einen Beleg geradezu als Beleidigung auffassen würde; anders aber in Anfängerarbeiten, in denen man zum Begriff des Vertragsschlusses wenigstens noch eine kurze Fußnote setzen würde) oder mit einer schlanken Fußnote. Diese enthält einen Beleg aus der Rechtsprechung und einen aus dem Schrifttum, häufig eingeleitet mit *Stellvertretend* oder *So zuletzt*. Dabei wählt man vorzugsweise aktuelle höchstrichterliche Entscheidungen und Standardlehrbücher oder -kommentare.

Hochproblematisches wird weitaus intensiver belegt, manchmal mit einer einzigen Riesenfußnote, meist in mehreren Fußnoten, die sich über einen längeren Textabschnitt erstrecken. Diese enthalten regelmäßig etliche Belegstellen, meist nicht nur die aktuelle Rechtsprechung, sondern nötigenfalls auch ältere, aus der Literatur nach Möglichkeit aktuelle Texte, aber gern auch ältere Standardtexte.

Zur Formatierung: Mit einer kleinen zusätzlichen Mühe kann man dem Leser einen Gefallen erweisen: Je größer die Zahl der Nachweise pro Fußnote und die Zahl der Fußnoten überhaupt, desto leichter fällt dem Auge die Orientierung, wenn (wie hier) die Eigennamen in der Fußnote kursiv gesetzt werden. 570a

---

1204 Empfehlungen zur Auswahl und Zusammenstellung der Belegstellen in → Rn. 243a.
1205 Mehr muss aber auch selten sein. So wie dieses Buch bei → Rn. 323 soll Ihre Arbeit eher nicht aussehen. Und auch nicht so wie viele rechtshistorische Untersuchungen, in denen streckenweise auf drei Zeilen Text 37 Zeilen Fußnoten kommen. Bei rechtsgeschichtlichen Fragen ist das ganz in Ordnung, weil dem Leser oft eine erhebliche Menge Quellenmaterial und sonstiges Zusatzwissen erschlossen werden muss.

6. Teil. Anhang II: Checkliste[1206]

571

Benutzungshinweise:
- Diese Liste sollte – wenn möglich – **mehr als eine Person** abarbeiten. Nicht damit alles schneller geht, sondern damit es gründlicher geht.
- Die **Reihenfolge** der Arbeitsschritte ist im Großen und Ganzen zwingend, in Einzelheiten gefahrlos änderbar.
- Die gründliche Endredaktion einer zwanzigseitigen Arbeit braucht zwei Tage, vielleicht mehr.[1207] Bei einer gut geplanten und mit ein wenig Einsatz geschriebenen Arbeit ist so viel Zeit am Ende immer übrig. Wenn Sie aber nur **wenige Stunden Zeit** haben, sollten Sie sich auf die mit einer [1] am Rand gekennzeichneten Punkte konzentrieren. Bleibt Ihnen etwa ein Tag, sollte das für die Arbeiten auf Stufe 1 und 2 reichen.[1208] Wie lange die Arbeiten auf Stufe 3 dauern, hängt vom Zustand Ihrer Arbeit und von Ihrem Ehrgeiz beim „Feinschliff" ab.
- Dies ist ein Hilfsmittel für die **Endredaktion** – die Liste geht also davon aus, dass die eigentliche Arbeit getan ist.
- Die Liste müssen Sie durcharbeiten, indem Sie Ihren Text lesen (lassen). Nur echte Gewinner können gleichzeitig auf alles achten. Sie müssen deshalb wahrscheinlich **mehrfach lesen** (lassen), zur Not mehrere Leser parallel. Das ist halt mühsam.
- Bei den angegebenen Randnummern können Sie **nachlesen**, was zu den hier nur stichwortartig genannten Fragen zu beachten ist.

1. Örtliche Besonderheiten

[1] Entspricht die Arbeit formal und inhaltlich den spezifisch am jeweiligen Lehrstuhl oder Fachbereich oder der Hochschule geltenden Anforderungen?[1209] → Rn. 4

2. Textredaktion

[2] **Gesamtumfang** eingehalten? → Rn. 139, 413 f., 461 ff.

[2] **Exkurse** entfernt? → Rn. 399

1206 Diese Liste ist eine Anregung. Sie muss bei Bedarf ergänzt werden. Kein Mensch will für Vollständigkeit und Richtigkeit solcher Arbeitshilfen haften. Ich auch nicht. Überhaupt mag ich keine Checklisten (näher dazu → Rn. 414). Sie gaukeln Ihnen Vollständigkeit und potentielle Perfektion nur vor. Aber wenn Sie unbedingt eine haben wollen – hier ist sie. Eine ähnliche Liste (mit einigen wenigen Besonderheiten wirtschaftswissenschaftlicher Arbeiten) findet sich bei Theisen Arbeiten, Anhang II. Nützlich auch Schmidt t1p.de/66o5 Rn. 235 ff.

1207 Dazu schon → Rn. 470. Das hängt unter anderem davon ab, wie viele Leute parallel daran arbeiten können, wie konzentriert der Verfasser noch ist und wie gut Sie die erforderlichen Hilfsmittel erreichen (Internetressourcen etwa sind ohne Internet eben nicht zugänglich) und beherrschen (einen schlecht gesetzten Text vollständig neu zu formatieren erfordert Kenntnisse der Textverarbeitung und Zeit). Vielleicht am wichtigsten: Wenn Ihre Arbeit sorgfältig geschrieben ist, geht es schnell, wenn Sie viel Kraut und Rüben produziert haben, dauert es länger.

1208 Die hier vorgeschlagene Prioritätenreihenfolge ist subjektiv und angreifbar. Von den wissenschaftlichen Anforderungen an eine Prüfungsarbeit her betrachtet ist sie eher unseriös: Auf Prioritätsebene 1 steht nicht das wissenschaftlich Unabdingbare, sondern alles, was mit geringem Zeitaufwand den größten visuellen Erfolg verspricht. Ob Ihnen solcherart Kosmetik zusagt, können Sie selbst entscheiden. Vom Standpunkt des Lesers Ihrer Arbeit aus ist selbstverständlich nicht nur die ganze Liste gründlichst abzuarbeiten, sondern eigentlich schon beim Abfassen des Gutachtens jeder einzelne Hinweis peinlich genau zu beachten – sodass letztendlich jede Checkliste überflüssig wird.

1209 Solche Sonderanforderungen ergeben sich manchmal schon aus dem Bearbeitervermerk am Ende der Aufgabe, manchmal aus einem Aushang im Institut, teils aus einer Bekanntmachung auf der Lehrstuhlheimseite, teils auch aus der Prüfungsordnung. Wer unsicher ist, kann am Lehrstuhl fragen. Teils finden sich die Vorgaben auch zentral auf der Internetpräsenz des Fachbereichs.

| 2 | Aufgabe **vollständig** abgearbeitet? → Rn. 449

  | 3 | Schwerpunkte plausibel gesetzt? → Rn. 436

| 1 | **Gesamtergebnis** am Schluss? → Rn. 468

  | 2 | **Zwischenergebnisse**, wo sinnvoll, üblich oder erforderlich? → Rn. 467

  | 2 | **Gegenlesen**, erforderlichenfalls mehrfach und durch mehrere Leser (zB auf Substantivhäufungen, → Rn. 375, und zu viele Passivformen, → Rn. 374): → Rn. 328, 332, 355, 381, 469

| 1 | Ist jede zitierte Norm so **genau** wie möglich (und richtig) zitiert? → Rn. 423

  | 2 | Unnötige **Wiederholungen, unvollständige Sätze** (fehlende Verben), **grammatikalische Fehler** (falscher Plural, falscher Satzbau etc.) bereinigen[1210] → Rn. 352, 381

    | 3 | Sätze **kurz** genug? → Rn. 341, 345

  | 2 | **Roter Faden** durchgängig? → Rn. 469

| 1 | **Rechtschreibprüfung** (einheitlich: neue oder alte Rechtschreibung) – einmal maschinell, einmal von Hand → Rn. 328

| 1 | Sind alle **redaktionellen Anweisungen** abgearbeitet (vorzugswürdig) oder aus dem Text entfernt (Notlösung)? → Rn. 470

| 1 | Sind alle **wörtlichen Zitate** – sofern überhaupt erforderlich – durch Anführungsstriche gekennzeichnet und durch Quellenangabe belegt? → Rn. 561

    | 3 | Stilistischer **Feinschliff**: Wortwiederholungen beseitigen etc. → Rn. 421

    | 3 | **Floskeln** umformulieren (→ Rn. 387 f.), Ankündigungen streichen (→ Rn. 146)

3. Wissenschaftlicher Apparat

a) Fußnoten

    | 3 | Stimmt die **Fußnotendichte**? → Rn. 180

    | 3 | Sind alle belegbedürftigen Aussagen belegt? → Rn. 534

  | 2 | Enthält jeder Beleg **Quelle und genaue**[1211] **Fundstelle**? → Rn. 545

1210 Ob man hierfür die Grammatikprüfung des Textverarbeitungsprogramms verwenden kann, ist zweifelhaft. Diese Funktion kommt in ihrer Erkennungsgenauigkeit nicht an die Leistung der Rechtschreibprüfung heran. Jedenfalls muss man sich mit den Voreinstellungen ein wenig mühen. Allerdings wird die Grammatikprüfung über die Jahre besser. Vielleicht am besten beim Schreiben deaktivieren und im abschließenden Korrekturlauf einschalten. Leistungsfähiger als das mit der Textverarbeitung gelieferte Korrekturmodul sind externe Programme, etwa aus dem Duden-Verlag.

1211 Mit ein wenig Geduld kann man dem Internet mittlerweile auch Informationen entlocken, derentwegen man vor ein paar Jahren noch mal eben schnell ins Juristische Seminar fahren musste. Wer etwa feststellt, dass beim Fotokopieren die Seitenzahl nicht mehr auf das Blatt gepasst hat, darf nicht einfach eine Seitenzahl erfinden und in die Fußnote schreiben. Man kann aber versuchen, online in das Inhaltsverzeichnis oder Stichwortregister des zitierten **Buchs** zu schauen. Für viele Bücher digitalisiert die DNB (Fn. 974) die Inhaltsverzeichnisse. Da etliche Fachverlage die Funktion search inside bei amazon nicht unterstützen, müssen Sie auch unter

$\boxed{3}$ Sind **genug Belege** pro Fußnote vorhanden, eventuell auch für Gegenansichten etc.? → Rn. 239

$\boxed{3}$ Entfernen aller Fußnoten, die **Selbstverständliches** belegen → Rn. 535

$\boxed{3}$ Entfernen allen **überflüssigen Texts** aus Fußnoten → Rn. 557, 563

$\boxed{1}$ Sind die Fußnoten einheitlich **formatiert**? → Rn. 554

$\boxed{1}$ Sind alle **redaktionellen Anweisungen** aus den Fußnoten abgearbeitet oder **entfernt**? → Rn. 470

$\boxed{2}$ Stimmt die **Schreibweise** der Eigennamen? → Rn. 328, 486

$\boxed{3}$ Ist alles im Schrifttumsverzeichnis aufgenommene Material auch **wirklich zitiert**? → Rn. 497

$\boxed{1}$ **Keine Normzitate** in Fußnoten → Rn. 406

$\boxed{1}$ Sind die Zitierweisen und Abkürzungen einheitlich und stimmen sie mit den Angaben im Schrifttumsverzeichnis überein? → Rn. 179

$\boxed{2}$ Stehen die Fußnoten an den richtigen Stellen im Text? → Rn. 544

b) Schrifttumsverzeichnis

$\boxed{3}$ Ist jeder in den Fußnoten zitierte und nachweisbedürftige Text aufgenommen? → Rn. 518

$\boxed{3}$ Ist alles Überflüssige aus dem Schrifttumsverzeichnis entfernt? → Rn. 497

$\boxed{2}$ Sind alle zitierten Texte **auf aktuellem Stand** zitiert? → Rn. 506

$\boxed{3}$ Sind die **bibliographischen Angaben** zu jedem einzelnen Titel **vollständig**? → Rn. 501 ff.[1212]

$\boxed{3}$ Ist – wo nötig – eine **Zitierweise** angegeben? → Rn. 517

$\boxed{3}$ Stimmt die **Schreibweise** der Eigennamen? → Rn. 486

$\boxed{1}$ Ist die alphabetische **Sortierung** eingehalten? → Rn. 498

c) Gliederung

$\boxed{1}$ Gliederung erst erzeugen, wenn der Haupttext endgültig „steht" – mit allen Seitenumbrüchen und Zeilenumbrüchen (noch besser: erst wenn der Text gedruckt ist und zur Kontrolle herangezogen werden kann)

---

buchhandel.de nachsehen. Findet sich dort kein Inhaltsverzeichnis als PDF-Dokument, haben Sie bei aktuellen Titeln oft auf den Heimseiten der Verlage Glück, zB beim Verlag C.H.Beck unter beck-shop.de; beim Verlag Mohr Siebeck mohr.de/rechtswissenschaft.html; beim Verlag Erich Schmidt unter esv.info/homepage.html; bei den Verlagen Luchterhand und Carl Heymanns unter shop.wolters-kluwer.de; beim Verlag C.F. Müller unter cfmueller-verlag.de. Sammlungen von Links zu den Verlagen unter t1p.de/3k7c und t1p.de/yekw. Die Inhaltsverzeichnisse juristischer **Fachzeitschriften** kann man einerseits über t1p.de/99sy (ältere Jahrgänge) andererseits über die jeweiligen Heimseiten der Verlage (jüngere Jahrgänge) recherchieren; erste Übersicht bei t1p.de/r48n.

1212 Wer hier kurz vor der Fertigstellung noch recherchieren muss, etwa nach fehlenden Vornamen, versuche es mit den in Fn. 873 genannten Internetkatalogen – in der dort vorgegebenen Reihenfolge.

$\boxed{1}$ Finden sich alle Überschriften aus dem Text mit identischen Nummern wortlautgleich in der Gliederung? → Rn. 490

$\boxed{1}$ Ist die Gliederung inhaltlich stimmig (insbesondere: kein a) ohne b))? → Rn. 489

$\boxed{2}$ Hat jede Überschrift eine Nummer? Stimmen die Nummern systematisch? → Rn. 490

$\boxed{2}$ Stimmen die Seitenzahlen?[1213] → Rn. 492

$\boxed{1}$ Ist die (römische) Seitennummerierung der Gliederung korrekt? → Rn. 487

$\boxed{1}$ Ist die Gliederung lesbar formatiert (Einzug niedrigerer Ebenen, Seitenzahlen rechtsbündig usw.)? → Rn. 492

4. Äußerlichkeiten

a) Haupttext

$\boxed{1}$ **Ränder** → Rn. 526

$\boxed{1}$ **Zeilenabstand** im laufenden Text → Rn. 526

$\boxed{2}$ **Zeilenabstand** vor und nach den Überschriften → Rn. 424

$\boxed{1}$ **Seitenzahlen** → Rn. 526

$\boxed{3}$ **Typographische Pflege:**[1214] Leerzeichen nach § und € durch geschützte Leerzeichen[1215] ersetzen, Leerzeichen nach öffnenden und vor schließenden Klammern entfernen, doppelte Leerzeichen durch einfache Leerzeichen ersetzen, vor und nach Schrägstriche sowie vor *f.* und *ff.* ein Leerzeichen setzen, Währungsangaben (EUR, €, $, DM etc.) einheitlich vor oder hinter die Summe, Datumsangaben einheitlich mit oder ohne Nullen,[1216] Abkürzungen vereinheitlichen (→ Rn. 179) oder auflösen, Leerzeichen vor Punkten, Kommata und Semikola entfernen, doppelte Satzzeichen bereinigen, überflüssige Leerzeilen entfernen,[1217] versehentlich gesetzte „harte" Trennstriche entfernen,[1218] Zitierweise von Normen vereinheitlichen (Fn. 814), bei Blocksatz URL-Angaben sinnvoll (etwa nach Schrägstrichen) trennen etc.

1213 Das muss zu Fuß geprüft werden, weil die Programme hier manchmal Fehler machen. Korrekturen von Hand sind nicht immer ganz einfach.

1214 Die ist erst dran, wenn Sie mit dem Text zufrieden sind. Es ist schwer zu sagen, ob sie die Note beeinflusst. Aber Sie hinterlassen immer einen guten Eindruck, wenn Sie sich nicht zu schade sind, auch im Kleinen sorgfältig zu arbeiten. Es ist nämlich ganz einfach, sich so aus der Masse herauszuheben.

1215 Meist auf Strg+Shift+Leerzeichen.

1216 Wenn Sie auf Automatenlesbarkeit Wert legen, muss es *04.01.2023* heißen (dafür etwa Keiler/Bezemek leg cit, Rn. 9; hoffentlich sind die Verfechter dieses Formats eines Tages konsequent genug, ihre Lebensdaten auf ihren Grabsteinen im gleichen Format …; in der Sprache des Managements: Führende Nullen sind für führende Nullen), sonst genügt *4.1.2023*; anders aber die DIN 5008 in Regel 9.4.1. (dazu Gerhold/Kurt JuS-Aktuell 9/2018, 21). Besonders authentisch wirkt das bei Datumsangaben vor dem EDV-Zeitalter: „Am 03.08.1492 um 09.42 h Ortszeit stach Christoph Kolumbus in See." – Achten Sie auch auf Einheitlichkeit beim Ausschreiben oder Abkürzen der Monatsnamen.

1217 All das geht mit der Suchen-und-Ersetzen-Funktion der Textverarbeitung recht schnell; man kann sich auch ein Makro dafür schreiben oder Autokorrektureinträge anlegen.

1218 Sinnvollerweise lässt man die Trennroutine trennen und bessert nötigenfalls von Hand nach; auch dabei verwende man aber nur „weiche" Trennstriche (in den meisten Textverarbeitungsprogrammen: Strg+-).

2 | **Silbentrennung** (nach der Rechtschreibprüfung) → Rn. 329, 421, 463

3 | Kontrolle der Seitenumbrüche auf **Schusterjungen** und **Hurenkinder**[1219], nötigenfalls neuer Umbruch von Hand, also mit „harten" Seitenumbrüchen – dabei immer von vorne nach hinten arbeiten.

b) Gliederung

1 | Ränder → Rn. 487

1 | Seitenzahlen → Rn. 487

c) Schrifttumsverzeichnis

1 | Ränder → Rn. 487

1 | Seitenzahlen → Rn. 487

5. Vor der Abgabe

1 | **Deckblatt** vollständig? Stimmen alle Namen usw.? → Rn. 486

1 | Bindung/**Hefter** oder Heftstreifen vorhanden? → Rn. 485

1 | Ausdruck leserlich, richtig sortiert, richtig gebunden oder geheftet?

1 | **Unterschrift** auf der letzten Seite? Eigenhändigkeitsvermerk oder ähnliche von der Prüfungsordnung geforderte Versicherungen? → Rn. 527

1 | **Elektronische Fassung** eingereicht oder hochgeladen, falls gefordert? Fn. 939

2 | Zweitausdruck oder **Kopie** gefertigt? → Rn. 472

1219 Das Problem lässt sich vermeiden mit Einschalten der Absatzkontrolle in der Textverarbeitung.

Stichwortverzeichnis

Die Angaben verweisen auf die **Randnummern**, wo angegeben auf Fußnoten.
Kursiv gesetzte Stichwörter kennzeichnen wörtliche Zitate. Meist verweisen diese auf Ausdrücke, die im Rechtsgutachten vorsichtig zu gebrauchen oder ganz zu vermeiden sind (insbesondere: Juristenjargon). Was sich hier nicht findet, steht vielleicht im Inhaltsverzeichnis. Verweise auf die ehemaligen Rn. 248–322 können und müssen Sie online nachschlagen.[1220]

[1220] Unter dem Produkt Schimmel, Juristische Klausuren und Hausarbeiten richtig formulieren, unter www.vahlen.de.